시험에 나오는 것만 공부한다!

시나공 HSK 5급

YBM 종로 어학원 • EBSlang HSK 전문 강사
한국인 리우 지음

시나공 HSK 5급

Crack the Exam! - HSK for Level 5

초판 발행 · 2018년 6월 29일
초판 4쇄 발행 · 2022년 2월 20일

지은이 · 리우
발행인 · 이종원
발행처 · (주)도서출판 길벗
브랜드 · 길벗이지톡
출판사 등록일 · 1990년 12월 24일
주소 · 서울시 마포구 월드컵로 10길 56(서교동)
대표 전화 · 02)332-0931 | **팩스** · 02)323-0586
홈페이지 · www.gilbut.co.kr | **이메일** · eztok@gilbut.co.kr

책임 편집 · 박정현(bonbon@gilbut.co.kr) / **기획** · 이민경 / **디자인** · 신세진
마케팅 · 이수미, 장봉석, 최소영 / **영업관리** · 김명자, 심선숙 / **독자지원** · 송혜란, 윤정아
편집진행 및 교정교열 · 홍주현 / **전산편집** · 수(秀)디자인 / **사운드 편집 및 오디오 제작** · 와이알미디어
CTP 출력 및 인쇄 · 예림인쇄 / **제본** · 신정문화사

ISBN 979-11-5924-181-9 03720
(길벗 도서번호 300895)

정가 · 24,000원

최근 8년간의 기출문제를 철저히 분석해 펴낸 완벽한 교재!

이 책이 출간되기 전 EBS lang의 〈新HSK 5급 완벽대비〉 동영상 강의와 〈시나공 新HSK 5급 완벽대비〉 책으로 역대 HSK 강의 중 가장 많은 수강생과 수강 후기를 보유했습니다. 새롭게 펴낸 〈시나공 HSK 5급〉은 지난 8년간의 기출문제 분석 데이터와 검증된 HSK 학습법으로 여러분의 든든한 HSK 합격의 동반자가 될 것입니다.

8년간의 최신 기출문제를 분석해 반영한 교재!

최근 HSK 5급 시험은 HSK 6급과의 연관성을 위해 독해 영역이 어렵게 출제되는 추세입니다. 본 교재는 최근 8년 동안의 HSK 5급 기출문제를 철저히 분석해 최신 난이도와 출제 경향을 완벽하게 반영한 것은 물론이고, 출제포인트를 정확히 짚어 시험에 나오는 것만 정리했습니다.

문제풀이 스킬과 내공, 두 마리 토끼를 잡는다!

HSK는 우선 해당 급수의 어휘와 문장 내공을 기른 다음, 문제를 풀며 실전 감각을 익히는 것이 좋습니다. 단어를 암기할 때 '字 학습'을 하고, 학습한 지문을 반복해서 10회 정독하는 것이 리우 샘만의 HSK 학습법입니다. 따로 시간 내어 공부하지 않고 〈시나공 HSK 5급〉 한 권만 봐도 시험 공략법과 HSK 시험에 유용한 팁을 익히고, HSK 내공을 쌓을 수 있도록 구성했습니다.

합격부터 고득점까지 리우 샘이 책임집니다!

저 리우는 2003년부터 현장에서 학생들과 함께하며 HSK 한길만 걷고 있습니다. 본 교재에는 기출문제를 분석하고 강의한 노하우가 집약되어 있습니다. 여러분은 저를 믿고 이 책을 끝까지 학습하시면 됩니다. 스스로 성적이 오르는 것을 느끼고, HSK 5급에 합격할 것이라 자신합니다.

본 교재가 출간되는 데 도움을 주신 리우HSK연구소 선생님들과 길벗이지톡 관계자분들에게 감사드립니다. 교재를 꼼꼼하게 봐 주신 홍주현 선생님, 쓰기 2부분 원고를 도와주신 쉬엔 선생님, 기출문제 분석과 해설 등을 도와주신 배광희 선생님, 김완우 실장님에게도 감사드립니다. 마지막으로 언제나 곁에서 큰 힘이 되어 주는 사랑하는 우리 가족과 항상 리우HSK 강의와 교재를 사랑해 주시는 학생 여러분께 진심으로 감사드립니다.

HSK 최다 수강생 & 최다 합격생 배출 한국인 강사

리우

1 이론

영역별 문제 유형을 통해 기본 실력 다지기

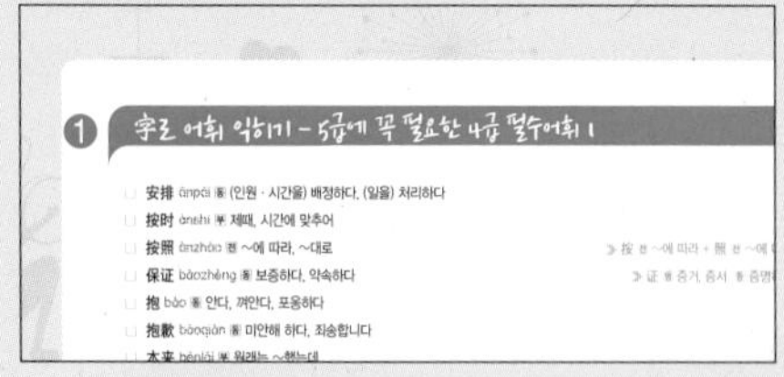

❶ 字로 어휘 익히기

한 글자(字)로 여러 단어를 익힐 수 있는 코너입니다. 이 코너는 필수 단어를 단기간에 익히는 데 도움이 되고, 모르는 단어를 봐도 그 뜻을 유추할 수 있는 힘을 길러 줍니다.

★ 휴대용 소책자에 수록된 〈HSK 5급에 필요한 4급 필수 어휘+HSK 5급 필수 어휘 700+고득점 어휘 600〉을 함께 암기하세요.

❷ 시나공법

문제 유형별로 자주 출제되는 포인트와 그에 대한 학습 방향 및 정답을 고르는 비법을 제시합니다. 시나공법만 읽어도 출제 포인트와 문제 유형을 파악할 수 있습니다.

❸ STEP 01 먼저 풀어보기

예제를 풀어 보는 코너입니다. 문제 유형과 출제 포인트를 확인하고, 시나공법을 이용한 문제 풀이 감각을 기릅니다.

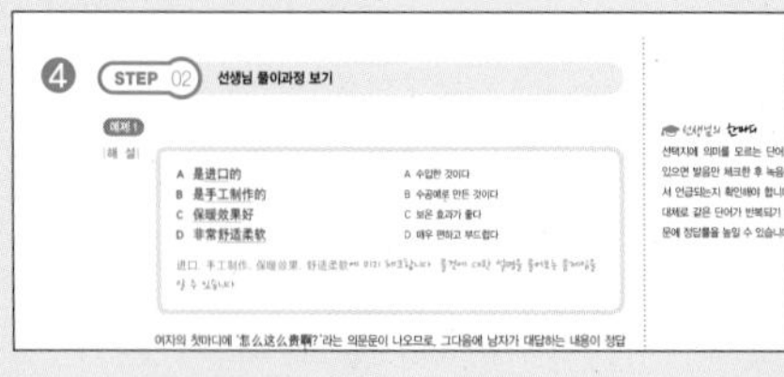

❹ STEP 02 선생님 풀이과정 보기

❸에서 풀어 본 예제 문제의 풀이 과정과 답을 확인하는 코너입니다. 저자의 실제 강의를 듣는 듯한 생생한 해설을 보고, 팁을 얻을 수 있습니다.

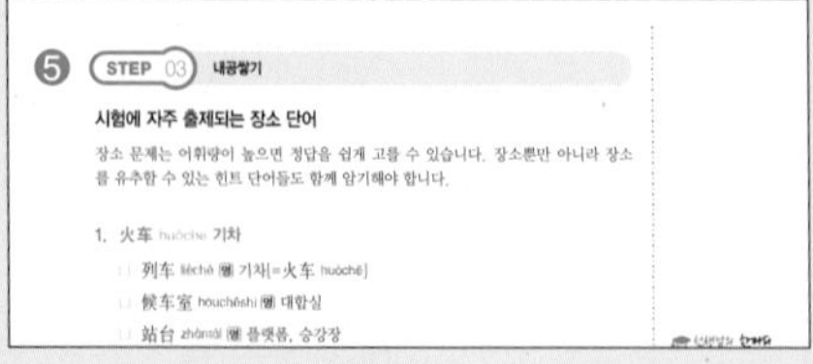

❺ STEP 03 내공쌓기

각 유형에서 필요한 이론을 학습하는 코너입니다. 꼭 알아야 할 이론 지식, 선생님이 엄선한 단어와 문법 내용 등으로 구성되어 있습니다.

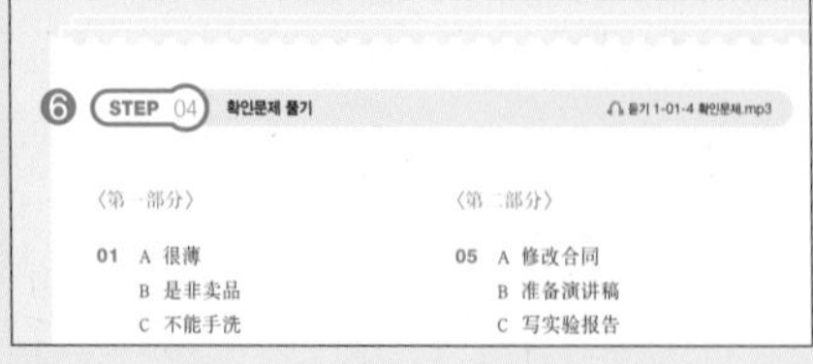

❻ STEP 04 확인문제 / 실전문제 풀기

각 시나공법에 대한 문제 풀이 코너입니다. 각 시나공법의 핵심이 무엇이었는지 생각하면서 자신의 실력을 중간 점검합니다.

2 문제

실전모의고사로 시험 적응 완료!

이론 편에서 문제 유형 파악과 기본 실력을 다졌으니 이제 실전 시험에 적응하는 단계입니다. 실제 시험과 같은 형식의 모의고사를 풀면서 실력을 점검합니다. 실제 시험처럼 시간을 지키면서 푸는 것이 좋습니다.

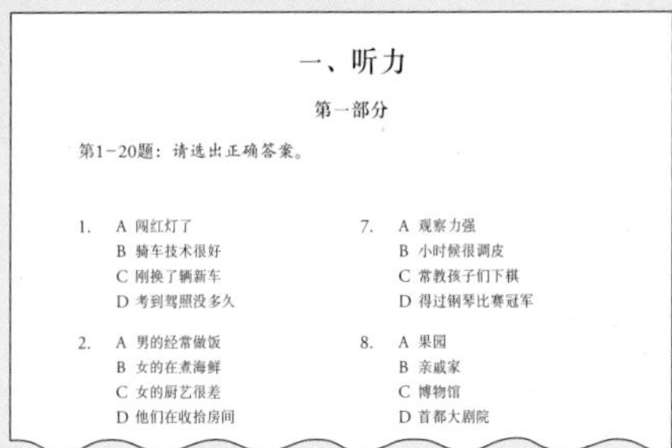
一、听力

第一部分

第1-20题：请选出正确答案。

1. A 闯红灯了
   B 骑车技术很好
   C 刚换了辆新车
   D 考到驾照没多久
2. A 男的经常做饭
   B 女的在煮海鲜
   C 女的厨艺很差
   D 他们在收拾房间
7. A 观察力强
   B 小时候很调皮
   C 常教孩子们下棋
   D 得过钢琴比赛冠军
8. A 果园
   B 亲戚家
   C 博物馆
   D 首都大剧院

3 해설

해설을 꼼꼼하게 읽어서 내 것으로 만들기!

이 책의 최대 강점인 정답과 해설입니다. 확인문제와 실전문제, 실전모의고사의 정답과 해설로 구성되어 있습니다. 저자 리우 선생님의 오랜 강의 경험에서 나온 HSK 학습 노하우가 모두 녹아 있습니다. 강의실에서만 접할 수 있었던 날카로운 문제 분석과 명쾌한 해설을 이제 책에서도 만나볼 수 있습니다.

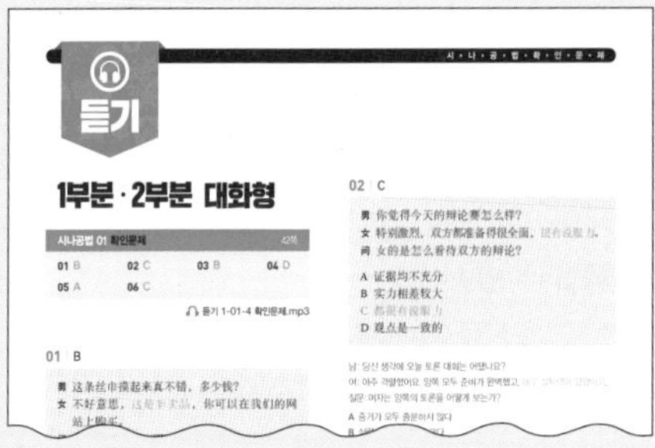
시·나·공·법·확·인·문·제

듣기

1부분 · 2부분 대화형

시나공법 01 확인문제			42쪽
01 B	02 C	03 B	04 D
05 A	06 C		

듣기 1-01-4 확인문제.mp3

01 B

男 这条丝巾摸起来真不错，多少钱？
女 不好意思，这是非卖品，你可以在我们的网站上购买。

02 C

男 你觉得今天的辩论赛怎么样？
女 特别激烈，双方都准备得很全面，很有说服力。
问 女的是怎么看待双方的辩论？

A 证据均不充分
B 实力相差较大
C 都很有说服力
D 观点是一致的

남: 당신 생각에 오늘 토론 대회는 어땠나요?
여: 아주 격렬했어요. 양쪽 모두 준비가 완벽했고,
질문: 여자는 양쪽의 토론을 어떻게 보는가?
A 증거가 모두 충분하지 않다

HSK 5급 비법노트
〈HSK 5급에 꼭 필요한 4급 필수 어휘 +HSK 5급 최우선 필수 어휘 700+ HSK 5급 고득점 필수 어휘 600〉

HSK 5급 시험 전 꼭 암기해야 할 4급 필수 어휘, 5급 최우선 필수 어휘 700개, 고득점 어휘 600개를 수록했습니다. 평소 들고 다니며 틈틈이 암기하고, 시험 당일 어려운 단어 위주로 확인하세요.

mp3 파일 무료 다운로드

3가지 빠르기의 mp3 파일을 제공합니다. 0.8배속, 1.0배속 mp3 파일로 본 책을 학습하고, 1.2배속 mp3 파일을 반복해 들으면 듣기 영역을 완벽히 대비할 수 있습니다. 독해영역 mp3 파일까지 제공합니다.

PDF 학습자료 무료 다운로드

- **HSK 5급 시나공 족보** : 저자의 오프라인 강의에서만 제공하는 시험 대비 자료를 제공합니다.
- **HSK 5급 필수 호응 · 문장** : HSK 5급 시험에 자주 나오는 호응과 문장을 정리했습니다.
- **쓰기 2부분 시험 대비 자료** : 시험 전 꼭 학습해야 할 쓰기 영역 2부분 100번 문제의 핵심 문장을 정리했습니다. 시험 당일 고사장에서 한 번 더 확인하세요!
- **단어 테스트** : 〈HSK 5급 비법노트〉에 수록된 필수 어휘를 암기한 후 실력을 점검해 보세요.
- **녹음 지문 받아쓰기** : 본 책의 녹음 지문 받아쓰기를 할 수 있는 학습 자료입니다.
- **다시 풀어보기 복습자료** : 학습이 끝난 후 본 책의 문제를 틀린 문제 위주로 한 번 더 풀어 보세요.
- **독해 지문 mp3** : 지문의 의미를 생각하며 mp3를 반복해 들으세요. 지문의 구조와 유형의 패턴을 익힐 수 있습니다.

mp3 파일과 학습자료는
www.gilbut.co.kr에서 무료로 다운로드 받으세요.

HSK란?

HSK는 汉语水平考试(한어수평고사)의 병음 표기인 Hanyu Shuiping Kaoshi의 첫 글자에서 따온 이름으로, 제1언어가 중국어가 아닌 사람의 중국어 능력을 평가하기 위해 만들어진 중국어 시험입니다. 중국 정부 유일의 국제 중국어 능력 표준화 시험으로, 생활, 학습, 업무 등 실생활에서의 중국어 운용 능력을 중점적으로 평가합니다. HSK는 중국 및 한국 대학의 입학, 졸업, 각급 업체나 기관의 채용, 승진을 위한 기준이 됩니다.

다음은 HSK에 대한 기본적인 내용입니다. 시험 일정과 접수처, 접수 방법 등 자세한 내용은 HSK 한국사무국 홈페이지(www.hsk.or.kr)에서 확인하세요.

한국에서는 2010년 3월 처음으로 新HSK가 시행되었습니다. 新HSK는 '1급~6급의 필기시험'과 '초급 · 중급 · 고급 회화시험'으로 나뉘어 시행되며, 필기시험과 회화시험은 각각 개별적으로 신청, 응시합니다.

新HSK의 급수별 중국어 수준과 개정 전 HSK 해당 급수 비교는 다음과 같습니다. (여기서는 개정 전 HSK와 구분하기 위해 新HSK라고 표기하였습니다.)

新HSK	수준	개정 전 HSK
6급	중국어로 된 소식을 가볍게 듣고 이해할 수 있음	고등 HSK(9~11급)
5급	중국어로 신문과 잡지를 읽고, 영화와 TV를 감상할 수 있음	중등 HSK(6~8급)
4급	중국어로 비교적 넓은 영역의 주제를 토론할 수 있음	초등 HSK(3~5급)
3급	중국어로 생활, 학습 비즈니스 방면에서 기본적인 임무를 수행할 수 있음	기초 HSK(1~3급)
2급	초급 중국어의 우수한 수준에 준함	중국어 초보 학습자를 대상으로 신설됨
1급	매우 간단한 중국어 단어와 구문을 이해하고 사용할 수 있음	

HSK 5급은 매주 2~4시간씩 2년 이상(400시간 이상) 집중적으로 중국어를 학습하고, 2,500개의 상용 어휘와 관련 어법 지식을 마스터한 학습자를 대상으로 합니다. HSK 5급에 합격한 응시자는 중국어 신문과 잡지를 읽을 수 있고, 중국어 영화 또는 TV 프로그램을 감상할 수 있습니다. 또한 중국어로 비교적 완전한 연설을 진행할 수 있습니다.

HSK 5급은 총 100문제로, 듣기, 독해, 쓰기 세 영역으로 나뉩니다.

시험 내용			문항수	시험 시간
1 듣기	제1부분	20	45문항	약 30분
	제2부분	25		
듣기 영역 답안 작성 시간				5분
2 독해	제1부분	15	45문항	45분
	제2부분	10		
	제3부분	20		
3 쓰기	제1부분	8	10문항	40분
	제2부분	2		
총계			100문항	약 120분

• 총 시험 시간은 약 125분입니다. (응시자 개인정보 작성 시간 5분 포함)

- HSK 5급 성적표에는 듣기, 독해, 쓰기 세 영역의 점수와 총점이 기재됩니다.
- 각 영역별 점수는 100점 만점이며, 총점은 300점 만점입니다. 총점이 180점 이상이면 합격입니다.
- 시험일로부터 1개월 후 중국 고시센터 홈페이지(www.hanban.org)에서 응시자 개별 성적 조회가 가능하며, 성적표는 시험일로부터 40일 후에 등기 우편으로 발송됩니다.
- HSK 성적은 시험일로부터 2년간 유효합니다.

듣기 학습법

평소 듣기 공부 요령

1. 반복 듣기와 따라 읽기는 기본입니다.

듣기를 단순히 귀로만 해서는 안 됩니다. 성우의 목소리와 억양을 똑같이 흉내 내고 항상 머릿속에 그 문장이 쓰이는 상황을 그려야 합니다. 또한 같은 문장을 반복해서 10회 이상 소리 내서 읽는 것이 중요합니다. 반복해서 읽다 보면 문장 구조에 익숙해져서 저절로 듣기 실력이 향상됩니다.

2. 받아쓰기를 해 봅니다.

문제를 푼 후에는 원문을 바로 보지 말고 받아쓰기를 해 봅니다. 받아쓰기를 하다 보면 자신이 왜 안 들리는지 원인 분석을 할 수 있습니다. 단어를 몰라서 못 들었는지, 아는 단어인데도 못 들었다면 왜 못 들었는지 체크해야 합니다. 받아쓰기의 가장 좋은 점은 모르는 단어가 나오더라도 앞뒤 문장에 의해 어떤 단어가 쓰일 것인지 대략이라도 추측할 수 있는 힘을 길러 준다는 것입니다. 시험을 1–2개월 남겨 두었을 때는 꾸준히 받아쓰기 연습을 하고, 시험이 2주 앞으로 다가왔을 때는 받아쓰기 횟수를 줄이고 문제 풀이에 집중합니다.

❖ 받아쓰기 요령

① 먼저 문제를 풀어 본 뒤 한 문장씩 받아쓰기를 합니다.
② 모르는 단어는 앞뒤 문맥으로 뜻을 유추한 뒤, 사전을 이용해 정확한 의미를 암기합니다.
③ 안 들리는 단어에 너무 시간을 끌지 말고 들리는 대로 병음과 성조를 쓰는 연습을 합니다.
④ 녹음 원문과 자신이 받아쓰기한 내용을 맞춰 봅니다.
⑤ 자신이 쓴 단어 중 틀린 부분은 지우지 말고, 색깔 펜으로 정답을 적어서 비교합니다.
※ 주의: 안 들린다고 바로 원문을 보면 안 됩니다. 반드시 들리는 대로 병음과 성조를 먼저 적어 봅니다.

3. 중국 드라마나 예능을 시청합니다.

스마트폰이 발달한 요즘은 손쉽게 중국 드라마나 예능 프로그램을 시청할 수 있습니다. 한글 자막이 있는 것보다는 중국어 자막이 있는 드라마를 택해서, 눈으로는 자막을 빠른 순간에 독파하면서 귀로는 중국어를 듣습니다. 이렇게 연습하다 보면 HSK 듣기 문제 풀이에 상당한 도움이 됩니다.

4. 중국 친구와 대화를 해 봅니다.

중국에 있는 유학생들은 주위에서 중국인 친구들을 쉽게 접할 수 있습니다. 요즘은 중국 학생들이 한국 대학으로 공부하러 오는 경우가 부쩍 늘었기 때문에, 한국에서도 중국 친구를 사귈 기회가 많아졌습니다. 자신이 배운 문장들을 그대로 중국 친구들에게 써 보면 그 문장은 완전히 자기 것이 됩니다. 주의할 점은 한국어 문장에 단어를 끼워 맞추는 식의 중국어를 하지 말고, 배운 중국어 문장을 통째로 말해 보는 연습을 하는 것입니다.

실제 듣기 시험 응시 요령

1. 선택지를 미리 보고 분석합니다.

문제와 문제 사이의 간격은 대략 13초가 주어집니다. 해당 선택지를 미리 보고 있다가 질문이 끝나는 순간 바로 문제지에 답을 체크하고, 그다음 문제의 선택지를 미리 보고 있어야 합니다. HSK 듣기는 듣기 영역이 끝난 후 5분 동안 답안 마킹 시간이 주어집니다. 한 문제를 풀고 바로 답안지에 마킹을 하다 보면 집중력이 흐트러질 수 있습니다. 듣기 답안 마킹 시간에는 독해 영역의 문제를 미리 볼 수 없으므로, 듣기 문제를 풀 때는 문제지에만 답을 체크하면서 선택지 분석에 집중하는 것이 좋습니다.

2. 눈으로는 선택지를 보고, 귀로는 녹음을 듣습니다.

듣기 문제를 풀다 보면 간혹 집중을 위해 눈을 감거나, 눈의 초점을 15도쯤 빼서 듣는 학생들이 있는데 이는 잘못된 습관입니다. 눈을 감으면 집중이 잘될 수는 있으나, HSK 시험 문제를 푸는 데는 도움이 안 됩니다. 특히 2부분 서술형 단문의 경우에는 내용을 알아듣기 힘들어서 최대한 녹음에서 들리는 선택지의 단어 위주로 선택해야 합니다. 집중하여 선택지를 보고, 귀로는 녹음을 들으면서 문제를 풀어야 합니다. 처음에는 적응이 안 되겠지만 의식해서 반복하다 보면 자연스레 습관이 듭니다.

3. 들으면서 선택지에 메모하는 습관을 기릅니다.

듣기 문제를 풀 때는 선택지 옆에 간단하게 OX 표시 또는 등장인물에 대해 간단히 메모하는 습관을 길러야 합니다. 때로는 X를 통해 답이 아닌 선택지들을 하나씩 제거해 나가면서 답을 찾을 수도 있습니다. 메모는 내용 전체를 적어 두는 것이 아니고, 녹음과 선택지가 일치하는 부분에 체크하거나 남녀의 말이나 행동을 간단하게 표시하는 것이 좋습니다.

독해 학습법

평소 독해 공부 요령

1. 독해의 기본은 어휘 학습입니다.

독해에 있어서 어휘의 중요성은 두말하면 잔소리입니다. 특히 독해 1부분에서 어휘를 직접 물어보기 때문에 어휘 공부는 절대 게을리해서는 안 됩니다. 어휘(词)는 반드시 한 字씩 뜯어서 이해해야 모르는 단어를 만나도 유추할 수 있으며, 어휘량이 무한대로 늘어날 수 있습니다. 가령, 牙签을 '이쑤시개'라고 뜻만 외우지 않고, '签' 자에 '가는 막대기'라는 뜻이 있음을 이해하고 외운다면, 차후에 '书签'이라는 단어를 만났을 때 '책갈피'라는 뜻을 유추할 수 있습니다. 본 교재의 단어 코너를 이용해 뜻만 외우는 것에 그치지 말고, 조금 귀찮더라도 꼭 한 字씩 뜯어서 이해하는 습관을 길러야 합니다.

2. 반복해서 정독하는 것이 중요합니다.

언어는 창조가 아닌 모방입니다. 한국인이든 중국인이든 기본적인 사고는 똑같습니다. 한국어로 "밥 먹었니?"를 중국인들은 "你吃饭了吗?"라고 표현하는 방식이 다를 뿐입니다. 다만 이런 기초적인 회화는 잘하는데, HSK는 어렵다는 학생들이 많습니다. 그 이유는 초급 중국어에서 배우는 일상 대화는 한국어로도 자주 쓰는 말들이기 때문에 반복이 잘되지만, HSK 중급인 5급부터는 단순한 회화만 배우는 것이 아니라 지식도 배우게 되기 때문입니다. 따라서 자연스레 반복을 할 기회가 없으며 학생들은 단지 한 번 읽고 이해하며 지나가는 식으로 공부를 하므로 어렵게 느끼는 것입니다. 절대로 이렇게 수박 겉핥기 식의 공부를 해서는 안 됩니다. 문제를 풀고 이해했으면, 다시 지문으로 돌아가 소리 내어 정독을 합니다. 지문에는 성조 표시 정도는 무방하지만, 병음은 써 놓지 말아야 합니다. 읽다가 단어가 막히면 단어장을 보며 확인합니다. 정독은 본인이 느꼈을 때, 읽는 것이 부드러워질 때까지 반복, 또 반복합니다. 그런 후 이 지문을 그 다음 날 꺼내어 읽어 봅니다. 그 다음 날 읽어 봐도 모르는 단어가 또 생기고 읽는 것이 부자연스러울 수 있습니다. 이렇게 2일차에 다시 반복을 한 후에, 3일 차, 4일 차, 5일 차까지 매일 똑같은 지문을 한두 번씩 반복해서 읽습니다. 처음 한두 달은 지문 하나를 정독하는 데 3시간 이상 걸리는 것이 당연합니다. 절대로 조급해 하지 말고 정독을 생활화해야 합니다. 개인차에 따라 다르겠지만 어느 정도 시간이 흐르면 정말 어마어마한 내공이 쌓였음을 느낄 수 있습니다.

실제 독해 시험 응시 요령

1. 한 문제당 1분 안에 푸는 연습이 중요합니다.

독해는 총 45문제를 45분 안에 다 풀고 답안 마킹까지 해야 합니다. 즉, 한 문제당 1분을 넘기면 안 됩니다. 보통 230점 합격 내공이 없는 학생들의 경우, 제시간에 독해 영역을 다 풀기는 힘들기 때문에 시간 안에 다 못 풀었다고 좌절해서는 안 됩니다. 내공이 약한 학생은 독해를 45분 안에 다 풀 수 없는 것이 당연하다는 점을 인지하고, 서서히 내공을 길러야 합니다. 시간이 없어서 한 지문의 전체 문제를 다 찍기보다는, 아는 문제만큼은 확실히 풀어서 맞히는 것이 중요합니다.

2. 모르는 문제는 과감히 넘어갑니다.

모르는 문제나 답이 혼동되는 문제를 만나면 체크해 두고 그다음 문제로 바로 넘어가는 습관을 길러야 합니다. 독해 1부분의 경우 시간을 절약하기 좋은 영역이므로 평소에 어휘 학습을 잘 해 두도록 합니다. 독해 2부분과 독해 3부분은 본인이 자신 있는 영역부터 문제를 풀도록 합니다. 모르는 문제에 너무 많은 시간을 할애하지 않는 것이 현명합니다.

쓰기 학습법

평소 쓰기 공부 요령

1. 중국어 문장 구조를 익힙니다.

과거 HSK에서의 어법 영역이 新HSK에서는 사라지고, 대신 쓰기 1부분을 통해 정말 필요한 어법 지식만을 물어보고 있습니다. 이는 과거 죽어 있는 어법 이론에서 탈피해, 외국인들에게 정말 필요한 문장 만드는 법만을 강조하는 것입니다. 따라서 중국어 기본 문장 어순과 중국어 문장이 가지는 특수 구문들 위주로 공부해 두면 쓰기 1부분은 어렵지 않게 소화해 낼 수 있습니다. 또한 쓰기 2부분에서 한국식 중국어의 잘못된 표현이 아닌, 중국식 중국어로 80자 쓰기를 해야 하기 때문에 중국어 기본 문장 구조는 꼭 필요한 학습 내용입니다.

2. 어떤 상황에서도 쓸 수 있는 쓰기 공식과 모범 답안을 암기합니다.

쓰기 2부분 99번 문제와 100번 문제의 80자 쓰기는 필수어휘를 이용해 상황 설정을 하여 작문을 하는 문제로, 유형은 조금 다르지만 맥락이 같습니다. 본 교재 쓰기 파트에 있는 내공쌓기를 철저히 공부해 두도록 합니다. 어떤 상황에서도 쓸 수 있는 쓰기 공식과 모범 답안을 암기해 두는 것이 고득점 비법입니다. 모범 답안의 경우 한 개당 20초 내의 분량으로 만들어 암기하도록 합니다.

3. 평소에 눈으로만 보지 말고 써 보는 연습을 합니다.

쓰기 2부분은 직접 원고지에 쓰는 것이기 때문에 평소에 단어들을 많이 써 봐야 합니다. 아는 단어인데 한자가 생각이 안 나서 못 쓰는 경우가 실제 시험장에서는 없어야 하고, 반면 IBT(컴퓨터 시험)에 응시하는 학생들은 중국어 타자가 익숙하도록 충분한 연습이 필요합니다.

실제 쓰기 시험 응시 요령

1. 쓰기는 샤프 연필로 답안 작성을 하는 것이 좋습니다.

듣기, 독해 객관식 답안 마킹은 반드시 2B연필로 해야 하지만, 주관식인 쓰기는 샤프 연필로 써도 무방합니다. 오히려 깔끔하게 답안을 쓰기에는 2B연필보다는 샤프 연필이 효과가 좋습니다.

2. 쓰기 1부분은 품사를 이용해서 위치를 정합니다.

쓰기 1부분은 어순 배열 문제입니다. 주의할 점은 제시된 단어들을 한국어로 먼저 해석해서 문장을 만들면 안 된다는 것입니다. 반드시 제시된 단어들의 품사를 체크한 뒤 SVO 기본 구조에 의거해 단어의 위치를 정해야 합니다. 한국어 해석은 문장을 다 만든 뒤, 오류 검토를 겸해 하도록 합니다.

3. 쓰기 2부분은 공식과 모범 답안을 응용하여 작문합니다.

쓰기 2부분은 본 시나공 교재에 있는 쓰기 공식과 모범 답안들을 암기한 뒤에 응용해서 쓰는 것이 가장 좋습니다. 한국식 사고로 스토리를 만들어 쓰면 좋은 점수를 받지 못할 수 있습니다. 공식과 모범 답안 암기가 고득점의 지름길임을 기억합니다.

字학습이란?

중국어 학습 시, 우리는 보통 词典을 보지만, 중국인들은 字典을 봅니다. 단어를 공부할 때는 반드시 단어를 한 자(字)씩 뜯어서 이해하는 습관을 기르는 것이 어휘 학습의 가장 기본입니다. 그다음, 단어와 단어를 묶어서 호응(搭配)으로 공부하고, 예문을 확인해서 문장 내 그 단어의 쓰임을 익혀야 제대로 된 단어 공부를 했다 할 수 있습니다. 학습 초반에는 시간이 많이 걸리지만, 2~3개월 정도 꾸준히 지속해서 습관이 되면 본인의 어휘량이 놀라울 만큼 향상되어 있는 것을 발견할 수 있습니다.

예시

동 운전하다, 조종하다　　동 (차, 배 등을) 운전하다, 조종하다

→ **의미**　동 (자동차, 비행기, 선박 등을) 운전하다, 조종하다

→ **호응**　驾驶飞机 jiàshǐ fēijī 비행기를 운전하다

驾驶执照 jiàshǐ zhízhào 운전면허증[=驾照 jiàzhào]

→ **예문**　酒后驾驶危害很大。음주 운전은 해로움이 크다.

학생들이 궁금해하는 HSK

1. HSK 5급을 한 달 안에 취득할 수 있나요?

HSK는 급수별로 유기적인 연관성이 깊습니다. HSK 5급은 HSK 4급과 6급 내공을 함께 필요로 합니다. 4급은 일상생활에서 사용하는 중국어 위주이며, 6급은 전문적인 지식을 전달하는 글이 중심이 되는데, HSK 5급에는 이 내용들이 섞여서 출제됩니다. 만약 4급 점수가 200점대라면 하루에 7시간 이상, 250점 이상이라면 하루 3시간 이상 5급 준비를 한다면 한 달 안에 HSK 5급 합격이 가능합니다. 이 데이터는 수만 명의 학생들을 대상으로 통계 낸 수치이므로 개인의 언어적 감각에 따라 약간의 오차는 있을 수 있습니다. 또한 많은 학생들이 HSK 5급 준비 시, 5급 필수 어휘만 암기하고 있는데 이는 잘못된 학습법입니다. 반드시 4급 필수 어휘를 다시 학습한 후에 5급 필수 어휘를 암기해야 합니다. 본 교재는 5급 시험에 자주 출제되는 4급 필수 어휘와 5급 최우선 필수 어휘를 구분해 놓음으로써, 학습자들의 체계적인 어휘 학습이 가능합니다.

2. 이번 시험 난이도가 어땠나요?

시험이 끝나면 학생들에게 가장 많이 받는 질문 중에 하나가 "선생님, 이번 시험 난이도가 어땠나요?"입니다. 시중에 HSK 관련 루머가 많이 있는데, 그중 하나가 바로 '몇 월 시험이 쉽게 출제된다'라는 것입니다. HSK는 아주 과학적으로 설계되어 출제되는 시험이고, 매 시험마다 영역별 난이도가 조정되어 출제됩니다. 따라서 이번에 쓰기가 어려웠다고 다음 시험에 쓰기만 위주로 준비하면 낭패를 당하기 십상입니다. 2010년 新HSK 초기에 비하면 최근 일부 영역이 다소 어려워졌지만, 시험의 전체적인 난이도는 비슷하다고 볼 수 있습니다. '1년 중 몇 월 시험이 쉽다'라는 것은 없습니다. 주변에서 말하는 것은 순전히 응시자 개인적으로 느끼는 부분이므로 신경 쓰지 않도록 됩니다.

3. PBT(지필 시험)가 나은가요, IBT(컴퓨터 시험)가 나은가요?

PBT와 IBT 시험은 각각의 장단점이 있다 보니 오로지 본인의 판단에 맡겨야 합니다. IBT의 장점은 당연히 쓰기 영역에 있습니다. 한자 쓰는 것이 부담스러운 학생들은 IBT로 응시하시면 됩니다. 다만 독해 가독성이 떨어지므로 독해가 약한 학생에게는 PBT가 유리합니다. 듣기의 경우 IBT는 헤드셋으로 듣기 때문에 집중력 측면에서는 나을 수 있지만, 선택지를 미리 보고 체크하기에는 PBT가 유리합니다. 자신에게 유리한 부분과 불리한 부분을 잘 따져서 전체적으로 조금 더 유리한 시험 방식을 채택하면 됩니다.

차례

첫째마당

듣기 완벽 대비

1장 듣기 1, 2부분(대화형) 이렇게 나온다!

2장 듣기 2부분(서술형) 이렇게 나온다!

차 례

둘째마당

독해 완벽 대비

1장 | 독해 1부분 이렇게 나온다!

2장 | 독해 2부분 이렇게 나온다!

3장 | 독해 3부분 이렇게 나온다!

차 례

셋째마당

쓰기 완벽 대비

1장 쓰기 1부분 이렇게 나온다!

2장 쓰기 2부분 이렇게 나온다!

: 추천! 4주 학습계획표 :

1일차	2일차	3일차	4일차	5일차
• 字로 어휘 익히기 (p24~27) • 쓰기 1부분 시나공법 1, 2	• 字로 어휘 익히기 (p94~97) • 쓰기 1부분 시나공법 3	• 字로 어휘 익히기 (p128~131) • 쓰기 1부분 시나공법 4, 5	• 字로 어휘 익히기 (p182~185) • 쓰기 1부분 시나공법 6, 7 • 듣기 대화형 시나공법 1	• 字로 어휘 익히기 (p220~223) • 쓰기 1부분 시나공법 8, 9 • 듣기 대화형 시나공법 2
6일차	**7일차**	**8일차**	**9일차**	**10일차**
• 字로 어휘 익히기 (p288~291) • 쓰기 1부분 실전문제 • 듣기 대화형 시나공법 3	• 字로 어휘 익히기 (p382~384) • 듣기 대화형 시나공법 4 • 독해 1부분 시나공법 1	• 字로 어휘 익히기 (p24~27) • 듣기 대화형 시나공법 5 • 독해 1부분 시나공법 2	• 字로 어휘 익히기 (p94~97) • 듣기 대화형 시나공법 6 • 독해 1부분 시나공법 3	• 字로 어휘 익히기 (p128~131) • 듣기 대화형 실전문제
11일차	**12일차**	**13일차**	**14일차**	**15일차**
• 字로 어휘 익히기 (p182~185) • 독해 1부분 실전문제	• 字로 어휘 익히기 (p220~223) • 독해 2부분 시나공법 1	• 字로 어휘 익히기 (p288~291) • 독해 2부분 시나공법 2 • 듣기 서술형 시나공법 1	• 字로 어휘 익히기 (p382~384) • 독해 2부분 시나공법 3 • 듣기 서술형 시나공법 2	• 字로 어휘 익히기 (p24~27) • 독해 2부분 실전문제 • 듣기 서술형 실전문제
16일차	**17일차**	**18일차**	**19일차**	**20일차**
• 字로 어휘 익히기 (p94~97) • 독해 3부분 시나공법 1	• 字로 어휘 익히기 (p128~131) • 독해 3부분 시나공법 2	• 字로 어휘 익히기 (p182~185) • 독해 3부분 시나공법 3	• 字로 어휘 익히기 (p220~223) • 독해 3부분 시나공법 4	• 字로 어휘 익히기 (p288~291) • 독해 3부분 실전문제
21일차	**22일차**	**23일차**	**24일차**	**25일차**
• 字로 어휘 익히기 (p382~384) • 쓰기 2부분 시나공법 1	• 비법노트(p2~14) • 쓰기 2부분 시나공법 2	• 비법노트(p15~32) • 쓰기 2부분 시나공법 3	• 비법노트(p33~50) • 쓰기 2부분 시나공법 4	• 비법노트(p51~68) • 쓰기 2부분 실전문제
26일차	**27일차**	**28일차**	**29일차**	**30일차**
• 실전모의고사	• 실전모의고사 듣기 영역 풀이	• 실전모의고사 독해 1, 2부분 풀이	• 실전모의고사 독해 3부분 풀이	• 실전모의고사 쓰기 영역 풀이

시나공
HSK

듣기 완벽 대비

1장 듣기 1, 2부분 대화형 이렇게 나온다!

2장 듣기 2부분 서술형 이렇게 나온다!

첫째마당 1

시험 유형 소개

★ 듣기 1부분: 총 20문제(1~20번) ➜ 남녀 한 마디씩 대화
★ 듣기 2부분: 총 10문제(21~30번) ➜ 남녀 두 마디씩 대화
★ 남녀 대화를 듣고 4개의 선택지(ABCD) 중에서 맞는 답을 선택하기
★ 대화문 1개당 1문제 출제
★ 대화문 녹음이 끝난 후 질문이 있음
★ 배점: 문제당 2.2점(상대평가가 적용되므로 소수점은 나오지 않으며, 홀수 점수가 나올 수 있음)

| 듣기 1부분 대화형 |

예제

A 是进口的　　✓B 是手工制作的　　C 保暖效果好　　D 非常舒适柔软

女：这条牛仔裤没什么特别的，怎么这么贵啊？
男：这可是名牌，而且是纯手工制作的。
问：那条牛仔裤为什么贵？

| 듣기 2부분 대화형 |

예제

✓A 通过了初试　　B 忘带简历了　　C 是服装设计师　　D 要应聘市场部

女：你好，这里是中海公司人事部，恭喜你通过了初试，请于下周二上午十点来参加复试。
男：好。请问，需要带设计作品吗？
女：至少要准备一份作品。
男：好的。
问：关于男的，可以知道什么？

시험 공략법

1 선택지(ABCD)에 집중하라!

녹음을 듣기 전 선택지 내용을 미리 파악하는 것이 가장 중요합니다. 선택지 내용으로 녹음 내용을 일정 부분 예상할 수 있기 때문입니다. 특히 HSK 5급에서는 선택지 내용이 녹음 속에 그대로 언급되어 정답이 되는 문제가 대화형 문제의 30~50% 정도입니다. 그러므로 평소 연습 시, 문제와 문제 사이 13초 동안 선택지를 빠르게 읽고 주요 단어에 체크하며 녹음 내용을 예상하는 습관을 기르는 것이 좋습니다. 녹음을 들을 때도 선택지에서 눈을 떼지 말고 집중해야 합니다.

2 선택지에 체크하며 들어라!

녹음을 들을 때 대화 내용을 다 메모할 필요는 없습니다. 선택지에 O X 체크, 그리고 남녀 중 누가 한 말인지 구분하는 것이면 충분합니다. 대화가 끝난 후 질문이 나오면, O X 또는 남녀 구분 체크한 것을 토대로 정답을 찾을 수 있습니다. 녹음을 들음과 동시에 답을 찾도록 연습하세요.

3 들리는 단어로 정답을 찾아라!

HSK 5급 듣기 대화는 날씨나 결혼 등의 일상생활, 학교나 직장 생활, 건강, 음식, 컴퓨터, 여행, 교통수단(비행기, 택시, 기차 등), 운동 경기 등의 평범한 주제를 주로 다룹니다. 녹음의 모든 내용을 들으려 하면 정작 들리는 단어를 놓칠 수 있습니다. 따라서 들리는 단어와 선택지의 단어를 토대로 대화 내용을 유추해, 필요한 내용을 선택지에 체크하고 안 들리는 단어는 과감하게 버리는 습관을 기르는 것이 좋습니다.

4 답안 마킹은 마킹 시간에 하라!

듣기 영역이 끝난 후, 답안 마킹 시간 5분이 주어집니다. 이 시간에는 독해 영역을 미리 풀 수 없습니다. 따라서 녹음이 시작된 이후에는 선택지에만 집중하고, 문제와 문제 사이 13초 동안은 다음 문제의 선택지 내용을 파악하는 데 활용해야 합니다. 마킹은 주어진 마킹 시간 5분을 활용하세요.

字로 어휘 익히기 – 5급에 꼭 필요한 4급 필수어휘 1

- □ **安排** ānpái 동 (인원 · 시간을) 배정하다, (일을) 처리하다
- □ **按时** ànshí 부 제때, 시간에 맞추어
- □ **按照** ànzhào 전 ~에 따라, ~대로 ⋙ 按 전 ~에 따라 + 照 전 ~에 따라
- □ **保证** bǎozhèng 동 보증하다, 약속하다 ⋙ 证 명 증거, 증서 동 증명하다
- □ **抱** bào 동 안다, 껴안다, 포옹하다
- □ **抱歉** bàoqiàn 동 미안해 하다, 죄송합니다
- □ **本来** běnlái 부 원래는 ~했는데
- □ **比如** bǐrú 접 예를 들어
- □ **标准** biāozhǔn 명 표준, 기준 형 표준의, 규범적인
- □ **表演** biǎoyǎn 동 공연하다, 연기하다 명 공연, 연기 ⋙ 演 동 공연하다, 연기하다
- □ **表扬** biǎoyáng 동 표창하다, 칭찬하다 ⋙ 扬 동 들어 올리다, 칭송하다
- □ **不管** bùguǎn 접 ~에 관계없이, ~을 막론하고[=无论 wúlùn, 不论 búlùn]
- □ **不过** búguò 접 그러나, 그런데
- □ **不仅** bùjǐn 접 ~뿐만 아니라
- □ **擦** cā 동 (천 · 수건으로) 닦다
- □ **猜** cāi 동 추측하다, 알아맞히다
- □ **材料** cáiliào 명 재료, 원료, 자료[=资料 zīliào] ⋙ 材 명 재료 + 料 명 재료
- □ **参观** cānguān 동 참관하다, 견학하다 ⋙ 参 동 참가하다 + 观 동 보다
- □ **尝** cháng 동 맛보다
- □ **超过** chāoguò 동 초과하다, 넘다
- □ **乘坐** chéngzuò 동 (자동차 · 배 · 비행기를) 타다 ⋙ 乘 동 (교통수단에) 타다 + 坐 동 (교통수단에) 타다
- □ **吃惊** chījīng 동 놀라다 ⋙ 惊 동 놀라다
- □ **重新** chóngxīn 부 다시, 재차
- □ **抽烟** chōuyān 동 흡연하다, 담배를 피우다 ⋙ 抽 동 뽑아내다, 추출하다 + 烟 명 연기
- □ **出差** chūchāi 동 (외지로) 출장을 가다
- □ **出现** chūxiàn 동 출현하다, 나타나다
- □ **窗户** chuānghu 명 창문 ⋙ 窗 명 창 + 户 명 문
- □ **粗心** cūxīn 형 소홀하다, 부주의하다 ⋙ 粗 형 소홀하다, 세심하지 않다
- □ **存** cún 동 저장하다, 보관하다, 저축하다
- □ **错误** cuòwù 명 착오, 잘못 형 잘못되다 ⋙ 误 명 실수, 잘못 형 잘못되다
- □ **打扮** dǎban 동 화장하다, 꾸미다
- □ **打扰** dǎrǎo 동 방해하다, 폐를 끼치다 ⋙ 扰 동 방해하다, 폐를 끼치다
- □ **打印** dǎyìn 동 인쇄하다, 프린트하다 ⋙ 印 동 인쇄하다
- □ **打招呼** dǎ zhāohu 동 (말 · 행동으로) 인사하다
- □ **打折** dǎzhé 동 할인하다, 가격을 깎다 ⋙ 折 동 꺾다, 끊다, 깎다, 할인하다
- □ **大约** dàyuē 부 대략, 대강 ⋙ 约 부 대략

- ☐ 戴 dài 동 (장신구를) 착용하다, (모자를) 쓰다, (몸에) 달다
- ☐ 到处 dàochù 부 도처에, 곳곳에
- ☐ 到底 dàodǐ 부 도대체[추궁을 하는 의문문에 쓰임]
- ☐ 道歉 dàoqiàn 동 사과하다
- ☐ 得意 déyì 형 득의양양하다, 만족하다
- ☐ 登机牌 dēngjīpái 명 탑승권 ⋙ 登机 동 비행기에 탑승하다 + 牌 명 팻말, 패, 간판
- ☐ 低 dī 형 낮다
- ☐ 地址 dìzhǐ 명 주소
- ☐ 调查 diàochá 동 조사하다 ⋙ 调 동 조사하다 + 查 동 조사하다
- ☐ 掉 diào 동 떨어지다
- ☐ 丢 diū 동 ① 잃다, 잃어버리다 ② (내)던지다, (내)버리다
- ☐ 堵车 dǔchē 동 차가 막히다, 교통이 체증되다 ⋙ 堵 동 막다, 막히다
- ☐ 短信 duǎnxìn 명 문자메시지
- ☐ 儿童 értóng 명 아동, 어린이 ⋙ 儿 명 어린이, 아이 + 童 명 아동, 어린이
- ☐ 而 ér 접 ① ~이지만, 그러나[역접] ② ~하고[순접]
- ☐ 发生 fāshēng 동 발생하다, 생기다, 일어나다
- ☐ 发展 fāzhǎn 동 발전하다, 발전시키다
- ☐ 烦恼 fánnǎo 형 고민하다, 걱정하다 명 고민, 걱정
- ☐ 房东 fángdōng 명 집주인 ⋙ 房 명 집 + 东 명 주인
- ☐ 放弃 fàngqì 동 포기하다 ⋙ 弃 동 포기하다
- ☐ 放松 fàngsōng 동 늦추다, 느슨하게 하다 ⋙ 松 동 늦추다, 느슨하게 하다
- ☐ 丰富 fēngfù 형 풍부하다 동 풍부하게 하다 ⋙ 丰 형 풍부하다 + 富 형 풍부하다
- ☐ 符合 fúhé 동 부합하다 ⋙ 符 동 부합하다 + 合 동 부합하다
- ☐ 付款 fùkuǎn 동 돈을 지불하다 ⋙ 付 동 지불하다 + 款 명 돈
- ☐ 负责 fùzé 동 책임지다 ⋙ 负 동 (책임을) 지다 + 责 명 책임
- ☐ 复印 fùyìn 동 복사하다 ⋙ 印 동 복사하다, 인쇄하다
- ☐ 改变 gǎibiàn 동 변하다, 바뀌다, 바꾸다 ⋙ 改 동 변하다, 바뀌다 + 变 동 변하다, 바뀌다
- ☐ 赶 gǎn 동 ① 시간에 대다, 서두르다 ② 뒤쫓다
- ☐ 敢 gǎn 동 감히 ~하다
- ☐ 感动 gǎndòng 동 감동하다, 감동시키다 ⋙ 感 동 느끼다, 감동하다 + 动 동 움직이다, 감동시키다
- ☐ 胳膊 gēbo 명 팔
- ☐ 工资 gōngzī 명 월급, 임금
- ☐ 功夫 gōngfu 명 ① (무술 방면의) 재주, 솜씨 ② 공(功), 노력 ③ 시간[=工夫 gōngfu]
- ☐ 购物 gòuwù 동 물건을 사다 ⋙ 购 동 구매하다, 사다 + 物 명 물건
- ☐ 估计 gūjì 동 추측하다, 예측하다 ⋙ 估 동 추측하다
- ☐ 鼓励 gǔlì 동 격려하다, 북돋우다 ⋙ 鼓 동 고무하다, 북돋우다 + 励 동 격려하다
- ☐ 关键 guānjiàn 명 관건, 열쇠, 키포인트 형 매우 중요하다
- ☐ 管理 guǎnlǐ 동 관리하다 ⋙ 管 동 관리하다 + 理 동 관리하다
- ☐ 逛 guàng 동 돌아다니다, 구경하다

□ 规定 guīdìng 동 규정하다 명 규정
□ 过程 guòchéng 명 과정
□ 害羞 hàixiū 동 부끄러워하다, 수줍어하다 ⋙ 羞 동 부끄러워하다, 수줍어하다
□ 航班 hángbān 명 운항편, 항공편
□ 好像 hǎoxiàng 부 마치 ~과 같다 ⋙ 像 동 마치 ~과 같다
□ 合适 héshì 형 적합하다, 적당하다, 알맞다 ⋙ 适 형 알맞다, 적합하다
□ 后悔 hòuhuǐ 동 후회하다 ⋙ 悔 동 후회하다
□ 怀疑 huáiyí 동 의심하다 ⋙ 怀 동 생각을 품다 + 疑 동 의심하다
□ 回忆 huíyì 동 회상하다, 추억하다 ⋙ 忆 동 회상하다, 기억하다
□ 活动 huódòng 명 활동, 행사, 이벤트 동 활동하다, (몸을) 움직이다
□ 活泼 huópo 형 활발하다, 활기차다 ⋙ 活 형 활기차다 + 泼 형 활발하다
□ 积极 jījí 형 적극적이다, 열성적이다, 긍정적이다
□ 积累 jīlěi 동 (조금씩) 쌓다, 축적하다 ⋙ 积 동 쌓다, 축적하다
□ 激动 jīdòng 동 감정이 격해지다, 감격하다, (화나서) 흥분하다
□ 及时 jíshí 형 시기적절하다 부 제때, 즉시, 곧바로
□ 即使 jíshǐ 접 설령 ~하더라도
□ 计划 jìhuà 동 계획하다, ~할 계획이다 명 계획
□ 技术 jìshù 명 기술
□ 加班 jiābān 동 초과 근무를 하다, 야근하다 ⋙ 加 동 더하다 + 班 명 근무
□ 价格 jiàgé 명 가격, 값 ⋙ 价 명 가격, 값
□ 坚持 jiānchí 동 꾸준히 하다, 고수하다
□ 建议 jiànyì 동 건의하다, 제안하다 명 건의, 제안
□ 奖金 jiǎngjīn 명 상금, 보너스 ⋙ 奖 명 상
□ 降低 jiàngdī 동 내리다, 낮추다 ⋙ 降 동 내리다, 낮추다 + 低 형 낮다
□ 郊区 jiāoqū 명 (도시의) 변두리, 교외 ⋙ 郊 명 교외 + 区 명 구역, 지역
□ 骄傲 jiāo'ào 형 ① 오만하다, 거만하다 ② 자랑스럽다 ⋙ 骄 형 거만하다, 교만하다 + 傲 형 거만하다
□ 接受 jiēshòu 동 받아들이다, 받다 ⋙ 接 동 받아들이다, 받다 + 受 동 받아들이다, 받다
□ 节约 jiéyuē 동 절약하다, 아끼다 ⋙ 节 동 절약하다 + 约 동 절약하다
□ 解释 jiěshì 동 ① 해석하다 ② 설명하다, 해명하다 ⋙ 解 동 해석하다, 설명하다 + 释 동 해석하다, 설명하다
□ 尽管 jǐnguǎn 접 비록 ~이지만 부 얼마든지
□ 禁止 jìnzhǐ 동 금지하다 ⋙ 禁 동 금지하다 + 止 동 금지하다
□ 经历 jīnglì 동 (몸소) 경험하다 명 경험 ⋙ 经 동 경험하다 + 历 동 경험하다
□ 经验 jīngyàn 명 경험, 경력, 노하우
□ 景色 jǐngsè 명 풍경, 경치 ⋙ 景 명 풍경
□ 竞争 jìngzhēng 동 경쟁하다 ⋙ 竞 동 경쟁하다 + 争 동 다투다, 경쟁하다
□ 竟然 jìngrán 부 뜻밖에도, 의외로
□ 举办 jǔbàn 동 개최하다, 열다
□ 举行 jǔxíng 동 거행하다, 개최하다

- □ **拒绝** jùjué 동 거절하다, 거부하다 ⋯ 拒 동 거절하다, 거부하다
- □ **聚会** jùhuì 명 모임 동 모이다 ⋯ 聚 동 모이다 + 会 동 모이다 명 모임
- □ **考虑** kǎolǜ 동 고려하다, 생각하다 ⋯ 考 동 고려하다 + 虑 동 생각하다
- □ **可怜** kělián 형 가련하다, 불쌍하다
- □ **可惜** kěxī 형 아쉽다, 아깝다
- □ **肯定** kěndìng 부 확실히, 틀림없이 동 긍정하다, 인정하다, 확신하다
- □ **来不及** láibují 동 늦다, (시간이 부족하여) ~할 겨를이 없다
- □ **来自** láizì 동 ~(로)부터 오다
- □ **懒** lǎn 형 게으르다, 나태하다
- □ **浪费** làngfèi 동 낭비하다 ⋯ 浪 명 파도 동 제약이 없다 + 费 동 쓰다, 소비하다
- □ **冷静** lěngjìng 형 침착하다, 냉철하다
- □ **礼拜天** lǐbàitiān 명 일요일
- □ **礼貌** lǐmào 명 예의, 예의범절 ⋯ 礼 명 예의
- □ **理发** lǐfà 동 이발하다 ⋯ 理 동 정리하다 + 发 명 머리카락
- □ **理解** lǐjiě 동 이해하다 ⋯ 解 동 이해하다
- □ **理想** lǐxiǎng 명 이상 형 이상적인
- □ **联系** liánxì 동 연락하다, 연결하다 ⋯ 联 동 연결하다 + 系 동 연결하다
- □ **另外** lìngwài 접 그밖에 대 다른 (사람이나 사물)
- □ **留** liú 동 남기다
- □ **流利** liúlì 형 (말 · 문장이) 유창하다, 막힘이 없다
- □ **流行** liúxíng 동 유행하다 형 유행하는
- □ **旅行** lǚxíng 동 여행하다, 관광하다
- □ **乱** luàn 형 어지럽다, 혼란하다
- □ **麻烦** máfan 형 귀찮다, 성가시다, 번거롭다 동 폐를 끼치다
- □ **美丽** měilì 형 아름답다, 예쁘다 ⋯ 美 형 아름답다 + 丽 형 아름답다
- □ **迷路** mílù 동 길을 잃다 ⋯ 迷 동 빠지다, 심취하다, 헷갈리다 + 路 명 길
- □ **密码** mìmǎ 명 비밀번호, 패스워드 ⋯ 密 명 비밀 + 码 명 [숫자를 나타내는 부호]
- □ **免费** miǎnfèi 동 무료로 하다 ⋯ 免 동 모면하다, 피하다 + 费 명 비용, 요금
- □ **耐心** nàixīn 명 인내심 형 인내심이 있다 ⋯ 耐 동 참다, 견디다 + 心 명 마음
- □ **难受** nánshòu 형 ① (몸이) 불편하다, 아프다 ② (마음이) 괴롭다, 견디기 어렵다 ⋯ 难 형 어렵다 + 受 동 참다, 견디다
- □ **暖和** nuǎnhuo 형 따뜻하다 동 따뜻하게 하다, (몸을) 녹이다 ⋯ 暖 형 따뜻하다
- □ **偶尔** ǒu'ěr 부 때때로, 간혹
- □ **排队** páiduì 동 줄을 서다 ⋯ 排 동 배열하다 + 队 명 대열, 행렬
- □ **陪** péi 동 모시다, 함께하다
- □ **批评** pīpíng 동 비판하다, 질책하다, 꾸짖다 ⋯ 批 동 비평하다, 비판하다 + 评 동 평가하다
- □ **皮肤** pífū 명 피부 ⋯ 皮 명 피부 + 肤 명 피부
- □ **脾气** píqi 명 성격, 기질

시나공법 01

선택지의 단어나 문장이 그대로 들린다!

HSK 5급 듣기 대화형 문제는 5급 필수어휘를 테스트하기 위해, 녹음의 핵심 단어를 선택지에 그대로 출제하는 경우가 많습니다. 따라서 초급자들은 필수어휘 위주로 단어를 암기하고, 선택지의 필수어휘가 녹음에서 들리는지 파악하는 연습이 필요합니다. 성급하게 문장부터 들으려 애쓰지 마세요. 필수어휘로 기초를 다지면 문장도 점차 정확하게 들리게 됩니다.

STEP 01 먼저 풀어보기

예제 1 듣기 1-01-1 예제1.mp3

A 是进口的

B 是手工制作的

C 保暖效果好

D 非常舒适柔软

예제 2 듣기 1-01-2 예제2.mp3

A 优惠多

B 支付安全

C 节省时间

D 可自由选择司机

예제 3 듣기 1-01-3 예제3.mp3

A 通过了初试

B 忘带简历了

C 是服装设计师

D 要应聘市场部

선생님의 한마디

- 선택지의 어휘들은 HSK 5급 필수어휘입니다. 5급 학습을 처음 시작하는 학생들은 사전을 이용해 선택지(ABCD)의 어휘를 찾아본 후 예제를 풀어 보세요.
- 문제를 풀 때는 선택지를 보며 내용을 파악하고, 녹음이 모두 끝날 때까지 선택지에서 눈을 떼지 않고 들어야 합니다. 선택지의 단어나 문장이 들리면 간단하게 체크합니다. 질문이 나오면 체크한 것을 토대로 빠르게 정답을 찾은 후, 다음 문제의 선택지 내용을 파악합니다. 꾸준히 연습해서 이 방법을 습관으로 만드는 것이 좋습니다.

STEP 02 선생님 풀이과정 보기

예제 1

|해 설|

A 是进口的	A 수입한 것이다
B 是手工制作的	B 수공예로 만든 것이다
C 保暖效果好	C 보온 효과가 좋다
D 非常舒适柔软	D 매우 편하고 부드럽다

进口, 手工制作, 保暖效果, 舒适柔软에 미리 체크합니다. 물건에 대한 설명을 물어보는 문제임을 알 수 있습니다.

여자의 첫마디에 '怎么这么贵啊?'라는 의문문이 나오므로, 그다음에 남자가 대답하는 내용이 정답이 될 가능성이 높습니다. 이 문제에서는 남자가 **名牌**와 **纯手工制作**라는 두 가지 이유를 제시하였는데, 앞서 선택지 B에 **是手工制作的**라고 그대로 언급된 것을 통해 정답 B임을 알 수 있습니다.

|해 석|

女: 这条①牛仔裤没什么特别的，怎么这么贵啊?	**여:** 이 ①청바지는 별로 특별하지 않은데, 왜 이렇게 비싸죠?
男: 这可是②名牌，而且是纯手工③制作的。	**남:** 이것은 ②명품인데다, 100% 수공예로 ③만든 것입니다.
问: 那条牛仔裤为什么贵?	**질문:** 그 청바지는 왜 비싼가?

|단 어| **进口** jìnkǒu 동 수입하다 | **手工** shǒugōng 명 수공 동 수공으로 하다 | **制作** zhìzuò 동 제작하다, 만들다 | **保暖** bǎonuǎn 동 보온하다 | **效果** xiàoguǒ 명 효과 | **舒适** shūshì 형 편하다, 편안하다 | **柔软** róuruǎn 형 유연하다, 부드럽고 연하다 | **牛仔裤** niúzǎikù 명 청바지 | **特别** tèbié 형 특별하다 | **名牌** míngpái 명 유명 상표, 명품 | **纯** chún 부 완전히, 전적으로

|정 답| B

녹음 지문 받아쓰기 녹음을 들으며 빈칸의 단어를 받아써 봅시다. 듣기 1-01-1 예제1.mp3

女：这条①__________没什么特别的，怎么这么贵啊?
男：这可是②__________，而且是纯手工③__________的。

선생님의 한마디

선택지에 의미를 모르는 단어가 있으면 발음만 체크한 후 녹음에서 언급되는지 확인해야 합니다. 대체로 같은 단어가 반복되기 때문에 정답률을 높일 수 있습니다.

선생님의 한마디

요즘 중국은 IT · 지식 기반 산업이 많이 발전했지만, 수공업이 여전히 큰 비중을 차지합니다. 그렇다 보니 HSK 시험에서도 纯手工制作的란 표현이 자주 출제됩니다.

예제 2

|해 설|

A 优惠多 / A 혜택이 많다
B 支付安全 / B 지불이 안전하다
C 节省时间 / C 시간을 절약한다
D 可自由选择司机 / D 자유롭게 기사를 선택할 수 있다

优惠, 支付, 时间 등으로 미루어 보면 상품 관련 내용일 가능성이 있는데, D의 司机라는 단어 때문에 운전 관련된 내용은 아닐까 예측해 볼 수 있습니다.

대화 첫 번째 문장에서 '怎么样?'이라고 물어봅니다. 그러면 상대방의 답변을 중심으로 핵심 단어나 문장을 들어야 합니다. 남자는 여자의 질문에 **挺方便的**와 **能节省一些时间**의 두 가지 정보를 제시했습니다. 선택지 C의 내용이 그대로 녹음에서 언급되었으므로 정답은 C가 됩니다.

|해 석|

女： 你觉得这款打车①软件怎么样? **男：** 挺方便的，用它打车②随叫随到，能③节省一些时间。 **问：** 那款打车软件有什么优点?	**여:** 너는 이 택시 ①어플리케이션을 어떻게 생각해? **남:** 꽤 편리해. 그걸로 택시를 잡으면 ②부르자마자 달려와서, 시간을 좀 ③절약할 수 있어. **질문:** 그 택시 어플리케이션의 장점은 무엇인가?

|단 어| **优惠** yōuhuì 명 혜택 | **支付** zhīfù 동 지불하다, 내다 | **节省** jiéshěng 동 아끼다, 절약하다 | **选择** xuǎnzé 동 선택하다, 고르다 | **司机** sījī 명 기사, 운전사 | **款** kuǎn 양 종류, 모양, 스타일 | **打车软件** dǎchē ruǎnjiàn 택시 어플리케이션 * **打车** dǎchē 동 택시를 타다(잡다) * **软件** ruǎnjiàn 명 프로그램, 어플리케이션[=**应用软件** yìngyòng ruǎnjiàn] | **挺** tǐng 부 꽤, 제법 | **方便** fāngbiàn 형 편리하다 | **随叫随到** suí jiào suí dào 부르자마자 달려오다 * **随~随…** suí~suí… ~하자마자 …하다 | **优点** yōudiǎn 명 장점

|정 답| C

> **선생님의 한마디**
> 打车软件은 우리나라의 '카카오 택시' 같은 스마트폰 어플을 뜻합니다.

녹음 지문 받아쓰기 녹음을 들으며 빈칸의 단어를 받아써 봅시다. 듣기 1-01-2 예제2.mp3

女：你觉得这款打车①__________怎么样?
男：挺方便的，用它打车②__________，能③__________一些时间。

예제 3

|해 설|

A 通过了初试 A 1차 시험에 통과했다
B 忘带简历了 B 이력서를 가져오는 것을 잊었다
C 是服装设计师 C 의상 디자이너이다
D 要应聘市场部 D 마케팅팀에 지원하려 한다

初试, 简历, 服装设计师, 市场部라는 단어를 통해 대화는 디자이너 채용과 관련한 내용임을 유추할 수 있습니다.

대화의 첫 문장에서 '恭喜你通过了初试'를 들었다면, 선택지 A 通过了初试와 일치하기 때문에 정답을 쉽게 선택할 수 있습니다. 만약 첫 문장을 놓쳤더라도 다른 선택지의 핵심 단어 简历, 服装设计师, 市场部가 언급되지 않았기 때문에 소거법으로 정답을 찾을 수도 있습니다. 지문의 设计는 단순히 디자인을 의미하는 것이고, 선택지 C에는 服装이라는 단어로 구체화하였기 때문에 C는 정답이 될 수 없습니다. 정답은 A입니다.

|해 석|

女：你好，这里是中海公司人事部，①恭喜你通过了初试，请于下周二上午十点来②参加复试。	여: 안녕하세요. 여기는 중하이사 인사팀입니다. 1차 시험에 통과하신 것을 ①축하드립니다. 다음 주 화요일 오전 10시까지 오셔서 2차 시험에 ②참가해 주시기 바랍니다.
男：好。请问，需要带设计作品吗？	남: 알겠습니다. 좀 여쭤볼게요. 디자인 작품을 가져가야 하나요?
女：至少要③准备一份作品。	여: 최소한 작품 하나는 ③준비해야 합니다.
男：好的。	남: 알겠습니다.
问：关于男的，可以知道什么？	질문: 남자에 관해서 무엇을 알 수 있는가?

|단 어| 通过 tōngguò 동 통과하다 | 初试 chūshì 명 1차 시험 | 忘带 wàng dài 가져오는 것을 잊다 | *带 dài 동 (몸에) 지니다, 휴대하다 | 简历 jiǎnlì 명 이력서 | 服装设计师 fúzhuāng shèjìshī 의상 디자이너 | 应聘 yìngpìn 동 지원하다, 초빙에 응하다 | 市场部 shìchǎngbù 마케팅팀 | 恭喜 gōngxǐ 동 축하하다 | 参加 cānjiā 동 참가하다 | 复试 fùshì 명 2차 시험 | 需要 xūyào 동 ~해야 한다 | 设计 shèjì 명 디자인, 설계 | 至少 zhìshǎo 부 최소한, 적어도 | 准备 zhǔnbèi 동 준비하다

|정 답| A

녹음 지문 받아쓰기 녹음을 들으며 빈칸의 단어를 받아써 봅시다. 듣기 1-01-3 예제3.mp3

女：你好，这里是中海公司人事部，①__________你通过了初试，请于下周二上午十点来②__________复试。
男：好。请问，需要带设计作品吗？
女：至少要③__________一份作品。
男：好的。

선생님의 한마디

5급 필수어휘인 恭喜는 쓰기 1부분에도 출제된 적이 있습니다. 恭喜你通过了初试처럼 '恭喜+S(你)+V+O'의 구조로 씁니다.

STEP 03 내공쌓기

시험에 자주 출제되는 질문

★ 女的为什么高兴? 여자는 왜 기뻐하는가?

★ 女的为什么不关电脑? 여자는 왜 컴퓨터를 끄지 않는가?

★ 男的怎么了? 남자는 어떠한가?

★ 女的有什么建议? 여자는 어떤 제안을 하는가?

★ 男的是什么意思? 남자의 말은 무슨 의미인가?

시험에 자주 나오는 표현 1

HSK 5급 듣기 대화형은 주로 일상 소재를 다룹니다. 필수어휘를 중심으로 시험에 자주 출제되는 문장을 암기해 두면 정답을 고르는 데 많은 도움이 됩니다.

1. 일상생활

1) 계획 · 약속

> 礼拜天跟我们去钓鱼吧！
> 일요일에 우리랑 낚시하러 가자!

요일을 나타내는 단어는 星期O 외에, 礼拜O 또는 周O의 형태도 자주 출제됩니다.

| 기출 어휘 및 표현 |

- □ **划船** huáchuán 노를 젓다, 뱃놀이하다
- □ **参加婚礼** cānjiā hūnlǐ 결혼식에 참가하다
- □ **晒被子** shài bèizi 이불을 (햇볕에) 말리다
- □ **装饰房间** zhuāngshì fángjiān 방을 장식하다
- □ **拍摄照片** pāishè zhàopiàn 사진을 촬영하다

• **礼拜天** lǐbàitiān 명 일요일 [=**周日** zhōurì]
• **钓鱼** diàoyú 동 낚시하다

선생님의 한마디
钓鱼는 필수어휘는 아니지만 시험에 자주 등장하는 단어이므로 익혀 두도록 합니다.

2) 날씨

> 现在雾太大了。
> 지금 안개가 너무 심하다.

날씨와 관련된 단어에는 대부분 '雨'가 들어간다는 것을 기억하고, 관련 어휘를 함께 외워 두도록 합니다.

• **雾** wù 명 안개

|기출 어휘 및 표현|

- ☐ **雪** xuě 명 눈
- ☐ **露** lù 명 이슬
- ☐ **雷** léi 명 천둥, 우레
- ☐ **霜** shuāng 명 서리
- ☐ **天气预报** tiānqì yùbào 일기예보
- ☐ **飞机推迟起飞** 비행기 이륙이 지연되다

3) 요리 · 주문

服务员，来份小碗的肉丝炒面，少放辣椒多放醋。
종업원, 여기 고기 볶음면 소(小) 자로 하나 주세요. 고추는 조금만 넣고 식초는 많이 넣어 주세요.

你尝尝我做的点心。
내가 만든 간식 맛 좀 봐.

我煮的汤怎么样?
내가 끓인 탕 어때?

要是再辣点儿就好了。
만약에 조금 더 매웠으면 좋았을 거야.

- **份** fèn 양 ~인분
- **小碗** xiǎowǎn 명 작은 그릇
- **肉丝炒面** ròusī chǎomiàn 고기 볶음면
- **辣椒** làjiāo 명 고추
- **醋** cù 명 식초
- **煮** zhǔ 동 끓이다, 삶다

요리와 관련한 표현은 대화형 문제의 단골 주제입니다. 식당에서 요리를 주문하거나 집에서 직접 요리를 해 먹는 내용이 출제됩니다. 음식 맛에 대해 이야기하는 상황이라면, 대부분 맛있다고 칭찬하는 내용이 이어집니다.

|기출 어휘 및 표현|

- ☐ **煮** zhǔ 동 끓이다, 삶다
- ☐ **清淡** qīngdàn 형 담백하다
- ☐ **海鲜** hǎixiān 명 해산물
- ☐ **自助餐** zìzhùcān 명 뷔페
- ☐ **打包** dǎbāo 동 포장하다

2. 직장 생활

1) 구직 활동

您的简历我看过了，您在上家公司发展得不错，为什么辞职了呢?
당신의 이력서는 봤습니다. 당신은 이전 회사에서 잘나갔는데, 왜 퇴사하셨어요?

我被录取了。
나 합격했어.

- **简历** jiǎnlì 명 이력서
- **发展** fāzhǎn 동 발전하다
- **辞职** cízhí 동 퇴사하다, 직장을 그만두다
- **录取** lùqǔ 동 채용하다, 합격시키다, 뽑다

简历와 辞职 두 단어는 5급 필수어휘로, 구직 활동이나 면접 관련 지문에서 매우 자주 출제되는 단어입니다.

| 기출 어휘 및 표현 |

- □ **求职** qiúzhí 동 구직하다
- □ **应聘** yìngpìn 동 지원하다
- □ **面试** miànshì 명동 면접 시험(을 보다)
- □ **退休** tuìxiū 동 퇴직하다, 은퇴하다

2) 출장

你这几天出差的日程安排我已经发到你邮箱里了。
당신의 요 며칠 출장 스케줄을 내가 이미 당신 이메일로 보냈어요.

我被公司派到外地出差。
외지로 파견을 나왔어요. (회사가 나를 외지로 출장을 보냈어요.)

我月底要去苏州出差。
나는 월말에 수저우로 출장을 가야 돼요.

출장 관련 내용은 자주 출제되므로, 관련 어휘를 함께 외워 두도록 합니다. 첫 번째 문장의 邮箱은 원래 우편함을 뜻하지만, 요즘은 电子邮箱을 줄여 말하므로 '이메일 주소', 즉 '이메일'이라고 생각하면 됩니다.

- **出差** chūchāi 동 출장 가다
- **日程** rìchéng 명 일정, 스케줄
- **安排** ānpái 동 (인원 · 시간 등을) 배정하다
- **邮箱** yóuxiāng 명 이메일, 우편함

선생님의 한마디

安排는 사전에 동사 '안배하다'라고 나오지만, '일정을 잡다'라는 뜻으로 알아 두는 것이 좋습니다. 또 '你有什么安排吗?(너 무슨 계획 있니?)'처럼 '일정', '계획'이라는 명사로도 사용됩니다.

| 기출 어휘 및 표현 |

- □ **日程安排** rìchéng ānpái 스케줄
- □ **签合同** qiān hétong 계약서를 체결하다
- □ **合同到期了** hétong dàoqī le 계약 기간이 만료되다

3) 회사 운영

公司今年的销售总量和利润率，提高幅度都不大。
회사의 올해 매출 총량과 이익률은 상승 폭이 모두 크지 않다.

회사 운영과 관련하여 매출이나 이익은 자주 등장하는 소재입니다. 销售와 利润은 5급 필수어휘로 자주 출제되니, 외워 두면 유용합니다.

- **销售** xiāoshòu 동 팔다, 판매하다
- **总量** zǒngliàng 명 총(수)량
- **利润率** lìrùnlǜ 명 이익률, 수익률
- **幅度** fúdù 명 폭, 정도, 너비

| 기출 어휘 및 표현 |

- □ **提高幅度** tígāo fúdù 상승 폭
- □ **广告设计公司** guǎnggào shèjì gōngsī 광고 디자인 회사
- □ **打开销路** dǎkāi xiāolù 판로를 열다
- □ **装修方案** zhuāngxiū fāng'àn 인테리어 방안
- □ **推出商品** tuīchū shāngpǐn 상품을 출시하다
- □ **和张总约了上午十点见面** hé Zhāng zǒng yuēle shàngwǔ shí diǎn jiànmiàn
  장 사장님과 오전 10시에 만나기로 약속하다

4) 대화 · 잡담

李总，有两家媒体想采访您，要替您安排吗?
리 사장님, 언론 매체 두 군데에서 사장님을 인터뷰하고 싶어 하는데, 대신해서 일정을 잡을까요?

직장에서 일상과 관련하여 대화하는 내용은 단골 출제 메뉴입니다. 이 문장의 李总에서 总은 总经理를 줄인 말입니다. 媒体와 采访도 자주 나오는 5급 필수어휘이니, 암기해 둡시다.

- 媒体 méitǐ 명 대중매체, 매스미디어
- 采访 cǎifǎng 동 인터뷰하다, 탐방하다
- 安排 ānpái 동 일정을 잡다 명 일정, 계획

| 기출 어휘 및 표현 |

- □ 总裁 zǒngcái 명 (기업의) 총수
- □ 秘书 mìshū 명 비서
- □ 人事部 rénshìbù 인사팀
- □ 宣传部 xuānchuánbù 홍보팀
- □ 人手不够 rénshǒu búgòu 일손이 모자라다

5) 업종 · 직업

我在模特行业干了有五六年。
나는 모델 업종에서 일한 지 5, 6년 됐어.

업종이나 경력 관련 내용도 자주 출제됩니다. 行业의 발음에 주의합시다. 职业와 달리, 行业는 업종을 의미합니다.

선생님의 한마디
服装行业가 시험에 출제된 적이 있습니다.

- 模特 mótè 명 모델
- 行业 hángyè 명 업종, 직종
- 干了~年 gànle~nián ~년을 일하다

| 기출 어휘 및 표현 |

- □ 服装行业 fúzhuāng hángyè 의류 업종
- □ 建筑行业 jiànzhù hángyè 건설 업종
- □ 干活儿 gàn huór 동 육체 노동을 하다, 일을 하다
- □ 福利 fúlì 명 복지, 복리
- □ 兼职 jiānzhí 명 겸직, 아르바이트
- □ 找兼职工作 zhǎo jiānzhí gōngzuò 아르바이트를 찾다

3. 학교생활

1) 설문 조사

同学，能不能耽误您几分钟填一份调查问卷?
설문지 작성에 몇 분 정도만 시간을 내줄 수 있나요?

학교 친구에게 설문 조사를 부탁하는 학교생활을 다룬 내용입니다. 耽误는 '시간을 지체하다', '시간을 소모하다'라는 의미가 기본 의미입니다. 설문지와 같은 양식 또는 표에 내용을 기입할 때 동사는 일반적으로 填을 씁니다.

- 耽误 dānwu 동 시간을 지체하다. (시간을 지체해서) 일을 그르치다
- 填 tián 동 기입하다, 써넣다 [=填写 tiánxiě]
- 份 fèn 양 부, 통[신문 · 잡지 등을 세는 단위]
- 调查问卷 diàochá wènjuàn 명 설문지

| 기출 어휘 및 표현 |

- ☐ **组织** zǔzhī 동 (사람을 모아서) 조직하다
- ☐ **夏令营** xiàlìngyíng 명 하계 캠프, 여름 캠프
- ☐ **拍毕业照** pāi bìyè zhào 졸업 사진을 촬영하다
- ☐ **扩大交际圈** kuòdà jiāojìquān 교제 범위를 확대하다
- ☐ **参加** cānjiā 동 참가하다, 참석하다
- ☐ **辩论赛** biànlùnsài 토론 대회
- ☐ **演讲比赛** yǎnjiǎng bǐsài 웅변 대회
- ☐ **同学聚会** tóngxué jùhuì 동창 모임

2) 실습 · 인턴

我6月中旬去广州一家电视台实习。
나는 6월 중순에 광저우의 한 방송국에 실습을 하러 갔다.

我在一家杂志社实习。
나는 잡지사에서 실습 중이다.

- **中旬** zhōngxún 명 중순
- **广州** Guǎngzhōu 고유 광저우
- **电视台** diànshìtái 명 텔레비전 방송국
- **实习** shíxí 동 실습하다, 인턴으로 일하다

학교생활 중 实习를 소재로 한 내용은 자주 출제됩니다. 때를 나타내는 中旬은 자주 출제되는 5급 필수어휘입니다.

| 기출 어휘 및 표현 |

- ☐ **实习生** shíxíshēng 명 실습생, 인턴
- ☐ **实习计划** shíxí jìhuà 실습 계획
- ☐ **实习结束了** shíxí jiéshù le 실습이 끝났다

3) 지도 교수

李教授推荐我去一个研究所，过完元旦就开始上班。
리 교수님께서 내가 연구소에 갈 것을 추천해 주셔서, 새해가 되면 바로 출근하기 시작한다.

杨教授是研究小麦问题的专家。
양 교수님은 밀 문제를 연구하는 데 있어 전문가이다.

- **教授** jiàoshòu 명 교수
- **推荐** tuījiàn 동 추천하다
- **研究所** yánjiūsuǒ 명 연구소
- **元旦** yuándàn 명 새해 첫날 [양력 1월 1일을 뜻함]
- **小麦** xiǎomài 명 밀
- **专家** zhuānjiā 명 전문가

5급 필수어휘 推荐은 듣기뿐 아니라 쓰기 2부분 99번에도 자주 출제되므로 위 문장을 암기해 두면 많은 도움이 됩니다. 음력 1월 1일 설날인 春节와 새해 첫날인 元旦 모두 시험에 자주 출제됩니다.

| 기출 어휘 및 표현 |

- ☐ **导师** dǎoshī 지도 교수
- ☐ **修改论文** xiūgǎi lùnwén 논문을 수정하다
- ☐ **写推荐信** xiě tuījiànxìn 추천서를 쓰다

4) 교내 시설과 규정

按规定，你得买一本还回来，否则要交罚款。
규정에 따르면, 당신은 (책) 한 권을 사서 반납해야 합니다. 아니면 벌금을 물어야 해요.

你知道寒假期间图书馆的开放时间吗?
너 겨울방학 기간 동안 도서관 개방 시간을 아니?

첫 번째 문장은 도서관에서 빌린 책을 잃어버렸을 때의 규정을 알리는 내용입니다. 得는 능원동사로 '~해야 한다'라는 의미이며, 还回来에서 还은 동사이며, 발음이 **huán**이라는 것에 주의합니다. 交는 동사로 '제출하다'라는 의미이고, 交罚款은 '벌금을 내다'라는 의미입니다.

- **规定** guīdìng 명 규정, 규칙
- **得** děi 동 ~해야 한다
- **还** huán 동 돌려주다, 반납하다, 갚다
- **否则** fǒuzé 접 만약 그렇지 않으면
- **罚款** fákuǎn 명 벌금
- **寒假** hánjià 명 겨울방학
- **开放** kāifàng 동 개방하다

| 기출 어휘 및 표현 |

- □ **学校食堂** xuéxiào shítáng 학교 식당
- □ **体育馆** tǐyùguǎn 명 체육관
- □ **闭馆** bì guǎn (기관 · 가게 등이) 문을 닫다
- □ **寝室** qǐnshì 명 침실[주로 학교 · 기관 등의 기숙사를 가리킴]

4. 쇼핑

1) 할인

这一款床垫现在有优惠，打完折是一千九。
이 침대 매트리스는 지금 행사 중이에요. 할인하면 1900위안입니다.

5급 필수어휘 优惠는 쇼핑에서 자주 출제되는 단어입니다. 사전에 나온 형용사 용법의 '특혜의', '우대의'라는 의미보다는 명사 용법의 '할인 (행사)', '우대', '프로모션'의 의미로 자주 쓰입니다. 优惠는 의미상 범위가 커서 할인, 1+1, 포인트 적립, 할인권 증정 등의 우대 사항을 모두 포함합니다.

- **款** kuǎn 양 스타일, 타입, 유형
- **床垫** chuángdiàn 명 침대 매트리스
- **优惠** yōuhuì 명 할인, 우대, 프로모션 형 특혜의, 우대의

| 기출 어휘 및 표현 |

- □ **积分** jīfēn 포인트를 적립하다
- □ **优惠券** yōuhuìquàn 할인권, 쿠폰
- □ **打折** dǎzhé 할인하다
- □ **打八折** dǎ bā zhé 20% 할인하다
- □ **买一送一** mǎi yī sòng yī 하나를 사면 하나를 증정하다, 1+1

2) A/S · 교환 · 환불

一年内免费维修，另外一个月内若出现质量问题都可退换。
일 년 동안 무료로 수리해 드리고, 이외에 한 달 내로 품질 문제가 발생한다면 교환 및 환불이 가능합니다.

- **免费** miǎnfèi 동 무료로 하다
- **维修** wéixiū 동 수리하다, 보수하다
- **质量** zhìliàng 명 품질
- **退换** tuìhuàn 동 교환하다, 환불하다

免费维修는 무상 수리를 뜻합니다. 如果와 같은 의미인 若는 5급 필수어휘는 아니지만 자주 출제되는 중요한 단어입니다. 退换의 退는 '환불', 换은 '교환'을 뜻하는 글자이므로, 退换은 교환 또는 환불을 뜻합니다.

| 기출 어휘 및 표현 |

- ☐ **售后服务** shòuhòu fúwù 애프터 서비스(A/S)
- ☐ **上门服务** shàngmén fúwù 방문 서비스
- ☐ **到期** dàoqī 동 기한이 되다, 만기가 되다

3) 결제

> 先生，您一共消费了240元，您付现金还是刷卡？
> 총 240위안을 쓰셨네요. 현금으로 계산하시겠어요, 아니면 카드로 계산하시겠어요?

- **消费** xiāofèi 동 소비하다
- **付** fù 동 돈을 지불하다
- **现金** xiànjīn 명 현금
- **刷卡** shuākǎ 동 카드로 결제하다

계산할 때 이루어지는 대화입니다. 결제 수단 외에도 소비 등 관련 어휘를 함께 알아 두도록 합니다.

선생님의 한마디
先生은 우리말의 교사 또는 선생님이 아니라 일반 남성의 존칭입니다.

| 기출 어휘 및 표현 |

- ☐ **收银台** shōuyíntái 명 계산대
- ☐ **结账** jiézhàng 동 결제하다, 계산하다
- ☐ **付款** fùkuǎn 동 돈을 지불하다
- ☐ **零钱** língqián 명 잔돈

4) 물건 구매

> 我很喜欢这个勺子的设计，你们有类似的款式吗？
> 저는 이 숟가락의 디자인이 좋아요. 비슷한 스타일이 있나요?

- **勺子** sháozi 명 (중국식) 숟가락, 국자
- **设计** shèjì 명동 설계(하다), 디자인(하다)
- **类似** lèisì 형 유사하다, 비슷하다
- **款式** kuǎnshì 명 스타일, 타입, 양식

勺子는 주로 중국에서 흔히 볼 수 있는 움푹 파인 숟가락을 뜻하며, '국자'를 가리키기도 합니다. 类似는 6급 필수어휘이지만 5급에서도 자주 출제되는 단어입니다. 디자인 외 색상이나 제품 종류 등 구매 시 필요한 물건 관련 어휘를 함께 알아 두도록 합니다.

| 기출 어휘 및 표현 |

- ☐ **新款** xīnkuǎn 명 신상품, 새로운 스타일
- ☐ **色彩鲜艳的服装** sècǎi xīnxiān de fúzhuāng 색깔이 산뜻하고 아름다운 옷
- ☐ **设计风格很独特** shèjì fēnggé hěn dútè 디자인 스타일이 매우 독특하다

5) 영수증 발급

> 请给我开张发票。
> 저에게 영수증을 발급해 주세요.

- **发票** fāpiào 명 영수증

영수증 종류에는 发票와 收据가 있는데, 시험에서 주로 출제되는 것은 发票입니다. 영수증 발급 요청 시 함께 사용하는 동사는 开임을 기억해 둡니다.

선생님의 한마디
收据는 우리나라의 간이 영수증과 같은 개념이므로, 회사 등 기관의 비용 처리를 위해서는 发票를 요청해야 합니다.

5. 건강

1) 환자의 상태

他手术后身体恢复得很好，已经出院了。
그는 수술 후 몸 회복이 아주 좋아서 벌써 퇴원했다.

大夫，我手术的伤口有点儿痒，不要紧吧？
의사 선생님, 제 수술 상처가 좀 가려워요. 괜찮은 거죠?

HSK 시험에서 의사는 항상 환자에게 병세가 호전된다고 말합니다. 병세가 심각해진다는 내용은 출제된 적이 없으며, 앞으로도 출제될 가능성이 매우 낮습니다. 따라서 恢复란 단어가 가장 중요합니다. 出院의 상대 개념인 '입원하다'라는 표현은 住院입니다. 두 번째 문장의 伤口는 필수어휘는 아니지만 간혹 출제되는 단어입니다.

선생님의 한마디
부수 疒을 포함한 글자는 아픈 증상과 관련이 있습니다.

- 恢复 huīfù 통 회복하다
- 大夫 dàifu 명 의사 [=医生 yīshēng]
- 伤口 shāngkǒu 명 상처
- 痒 yǎng 형 가렵다, 간지럽다
- 不要紧 búyàojǐn 형 괜찮다

| 기출 어휘 및 표현 |

- □ 病人 bìngrén 명 환자
- □ 好转 hǎozhuǎn 통 호전되다, 좋아지다
- □ 病情严重 bìngqíng yánzhòng 병세가 심각하다
- □ 伤口愈合 shāngkǒu yùhé 상처가 아물다
- □ 病情 bìngqíng 명 병세
- □ 住院 zhùyuàn 통 입원하다

2) 몸 상태

我前几天熬夜赶报告，睡眠不足，昨晚又着凉了。
나 지난 며칠 동안 밤새서 보고서 쓰느라 잠이 부족했는데, 어제저녁에 또 감기까지 걸렸어.

着凉은 주로 피곤하거나 추워서 감기에 걸릴 때 사용합니다. 感冒는 着凉보다 사용 범위가 넓어서 바이러스에 의한 감염 등 모든 감기를 포함하는 단어입니다.

- 熬夜 áoyè 통 밤새다, 철야하다
- 赶 gǎn 통 시간에 대다, 시간에 맞추다
- 报告 bàogào 명 보고서, 보고
- 睡眠 shuìmián 명 잠, 수면
- 不足 bùzú 형 부족하다
- 着凉 zháoliáng 통 감기에 걸리다

| 기출 어휘 및 표현 |

- □ 痛 tòng 형 아프다 [=疼 téng]
- □ 感冒 gǎnmào 명 감기 통 감기에 걸리다
- □ 全身发抖 quánshēn fādǒu 추워서 온몸을 덜덜 떨다
- □ 疲劳 píláo 형 피로하다

선생님의 한마디
赶报告는 '보고서 제출 시간에 맞춰 보고서를 쓰다'라는 의미입니다.

3) 질병 · 증상

我这几天胃不舒服，医生让我少吃辣的。
나 요 며칠 위가 아픈데, 의사가 나한테 매운 것을 적게 먹으래.

- 胃 wèi 명 위
- 让 ràng 동 ~하게 하다

医生让我少吃辣的는 医生建议我少吃辣的라고 바꿔 말할 수 있으며, 쓰기 1부분에도 몇 번 출제된 적이 있는 문장입니다.

| 기출 어휘 및 표현 |

- □ **肠胃** chángwèi 명 위장
- □ **嗓子** sǎngzi 명 목(구멍)
- □ **开药方** kāi yàofāng 약을 처방하다
- □ **胳膊受伤了** gēbo shòushāng le 팔을 다쳤다

4) 시력

我的视力好像又下降了，电视上的字幕都看不清了。
내 시력은 마치 또 떨어진 것 같아. 텔레비전의 자막도 잘 안 보여.

- 视力 shìlì 명 시력
- 下降 xiàjiàng 동 (정도가) 떨어지다
- 字幕 zìmù 명 자막

下降은 '视力下降', '气温下降(기온이 떨어지다)'처럼 호응 관계로 익혀 둡니다. 字幕는 5급 필수어휘라 꾸준히 출제되고 있습니다.

6. IT

1) 컴퓨터

我的电脑中病毒了。
내 컴퓨터는 바이러스에 걸렸어.

- 中 zhòng 동 맞히다, 명중하다, 들어맞다
- 病毒 bìngdú 명 바이러스

컴퓨터가 바이러스에 걸렸다는 내용은 HSK 시험에서 정답으로 가장 많이 출제된 선택지 중 하나입니다. 中病毒에서 동사 中은 1성이 아니라 4성입니다.

| 기출 어휘 및 표현 |

- □ **死机** sǐjī 동 컴퓨터가 다운되다
- □ **杀毒软件** shādú ruǎnjiàn 백신 프로그램
- □ **启动电脑** qǐdòng diànnǎo 컴퓨터를 작동시키다
- □ **重新安装系统** chóngxīn ānzhuāng xìtǒng 시스템을 다시 설치하다

2) 컴퓨터 주변기기

小黄，你那儿有7号电池吗？我的无线鼠标没电了。
샤오황, 7호 건전지 있어? 내 무선 마우스 건전지가 없어서.

- 电池 diànchí 명 건전지
- 无线 wúxiàn 형 무선의
- 鼠标 shǔbiāo 명 마우스

건전지나 컴퓨터 주변기기도 자주 출제되는 내용이니, 관련 어휘를 함께 익혀 두도록 합니다. 7号电池는 AAA 건전지를 뜻하며, 5号电池는 AA 건전지를 가리킵니다.

| 기출 어휘 및 표현 |

- ☐ **充电** chōngdiàn 동 충전하다
- ☐ **充电器** chōngdiànqì 명 충전기
- ☐ **键盘** jiànpán 명 키보드
- ☐ **硬盘** yìngpán 명 하드 디스크
- ☐ **软件** ruǎnjiàn 명 소프트웨어, 프로그램
- ☐ **移动硬盘** yídòng yìngpán 명 외장 하드

3) 인터넷 · 웹 사이트

您搜索一下，用户名就是我们店名。
검색해 보세요. ID는 저희 가게 이름입니다.

请重新输入您的密码！
당신의 비밀번호를 다시 입력해 주세요.

- **搜索** sōusuǒ 동 검색하다
- **用户名** yònghùmíng 명 아이디(ID)
- **密码** mìmǎ 명 비밀번호

5급 필수어휘인 搜索를 비롯하여 인터넷 관련 어휘는 꼭 알아 두도록 합니다. 搜索는 듣기에서 搜 단독으로 들리기도 합니다.

| 기출 어휘 및 표현 |

- ☐ **注册** zhùcè 동 회원 가입하다, 등록하다
- ☐ **登录** dēnglù 동 로그인 하다
- ☐ **网址** wǎngzhǐ 명 사이트 주소, 인터넷 주소

4) 디지털카메라

这款数码相机外观时尚，卖得特别好。
이 디지털카메라 디자인이 요즘 트렌드여서 아주 잘 팔려요.

- **款** kuǎn 양 스타일, 타입
- **数码相机** shùmǎ xiàngjī 명 디지털카메라
- **外观** wàiguān 명 겉모양
- **时尚** shíshàng 형 유행하다, 트렌디하다

数码相机에서 数码는 디지털을 뜻합니다. 时尚과 流行은 모두 '유행하다'라는 의미지만 어감이 살짝 다릅니다. 时尚은 최근 트렌드를 반영해서 뜨고 있다는 의미이며, 时尚이 오랫동안 지속이 되면 流行이 됩니다.

5) 다운로드

我要把那首歌下载到手机里当铃声。
나 그 노래를 휴대전화에 다운받아서 벨 소리로 할 거야.

- **首** shǒu 양 곡, 편, 개[노래나 시 등을 세는 단위]
- **下载** xiàzài 동 다운로드하다
- **当** dàng 동 ~으로 삼다(여기다)
- **铃声** língshēng 명 벨 소리

下载의 载는 '싣다', '적재하다'라는 의미의 영어 load와 같습니다. 간혹 보이는 '载货(zàihuò 화물을 싣다)'와 같은 단어의 의미를 유추하기 위해서는 평소 단어를 한 자(字)씩 뜯어서 암기해야 됩니다.

STEP 04 확인문제 풀기

듣기 1-01-4 확인문제.mp3

〈第一部分〉

01 A 很薄
B 是非卖品
C 不能手洗
D 不太实用

02 A 证据均不充分
B 实力相差较大
C 都很有说服力
D 观点是一致的

03 A 到站了
B 网络不稳定
C 手机没电了
D 地铁很拥挤

04 A 产品类型
B 当月营业额
C 公司交税情况
D 部门所需办公用品

〈第二部分〉

05 A 修改合同
B 准备演讲稿
C 写实验报告
D 看娱乐节目

06 A 卸载软件
B 调试话筒
C 加载字幕
D 调整字体

▶ 정답 및 해설 4쪽

시나공법 02

비슷한 말로 바꿔서 출제한다!

이번 시나공법에서는 난이도가 높은 듣기 문제를 푸는 연습을 합니다. 듣기에서 어려운 문제는 녹음에서 선택지상의 정답을 그대로 읽어 주지 않는 유형입니다. 이때는 녹음에서 들린 단어의 유의어를 알고 있어야 하거나, 대화의 맥락을 이해해야 정답을 고를 수 있습니다. 예제를 통해 녹음 속 핵심 문장이 어떻게 바뀌어 선택지에 제시되는지 과정을 익히고 내공쌓기 코너에서 정답 찾는 요령의 내공을 쌓고 나면 확인문제에서 실력이 늘었다는 것을 느낄 수 있을 것입니다.

STEP 01 먼저 풀어보기

예제 1 듣기 1-02-1 예제1.mp3

A 语言很难懂
B 讨论不激烈
C 有些字很模糊
D 少复印了一页

예제 2 듣기 1-02-2 예제2.mp3

A 输赢不重要
B 比赛不够激烈
C 赞同朋友的看法
D 结果还不能确定

예제 3 듣기 1-02-3 예제3.mp3

A 照常举行
B 将在北京召开
C 他们都去不了
D 是销售部开的

STEP 02 선생님 풀이과정 보기

예제 1

|해 설|

A 语言很难懂	A 언어를 이해하기 힘들다
B 讨论不激烈	B 토론이 격렬하지 않다
C 有些字很模糊	C 몇 글자는 매우 모호하다
D 少复印了一页	D 한 페이지가 덜 복사되었다

선택지를 통해 지문 내용을 유추하기 어려운 경우, 서술어를 핵심 단어로 체크하고 접근하면 정확도를 높일 수 있습니다. 难懂, 不激烈, 很模糊, 少复印了를 우선적으로 체크해 보면 A와 C의 내용이 비슷함을 알 수 있습니다. 이때 A는 말에 대한 이해라는 점을, C는 글자 인식에 대한 것임을 파악하고 듣도록 합니다.

여자의 말 중 '不清楚(뚜렷하지 않다)'가 핵심 단어입니다. 만약 '资料的内容不清楚'라고 말했다면 A가 정답이 되었겠지만, 여자는 '字迹有些不清楚'라고 말했으므로 A는 정답이 될 수 없습니다. 字迹라는 단어가 어렵긴 하지만, 字만 놓치지 않고 들었으면 정답을 찾을 수 있습니다. 정답은 C입니다.

|해 석|

男： 下课后①浏览一下这份材料，明天上课时我们②讨论一下。	**남:** 수업이 끝난 후에 이 자료를 한번 ①훑어보세요. 내일 수업 시간에 우리는 ②토론을 할 거예요.
女： 老师，我的材料有一页③字迹有些不清楚。	**여:** 선생님, 제 자료 한 페이지의 ③글자가 좀 뚜렷하지 않아요.
问： 女的是什么意思？	**질문:** 여자의 말뜻은 무엇인가?

|단 어| **语言** yǔyán 명 언어, 말 | **难懂** nándǒng 형 난해하다, 이해하기 어렵다, 알기 어렵다 | **讨论** tǎolùn 동 토론하다 | **激烈** jīliè 형 격렬하다, 치열하다 | **模糊** móhu 형 모호하다, 분명하지 않다 | **复印** fùyìn 동 복사하다 | **页** yè 양 쪽, 페이지 | **下课** xiàkè 동 수업이 끝나다, 수업을 마치다 | **浏览** liúlǎn 동 훑어보다 | **材料** cáiliào 명 자료, 데이터 | **上课** shàngkè 동 수업하다 | **字迹** zìjì 명 필적, 글자의 흔적 | **清楚** qīngchu 형 분명하다, 뚜렷하다

|정 답| C

선생님의 한마디

듣기 지문에서는 필수어휘가 아닌 단어들도 꽤 들립니다. 따라서 모르는 단어도 순간적으로 파악하며 듣기를 해야 합니다. 그러기 위해선 평소에 받아쓰기를 많이 하고, 단어를 字로 익히는 연습이 필요합니다.

녹음 지문 받아쓰기 녹음을 들으며 빈칸의 단어를 받아써 봅시다. 듣기 1-02-1 예제1.mp3

男：下课后①__________一下这份材料，明天上课时我们②__________一下。
女：老师，我的材料有一页③__________有些不清楚。

예제 2

|해 설|

A 输赢不重要 — A 승패는 중요하지 않다
B 比赛不够激烈 — B 경기는 그다지 격렬하지 않았다
C 赞同朋友的看法 — C 친구의 견해에 찬성한다
D 结果还不能确定 — D 결과는 아직 확정할 수 없다

선택지의 단어들을 통해 경기 등 대결과 관련한 내용임을 유추할 수 있습니다. 모두 다른 의미를 나타내는 선택지에서는 간단하게 서술어를 핵심 단어로 체크하는 것으로 충분하지만, 앞의 주어도 구분하며 주술 조합을 고려한다면 정확도를 더욱 높일 수 있습니다.

여자 말의 冠军은 아주 중요한 필수어휘이므로 꼭 암기해 두세요. 남자 말의 '那可不见得'에서 不见得는 不一定과 같은 의미이며, 可는 주어 뒤에 있기 때문에 접속사가 아니라 강조의 어기를 나타내는 부사입니다. 여자는 우승을 할 거라고 확신하는데, 남자가 那可不见得라고 했기 때문에 경기 결과를 확정할 수 없다는 선택지 D가 정답입니다. 뒤에 나오는 只要比赛还没结束라는 표현과 任何奇迹都可能发生까지 제대로 들었다면 정답을 고르는 데 큰 힌트가 됩니다.

|해 석|

女： 还有三分钟比赛就结束了，我看中文系①肯定能拿②冠军。	**여:** 3분만 있으면 경기가 끝날 거야. 난 중문과가 ①틀림없이 ②우승을 차지할 거라고 봐.
男： 那可不见得，只要比赛还没结束，任何③奇迹都可能发生。	**남:** 그건 꼭 그렇진 않아. 경기가 아직 끝나지 않으면, 어떤 ③기적이라도 일어날 수 있어.
问： 男的是什么意思?	**질문:** 남자의 말뜻은 무엇인가?

|단 어| **输赢** shūyíng 명 승패, 승부 | **重要** zhòngyào 형 중요하다 | **比赛** bǐsài 명 경기, 시합 | **不够** búgòu 부 그다지 ~하지 않다 | **激烈** jīliè 형 격렬하다, 치열하다 | **赞同** zàntóng 동 찬성하다, 찬동하다 | **看法** kànfǎ 명 견해, 의견 | **结果** jiéguǒ 명 결과 | **确定** quèdìng 동 확정하다 | **结束** jiéshù 동 끝나다, 마치다 | **中文系** zhōngwénxì 명 중문과 | **肯定** kěndìng 부 확실히, 틀림없이 | **拿冠军** ná guànjūn 우승을 차지하다 | **那可不见得** nà kě bújiàndé 꼭 그렇지는 않다, 반드시 그런 것은 아니다 | **奇迹** qíjì 명 기적

|정 답| D

선생님의 한마디

'还有+시간+就~了'는 자주 보이는 구문입니다. 의미는 '앞으로 (시간이) 지나면 곧 ~한다'로, 미래의 일을 나타냅니다.

예 还有一个月我就毕业了。
앞으로 1개월만 있으면 나는 졸업한다

녹음 지문 받아쓰기 녹음을 들으며 빈칸의 단어를 받아써 봅시다. 듣기 1-02-2 예제2.mp3

女：还有三分钟比赛就结束了，我看中文系①__________能拿②__________。
男：那可不见得，只要比赛没结束，任何③__________都可能发生。

예제 3

|해 설|

A 照常举行 — A 평소대로 개최한다
B 将在北京召开 — B 베이징에서 열릴 것이다
C 他们都去不了 — C 그들은 모두 갈 수 없다
D 是销售部开的 — D 영업팀에서 열었다

C를 제외하고 举行, 召开, 开的 등 모두 '(행사 등을) 열다, 개최하다'라는 표현을 사용하고 있으므로 나머지 단어들을 체크하는 것이 중요합니다. A의 照常, B의 在北京, D의 销售部라는 핵심 단어를 체크하고 녹음을 듣도록 합니다.

녹음에서 上海, 市场部라는 단어는 어렵지 않게 들을 수 있으므로 선택지 B, D를 먼저 제거합니다. 여자가 '**那明天市场部的会议呢?**'라고 물었고, 남자의 말 '**你帮我做好记录，让市场部经理把最终方案发给我**'라는 부분을 통해 회의는 평소대로 개최한다는 것을 알 수 있습니다. 남자 말의 **我不参加了**라는 대답을 듣고 C를 선택하면 안 됩니다. C에서 주어는 **他们**이기 때문에 정답이 될 수 없습니다. 이 문제는 단순히 단어만 듣고 푸는 문제와는 달리, 내용을 이해하고 풀어야 하기에 난이도가 높은 편이지만, 오답 선택지를 제거하면서 풀면 정답을 찾을 수 있습니다. 정답은 A입니다.

|해 석|

男： 我今晚要去趟上海，下周回来，你帮我订张①往返机票。	**남:** 제가 오늘 저녁에 상하이에 좀 다녀와야 해요. 다음 주에 돌아올 거예요. 저 대신 ①왕복 항공권 좀 예매해 주세요.
女： 好的，那明天市场部的会议呢？	**여:** 네. 그럼 내일 마케팅팀 회의는요?
男： 我不参加了，你帮我做好②记录，让市场部经理把最终③方案发给我。	**남:** 저는 참가 안 하니까 저 대신 잘 ②기록하고, 마케팅팀 팀장에게 최종 ③방안을 나한테 보내라고 하세요.
女： 行，我马上通知。	**여:** 알겠습니다. 제가 곧 통지할게요.
问： 关于明天的会议，可以知道什么？	**질문:** 내일의 회의에 관해서 무엇을 알 수 있는가?

|단 어| **照常** zhàocháng 부 평소대로 | **举行** jǔxíng 동 (행사 등을) 열다, 개최하다, 거행하다 | **召开** zhàokāi 동 (회의를) 열다 | **销售部** xiāoshòubù 영업팀, 판매팀 | **趟** tàng 양 차례, 번[왕래 횟수를 세는 단위] | **订** dìng 동 예약하다, 예매하다 | **往返机票** wǎngfǎn jīpiào 왕복 항공권 | **市场部** shìchǎngbù 마케팅팀 | **会议** huìyì 명 회의 | **参加** cānjiā 동 참가하다 | **记录** jìlù 동 기록하다 | **经理** jīnglǐ 명 매니저, 책임자 | **最终方案** zuìzhōng fāng'àn 최종 방안 | **发** fā 동 보내다, 발송하다 | **通知** tōngzhī 동 통지하다, 알리다

|정 답| A

녹음 지문 받아쓰기 녹음을 들으며 빈칸의 단어를 받아써 봅시다. 듣기 1-02-3 예제3.mp3

男：我今晚要去趟上海，下周回来，你帮我订张①__________机票。
女：好的，那明天市场部的会议呢？
男：我不参加了，你帮我做好②________，让市场部经理把最终③________发给我。
女：行，我马上通知。

선생님의 한마디

我不参加了와 我不参加는 다른 어감을 나타냅니다. 我不参加는 처음부터 참가할 의지가 없는 어감을 나타내고, 我不参加了는 참가하려고 했지만 사정이 생겨 참가하지 못하게 되었다는 어감입니다. 문장 끝에 了가 변화의 어기를 나타내기 때문입니다. 비슷한 예로, 밥을 먹던 중 더 이상 안 먹겠다고 말할 때는 "我不吃了。"라고 말합니다.

선생님의 한마디

照常은 사전에는 동사로 나오지만 사실상 동사 용법은 거의 쓰이지 않고 부사 용법으로만 사용하니, 부사로 암기해 두세요.

STEP 03 내공쌓기

시험에 자주 출제되는 질문

★ 男的(女的)是什么意思? 남자(여자)의 말은 무슨 의미인가?

★ 根据对话，可以知道什么? 대화를 근거로 무엇을 알 수 있는가?

★ 关于男的，可以知道什么? 남자에 관해서 무엇을 알 수 있는가?

★ 关于那幅手套，下列哪项正确? 그 장갑에 관해서, 다음 중 맞는 것은?

★ 实验为什么暂停了? 실험은 왜 잠시 멈추었는가?

시험에 자주 나오는 표현 2

HSK 시험은 출제 규칙이 있습니다. 특히 이번 파트에서 학습할 내용처럼 녹음에서 들려주는 핵심 문장을 선택지에 그대로 제시하지 않고 비슷한 의미로 바꿔서 출제하는 패턴은 기출문제 내공이 쌓여 있지 않으면 절대로 쉽게 풀 수 없습니다. 이번 파트에서 녹음의 핵심 문장이 선택지에 어떻게 바뀌어 나왔는지, 그 분석을 통해 출제 법칙을 이해하도록 합니다.

선생님의 한마디
예문의 윗문장은 녹음 지문의 문장, 아래 문장은 선택지 문장을 나타냅니다.

1) 我很顺利地进了决赛，不过很可惜，和冠军差了0.1分。
전 아주 순조롭게 결승에 올랐지만, 매우 아깝게도 우승과 0.1점 차이였어요.

= 说话人没拿到冠军 화자는 우승을 하지 못했다

不过가 오면 앞에서 들은 내용과 반대 내용이 전개된다는 것을 인지해 두어야 합니다. 녹음에서 선택지에 제시된 没拿到冠军을 직접 들려주지는 않았지만, '不过很可惜，和冠军差了0.1分。'을 통해 화자가 우승을 하지 못했다는 것을 파악할 수 있습니다.

- 顺利 shùnlì 형 순조롭다
- 决赛 juésài 명 결승전
- 可惜 kěxī 형 아쉽다, 아깝다, 애석하다
- 冠军 guànjūn 명 우승(자), 1등, 챔피언

2) 她最近忙着装修新房，周末未必有时间去酒吧。
그녀는 요즘 새집 인테리어를 하느라 바빠서, 주말에 꼭 술 마시러 가는 건 아니야.

= 她不一定去酒吧 그녀가 꼭 술집에 가는 것은 아니다

未必의 동의어 不一定을 아는지 체크하는 문제입니다. '반드시 ~한 것은 아니다'라는 의미의 동의어 '未必＝不一定＝不见得'는 시험에 자주 출제됩니다. 未必와 不见得는 모두 5급 필수어휘이며, 不一定은 필수어휘는 아니지만 함께 암기해야 합니다.

- 装修 zhuāngxiū 동 인테리어하다
- 未必 wèibì 부 반드시 ~한 것은 아니다
- 酒吧 jiǔbā 명 술집

3)

这次的暑期夏令营挺顺利的，多亏有马老师。
이번 여름방학 하계 캠프는 아주 순조로웠어. 다 마 선생님 덕분이야.

= 马老师的作用很大 마 선생님의 역할이 매우 컸다

녹음에서 들리는 多亏有马老师라는 문장을 정확히 이해해야 하는 문제입니다. 多亏는 사전에는 동사 용법만 나오지만, 동사 앞에서 부사 용법으로 자주 쓰입니다. 多亏는 어떤 사람의 도움 혹은 유리한 조건으로 인해 다행히도 일이 잘 풀렸을 때 사용한다는 표현입니다. '하계 캠프가 순조로웠던 것은 마 선생님 덕분이다'라는 표현이 '마 선생님의 역할이 컸다'라는 표현으로 바뀌어 출제되었습니다.

- **暑期** shǔqī 여름방학 기간
- **夏令营** xiàlìngyíng 명 여름 캠프, 하계 캠프
- **多亏** duōkuī 동 다행히도 ~덕분이다 부 다행히도
- **作用** zuòyòng 명 (사람과 사물에 끼치는) 작용, 역할, 효과

4)

实在抱歉，酒店里所有房间都住满了。
정말 죄송합니다만, 호텔에 모든 객실이 가득 찼습니다.

= 酒店没空房了 호텔은 빈방이 없다

房间都住满了는 '빈방이 없다'라는 말과 같기 때문에 酒店没空房了라는 선택지가 정답이 됩니다. 没空房了의 了는 변화의 어기를 나타내므로 원래 방이 있었지만 지금은 없게 되었다는 어감을 나타냅니다.

- **实在** shízài 부 정말, 참으로, 확실히
- **抱歉** bàoqiàn 형 미안해 하다
- **酒店** jiǔdiàn 명 호텔
- **住** zhù 동 묵다, 숙박하다
- **满** mǎn 형 꽉 차다, 가득하다

5)

除了领带之外，所有商品消费满500返100。
넥타이를 제외하고, 모든 상품은 500위안치를 사면 100위안을 돌려 드립니다.

= 领带不参与优惠活动 넥타이는 판촉 이벤트에 해당되지 않는다

선택지 문장에 나온 필수어휘 优惠와 活动을 이해해야 합니다. 优惠活动은 '판촉 이벤트'라는 의미로, 가격 할인(打折)뿐만 아니라, 금액에 따라 일정 포인트를 적립해 주는 일 또는 상품권으로 돌려주는 일 등을 모두 포함합니다. 녹음 앞부분에서 除了领带之外라고 했기 때문에 领带는 해당 사항이 아니라는 의미입니다.

- **除了～之外** chúle~zhī wài 전 ~을 제외하고
- **领带** lǐngdài 명 넥타이
- **消费** xiāofèi 동 소비하다
- **返** fǎn 동 되돌려 주다[=返还 fǎnhuán], 되돌아가다
- **参与** cānyù 동 참여하다, 참가하다
- **优惠活动** yōuhuì huódòng 판촉 이벤트

6)

这个论文的标题是在第三页，目录却显示在第二页。
이 논문의 제목은 3쪽에 있는데, 목차에는 2쪽이라 나와 있어요.

= 论文的目录页码有问题 논문 목차 페이지 번호에 문제가 있다

제목의 위치와 목차의 페이지가 잘못되었다는 전체 내용을 알아들어야 하고, 선택지에 나오는 页码라는 단어도 알아야 합니다. 页码는 필수어휘는 아니지만 页와 号码가 4급 필수어휘이므로 页码를 '페이지 번호'라고 유추할 수 있습니다.

- **论文** lùnwén 명 논문
- **标题** biāotí 명 제목, 표제
- **页码** yèmǎ 명 페이지 번호
- **页** yè 명 페이지, 쪽
- **目录** mùlù 명 목차, 차례
- **显示** xiǎnshì 동 보여 주다, 분명하게 표현하다

7)

这款床垫软硬适中，顾客反应都很好。
이 침대 매트리스는 푹신하고 딱딱한 게 딱 알맞아서, 고객의 반응이 아주 좋아요.

= 那款床垫广受顾客好评 그 침대 메트리스는 고객의 호평을 널리 받는다

녹음의 顾客反应都很好를 广受顾客好评으로 바꾸어 출제한 문제입니다. 床垫, 软硬, 适中 같은 단어는 필수어휘가 아니라서 알아듣기 힘들지만, 녹음에서 顾客反应都很好를 듣고 정답을 찾을 수 있습니다.

- 床垫 chuángdiàn 명 침대 매트리스
- 适中 shìzhōng 형 정도가 알맞다
- 顾客 gùkè 명 고객, 손님
- 反应 fǎnyìng 명 반응

선생님의 한마디

款이 명사일 때는 '금액', '돈'이라는 의미가 있습니다.
예 贷款 dàikuǎn 대출하다

8)

如今像报纸这种纸质媒体的影响力，已大不如前了。
오늘날 신문 같은 이런 종이 매체의 영향력은 이미 예전만 못해요.

= 纸质媒体影响力减弱 종이 매체의 영향력이 약화되었다

纸质는 필수어휘가 아니라서 비교적 어려운 단어이지만 纸를 알기 때문에 유추할 수 있습니다. 만약 의미 유추가 힘들면 'zhǐ zhì'라는 발음을 체크하며 녹음에서 들리는지 확인해야 합니다. 影响力已大不如前了를 같은 표현인 影响力减弱로 바꾸어 출제한 문제입니다.

- 如今 rújīn 명 현재, 오늘날
- 纸质媒体 zhǐzhì méitǐ 종이 매체
- 减弱 jiǎnruò 동 (힘이) 약해지다, 약화되다

9)

那种花很耐旱，即使半个月不浇水也没事儿。
그 꽃은 가뭄에 잘 견뎌서, 설령 보름간 물을 주지 않아도 문제없어요.

= 那种花不用常浇水 그 꽃은 물을 자주 줄 필요가 없다

耐旱와 같이 어려운 단어는 그냥 지나쳐도 좋습니다. 不浇水也没事儿 이 부분만 놓치지 않고 들었다면 不用常浇水가 같은 의미라는 것을 알 수 있습니다.

선생님의 한마디

浇는 5급 필수어휘이며, 듣기와 독해에 꾸준히 출제되고 있습니다.

- 耐旱 nàihàn 형 가뭄에 견디다
- 即使 jíshǐ 접 설령 ~하더라도
- 浇水 jiāoshuǐ 동 물을 뿌리다 (끼얹다)

10)

今晚是我第一次当主持人，好紧张。
오늘 저녁은 제가 처음으로 사회자가 된 것이라 너무 긴장돼요.

= 说话人初次做主持人 화자는 처음 사회자가 되었다

녹음에서 第一次가 들리고, 선택지에서 같은 의미인 初次로 바꾸어 출제했습니다. 初次는 필수어휘가 아니지만, 글자의 의미로 유추할 수 있습니다.

- 主持人 zhǔchírén 명 사회자, MC
- 初次 chū cì 처음, 첫 번째

11)

我们部门的实习生小王提前转正了。
우리 팀 실습생 샤오왕은 예정보다 일찍 정직원이 되었어.

= 小王已成为正式员工 샤오왕은 이미 정직원이 되었다

필수어휘가 아닌 转正이 핵심 단어로 나와서 어려운 문제입니다. 이런 문제를 풀 때는 实习生小王提前을 통해 내용을 유추해야 합니다. '실습생인 샤오왕이 예정보다 일찍 ~했다'라는 내용이므로, 실습생 다음은 정식 직원일 것이라 유추할 수 있습니다. 提前은 4급 필수어휘로, '(예정된 시간을) 앞당기다'라는 의미입니다.

- 部门 bùmén 명 팀, 부서
- 实习生 shíxíshēng 명 실습생, 인턴
- 提前 tíqián 동 (예정된 시간을) 앞당기다, (예정보다) 일찍 ~하다
- 转正 zhuǎnzhèng 동 정식 사원이 되다
- 员工 yuángōng 명 직원, 사원

12)

三楼老高家的姑娘明天出嫁。
3층 고 씨네 딸이 내일 시집가요.

= 老高的女儿明天结婚 고 씨의 딸은 내일 결혼한다

필수어휘가 아닌 出嫁가 핵심 단어입니다. 出嫁는 '(여성이) 시집을 가다'라는 의미이고, 선택지에는 结婚으로 바뀌어 출제되었습니다.

- 姑娘 gūniang 명 처녀, 아가씨, 딸
- 出嫁 chūjià 동 (여성이) 시집가다

13)

今天降温了，零下五度呢。
오늘은 기온이 떨어져서 영하 5도네요.

= 气温下降了 기온이 떨어졌다

降温은 필수어휘가 아니지만 시험에 자주 출제됩니다. 降温의 의미가 바로 气温下降이지만, 만약 降温을 못 알아들었을 경우, 零下五度를 듣고 정답을 유추해야 합니다.

- 降温 jiàngwēn 동 기온이 떨어지다
- 零下 língxià 명 (섭씨) 영도 이하, 영하
- 气温 qìwēn 명 기온
- 下降 xiàjiàng 동 (정도가) 떨어지다, 내려가다

14)

我还在犹豫，那家公司待遇最好，但工作内容和我的专业没什么关系。
나는 아직도 망설이는 중이야. 그 회사는 대우가 가장 좋은데, 업무 내용이 내 전공과 아무런 관계가 없어.

= 说话人还未考虑好 화자는 아직 결정을 내리지 못했다

5급 필수어휘 犹豫는 듣기에서 자주 출제됩니다. 이 문제는 犹豫를 还未考虑好로 바꾸어 출제한 문제입니다. 考虑好의 好는 결과보어로, 完과 같은 의미입니다. 따라서 考虑好는 '고려를 다 했다'라는 의미이므로 '결정했다'라고 기억해 둡니다. 未는 부정부사 没有의 의미이므로 还未考虑好는 '아직 결정을 내리지 못했다'라는 의미입니다.

- 犹豫 yóuyù 형 머뭇거리다, 망설이다, 주저하다
- 待遇 dàiyù 명 대우, 대접
- 未 wèi 부 ~하지 않았다 [=没有 méiyǒu]
- 考虑 kǎolǜ 동 고려하다, 생각하다

15) 舅舅，这是您的充电器吧？您落在我公寓了。
외삼촌, 이거 외삼촌 충전기죠? 제 아파트에 놓고 가셨더라고요.

= **说话人找舅舅送充电器** 화자는 외삼촌을 찾아와 충전기를 건네준다

전체 상황을 이해해야 풀 수 있는 문제입니다. 녹음에서는 您落在我公寓了란 말이 결정적 단서가 됩니다. 외삼촌이 자기 아파트에 놓고 간 충전기를 조카가 가져다주면서 이루어지는 대화임을 알 수 있습니다. '물건을 빠뜨리고 갔다'라는 내용을 '빠뜨린 물건을 돌려주다'라는 상황으로 바꾸어 출제한 것입니다.

16) 我们跟女儿那边有6个小时的时差，现在她肯定在睡觉，晚上再打吧。
우리는 딸이 있는 곳과 6시간의 시차가 있잖아요. 지금 그녀는 분명 자고 있을 테니 저녁에 다시 걸어요.

= **我们**现在别打电话 우리는 지금 전화를 걸지 말자

녹음의 晚上再打吧가 핵심 표현입니다. 선택지는 이와 같은 내용인 现在别打电话로 바뀌어 있습니다.

17) 现在"万事具备，只欠东风"，一拿到营业执照我们餐厅就开张。
지금 모든 일이 다 준비되었는데, 다만 때가 안 되었을 뿐이야. 영업 허가증을 받자마자, 우리 식당은 바로 영업을 시작할 거야.

= **说话人**只差营业执照 화자는 영업 허가증만 없다

'万事具备，只欠东风'과 같이 속담이나 성어가 아주 가끔 시험에 출제되지만, 못 알아들어도 다음 대사를 통해 정답을 충분히 찾을 수 있게 출제합니다. 一拿到营业执照我们餐厅就开张이라고 했으므로 아직 营业执照, 즉 영업 허가증이 나오지 않았다는 것을 알 수 있습니다.

18) 那路公交车比较少，平均二十多分钟才一趟。
그 버스는 좀 적어서, 평균 20여 분에 한 번 와요.

= **那路公交车**车次少 그 노선 버스는 운행 횟수가 적다

녹음은 버스가 자주 안 온다는 내용이고, 선택지에서는 车次少란 표현으로 바꿔서 출제했습니다. 那路公交车의 路는 노선 버스를 나타내는 양사로 쓰였습니다. 정답에 있는 车次少란 표현은 처음 봤더라도, 次의 의미를 알기 때문에 车次는 '차량 횟수'라고 유추할 수 있습니다.

- **舅舅** jiùjiu 명 외삼촌
- **充电器** chōngdiànqì 명 충전기
- **落** là 동 (물건을) 빠뜨리다
- **公寓** gōngyù 명 아파트

선생님의 한마디

落는 발음이 2개이며, 각각의 의미가 다릅니다. 발음이 luò일 때는 '물건이 아래로 떨어지다'라는 의미이고, là일 때는 '(물건을) 빠뜨리다', '(물건을) 챙기는 것을 깜박하다'라는 의미입니다.

- **时差** shíchā 명 시차
- **肯定** kěndìng 부 확실히, 틀림없이 동 긍정하다, 단정하다

선생님의 한마디

'万事具备, 只欠东风'은 삼국지의 적벽대전에서 제갈공명이 한 말입니다. 欠은 '모자라다'라는 의미로 쓰였고, 东风은 '火攻(불로 공격하는 것)'에서 가장 핵심 요소입니다. 따라서 이 말은 모든 준비가 끝났지만 가장 핵심적인 것 하나가 모자란다는 의미입니다.

- **万事具备, 只欠东风** wànshìjùbèi, zhǐqiàndōngfēng 성 모든 것이 다 준비되었으나 결정적인 것 하나가 모자라다
- **执照** zhízhào 명 허가증, 면허증
- **开张** kāizhāng 동 개업하다, 창업하다
- **差** chà 동 모자라다, 부족하다

19) 文学院本来有几个进球机会，可惜都没把握住。
문과대학은 원래 골을 넣을 기회가 몇 번 있었지만, 안타깝게도 모두 잡지 못했어.

= **文学院没抓住进球机会** 문과대학은 골 넣을 기회를 잡지 못했다

'本来~, 但是…'는 '원래는 ~인데, (그러나) …했다'라는 의미로, 자주 출제되는 표현입니다. 이 문제에서는 但是 대신 부사 可惜가 쓰였습니다. 이 문장의 핵심 표현은 앞 구문의 机会와 뒷구문의 没把握住이며, 선택지에서는 没抓住机会로 바꾸어 출제했습니다.

- **文学院** wénxuéyuàn 명 문과대학
- **进球** jìnqiú 동 골을 넣다
- **可惜** kěxī 부 아쉽게도, 안타깝게도
- **把握** bǎwò 동 (추상적인 것을) 붙잡다, 파악하다 명 자신감, 믿음

선생님의 한마디

把握는 '자신감', '믿음'이라는 명사 용법도 시험에 자주 출제됩니다.

20) 加油！估计再爬两百多个台阶咱们就能到山顶了。
파이팅! 내 예상에 200여 개의 계단을 더 오르면 우린 곧 산 정상에 도착할 수 있어.

= **他们还没到山顶** 그들은 아직 정상에 도착하지 않았다

'再~就…' 구문은 '(앞으로) ~하면 …할 수 있다'라는 의미로, 아직 실현되지 않은 상황을 나타내는 가정문입니다. 따라서 就 뒤의 내용인 就能到山顶了는 산 정상에 도착할 수 있다는 내용이지, 아직 도착한 것은 아니라는 의미입니다. 선택지에는 还没到山顶으로 바뀌어 출제되었습니다.

- **加油** jiāyóu 동 파이팅, 힘을 내다
- **估计** gūjì 동 추측하다, 예측하다
- **台阶** táijiē 명 계단, 층계
- **山顶** shāndǐng 명 산꼭대기, 산 정상

STEP 04 확인문제 풀기

듣기 1-02-4 확인문제.mp3

〈第一部分〉

01 A 车厢人多拥挤
B 忘带充电器了
C 别为充电发愁
D 打游戏不费电

02 A 难度大
B 很受关注
C 上市半年了
D 需加大推广力度

03 A 男的很粗心
B 女的很委屈
C 他们在吵架
D 钥匙没找到

04 A 缺少资金
B 人手不够
C 设备在维修
D 要改实验方案

〈第二部分〉

05 A 浇水要适度
B 应多晒太阳
C 植物很难养
D 土质很关键

06 A 容易安装
B 很难清洗
C 是玻璃的
D 需提前预订

▶ 정답 및 해설 6쪽

시나공법 03

장소를 물어본다!

장소를 물어보는 문제는 직접 그 장소를 언급하는 경우, 그리고 힌트가 되는 단어를 듣고 장소를 유추하는 문제로 나뉩니다. 직접 장소를 언급할 경우에는 선택지의 단어 중 두 개가 들리는 경우가 많으니 장소 옆에 남녀를 구분하여 각각 메모를 하면서 듣도록 합니다. 현재 대화를 하는 장소를 물어보거나, 앞으로 가려고 하는 장소를 물어보기도 하니, 질문을 끝까지 듣고 정답을 선택해야 합니다.

STEP 01 먼저 풀어보기

예제 1 듣기 1-03-1 예제1.mp3

A 滑雪场
B 射击场
C 健身房
D 俱乐部

예제 2 듣기 1-03-2 예제2.mp3

A 酒吧
B 照相馆
C 菜市场
D 理发店

예제 3 듣기 1-03-3 예제3.mp3

A 客厅里
B 卧室里
C 阳台上
D 书房里

STEP 02 선생님 풀이과정 보기

예제 1

|해 설|

A 滑雪场　　A 스키장
B 射击场　　B 사격장
C 健身房　　C 헬스장
D 俱乐部　　D 클럽

선택지가 장소로 구성되어 있는 경우, 먼저 그 단어가 그대로 들릴 수 있으니 장소 단어의 발음을 미리 체크해 두어야 합니다. 간혹 장소를 유추할 만한 단어를 통해 답안을 고르는 문제가 주어질 수도 있기 때문에 해당 장소에서 어떤 대화가 오고 갈지 예측해 보는 것도 좋은 방법입니다.

녹음에서 射击场이라는 단어를 그대로 들려주었기 때문에 정답을 어렵지 않게 고를 수 있습니다. 5급 필수어휘를 물어본 문제로, 射击场의 발음을 아는 것이 중요합니다. 만약 처음 듣는 단어라면 꼭 외워 두고 발음까지 기억해야 합니다. 또한 HSK 시험은 일정한 사이클을 두고 여러 장소들을 돌아가면서 정답으로 출제하므로, A, C, D의 단어도 기억해 두어야 합니다. 정답은 B입니다.

|해 석|

女： 单位附近新开了一家①射击场，听说里面设施很②完善。
男： 周末有时间的话，咱们去③体验一下吧。
问： 他们想去哪儿？

여: 회사 근처에 새로 ①사격장이 오픈했는데, 들어 보니 안에 시설이 ②완벽하대요.
남: 주말에 시간이 있으면 우리 가서 ③체험 한번 해 봅시다.
질문: 그들은 어디에 가려고 하는가?

|단 어| **滑雪场** huáxuěchǎng 스키장 | **射击场** shèjīchǎng 사격장 | **健身房** jiànshēnfáng 명 헬스장 | **俱乐部** jùlèbù 명 동호회, 클럽 | **单位** dānwèi 명 직장, 회사 | **附近** fùjìn 명 부근, 근처 | **设施** shèshī 명 시설 | **完善** wánshàn 형 완벽하다, 완전하다 | **体验** tǐyàn 동 체험하다

|정 답| B

선생님의 한마디

- 滑雪는 필수어휘는 아니지만 시험에 자주 출제됩니다. 필수어휘 滑는 '미끄러지다'라는 동사이며, 파생 단어인 '滑雪 huáxuě(스키를 타다)'와 '滑冰 huábīng(스케이트를 타다)'을 함께 암기해 두어야 합니다.
- 필수어휘 俱乐部는 우리말의 '동호회'와 비슷한 개념입니다. 운전 동호회는 '驾驶俱乐部 jiàshǐ jùlèbù', 등산 동호회는 '登山俱乐部 dēngshān jùlèbù'라고 말합니다. 춤을 추는 클럽은 '夜店 yèdiàn'이라고 합니다.

녹음 지문 받아쓰기　녹음을 들으며 빈칸의 단어를 받아써 봅시다. 듣기 1-03-1 예제1.mp3

女：单位附近新开了一家①__________，听说里面设施很②__________。
男：周末有时间的话，咱们去③__________一下吧。

예제 2

|해 설|

A 酒吧	A 술집
B 照相馆	B 사진관
C 菜市场	C 야채 시장
D 理发店	D 미용실

선택지가 모두 장소이므로 녹음이 시작되기 전 단어의 의미를 파악하고 모르는 단어는 발음을 체크해 둡니다.

남자 말의 '烫发还是染发?' 또는 여자 말의 '稍微剪短点'를 들으면 정답 D 理发店을 고를 수 있습니다. 장소 문제는 이렇게 관련 단어들을 많이 알아 두는 것이 중요합니다.

|해 석|

男：小姐，您想①烫发还是②染发? **女**：都不用，你帮我稍微③剪短点儿就行。 **问**：女的现在最可能在哪儿?	**남**: 아가씨, ①파마하실 건가요, 아니면 ②염색하실 건가요? **여**: 다 안 할 거예요. 전 조금 짧게 ③잘라 주시면 돼요. **질문**: 여자는 지금 어디에 있는가?

|단 어| **酒吧** jiǔbā 명 술집, 바(bar) | **照相馆** zhàoxiàngguǎn 명 사진관 | **菜市场** cài shìchǎng 야채 시장 | **理发店** lǐfàdiàn 명 미용실, 이발소 | **烫发** tàngfà 동 머리를 파마하다 | **染发** rǎnfà 동 머리를 염색하다 | **稍微** shāowēi 부 조금, 약간 | **剪** jiǎn 동 (가위로) 자르다, 깎다

|정 답| D

선생님의 한마디

理发店은 '미용실'입니다. 헤어 디자이너는 理发师'라고 합니다. 우리말의 '미용실'을 한자어로 옮기면 '美容室'가 되는데, 중국어의 美容室는 '피부 미용실'을 뜻합니다.

녹음 지문 받아쓰기 녹음을 들으며 빈칸의 단어를 받아써 봅시다. 듣기 1-03-2 예제2.mp3

男：小姐，您想①_________还是②_________?
女：都不用，你帮我稍微③_________短点儿就行。

예제 3

|해 설|

A 客厅里　　A 거실
B 卧室里　　B 침실
C 阳台上　　C 베란다
D 书房里　　D 서재

장소를 물어보는 단어들로, 모두 어떠한 공간을 의미하고 있습니다. 이런 경우는 위치를 묻는 문제일 가능성이 많고, 선택지 단어 중 두 개 이상이 녹음에서 그대로 언급될 수 있기 때문에 특히 주의해서 들어야 합니다.

녹음에서 **卧室里**, **客厅里**, **阳台上**의 선택지 단어 세 개가 언급되었습니다. 이렇게 선택지가 여러 개 들릴 경우에는 옆에 'O/X' 또는 '남/녀'를 메모하면서 들어야 합니다. 처음에 들린 **卧室里** 옆에는 '옷장'이라고 메모해 둡니다. **衣柜**를 몰랐다면 'yigui'라고 발음을 메모하세요. **客厅里**는 '不行'이라는 부정적인 대답이 나왔기 때문에 답이 될 가능성이 적고, **阳台上** 옆에는 '꽃'이라고 메모합니다. 그런 후 질문을 듣고 정답을 최종 선택해야 합니다. 문제에서 **那盆花**라고 했으니 C **阳台上**이 정답입니다.

|해 석|

女：把衣柜放在①卧室里吧！	**여:** 옷장을 ①침실에 두자!
男：好，这②盆花呢？放客厅里吗？	**남:** 좋아. 이 ②화분은? 거실에 둘까?
女：不行，它需要充足的阳光，放③阳台上吧。	**여:** 안 돼. 꽃은 충분한 햇빛이 필요하니까 ③베란다에 두자.
男：好的。	**남:** 알겠어.
问：那盆花最后会被放在哪儿？	**질문:** 그 화분은 결국 어디에 놓는가?

|단 어| **客厅** kètīng 명 거실, 응접실 | **卧室** wòshì 명 침실 | **阳台** yángtái 명 베란다 | **书房** shūfáng 명 서재 | **衣柜** yīguì 명 옷장, 장롱 | **盆** pén 양 [대야 · 화분 등의 수량을 세는 양사] | **充足** chōngzú 형 충분하다 | **阳光** yángguāng 명 햇빛

|정 답| C

선생님의 한마디
장소 문제는 대화와 질문을 끝까지 다 듣고 답안을 선택하는 것이 중요합니다.

녹음 지문 받아쓰기　녹음을 들으며 빈칸의 단어를 받아써 봅시다. 듣기 1-03-3 예제3.mp3

女：把衣柜放在①__________里吧！
男：好，这②__________花呢？放客厅里吗？
女：不行，它需要充足的阳光，放③__________上吧。
男：好的。

STEP 03 내공쌓기

시험에 자주 출제되는 장소 단어

장소 문제는 어휘량이 높으면 정답을 쉽게 고를 수 있습니다. 장소뿐만 아니라 장소를 유추할 수 있는 힌트 단어들도 함께 암기해야 합니다.

1. 火车 huǒchē 기차

- □ 列车 lièchē 명 기차[=火车 huǒchē]
- □ 候车室 hòuchēshì 명 대합실
- □ 站台 zhàntái 명 플랫폼, 승강장
- □ 车厢 chēxiāng 명 (열차의) 객실
- □ 硬座 yìngzuò 명 일반 좌석
- □ 软座 ruǎnzuò 명 우등 좌석
- □ 硬卧 yìngwò 명 일반 침대
- □ 软卧 ruǎnwò 명 우등 침대
- □ 卧铺 wòpù 명 (기차의) 침대칸

선생님의 한마디

대화에서 车厢이 언급되고 선택지 중 火车上이 정답인 문제가 가장 많이 출제되었습니다.

2. 饭馆 fànguǎn 음식점

- □ 餐厅 cāntīng 명 식당
- □ 食堂 shítáng 명 식당[주로 학교 · 직장 · 기관의 구내식당을 가리킴]
- □ 小吃店 xiǎochīdiàn 명 분식점
- □ 快餐店 kuàicāndiàn 명 패스트푸드점
- □ 炒 chǎo 동 (기름에) 볶다
- □ 炸 zhá 동 (기름에) 튀기다
- □ 煮 zhǔ 동 삶다, 끓이다
- □ 汤 tāng 명 국, 탕
- □ 酸 suān 형 시다
- □ 甜 tián 형 달다
- □ 苦 kǔ 형 쓰다
- □ 辣 là 형 맵다
- □ 咸 xián 형 짜다
- □ 淡 dàn 형 싱겁다

3. 机场 jīchǎng 공항

- □ 航班 hángbān 명 항공편
- □ 登机 dēngjī 동 비행기에 탑승하다
- □ 登机牌 dēngjīpái 명 탑승권
- □ 登机口 dēngjīkǒu 명 게이트, 탑승구
- □ 护照 hùzhào 명 여권
- □ 签证 qiānzhèng 명 비자
- □ 候机室 hòujīshì 명 공항 대합실
- □ 晚点 wǎndiǎn 동 연착하다

선생님의 한마디
飞机는 '비행기'라는 물체를 가리키는 것이며, "너 몇 시 비행기 타니?"와 같이 물어볼 때의 비행편은 航班을 쓰므로, '您坐几点的航班?'이라고 표현합니다.

선생님의 한마디
候机室도 정답으로 출제된 적이 있습니다. 이때 候는 '等候 děnghòu(기다리다)'와 같은 의미입니다.

4. 银行 yínháng 은행

- □ 存 cún 동 (계좌에) 입금하다[=存款 cúnkuǎn, 存钱 cúnqián]
- □ 取 qǔ 동 (계좌에서) 출금하다[=取款 qǔkuǎn, 取钱 qǔqián]
- □ 汇款 huìkuǎn 동 송금하다
- □ 存折 cúnzhé 명 예금통장
- □ 账户 zhànghù 명 (은행) 계좌
- □ 账号 zhànghào 명 (통장의) 계좌 번호, (인터넷) 계정
- □ 换钱 huànqián 동 환전하다

5. 邮局 yóujú 우체국

- □ 寄信 jì xìn 편지를 부치다
- □ 寄包裹 jì bāoguǒ 소포를 부치다
- □ 贴邮票 tiē yóupiào 우표를 붙이다
- □ 超重 chāozhòng 동 중량을 초과하다

6. 宾馆 bīnguǎn 호텔 [=酒店 jiǔdiàn / 饭店 fàndiàn]

- □ 前台 qiántái 명 프런트
- □ 双人间 shuāngrénjiān 명 트윈 룸
- □ 单人间 dānrénjiān 명 싱글 룸
- □ 标准间 biāozhǔnjiān 명 일반 룸

선생님의 한마디
宾馆의 동의어로 酒店과 饭店이 있습니다. 酒店을 한자 독음인 '주점'으로 읽어 술집으로 착각하면 안 됩니다. 술집은 酒吧라고 합니다. 饭店은 호텔을 가리키기도 하고 규모가 큰 식당을 가리키기도 합니다.

- □ 豪华间 háohuájiān 명 스위트 룸
- □ 登记 dēngjì 동 체크인하다
- □ 退房 tuìfáng 동 체크아웃하다
- □ 退订 tuìdìng 동 예약 취소하다

7. 기타 장소

- □ 公寓 gōngyù 명 아파트
- □ 健身房 jiànshēnfáng 명 헬스장
- □ 俱乐部 jùlèbù 명 동호회, 클럽
- □ 理发店 lǐfàdiàn 명 미용실, 이발소
- □ 美容店 měiróngdiàn 명 피부 미용실
- □ 酒吧 jiǔbā 명 술집, 바(bar)
- □ 照相馆 zhàoxiàngguǎn 명 사진관
- □ 幼儿园 yòu'éryuán 명 유치원
- □ 宠物店 chǒngwùdiàn 애완동물 가게, 펫숍
- □ 玩具店 wánjùdiàn 완구점, 장난감 가게
- □ 宿舍 sùshè 명 기숙사
- □ 车库 chēkù 명 차고
- □ 射击场 shèjīchǎng 사격장
- □ 滑雪场 huáxuěchǎng 스키장
- □ 服装店 fúzhuāngdiàn 옷 가게
- □ 报社 bàoshè 명 신문사
- □ 收银台 shōuyíntái 명 (상점 · 마트 등의) 계산대
- □ 杂货店 záhuòdiàn 잡화점
- □ 小卖店 xiǎomàidiàn 명 매점
- □ 百货商店 bǎihuòshāngdiàn 명 백화점
- □ 电视台 diànshìtái 명 텔레비전 방송국
- □ 电台 diàntái 명 라디오 방송국
- □ 车站 chēzhàn 명 버스 정류장
- □ 音乐厅 yīnyuètīng 명 음악 홀
- □ 售票处 shòupiàochù 명 매표소
- □ 车间 chējiān 명 작업장, 작업 현장

선생님의 한마디

公寓는 장소를 물어보는 문제 외에도 각종 대화에서 자주 등장하는 단어입니다.

선생님의 한마디

收银台은 필수어휘는 아니지만 시험에 종종 나오므로 암기해 두세요. 장소 문제에서 收银台를 답으로 출제하기도 합니다.

선생님의 한마디

车间은 자동차와 전혀 관련이 없다는 점에 주의해야 합니다. 필수어휘는 아니지만 3년에 한 번 정도 출제되는 단어입니다.

STEP 04 확인문제 풀기

듣기 1-03-4 확인문제.mp3

〈第一部分〉

01 A 幼儿园
B 宠物店
C 玩具店
D 大学宿舍

02 A 车库
B 火车上
C 博物馆
D 俱乐部

03 A 地毯上
B 抽屉里
C 台阶上
D 沙发上

04 A 酒吧
B 公寓
C 银行
D 博物馆门口

〈第二部分〉

05 A 驾校
B 乐器店
C 展览馆
D 健身房

06 A 广场上
B 单位门口
C 地下车库
D 胡同入口

▶ 정답 및 해설 9쪽

시나공법 04

직업, 신분, 관계를 물어본다!

대화를 통해 남자와 여자 각각의 직업이나 신분, 그리고 두 사람의 관계를 물어보는 유형입니다. 간혹 제3의 인물에 대해 물어보기도 합니다. 녹음에서는 선택지에 있는 단어를 직접 언급하기도 하고, 관련 단어만 들려주고 정답을 찾게끔 유도하는 문제도 출제됩니다. 이 유형에서도 필수어휘를 중심으로 듣기를 하고, 내공이 쌓이면 문장까지 듣는 연습이 필요합니다.

STEP 01 먼저 풀어보기

예제 1 듣기 1-04-1 예제1.mp3

A 对手
B 邻居
C 合作伙伴
D 装修工人和雇主

예제 2 듣기 1-04-2 예제2.mp3

A 记者
B 作家
C 模特
D 导演

예제 3 듣기 1-04-3 예제3.mp3

A 模特
B 教师
C 编辑
D 厨师

STEP 02 선생님 풀이과정 보기

예제 1

|해 설|

A 对手 — A 맞수
B 邻居 — B 이웃
C 合作伙伴 — C 협력 파트너
D 装修工人和雇主 — D 인테리어 직원과 고용주

선택지 내용이 직업, 신분, 관계인 경우 장소를 묻는 문제와 마찬가지로 선택지의 단어가 그대로 들리는데, 간혹 두 개 이상이 언급되기도 합니다. 난이도가 비교적 높은 경우, 대화의 상황을 통해 관계를 유추하는 유형이 나올 수도 있습니다. 선택지 단어를 미리 체크하고 녹음을 듣는 습관을 길러야 합니다.

녹음에서 B 邻居의 동의어인 隔壁와, D의 装修工人이 언급되었습니다. 하지만 대화 중의 装修工人은 제3의 인물이고, 질문에서는 남녀의 관계를 물어보았으므로, D는 정답이 아님을 알 수 있습니다. 따라서 정답은 B입니다.

|해 석|

男: 您好！我住在①隔壁，您这边装修实在太②吵了，能不能小声点儿啊?
女: 真抱歉！我会让装修工人注意一下的，③尽量小点儿声。

问: 他们最可能是什么关系?

남: 안녕하세요? 저는 ①옆집에 사는데요, 여기 인테리어 공사가 정말 너무 ②시끄러워요. 소리 좀 작게 해 주실 수 있나요?
여: 정말 죄송합니다! 제가 인테리어 직원에게 주의를 줘서, ③최대한 소리를 줄여 보겠습니다.

질문: 그들은 어떤 관계인가?

|단 어| **邻居** línjū 명 이웃(집) | **合作** hézuò 동 협력하다 | **伙伴** huǒbàn 명 파트너, 동료 | **装修** zhuāngxiū 동 인테리어하다, 인테리어 공사를 하다 | **雇主** gùzhǔ 명 고용주 | **隔壁** gébì 명 옆집, 이웃집 | **吵** chǎo 형 시끄럽다 | **抱歉** bàoqiàn 동 죄송합니다, 미안해 하다 | **注意** zhùyì 동 주의하다, 조심하다 | **尽量** jǐnliàng 부 가능한 한, 최대한

|정 답| B

> **선생님의 한마디**
> 隔壁와 邻居는 동의어로, 1년에 2회 이상 출제되는 아주 중요한 단어입니다. 꼭 암기해 두도록 합니다.

녹음 지문 받아쓰기 — 녹음을 들으며 빈칸의 단어를 받아써 봅시다. 듣기 1-04-1 예제1.mp3

男：您好！我住在①_________，您这边装修实在太②_________了，能不能小声点儿啊?
女：真抱歉！我会让装修工人注意一下的，③_________小点儿声。

예제 2

|해 설|

A 记者　　A 기자
B 作家　　B 작가
C 模特　　C 모델
D 导演　　D 감독

선택지가 직업인 경우 녹음에서 직업을 직접 언급하기도 하지만, 대부분 관련 키워드를 통해 정답을 찾도록 출제합니다.

녹음에서 키워드인 **采访**을 정확히 듣고 A **记者**를 고를 수 있어야 합니다. 이 부분을 놓쳤다면 후반부에 등장하는 단어들로 정답을 유추하긴 어렵습니다. 만약 5급 필수어휘인 **采访**이라는 단어를 몰랐다면 꼭 외워 두어야 합니다. 정답은 A입니다.

|해 석|

男：这次你要去①采访谁?
女：一位华裔科学家，他的②科研成果刚刚获了③国际大奖。
问：女的最可能是做什么的?

남: 이번에 누구를 ①인터뷰하러 가시나요?
여: 화교 과학자인데요, 그의 ②과학 연구 성과가 마침 ③국제적인 대상을 받았어요.
질문: 여자는 무슨 일을 하는가?

|단 어| **记者** jìzhě 명 기자 | **作家** zuòjiā 명 작가 | **模特** mótè 명 모델 | **导演** dǎoyǎn 명 영화감독, 연출자 | **采访** cǎifǎng 동 인터뷰하다, 취재하다 | **华裔** huáyì 명 화교[외국에서 살아가는 중국 국적의 사람을 가리킴] | **科学家** kēxuéjiā 명 과학자 | **科研** kēyán 명 과학 연구[**科学研究**의 줄임말임] | **获大奖** huò dàjiǎng 대상을 받다 | **国际** guójì 형 국제의, 국제적인

|정 답| A

선생님의 한마디
导演은 주로 영화감독을 뜻합니다. 운동 분야 감독은 '**教练** jiàoliàn'이라는 단어를 사용합니다.

녹음 지문 받아쓰기　녹음을 들으며 빈칸의 단어를 받아써 봅시다. 듣기 1-04-2 예제2.mp3

男：这次你要去①________谁?
女：一位华裔科学家，他的②________成果刚刚获了③________大奖。

예제 3

|해 설|

A 模特　　A 모델
B 教师　　B 교사
C 编辑　　C 편집자
D 厨师　　D 요리사

선택지가 직업인 경우에는 특히 대화가 이루어질 상황, 또는 관련 키워드를 예상하고 지문을 들어야 합니다. 선택지의 단어가 그대로 들릴 수도 있으니 각각의 발음도 기억해야 합니다.

녹음에서 **编辑**라는 단어가 그대로 등장했기 때문에 정답 C **编辑**를 정답으로 고를 수 있습니다. 순간적으로 **编辑**를 듣지 못하고 놓쳤다면 **杂志社, 和文字打交道** 등의 표현으로 유추할 수도 있습니다. 가장 중요한 것은 직업과 관련한 단어들을 정확히 아는 것입니다. 5급 필수어휘 **编辑** 외에 나머지 선택지 단어들 역시 중요하니 꼭 암기해야 합니다. 정답은 C입니다.

|해 석|

女: 我昨天在路上①遇到王博了。 **男:** 是吗？好长时间没有他的消息了，他现在在哪儿工作？ **女:** 在一家杂志社做②编辑。 **男:** 挺好的，他一直很喜欢和文字③打交道。 **问:** 王博现在从事什么职业？	**여:** 나 어제 길에서 왕보를 ①만났어. **남:** 그래? 꽤 오랫동안 그의 소식이 없었는데, 그는 지금 어디서 일하니? **여:** 잡지사에서 ②편집자로 일해. **남:** 아주 잘됐네. 그는 줄곧 글자랑 ③노는 것을 좋아했잖아. **질문:** 왕보는 지금 어떤 직업에 종사하는가?

|단 어| **模特** mótè 명 모델 | **教师** jiàoshī 명 교사 | **编辑** biānjí 명 편집자 | **厨师** chúshī 명 요리사 | **遇到** yùdào 동 (우연히) 만나다, 마주치다 | **王博** Wáng Bó 고유 왕보[인명] | **消息** xiāoxi 명 소식 | **杂志社** zázhìshè 명 잡지사 | **挺** tǐng 부 꽤, 제법, 아주 | **打交道** dǎ jiāodao 동 (사람이 사물과) 상대하다, 접촉하다 | **从事** cóngshì 동 (어떤 일에) 종사하다 | **职业** zhíyè 명 직업

|정 답| C

선생님의 한마디

厨师는 필수어휘가 아니지만 시험에 자주 출제됩니다. 厨师를 처음 보더라도 '厨房(주방)'과 '师傅(기예를 가진 사람)'를 합친 단어라는 것을 유추할 수 있어야 합니다.

녹음 지문 받아쓰기　녹음을 들으며 빈칸의 단어를 받아써 봅시다. 듣기 1-04-3 예제3.mp3

女：我昨天在路上①__________王博了。
男：是吗？好长时间没有他的消息了，他现在在哪儿工作？
女：在一家杂志社做②__________。
男：挺好的，他一直很喜欢和文字③__________。

STEP 03 내공쌓기

시험에 자주 출제되는 직업, 신분, 관계 단어

직업, 신분, 관계 문제는 관련 단어만 익히면 정답을 쉽게 고를 수 있습니다. 또한 해당 직업, 신분, 관계와 함께 힌트가 되는 단어들도 암기해야 합니다.

1. 记者 jìzhě 기자

- □ 采访 cǎifǎng 동 취재하다[=走访 zǒufǎng]
- □ 报道 bàodào 동 보도하다

2. 售货员 shòuhuòyuán 판매원

- □ 发票 fāpiào 명 영수증
- □ 样式 yàngshì 명 스타일, 디자인[=款式 kuǎnshì]
- □ 退货 tuìhuò 동 반품하다
- □ 找钱 zhǎoqián 동 돈을 거슬러 주다
- □ 零钱 língqián 명 잔돈
- □ 付钱 fùqián 동 돈을 지불하다
- □ 砍价 kǎnjià 동 값을 깎다
- □ 打折 dǎzhé 동 세일하다, 할인하다
- □ 打八五折 dǎ bā wǔ zhé 15퍼센트 할인
- □ 讨价还价 tǎojiàhuánjià 성 가격을 흥정하다

3. 服务员 fúwùyuán 종업원

- □ 点菜 diǎncài 동 (음식을) 주문하다
- □ 打包 dǎbāo 동 포장하다
- □ 买单 mǎidān 동 계산하다[=结帐 jiézhàng]
- □ AA制 AAzhì 동 더치페이 하다[=各付各的 gè fù gè de]

선생님의 한마디
服务员은 HSK 2급 필수어휘지만, 5급에서도 자주 등장합니다. 服务员은 서비스 업종의 종업원을 가리키는데 주로 식당의 종업원이 문제로 출제됩니다.

4. 理发师 lǐfàshī 헤어 디자이너

- □ 发型 fàxíng 명 헤어스타일
- □ 剪 jiǎn 동 (가위로) 자르다, 깎다

□ 剪刀 jiǎndāo 명 가위

□ 吹 chuī 동 드라이하다

□ 烫发 tàngfà 동 파마하다

□ 染发 rǎnfà 동 염색하다

5. **大夫** dàifu **의사[=医生** yīshēng**]**

□ 动手术 dòng shǒushù 수술하다

□ 住院 zhùyuàn 동 입원하다

□ 出院 chūyuàn 동 퇴원하다

□ 开药 kāiyào 동 약을 처방하다[=开药方 kāi yàofāng]

□ 打针 dǎzhēn 동 주사를 놓다

□ 挂号 guàhào 동 (진료를) 접수하다

□ 看病 kànbìng 동 진찰하다

□ 门诊 ménzhěn 명 진료, 외래 진찰

□ 急诊室 jízhěnshì 명 응급실

□ 量体温 liáng tǐwēn 체온을 재다

6. **售票员** shòupiàoyuán **매표원**

□ 退票 tuìpiào 동 표를 물리다(환불하다)

□ 订票 dìngpiào 동 표를 예약하다

□ 检票 jiǎnpiào 동 표를 검사하다

□ 买票 mǎipiào 동 표를 구매하다[=购票 gòupiào]

□ 凭票入场 píng piào rùchǎng 표를 가지고 입장하다

7. **员工** yúangōng **직원**

□ 经理 jīnglǐ 명 매니저, 팀장

□ 领导 lǐngdǎo 명 지도자, 상사

□ 总经理 zǒngjīnglǐ 사장, 대표

□ 上司 shàngsi 명 상사

□ 加班 jiābān 동 초과 근무하다, 야근하다

선생님의 한마디

- 经理는 보통 특정 직급을 나타내기보다는, 소속의 우두머리를 뜻합니다. 팀 내에서는 팀장을 经理라고 부르고, 비교적 규모가 작은 회사에서는 대표를 经理라고 부르기도 합니다.
- 회사의 대표를 뜻하는 말은 总经理이지만, 대표를 부르는 호칭은 주로 '성씨+总'으로 표현합니다. 가령, 회사의 대표가 왕씨일 때는 '王总'이라고 부릅니다.

□ 开会 kāihuì 동 회의를 열다

□ 办公室 bàngōngshì 명 사무실

8. 主持人 zhǔchírén 사회자, MC

□ 节目 jiémù 명 프로그램

□ 频道 píndào 명 채널

□ 嘉宾 jiābīn 명 초대 손님, 게스트

□ 播放 bōfàng 동 방송하다

□ 转播 zhuǎnbō 동 중계방송하다

□ 直播 zhíbō 동 생방송하다

□ 各位观众 gèwèi guānzhòng 시청자 여러분

□ 欢迎收看 huānyíng shōukàn 많은 시청 바랍니다

□ 谢谢收看 xièxie shōukàn 시청해 주셔서 감사합니다

선생님의 한마디

嘉宾은 '귀빈', '귀한 손님', '내빈'이라는 의미이지만, 텔레비전 출연자들에게도 嘉宾이라고 합니다.

9. 家人亲戚 jiārén qīnqi 일가친척

□ 夫妻 fūqī 명 부부

□ 老公 lǎogōng 명 남편, 신랑[=丈夫 zhàngfu]

□ 太太 tàitai 명 아내, 처[=妻子 qīzi]

□ 亲戚 qīnqi 명 친척

□ 舅舅 jiùjiu 명 외삼촌

□ 姥姥 lǎolao 명 외할머니

□ 表哥 biǎogē 명 외사촌 오빠(형)

□ 嫂子 sǎozi 명 형수, 새언니

□ 儿媳妇 érxífu 명 며느리

□ 女婿 nǚxu 명 사위

□ 离婚 líhūn 동 이혼하다

선생님의 한마디

夫妻는 丈夫和妻子를 줄인 말이며, '两口子 liǎngkǒuzi'라고도 합니다. '老两口 lǎoliǎngkǒu'는 나이 든 노부부, '小两口 xiǎoliǎngkǒu'는 젊은 부부를 뜻합니다.

10. 恋人 liànrén 연인

□ 谈恋爱 tán liàn'ài 연애하다

□ 失恋 shīliàn 동 실연하다

□ 分手 fēnshǒu 동 헤어지다

□ 甩 shuǎi 동 (상대방을) 차 버리다

□ 求婚 qiúhūn 동 프러포즈하다

□ 一见钟情 yíjiànzhōngqíng 성 첫눈에 반하다

□ 找对象 zhǎo duìxiàng 배우자를 찾다[=搞对象 gǎo duìxiàng]

선생님의 한마디
구어에서는 '헤어지다'라는 표현을 '吹了 chuī le'라고 말하기도 합니다.

11. 기타 직업 및 신분

선생님의 한마디
직업이나 신분을 나타내는 단어는 주로 필수어휘 위주로 출제되지만, 필수어휘가 아닌 단어들도 간혹 출제되므로 함께 암기해 두도록 합니다.

□ 班主任 bānzhǔrèn 명 담임선생

□ 播音员 bōyīnyuán 명 아나운서

□ 护士 hùshi 명 간호사

□ 秘书 mìshū 명 비서

□ 翻译 fānyì 명 번역가, 통역가

□ 导演 dǎoyǎn 명 영화감독, 연출자

□ 教练 jiàoliàn 명 (운동 분야의) 감독, 코치

□ 律师 lǜshī 명 변호사

□ 编辑 biānjí 명 편집자

□ 会计 kuàijì 명 회계사

선생님의 한마디
会计는 会의 발음이 kuài라는 점에 유의해야 합니다.

□ 导游 dǎoyóu 명 여행 가이드

□ 摄影师 shèyǐngshī 명 촬영기사

□ 工程师 gōngchéngshī 명 엔지니어

□ 推销员 tuīxiāoyuán 명 세일즈맨

□ 清洁工 qīngjiégōng 명 환경미화원

□ 厨师 chúshī 명 요리사

□ 商人 shāngrén 명 상인

선생님의 한마디
구어에서는 '상인', '장사하는 사람'이라는 표현을 '做生意的 zuò shēngyi de'라고 말하기도 합니다.

□ 保姆 bǎomǔ 명 가정부

□ 干部 gànbù 명 간부, 지도자

□ 裁缝师 cáiféngshī 명 재봉사

선생님의 한마디
裁缝은 6급 필수어휘지만, 5급 독해 지문에 裁缝과 裁缝师가 나온 적이 있으니 알아 두면 좋습니다.

□ 门卫 ménwèi 명 경비원

선생님의 한마디
门卫의 卫는 '保卫 bǎowèi(지키다)'라는 의미입니다.

STEP 04 확인문제 풀기

듣기 1-04-4 확인문제.mp3

〈第一部分〉

01 A 高主任
B 高会计
C 高校长
D 高经理

02 A 球迷
B 张教授
C 话剧导演
D 历史人物曹操

03 A 秘书
B 记者
C 护士
D 警察

04 A 咨询
B 销售
C 售后服务
D 新产品开发

〈第二部分〉

05 A 模特
B 工程师
C 设计师
D 编辑

06 A 一位女明星
B 一名工程师
C 一位女作家
D 普通老百姓

▶ 정답 및 해설 11쪽

시나공법
05 행동을 물어본다!

선택지가 동사(구)로 이루어진 문제는 대화를 하는 두 사람이 현재 무엇을 하고 있는지, 아니면 앞으로 무엇을 할 예정인지를 묻는 문제가 가장 많이 출제됩니다. 또한 남녀 중 한 사람이 상대방에게 제안(建议)하는 내용을 묻는 문제도 넓게 보면 행동과 관련한 문제라 할 수 있습니다. 선택지 내용 중 두 가지 이상이 언급될 수 있으므로, 행동의 주체, 행동의 시기 등 관련 정보를 메모하며 들어야 합니다.

STEP 01 먼저 풀어보기

예제 1 듣기 1-05-1 예제1.mp3

A 下载游戏
B 修理玩具
C 邮寄东西
D 查看包裹

예제 2 듣기 1-05-2 예제2.mp3

A 发邮件
B 播放电影
C 给电脑杀毒
D 下载字幕文件

예제 3 듣기 1-05-3 예제3.mp3

A 逛街
B 去划船
C 看电影
D 看演出

STEP 02 선생님 풀이과정 보기

예제 1

|해 설|

A 下载游戏 　 A 게임을 다운로드하다
B 修理玩具 　 B 장난감을 수리하다
C 邮寄东西 　 C 물건을 우편으로 부치다
D 查看包裹 　 D 소포를 검사하다

선택지가 동사구로 이루어져 있기 때문에 동사를 중심으로 들어야 합니다. 목적어로 쓰인 명사는 두 개 이상을 들려주면서 오답을 유도하는 경우가 많습니다.

행동에 관련된 선택지이므로 동사를 핵심 단어로 체크해야 합니다. 처음 여자 말의 **包裹**와 남자 말의 **拆开看看**을 들었다면 정답 D **查看包裹**를 고를 수 있습니다. **拆开看看**에서 **拆**는 5급 필수어휘이기 때문에 암기하고 있어야 합니다. 나머지 선택지는 녹음에서 언급되지 않았습니다.

|해 석|

女: 喂！刚才你不在，我帮你①签收了这个②包裹。
男: 好的，你帮我拆开看看里面的东西有没有③损坏。
问: 男的让女的做什么?

여: 여보세요? 방금 네가 없어서, 내가 너 대신 이 ②소포를 ①수령하고 사인했어.
남: 응. 네가 뜯어서 안의 물건이 ③파손되었는지 좀 봐줘.
질문: 남자는 여자에게 무엇을 하게 했는가?

|단 어| **下载** xiàzài 동 다운로드하다, 다운받다 | **游戏** yóuxì 명 게임 | **修理** xiūlǐ 동 수리하다, 고치다 | **玩具** wánjù 명 장난감 | **邮寄** yóujì 동 우편으로 부치다 | **查看** chákàn 동 조사하다, 검사하다 | **包裹** bāoguǒ 명 소포 | **喂** wéi 감 (전화상에서) 여보세요 | **签收** qiānshōu 동 수령 후 사인하다 | **拆开** chāikāi 동 뜯다, 떼어 내다 | **损坏** sǔnhuài 동 (원래의 기능을) 파손하다, 손상하다

|정 답| D

선생님의 한마디
'동사구'란 동사를 중심으로 둘 이상의 단어가 결합한 형태를 말하며, '동사술어+목적어' 구조가 가장 대표적입니다.

선생님의 한마디
행동을 나타내는 선택지에서 동사들이 너무 쉽거나 구체적이지 않다면 명사의 조합까지 체크하고 지문을 주의 깊게 들어야 합니다.

선생님의 한마디
'你帮我+동사술어+목적어' 구문은 상대방에게 어떤 일을 부탁할 때 쓰는 표현입니다. **你帮我**를 굳이 '네가 나를 도와서'라고 해석하지 않아도 됩니다.

녹음 지문 받아쓰기 　 녹음을 들으며 빈칸의 단어를 받아써 봅시다. 듣기 1-05-1 예제1.mp3

女：喂！刚才你不在，我帮你①__________了这个②__________。
男：好的，你帮我拆开看看里面的东西有没有③__________。

예제 2

|해 설|

A 发邮件 A 이메일을 보내다
B 播放电影 B 영화를 상영하다
C 给电脑杀毒 C 컴퓨터 바이러스를 죽이다
D 下载字幕文件 D 자막 파일을 다운받다

선택지가 동사구로 이루어져 있으므로, 행동과 관련된 문제임을 알 수 있습니다. 또한 선택지 내용상 녹음은 컴퓨터와 관련된 대화일 것이라 추측할 수 있습니다. 선택지의 '동사술어+목적어' 구조는 두 단어 중 한 단어만 살짝 바꾸어 언급하는 경우도 간혹 있기 때문에 동목 조합에 유의하며 녹음을 들어야 합니다.

녹음의 동사술어와 목적어가 선택지와 일치하는지 체크하면서 듣습니다. 먼저 여자의 말에서 **下载电影**이 들리므로, D **下载文件**은 오답입니다. 그다음 남자의 말 중 **发到邮箱** 부분을 들으면서 A에 '남'이라고 메모해 둡니다. 최종적으로 문제를 들으면 정답이 A **发邮件**임을 알 수 있습니다.

|해 석|

女: 我①下载了你②推荐的那部电影，但是没有字幕，看不太懂。 **男**: 我一会儿把字幕文件发到你的邮箱里，打开播放器③添加一下就行。 **问**: 男的接下来最可能会做什么？	**여**: 네가 ②추천한 그 영화를 ①다운받았는데, 자막이 없어서 제대로 이해하지 못했어. **남**: 내가 잠시 후에 자막 파일을 네 메일로 보내 줄게. 플레이어를 실행해서 ③추가하면 돼. **질문**: 남자는 이어서 무엇을 할 것인가?

|단 어| **发** fā 동 (우편 · 이메일 등을) 보내다, 발송하다 | **邮件** yóujiàn 명 이메일 | **播放** bōfàng 동 (영화 · 프로그램 등을) 방영하다, 상영하다 | **杀毒** shādú 동 컴퓨터 바이러스를 죽이다 | **下载** xiàzài 동 다운로드하다, 다운받다 | **字幕** zìmù 명 자막 | **文件** wénjiàn 명 파일 | **推荐** tuījiàn 동 추천하다 | **看不太懂** kàn bú tài dǒng 잘 이해하지 못하다 | **邮箱** yóuxiāng 명 이메일 | **打开** dǎkāi 동 켜다, 실행하다 | **播放器** bōfàngqì 명 (영상 · 음원 등을 실행하는) 플레이어 | **添加** tiānjiā 동 추가하다, 첨가하다

|정 답| A

녹음 지문 받아쓰기 녹음을 들으며 빈칸의 단어를 받아써 봅시다. 듣기 1-05-2 예제2.mp3

女：我①__________了你②__________的那部电影，但是没有字幕，看不太懂。
男：我一会儿把字幕文件发到你的邮箱里，打开播放器③__________一下就行。

선생님의 한마디

发邮件은 '(편지 등의 우편을) 부치다'라는 의미도 있지만, '이메일을 보내다'라는 의미도 나타냅니다. 두 가지 의미를 모두 암기하고 앞뒤 문맥에 따라 어떤 내용인지 판단해야 합니다.

예제 3

|해 설|

A 逛街 A 쇼핑하다
B 去划船 B 뱃놀이 가다
C 看电影 C 영화를 보다
D 看演出 D 공연을 보다

선택지의 동사가 '보다' 또는 '가다'이기 때문에, 이 경우에는 목적어를 더 중요하게 봐야 합니다. 선택지 단어 중 두 개 이상이 녹음에서 들릴 수 있으므로, 선택지 옆에 '남' 혹은 '여'를 체크하면서 녹음을 들어야 합니다.

여자의 첫 번째 말에서 영화를 보러 가자고 제안했지만, 남자가 영화보다는 공원이 낫다고 했으므로 C를 제거하며 들어야 합니다. 여자의 두 번째 말에서 먼저 공원에 가서 뱃놀이를 한 후 영화를 보러 가자고 제안하고, 남자 또한 여자의 계획에 동의하므로 그들은 먼저 공원에 뱃놀이를 하러 갈 예정입니다. 여자 말의 '我们明天先去公园划船'이 핵심 문장이므로 정답은 B 去划船입니다. 대화에서 여러 행동들이 등장하기 때문에 주의하여 들어야 합니다.

선생님의 한마디

문장이 길어지고 대화에서 선택지에 있는 단어들이 많이 등장하게 되면 간략하게 메모를 하면서 듣는 것이 도움이 됩니다.

선생님의 한마디

동작의 순서를 나타낼 때는 '先+첫 번째 동작, 然后+두 번째 동작, 再+세 번째 동작' 구문을 사용합니다. 동작이 두 개일 경우에는 然后再를 붙여서 말하기도 합니다.

|해 석|

女： 听说最近①上映了一部很有意思的电影，咱们去看吧！	**여:** 듣자 하니 최근에 아주 재미있는 영화를 ①상영한다던데, 우리 보러 가자!
男： 最近天气这么好，只看电影太②可惜了，不如去公园逛逛，晚上再看电影吧。	**남:** 요즘 날씨가 이렇게 좋은데, 영화만 보기엔 너무 ②아쉬운걸. 공원에 가서 좀 돌아다니다가 저녁에 영화를 보는게 낫겠어.
女： 那我们明天先去公园③划船，然后吃了午饭再去看电影吧！	**여:** 그럼 우리 내일 먼저 공원에 가서 ③뱃놀이를 한 다음에, 점심 먹고 다시 영화를 보러 가자!
男： 好主意。	**남:** 좋은 생각이야.
问： 他们计划明天先做什么？	**질문:** 그들은 내일 무엇을 먼저 할 계획인가?

|단 어| **逛街** guàngjiē 동 거리 구경을 하다, (아이)쇼핑하다 * **逛** guàng 동 거닐다, 돌아다니다 | **划船** huáchuán 동 (노 따위로) 배를 젓다, 뱃놀이를 하다 | **电影** diànyǐng 명 영화 | **演出** yǎnchū 명 공연 | **上映** shàngyìng 동 상영하다 | **有意思** yǒuyìsi 형 재미있다 | **可惜** kěxī 형 아쉽다, 아깝다 | **不如** bùrú 접 ~하는 편이 낫다 | **然后** ránhòu 접 그다음에, 그런 후에 | **主意** zhǔyi 명 생각, 아이디어 | **计划** jìhuà 동 ~할 계획이다

|정 답| B

녹음 지문 받아쓰기 녹음을 들으며 빈칸의 단어를 받아써 봅시다. 듣기 1-05-3 예제3.mp3

女：听说最近①__________了一部很有意思的电影，咱们去看吧！
男：最近天气这么好，只看电影太②__________了，不如去公园逛逛，晚上再看电影吧。
女：那我们明天先去公园③__________，然后吃了午饭再去看电影吧！
男：好主意。

STEP 03 내공쌓기

시험에 자주 출제되는 질문

★ 他们〔男的/女的〕在做什么? 그들(남자/여자)는 무엇을 하고 있는가?

★ 男的打算做什么? 남자는 무엇을 할 계획인가?

★ 女的要干什么? 여자는 무엇을 하려고 하는가?

★ 男的想要女的做什么? 남자는 여자가 무엇을 하기를 원하는가?

★ 女的提醒男的做什么? 여자는 남자에게 무엇을 하라고 알려 주는가?

★ 男的建议女的怎么做? 남자는 여자에게 어떻게 하라고 제안하는가?

시험에 자주 출제되는 동사(구)

행동 관련 문제는 '동사구(동사+목적어)'를 중심으로 듣는 것이 중요합니다. 시험에 잘 나오는 동사구를 반드시 암기해 두기 바랍니다.

1. 일상생활

- □ 看动画片 kàn dònghuàpiān 애니메이션을 보다
- □ 扔垃圾 rēng lājī 쓰레기를 버리다
- □ 调整坐姿 tiáozhěng zuòzī 앉는 자세를 조절하다

> **Tip** 坐(앉다)+姿(자세)
> 姿는 '姿势 zīshì(자세, 모양)'를 나타내는 字입니다. 같은 원리로, '서 있는 자세'는 '站姿 zhànzī'라고 표현합니다.

- □ 调整椅子高度 tiáozhěng yǐzi gāodù 의자 높이를 조절하다
- □ 开窗户透气 kāi chuānghu tòuqì 창문을 열고 환기를 시키다

> **Tip** 透(통과하다, 뚫고 들어오다)+气(공기)
> 透气는 字를 뜯어서 보면 '공기를 통과하다'라는 의미입니다. 따라서 의역하여 '공기를 환기시키다'라고 해석합니다.

- □ 看开幕式 kàn kāimùshì 개막식을 보다
- □ 挂相框 guà xiàngkuàng 사진 액자를 걸다
- □ 贴照片 tiē zhàopiàn 사진을 붙이다

□ 照个合影 zhào ge héyǐng 함께 사진을 찍다

Tip 合(함께, 공동으로)+影(사진)
合影은 '함께 찍은 사진', 즉, 여러 명이 찍은 단체 사진뿐만 아니라, 두 명 이상이 찍은 사진은 모두 合影이라고 말할 수 있습니다.

□ 戴项链 dài xiàngliàn 목걸이를 하다
□ 装空调 zhuāng kōngtiáo 에어컨을 설치하다
□ 预定座位 yùdìng zuòwèi 자리를 예약하다
□ 划船 huáchuán 뱃놀이를 하다
□ 轮流开车 lúnliú kāichē 교대로 운전하다
□ 参加婚礼 cānjiā hūnlǐ 결혼식에 참가하다
□ 寄包裹 jì bāoguǒ 소포를 부치다
□ 学驾驶 xué jiàshǐ 운전을 배우다
□ 找人修设备 zhǎo rén xiū shèbèi 사람을 불러 설비를 수리하다

선생님의 한마디
计划의 划는 4성이지만 划船의 划는 2성으로 발음한다는 점에 유의합니다.

선생님의 한마디
운전 면허증은 '驾照 jiàzhào'라고 하며, 자동차 운전 면허 학원은 '驾校 jiàxiào'라고 합니다.

2. 취미 생활

□ 弹钢琴 tán gāngqín 피아노를 치다
□ 拉小提琴 lā xiǎotíqín 바이올린을 켜다
□ 加入俱乐部 jiārù jùlèbù 동호회에 가입하다
□ 听音乐会 tīng yīnyuèhuì 음악회를 듣다
□ 打网球 dǎ wǎngqiú 테니스를 치다
□ 打排球 dǎ páiqiú 배구를 하다
□ 打篮球 dǎ lánqiú 농구를 하다
□ 打乒乓球 dǎ pīngpāngqiú 탁구를 하다
□ 打羽毛球 dǎ yǔmáoqiú 배드민턴을 치다
□ 游泳 yóuyǒng 수영하다
□ 踢足球 tī zúqiú 축구를 하다
□ 散步 sànbù 산책하다
□ 爬山 pá shān 등산하다

선생님의 한마디
중국에서 바이올린보다 더 흔하게 볼 수 있는 전통 악기로 '二胡 èrhú'가 있습니다.

3. 직장 생활

- □ 加班 jiābān 초과 근무를 하다, 야근하다
- □ 出差 chūchāi 출장 가다
- □ 找工作 zhǎo gōngzuò 일자리를 찾다[=求职 qiúzhí]
- □ 发传真 fā chuánzhēn 팩스를 보내다
- □ 发电子邮件 fā diànzǐ yóujiàn 이메일을 보내다[=发邮件 fā yóujiàn]
- □ 发短信 fā duǎnxìn 문자메시지를 보내다
- □ 请假 qǐngjià 휴가를 내다
- □ 应聘工作 yìngpìn gōngzuò 일자리에 지원하다
- □ 投资股票 tóuzī gǔpiào 주식 투자를 하다

선생님의 한마디

加班은 정규 시간 외 초과 근무하는 것을 뜻합니다. 따라서 평일의 초과 근무를 뜻하는 '야근하다'라는 뜻 외에 주말에 나와서 일을 하는 것 또한 加班을 쓸 수 있습니다.

4. 학교생활

- □ 放学 fàngxué 하교하다, 학교 수업을 마치다
- □ 做作业 zuò zuòyè 숙제를 하다[=写作业 xiě zuòyè]
- □ 准备考试 zhǔnbèi kǎoshì 시험을 준비하다
- □ 放假 fàngjià 방학하다
- □ 听讲座 tīng jiǎngzuò 수업을 듣다, 강의를 듣다
- □ 拍毕业照 pāi bìyèzhào 졸업 사진을 찍다
- □ 多读文学作品 duō dú wénxué zuòpǐn 문학작품을 많이 읽다
- □ 写论文 xiě lùnwén 논문을 쓰다
- □ 演讲 yǎnjiǎng 연설하다, 강연하다

선생님의 한마디

放学를 한자 독음대로 '방학'이라고 해석하면 안 됩니다. 放学는 '학교 수업을 마치다'라는 의미이고 '방학하다'는 '放假 fàngjià'라고 합니다.

5. 컴퓨터

- □ 重新安装软件 chóngxīn ānzhuāng ruǎnjiàn 프로그램을 재설치하다
- □ 下载电子书 xiàzài diànzǐshū 전자책을 다운로드하다
- □ 换别的浏览器 huàn bié de liúlǎnqì 다른 브라우저로 교체하다
- □ 整理数据 zhěnglǐ shùjù 데이터를 정리하다
- □ 换台打印机 huàn tái dǎyìnjī 프린터를 교체하다
- □ 关闭一些程序 guānbì yìxiē chéngxù 일부 프로그램을 닫다

선생님의 한마디

软件은 사전에 '소프트웨어'라고 나오지만, 일반적으로 '프로그램'이라고 이해하면 됩니다.

선생님의 한마디

台는 컴퓨터나 프린터를 세는 양사입니다.

6. 쇼핑

- □ 结账 jiézhàng 계산하다
- □ 付款 fùkuǎn 돈을 지불하다[=付现金 fù xiànjīn]
- □ 刷卡 shuākǎ 카드로 결제하다
- □ 购物 gòuwù 구매하다
- □ 逛街 guàngjiē 아이쇼핑하다, 거리 구경을 하다
- □ 逛商场 guàng shāngchǎng 상점을 쇼핑하다
  [=去商场转转 qù shāngchǎng zhuànzhuan]
- □ 挑选乐器 tiāoxuǎn yuèqì 악기를 고르다

선생님의 한마디
购物와 비슷한 의미인 '购置 gòuzhì'가 시험에 출제된 적이 있습니다. 购置는 주로 장기간 사용할 물건을 구입할 때 사용하는 단어입니다. '购置家具 gòuzhì jiājù(가구를 구입하다)'의 호응 관계로 외워 두세요.

7. 교통수단

- □ 坐公交车 zuò gōngjiāochē 버스를 타다
- □ 坐出租车 zuò chūzūchē 택시를 타다[=打车 dǎchē]
- □ 坐地铁 zuò dìtiě 지하철을 타다
- □ 修汽车 xiū qìchē 자동차를 수리하다
- □ 预定机票 yùdìng jīpiào 비행기 표를 예약하다
- □ 改签机票 gǎiqiān jīpiào 비행기 표를 변경하다

선생님의 한마디
改签은 비행기 표와 기차표를 두고 사용하며, 보통은 탑승 시간대를 변경하는 것을 의미합니다.

STEP 04 확인문제 풀기

듣기 1-05-4 확인문제.mp3

〈第一部分〉

01 A 吃清淡些
B 控制运动量
C 动作要到位
D 加强肌肉锻炼

02 A 买新机器
B 向厂长汇报
C 给工人放假
D 找人修设备

03 A 改地点
B 推迟一天
C 增派人手
D 取消活动

04 A 分开洗
B 节约用水
C 手洗牛仔裤
D 用温水洗围巾

〈第二部分〉

05 A 整理桌面
B 重装系统
C 重新开机
D 安装杀毒软件

06 A 享受比赛
B 勇于争第一
C 打听对手情况
D 做好充分准备

▶ 정답 및 해설 14쪽

시나공법 06

사람, 사물에 대한 평가를 물어본다!

사람이나 사물에 대한 평가를 물어보는 경우, 선택지가 보통 형용사(구) 또는 비교문으로 구성되어 있습니다. 인물의 경우, 대화에 등장하는 제3의 인물에 대한 평가가 주를 이루며, 간혹 동식물이나 사물에 대해 어떻게 생각하는지 출제되기도 합니다. 평가를 요구하는 문제는 핵심 어휘나 비유법, 비교문 등에 집중해서 듣는 연습을 많이 해 두는 것이 좋습니다.

STEP 01 먼저 풀어보기

예제 1 듣기 1-06-1 예제1.mp3

A 很严肃

B 很幽默

C 很英俊

D 身体很结实

예제 2 듣기 1-06-2 예제2.mp3

A 效率低

B 很有必要

C 会打扰别人

D 对身体伤害大

예제 3 듣기 1-06-3 예제3.mp3

A 制作粗糙

B 思想深刻

C 没小说好看

D 画面很精彩

STEP 02 선생님 풀이과정 보기

예제 1

|해 설|

A 很严肃　　A 매우 엄숙하다
B 很幽默　　B 매우 유머러스하다
C 很英俊　　C 매우 준수하다
D 身体很结实　　D 몸이 건장하다

선택지는 인물을 평가하는 형용사로 구성되어 있음을 알 수 있습니다. 필수어휘 위주로 출제되며, 선택지의 내용이 대화에서 그대로 언급되는 경우 또는 비슷한 단어나 문장을 듣고 답을 유추해야 하는 유형이 출제됩니다.

인물의 평가를 묻는 문제는 대화하는 남녀 중 한 명보다는, 주로 남녀가 말하는 제3의 인물이 대상입니다. 남자 말의 '肯定能给我们带来不少快乐' 부분을 놓치지 않고 듣는다면 장 교수님이 유머러스한 사람임을 알 수 있으므로 정답은 B 很幽默입니다. 不少는 很多와 같은 의미입니다.

|해 석|

女：今天晚上张①教授没来，真②可惜！ 男：可不是。要是他来了，③肯定能给我们带来不少快乐。 问：张教授是个什么样的人？	여: 오늘 저녁에 장 ①교수님이 못 오신대. 정말 ②아쉬워! 남: 왜 아니겠어? 만약 장 교수님이 오신다면, ③분명히 우리에게 많은 즐거움을 가져다 주실 텐데. 질문: 장 교수는 어떤 사람인가?

|단 어| **严肃** yánsù 형 (표정 · 분위기가) 엄숙하다 | **幽默** yōumò 형 유머러스하다 | **英俊** yīngjùn 형 잘생기다, 영민하고 준수하게 생기다 | **结实** jiēshi 형 (몸이) 튼튼하다, 건장하다 | **教授** jiàoshòu 명 교수 | **可惜** kěxī 형 아쉽다, 아깝다 | **可不是** kěbúshì 왜 아니겠어, 그렇고말고 | **肯定** kěndìng 부 틀림없이, 분명히 | **带来** dàilái 동 가져오다, 가져다주다 | **快乐** kuàilè 형 즐겁다

|정 답| B

녹음 지문 받아쓰기　녹음을 들으며 빈칸의 단어를 받아써 봅시다. 듣기 1-06-1 예제1.mp3

女：今天晚上张①__________没来，真②__________！
男：可不是。要是他来了，③__________能给我们带来不少快乐。

선생님의 한마디
幽默는 명사가 아닌 형용사임에 주의합니다. 한국식으로 '他很有幽默'라고 많이 표현하는데 이는 틀린 표현입니다. '他很有幽默感' 혹은 '他很幽默'라고 표현해야 합니다.

선생님의 한마디
可不是의 不是만 듣고 상대방의 말을 부정하는 것이라 착각하면 안 됩니다. 可不是는 반어법으로, 상대방의 말에 강한 긍정을 나타내는 표현입니다.

예제 2

|해 설|

A 效率低 — A 효율이 낮다
B 很有必要 — B 매우 필요하다
C 会打扰别人 — C 다른 사람에게 폐를 끼칠 수 있다
D 对身体伤害大 — D 몸을 많이 상하게 한다

녹음이 시작되기 전 선택지의 내용을 파악하고, 핵심 단어 效率, 必要, 打扰, 伤害를 체크하는 것이 중요합니다.

남자가 '怎么样?'이라고 질문했으므로 여자의 말에서 정답이 나올 확률이 높습니다. 여자 말의 '不仅效率不高'가 힌트입니다. 선택지의 내용이 녹음에 그대로 언급되지는 않았지만, 녹음의 不高와 선택지의 低가 같은 의미인 것만 알고 있으면 정답을 쉽게 고를 수 있습니다. 따라서 정답은 A입니다.

|해 석|

男：这次期末考试考得怎么样?
女：非常不理想，①熬夜复习，不仅②效率不高，而且考试时都③提不起精神。
问：女的觉得熬夜复习怎么样?

남: 이번 기말고사 어떻게 봤어?
여: 아주 못 봤어. ①밤을 새서 복습했는데 ②효율이 높지 않았을 뿐만 아니라, 시험 볼 때도 정신을 ③못 차렸어.
질문: 여자는 밤을 새서 복습하는 건 어떻다고 여기는가?

|단 어| **效率** xiàolǜ 명 효율 | **打扰** dǎrǎo 동 폐를 끼치다, 방해하다 | **伤害** shānghài 동 (몸을) 상하게 하다, 해치다 | **期末考试** qīmò kǎoshì 기말고사 | **考** kǎo 동 시험을 보다(치다)[=**考试** kǎoshì] | **理想** lǐxiǎng 형 이상적이다 | **熬夜** áoyè 동 밤을 새다 | **复习** fùxí 동 복습하다 | **提不起精神** tí bù qǐ jīngshen 정신을 못 차리다[↔**提起精神** tíqǐ jīngshen 정신을 차리다]

|정 답| A

선생님의 한마디

난이도가 높게 출제될 경우, 녹음에서 '效率不高'와 같은 표현은 언급되지 않고 '考试时都提不起精神'처럼 간접적으로 유추할 수 있는 내용만 나올 수 있습니다. 이 문제에서는 두 가지가 모두 언급되었지만, 선택지의 내용이 지문에 나오지 않는 상황 또한 대비하고 듣기 연습을 해야 합니다.

선생님의 한마디

중국어에서는 '시험을 잘 봤다', '시험을 못 봤다'라는 표현을 '考得好', '考得不好'라고 말하기도 하지만, '理想', '不理想'이라는 표현을 더 많이 사용합니다. 중국식 표현을 잘 익혀 두세요.

녹음 지문 받아쓰기 녹음을 들으며 빈칸의 단어를 받아써 봅시다. 듣기 1-06-2 예제2.mp3

男：这次期末考试考得怎么样?
女：非常不理想，①__________复习，不仅②__________不高，而且考试时都③__________精神。

예제 3

|해 설|

A 制作 / 粗糙	A 제작이 서툴다
B 思想 / 深刻	B 생각이 깊다
C 没小说 / 好看	C 소설만큼 재미있지 않다
D 画面 / 很精彩	D 화면이 매우 근사하다

선택지 내용을 파악할 때는 지문에서 그대로 들릴 가능성을 염두에 두고, 선택지의 병음을 먼저 체크해야 합니다. 추가적으로 制作/粗糙나 思想/深刻처럼 문장성분을 구분해 두고 문제에 접근하면 더 유리합니다. 평가하는 내용으로 이루어져 있기 때문에 술어에 초점을 두고 녹음을 들으면 좋습니다.

남자의 두 번째 말 중 '但有些改编的电影远不如小说本身精彩'가 힌트입니다. 녹음 속 비교 표현인 不如가 선택지에는 没를 활용한 비교문으로, 녹음의 형용사 精彩는 好看으로 바뀌어 출제되었습니다. 'A不如B+형용사'와 'A没(有)B+형용사'는 모두 'A는 B만큼 ~하지 못하다'라는 의미입니다. 따라서 정답은 C 没小说好看입니다.

|해 석|

女：你平常喜欢看电影吗？	여: 너 평소에 영화 보는 거 좋아해?
男：不经常看，和电影相比，我更喜欢看小说。	남: 자주 보진 않아. 영화와 비교하자면 난 소설 보는 걸 더 좋아해.
女：最近很多电影都是小说改编的。	여: 최근 많은 영화들이 소설을 각색한 거야.
男：①的确，但有些改编的电影②远不如小说本身③精彩。	남: ①확실히 그래. 하지만 일부 각색한 영화는 소설 자체만큼 매우 ③뛰어나②지는 않아.
问：男的认为有些改编的电影怎么样？	질문: 남자는 일부 각색한 영화가 어떻다고 여기는가?

|단 어| 制作 zhìzuò 동 제작하다, 만들다 | 粗糙 cūcāo 형 서투르다, 조잡하다, 엉성하다 | 思想 sīxiǎng 명 생각, 견해 | 深刻 shēnkè 형 (생각이) 깊다 | 没～好看 méi~hǎokàn ~만큼 재미있지 않다 | 精彩 jīngcǎi 형 뛰어나다, 훌륭하다, 근사하다 | 和～相比 hé~xiāngbǐ ~과 비교하면 | 改编 gǎibiān 동 (원작을) 각색하다 | 的确 díquè 부 확실히, 정말로 | 远 yuǎn 형 매우, 훨씬[정도의 차이가 큼을 의미함] | 不如 bùrú 동 ~만 못하다

|정 답| C

녹음 지문 받아쓰기 녹음을 들으며 빈칸의 단어를 받아써 봅시다. 듣기 1-06-3 예제3.mp3

女：你平常喜欢看电影吗？
男：不经常看，和电影相比，我更喜欢看小说。
女：最近很多电影都是小说改编的。
男：①__________，但有些改编的电影②__________小说本身③__________。

선생님의 한마디

C의 没小说好看을 보고 해석할 수 있는 학생은 HSK 5급 230점 이상의 내공이 있다고 봐도 무방합니다. 보통 '我没有你那么漂亮(나는 너만큼 예쁘지 않다)'처럼 'A没有B+那么+형용사' 구문을 사용하는 경우가 일반적인데, 没有에서 没만 쓰고 那么도 생략했기 때문에, 비교문일 거란 생각을 하기 힘듭니다. 이 문제를 통해 没 비교문을 공략해 놓도록 합니다.

STEP 03 내공쌓기

시험에 자주 출제되는 질문 형식

★ 男的觉得这个方案怎么样？ 남자는 이 방법이 어떠하다고 여기는가?

★ 男的觉得那件衣服怎么样？ 남자는 그 옷이 어떠하다고 여기는가?

★ 男的认为张院长怎么样？ 남자는 장 원장이 어떠하다고 여기는가?

★ 小李是个什么样的人？ 샤오리는 어떠한 사람인가?

★ 这天天气怎么样？ 이날 날씨는 어떠한가?

시험에 자주 출제되는 사람 평가 표현

사람이나 사물을 평가하는 대화에 자주 출제되는 단어를 암기해 두면 답을 찾는 데 많은 도움이 됩니다. 해당 단어는 힌트가 되기도 하고, 정답으로 출제되기도 하니 잘 암기해 두어야 합니다.

□ 个子 gèzi 명 (사람의) 키, 체격
个子**很矮** gèzi hěn ǎi 키가 작다

□ 长相 zhǎngxiàng 명 생김새, 용모
长相**一般** zhǎngxiàng yìbān 외모가 평범하다

□ 丑 chǒu 형 못생기다
长得很丑 zhǎng de hěn chǒu 얼굴이 못생겼다

□ 学历 xuélì 명 학력, 수학(修學)한 이력
学历**很高** xuélì hěn gāo 학력이 높다

□ 开朗 kāilǎng 형 (성격이) 명랑하다, 쾌활하다
性格开朗 xìnggé kāilǎng 성격이 명랑하다

□ 乐观 lèguān 형 낙관적이다
乐观**的心态** lèguān de xīntài 낙관적인 심리 상태

□ 活泼 huópo 형 활발하다, 활기차다
活泼**的孩子** huópo de háizi 활발한 아이

□ 外向 wàixiàng 형 외향적이다
性格很外向 xìnggé hěn wàixiàng 성격이 외향적이다

□ 内向 nèixiàng 형 내성적이다
性格很内向 xìnggé hěn nèixiàng 성격이 내성적이다

□ 主动 zhǔdòng 형 능동적이다, 알아서 먼저 하다
主动帮助别人 zhǔdòng bāngzhù biérén 알아서 먼저 남을 돕다

□ 细心 xìxīn 형 세심하다, 주의 깊다, 꼼꼼하다
细心的人 xìxīn de rén 세심한 사람

□ 粗心 cūxīn 형 꼼꼼하지 못하다, 소홀하다
做事很粗心 zuòshì hěn cūxīn 일 처리가 꼼꼼하지 못하다

□ 可靠 kěkào 형 믿을 만하다, 믿음직스럽다
可靠的人 kěkào de rén 믿음직한 사람

□ 礼貌 lǐmào 형 예의가 바르다 명 예의, 예절
对老师很有礼貌 duì lǎoshī hěn yǒu lǐmào 선생님에게 매우 예의가 바르다

□ 幽默 yōumò 형 유머러스하다, 재미있다
男朋友很幽默 nán péngyou hěn yōumò 남자 친구는 매우 유머러스하다

□ 勤奋 qínfèn 형 (일 · 학습 등에서) 근면하다
勤奋学习 qínfèn xuéxí 근면하게 공부하다

□ 诚实 chéngshí 형 진실하다
做诚实的人 zuò chéngshí de rén 진실한 사람이 되다

□ 温和 wēnhé 형 부드럽다, 온순하다
性格温和 xìnggé wēnhé 성격이 온화하다

□ 勇敢 yǒnggǎn 형 용감하다
勇敢面对 yǒnggǎn miànduì 용감하게 직면하다

□ 平静 píngjìng 형 (마음이) 차분하다, 평온하다, (환경이) 고요하다
心情很平静 xīnqing hen píngjìng 마음이 평온하다

□ 冷漠 lěngmò 형 냉담하다, 무관심하다
态度冷漠 tàidu lěngmò 태도가 냉담하다

□ 冷静 lěngjìng 형 침착하다, 냉철하다
冷静的心态 lěngjìng de xīntài 침착한 심리 상태

□ 谦虚 qiānxū 형 겸손하다
谦虚好学 qiānxū hàoxué 겸손하게 배우기를 좋아하다

□ 骄傲 jiāo'ào 형 ①거만하다, 오만하다 ②자랑스럽게 여기다[=自豪 zìháo]
骄傲自满 jiāo'ào zìmǎn 교만하고 스스로 흡족하게 여기다

선생님의 한마디

可靠는 사람뿐만 아니라 '可靠的消息(믿을 만한 소식)'처럼 추상적인 단어와도 함께 쓸 수 있습니다.

선생님의 한마디

诚实는 한자 독음대로 읽으면 '성실'이지만, 중국어 의미로는 '(거짓을 말하지 않고) 진실하다'라는 뜻으로 알아 두어야 합니다.

시험에 자주 출제되는 사물 평가 표현

□ 精彩 jīngcǎi 형 뛰어나다, 훌륭하다
比赛精彩 bǐsài jīngcǎi 경기가 훌륭하다

□ 暗 àn 형 어둡다
灯光很暗 dēngguāng hěn àn 불빛이 어둡다

□ 亮 liàng 형 밝다
显示屏很亮 xiǎnshìpíng hěn liàng 모니터가 밝다

□ 成熟 chéngshú 형 (사람이) 성숙하다, (열매가) 익다
果实成熟 guǒshí chéngshú 열매가 익다

□ 烫 tàng 형 몹시 뜨겁다
热水很烫 rèshuǐ hěn tàng 끓인 물이 매우 뜨겁다

□ 热 rè 형 덥다, 뜨겁다
天很热 tiān hěn rè 날씨가 매우 덥다

□ 凉 liáng 형 시원하다
饮料很凉 yǐnliào hěn liáng 음료가 시원하다

□ 干燥 gānzào 형 건조하다
空气干燥 kōngqì gānzào 공기가 건조하다

□ 潮湿 cháoshī 형 습하다, 축축하다
气候潮湿 qìhòu cháoshī 기후가 습하다

□ 温暖 wēnnuǎn 형 따뜻하다
温暖的气候 wēnnuǎn de qìhòu 따뜻한 날씨

□ 寒冷 hánlěng 형 춥고 차다
寒冷的天气 hánlěng de tiānqì 추운 날씨

□ 独特 dútè 형 독특하다, 특이하다
设计独特 shèjì dútè 설계가 독특하다

□ 繁荣 fánróng 형 번영하다
经济繁荣 jīngjì fánróng 경제가 번영하다

□ 时尚 shíshàng 형 유행하다, 트렌디하다
服装时尚 fúzhuāng shíshàng 옷이 트렌디하다

선생님의 한마디
成熟는 사람과 호응하면 '성숙하다'라는 뜻을 나타내고, 열매나 곡식 등과 호응하면 '익다'라는 뜻을 나타냅니다.

선생님의 한마디
烫은 주로 물체가 뜨거울 때 사용합니다. 또한 '화상을 입다'라는 의미도 있어서 '烫伤 tàngshāng(화상을 입다)'이라는 표현도 시험에 자주 출제됩니다.

선생님의 한마디
时尚은 어떤 제품이 '핫(Hot)하다'라는 의미로, 최근에 막 뜨고 있는 것을 가리킵니다. 时尚이 어느 정도 기간 지속이 되면 '流行'이라고 말합니다.

□ 大方 dàfang 형 (옷차림 등이) 세련되고 편하다

样式大方 yàngshì dàfang 스타일이 세련되고 편하다

□ 鲜艳 xiānyàn 형 산뜻하고 아름답다, 화려하다

颜色鲜艳 yánsè xiānyàn 색깔이 아름답다

□ 过期 guòqī 동 기한을 넘기다

牛奶过期了 niúnǎi guòqī le 우유가 유통기한이 넘었다

□ 结实 jiēshi 형 (사람 몸이) 튼튼하다, (사물이) 견고하다

结实的桌子 jiēshi de zhuōzi 견고한 탁자

□ 巧妙 qiǎomiào 형 기막히다, 솜씨가 뛰어나다

巧妙的办法 qiǎomiào de bànfǎ 기막힌 방법

□ 完美 wánměi 형 완벽하다

完美的方案 wánměi de fāng'àn 완벽한 방안

□ 硬 yìng 형 딱딱하다

面包很硬 miànbāo hěn yìng 빵이 딱딱하다

□ 优惠 yōuhuì 형 (판매에 있어) 혜택을 주다

价格优惠 jiàgé yōuhuì 가격에 혜택을 주다

□ 优美 yōuměi 형 (경치가) 아름답다

景色优美 jǐngsè yōuměi 경치가 아름답다

□ 窄 zhǎi 형 좁다

胡同很窄 hútòng hěn zhǎi 골목이 좁다

□ 宽 kuān 형 넓다

道路很宽 dàolù hěn kuān 도로가 넓다

선생님의 한마디

大方은 스타일 또는 사람의 성격을 서술할 수 있습니다. 옷차림에 쓰이면 '(옷차림이 보기에) 세련되고 편하다'라는 의미이고, 사람의 성격에 쓰이면 '小气 xiǎoqi(쩨쩨하다, 박하다)'의 반대말로 '(언행이) 시원시원하다'라는 의미가 됩니다.

선생님의 한마디

巧妙를 한자 독음대로 읽으면 '교묘하다'이고 중한 사전에도 그렇게 제시되어 있지만, 이는 올바른 내용이 아닙니다. 우리말의 '교묘하다'는 부정적인 의미지만, 巧妙는 긍정적인 의미를 나타냅니다. 따라서 巧妙를 '교묘하다'가 아니라, 반드시 '(솜씨가) 매우 뛰어나다, 기막히다, 절묘하다'라는 의미로 외워 두어야 합니다.

STEP 04 확인문제 풀기

듣기 1-06-4 확인문제.mp3

〈第一部分〉

01 A 很真实
B 光太强
C 有些模糊
D 拍得很专业

02 A 常堵车
B 变宽了
C 绿化差
D 更干净了

03 A 样式大方
B 大小不合适
C 颜色太鲜艳
D 料子有些硬

04 A 很淘气
B 很热心
C 比较敏感
D 非常单纯

〈第二部分〉

05 A 费用低
B 测验少
C 能免费试听
D 学习时间灵活

06 A 香味独特
B 保湿效果差
C 含化学成分
D 适合敏感肌肤

▶ 정답 및 해설 16쪽

실전문제 

듣기 1-07 실전문제.mp3

第一部分

01. A 买球鞋
B 打网球
C 给客人服务
D 指导女的跳舞

02. A 图书馆
B 超市
C 宠物商店
D 长途汽车站

03. A 商品价格太贵
B 男的想参加优惠活动
C 女的去产品说明会了
D 他们约好去滑雪

04. A 要退货
B 钱包丢了
C 要买门票
D 要开家新的店

05. A 24小时营业
B 不卖书
C 老板是个80后
D 那儿原来是四合院

06. A 舅舅
B 姑姑
C 孙女
D 外公

07. A 所有职员
B 特邀嘉宾
C 旅游团游客
D 购物的人

08. A 看演唱会
B 去海南旅游
C 和朋友滑雪
D 去亲戚家

09. A 隔壁在吵架
B 邻居在装修
C 楼上在搬家
D 有人放鞭炮

10. A 留学
B 创业
C 旅游
D 换工作

11. A 打折时再买
B 咨询一下店员
C 去实体店试用
D 看其他买家的评价

12. A 正在升级系统
B 柜台人手不足
C 换了新型取款机
D 推出了网上银行

13. A 演得很成功
B 经常说错台词
C 表演经验丰富
D 不理解剧中人物

14. A 看看地图
B 加速行驶
C 减速或停车
D 打开车灯

15. A 领导辞职了
B 面试很顺利
C 结果已经公布了
D 面试结果还没有出来

16. A 记者
B 律师
C 会计
D 老师

17. A 批评
B 鼓励
C 安慰
D 称赞

18. A 买个新手机
B 上网搜索方法
C 把文件复制一下
D 拨打电话

19. A 市区绿化情况
B 室内装饰材料
C 古建筑修建的步骤
D 中国建筑的图案

20. A 在减肥
B 刚吃饱
C 有些晕车
D 食物过敏

第二部分

21. A 坚持每天游泳
    B 打进了决赛
    C 在鼓励女的
    D 要参加马拉松比赛

22. A 出国做交换生
    B 外出旅游
    C 参加夏令营
    D 去朋友家做客

23. A 机身轻的
    B 内存大的
    C 外观漂亮的
    D 音质好的

24. A 成绩单丢了
    B 忘记密码了
    C 没带准考证
    D 护照过有效期了

25. A 走错路了
    B 会议取消了
    C 材料有问题
    D 记错时间了

26. A 赠送全年网费
    B 打算涨房租
    C 赠送全年水电费
    D 免费安装空调

27. A 总裁秘书
    B 理财专家
    C 对方公司经理
    D 生产商代表

28. A 别把腰扭了
    B 别弄脏窗帘
    C 别让眼睛里进灰
    D 别从椅子上摔下来

29. A 预约美容
    B 想寄包裹
    C 咨询机票
    D 要取消约会

30. A 拿溜冰鞋
    B 开收据
    C 交罚款
    D 复印文件

▶ 정답 및 해설 70쪽

듣기

2부분 서술형

시험 유형 소개

★ 총 15문제(31번~45번)

★ 지문을 듣고 문제에 알맞은 답을 선택하기

★ 지문은 총 6개 출제

★ 지문 1개당 2~3문제 출제(31~32번, 33~35번, 36~38번, 39~41번, 42~43번, 44~45번, 2문제 지문 3개와 3문제 지문 3개로 고정되어 있음)

★ 지문 내용

- 설명문: 일반 상식 및 중국과 관련한 지식 전달
- 이야기 글: 무한 긍정, 희망, 신념, 끈기, 노력, 인간관계, 중국 위인 이야기 등 깨우침을 주는 글

★ 배점: 문제당 2.2점

예제

31. ✓ A 诚实　　B 体贴　　C 谨慎　　D 相互信任

32. A 太骄傲　　B 天天锻炼　　✓ C 深受老师喜爱　　D 爱挑他人毛病

孔子有个弟子叫曾生，他勤奋好学，深得孔子喜爱。有同学问他为什么进步那么快，曾生说："我每天都要多次问自己，替别人办事有没有尽心尽力？与朋友交往有没有不诚实的地方？老师教的东西，是否学好了？如果发现做得不对，就立即改正。"这就是成语"三省吾身"的由来，后人多用它来表示从多个方面自觉地检查自己。

31. 曾生认为与朋友交往要怎么样？

32. 关于曾生，下面哪项正确？

시험 공략법

1 내용의 흐름을 파악하라!

듣기의 서술형 지문은 단어 하나하나에 집중하기보다는 흐름을 파악하는 것이 중요합니다. 따라서 들리는 단어는 체크를 하되, 모르는 단어는 과감하게 버리고 흐름을 이해하는 연습이 필요합니다. 또한 서술형의 마지막 문제는 대부분 주제를 묻는 문제이므로, 주제를 생각하며 들어야 합니다. 대개 설명문은 앞부분에, 이야기 글은 마지막 부분에 주제가 나온다는 것을 기억해 두세요.

2 HSK 출제의 법칙을 이해하라!

HSK 지문은 부정적인 내용은 거의 다루지 않습니다. 이야기 글의 경우, 주인공 不死 / 聪明 / 不生气 / 무한 긍정의 법칙 등을 중심으로 출제됩니다. 간혹 어렵게 출제될 경우 지문의 내용 순서와 질문 순서가 일치하지 않을 수 있지만, 대부분의 문제는 지문의 내용 흐름과 문제 순서가 일치합니다.

3 선택지에서 눈을 떼지 마라!

지문의 전체 내용을 모두 알아듣기는 힘들기 때문에, 녹음을 다 듣고 선택지를 보면 정답을 고르기가 힘들어집니다. 또한 듣기 서술형은 지문당 한 문제는 선택지의 답이 지문에서 그대로 언급되며 정답이 됩니다. 따라서 선택지의 내용이 녹음에서 들리는지 놓치지 않아야 하므로, 듣기를 할 때도 선택지에서 눈을 떼지 말고 집중하는 것이 가장 중요합니다.

4 녹음을 들으며 정답을 선택하라!

녹음을 들을 때는 선택지에 일치하는 단어 및 필요한 정보를 간단히 메모하고, 질문이 나올 때는 바로 정답을 선택할 수 있어야 합니다. 질문 후의 13초 동안 답을 고르는 데 소모하면 좋은 점수를 받기가 힘들 수 있습니다. 질문 후 13초는 다음 선택지를 분석하는 데 활용해야 합니다. 가령, 31~32번 지문이 나올 때 선택지에 체크하며 듣고 질문이 나오면 바로 31~32번의 답을 선택합니다. 31번 질문이 끝나고 32번 질문이 시작되는 13초 동안은 33~35번의 선택지를 읽고 내용을 파악해야 합니다. 질문이 끝남과 동시에 답을 바로 선택할 수 있도록 습관을 길러야 합니다.

字로 어휘 익히기 – 5급에 꼭 필요한 4급 필수어휘 2

- □ 破 pò 동 파손되다, 찢어지다, 해지다
- □ 普遍 pǔbiàn 형 보편적인, 일반적인 ⇒ 普 형 보편적인 + 遍 동 두루 퍼지다, 널리 퍼져 있다
- □ 其次 qícì 대 다음, 그다음
- □ 气候 qìhòu 명 기후
- □ 轻松 qīngsōng 형 (일 따위가) 수월하다, 가볍다 ⇒ 轻 형 수월하다, 가볍다
- □ 区别 qūbié 명 구별, 차이
- □ 缺点 quēdiǎn 명 결점, 단점 ⇒ 缺 동 부족하다 + 点 명 방면, 부분
- □ 缺少 quēshǎo 동 부족하다, 모자라다 ⇒ 缺 동 부족하다, 모자라다 + 少 동 모자라다
- □ 确实 quèshí 형 확실하다 부 확실히, 틀림없이
- □ 任何 rènhé 대 어떠한
- □ 任务 rènwu 명 임무 ⇒ 任 동 맡기다 명 임무 + 务 명 임무
- □ 扔 rēng 동 버리다, 던지다
- □ 仍然 réngrán 부 여전히, 변함없이 ⇒ 仍 부 여전히, 아직도
- □ 散步 sànbù 동 산책하다
- □ 沙发 shāfā 명 소파
- □ 商量 shāngliang 동 상의하다, 의논하다
- □ 稍微 shāowēi 부 조금, 약간 ⇒ 稍 부 조금, 약간
- □ 申请 shēnqǐng 동 신청하다
- □ 生意 shēngyi 명 장사, 사업, 비즈니스
- □ 省 shěng 동 아끼다, 절약하다
- □ 剩 shèng 동 남다, 남기다
- □ 失望 shīwàng 동 실망하다 ⇒ 失 동 잃어버리다 + 望 동 희망하다, 기대하다
- □ 实际 shíjì 명 실제, 사실 형 실제적인, 현실적인 ⇒ 实 명 실제, 사실 형 실제적인
- □ 使用 shǐyòng 동 사용하다, 쓰다 ⇒ 使 동 사용하다, 쓰다 + 用 동 사용하다, 쓰다
- □ 是否 shìfǒu 부 ~인지 아닌지[=是不是 shì bú shì]
- □ 适合 shìhé 동 적합하다, 적절하다 ⇒ 适 동 적합하다, 알맞다 + 合 동 맞다, 어울리다
- □ 适应 shìyìng 동 적응하다
- □ 收入 shōurù 명 수입, 소득
- □ 收拾 shōushi 동 정리하다, 치우다 ⇒ 收 동 거두어들이다 + 拾 동 줍다, 정리하다
- □ 首先 shǒuxiān 부 가장 먼저 ⇒ 首 부 최초로, 처음으로 + 先 부 먼저
- □ 受不了 shòubuliǎo 동 견딜 수 없다, 참을 수 없다 ⇒ 受 동 참다, 견디다 + 不了 동 ~할 수 없다
- □ 受到 shòudào 동 (환영 · 칭찬 등을) 받다, 얻다
- □ 输 shū 동 ① (승부에서) 지다, 패하다 ② 운송하다, 나르다
- □ 熟悉 shúxī 형 잘 알다, 익숙하다 ⇒ 熟 형 잘 알다, 익숙하다 + 悉 동 잘 알다
- □ 顺便 shùnbiàn 부 ~하는 김에, 겸사겸사

□ 顺利 shùnlì 형 순조롭다
□ 速度 sùdù 명 속도 ⋙ 速 명 속도
□ 塑料袋 sùliàodài 명 비닐봉지 ⋙ 塑料 명 비닐 + 袋 명 봉지
□ 酸 suān 형 (맛이) 시다
□ 随便 suíbiàn 부 마음대로, 좋을 대로, 함부로
□ 随着 suízhe 전 ~함에 따라서
□ 躺 tǎng 동 눕다, 드러눕다
□ 讨论 tǎolùn 동 토론하다 ⋙ 讨 동 토론하다 + 论 동 토론하다
□ 讨厌 tǎoyàn 동 싫어하다, 미워하다
□ 提供 tígōng 동 제공하다 ⋙ 供 동 공급하다, 제공하다
□ 提前 tíqián 동 (예정된 시간을) 앞당기다
□ 提醒 tíxǐng 동 일깨우다, 깨우치다 ⋙ 提 동 제시하다, 제기하다 + 醒 동 깨우다
□ 填空 tiánkòng 동 (괄호를) 채우다, (빈칸에) 써 넣다 ⋙ 填 동 채우다, 메우다 + 空 명 공간, 빈 곳, 틈
□ 停 tíng 동 정지하다, 멈추다
□ 通知 tōngzhī 명 통지(서) 동 통지하다, 알리다
□ 推 tuī 동 밀다
□ 推迟 tuīchí 동 미루다, 늦추다, 연기하다 ⋙ 推 동 미루다, 연기하다 + 迟 형 늦다
□ 网站 wǎngzhàn 명 (인터넷) 웹 사이트
□ 往往 wǎngwǎng 부 주로, 대부분, 종종
□ 危险 wēixiǎn 형 위험하다 명 위험 ⋙ 危 형 위험하다 + 险 형 위험하다
□ 味道 wèidào 명 맛, 냄새
□ 温度 wēndù 명 온도
□ 污染 wūrǎn 동 오염시키다, 오염되다 ⋙ 污 명 더럽히다 + 染 동 물들이다
□ 无 wú 동 없다[=没有 méiyǒu]
□ 无聊 wúliáo 형 무료하다, 심심하다 ⋙ 无 동 없다 + 聊 동 한담하다, 잡담하다
□ 误会 wùhuì 동 오해하다 명 오해 ⋙ 误 형 틀리다, 잘못되다 + 会 동 이해하다
□ 吸引 xīyǐn 동 끌어당기다, 매료시키다 ⋙ 吸 동 끌어당기다 + 引 동 끌다, 잡아당기다
□ 咸 xián 형 (맛이) 짜다
□ 羡慕 xiànmù 동 흠모하다, 부러워하다 ⋙ 羡 동 흠모하다, 부러워하다 + 慕 동 사모하다, 흠모하다
□ 香 xiāng 형 ① 향기롭다 ② (음식이) 맛있다
□ 详细 xiángxì 형 상세하다, 자세하다 ⋙ 详 형 상세하다 + 细 형 상세하다
□ 响 xiǎng 동 (소리가) 나다, 울리다
□ 消息 xiāoxi 명 소식, 뉴스
□ 笑话 xiàohua 명 우스갯소리, 농담 동 비웃다 ⋙ 笑 동 웃다 + 话 명 말
□ 效果 xiàoguǒ 명 효과
□ 辛苦 xīnkǔ 형 고생스럽다, 수고스럽다 ⋙ 辛 형 고생스럽다 + 苦 형 고생스럽다
□ 信息 xìnxī 명 소식, 정보
□ 信心 xìnxīn 명 자신(감)

- □ 兴奋 xīngfèn 형 (기뻐서) 흥분하다, 감격하다
- □ 幸福 xìngfú 형 행복하다 명 행복 ⋙ 幸 형 행운의, 행복하다 + 福 명 복, 행복
- □ 修理 xiūlǐ 동 수리하다, 고치다 ⋙ 修 동 수리하다
- □ 许多 xǔduō 형 매우 많다
- □ 压力 yālì 명 압력, 스트레스
- □ 亚洲 Yàzhōu 고유 아시아
- □ 严格 yángé 형 엄격하다, 엄하다 ⋙ 严 형 엄하다, 엄격하다 + 格 명 규격, 격식
- □ 严重 yánzhòng 형 심각하다, (정도가) 심하다 ⋙ 严 형 심하다 + 重 형 무겁다, 심하다
- □ 研究 yánjiū 동 연구하다
- □ 盐 yán 명 소금
- □ 演员 yǎnyuán 명 배우, 연기자 ⋙ 演 동 연기하다 + 员 명 [어떤 분야에 종사하고 있는 사람]
- □ 养成 yǎngchéng 동 (습관을) 기르다 ⋙ 养 동 기르다
- □ 邀请 yāoqǐng 동 초청하다, 초대하다 ⋙ 邀 동 초청하다, 초대하다 + 请 동 초청하다
- □ 钥匙 yàoshi 명 열쇠
- □ 也许 yěxǔ 부 어쩌면, 아마도
- □ 叶子 yèzi 명 잎
- □ 以为 yǐwéi 동 ~이라고 여기다[생각과 다른 경우에 씀]
- □ 艺术 yìshù 명 예술
- □ 引起 yǐnqǐ 동 (주의를) 끌다, (사건 등을) 일으키다
- □ 印象 yìnxiàng 명 인상
- □ 赢 yíng 동 이기다, 승리하다
- □ 应聘 yìngpìn 동 초빙에 응하다, 지원하다 ⋙ 应 동 응하다, 받아들이다 + 聘 동 초빙하다
- □ 勇敢 yǒnggǎn 형 용감하다 ⋙ 勇 형 용감하다 + 敢 형 용감하다
- □ 优点 yōudiǎn 명 장점 ⋙ 优 형 뛰어나다, 우수하다 + 点 명 방면, 부분
- □ 优秀 yōuxiù 형 우수하다, 뛰어나다 ⋙ 优 형 뛰어나다, 우수하다 + 秀 형 뛰어나다, 우수하다
- □ 幽默 yōumò 형 유머러스하다
- □ 尤其 yóuqí 부 (그중에서도) 특히
- □ 邮局 yóujú 명 우체국
- □ 友谊 yǒuyì 명 우정
- □ 愉快 yúkuài 형 유쾌하다, 즐겁다 ⋙ 愉 형 유쾌하다, 즐겁다 + 快 형 유쾌하다, 즐겁다
- □ 羽毛球 yǔmáoqiú 명 배드민턴 ⋙ 羽毛 명 깃털 + 球 명 구기 운동
- □ 原来 yuánlái 부 ① (몰랐던 사실을) 알고 보니 ② 원래, 본래
- □ 原谅 yuánliàng 동 용서하다 ⋙ 谅 동 용서하다
- □ 原因 yuányīn 명 원인
- □ 阅读 yuèdú 동 읽다, 열람하다 ⋙ 阅 동 읽다 + 读 동 읽다
- □ 允许 yǔnxǔ 동 허가하다, 허락하다 ⋙ 允 동 허가하다 + 许 동 허가하다, 허락하다
- □ 杂志 zázhì 명 잡지 ⋙ 杂 형 잡다하다, 가지각색의 + 志 명 (문장에 의한) 기록
- □ 咱们 zánmen 대 우리(들)

□ **暂时** zànshí 명 잠시, 잠깐

□ **脏** zāng 형 더럽다, 지저분하다

□ **责任** zérèn 명 책임 ⋯ 责 명 책임 + 任 명 직무, 임무

□ **增加** zēngjiā 동 증가하다, 늘리다 ⋯ 增 동 증가하다 + 加 동 증가하다

□ **占线** zhànxiàn 동 (전화가) 통화 중이다 ⋯ 占 동 차지하다 + 线 명 선

□ **招聘** zhāopìn 동 모집하다, 채용하다 ⋯ 招 동 (오라고) 손짓하다, 모집하다 + 聘 동 초빙하다

□ **整理** zhěnglǐ 동 정리하다 ⋯ 整 동 정리하다 + 理 동 정리하다

□ **正好** zhènghǎo 형 딱 맞다, 꼭 맞다 부 마침

□ **正确** zhèngquè 형 정확하다, 올바르다 ⋯ 正 형 바르다 + 确 형 확실하다

□ **正式** zhèngshì 형 정식의 ⋯ 正 형 바르다 + 式 명 양식, 격식

□ **证明** zhèngmíng 동 증명하다 명 증서, 증명서

□ **支持** zhīchí 동 지지하다, 응원하다

□ **值得** zhídé 동 ~할 만한 가치가 있다

□ **职业** zhíyè 명 직업 ⋯ 职 명 직무, 직책 + 业 명 직업

□ **植物** zhíwù 명 식물 ⋯ 植 명 식물

□ **只好** zhǐhǎo 부 할 수 없이, 어쩔 수 없이

□ **只要** zhǐyào 접 ~하기만 하면

□ **至少** zhìshǎo 부 적어도, 최소한

□ **质量** zhìliàng 명 품질, 질

□ **重点** zhòngdiǎn 명 중점, 핵심 ⋯ 重 형 중요하다 + 点 명 방면, 부분

□ **重视** zhòngshì 동 중시하다 ⋯ 重 형 중요하다 + 视 동 보다

□ **周围** zhōuwéi 명 주위, 주변 ⋯ 周 명 주변, 주위, 둘레 + 围 명 둘레, 주위, 사방

□ **主意** zhǔyi 명 생각, 의견, 아이디어

□ **祝贺** zhùhè 동 축하하다 ⋯ 祝 동 축하하다 + 贺 동 축하하다

□ **著名** zhùmíng 형 저명하다, 유명하다

□ **专门** zhuānmén 형 전문적인 부 ① 전문적으로 ② 일부러 ⋯ 专 형 전문적인

□ **专业** zhuānyè 명 전공 형 전문적인 ⋯ 专 형 전문적인 + 业 명 업계, 업무, 분야

□ **赚** zhuàn 동 (돈을) 벌다

□ **准确** zhǔnquè 형 정확하다, 확실하다 ⋯ 准 형 정확하다, 확실하다 + 确 형 확실하다

□ **准时** zhǔnshí 부 정시에, 제때 ⋯ 准 형 정확하다, 확실하다 + 时 명 시간, 때

□ **仔细** zǐxì 형 자세하다, 꼼꼼하다

□ **自信** zìxìn 동 자신하다 형 자신감 있다 명 자신감

□ **总结** zǒngjié 동 총정리하다 ⋯ 总 동 총괄하다, 모으다 + 结 동 끝맺다, 종결하다

□ **租** zū 동 ① 세내다, 임차하다 ② 세를 주다, 임대하다

□ **最好** zuìhǎo 부 ~하는 게 제일 좋다 형 가장 좋다

□ **尊重** zūnzhòng 동 존중하다 ⋯ 尊 동 존경하다 + 重 동 중시하다

□ **作家** zuòjiā 명 작가

□ **作用** zuòyòng 명 작용, 효과, 영향

□ **座位** zuòwèi 명 좌석 ⋯ 座 명 좌석, 자리 + 位 명 자리

시나공법 01

교훈적인 내용이 나온다!

듣기 서술형의 이야기 글은 주로 앞부분에서 에피소드를 들려준 후, 마지막의 결론(总结 zǒngjié)에서 해당 이야기를 바탕으로 한 주제, 즉, 교훈을 들려줍니다. 만약 결론 부분이 어려워서 알아듣기 힘들다면, 앞부분의 이야기를 통해 주제를 유추할 수 있어야 합니다. 이야기 글은 문맥이 어느 정도 정해져 있기 때문에 그 흐름만 잘 파악한다면 수월하게 정답을 맞힐 수 있습니다.

STEP 01 먼저 풀어보기

예제 1 듣기 2-01-1 예제1.mp3

1. A 诚实
   B 体贴
   C 谨慎
   D 相互信任

2. A 太骄傲
   B 天天锻炼
   C 深受老师喜爱
   D 爱挑他人毛病

선생님의 한마디

5급 서술형 듣기는 6급 입문 과정입니다. 따라서 5급 필수어휘 외에 6급 어휘도 출제된다는 사실을 항상 인지해야 합니다. 단어의 의미를 최대한 字로 유추하는 연습을 해 두어야 하며, 그래도 파악하기 어려운 단어가 나오면 발음이라도 미리 체크한 후 녹음을 들어야 합니다.

선생님의 한마디

诚实는 한국어로 '(거짓이 아니라) 진실하다', '솔직하다'라는 의미로 암기해 두어야 합니다.

예제 2 듣기 2-01-2 예제2.mp3

1. A 收成很好
   B 受到了虫害
   C 面积变小了
   D 土质变松软了

2. A 种子质量差
   B 水浇少了
   C 肥料用多了
   D 长了很多杂草

3. A 要勤奋工作
   B 要有耐心
   C 自己的事自己做
   D 帮助人要“适度”

STEP 02 선생님 풀이과정 보기

예제 1

|해 설|

1. A 诚实	A 진실하다
B 体贴	B 자상하게 돌보다
C 谨慎	C 신중하다
D 相互信任	D 서로 신임하다
2. A 太骄傲	A 너무 거만하다
B 天天锻炼	B 매일같이 운동한다
C 深受老师喜爱	C 선생님의 사랑을 많이 받는다
D 爱挑他人毛病	D 다른 사람의 결점을 들추길 좋아한다

선택지는 모두 인물에 관한 내용입니다. 선택지의 내용이 녹음에 그대로 언급될 수도 있지만, 행동을 통해 유추해야 하는 경우도 있기 때문에 이를 예상하고 문제에 접근해야 합니다. 또한 1번에 제시된 단어들은 모두 필수어휘이므로 만약 모르는 단어가 있다면 모두 암기해 두도록 합니다.

1. 问：曾生认为与朋友交往要怎么样?
선택지 내용이 녹음에서 그대로 언급되었습니다. 녹음 중간의 '与朋友交往有没有不诚实的地方?'이 힌트입니다. B, C, D의 단어는 언급되지 않았습니다. 따라서 정답은 A 诚实입니다.

2. 问：关于曾生，下面哪项正确?
선택지 내용이 녹음에서 그대로 들리지만, 힌트가 문제 순서대로 나오지 않습니다. 하지만 녹음 앞부분의 '孔子有个弟子叫增生', '深得孔子喜爱'를 통해 정답을 쉽게 선택할 수 있습니다. A, D와 같이 부정적인 내용은 정답이 될 확률이 매우 낮고, B의 锻炼은 녹음에서 언급되지 않았습니다. 따라서 정답은 C 深受老师喜爱입니다.

|해 석|

孔子有个弟子叫曾生，他①勤奋好学，[2]深得孔子喜爱。有同学问他为什么进步那么快，曾生说："我每天都要多次问自己，②替别人办事有没有尽心尽力？[1]与朋友交往有没有不③诚实的地方？老师教的东西，是否学好了？如果发现做得不对，就④立即改正。"这就是成语"三省吾身"的由来，后人多用它来表示从多个方面自觉地⑤检查自己。

1. 曾生认为与朋友交往要怎么样?
2. 关于曾生，下面哪项正确?

공자에게 증생이라는 제자가 있었다. 그는 ①부지런히 공부하여, [2]공자의 사랑을 많이 받았다. 어떤 학생이 그에게 어째서 발전이 그렇게 빠른지 묻자, 증생이 말했다. "나는 매일같이 자신에게 여러 차례 물어봅니다. 다른 사람을 ②대신하여 일을 처리할 때 최선을 다했는가? [1]친구와 교류하면서 ③진실되지 않은 점이 있었는가? 스승님께서 가르쳐 준 것을 제대로 공부했는가? 만약 잘못한 걸 발견하면 ④즉시 고칩니다." 이것이 바로 성어 '三省吾身'의 유래로, 후대 사람들은 대부분 그 말을 이용하여 여러 방면에서 자발적으로 자신을 ⑤반성하는 것을 나타냈다.

1. 증생은 친구와 교류하면서 어떻게 해야 한다고 여겼는가?
2. 증생에 관해서 다음 중 정확한 것은?

선생님의 한마디
예제1은 중국의 역사적 인물의 일화를 소개하면서 고사성어의 유래를 알려 주는 지문입니다. 선택지는 모두 인물과 관련된 것만 출제되었습니다. 간혹 주제를 물어보는데 그 경우엔 '成语~的由来'의 구문이 답이 되는 경우가 많습니다.

선생님의 한마디
'曾经 céngjīng'의 '曾 céng'이 사람의 성씨로 쓰일 때는 발음이 'Zēng'임에 유의해야 합니다.

선생님의 한마디
'我每天都要……' 구문에서 要는 습관을 나타내는 능원동사로 쓰였기 때문에 굳이 '~하려고 하다'라는 의미로 해석하지 말고, 해석을 생략합니다. 이 문장에서는 '매일같이 자신에게 여러 차례 물어본다'라는 습관성 행동을 나타내기 때문입니다. 능원동사 会도 이와 같은 의미가 있습니다.

|단 어| **诚实** chéngshí 형 진실하다, 솔직하다 | **体贴** tǐtiē 동 자상하게 돌보다 | **谨慎** jǐnshèn 형 (언행이) 신중하다, 조심스럽다 | **相互** xiānghù 부 상호(간에), 서로(간에) | **信任** xìnrèn 동 신임하다 | **骄傲** jiāo'ào 형 거만하다, 교만하다 | **锻炼** duànliàn 동 단련하다, 운동하다 | **深受〔深得〕～喜爱** shēnshòu(shēndé)~xǐ'ài ～의 사랑을 많이 받다 | **挑毛病** tiāo máobìng 결점을 들추다, 흠을 잡다 | **孔子** Kǒngzǐ 고유 공자[인명] | **弟子** dìzǐ 명 제자 | **曾生** Zēngshēng 고유 증생[인명] | **勤奋好学** qínfèn hàoxué 부지런히 공부하다 | **进步** jìnbù 동 진보하다, 발전하다 | **替** tì 동 대신하다, 대체하다 | **办事** bànshì 동 일을 처리하다 | **尽心尽力** jìnxīn jìnlì 몸과 마음을 다하다, 최선을 다하다 | **交往** jiāowǎng 동 교류하다, 사귀다 | **教** jiāo 동 가르치다, 가르쳐 주다 | **发现** fāxiàn 동 발견하다 | **立即** lìjí 부 즉시, 바로 | **改正** gǎizhèng 동 (잘못 등을 바르게) 고치다 | **成语** chéngyǔ 명 성어 | **三省吾身** sānxǐngwúshēn 성 날마다 세 번씩 내 몸을 살핀다 | **由来** yóulái 명 유래 | **自觉** zìjué 형 자발적이다 | **检查** jiǎnchá 동 검사하다, 반성하다

|정 답| 1. A　2. C

녹음 지문 받아쓰기　녹음을 들으며 빈칸의 단어를 받아써 봅시다. 듣기 2-01-1 예제1.mp3

孔子有个弟子叫曾生，他①__________好学，深得孔子喜爱。有同学问他为什么进步那么快，曾生说：“我每天都要多次问自己，②__________别人办事有没有尽心尽力？与朋友交往有没有不③__________的地方？老师教的东西，是否学好了？如果发现做得不对，就④__________改正。”这就是成语“三省吾身”的由来，后人多用它来表示从多个方面自觉地⑤__________自己。

예제 2

|해 설|

1. A 收成很好 — A 수확이 매우 좋다
   B 受到了虫害 — B 병충해를 입었다
   C 面积变小了 — C 면적이 작아졌다
   D 土质变松软了 — D 토질이 부드러워졌다

2. A 种子质量差 — A 종자의 질이 나쁘다
   B 水浇少了 — B 물을 적게 줬다
   C 肥料用多了 — C 비료를 많이 썼다
   D 长了很多杂草 — D 잡초가 많이 자랐다

3. A 要勤奋工作 — A 열심히 일해야 한다
   B 要有耐心 — B 인내심이 있어야 한다
   C 自己的事自己做 — C 자신의 일은 스스로 한다
   D 帮助人要"适度" — D 사람을 돕는 것도 '적당히' 해야 한다

선택지를 통해 지문은 농사와 관련된 내용임을 예측할 수 있습니다. 1번 선택지에서는 핵심 단어인 收成, 虫害, 面积, 土质에, 2번 선택지에서는 种子, 水, 肥料, 杂草에 미리 체크해 둡니다. 3번 선택지 내용으로 보아 지문은 교훈적인 내용임을 알 수 있습니다. 보통 교훈은 단문의 가장 마지막에 나오니 마지막 부분에 집중하며 들어야 합니다. 勤奋, 耐心, 适度 등의 핵심 단어를 미리 체크한 후 녹음을 듣습니다.

1. 问：第二年麦田怎么样?
   첫 번째 해는 '收成不错'라는 표현이, 두 번째 해는 '收成比第一年还要好'라는 표현이 들리므로, A 收成很好를 정답으로 고를 수 있습니다.

2. 问：父亲认为第三年的收成为什么不好?
   녹음에서 아버지의 말인 '如果你明年继续增加肥料用量，那么收成会更糟'라는 부분에서 정답을 찾을 수 있습니다. 정답은 C 肥料用多了입니다.

3. 问：根据这段话，下面哪项正确?
   마지막 문제는 질문을 듣기 전에 미리 답을 찾을 수 있습니다. '一个人需要帮助的时候，你助其一臂之力，可以让他摆脱困境，但如果你给他太多的帮助，反而会让他形成依赖性，失去自我奋斗的动力'라는 아버지의 말을 정확히 알아듣지 못했어도, 帮助라는 단어가 반복적으로 들리기 때문에 정답을 D 帮助人要"适度"로 선택하면 됩니다.

|해 석|

农夫把一片麦田交给儿子管理。第一年，儿子小心翼翼地管理，小麦①长势很好，收成不错。第二年，他②尝试着往田里加了些肥料，加了肥料的小麦长得很快，结果[1]小麦的收成比第一年还要好。第三年，他使用了更多的肥料，以为当年的收成会更高，没想到这一年的收成却不

농부가 밀밭을 아들에게 맡기며 관리하도록 했다. 첫해에 아들은 매우 조심스럽게 관리했다. 밀은 ①성장이 좋았고, 수확도 좋았다. 이듬해, 그는 ②시험 삼아 밭에 약간의 비료를 주었다. 비료를 준 밀은 빠르게 자랐고, 그 결과 [1]밀의 수확은 첫해보다 훨씬 좋았다. 세 번째 해에, 그는 더 많은 비료를 썼다. 그 해의 수확이 더 높을 거라고 여겼지만, 뜻밖에도 이 해의 수확은 결코 이전만 못했다. 밀알이 작아지고,

선생님의 한마디

이 문제의 정답으로 출제된 收成, 肥料, 适度는 모두 HSK 필수어휘가 아닙니다. 비교적 어려운 단어들이지만, 발음은 충분히 알 수 있습니다. 보통은 이렇게 발음만 알아들어도 정답을 쉽게 찾을 수 있도록 출제됩니다. 나머지 선택지들은 녹음에서 거의 들리지 않기 때문입니다. 따라서 단어가 어렵고 내용이 안 들린다고 포기하는 것은 금물입니다.

선생님의 한마디

녹음에서 收成이 들릴 때 1번 A의 收成에 동그라미 표시합니다. 그다음 肥料가 들릴 때 2번 C의 肥料에 동그라미 표시합니다. 만약 肥料라는 단어를 몰랐다고 해도 减肥의 肥와 材料의 料의 결합이므로 발음을 체크할 수 있습니다. 이렇게 선택지의 단어가 들리면 항상 체크하는 습관을 길러야 합니다.

如往年，麦粒变小了，而且外表也没有光泽。

他不解地问父亲，父亲说："[2] 如果你明年继续增加肥料用量，那么收成会更糟。对人也是③如此，一个人需要帮助的时候，你助其一臂之力，可以让他④摆脱困境，但如果你给他[3] 太多的帮助，反而会让他形成依赖性，[3] 失去自我⑤奋斗的动力。"

1. 第二年麦田怎么样?
2. 父亲认为第三年的收成为什么不好?
3. 根据这段话，下面哪项正确?

게다가 겉모습도 윤기가 없어졌다.

그는 이해가 가지 않아 아버지께 여쭤보자, 아버지가 말했다. "[2] 만약 네가 내년에 계속해서 비료 사용량을 늘린다면, 수확은 더 나빠질 게다. 사람에게도 ③마찬가지다. 누군가 도움을 필요로 할 때, 네가 그에게 조그마한 힘을 보태면 그를 곤경에서 ④벗어나게 할 수 있지만, 만약 네가 그에게 [3] 너무 많은 도움을 준다면, 도리어 그가 의존성을 가지게 해서 [3] 스스로 ⑤노력하는 원동력을 잃어버리게 할 수 있단다."

1. 이듬해에 밀밭은 어떻게 되었는가?
2. 아버지는 세 번째 해의 수확이 왜 좋지 않다고 여기는가?
3. 이 이야기에 근거하여, 다음 중 정확한 것은?

선생님의 한마디

이야기 글의 마지막은 앞의 이야기를 총정리(总结)하는 부분이며, 이 부분에서 주제를 찾을 수 있습니다. 앞부분의 밀 이야기를 대략 이해한 학생이라면 비료를 더 많이 주니 수확이 오히려 안 좋아졌다는 사실을 통해, 적당해야 한다는 '适度'의 키워드를 찾아낼 수 있을 것입니다. 适度는 필수어휘가 아니지만 4급 필수어휘인 '适合(적합하다)'를 안다면 适度도 비슷한 의미일 것이라고 유추할 수 있을 것입니다.

|단 어| **收成** shōucheng 명 수확, 성과 | **虫害** chónghài 명 병충해 | **面积** miànjī 명 면적 | **土质** tǔzhì 명 토질 | **松软** sōngruǎn 형 부드럽다, 푹신푹신하다 | **种子** zhǒngzi 명 종자, 씨(앗) | **质量** zhìliàng 명 질, 품질 | **差** chà 형 나쁘다, 좋지 않다 | **浇** jiāo 동 (물을) 주다 | **肥料** féiliào 명 비료 | **长** zhǎng 동 자라나다, 생기다 | **杂草** zácǎo 명 잡초 | **勤奋** qínfèn 형 부지런하다, 열심히 하다 | **耐心** nàixīn 명 인내심 | **适度** shìdù 형 (정도가) 적당하다, 적절하다 | **农夫** nóngfū 명 농부 | **麦田** màitián 명 밀밭 | **小心翼翼** xiǎoxīnyìyì 성 매우 조심스럽다 | **小麦** xiǎomài 명 밀 | **长势** zhǎngshì 명 (식물이) 성장하는 기세 | **尝试** chángshì 동 시험 삼아 ~을 하다 | **没想到** méi xiǎngdào 생각지 못하다, 뜻밖이다 | **往年** wǎngnián 명 왕년, 이전 | **麦粒** màilì 명 밀알 | **光泽** guāngzé 명 광택, 윤기 | **不解** bùjiě 동 이해하지 못하다 | **继续** jìxù 동 계속하다 | **增加** zēngjiā 동 증가하다, 늘리다 | **用量** yòngliàng 명 사용량 | **糟** zāo 형 (일 또는 상황이) 나쁘다, 좋지 않다 | **一臂之力** yíbìzhīlì 성 조그마한 힘, 보잘것없는 힘 | **摆脱** bǎituō 동 (어려움 등에서) 벗어나다 | **困境** kùnjìng 명 곤경 | **反而** fǎn'ér 부 반대로, 도리어 | **依赖性** yīlàixìng 명 의존성 | **奋斗** fèndòu 동 분투하다, 노력하다 | **动力** dònglì 명 원동력

|정 답| 1. A　2. C　3. D

녹음 지문 받아쓰기　녹음을 들으며 빈칸의 단어를 받아써 봅시다. 듣기 2-01-2 예제2.mp3

农夫把一片麦田交给儿子管理。第一年，儿子小心翼翼地管理，小麦①________很好，收成不错。第二年，他②________着往田里加了些肥料，加了肥料的小麦长得很快，结果小麦的收成比第一年还要好。第三年，他使用了更多的肥料，以为当年的收成会更高，没想到这一年的收成却不如往年，麦粒变小了，而且外表也没有光泽。

他不解地问父亲，父亲说："如果你明年继续增加肥料用量，那么收成会更糟。对人也是③________，一个人需要帮助的时候，你助其一臂之力，可以让他④________困境，但如果你给他太多的帮助，反而会让他形成依赖性，失去自我⑤________的动力。"

STEP 03 내공쌓기

이야기 글의 흐름 파악하기

1. 구조 파악

이야기 글은 지문의 흐름이 정해져 있습니다. 주인공의 성장 스토리는 주로 '주인공의 시련 → 극복 과정 → 성공적인 결과 → 주제(교훈)'의 흐름입니다. 두세 명의 사람이나 몇 가지의 동식물이 등장하면 그 성격이나 특징은 상반된 내용이 나옵니다. 가령, 한 명이 멍청하다면 다른 한 명은 똑똑하고, 한 명이 게으르다면 다른 한 명은 부지런한 형태입니다. 난관을 해결하기 위해 여러 가지 방법이 나올 경우에는 앞부분의 잘못된 방법 중 하나에 대해 문제를 출제하고, 실제로 난관을 해결한 마지막 방법에 대해 한 문제를 출제합니다. 마지막 문제는 주로 주제를 물어보는데, 이 또한 마지막 사람에게서 정보를 찾을 수 있습니다.

1)

在世界拳击手冠军争夺赛中，其中一位选手在前十几个回合一直处于劣势，被打得很惨。观众都认为他输定了。连教练都在休息时问他要不要放弃。他回答："这样的问题，你应该在拳击赛结束后问我。"在短暂的休息时间里，他不断地告诉自己：我是最强的，然后反复想象着对手被自己打倒的场面，台下观众为自己欢呼的情景。

→ 주인공의 시련 및 극복 과정: 한 권투 선수가 경기에서 열세에 몰렸지만 그는 낙담하지 않고 스스로에게 용기를 북돋웠다.

奇迹在最后一个回合出现了，他又恢复了往日的气势，把对手打得倒地不起，获得了冠军。

→ 성공적인 결과: 결국 권투 선수는 우승했다.

许多成大事的人都会在内心想象自己成功的样子。想象的力量是巨大的，很多时候，人生会按照你想的样子来实现。

→ 주제: 큰일을 이룬 사람들은 마음속으로 성공을 상상한다.

1. 最初观众是怎么看他的? → 주인공의 시련을 질문함

|정답| 肯定会输

2. 休息时他再三告诉自己什么? → 주인공의 극복 과정 또는 방법을 질문함

|정답| 我最强

3. 许多成大事的人是怎么做的? → 주제를 질문함

|정답| 想象成功的情景

- **拳击手冠军争夺赛** quánjīshǒu guànjūn zhēngduósài 권투 선수권 쟁탈 경기
- **回合** huíhé 명 라운드
- **劣势** lièshì 명 열세
- **惨** cǎn 형 처참하다
- **短暂** duǎnzàn 형 (시간이) 짧다
- **对手** duìshǒu 명 상대, 적수
- **打倒** dǎdǎo 동 때려눕히다
- **欢呼** huānhū 동 환호하다
- **奇迹** qíjì 명 기적
- **往日** wǎngrì 명 이전, 예전
- **气势** qìshì 명 기세
- **倒地** dǎodì 동 바닥에 쓰러지다
- **冠军** guànjūn 명 우승

|분 석|

성장 과정 이야기의 전형적인 유형입니다. 지문을 분석해 보면 '주인공의 시련 및 극복 과정 → 성공적인 결과 → 주제(교훈)'의 구조임을 알 수 있습니다. 문제 또한 지문 내용의 순서대로 1번에서는 주인공의 시련 내용을, 2번에서는 주인공의 극복 과정을, 3번에서는 주제를

물어봅니다. 지문의 흐름만 잡는다면 내용을 구체적으로 알아듣지 못해도 정답을 맞힐 확률이 높아집니다.

|해 석|

세계 권투 선수권 쟁탈 경기에서, 그중 한 선수가 앞선 열 몇 번의 라운드에서 계속 열세에 몰리며 처참하게 맞았다. 관중들은 모두 그가 진 것이나 다름없다고 여겼다. 코치까지도 휴식 때 그에게 포기할 건지 물었다. 그는 대답했다. "이런 문제는 코치님이 권투 경기가 끝난 후에 저한테 물어보셔야 해요." 짧은 휴식 시간 동안 그는 '내가 제일 강하다'라고 끊임없이 자신에게 말했다. 그러고는 상대가 자신에게 때려눕혀지는 장면과 무대 아래의 관중들이 자신을 위해 환호하는 장면을 반복해서 상상했다.

기적은 마지막 라운드에서 나타났다. 그는 다시 이전의 기세를 회복하여 상대를 바닥에 쓰러져 일어날 수 없게 때렸고, 우승을 차지했다.

큰일을 이룬 수많은 사람들은 모두 마음속에 자신이 성공하는 모습을 상상한다. 상상의 힘은 거대해서, 많은 경우에 인생은 당신이 생각하는 모습대로 실현될 수 있다.

1. 처음에 관중들은 그를 어떻게 생각했는가?
   |정답| 틀림없이 질 것이다
2. 휴식할 때 그가 자신에게 거듭 말한 것은 무엇인가?
   |정답| 내가 제일 강하다
3. 큰일을 이룬 수많은 사람들은 어떻게 하는가?
   |정답| 성공하는 장면을 상상한다

2)

甲乙两个猎人各猎得两只野兔回家，甲的妻子见后冷冷地说:"你一天就打两只野兔？真没用！"甲听后很不高兴，第二天，他故意空着手回去，好让妻子知道打猎不是件容易的事。

→ 갑의 이야기: 아내에게 잔소리를 들은 갑은 스스로 더 부정적인 상황을 만든다.

乙遇到的情形恰好相反。妻子见他带回两只野兔，开心地说:"你一天竟然打了两只野兔，真了不起！"乙听了心中喜悦，心想:这不算什么，我还能打更多呢。结果第二天，他带了4只野兔回来，又美餐了一顿。

→ 을의 이야기: 아내에게 칭찬을 들은 을은 더 긍정적인 상황으로 발전한다.

两句不同的话，产生了两种不同的结果。

→ 주제: 한마디 말이 사람의 행동을 좌우한다.

1. 第二天甲是怎么做的? → 갑에 대해 질문함
   |정답| 空手而归
2. 乙回家后，妻子是什么反应? → 을에 대해 질문함
   |정답| 称赞他
3. 这段话主要想告诉我们什么? → 주제를 질문함
   |정답| 要注意说话方式

- 猎人 lièrén 명 사냥꾼
- 猎 liè 동 사냥하다
- 野兔 yětù 명 산토끼
- 故意 gùyì 부 고의로, 일부러
- 空手 kōngshǒu 동 빈손이다
- A好让B A hǎoràng B A(행위)한 것은 B(목적)하기 위해서이다
- 打猎 dǎliè 동 사냥하다
- 情形 qíngxing 명 정황, 상황
- 恰好相反 qiàhǎo xiāngfǎn 정반대이다
- 竟然 jìngrán 부 뜻밖에도, 놀랍게도
- 了不起 liǎobuqǐ 형 굉장하다, 대단하다
- 喜悦 xǐyuè 형 기쁘다
- 不算什么 búsuàn shénme 아무것도 아니다
- 美餐 měicān 동 잘 먹다, 만족스럽게 먹다
- 顿 dùn 양 끼니
- 称赞 chēngzàn 동 칭찬하다

|분 석|

이 지문은 동일한 일에 대한 갑과 을의 상황을 들려주고 있습니다. 첫 번째는 부정적인 상황이고, 그다음에는 긍정적인 상황이, 그리고 결론이 이어집니다. 문제는 지문 내용의 순서대로 1번에서는 갑의 이야기, 2번에서는 을의 이야기, 3번에서는 주제를 물어봅니다. 단어 하나하나보다 이야기의 흐름에 집중하는 훈련이 필요합니다.

|해 석|

갑을 두 사냥꾼이 산토끼 두 마리를 각각 사냥해서 집으로 돌아왔다. 갑의 아내가 보고서는 쌀쌀맞게 말했다. "당신은 하루 내내 겨우 토끼 두 마리를 잡았어요? 정말 쓸모없네요!" 갑은 듣고서는 아주 언짢았다. 다음 날에 그는 일부러 빈손으로 돌아가서 아내가 사냥이 쉬운 일이 아님을 알게 했다.

을이 마주친 상황은 정반대였다. 아내는 그가 산토끼 두 마리를 가지고 돌아온 것을 보고서 기뻐하며 말했다. "놀랍게도 당신은 하루에 토끼를 두 마리나 잡았네요. 정말 대단해요!" 을이 듣고는 내심 기뻐하며 마음속으로 '이건 아무것도 아니야. 나는 더 많이 잡을 수 있는걸.' 하고 생각했다. 그 결과 다음 날, 그는 산토끼 네 마리를 잡아서 돌아왔고, 또 한 끼를 잘 먹었다.

서로 다른 두 마디 말이 서로 다른 두 가지 결과를 낳았다.

1. 이튿날 갑은 어떻게 했는가?
   |정답| 빈손으로 돌아왔다
2. 을이 집으로 돌아간 후, 아내는 어떤 반응을 보였는가?
   |정답| 그를 칭찬했다
3. 이 이야기가 우리에게 말하려는 것은 무엇인가?
   |정답| 말하는 방식에 주의해야 한다

3)

一个人路过一片工地，看到三个工人正在盖皇宫。路人问他们在做什么，第一个人闷闷不乐地说在干活儿，第二个人随口说自己在赚钱，第三个人快乐地说在建一座美丽的皇宫。几年过去了，前两个人依旧在做同样的事情，而第三个人却成了建筑工程师。

→ 세 사람의 행동을 비교함: 1, 2–부정적인 태도를 보임 3–긍정적인 태도를 보임

这个故事告诉人们：很多成功的人并不是比别人更优秀，而是他们知道平凡的工作是伟大事业的开始。一个人只有把自己所从事的职业当做是一项不可多得的事业，而不仅仅是谋生的手段，才能成就一番伟大的事业。

→ 주제: 성공의 시작은 자신의 일을 아끼는 태도에서 비롯된다.

1. 第二个人认为自己在做什么？ → 두 번째 사람에 대해 질문함
   |정답| 挣钱
2. 多年后第三个人怎么样了？ → 마지막 사람에 대해 질문함
   |정답| 成了建筑师
3. 这段话主要想告诉我们什么？ → 주제를 질문함
   |정답| 不要轻视平凡的工作

- **路过** lùguò 동 지나다
- **工地** gōngdì 명 공사장
- **盖** gài 동 (건물을) 짓다
- **皇宫** huánggōng 명 황궁
- **闷闷不乐** mènmènbúlè 성 마음이 답답하고 울적하다, 시무룩하다
- **随口** suíkǒu 부 입에서 나오는 대로, 아무런 생각 없이
- **依旧** yījiù 부 여전히
- **建筑工程师** jiànzhù gōngchéngshī 건축 기사
- **平凡** píngfán 형 평범하다
- **不可多得** bùkěduōdé 성 흔히 얻기 어렵다, (아주) 진귀하다
- **谋生** móushēng 동 생계를 꾸리다
- **番** fān 양 종류, 가지
- **挣钱** zhèngqián 동 돈을 벌다
- **轻视** qīngshì 동 경시하다, 무시하다

|분 석|

지문에 등장한 세 명의 사람 중 마지막 사람이 중요합니다. 일반적으로 앞의 두 명은 부정적인 상황에 있거나 잘못된 방법을 사용하고, 마지막 사람은 그 반대의 내용입니다. 이런 경우 1번 문제에서는 첫 번째 혹은 두 번째 사람 중 한 명의 상황을 물어보고, 2번 문제에서는 마지막 주인공에 관해 물어보며, 마지막 3번 문제에서는 주제를 물어봅니다.

|해 석|

한 사람이 공사장을 지나면서, 노동자 세 명이 황궁을 짓고 있는 것을 봤다. 행인이 그들에게 무엇을 하고 있는지 묻자, 첫 번째 사람은 일하는 중이라고 시무룩하게 말했고, 두 번째 사람은 자기가 돈을 벌고 있다고 아무 생각 없이 말했으며, 세 번째 사람은 아름다운 황궁을 짓고 있다고 기쁘게 말했다. 몇 년이 지나서, 앞의 두 사람은 여전히 같은 일을 하고 있었지만 세 번째 사람은 건축 기사가 되었다.

이 이야기는 우리에게 성공한 많은 사람들은 결코 다른 사람보다 더 우수해서가 아니라, 평범한 일이 위대한 일의 시작이라는 것을 그들이 알고 있기 때문이라고 말한다. 사람은 자기가 종사하는 직업을 단순히 생계를 꾸리는 수단이 아니라, 하나의 진귀한 일로 여겨야만 비로소 위대한 일을 성취할 수 있다.

1. 두 번째 사람은 자기가 무엇을 하고 있다고 여겼는가?
   |정답| 돈을 번다
2. 수년 후에 세 번째 사람은 어떻게 되었는가?
   |정답| 건축사가 되었다
3. 이 이야기가 우리에게 말하려는 것은 무엇인가?
   |정답| 평범한 일을 경시해선 안 된다

2. 인물 파악

유명 인물의 일화를 소개하는 이야기 글에서는 주로 중국의 역사적 인물이 등장합니다. 아주 가끔 아인슈타인(爱因斯坦 Àiyīnsītǎn)과 같은 외국 인물이 등장하기도 하지만, 대부분은 중국 인물입니다. 이러한 인물 이야기는 대부분 어린 시절에 똑똑했던 주인공의 일화가 대부분이라, 정답으로 '小时候很聪明(어릴 때 아주 총명했다)', '勤奋好学(부지런하며 배우기를 좋아한다)'가 가장 많이 출제되었습니다.

1) 邬思道小时候十分聪明，读了不少书，写了不少文章。一次，父亲把他的文章拿给朋友们看，大家赞不绝口，他从此骄傲起来。

一天，他忽然产生了一个念头，光听一般人的称赞有什么好的，于是，他挑选了十几篇最满意的文章，去请著名学者刘松看。邬思道走进刘松的书房时，见他这么专心写作，便在一旁静静地观看。看着看着，邬思道的脸不由得红了。因为刘松的文章里引用了大量的诗歌，他完全读不懂。刘松写完后才发现邬思道，连连道歉说："对不起，我光顾着写字，没注意到你来，真是失礼。"然后请邬思道对文章提意见。邬思道的脸"唰"地又红了，心想：他老人家都这么谦虚，而我却……从此邬思道再也不敢骄傲，更加刻苦上进了。

- 邬思道 Wū Sīdào 고유 우쓰다오[인명]
- 赞不绝口 zànbùjuékǒu 성 칭찬이 자자하다
- 骄傲 jiāo'ào 형 교만하다, 자만하다, 거만하다
- 忽然 hūrán 부 갑자기, 문득
- 产生念头 chǎnshēng niàntou 생각이 나다
- 光 guāng 부 단지, 다만
- 篇 piān 양 편[일정한 형식을 갖춘 문장을 세는 단위]
- 刘松 Liú Sōng 고유 류쑹[인명]
- 专心 zhuānxīn 형 몰두하다, 전념하다

1. 邬思道为什么去找刘松?

|정답| 想得到夸奖

2. 看到刘松的文章时，邬思道怎么了?

|정답| 觉得惭愧

3. 关于刘松，可以知道什么?

|정답| 虚心求学

|분 석|

우쓰다오라는 인물 소개입니다. 처음에는 자신의 글쓰는 재주에 교만했다가 후에 류숭을 만난 후에 겸손해져서 더욱 열심히 학문에 매진했다는 이야기입니다. 이 지문처럼 총명한 인물이 잠시 교만해졌다가 어떤 사건을 계기로 다시 마음을 가다듬고 발전한다는 이야기가 자주 출제됩니다.

Tip 동의 표현 암기하기

☐ **夸奖** kuājiǎng 동 칭찬하다

= **称赞** chēngzàn 동 칭찬하다

☐ **觉得惭愧** juéde cánkuì 부끄러움을 느끼다

= **脸不由得红了** liǎn bùyóude hóng le (창피함에) 얼굴이 절로 빨개지다

|해 석|

우쓰다오는 어린 시절에 매우 똑똑해서, 많은 책을 읽고 많은 글을 썼다. 한번은 아버지가 그의 글을 가져다가 친구들에게 보여 줬더니 모두가 칭찬이 자자했고, 그는 이때부터 교만해지기 시작했다.

어느 날, 그는 문득 일반 사람들의 칭찬만 듣는 것이 뭐 좋을 게 있느냐 하는 생각이 들었다. 그래서 그는 가장 만족스러운 글 십여 편을 골라, 저명한 학자 류숭에게 봐 달라고 부탁하기 위해 찾아갔다. 우쓰다오가 류숭의 서재에 들어섰을 때 그가 몰두해서 글쓰는 것을 보고는 한쪽에서 조용히 구경했다. 보고 있자니, 우쓰다오의 얼굴이 저도 모르게 붉어졌다. 왜냐하면 류숭의 글은 많은 시들을 인용했는데 그는 하나도 이해할 수 없었기 때문이다. 류숭은 (글을) 다 쓴 후 우쓰다오를 발견하고는 연이어 사과했다. "미안하오. 내가 글을 쓰는 데만 정신이 팔려서 자네가 온 걸 알아채지 못했구려. 정말 실례했소." 그러고는 우쓰다오에게 (자신이 쓴) 글에 대한 의견을 물었다. 우쓰다오의 얼굴이 다시 '싹' 붉어지며 속으로 생각했다. '이 어르신도 이렇게 겸손하신데, 나는……' 이때부터 우쓰다오는 다시는 교만하지 않았고, 더욱 열심히 나아갔다.

1. 우쓰다오는 왜 류숭을 찾아갔는가?

|정답| 칭찬을 받고 싶어서

2. 류숭의 글을 봤을 때 우쓰다오는 어떠했는가?

|정답| 창피하다고 느꼈다

3. 류숭에 관해 알 수 있는 것은 무엇인가?

|정답| 겸허하게 학문을 탐구한다

- **不由得** bùyóude 부 저도 모르게
- **引用** yǐnyòng 동 인용하다
- **连连** liánlián 부 계속해서, 끊임없이
- **光顾** guānggù 부 ~에만 정신이 팔리다, ~만 보다
- **失礼** shīlǐ 동 실례하다, 예의에 어긋나다
- **提意见** tí yìjiàn 의견을 제시하다
- **唰** shuā 의성 솨, 쑥, 싹
- **谦虚** qiānxū 형 겸허하다, 겸손하다
- **不敢** bùgǎn 동 감히 ~하지 못하다
- **刻苦上进** kèkǔ shàngjìn 열심히 해서 나아가다
- **夸奖** kuājiǎng 동 칭찬하다
- **惭愧** cánkuì 형 창피하다, 부끄럽다
- **虚心求学** xūxīn qiúxué 겸허하게 학문을 탐구하다

2)

据说有一次徐悲鸿开办画展时，正当他向众人介绍作品时，一位老农上前说："先生，您这幅画里的鸭子画错了。您画的是麻鸭，但麻鸭尾巴哪有那么长的？"原来，老农指的是徐悲鸿展出的《写东坡春江水暖诗意》，画中麻鸭的尾巴长且卷曲，但实际上麻鸭的尾巴都是很短。徐悲鸿接受了批评，并向老农表达了深深的谢意。几天后，他重新画了一幅，特地到老农家中请教。

1. 老农觉得画中的鸭子有什么问题？
   |정답| 尾巴太长
2. 徐悲鸿对老农是什么态度？
   |정답| 感激

|분 석|

중국의 유명 화가 쉬베이훙에 대한 지문입니다. 유명 화가이지만 일개 늙은 농부의 비평을 귀기울여 듣고 감사의 뜻을 전한 이야기로, 겸손한 태도를 강조하는 교훈적인 일화입니다. 이와 같은 유명 인물의 일화가 나오면, 그 주인공의 성격이나 태도는 대부분 겸손하거나 긍정적입니다.

|해 석|

쉬베이훙이 그림 전시회를 개최할 때였다. 마침 그가 관중에게 작품을 소개할 때 한 늙은 농부가 앞으로 나와 말했다. "선생님, 당신은 이 그림 속 오리를 잘못 그렸어요. 당신이 그린 것은 황오리잖아요. 그런데 황오리의 꼬리가 어디 그렇게 긴가요?" 알고 보니, 늙은 농부가 가리킨 것은 쉬베이훙이 전시한 《写东坡春江水暖诗意》로, 그림 속 황오리의 꼬리는 길고 구불구불하지만, 실제로 황오리의 꼬리는 모두 짧다. 쉬베이훙은 지적을 받아들였고, 늙은 농부에게 깊은 감사의 뜻을 표했다. 며칠 후, 그는 다시 그림 한 폭을 그렸고, 특별히 늙은 농부의 집에 가서 가르침을 청했다.

1. 늙은 농부는 그림 속의 오리에 무슨 문제가 있다고 여겼는가?
   |정답| 꼬리가 너무 길다
2. 쉬베이훙은 농부에게 어떤 태도를 보였는가?
   |정답| 매우 감사했다

- **据说** jùshuō 동 듣자 하니 ~이라고 한다, 전해지는 바로는 ~이라고 한다
- **徐悲鸿** Xú Bēihóng 고유 쉬베이훙[인명]
- **开办** kāibàn 동 (행사 등을) 개최하다
- **画展** huàzhǎn 명 그림 전시회
- **正当** zhèngdāng 동 마침 ~한 시기이다
- **众人** zhòngrén 명 대중
- **老农** lǎo nóng 늙은 농부
- **上前** shàngqián 동 앞으로 나아가다
- **鸭子** yāzi 명 오리
- **麻鸭** máyā 명 황오리
- **展出** zhǎnchū 동 전시하다
- **卷曲** juǎnqū 형 구불구불하다
- **接受批评** jiēshòu pīpíng 비판을 받아들이다
- **尾巴** wěiba 명 꼬리
- **感激** gǎnjī 동 매우 감사하다

선생님의 한마디

중국의 유명한 화가로는 徐悲鸿 외에, '张大千 Zhāng Dàqiān'과 '齐白石 Qí Báishí'가 있습니다. 이 세 사람 모두 HSK 5급 시험에 등장했는데, 특히 齐白石가 시험에 여러 번 출제되었습니다.

STEP 04 확인문제 풀기

듣기 2-01-3 확인문제.mp3

01 A 年纪大了
B 嫌奖金少
C 速度不如从前
D 被取消资格了

02 A 最英俊
B 最能负重
C 本领最大
D 最善奔跑

03 A 要有爱心
B 要说到做到
C 多参与集体活动
D 多发现自己的特长

04 A 缺乏养分
B 越长越细
C 最初结果不好
D 农夫常给它浇水

05 A 被砍了
B 果实香甜
C 叶子掉光了
D 被农夫卖了

06 A 要重视积累
B 要面对现实
C 要及时行动
D 要爱护花草

▶ 정답 및 해설 19쪽

시나공법 02

세부 내용을 캐치하는 것이 관건이다!

HSK 5급 듣기 서술형은 최근 지식을 전달하는 설명문 위주로 출제됩니다. 설명문은 세부 내용을 묻는 문제가 많은데, 내용이 어렵기 때문에 지문 전체를 알아들으려 하지 않아도 됩니다. 선택지의 내용을 미리 체크하여 들리는 단어나 문장을 놓치지 않는다면 비교적 쉽게 정답을 맞힐 수 있습니다. 받아쓰기 훈련, 그리고 지문에서 들리는 단어를 체크하는 훈련을 거듭하면 많은 도움이 됩니다. 내공쌓기 부분을 꼭 학습하세요.

STEP 01 먼저 풀어보기

예제 1 듣기 2-02-1 예제1.mp3

1. A 容易满足
   B 性格不活泼
   C 缺乏对职业的思考
   D 不懂团队协作

2. A 薪资待遇
   B 企业文化
   C 职位发展前景
   D 公司管理制度

예제 2 듣기 2-02-2 예제2.mp3

1. A 不断更换住处
   B 只在夜间出行
   C 模仿天敌的叫声
   D 更换羽毛及其颜色

2. A 寿命短
   B 数量极少
   C 飞行速度快
   D 冬季羽毛是黄色的

선생님의 한마디

D의 团队协作는 필수어휘가 아니므로 의미를 알기 어렵지만 읽을 수 있는 수준의 글자입니다. 그러므로 'tuán duì xié zuò'라는 발음만이라도 체크하고 듣기를 해야 합니다.

선생님의 한마디

薪资는 '월급', '급여'라는 뜻입니다. 동의어로는 4급 필수어휘인 '工资 gōngzī'와 6급 필수어휘인 '薪水 xīnshui'가 있습니다. 이 두 단어를 합쳐 놓은 것이 薪资라 할 수 있습니다. 참고로 높은 급여는 '高薪 gāoxīn'이라고 합니다.

STEP 02 선생님 풀이과정 보기

예제 1

|해 설|

1. A 容易满足 — A 쉽게 만족한다
   B 性格不活泼 — B 성격이 활발하지 않다
   C 缺乏对职业的思考 — C 직업에 대한 사고가 부족하다
   D 不懂团队协作 — D 팀워크를 모른다

2. A 薪资待遇 — A 임금 대우
   B 企业文化 — B 기업 문화
   C 职位发展前景 — C 직무의 발전 전망
   D 公司管理制度 — D 회사의 관리 제도

선택지를 통해 회사와 관련된 지문일 가능성이 높다는 점을 예상할 수 있습니다. 2번 A의 薪资는 어려운 단어이기 때문에 待遇만 봐 두면 됩니다. 이렇게 키워드를 미리 체크하여, 녹음에서 해당 선택지와 유사한 내용이 들릴 때마다 체크할 수 있어야 합니다.

1. 问：求职者如果最后不提问，会给考官留下什么印象？
선택지를 미리 체크한 후 들었다면 녹음의 '同时也会让考官觉得你缺乏对职业的思考'를 통해 C 缺乏对职业的思考를 정답으로 고를 수 있습니다. 나머지 선택지는 녹음 지문에서 아예 들리지 않기 때문에 선택지에만 집중하고 있다면 정답을 찾을 수 있습니다.

2. 问：说话人建议求职者问什么样的问题？
A의 薪资는 어려운 단어이기 때문에 待遇로 듣기를 해야 합니다. 녹음에서 待遇가 들리기 때문에 A를 정답이라 착각할 수도 있는데, 그 뒤에 '不要过多询问'이라고 했기 때문에 오답임을 알아야 합니다. 듣기에서 其实가 나오면 대부분 중요한 내용을 언급하기 때문에 놓치지 않고 들어야 합니다. 녹음의 '其实你可以问问你的职位未来几年的发展前景'이라는 표현을 듣고 C 职位发展前景을 정답으로 고를 수 있습니다.

|해 석|

面试结束前，大多数的考官都会问求职者还有没有①疑问，作为求职者千万不要说没有问题，这会显得你的求职愿望不够②强烈，[1]同时也会让考官觉得你③缺乏对职业的思考。其次，至于工资、假期等④待遇的问题，在主考官没有主动提出的情况下，不要过多⑤询问，这可能让考官觉得你并不热爱这份工作。[2]其实你可以问问你的职位未来几年的发展前景，也可以就刚才面试的表现进行提问。这样会给考官留下一个认真踏实的好印象，你也就更容易通过面试。

면접이 끝나기 전, 대다수의 면접관은 모두 구직자에게 ①질문이 아직 있는지 물어보는데, 구직자로서 절대로 질문이 없다고 말해서는 안 된다. 이것은 당신의 구직 희망이 그다지 ②강렬하지 않게 보이고, [1]동시에 면접관은 당신이 직업에 대한 생각이 ③부족하다고 여길 수 있다. 그다음으로, 임금과 휴가 기간 등 ④대우 문제에 관해, 면접관이 먼저 나서서 제기하지 않은 상황에서는 너무 지나치게 ⑤물어봐선 안 된다. 이것은 면접관이 당신이 결코 이 일에 애착을 가지지 않는다고 생각할지도 모른다. [2]사실 당신은 당신 직무의 미래 몇 년 동안의 발전 전망을 물어볼 수도 있고, 방금 면접을 본 태도에 관해 질문할 수도 있다. 이러면 면접관에게 진지하고 성실한 좋은 인상을 남길 수 있고, 당신도 면접을 통과하기가 더 쉬워진다.

선생님의 한마디

직장 생활과 관련한 설명문은 구직 활동이나 관리자의 리더십에 관련한 내용이 자주 출제됩니다.

1. 求职者如果最后不提问，会给考官留下什么印象? 2. 说话人建议求职者问什么样的问题?	1. 구직자가 만약 마지막에 질문하지 않는다면, 면접관에게 어떤 인상을 줄 수 있는가? 2. 화자는 구직자에게 어떤 질문을 하도록 제안했는가?

|단 어| **满足** mǎnzú 동 만족하다 | **性格** xìnggé 명 성격 | **活泼** huópo 형 활발하다 | **缺乏** quēfá 동 결핍되다, 부족하다 | **职业** zhíyè 명 직업 | **思考** sīkǎo 동 사고하다, 생각하다 | **团队** tuánduì 명 단체, 팀 | **协作** xiézuò 동 협동하다, 협업하다 | **薪资** xīnzī 명 임금, 급여 | **待遇** dàiyù 명 (급여 · 권리 · 지위 등의) 대우 | **职位** zhíwèi 명 직위, 직무 | **发展前景** fāzhǎn qiánjǐng 발전 전망 | **管理制度** guǎnlǐ zhìdù 관리 제도 | **面试** miànshì 명 면접 동 면접을 보다 | **结束** jiéshù 동 끝나다 | **考官** kǎoguān 명 시험관, 면접관 | **求职者** qiúzhízhě 명 구직자 * **求职** qiúzhí 동 구직하다, 직업을 구하다 | **疑问** yíwèn 명 의문, 질문 | **作为** zuòwéi 전 ~으로서 [뒤에 자격이나 신분이 옴] | **千万** qiānwàn 부 제발, 절대로 | **显得** xiǎnde 동 ~하게 보이다 | **愿望** yuànwàng 명 희망, 바람 | **不够** búgòu 부 그다지 ~하지 않다 | **强烈** qiángliè 형 강렬하다 | **其次** qícì 대 그다음, 두 번째로 | **工资** gōngzī 명 임금, 급여 | **假期** jiàqī 명 휴가 기간 | **主动** zhǔdòng 형 주동적이다, 먼저 나서다 | **提出** tíchū 동 제출하다, 제기하다 | **过多** guòduō 형 너무 많다 | **询问** xúnwèn 동 물어보다 | **热爱** rè'ài 동 열렬히 사랑하다, 애착을 가지다 | **其实** qíshí 부 사실은 | **未来** wèilái 명 미래 | **表现** biǎoxiàn 명 표현, 태도, 행동 | **提问** tíwèn 동 질문하다 | **留下印象** liúxià yìnxiàng 인상을 남기다(주다) | **认真** rènzhēn 형 진지하다, 열심히 하다 | **踏实** tāshi 형 (태도가) 착실하다, 성실하다 | **通过** tōngguò 동 통과하다 | **建议** jiànyì 동 건의하다, 제안하다

|정 답| 1. C　2. C

녹음 지문 받아쓰기　녹음을 들으며 빈칸의 단어를 받아써 봅시다. 듣기 2-02-1 예제1.mp3

面试结束前，大多数的考官都会问求职者还有没有①__________，作为求职者千万不要说没有问题，这会显得你的求职愿望不够②__________，同时也会让考官觉得你③__________对职业的思考。其次，至于工资、假期等④__________的问题，在主考官没有主动提出的情况下，不要过多⑤__________，这可能让考官觉得你并不热爱这份工作。其实你可以问问你的职位未来几年的发展前景，也可以就刚才面试的表现进行提问。这样会给考官留下一个认真踏实的好印象，你也就更容易通过面试。

예제 2

|해 설|

1. A 不断更换住处 — A 계속해서 서식지를 바꾼다
   B 只在夜间出行 — B 야간에만 활동한다
   C 模仿天敌的叫声 — C 천적이 내는 소리를 흉내 낸다
   D 更换羽毛及其颜色 — D 깃털과 그 색깔을 바꾼다

2. A 寿命短 — A 수명이 짧다
   B 数量极少 — B 개체 수가 매우 적다
   C 飞行速度快 — C 비행 속도가 빠르다
   D 冬季羽毛是黄色的 — D 겨울에는 깃털이 노란색이다

1번 D와 2번 D의 羽毛, 2번 C의 飞行速度와 같은 단어를 통해 동물에 대한 지문이 나올 것을 유추할 수 있습니다.

1. 问：雷鸟用什么方式保护自己？
'它还有一个特殊的本领，就是能随着季节的变化而更换羽毛' 부분을 들으면 D 更换羽毛及其颜色가 정답임을 알 수 있습니다. 特殊的本领과 같이 '특수하다' 또는 '특이하다'라는 표현이 나오면 이어지는 세부 내용이 정답이 될 확률이 높습니다.

2. 问：关于雷鸟，下列哪项正确？
이 글은 뇌조(雷鸟)라는 새에 관한 내용입니다. 동식물 관련 지문에서는 그 특유의 능력을 다루는 내용이 많기 때문에 善于와 같은 단어는 잘 캐치해야 합니다. 2번 문제는 '它善于奔走，飞行迅速'를 들으면 C 飞行速度快를 정답으로 선택할 수 있습니다.

|해 석|

在中国北方，特别是在新疆北部和黑龙江流域，有一种鸟叫雷鸟，它善于①奔走，[2]飞行迅速，但不能②远飞。它还有一个特殊的本领，[1]就是能随着季节的变化而③更换羽毛，并形成与环境相适应的保护色，使自己不受伤害。春天，它的羽毛是淡黄色；到了夏天，就成了褐色；秋天，它的羽毛又换成了深棕色；而在寒冷的冬天，它又披上了雪白的④冬装，与⑤雪地相一致。

1. 雷鸟用什么方式保护自己？
2. 关于雷鸟，下列哪项正确？

중국 북쪽, 특히 신장 북부와 헤이룽장 유역에, 뇌조라는 새가 있다. 그것은 잘 ①뛰어다니고 [2]비행이 빠르지만, ②멀리 날 수는 없다. 뇌조는 또한 특수한 능력이 있다. [1]바로 계절의 변화에 따라서 깃털을 ③바꾸고 환경과 서로 적응하는 보호색을 형성하여, 자신이 상처를 입지 않게 할 수 있다는 것이다. 봄에 뇌조의 깃털은 옅은 노란색이고, 여름이면 갈색이 되고, 가을에 그것의 깃털은 또 짙은 갈색으로 바뀐다. 추운 겨울에는 또 새하얀 ④겨울옷을 걸쳐 ⑤눈으로 덮인 지면과 서로 일치한다.

1. 뇌조는 어떤 방식으로 자신을 보호하는가?
2. 뇌조에 관해서, 다음 중 정확한 것은?

|단 어| 不断 búduàn 부 계속해서, 끊임없이 | 更换 gēnghuàn 동 바꾸다, 교체하다 | 住处 zhùchù 명 거처 | 出行 chūxíng 동 밖으로 나가다 | 模仿 mófǎng 동 모방하다, 흉내 내다 | 天敌 tiāndí 명 천적 | 叫声 jiào shēng 소리를 내다(지르다) | 羽毛 yǔmáo 명 깃털 | 寿命 shòumìng 명 수명 | 飞行 fēixíng 동 비행하다 | 速度 sùdù 명 속도 | 特别 tèbié 부 (그중에서) 특히 | 新

선생님의 한마디

이 문제는 녹음 지문의 순서대로 풀리지 않는 유형입니다. 모든 문제가 지문 순서대로 풀리는 것은 아니므로, 항상 문제 2~3개의 선택지를 한꺼번에 보는 연습을 해야 합니다.

선생님의 한마디

동식물과 관련한 설명문은 1년에 몇 차례 꾸준히 출제됩니다. 특히 중국 특유의 동식물이 많이 출제되는데, 동식물의 이름과 같은 고유명사는 알아듣기 힘든 경우가 대부분입니다. 반복해서 들리는 단어를 못 알아듣더라도 연연할 필요 없습니다. 그 자체를 덩어리로 들으면서 선택지 내용에 집중해야 세부 내용을 캐치할 수 있습니다. 타조(鸵鸟 tuóniǎo), 나무늘보(树懒 shùlǎn), 나귀(驴子 lǘzi), 낙타(骆驼 luòtuo)와 같은 동물이 시험에 나온 적이 있습니다. 알아듣기 힘든 단어는 버리는 훈련도 매우 중요합니다.

疆 Xīnjiāng 고유 신장[지명] | 黑龙江 Hēilóngjiāng 고유 헤이룽장[지명] | 流域 liúyù 명 유역 | 雷鸟 léiniǎo 명 뇌조 | 善于 shànyú 동 ~을 잘하다 | 奔走 bēnzǒu 동 뛰다, 뛰어다니다 | 迅速 xùnsù 형 (속도가) 빠르다 | 特殊 tèshū 형 특수하다 | 本领 běnlǐng 명 능력, 재능 | 随着 suízhe 전 ~함에 따라서 | 季节 jìjié 명 계절 | 形成 xíngchéng 동 형성하다 | 环境 huánjìng 명 환경 | 适应 shìyìng 동 적응하다 | 保护色 bǎohùsè 명 보호색 * 保护 bǎohù 동 보호하다 | 使 shǐ 동 ~하게 하다 | 受伤害 shòu shānghài 상해(상처)를 입다 | 淡黄色 dànhuángsè 옅은 노란색 | 褐色 hèsè 명 갈색 | 换成 huànchéng ~으로 바뀌다 | 深棕色 shēnzōngsè 짙은 갈색 | 寒冷 hánlěng 형 (몹시) 춥다 | 披 pī 동 (옷을) 걸치다 | 雪白 xuěbái 형 새하얗다 | 冬装 dōngzhuāng 명 겨울옷 | 雪地 xuědì 눈으로 덮인 지면 | 一致 yízhì 형 일치하다

|정 답| 1. D　2. C

녹음 지문 받아쓰기　녹음을 들으며 빈칸의 단어를 받아써 봅시다. 듣기 2-02-2 예제2.mp3

在中国北方，特别是在新疆北部和黑龙江流域，有一种鸟叫雷鸟，它善于①__________，飞行迅速，但不能②__________。它还有一个特殊的本领，就是能随着季节的变化而③__________羽毛，并形成与环境相适应的保护色，使自己不受伤害。春天，它的羽毛是淡黄色；到了夏天，就成了褐色；秋天，它的羽毛又换成了深棕色；而在寒冷的冬天，它又披上了雪白的④__________，与⑤__________相一致。

STEP 03 내공쌓기

HSK 5급 듣기 서술형에서는 필수어휘 외의 단어도 많이 출제되기 때문에 내용 전체를 다 들으려 하면 안 됩니다. 언제나 강조하듯이 내공이 쌓여서 들으려 하지 않아도 저절로 들려야 합니다. 바로 '你吃饭了吗?'를 듣듯이 말입니다. 지금은 문제의 선택지에 집중하면서 들리는 단어에 체크하며 듣는 연습을 해야 합니다. 아직 익숙하지 않더라도 반복하여 훈련하다 보면, 문제의 정답률을 높일 수 있습니다.

1. 받아쓰기 훈련

받아쓰기를 할 때는 한 문장씩 반복해서 들어도 좋습니다. 모르는 단어는 발음을 기억한 후, 사전을 이용해 알맞은 단어를 채워 봅시다. 어려우면 병음과 성조만 표시해 둔 후, 연습이 끝나고 정답을 확인해 봅시다.

◆ 녹음을 들으며 빈칸의 단어를 받아써 봅시다.

| 예제 1 | 듣기 2-02-3 내공쌓기1.mp3

很多孩子都①_________玩毛绒玩具，但这种玩具很容易②_________，需要经常③_________，而且清洗后很难回到刚买时的④_________。

其实要想解决这个问题也不难，准备一袋⑤_________和一个大塑料袋，将毛绒玩具⑥_________塑料袋中⑦_________粗盐，然后⑧_________袋口，将袋子来回⑨_________。

不一会儿，玩具就会变得非常干净，因为将粗盐和玩具放在一起⑩_________会产生⑪_________，而毛绒玩具上的⑫_________本身也带电，这样一来脏东西就会被盐⑬_________。另外，这种方法还可以使毛绒玩具的颜色⑭_________到以前的⑮_________状态，可谓一举两得。

선생님의 한마디

받아쓰기를 할 때는 한 문장씩 반복해서 들으면서 모르는 단어는 발음만 듣고 사전에 의존해서 채워 넣도록 합니다. 사전을 찾아도 모르겠으면 병음과 성조만 표시해 두고 나중에 정답을 확인합니다. 정답을 확인한 뒤에는 본인이 왜 못 들었는지 잘 분석해야 합니다.

|해 석|

很多孩子都①喜欢玩毛绒玩具，但这种玩具很容易②积灰，需要经常③清洗，而且清洗后很难回到刚买时的④状态。 其实要想解决这个问题也不难，准备一袋⑤粗盐和一个大塑料袋，将毛绒玩具⑥放入塑料袋中⑦倒入粗盐，然后⑧封紧袋口，将袋子来回⑨摇晃。 不一会儿，玩具就会变得非常干净，因为将粗盐和玩具放在一起⑩晃动会产生⑪静电，而毛绒玩具上的⑫灰尘本身也带电，这样一来脏东西就会被盐⑬吸走。另外，这种方法还可以使毛绒玩具的颜色⑭恢复到以前的⑮鲜亮状态，可谓一举两得。	많은 아이들이 모두 쿠션 인형을 가지고 노는 것을 ①좋아하지만, 이런 인형은 쉽게 ②먼지가 쌓여서 자주 ③깨끗하게 세탁해야 한다. 한데 깨끗하게 세탁한 후에는 막 샀을 때의 ④상태로 돌아가기 어렵다. 사실 이 문제를 해결하는 것은 어렵지 않다. ⑤굵은 소금 한 봉지와 큰 비닐봉지 하나를 준비해서 쿠션 인형을 비닐봉지에 ⑥넣고 굵은 소금을 ⑦들이부은 후에 봉지 입구를 ⑧단단히 봉하고서 봉지를 ⑨이리저리 흔들면 된다. 얼마 안 있어 인형은 매우 깨끗해진다. 왜냐하면 굵은 소금과 인형을 한데 넣고 ⑩흔들면 ⑪정전기가 생겨나서 쿠션 인형의 ⑫먼지 자체도 전기를 띠는데, 이렇게 되면 더러운 것이 소금에 ⑬흡수되기 때문이다. 또한 이 방법은 쿠션 인형의 색깔이 이전의 ⑮선명한 상태로 ⑭회복되게 할수도 있어서 일거양득이라 할 수 있다.

- 毛绒玩具 máoróng wánjù 쿠션 인형
- 积灰 jī huī 먼지가 쌓이다
- 清洗 qīngxǐ 동 깨끗하게 씻다
- 袋 dài 양 부대, 자루, 봉지
- 粗盐 cūyán 명 굵은 소금
- 塑料袋 sùliàodài 명 비닐봉지
- 倒入 dàorù 들이붓다
- 封紧 fēngjǐn 단단히 봉하다
- 摇晃 yáohuàng 동 흔들다
- 不一会儿 bùyíhuìr 부 곧, 머지않아, 얼마 안 있어
- 晃动 huàngdòng 동 흔들다
- 产生静电 chǎnshēng jìngdiàn 정전기가 생기다
- 灰尘 huīchén 명 먼지
- 带电 dàidiàn 동 전기를 띠다
- 脏 zāng 형 더럽다
- 吸 xī 동 흡수하다, 빨아들이다
- 鲜亮 xiānliang 형 선명하다
- 可谓 kěwèi 동 ~이라고 말할 수 있다
- 一举两得 yìjǔliǎngdé 성 일거양득

|예제 2| 듣기 2-02-4 내공쌓기2.mp3

当①_________走进一条②_________时，通常③_________在第一间店便④_________，他总得走走看看，货比三家，因为他觉得后边会有更合适的。同时他也很少会⑤_________最后一家，因为⑥_________前方没有了可供选择的店铺时，他会感到⑦_________，觉得前面看到的⑧_________更好一些。

如果这条街是一眼能看到头的，那么⑨_________街道两端三分之一⑩_________的店铺，一般是这条商业街⑪_________最好的店铺，这就是心理学上的“三分之一⑫_________”。

人们在选择时存在心理⑬_________，如果给一个人⑭_________多个选择的机会，那么他选择中间的⑮_________往往会比较高。

|해 석|

当①顾客走进一条②商业街时，通常③不甘心在第一间店便④成交，他总得走走看看，货比三家，因为他觉得后边会有更合适的。同时他也很少会⑤选择最后一家，因为⑥一旦前方没有了可供选择的店铺时，他会感到⑦后悔，觉得前面看到的⑧似乎更好一些。

如果这条街是一眼能看到头的，那么⑨处于街道两端三分之一⑩位置的店铺，一般是这条商业街⑪生意最好的店铺，这就是心理学上的"三分之一⑫效应"。

人们在选择时存在心理⑬偏差，如果给一个人⑭提供多个选择的机会，那么他选择中间的⑮概率往往会比较高。

①손님은 ②상가 거리에 들어설 때, 보통 첫 번째 상점에서 거래가 ④성사되는 것을 ③달가워하지 않는다. 그는 어쨌든 다니면서 좀 보고 여러 곳을 비교하는데, 다음에 더 적합한 곳이 있을 거라고 여기기 때문이다. 동시에 마지막 상점을 ⑤선택하는 일은 매우 적다. 왜냐하면 ⑥일단 앞에 선택할 수 있는 상점이 없을 때, 그는 ⑦후회하며 앞에서 본 것이 ⑧마치 좀 더 좋은 것 같다고 여기기 때문이다.

만일 이 길이 한눈에 끝까지 볼 수 있다면, 길 양끝 3분의 1 ⑩지점에 ⑨위치한 상점이 일반적으로 상가 거리에서 ⑪장사가 가장 잘되는 상점이다. 이것이 바로 심리학상의 '3분의 1 ⑫효과'이다.

사람들은 선택할 때 심리적 ⑬편차가 존재한다. 만일 한 사람에게 선택할 기회를 많이 ⑭제공한다면 그는 중간을 선택할 ⑮확률이 비교적 높다.

- 不甘心 bù gānxīn 달가워하지 않다
- 成交 chéngjiāo 동 거래가 성립되다
- 总得 zǒngděi 부 어쨌든 ~해야 한다
- 货比三家 huòbǐsānjiā (물건을 살 때는) 여러 곳을 비교해야 한다
- 可供选择 kě gōng xuǎnzé 선택할 수 있다
- 店铺 diànpù 명 상점, 가게
- 似乎 sìhū 부 마치 ~인 것 같다
- 看到头 kàn dào tóu 끝까지 보다
- 处于 chǔyú 동 ~에 있다
- 街道 jiēdào 명 거리, 길
- 两端 liǎngduān 명 (사물의) 양단, 양끝
- 心理偏差 xīnlǐ piānchā 심리적 편차
- 提供 tígōng 동 제공하다
- 概率 gàilǜ 명 확률

2. 정보 파악 훈련

시험에서 녹음 시작 전 선택지를 분석할 때와 마찬가지로, 박스의 단어를 미리 읽어본 후 녹음을 듣습니다. 녹음을 들으면서 들리는 단어에 동그라미 표시를 하며 지문 내용을 파악합니다. 세부 내용 캐치를 확인하는 훈련이므로, 질문의 답은 한국어로 써도 좋습니다.

◆ 녹음을 들으며 알아들은 단어에 체크한 후, 질문에 알맞게 답해 봅시다.

|예제 1| 듣기 2-02-5 내공쌓기3.mp3

合适　贷款　抵押　预计　注意

地下车库里　于两周后　银行门口　装修

记者　职员　将　然后　商人　利息

其实　职业　账户上　竟然　导演

合作　询问　停车场　提供　问题　还钱

|질 문|

1. 商人去银行做什么了?
2. 根据这段话，可以知道什么?

|해 석|

一个商人到金融街贷款5000元，预计于两周后还钱，由于银行贷款必须有抵押，他便抵押了停在银行门口的汽车。于是银行职员将那辆车停在了银行的地下车库里，然后借给那位商人5000元。

两周后这个商人来还钱，利息仅15元。这时职员发现商人的账户上竟然有好几百万，并询问他借钱的原因。商人说:"15元两周的停车场，在金融街是永远找不到的。"

1. 商人去银行做什么了?
   |정답| 他贷款5000元
2. 根据这段话，可以知道什么?
   |정답| 其实他是个有钱人

한 상인이 금융가에 가서 5000위안을 대출받으며, 2주 후에 돈을 갚을 것으로 예상했다. 은행 대출은 반드시 담보가 있어야 해서, 그는 바로 은행 입구에 세운 자동차를 담보로 맡겼다. 그렇게 해서 은행 직원은 그 차를 은행의 지하 주차장에 주차한 뒤에 그 상인에게 5000위안을 빌려줬다.

2주 후에 이 상인은 돈을 갚으러 왔는데, 이자는 겨우 15위안이었다. 이때 직원이 상인의 계좌에 뜻밖에도 몇백만 위안이 있는 것을 발견하고는 그에게 돈을 빌린 이유를 물었다. 상인이 말했다. "2주간 15위안인 주차장은 금융가에서 영원히 찾을 수 없을 거예요."

1. 상인은 은행에 가서 무엇을 했는가?
   |정답| 그는 5000위안을 대출받았다
2. 이 이야기에 근거하여 알 수 있는 것은 무엇인가?
   |정답| 상인은 사실 돈이 많다

- 金融街 jīnróngjiē 금융가
- 贷款 dàikuǎn 동 대출하다, 대출을 받다
- 预计 yùjì 동 예상하다
- 还钱 huánqián 동 (빌린) 돈을 갚다
- 必须 bìxū 부 반드시 ~해야 한다
- 抵押 dǐyā 명 담보 동 담보로 맡기다
- 辆 liàng 양 대[차량을 세는 단위]
- 车库 chēkù 명 주차장
- 借 jiè 동 빌리다, 빌려주다
- 利息 lìxī 명 이자
- 账户 zhànghù 명 계좌
- 竟然 jìngrán 부 뜻밖에도
- 询问 xúnwèn 동 묻다, 문의하다
- 停车场 tíngchēchǎng 명 주차장

|예제 2| 듣기 2-02-6 내공쌓기4.mp3

超市 商品 天天低价

标语 可口可乐 实际上 采取 促销

雇工 食品 范围 形成 尽量

印象 必需品 自然地 遇到 抬高 运用

补回 差价 品牌 国际 低于

科研 知名 毛巾 手段

선생님의 한마디

지문에서 심리학 이론을 설명할 경우, 생소한 이론일 경우가 많습니다. 따라서 '晕轮效应'처럼 모르는 이론이 계속해서 들릴 때는 'OO效应'으로 생각하고 세부 내용에 집중합니다. 이론 이름을 알아듣지 못해도, 나머지 내용을 통해서 충분히 답을 찾을 수 있습니다.

|질 문|

1. 食品等价格低，会使顾客对超市产生什么印象？
2. 超市为什么要提高不知名品牌的价格？

|해 석|

我们常会在超市里看到“天天低价”，“5公里范围内最低价”等标语。这实际上是超市运用心理学上的“晕轮效应”而采取的一种促销手段，它将食品等一些生活必需品的价格定得比较低，让人形成这里更便宜的印象，并会自然地认为这里的所有商品都很便宜。可实际上其它商品的价格会被抬高，这样他们才能补回差价。像可口可乐这种品牌产品，价格可能会低于别的超市，但是其它一些不知名品牌的毛巾、衣服等，价格就可能比较高。

우리는 마트에서 자주 '날마다 저렴한 가격', '5킬로미터 범위 내 최저가' 등의 문구를 볼 수 있다. 이것은 실제로 마트가 심리학상의 '후광효과'를 활용해서 채택한 판촉 수단이다. '후광효과'는 식품 등 생활 필수품들의 가격을 비교적 낮게 정해서, 사람들한테 이곳이 더 싸다는 인상을 형성시키고, 자연스럽게 이곳의 상품은 모두 싸다고 여기게 한다. 하지만 실제로 다른 상품의 가격은 높아졌고, 이렇게 해서 그들은 비로소 가격 차이를 만회할 수 있다. 코카콜라와 같은 이런 브랜드 제품은 가격이 아마 다른 마트보다 낮을 테지만, 다른 유명하지 않은 브랜드의 수건, 옷 등은 가격이 비교적 높을 것이다.

1. 食品等价格低，会使顾客对超市产生什么印象？
   |정답| 这里的所有商品都很便宜
2. 超市为什么要提高不知名品牌的价格？
   |정답| 这样他们才能补回差价

1. 식품 등 가격이 낮은 것은 고객이 마트에 대해 어떤 인상이 생기게 할 수 있는가?
   |정답| 이곳의 상품은 모두 저렴하다
2. 마트는 왜 유명하지 않은 브랜드의 가격을 올리려 하는가?
   |정답| 이렇게 해야 가격 차이를 만회할 수 있어서

- **天天低价** tiāntiān dījià 날마다 저렴한 가격
- **公里** gōnglǐ 양 킬로미터(km)
- **范围** fànwéi 명 범위
- **最低价** zuìdījià 최저가
- **标语** biāoyǔ 명 표어
- **运用** yùnyòng 동 운용하다, 활용하다
- **心理学** xīnlǐxué 명 심리학
- **晕轮效应** yūnlún xiàoyìng 후광효과
- **采取** cǎiqǔ 동 채택하다
- **促销手段** cùxiāo shǒuduàn 판촉 수단
- **必需品** bìxūpǐn 명 (생활) 필수품
- **抬高** táigāo 동 (가격을) 높이다, 올리다
- **补回差价** bǔhuí chājià 가격 차이를 만회하다
- **品牌产品** pǐnpái chǎnpǐn 브랜드 제품
- **提高** tígāo 동 (가격을) 올리다, 인상하다

STEP 04 확인문제 풀기

듣기 2-02-7 확인문제.mp3

01 A 意外
B 失望
C 后悔
D 不耐烦

02 A 被修剪
B 吸收盐分
C 蒸发水分
D 忍受曝晒

03 A 江西的火龙果很苦
B 江西与福建气候相似
C 专家的意见未被采用
D 江西后来不种火龙果树了

04 A 影响邻居心情
B 房子会受到保护
C 更多窗户会被破坏
D 人们会在墙上画画儿

05 A 很正常
B 不文明
C 节省时间
D 值得表扬

06 A 遇事别慌张
B 要学会积极主动
C 要爱护公共环境
D 要及时制止不良现象

▶ 정답 및 해설 21쪽

듣기 2부분 서술형

31. A 功夫高强
B 下棋很厉害
C 文章写得好
D 擅长画画儿

32. A 记忆力都很好
B 后来都很出色
C 所用教材不一样
D 学习态度差别大

33. A 顶端
B 正中间
C 下半段
D 树根部

34. A 一般用浅灰色
B 一定要刷三层
C 刷得越薄越好
D 多在入冬前进行

35. A 净化空气
B 使城市更美观
C 预防冻伤和虫害
D 加快树木生长速度

36. A 内部很豪华
B 多次遇到大火
C 礼堂面积很大
D 已建成300多年

37. A 建校第一年
B 礼堂刚建时
C 收到工程款时
D 新校长上任时

38. A 礼堂被拆掉了
B 建筑师赚了一大笔钱
C 那位建筑师令人佩服
D 非本校人不能进礼堂

39. A 看起来更好吃
B 存放时间更长
C 能让人更有食欲
D 风吹雨打时受到的压力小

40. A 表面面积小
B 果皮颜色深
C 果树叶子更多
D 都种在雨水多的地方

41. A 其他形状的水果更甜
B 方形水果成熟得快
C 水果的形状跟温度有关
D 圆球形水果是自然选择的结果

42. A 只有大城市才有
B 出售可爱的玩具
C 能打印文学作品
D 针对学生人群

43. A 考虑未来的职业
B 能互相交流思想
C 都能看电子书
D 人人都关注新闻

44. A 熬夜后的第二天
B 注意力不集中时
C 身体感到不适时
D 完成单调的事情后

45. A 歇一歇
B 听欢快的音乐
C 喝提神饮料
D 去郊外散步

▶ 정답 및 해설 81쪽

시나공
HSK

독해 완벽 대비

1장 독해 1부분 이렇게 나온다!

2장 독해 2부분 이렇게 나온다!

3장 독해 3부분 이렇게 나온다!

둘째마당 2

시험 유형 소개

★ 총 15문제(46~60번)

★ 빈칸에 알맞은 단어나 문장 고르기

★ 지문은 총 4개 출제

★ 지문 1개당 3~4문제 출제(3문제 지문 1개와 4문제 지문 3개로 구성)

★ 선택지(ABCD)의 단어는 4급과 5급 필수어휘에서 95% 출제

★ 배점: 문제당 2.2점

예제

一个城市是否富有魅力，关键在于它的文化表现形式是否丰富，而一个城市的文化表现形式也是城市能够__46__人才及优秀企业的原因所在。在现在这样经济高速发展的时代，高素质劳动力是推动城市发展的重要动力，而这些劳动力往往对城市的文化__47__有着更高的要求。

总之，丰富且__48__活力的文化环境成了城市经济发展的重要因素，影响着城市未来经济的发展。越来越多的国际化大都市都意识到了这一点，并开始重视丰富人们的文化生活，营造城市的文化气息，以推动城市的经济发展。

46. A 爱惜　B 寻找　C 吸引　D 欣赏

47. A 阶段　B 用途　C 气氛　D 能源

48. A 组合　B 充满　C 归纳　D 成立

시험 공략법

1 지문의 흐름을 잡아라!

독해 1부분은 지문의 빈칸에 적합한 단어나 문장을 선택하는 문제입니다. 이때 단순히 단어의 뜻만 가지고 풀기보다, 지문의 중심 내용을 파악하고 앞뒤 문맥에 맞는 단어를 선택하는 것이 중요합니다. 따라서 지문을 정독하며 내용의 흐름을 잡아야 합니다. 빈칸이 없는 부분은 빠르게 읽으며 넘어가고, 모르는 단어는 문맥이나 字로 유추하며 읽어 나갑니다.

2 빈칸의 품사를 파악하라!

빈칸은 주로 명사, 동사, 형용사 세 가지 품사 위주로 출제됩니다. 우선 빈칸이 있는 문장의 앞뒤 단어 또는 문맥을 통한 호응 관계로 빈칸에 어떤 품사가 들어갈지 파악해야 합니다. 문제는 빈칸의 순서대로 풀어도 되지만, 본인에게 익숙한 단어부터 분석하는 것이 좋습니다. 대부분의 문제는 자신 있는 단어부터 먼저 풀면 나머지 빈칸 또한 비교적 쉽게 정답을 찾을 수 있습니다.

3 유의어 공부에 시간을 소모하지 마라!

두 개 이상의 유의어가 선택지에 동시에 제시되는 경우는 없습니다. 가령, 문맥상 빈칸에 '얻다', '취득하다'라는 의미의 단어가 와야 한다면, 선택지에 取得, 获得, 得到와 같은 유의어가 동시에 제시되지는 않습니다. 따라서 독해 1부분을 공부할 때 비슷한 의미를 가진 유의어들의 미미한 차이점을 공부하려고 시간을 소모하는 것은 어리석은 일입니다.

4 모르는 문제는 버려라!

매 시험은 4개 지문의 난이도가 각각 다르며, 1년에 두세 번은 독해 1부분이 전체적으로 아주 어렵게 출제됩니다. 따라서 문제를 풀 때는 항상 시간 안배를 생각하며 풀어야 하므로, 정말 어려운 문제는 해석하느라 고민하지 말고, 과감하게 찍고 넘어가는 연습이 필요합니다.

5 마킹은 바로 하라!

듣기와 달리 독해는 마킹 시간이 별도로 주어지지 않습니다. 문제를 다 푼 후, 한꺼번에 마킹을 하려고 하면 시간 부족으로 마킹을 다 하지 못하거나 실수가 생길 수 있습니다. 따라서 답안지 마킹은 지문 하나가 끝나면 바로 하는 습관을 길러야 합니다.

字로 어휘 익히기 – 5급 최우선 필수어휘 700

- □ **安慰** ānwèi 동 위로하다 ⋙ 安 동 (심신을) 안정시키다 + 慰 동 위로하다
- □ **安装** ānzhuāng 동 설치하다 ⋙ 安 동 설치하다 + 装 동 설치하다
- □ **暗** àn 형 어둡다 부 몰래, 은밀하게
- □ **熬夜** áoyè 동 밤새다, 철야하다 ⋙ 熬 동 참다, 견디다 + 夜 명 밤
- □ **把握** bǎwò 동 (기회 등을) 잡다 명 (성공에 대한) 자신 ⋙ 把 동 (손으로) 잡다, 쥐다 + 握 동 (손으로) 잡다, 쥐다
- □ **摆** bǎi 동 놓다, 진열하다
- □ **办理** bànlǐ 동 처리하다, (수속을) 밟다
- □ **包裹** bāoguǒ 명 소포 동 싸다, 포장하다 ⋙ 包 동 싸다 + 裹 동 싸다, 휘감다
- □ **包含** bāohán 동 포함하다 ⋙ 包 동 포함하다 + 含 동 포함하다
- □ **包括** bāokuò 동 포괄하다, 포함하다
- □ **宝贵** bǎoguì 형 귀중하다 동 소중히 여기다 ⋙ 宝 형 진귀하다 + 贵 형 귀하다
- □ **保持** bǎochí 동 (원래의 상태를) 유지하다 ⋙ 保 동 유지하다 + 持 동 유지하다, 지키다
- □ **保存** bǎocún 동 보존하다, 저장하다 ⋙ 保 동 보존하다 + 存 동 보존하다, 저장하다
- □ **保险** bǎoxiǎn 명 보험 형 안전하다 ⋙ 保 동 보증하다, 책임지다 + 险 명 위험
- □ **报道** bàodào 명 (뉴스 등의) 보도 동 보도하다 ⋙ 报 동 알리다 + 道 동 말하다
- □ **报告** bàogào 동 보고하다 ⋙ 报 동 보고하다 + 告 동 말하다, 알리다
- □ **抱怨** bàoyuàn 동 원망하다, 불평하다 ⋙ 抱 동 (마음에 생각이나 의견을) 품다 + 怨 동 원망하다, 책망하다
- □ **背** bèi 명 등 동 외우다, 암기하다
  bēi 동 (등에) 짊어지다, 업다
- □ **背景** bèijǐng 명 배경
- □ **悲观** bēiguān 형 비관적인 ⋙ 悲 형 슬프다 + 观 명 인식, 견해
- □ **本领** běnlǐng 명 능력, 수완
- □ **必要** bìyào 형 필요하다
- □ **毕竟** bìjìng 부 (그래도) 어쨌든
- □ **避免** bìmiǎn 동 (안 좋은 일을) 피하다 ⋙ 避 동 피하다 + 免 동 모면하다, 피하다
- □ **编辑** biānjí 동 편집하다 명 편집자, 편집인 ⋙ 编 동 편집하다 + 辑 동 편집하다
- □ **标志** biāozhì 명 표지, 상징 동 나타내다, 상징하다 ⋙ 标 명 표지 + 志 명 기호
- □ **表达** biǎodá 동 (자신의 사상 · 감정을 언어로) 나타내다, 표현하다
- □ **表现** biǎoxiàn 동 (추상적인 것을 구체적으로) 보여 주다, 표현하다 명 행동, 태도 ⋙ 表 동 나타내다 + 现 동 드러내다
- □ **冰激凌** bīngjīlíng 명 아이스크림[=冰淇淋 bīngqílín]
- □ **病毒** bìngdú 명 병균, (컴퓨터) 바이러스 ⋙ 病 명 병 + 毒 명 독
- □ **播放** bōfàng 동 방송하다 ⋙ 播 동 전파하다, 알리다 + 放 동 방송하다
- □ **补充** bǔchōng 동 보충하다 ⋙ 补 동 보충하다 + 充 동 가득 채우다
- □ **不断** búduàn 부 끊임없이 동 끊임없다 ⋙ 不 부 [부정을 나타냄] + 断 동 단절하다, 끊다
- □ **不见得** bújiàndé 부 반드시 ~라고는 할 수 없다

□ 不耐烦 búnàifán 형 귀찮다, 질리다, 성가시다

▶ 不 부 [부정을 나타냄] + 耐 동 참다, 견디다 + 烦 형 번거롭다, 귀찮다, 짜증 나다

□ 不然 bùrán 접 그렇지 않으면

□ 不要紧 búyàojǐn 형 괜찮다, 문제없다

□ 财产 cáichǎn 명 재산

□ 采访 cǎifǎng 동 인터뷰하다, 취재하다 ▶ 采 동 수집하다, 모으다 + 访 동 방문하다, 조사하다

□ 采取 cǎiqǔ 동 채택하다, 취하다 ▶ 采 동 채택하다, 취하다 + 取 동 취하다

□ 踩 cǎi 동 밟다, 짓밟다

□ 参考 cānkǎo 동 참고하다 ▶ 参 동 참고하다 + 考 동 고려하다

□ 参与 cānyù 동 참여하다 ▶ 参 동 참가하다 + 与 동 참여하다

□ 惭愧 cánkuì 형 (죄송해서 ~을 볼) 면목이 없다

□ 操心 cāoxīn 동 신경을 쓰다, 걱정하다 ▶ 操 동 (손에) 쥐다, 장악하다 + 心 명 마음

□ 曾经 céngjīng 부 일찍이 ▶ 曾 부 일찍이, 이미, 벌써

□ 产品 chǎnpǐn 명 생산품, 제품 ▶ 产 동 생산하다 + 品 명 물품

□ 产生 chǎnshēng 동 (추상적인 것이) 생기다, 발생하다 ▶ 产 동 생산하다, 나다 + 生 동 발생하다, 생기다

□ 长途 chángtú 형 장거리의 ▶ 长 형 길다 + 途 명 길, 도로

□ 常识 chángshí 명 상식 ▶ 常 형 일반적인, 보통의 + 识 명 지식

□ 朝 cháo 전 ~을 향하여

□ 潮湿 cháoshī 형 습하다, 축축하다 ▶ 潮 형 습하다, 축축하다 + 湿 형 습하다, 축축하다

□ 吵架 chǎojià 동 말다툼하다 ▶ 吵 동 말다툼하다 + 架 명 싸움, 다툼

□ 车厢 chēxiāng 명 객실, 화물칸 ▶ 车 명 차 + 厢 명 룸(room), 칸막이 좌석

□ 沉默 chénmò 형 과묵하다 동 침묵하다 ▶ 沉 형 무겁다 + 默 동 말이 없다, 묵묵하다

□ 趁 chèn 전 ~을 틈타서, (시간 · 기회 등을) 이용하여

□ 称 chēng 동 ① 부르다 ② (무게를) 달다, 재다

□ 称赞 chēngzàn 동 칭찬하다 ▶ 称 동 칭찬하다 + 赞 동 칭찬하다

□ 成果 chéngguǒ 명 성과

□ 成就 chéngjiù 명 성취, 성과 동 성취하다

□ 成立 chénglì 동 (회사 · 조직을) 설립하다

□ 成熟 chéngshú 형 (사람이) 성숙하다, (과일이) 익다

□ 成长 chéngzhǎng 동 성장하다

□ 诚恳 chéngkěn 형 진실하다, 간절하다

□ 承担 chéngdān 동 담당하다, 맡다, (책임을) 지다 ▶ 承 동 맡다, 담당하다 + 担 동 맡다, 담당하다

□ 承认 chéngrèn 동 (잘못을) 인정하다 ▶ 承 동 (추상적인 동작을) 받다, 견디다 + 认 동 인정하다

□ 承受 chéngshòu 동 견디다, (시련을) 이겨 내다 ▶ 承 동 (추상적인 동작을) 받다, 견디다 + 受 동 참다, 견디다

□ 程度 chéngdù 명 정도, 수준

□ 程序 chéngxù 명 순서, (컴퓨터) 프로그램

□ 吃亏 chīkuī 동 손해를 보다 ▶ 吃 동 당하다, 받다 + 亏 명 손해

□ 持续 chíxù 동 지속하다 ▶ 持 동 유지하다 + 续 동 이어지다, 지속하다

□ 冲 chōng 동 ① 돌진하다 ② (물로) 씻다

□ 充分 chongfèn 형 충분하다 부 충분히
□ 充满 chōngmǎn 동 충만하다, 가득 차다, 가득 채우다 ⋙ 充 동 가득 채우다 + 满 형 가득 차다, 가득하다
□ 重复 chóngfù 동 중복하다, 반복하다 ⋙ 重 동 중복하다, 거듭하다 + 复 동 반복하다
□ 丑 chǒu 형 추하다, 못생기다
□ 出版 chūbǎn 동 출판하다
□ 出色 chūsè 형 뛰어나다
□ 出席 chūxí 동 출석하다, 회의에 참가하다 ⋙ 出 동 나오다 + 席 명 자리
□ 处理 chǔlǐ 동 처리하다
□ 传播 chuánbō 동 전파하다, 널리 퍼뜨리다 ⋙ 传 동 전파하다, 퍼뜨리다 + 播 동 전파하다, 퍼뜨리다
□ 传统 chuántǒng 명 전통 형 전통적인, 보수적인
□ 窗帘 chuānglián 명 커튼
□ 创造 chuàngzào 동 창조하다 ⋙ 创 동 처음으로 하다, 창조하다 + 造 동 만들다, 제작하다
□ 吹 chuī 동 ① (입으로/바람이/악기를) 불다 ② 허풍을 떨다
□ 辞职 cízhí 동 사직하다, 직장을 그만두다 ⋙ 辞 동 사직하다, 그만두다 + 职 명 직무, 직책
□ 此外 cǐwài 접 이외에
□ 刺激 cìjī 동 자극하다 명 (정신적인) 자극, 충격
□ 匆忙 cōngmáng 형 급하다 ⋙ 匆 형 바쁘다 + 忙 형 바쁘다
□ 从而 cóng'ér 접 따라서, 그렇게 함으로써
□ 从前 cóngqián 명 이전, 예전
□ 从事 cóngshì 동 종사하다 ⋙ 从 동 종사하다 + 事 명 일
□ 促进 cùjìn 동 촉진하다 ⋙ 促 동 재촉하다 + 进 동 나아가다
□ 促使 cùshǐ 동 ~하도록 (재촉)하다 ⋙ 促 동 재촉하다 + 使 동 ~하게 하다
□ 措施 cuòshī 명 조치, 대책
□ 答应 dāying 동 허락하다, 승낙하다
□ 达到 dádào 동 (목적 · 수준에) 도달하다, 이르다
□ 打工 dǎgōng 동 아르바이트하다, (시간제로) 일하다
□ 打交道 dǎ jiāodao 동 왕래하다, 교제하다, 사귀다 ⋙ 打 동 (어떤 동작을) 하다 + 交道 명 왕래, 교제
□ 打喷嚏 dǎ pēntì 동 재채기를 하다 ⋙ 打 동 (어떤 동작을) 하다 + 喷嚏 명 재채기
□ 打听 dǎting 동 알아보다, 물어보다
□ 大方 dàfang 형 ① (씀씀이가) 대범하다 ② (스타일이) 세련되다
□ 呆 dāi 형 멍하다, 어리둥절하다 동 머무르다
□ 代表 dàibiǎo 동 대표하다 명 대표
□ 代替 dàitì 동 대체하다, 대신하다 ⋙ 代 동 대신하다 + 替 동 대신하다
□ 贷款 dàikuǎn 동 대출하다 명 대출금 ⋙ 贷 동 빌리다 + 款 명 돈, 금액
□ 待遇 dàiyù 명 대우 동 대우하다
□ 单调 dāndiào 형 단조롭다
□ 单独 dāndú 부 단독으로, 혼자서 ⋙ 单 형 혼자의, 단독의 + 独 형 단일한, 하나의 부 홀로, 혼자
□ 耽误 dānwu 동 ① (시간을) 지체하다 ② (시간을 지체하여) 일을 그르치다
□ 胆小鬼 dǎnxiǎoguǐ 명 겁쟁이 ⋙ 胆小 형 담이 작다, 겁이 많다 + 鬼 명 귀신

□ 淡 dàn 형 (맛이) 싱겁다, (농도가) 낮다
□ 导演 dǎoyǎn 명 감독, 연출자 동 감독하다, 연출하다 ⋯ 导 동 이끌다, 인도하다 + 演 동 연기하다
□ 导致 dǎozhì 동 (나쁜 결과를) 초래하다, 야기하다 ⋯ 导 동 이끌다, 인도하다 + 致 동 초래하다
□ 倒霉 dǎoméi 형 운수 사납다, 재수없다 ⋯ 倒 동 넘어지다 + 霉 명 곰팡이, 나쁜 재수
□ 到达 dàodá 동 (장소 · 목표에) 도달하다, 도착하다
□ 登记 dēngjì 동 등록하다, 기재하다 ⋯ 登 동 기재하다 + 记 동 기록하다, 적다
□ 等待 děngdài 동 기다리다 ⋯ 等 동 기다리다 + 待 동 기다리다
□ 的确 díquè 부 확실히, 정말
□ 地道 dìdao 형 오리지널의, 정통의, 본고장의
□ 地区 dìqū 명 지구, 지역 ⋯ 地 명 지역 + 区 명 구역
□ 地震 dìzhèn 명 지진 ⋯ 地 명 육지, 땅 + 震 동 진동하다, 흔들리다
□ 递 dì 동 넘겨주다, 전해 주다
□ 钓 diào 동 낚다, 낚시질하다
□ 动画片 dònghuàpiàn 명 애니메이션
□ 独特 dútè 형 독특하다
□ 断 duàn 동 끊다, 자르다
□ 对待 duìdài 동 (상)대하다, 대응하다 ⋯ 对 동 (상)대하다, 대응하다 + 待 동 (사람을) 대하다
□ 对方 duìfāng 명 상대방
□ 对手 duìshǒu 명 상대, 라이벌, 적수
□ 对象 duìxiàng 명 ① 대상 ② (결혼) 상대
□ 兑换 duìhuàn 동 환전하다, 현금으로 바꾸다
□ 多亏 duōkuī 동 덕택이다 부 다행히도
□ 多余 duōyú 형 여분의, 나머지의 ⋯ 多 형 많다 + 余 형 나머지의, 여분의
□ 发表 fābiǎo 동 발표하다
□ 发愁 fāchóu 동 걱정하다, 근심하다 ⋯ 发 동 발생하다, 생기다 + 愁 동 근심하다, 걱정하다
□ 发达 fādá 형 발달하다
□ 发挥 fāhuī 동 발휘하다
□ 发明 fāmíng 동 발명하다 명 발명
□ 发票 fāpiào 명 영수증
□ 罚款 fákuǎn 동 벌금을 부과하다 명 벌금 ⋯ 罚 동 벌하다 + 款 명 돈, 금액
□ 翻 fān 동 ① (몸 · 물건을) 뒤집다, 펼치다 ② 뒤져서 찾다 ③ 번역하다
□ 繁荣 fánróng 형 번영하다, 번창하다
□ 反而 fǎn'ér 부 오히려, 도리어
□ 反复 fǎnfù 부 거듭, 반복하여
□ 反应 fǎnyìng 동 반응하다 명 반응
□ 反映 fǎnyìng 동 ① (생활 · 현실을) 반영하다 ② 보고하다, 전달하다
□ 方案 fāng'àn 명 방안
□ 方式 fāngshì 명 방식
□ 妨碍 fáng'ài 동 방해하다, 지장을 주다

시나공법 01

동사와 명사의 호응을 출제한다!

독해 1부분 지문의 단어는 필수어휘를 벗어나서 어려운 단어들도 나오지만, 선택지 단어들은 95%가 HSK 4급과 5급 필수어휘에서 출제됩니다. 지문은 단어를 모르더라도 문맥이나 字로 유추하면서 글의 내용을 파악할 수 있지만, 선택지 단어는 모르면 문제를 풀기 어렵기 때문에 필수어휘를 최대한 암기해야 합니다. 품사 중에서 동사의 출제 비중이 압도적으로 많기 때문에 동사를 특히 잘 암기해 두어야 합니다. 학습할 때 뒤에 올 명사목적어와 호응 관계로 암기해 두세요.

STEP 01 먼저 풀어보기

예제

一个城市是否富有魅力，关键在于它的文化表现形式是否丰富，而一个城市的文化表现形式也是城市能够__1__人才及优秀企业的原因所在。在现在这样经济高速发展的时代，高素质劳动力是推动城市发展的重要动力，而这些劳动力往往对城市的文化__2__有着更高的要求。

总之，丰富且__3__活力的文化环境成了城市经济发展的重要因素，影响着城市未来经济的发展。越来越多的国际化大都市都意识到了这一点，并开始重视丰富人们的文化生活，营造城市的文化气息，以推动城市的经济发展。

1. A 爱惜　B 寻找　C 吸引　D 欣赏
2. A 阶段　B 用途　C 气氛　D 能源
3. A 组合　B 充满　C 归纳　D 成立

선생님의 한마디

내공이 약한 학생들은 단어 공부를 먼저 한 뒤에 문제를 풀어 보고, 내공이 있는 학생들은 한 문제당 1분으로 시간을 재서 문제를 풀어 보도록 합니다.

STEP 02 선생님 풀이과정 보기

예제

|해 설|

一个城市是否富有魅力，关键在于它的文化表现形式是否丰富，而一个城市的文化表现形式也是城市能够＿1＿人才及优秀企业的原因所在。在现在这
도시가 인재와 우수 기업을 (1)할 수 있는 원인이다
样经济高速发展的时代，高素质劳动力是推动城市发展的重要动力，而这些劳动力往往对城市的文化＿2＿有着更高的要求。
도시의 문화(2)에 높은 요구를 가진다

总之，丰富且＿3＿活力的文化环境成了城市经济发展的重要因素，影响
丰富+(3)活力: '풍부하다'와 대구를 이루며 活力를 목적어로 갖는 동사가 와야 함
着城市未来经济的发展。

越来越多的国际化大都市都意识到了这一点，并开始重视丰富人们的文化生活，营造城市的文化气息，以推动城市的经济发展。

1. A 爱惜　B 寻找　C 吸引　D 欣赏
2. A 阶段　B 用途　C 气氛　D 能源
3. A 组合　B 充满　C 归纳　D 成立

[1번 빈칸] 城市能够(1)爱惜/寻找/吸引/欣赏人才及优秀企业的原因所在。

첫 번째 빈칸 문장을 해석하면 '한 도시의 문화 표현 형식은 도시가 인재와 우수 기업을 ~할 수 있는 원인이기도 하다'입니다. 人才와 优秀企业가 빈칸 동사의 목적어가 됩니다. 오답으로 주의할 단어는 寻找입니다. 해석상 자연스러운 것 같지만 寻找의 주어는 일반적으로 사람입니다. 위 문장에서는 城市가 주어라 寻找를 쓸 수 없습니다. 문맥상 가장 자연스러운 단어는 C 吸引입니다.

A **爱惜** àixī 동 아끼다, 소중히 여기다 ★
爱惜时间 시간을 아끼다 | 爱惜粮食 식량을 아끼다
他从不知道爱惜时间，整天玩儿。그는 지금껏 시간을 아낄 줄 모르고 하루 종일 놀았다.
• **粮食** liángshi 명 양식, 식량 | **整天** zhěngtiān 명 하루 종일

B **寻找** xúnzhǎo 동 찾다, 구하다 ★★
寻找答案 답을 찾다 | 寻找方法 방법을 찾다
有个人一心想寻找世界上最宝贵的东西。
어떤 사람이 전심전력으로 세상에서 가장 귀중한 물건을 찾고 싶어 했다.
• **宝贵** bǎoguì 형 귀중하다, 소중하다

C **吸引** xīyǐn 동 끌다, 끌어들이다, 매료시키다 ★★★
吸引观众 관중을 매료시키다 | 吸引视线 시선을 끌다 | 吸引注意力 주의력을 끌다
公园里的白兰花吸引了来往的游人。공원 속 백란화가 오가는 관광객을 매료시켰다.
• **视线** shìxiàn 명 시선 | **白兰花** báilánhuā 명 백란화[식물 이름] | **来往** láiwǎng 동 오가다

D **欣赏** xīnshǎng
동 ① 감상하다 ★★★
欣赏电影 영화를 감상하다 | 欣赏风景 풍경을 감상하다
他正在欣赏一幅摄影作品。그는 지금 촬영 작품 하나를 감상하고 있다.

선생님의 한마디
★는 중요도 표시입니다. ★가 많을수록 출제 빈도수가 높은 단어이므로 반드시 암기해 두어야 합니다.

동 ② 마음에 들나, 좋아하다 ★★

这个人很能干，我很欣赏。이 사람은 유능해서 나는 마음에 든다.

• **摄影** shèyǐng 동 촬영하다 | **能干** nénggàn 형 유능하다

[2번 빈칸] 这些劳动力往往对城市的文化(2)阶段/用途/气氛/能源有着更高的要求。

城市的文化와 호응하는 명사를 묻는 문제입니다. 선택지에서 가장 어울리는 호응은 '**文化气氛**(문화 분위기)'이므로 정답은 C 气氛입니다.

A **阶段** jiēduàn 명 단계 ★

这种方法正处于实验阶段。이러한 방법은 한창 실험 단계에 있다.

• **处于** chǔyú 동 (~한 지위 · 상태에) 처하다, 있다 | **实验** shíyàn 명 실험

B **用途** yòngtú 명 용도 ★★

用途广泛 용도가 광범위하다(많다) | 实际用途 실제 용도

这款新产品的商业用途很广。이 신제품의 상업 용도는 매우 광범위하다.

• **款** kuǎn 양 종류, 유형, 스타일 | **商业** shāngyè 명 상업, 비지니스

C **气氛** qìfēn 명 분위기 ★★

严肃的气氛 엄숙한 분위기 | 活跃的气氛 활기찬 분위기

会场上充满了欢乐的气氛。회의장은 즐거운 분위기로 가득 찼다.

• **严肃** yánsù 형 엄숙하다 | **活跃** huóyuè 형 활기차다 | **欢乐** huānlè 형 즐겁다

D **能源** néngyuán 명 에너지 ★

可再生能源 재생에너지 | 开发能源 에너지를 개발하다 | 节约能源 에너지를 절약하다

人们对能源的消耗量越来越多。사람들의 에너지 소모량이 갈수록 많아지고 있다.

• **消耗量** xiāohàoliàng 명 소모량

[3번 빈칸] 丰富且(3)组合/充满/归纳/成立活力的文化环境……

活力를 목적어로 갖는 동사를 찾는 문제입니다. 의미상 B의 **充满**이 **活力**를 목적어로 갖는 동사입니다. **充满活力**는 '활력이 가득하다'라는 의미입니다. **充满**의 목적어는 우리말로 '~이/가'로 해석된다는 점에 주의해야 합니다.

A **组合** zǔhé 동 조합하다

这两个词可以直接组合成一个词组。이 두 단어는 직접 하나의 구로 조합할 수 있다.

• **直接** zhíjiē 부 직접 | **词组** cízǔ 명 (두 개 이상의 단어가 일정한 규칙에 따라 구성된) 구

B **充满** chōngmǎn 동 충만하다, 가득하다, 넘치다 ★★★

充满信心 자신감이 충만하다 | 充满希望 희망이 넘치다

人们的脸上充满了胜利的喜悦。사람들의 얼굴에는 승리의 기쁨이 넘쳤다.

• **胜利** shènglì 명 승리 | **喜悦** xǐyuè 명 희열, 기쁨

C **归纳** guīnà 동 귀납하다, 도출하다

归纳意见 의견을 귀납하다

这名教授在论文中归纳了他的结论。이 교수는 논문에서 그의 결론을 귀납했다.

D **成立** chénglì 동 설립하다, 만들다 ★★

成立机构 기구를 설립하다 | 成立公司 회사를 설립하다

中华人民共和国是1949年成立的。중화인민공화국은 1949년에 성립되었다.

• **机构** jīgòu 명 기구

선생님의 한마디

阶段의 한자 독음은 '계단'이지만, 阶段은 '계단'이 아니라 '단계'입니다. 실제 계단은 '台阶 táijiē'입니다.

선생님의 한마디

한국어로는 '용도가 많다'라고 표현하지만 중국어로는 '용도가 넓다(광범위하다)', 즉 '用途广' 혹은 '用途广泛'이라고 합니다. 用途의 途가 '길'을 뜻하는 字이기 때문입니다.

|해 석|

一个城市是否富有魅力，关键在于它的文化表现形式是否丰富，而一个城市的文化表现形式也是城市能够(1)吸引人才及优秀企业的原因所在。在现在这样经济高速发展的时代，高素质劳动力是推动城市发展的重要动力，而这些劳动力往往对城市的文化(2)气氛有着更高的要求。

总之，丰富且(3)充满活力的文化环境成了城市经济发展的重要因素，影响着城市未来经济的发展。越来越多的国际化大都市都意识到了这一点，并开始重视丰富人们的文化生活，营造城市的文化气息，以推动城市的经济发展。

1. A 爱情 B 寻找 C 吸引 D 欣赏
2. A 阶段 B 用途 C 气氛 D 能源
3. A 组合 B 充满 C 归纳 D 成立

한 도시가 매력이 풍부한지의 관건은 도시의 문화 표현 형식이 풍부한지에 있다. 또 한 도시의 문화 표현 형식은 도시가 인재 및 우수한 기업을 (1)끌어들일 수 있는 원인이기도 하다. 현재 이렇게 경제가 빠른 속도로 발전하는 시대에는, 뛰어난 자질을 갖춘 노동력이 도시 발전을 추진하는 중요한 동력이고, 이런 노동력은 주로 도시의 문화 (2)분위기에 더 높은 요구를 가지고 있다.

요컨대 풍부하고 활력이 (3)가득한 문화 환경은 도시 경제 발전의 중요한 요소가 되어, 도시 미래 경제의 발전에 영향을 주고 있다. 도시의 경제 발전을 촉진하기 위해서, 갈수록 많은 국제화된 대도시가 모두 이 점을 깨닫고, 사람들의 문화 생활을 풍부하게 하고 도시의 문화적 숨결을 조성하는 것을 중시하기 시작했다.

1. A 아끼다 B 찾다 C 끌어들이다 D 감상하다
2. A 단계 B 용도 C 분위기 D 에너지
3. A 조합하다 B 가득하다 C 도출하다 D 설립하다

|단 어| 城市 chéngshì 명 도시 | 富有 fùyǒu 동 풍부하다, 충분히 가지다 | 魅力 mèilì 명 매력 | 关键在于 guānjiàn zàiyú 관건은 ~에 있다 | 表现 biǎoxiàn 명 행동, 표현 동 표현하다, 나타내다 | 形式 xíngshì 명 형식 | 丰富 fēngfù 형 풍부하다 동 풍부하게 하다 | 优秀 yōuxiù 형 우수하다 | 企业 qǐyè 명 기업 | 经济 jīngjì 명 경제 | 高速发展 gāosù fāzhǎn 빠른 속도로 발전하다 | 素质 sùzhì 명 자질, 소질 | 劳动力 láodònglì 명 노동력 | 推动 tuīdòng 동 추진하다, 촉진하다 | 总之 zǒngzhī 접 요컨대, 한마디로 말하면 | 活力 huólì 명 활력 | 环境 huánjìng 명 환경 | 因素 yīnsù 명 요소 | 影响 yǐngxiǎng 동 영향을 주다 | 未来 wèilái 명 미래 | 越来越 yuèláiyuè 부 점점, 갈수록 | 国际化 guójìhuà 국제화 | 大都市 dàdūshì 명 대도시 | 意识 yìshí 동 의식하다, 깨닫다 | 重视 zhòngshì 동 중시하다 | 营造 yíngzào 동 (분위기를) 조성하다 | 气息 qìxī 명 숨결, 정취 | 以 yǐ 접 ~하기 위해서, 그럼으로써

|정 답| 1. C 2. C 3. B

STEP 03 내공쌓기

독해 1부분 선택지 단어의 95% 정도는 HSK 4급과 5급 필수어휘에서 출제되고 있습니다. 또한 중요한 단어들은 정답이 되는 횟수가 많지만, 중요하지 않은 단어들은 정답으로는 잘 출제되지 않습니다. 2010년부터 최근 시험까지 독해 1부분에서는 동사가 대략 200여 개, 명사가 120여 개, 형용사가 100여 개 정답으로 출제되었습니다. 이번 내공쌓기에서는 200여 개의 동사 중 정답으로 2회 이상 출제된 중요한 단어들을 공부합니다.

정답으로 자주 출제되는 동사

□ 利用 lìyòng 동 이용하다

利用机会 기회를 이용하다

利用音乐来缓解压力 음악을 이용해서 스트레스를 풀다

Tip 利用의 용법

利用은 어떤 수단을 이용해서 목적을 달성할 때 사용하며, 조사 来와 함께 쓰는 경우가 많습니다. '利用～来+동사' 구문을 익혀 두도록 합니다.

□ 称赞 chēngzàn 동 칭찬하다

现在称赞这种商品的人越来越多。 지금 이 상품을 칭찬하는 사람이 갈수록 많아지고 있다.

□ 充满 chōngmǎn 동 가득하다, 넘치다

充满生机 생기가 넘치다

充满信心 자신감이 넘치다

선생님의 한마디

充满은 뒤의 목적어가 '~이/가'로 해석되는 것에 유의합니다.

□ 欣赏 xīnshǎng 동 ① 감상하다 ② 마음에 들다

欣赏音乐 음악을 감상하다

欣赏作品 작품을 감상하다

我很欣赏这个人。 나는 이 사람이 마음에 들어.

□ 达到 dádào 동 달성하다, 도달하다

达到目的 목적을 달성하다

达到标准 기준에 도달하다

Tip 达到와 到达

- 达到 dádào 동 (목적 · 수량 · 정도에) 도달하다
- 到达 dàodá 동 (구체적인 장소에) 도착하다

  예 到达北京 dàodá Běijīng 베이징에 도착하다

□ 观察 guānchá 동 관찰하다

观察事物 사물을 관찰하다

观察情况 상황을 관찰하다

□ 保持 bǎochí 동 (지속적으로) 유지하다, 지키다

保持安静 조용함을 유지하다

保持沉默 침묵을 지키다

> **Tip** 保持의 용법
> 保持는 주로 '좋은 상태를 지속적으로 유지하다'라는 의미로 쓰입니다.

□ 造成 zàochéng 동 (나쁜 결과를) 초래하다, 야기하다[=导致 dǎozhì]

我给公司造成了严重的损失。나는 회사에 심각한 손실을 초래했다.

□ 吃亏 chīkuī 동 손해를 보다

他宁可自己吃亏，也不做有损于朋友利益的事情。

그는 차라리 자신이 손해를 볼지언정, 친구의 이익에 해가 되는 일은 하지 않는다.

• 有损于 yǒusǔn yú ~에 해가 되다

> **Tip** 吃亏의 용법
> 吃亏는 '吃+亏' 구조의 이합동사이므로, 다른 성분이 추가되면 吃와 亏 사이에 와야 합니다.
> 예 吃大亏 chī dà kuī 크게 손해 보다

□ 运用 yùnyòng 동 운용하다, 활용하다

运用技术 기술을 활용하다

运用理论 이론을 활용하다

□ 调整 tiáozhěng 동 조정하다, 조절하다

调整时间 시간을 조정하다

调整心态 심리 상태를 조절하다

□ 思考 sīkǎo 동 사고하다, 깊이 생각하다

人类拥有大脑和耳朵，大脑用来思考，耳朵用来倾听。

인류는 대뇌와 귀를 가지고 있는데, 대뇌는 사고하는 데 쓰이고, 귀는 귀를 기울이는 데 쓰인다.

• 大脑 dànǎo 명 대뇌

• 倾听 qīngtīng 동 경청하다, 귀를 기울이다

> **Tip** 思考와 思维
> • 思考 sīkǎo 동 사고하다, 깊이 생각하다
> 어떤 문제에 대해 깊이 사고할 때 사용합니다.
> • 思维 sīwéi 동 사유하다, 생각하다
> 인간의 자연적인 사고를 의미합니다.

□ 躲 duǒ 동 피하다, 숨다

他整天躲在地下室里发抖。그는 하루 종일 지하실에 숨어서 덜덜 떨었다.

• 发抖 fādǒu 동 덜덜 떨다

□ 缓解 huǎnjiě 동 완화시키다, 완화되다, 풀다

缓解压力 스트레스를 풀다
缓解疲劳 피로를 풀다

• 疲劳 píláo 형 피로하다

□ 失去 shīqù 동 잃다, 잃어버리다

失去机会 기회를 잃다
失去信心 자신감을 잃다

> **Tip**
> **失去와 消失**
> **失去** shīqù 동 잃다, 잃어버리다
> 추상적인 명사를 목적어로 가집니다.
> **消失** xiāoshī 동 저절로 사라지다
> 뒤에 목적어를 갖지 않는 동사입니다.

□ 成就 chéngjiù 명 성취, 성과 동 성취하다

取得成就 성과를 거두다
成就一番事业 일을 성취하다

선생님의 한마디
成就는 주로 명사로 사용하지만 간혹 동사로도 출제되므로 용법을 모두 암기해 두세요.

□ 满足 mǎnzú 동 만족시키다

满足要求 요구를 만족시키다
满足好奇心 호기심을 만족시키다

□ 感受 gǎnshòu 명 느낀 점, 감정, 인상 동 느끼다

作家将自己真实的感受写成文字与读者分享。
작가는 자신이 진실하게 느낀 점을 글로 써서 독자와 함께 나눈다.

• 读者 dúzhě 명 독자
• 分享 fēnxiǎng 동 함께 나누다

□ 培养 péiyǎng 동 양성하다, 기르다, 키우다

培养人才 인재를 양성하다
培养兴趣 흥미를 기르다

□ 保留 bǎoliú 동 ① 보존하다 ② 보류하다

保留传统 전통을 보존하다
保留文化遗产 문화유산을 보존하다
保留意见 의견을 보류하다

> **Tip** **保留의 용법**
> 保留는 과거의 것을 남겨서(留) 지금까지 줄곧 가져왔을 때 사용하기도 하며, 현재의 것을 미래까지 남겨 두겠다(留)는 의미로도 쓰입니다.

□ 表明 biǎomíng 동 표명하다

表明态度 태도를 표명하다

调查表明 조사에 따르면 ~이라고 한다

> **Tip** **表明의 용법**
> 表明은 주로 '研究/调查/结果+表明'의 형식으로 많이 쓰이며, 이때는 '나타내다', '보여 주다'라는 '显示 xiǎnshì'와 동의어입니다.

□ 流传 liúchuán 동 (책 · 작품이) 전해지다

这些故事是从老一辈流传下来的。이 이야기들은 전 세대로부터 전해져 온 것이다.

• 老一辈 lǎo yíbèi 전(前) 세대

□ 导致 dǎozhì 동 (나쁜 결과를) 야기하다, 초래하다[=造成 zàochéng]

导致严重的后果 심각한 결과를 초래하다

导致社会矛盾 사회적 갈등을 초래하다

□ 实现 shíxiàn 동 실현하다, 달성하다

实现梦想 꿈을 실현하다

实现目标 목표를 달성하다

□ 促使 cùshǐ 동 ~하도록 (재촉)하다, ~하게 하다

很多时候苦难是促使我们成长的重要途径。
많은 경우에 고난은 우리를 성장시켜 주는 중요한 방법이다.

• 途径 tújìng 명 경로, 방법, 수단

> **Tip** **促使의 용법**
> 促使도 사역동사 使처럼 뒤에 '주어+술어' 형식의 겸어문을 이끌어 냅니다. 使와 같은 의미이면서 '재촉하다(促)'라는 어감이 추가된 단어입니다.

□ 消失 xiāoshī 동 (저절로) 없어지다, 사라지다

很多动物已经在地球上消失了。많은 동물이 이미 지구에서 사라졌다.

• 地球 dìqiú 명 지구

□ 面临 miànlín 동 직면하다

面临危险 위험에 직면하다

面临困难 어려움에 직면하다

□ 询问 xúnwèn 동 물어보다, 문의하다

询问情况 상황을 물어보다
询问结果 결과를 문의하다

□ 安慰 ānwèi 동 위로하다

一个人遇到困难和挫折的时候，最需要的是鼓励和安慰。
한 사람이 어려움과 좌절을 만날 때, 가장 필요한 것은 격려와 위로이다.

□ 遗憾 yíhàn 명 아쉬움, 후회스러운 일 동 아쉽다, 후회스럽다

我们一定要好好学习，不要给自己留下太多的遗憾。
우리는 반드시 열심히 공부해야 하고, 자신한테 너무 커다란 아쉬움을 남기지 말아야 한다

□ 征求 zhēngqiú 동 (서면이나 구두로 의견 등을) 구하다

征求意见 의견을 구하다
征求同意 동의를 구하다

□ 恢复 huīfù 동 회복하다, 회복되다

恢复健康 건강을 회복하다
恢复关系 관계를 회복하다

□ 追求 zhuīqiú 동 추구하다

追求利润 이윤을 추구하다
追求幸福 행복을 추구하다

□ 承受 chéngshòu 동 감당하다, 견디다, 이겨 내다

承受压力 스트레스를 견디다
承受痛苦 고통을 이겨 내다

□ 寻找 xúnzhǎo 동 찾다, 구하다

寻找幸福 행복을 찾다
寻找食物 먹을 것을 구하다

□ 享受 xiǎngshòu 동 누리다, 즐기다

享受权利 권리를 누리다
享受幸福 행복을 누리다

선생님의 한마디
安慰는 주로 동사로 쓰이며, 간혹 명사처럼 쓰이기도 합니다.

• 鼓励 gǔlì 동 격려하다

선생님의 한마디
'유감'이라는 뜻의 遗憾은 주로 외교적 상황에서 씁니다. 평소 지문 해석에서는 '아쉬움', '후회스러운 일'이라는 의미로 풀이해야 자연스럽습니다.

• 利润 lìrùn 명 이윤

□ 结合 jiéhé 동 결합하다

理论和实践结合 이론과 실천이 결합되다

把A和B结合起来 A와 B를 결합시키다

• 实践 shíjiàn 명동 실천(하다), 실행(하다)

□ 保存 bǎocún 동 보존하다, 보관하다

保存遗物 유물을 보존하다

保存财产 재산을 보관하다

□ 掌握 zhǎngwò 동 숙달하다, 정통하다, 익히다

掌握一门外语 외국어 하나를 숙달하다

掌握技巧 스킬을 익히다

선생님의 한마디

掌握가 한자어 그대로 '장악하다'란 의미도 있지만 자주 쓰이지 않는 의미입니다.

□ 属于 shǔyú 동 (~의 범위)에 속하다

小李属于那种不爱跳舞的人。 샤오리는 춤추길 좋아하지 않는 부류에 속한다.

□ 称 chēng 동 ~이라고 부르다

把A称为B A를 B라고 부르다

被称为 ~이라고 불리다

선생님의 한마디

称에는 '무게를 달다'라는 의미도 있다는 것을 알아 두세요.

□ 显示 xiǎnshì 동 뚜렷하게 나타내다

研究显示 연구에 따르면 ~이라고 한다

显示器 모니터

□ 包含 bāohán 동 포함하다, 담다

他的话虽然很简单，却包含着深刻的哲理。

그의 말을 비록 간단하지만, 깊은 철학적 이치를 담고 있다.

• 哲理 zhélǐ 명 철학적 이치

□ 产生 chǎnshēng 동 생기다, 발생하다

产生矛盾 갈등이 생기다

产生兴趣 흥미가 생기다

선생님의 한마디

产生의 목적어는 '~이/가'로 해석이 되며, 产生 앞에는 전치사 对가 자주 쓰입니다.

□ 降低 jiàngdī 동 내리다, 낮추다, 떨어지다

降低成本 원가를 내리다

降低物价 물가를 낮추다

□ 命令 mìnglìng 동 명령하다

他命令部队发起进攻。 그는 부대에 공격을 개시하라고 명령했다.

• 发起进攻 fāqǐ jìngōng 공격을 개시하다

□ 对待 duìdài 동 대하다, 상대하다

对待客人 손님을 대하다
平等对待 평등하게 대하다

□ 存在 cúnzài 동 존재하다, 있다

存在矛盾 갈등이 있다
存在问题 문제가 있다

선생님의 한마디
存在 뒤의 목적어는 '~이/가'로 해석이 됩니다.

□ 把握 bǎwò 동 (추상적인 것을) 잡다 명 (성공에 대한) 자신

把握机会 기회를 잡다
有把握 자신 있다

선생님의 한마디
把握는 동사와 명사 용법 모두 자주 출제됩니다.

□ 获得 huòdé 동 (노력으로) 획득하다, 거두다, 얻다

获得胜利 승리를 거두다
获得成功 성공을 하다

선생님의 한마디
获得는 노력을 통해 뭔가를 얻었다는 의미입니다.

□ 突出 tūchū 동 부각시키다 형 두드러지다, 뛰어나다

成绩突出 성적이 뛰어나다
突出重点 중점을 부각시키다

선생님의 한마디
突出는 형용사와 동사 용법 모두 자주 출제됩니다.

□ 分布 fēnbù 동 (일정한 지역에) 분포하다

分布均匀 분포가 고르다
分布在亚洲 아시아에 분포하고 있다.

• 均匀 jūnyún 형 고르다, 균등하다

□ 扩大 kuòdà 동 확대하다, 넓히다

扩大规模 규모를 확대하다
扩大面积 면적을 넓히다

□ 节省 jiéshěng 동 절약하다, 줄이다

节省时间 시간을 절약하다
节省费用 비용을 줄이다

□ 形成 xíngchéng 동 형성하다, 이루다

形成性格 성격을 형성하다
形成习惯 습관을 형성하다

□ 威胁 wēixié 동 위협하다

威胁生命 생명을 위협하다
受到威胁 위협을 받다

□ 争取 zhēngqǔ 동 쟁취하다, (힘써서) 얻다

争取胜利 승리를 쟁취하다
争取机会 기회를 얻다

□ 控制 kòngzhì 동 통제하다, 억제하다, 조절하다

控制感情 감정을 억제하다
控制食欲 식욕을 억제하다

□ 承认 chéngrèn 동 인정하다, 시인하다

承认错误 잘못을 인정하다
承认事实 사실을 인정하다

□ 具备 jùbèi 동 (필요한 것을) 갖추다

具备能力 능력을 갖추다
具备条件 조건을 갖추다

□ 发挥 fāhuī 동 발휘하다

发挥潜能 잠재력을 발휘하다
发挥才能 재능을 발휘하다
充分发挥 충분히 발휘하다

□ 缩短 suōduǎn 동 단축하다, 줄이다

缩短距离 거리를 줄이다
缩短时间 시간을 단축하다

Tip 缩短과 缩小

- 缩短 suōduǎn 동 단축하다, 줄이다
  원래의 거리, 시간, 길이 등을 단축하는 것으로, '늘이다'의 상대 개념입니다.
- 缩小 suōxiǎo 동 축소하다, 줄이다
  규모, 범위 등을 줄이는 것으로, '넓히다'의 상대 개념입니다.
  예 缩小范围 suōxiǎo fànwéi 범위를 축소하다

선생님의 한마디
争取는 '쟁취하다'라는 의미보다는 '힘써서 얻다'라는 의미로 알아 두는 것이 좋습니다.

□ 损失 sǔnshī 동 손해 보다, 소모하다 명 손해, 손실

这次台风给中国造成了巨大的损失。이번 태풍은 중국에 커다란 손해를 초래했다.

• 台风 táifēng 명 태풍

□ 制定 zhìdìng 동 제정하다, 만들다, 세우다

制定计划 계획을 세우다

制定规则 규칙을 만들다

□ 体验 tǐyàn 동 체험하다

体验生活 생활을 체험하다

亲身体验 몸소 체험하다

□ 建立 jiànlì 동 건립하다, 세우다, 꾸리다, 맺다

建立家庭 가정을 꾸리다

建立关系 관계를 맺다

STEP 04 확인문제 풀기

01-04

某座大桥采用了“4+4”的8车道模式，但由于上下班高峰时车流__01__不均，桥上经常堵车。

经过考察，政府决定再造一座大桥。但一位年轻人看到报纸上刊登的新闻后，却向政府提了一个建议，__02__，完全可以在已有的8个车道上做文章，让“8”大于“8”。

年轻人的想法其实就是将车道由原来的“4+4”改为“6+2”，即在上下班这两个时段，把车流量大的一侧扩展为6个车道，另一侧则缩减为两个车道。

当地政府按照年轻人的建议调整了大桥的通行模式，整个桥面的车道仍是8车道，但堵车问题得到了很好的解决。而这个金点子，也为当地政府节约了上亿元__03__。

由此可见，真正的智慧在于__04__利用现有资源，而不是一味地去开发。

01 A 分布　B 配合　C 显示　D 围绕

02 A 调整上下班时间　B 必须限制车流量
C 在桥面不增宽的情况下　D 对违反交通规则的人进行严惩

03 A 利润　B 账户　C 资金　D 汇率

04 A 深刻　B 充分　C 强烈　D 迅速

05–08

随着生活节奏的加快，在上下班途中“动态”阅读的“途书族”越来越多。然而，这种阅读方式最容易造成视觉__05__。长时间在颠簸的路上近距离注视闪烁、单调、刺眼的电子产品或书籍报纸等，由于光线闪烁不定，会__06__眼睛超负荷工作。

专家提醒“途书族”，最好将电子阅读器的背景颜色调为浅色，比如浅绿色、浅黄色，并且尽量选择偏大的字体。__07__，要让眼睛放松一下。如果是患有近视的青少年，最好不要成为“途书族”，否则长期下去会使近视越来越严重。此外，如果眼部出现了不适的感觉，应及时去医院检查并接受__08__。

05 A 糊涂 B 疲劳 C 犹豫 D 拥挤

06 A 危害 B 控制 C 承受 D 导致

07 A 是否具备护眼知识 B 重要的是睡眠要充足
C 最关键的是每隔半小时 D 每天都要保证一定的睡眠

08 A 治疗 B 刺激 C 改进 D 看望

▶ 정답 및 해설 24쪽

시나공법 02

형용사와 명사의 호응을 출제한다!

독해 1부분 정답으로 출제되는 품사 중 형용사는 대부분 술어, 관형어, 부사어로 쓰입니다. 이 중에서 술어와 관형어로 쓰이는 형용사는 명사와 밀접한 관계를 갖습니다. '주어(명사)+형용사술어' 혹은 '형용사+的+명사' 형태로 시험에 자주 출제됩니다. 따라서 형용사를 암기할 때는 명사와 함께 호응해서 암기해 두어야 합니다.

STEP 01 먼저 풀어보기

예제

众所周知，北京烤鸭是中国著名的菜品之一，但北京烤鸭的做法却是从南京传来的。

南京素有“鱼米之乡”的美称，__1__养的鸭子肥厚多肉，肉质鲜嫩，而烤出来的鸭子更是风味__2__，深受南京人的欢迎。

后来，明朝的第三个皇帝朱棣将都城从南京迁往北京，烤鸭这道菜也被带到了北京，并很快在北京传开，受到北京人的喜爱。到了清朝，这道菜的名声就更响了，于是便被__3__命名为“北京烤鸭”。

1. A 家乡　B 左右　C 当地　D 表面
2. A 独特　B 舒适　C 巧妙　D 成熟
3. A 全面　B 个别　C 临时　D 正式

STEP 02 선생님 풀이과정 보기

예제

|해 설|

众所周知，北京烤鸭是中国著名的菜品之一，但北京烤鸭的做法却是从南京传来的。

南京素有“鱼米之乡”的美称，__1__养的鸭子肥厚多肉，肉质鲜嫩，而烤出来的鸭子更是风味__2__，深受南京人的欢迎。

风味와 호응

后来，明朝的第三个皇帝朱棣将都城从南京迁往北京，烤鸭这道菜也被带到了北京，并很快在北京传开，受到北京人的喜爱。到了清朝，这道菜的名声就更响了，于是便被__3__命名为“北京烤鸭”。

그리하여 '베이징 오리구이'로 (3)명명되었다.

1. A 家乡	B 左右	C 当地	D 表面
2. A 独特	B 舒适	C 巧妙	D 成熟
3. A 全面	B 个别	C 临时	D 正式

[1번 빈칸] 南京素有“鱼米之乡”的美称，(1)家乡/左右/当地/表面养的鸭子肥厚多肉，

빈칸의 앞 구문에서 南京이라는 지명이 언급되었기 때문에, 빈칸에는 난징을 지칭하는 단어가 와야 자연스럽습니다. 따라서 C 当地를 정답으로 고를 수 있습니다.

A **家乡** jiāxiāng 명 고향
她离开了家乡。그녀는 고향을 떠났다.

B **左右** zuǒyòu 명 가량, 내외, 쯤 ★
这几天我一到下午四点左右就想睡觉。요 며칠 나는 오후 4시쯤만 되면 잠을 자고 싶다.

C **当地** dāngdì 명 현지, 그 지방 ★
当地居民 현지 주민

D **表面** biǎomiàn 명 표면, 겉, 외관 ★
表面现象 표면 현상 | 从表面上看 겉으로 보면
从表面上看，你像个很有勇气的人。겉으로 보면 너는 매우 용기 있는 사람처럼 보인다.

선생님의 한마디
左右는 수량사 뒤에서 대략적인 수를 나타냅니다. 간혹 동사로 쓰일 때도 있는데, 이때는 '좌우하다', '좌지우지하다'라는 의미입니다.

선생님의 한마디
'从表面上看'이란 구문이 시험에 종종 출제됩니다.

[2번 빈칸] 而烤出来的鸭子更是风味(2)独特/舒适/巧妙/成熟，深受南京人的欢迎。

风味와 호응하는 형용사를 찾는 문제입니다. A의 独特는 주로 '风味(맛)', '风格(스타일)', '款式(디자인)' 등의 명사와 호응합니다. B의 舒适는 주로 심리 상태와 호응하고, C의 巧妙는 방법 또는 기술을 뜻하는 명사와 호응합니다. D의 成熟는 사람을 뜻하는 명사와 호응하여 '성숙하다', 또는 곡식 등을 뜻하는 명사와 호응하여 '잘 익었다'라는 뜻을 나타냅니다. 따라서 정답은 A입니다.

A **独特** dútè 형 독특하다 ★★★
独特的魅力 독특한 매력 | 风格独特 스타일이 독특하다
他拥有一门独特的技艺。그는 독특한 기예를 가지고 있다.

• 技艺 jìyì 명 기예, 기교

B **舒适** shūshì 형 편하다, 편안하다 ★★

我们坐在新教室里，感觉既暖和，又舒适。
우리는 새로운 교실에 앉아 있으니 느낌이 따뜻하고 편안하다.

C **巧妙** qiǎomiào 형 절묘하다, 훌륭하다 ★★

回答巧妙 대답이 절묘하다 | 设计巧妙 디자인이 매우 훌륭하다
他这篇文章的结构非常巧妙。그의 이 글의 구성은 매우 절묘하다.

• **结构** jiégòu 명 구조, 구성

D **成熟** chéngshú

형 ① (사람이) 성숙하다 ★

他看起来更加成熟了。그는 겉으로 보기에 더욱 성숙해졌다.

형 ② (과일 · 곡식이) 익다 ★★

树上的苹果大多已经成熟了。나무에 달린 사과가 대부분 익었다.

선생님의 한마디

巧妙를 한자 독음대로 '교묘하다'라고 암기하면 안 됩니다. 우리말의 '교묘하다'는 부정적인 의미를 가지고 있지만, 중국어의 巧妙는 '(방법이나 기술이 일반을 뛰어넘어) 매우 뛰어나다'라는 긍정의 의미를 나타냅니다.

[3번 빈칸] 这道菜的名声就更响了，于是便被(3)全面/个别/临时/正式命名为"北京烤鸭"。원래는 난징 요리였던 오리구이가 베이징으로 옮겨 오면서 정식으로 명칭을 얻게 된 것이므로 해석상 正式가 가장 자연스럽습니다. 정답은 D입니다.

선생님의 한마디

3번 빈칸은 동사 命名을 수식하는 부사어 자리입니다. 선택지 단어들은 모두 형용사가 기본 품사이지만, B, C, D는 직접 동사를 수식하는 부사로도 쓰입니다.

A **全面** quánmiàn 형 전면적이다 ★

他比较全面地看问题。그는 비교적 전면적으로 문제를 본다.

B **个别** gèbié 형 개별적인, 단독의

个别现象 개별적인 현상 | 个别处理 개별적으로 처리하다
我将个别和他们谈谈。나는 개별적으로 그들과 이야기를 좀 나눌 것이다.

• **处理** chǔlǐ 동 처리하다

C **临时** línshí 형 임시의 부 때가 되어서, 갑자기 ★

张老师临时有事来不了了。장 선생님은 갑자기 일이 생겨서 올 수 없게 되었다.

D **正式** zhèngshì 형 정식의, 공식의 ★★

我向领导正式提出辞职。나는 대표에게 정식으로 사직서를 제출했다.

• **提出** tíchū 동 제출하다 | **辞职** cízhí 동 퇴사하다, 직장을 그만두다

|해 석|

众所周知，北京烤鸭是中国著名的菜品之一，但北京烤鸭的做法却是从南京传来的。

南京素有"鱼米之乡"的美称，(1)当地养的鸭子肥厚多肉，肉质鲜嫩，而烤出来的鸭子更是风味(2)独特，深受南京人的欢迎。

后来，明朝的第三个皇帝朱棣将都城从南京迁往北京，烤鸭这道菜也被带到了北京，并很快在北京传开，受到北京人的喜爱。到了清朝，这道菜的名声就更响了，于是便被(3)正式命名为"北京烤鸭"。

모든 사람이 다 알고 있듯이, 베이징 오리구이는 중국의 유명한 요리 중 하나이지만, 베이징 오리구이를 만드는 법은 난징에서 전해졌다.

난징은 원래부터 '물고기와 쌀이 많이 나는 살기 좋은 곳'이라는 아름다운 이름을 가지고 있는데, (1)현지에서 기른 오리는 토실토실하여 살이 많고 육질이 신선하며 연하다. 그래서 구워 낸 오리는 더욱 맛이 (2)독특하여, 난징 사람들에게 깊은 환영을 받았다.

나중에 명나라의 세 번째 황제 주띠(영락제)가 수도를 난징에서 베이징으로 옮기자 오리구이라는 이 요리도 베이징으로 들여오게 되었고, 아울러 베이징에 매우 빨리 퍼지면서 베이징 사람들에게 사랑을 받았다. 청나라에 이르러 이 요리의 명성은 더욱 자자해졌고, 그리하여 (3)정식으로 '베이징 오리구이'라고 명명되었다.

1. A 家乡 B 左右 C 当地 D 表面
2. A 独特 B 舒适 C 巧妙 D 成熟
3. A 全面 B 个别 C 临时 D 正式

1. A 고향 B 가량
C 현지 D 표면
2. A 독특하다 B 편안하다
C 훌륭하다 D 잘 익다
3. A 전면적으로 B 개별적으로
C 임시로 D 정식으로

|단 어| **众所周知** zhòngsuǒzhōuzhī 성 모든 사람이 다 알고 있다 | **北京烤鸭** Běijīng Kǎoyā 고유 베이징 오리구이 | **著名** zhùmíng 형 저명하다, 유명하다 | **菜品** càipǐn 명 요리, 음식 * **菜** cài 명 요리 | **做法** zuòfǎ 명 (만드는) 법 | 南京 Nánjīng 고유 난징[지명] | **传来** chuánlái 동 전해지다 | **素有** sùyǒu 동 원래부터 ~을 가지고 있다 | **鱼米之乡** yúmǐzhīxiāng 성 물고기와 쌀이 많이 나는 곳 | **美称** měichēng 명 아름다운 이름 | **养** yǎng 동 기르다 | **鸭子** yāzi 명 오리 | **肥厚多肉** féihòu duōròu 토실토실하여 살이 많다 | **肉质鲜嫩** ròuzhì xiānnèn 육질이 신선하고 연하다 | **烤** kǎo 동 (불에 쬐어) 굽다 | **风味** fēngwèi 명 맛, 풍미 | **深受~欢迎** shēnshòu~huānyíng ~에게 깊은 환영을 받다 | **明朝** Míngcháo 명 명나라 | **皇帝** huángdì 명 황제 | **朱棣** Zhūdì 고유 주띠[영락제] | **都城** dūchéng 명 수도 | **迁往** qiānwǎng 동 ~로 옮기다 | **道** dào 양 [요리를 세는 단위] | **传开** chuánkāi 동 널리 전해지다, 퍼지다 | **受到~喜爱** shòudào~xǐ'ài ~에게 사랑을 받다 | **清朝** Qīngcháo 명 청나라 | **名声响** míngshēng xiǎng 명성이 자자하다 | **命名** mìngmíng 동 명명하다, 이름을 짓다

|정 답| 1. C 2. A 3. D

STEP 03 내공쌓기

독해 1부분 선택지에 동사 다음으로 많이 나오는 품사가 형용사와 명사입니다. 동사를 암기할 때 목적어인 명사와 함께 암기해야 하듯이, 형용사를 암기할 때도 주어인 명사 또는 형용사가 수식하는 명사와 함께 암기해 두어야 합니다. 이번 내공쌓기에서는 정답으로 가장 많이 출제된 형용사와 명사를 공부합니다.

정답으로 자주 출제되는 형용사

□ 意外 yìwài 형 의외이다, 뜻밖이다

意外**的结果** 의외의 결과

意外**的收获** 의외의 수확

- **收获** shōuhuò 명 수확, 성과

□ 具体 jùtǐ 형 구체적이다

具体**的内容** 구체적인 내용

具体**的情况** 구체적인 상황

□ 明显 míngxiǎn 형 분명하다, 뚜렷하다

明显**的差异** 분명한 차이

明显**的效果** 분명한 효과

- **差异** chāyì 명 차이

> **Tip** 明显의 용법
>
> 明显은 형용사라서 명사를 주로 수식하지만, 간혹 동사를 수식하기도 합니다.
>
> 예 他的成绩明显提高了。그의 성적은 분명하게 올랐다.

□ 完整 wánzhěng 형 (손상 없이) 온전하다, 완전하다

完整**地保存** 온전하게 보존하다

资料完整 자료가 완전하다

□ 主动 zhǔdòng 형 능동적이다, 자발적이다, (알아서) 먼저 나서다

主动**让座** 먼저 자리를 양보하다

主动**放弃** 자발적으로 포기하다

선생님의 한마디

主动은 형용사지만 주로 부사처럼 동사를 수식합니다. 우리말에서는 '주동적이다'라는 표현을 잘 쓰지 않기 때문에, 한자어의 독음대로 '주동적이다'보다는 '능동적이다'라고 암기해 두어야 합니다.

- **让座** ràngzuò 동 자리를 양보하다
- **身高** shēngāo 명 신장, 키

□ 相似 xiāngsì 형 닮다, 비슷하다

体重身高和他相似。체중과 신장이 그와 비슷하다.

> **Tip** 相似의 용법
>
> 相同처럼 보통 相이 있는 단어들은 주어가 복수이거나 앞에 전치사 '和' 또는 '与'를 함께 써서 '和~相似'와 같은 문형으로 씁니다.

□ 独特 dútè 형 독특하다

独特的风格 독특한 풍격

独特的艺术魅力 독특한 예술적 매력

• 魅力 mèilì 명 매력

□ 强烈 qiángliè 형 강렬하다

强烈的愿望 강렬한 바람

强烈反对 강렬히 반대하다

선생님의 한마디
强烈가 명사를 수식하는 문제와 동사를 수식하는 문제는 출제 비중이 비슷합니다.

Tip 强烈의 용법
强烈는 명사와 동사를 모두 수식할 수 있습니다. 동사를 수식할 때는 '强烈反对'처럼 조사 地 없이 직접 수식이 가능합니다.

□ 舒适 shūshì 형 편하다, 편안하다

舒适的沙发 편안한 소파

舒适的生活 편안한 생활

• 沙发 shāfā 명 소파

□ 自动 zìdòng 형 ① 자발적이다 ② (기계에 의한) 자동의, 자동적인

自动帮忙 자발적으로 돕다

自动参加 자발적으로 참가하다

这门是自动打开的。이 문은 자동으로 열린다.

Tip 自动의 용법
형용사 自动은 문장에서 주로 동사술어를 수식하는 부사어로 사용됩니다.

□ 犹豫 yóuyù 형 주저하다, 망설이다

他在两种选择之间犹豫不决。그는 두 가지 선택 사이에서 주저하며 결단을 내리지 못했다.

□ 唯一 wéiyī 형 유일하다

唯一的方法 유일한 방법

唯一的希望 유일한 희망

□ 多余 duōyú 형 ① 여분의, 나머지의 ② 쓸데없는, 불필요한

多余的粮食 여분의 식량

多余的资金 여분의 자금

多余的担心 쓸데없는 걱정

• 粮食 liángshi 명 양식, 식량

□ 巧妙 qiǎomiào 형 절묘하다, 훌륭하다

方法巧妙 방법이 절묘하다
设计巧妙 디자인이 훌륭하다

□ 平均 píngjūn 형 평균의, 균등한

平均速度 평균 속도
平均寿命 평균 수명

• 寿命 shòuming 명 수명

□ 疲劳 píláo 형 피로하다, 피곤하다, 지치다

他太疲劳了，靠在椅子上就睡着了。그는 너무 피곤해서 의자에 기대어 잠이 들었다.

□ 正式 zhèngshì 형 정식의, 공식의

正式宣布 정식으로 선포하다
正式求婚 정식으로 프러포즈하다

• 宣布 xuānbù 동 선포하다, 발표하다

Tip **正式의 용법**
형용사 正式은 문장에서 주로 동사술어를 수식하는 부사어로 사용됩니다.

□ 了不起 liǎobuqǐ 형 뛰어나다, 대단하다

了不起的成就 대단한 성과
了不起的人物 뛰어난 인물

□ 谨慎 jǐnshèn 형 (언행이) 신중하다, 조심스럽다

他这个人做任何事都小心谨慎，你应该放心。
그는 어떤 일을 하든 항상 조심스럽고 신중하니 너는 안심해도 된다.

□ 明确 míngquè 형 명확하다

观点明确 관점이 명확하다
目标明确 목표가 명확하다

□ 温暖 wēnnuǎn 형 온난하다, 따뜻하다

温暖的空气 따뜻한 공기
温暖的感觉 따뜻한 느낌

□ 显然 xiǎnrán 형 (상황이) 명백하다, 확연하다, 분명하다

对于昨天发生的事情，他显然并不在意。
어제 발생한 일에 대해 그는 분명히 개의치 않았다.

Tip 显然의 용법

- 显然은 '十分明显 shífēn míngxiǎn(매우 뚜렷하다, 두드러지다)'과 같은 의미로 쓰입니다.
- 형용사 显然은 문장에서 주로 동사술어를 수식하거나, 문장 전체를 수식하는 부사어로 쓰입니다.

□ 倒霉 dǎoméi 형 재수 없다, 운수 사납다

最近他老是遇到倒霉的事。최근 그는 항상 재수 없는 일을 만났다.

□ 模糊 móhu 형 모호하다, 희미하다, 흐릿하다

印象模糊 인상이 모호하다

字迹模糊 글자가 흐릿하다

- 字迹 zìjì 명 글자의 흔적, 글씨

□ 仔细 zǐxì 형 자세하다, 꼼꼼하다 부 자세히, 꼼꼼히

老师十分仔细地给我分析了这个问题。

선생님은 매우 자세하게 내게 이 문제를 분석해 주었다.

仔细观察 자세히 관찰하다

仔细研究 자세히 연구하다

선생님의 한마디

仔细와 비슷한 단어인 4급 필수 어휘 详细는 주로 '(말이나 기록에 있어서) 상세하다'라는 의미로 많이 쓰입니다. '详细(地)说明(상세하게 설명하다)'과 '详细记载 jìzài (상세하게 기록하다)'를 암기해 두세요.

□ 勤奋 qínfèn 형 근면하다, 부지런하다

我哥哥曾经是一个勤奋的学生。우리 형은 예전에 근면한 학생이었다.

□ 直接 zhíjiē 형 직접적인 부 직접, 곧장

放学后，我有时直接回家，有时留在学校做作业。

방과 후에 나는 어떤 때는 곧장 집으로 돌아가고, 어떤 때는 학교에 남아서 숙제를 한다.

선생님의 한마디

直接는 형용사보다 부사 용법으로 자주 쓰입니다.

□ 普遍 pǔbiàn 형 보편적인, 일반적인

普遍现象 보편적인 현상

普遍认为 보편적으로 여기다

선생님의 한마디

형용사 普遍은 주로 명사를 수식하지만, '大家普遍认为……(모두가 보편적으로 ~이라 여기다)'처럼 동사를 수식할 때도 있으므로, 용법을 함께 암기해 두세요.

□ 干燥 gānzào 형 건조하다

空气干燥 공기가 건조하다

皮肤干燥 피부가 건조하다

- 皮肤 pífū 명 피부

□ 窄 zhǎi 형 (폭이) 좁다

这条路太窄了，很容易发生交通事故。

길은 너무 좁아서 교통사고가 나기 쉽다.

□ 深刻 shēnkè 형 깊다

奶奶的话给我留下了很深刻的印象。할머니의 말은 내게 깊은 인상을 남겼다.

□ 出色 chūsè 형 뛰어나다, 훌륭하다[=突出 tūchū / 优秀 yōuxiù]

出色的表现 뛰어난 활약

出色的成绩 훌륭한 성적

□ 稳定 wěndìng 형 안정되다, 안정적이다

物价稳定 물가가 안정되다

生活稳定 생활이 안정되다

□ 严重 yánzhòng 형 (정도가) 심각하다

严重的后果 심각한 결과

严重的损失 심각한 손실

□ 突出 tūchū 형 두드러지다, 뛰어나다 동 부각시키다

突出的成就 뛰어난 성과

突出重点 중점을 부각시키다

□ 专心 zhuānxīn 형 전념하다, 몰두하다

他大学毕业后专心研究中国历史。그는 대학 졸업 후에 중국 역사 연구에 몰두했다.

□ 生动 shēngdòng 형 생동감이 있다, 생생하다

他生动地描述了那件事的经过。그는 그 사건의 경과를 생생하게 묘사했다.

□ 密切 mìqiè 형 (관계가) 밀접하다

关系密切 관계가 밀접하다

密切相关 밀접하게 서로 관련되어 있다

□ 寂寞 jìmò 형 적막하다, 쓸쓸하다, 외롭다

光我一个人在家里，感到很寂寞。나 혼자만 집에 있으니, 쓸쓸하게 느껴진다.

□ 真实 zhēnshí 형 진실하다

真实的感情 진실한 감정

真实的态度 진실한 태도

선생님의 한마디

시험에서 稳定 외에 같은 의미인 稳도 정답으로 2회 출제되었으니 字로 암기해 두세요.

선생님의 한마디

突出는 형용사 용법과 함께 목적어를 갖는 동사 용법도 자주 등장하니 호응 관계를 잘 암기해 두세요.

• 描述 miáoshù 동 묘사하다

선생님의 한마디

密切는 형용사 용법뿐만 아니라, 동사를 수식하는 부사어 용법도 많이 출제됩니다.

□ 充分 chōngfèn 형 충분하다 부 충분히, 최대한

充分的证据 충분한 증거

充分发挥 충분히 발휘하다

□ 委屈 wěiqu 형 (부당한 지적이나 대우를 받아) 억울하다 명 억울함, 불평

感到委屈 억울하다고 느끼다

受委屈 억울함을 당하다

□ 宝贵 bǎoguì 형 귀중하다, 소중하다

宝贵的经验 귀중한 경험

宝贵的时间 귀중한 시간

□ 幸运 xìngyùn 형 행운이다, 운이 좋다

他很幸运，一上公交车就有座。그는 운이 좋게도, 버스에 타자마자 자리가 났다.

□ 广泛 guǎngfàn 형 광범위하다, 폭넓다

内容广泛 내용이 광범위하다

用途广泛 용도가 폭넓다

□ 谦虚 qiānxū 형 겸허하다, 겸손하다[=虚心 xūxīn]

为人谦虚 사람 됨됨이가 겸손하다

态度谦虚 태도가 겸손하다

□ 特殊 tèshū 형 특수하다, 특별하다

特殊情况 특수한 상황

特殊条件 특별한 조건

정답으로 자주 출제되는 명사

□ 事实 shìshí 명 사실

客观的事实 객관적인 사실

事实上 사실상

事实证明他的结论是错误的。사실은 그의 결론이 잘못되었다는 것을 증명한다.

□ 情绪 qíngxù 명 정서, 기분, 감정

情绪稳定 정서가 안정되다

情绪低落 기분이 다운되다

선생님의 한마디

充分은 형용사 용법과 부사 용법 모두 자주 출제됩니다.

• 证据 zhèngjù 명 증거

선생님의 한마디

幸运을 한국어 독음인 '행운'이라 생각하여, 명사로 오인하지 않도록 합니다.

선생님의 한마디

지금까지 정답으로 가장 많이 출제되거나, 정답이 아니더라도 매우 자주 등장한 단어가 事实입니다. 특히 事实上은 其实의 의미로, 동사를 수식하는 부사어로 쓰인다는 것을 기억하세요.

• 稳定 wěndìng 형 안정되다

• 低落 dīluò 동 떨어지다, 가라앉다

□ 方式 fāngshì 명 방식

生产方式 생산 방식
工作方式 업무 방식

□ 现象 xiànxiàng 명 현상

表面现象 표면 현상, 겉으로 드러난 현상
出现了异常现象 이상 현상이 나타났다

□ 智慧 zhìhuì 명 지혜

生活的智慧 생활의 지혜
无限的智慧 무한한 지혜

□ 表面 biǎomiàn 명 (사물의) 표면, 겉

表面光滑 표면이 매끄럽다
从表面上看 겉으로 보기에

□ 价值 jiàzhí 명 가치

历史价值 역사적 가치
艺术价值 예술적 가치

□ 本领 běnlǐng 명 재능, 기량, 능력

我哥哥是个本领很高强的人。우리 형은 재능이 뛰어난 사람이다.

□ 如今 rújīn 명 지금, 오늘날[=现在 xiànzài]

如今的年轻人可和我们那时不一样了。오늘날의 젊은이는 그야말로 우리 때와 달라졌다.

□ 整个 zhěnggè 명 온, 전체, 모든 것

下雪了，整个世界都变成了白色的。눈이 내리자, 온 세상이 모두 하얗게 변했다.

Tip 整个의 용법
整个는 명사이지만, 보통은 단독으로 쓰이지 않고 주로 뒤에 오는 명사를 수식하는 역할을 합니다.

□ 状态 zhuàngtài 명 상태

心理状态 심리 상태
精神状态 정신 상태

선생님의 한마디
如今은 과거의 상황과 달라진 지금의 상황을 묘사할 때 자주 쓰입니다.

□ 运气 yùnqi 명 운, 운수

命运不是运气，而是选择。운명은 운이 아니라 선택이다.

□ 特色 tèsè 명 특색

旗袍是具有中国民族特色的服装。치파오는 중국의 민족 특색이 있는 복장이다.

• 旗袍 qípáo 명 치파오
• 服装 fúzhuāng 명 복장

□ 程度 chéngdù 명 정도, 수준

文化程度 학력 수준
技术程度 기술 수준

선생님의 한마디
文化程度는 '문화 수준'이 아니고, '博士 bóshì(박사생)', '研究生 yánjiūshēng(대학원생)', '大学本科 dàxué běnkē(학부생)' 등을 구분하는 '학력 수준'을 뜻합니다.

□ 规则 guīzé 명 규칙

遵守规则 규칙을 준수하다
交通规则 교통 규칙

• 遵守 zūnshǒu 동 (규칙을) 준수하다, 지키다

□ 道理 dàolǐ 명 도리, 이치, 일리

简单的道理 간단한 이치
讲道理 이치를 따지다
你说的也有道理。네 말도 일리가 있어.

□ 功能 gōngnéng 명 기능

产品的功能 제품의 기능
智能手机的功能 스마트폰의 기능

• 智能手机 zhìnéng shǒujī 스마트폰

□ 未来 wèilái 명 미래

想象未来 미래를 상상하다
预测未来 미래를 예측하다

• 预测 yùcè 동 예측하다

□ 地区 dìqū 명 지역

西部地区 서부 지역
沿海地区 연해 지역

□ 位置 wèizhi 명 위치, 자리

重要的位置 중요한 위치
安排位置 위치를 배치하다

□ 前途 qiántú 명 전망, 장래, 비전

有前途 전망이 있다
前途光明 장래가 밝다

선생님의 한마디
途는 '길'이라는 의미이므로, 前途는 '앞에 놓인 길', 즉 '미래', '전망', '비전'을 의미합니다.

□ 规模 guīmó 명 규모

生产规模 생산 규모

扩大规模 규모를 확대하다

• 扩大 kuòdà 동 (범위나 규모를) 확대하다

□ 毛病 máobìng 명 ① (개인의) 결점, 단점, 버릇 ② (기계의) 고장, 결함

他决定借此机会改掉自己的毛病。그는 이 기회를 빌려 자신의 단점을 고치기로 결정했다.

他就是找不出这台机器的毛病。그는 이 기계의 고장을 찾아내지 못했다.

• 机器 jīqì 명 기기, 기계

□ 利益 lìyì 명 이익

眼前利益 눈앞의 이익

长远利益 장기적 이익

□ 对方 duìfāng 명 상대방

那孩子终于听懂了对方的话。그 아이는 마침내 상대방의 말을 알아들었다.

□ 心理 xīnlǐ 명 심리, 정신

心理状态 심리 상태

心理承受能力 심리적 감당 능력

선생님의 한마디

心理와 비슷하게 생긴 '心里(마음속)'는 전혀 다른 의미이므로 구분해서 암기하세요.

□ 话题 huàtí 명 화제

围绕"孝敬父母"的话题，同学们展开了激烈的讨论。

'부모님께 효도하다'란 화제를 둘러싸고, 학생들은 격렬한 토론을 벌였다.

• 围绕 wéirào 동 (문제나 일을) 둘러싸다
• 孝敬 xiàojìng 동 효도하다
• 展开讨论 zhǎnkāi tǎolùn 토론을 벌이다
• 激烈 jīliè 형 격렬하다, 치열하다

□ 意义 yìyì 명 의의, 의미

我正在寻找人生的价值和意义。나는 지금 인생의 가치와 의미를 찾고 있다.

• 寻找 xúnzhǎo 동 찾다, 구하다

□ 性质 xìngzhì 명 (사물의) 성질

化学性质 화학적 성질

性质相似 성질이 서로 비슷하다

□ 角度 jiǎodù 명 (문제를 보는) 각도, 관점

我们可以从多个角度来看待这个问题。우리는 여러 각도에서 이 문제를 볼 수 있다.

• 看待 kàndài 동 대하다, 보다

□ 气氛 qìfēn 명 분위기

严肃的气氛 엄숙한 분위기

活跃的气氛 활기찬 분위기

• 严肃 yánsù 형 엄숙하다
• 活跃 huóyuè 형 활기차다

□ 权利 quánlì 명 권리

享受权利 권리를 누리다
放弃权利 권리를 포기하다

□ 形状 xíngzhuàng 명 물체의 외관, 모양,

这些东西形状各异。이 물건들은 모양이 제각각이다.

□ 原则 yuánzé 명 원칙

坚持原则 원칙을 고수하다
遵守原则 원칙을 지키다

□ 魅力 mèilì 명 매력

充满魅力 매력이 넘치다
艺术魅力 예술적 매력

□ 矛盾 máodùn 명 모순, 갈등

产生矛盾 갈등이 생기다
消除矛盾 갈등을 없애다

□ 风格 fēnggé 명 스타일

我很欣赏这个建筑的独特风格。나는 이 건축물의 독특한 스타일이 아주 마음에 든다.

□ 力量 lìliàng 명 역량, 힘, 능력

集中力量 힘을 모으다
发挥力量 힘을 발휘하다

□ 通常 tōngcháng 명 통상(적으로), 일반적으로

他通常六点钟起床。그는 통상적으로 6시에 일어난다.

> **Tip** 通常의 용법
> 通常은 품사는 명사지만, 주로 동사나 문장 전체를 수식하는 부사어로 많이 쓰입니다.

□ 表现 biǎoxiàn 동 (추상적인 것을 구체적으로) 보여 주다, 나타내다
명 태도, 행동, 실력 발휘, 활약

这部电影表现了年轻人的友谊。이 영화는 젊은이들의 우정을 보여 주었다.
出色的表现 뛰어난 활약
你的表现很好。네 활약은 정말 훌륭했어.

선생님의 한마디
形状은 겉으로 드러난 모양을 의미하며, 비슷하게 생긴 形象은 '이미지', '형상', '캐릭터'라는 의미입니다.

• 各异 gèyì 형 제각기 다르다

• 遵守 zūnshǒu 동 준수하다, 지키다

• 消除 xiāochú 동 없애다, 제거하다

• 欣赏 xīnshǎng 동 마음에 들다
• 建筑 jiànzhù 명 건축물

선생님의 한마디
表现은 동사 용법과 명사 용법 모두 시험에 자주 출제됩니다.

• 友谊 yǒuyì 명 우정, 우의

□ 勇气 yǒngqì 명 용기

鼓起勇气 용기를 내다

失去勇气 용기를 잃다

• 鼓起 gǔqǐ 동 (용기를) 불러일으키다, 내다

□ 事物 shìwù 명 사물

具体的事物 구체적인 사물

抽象事物 추상적인 사물

• 抽象 chōuxiàng 형 추상적인

□ 成就 chéngjiù 명 성취, 성과

동 (비교적 큰일을) 성취하다, 이루다

巨大的成就 커다란 성취

取得成就 성과를 거두다

没有人能不经过努力就成就一番事业。

노력을 거치지 않고 큰일을 이룰 수 있는 사람은 아무도 없다.

선생님의 한마디

成就는 명사 용법이 주로 사용되며, 동사 용법은 成就一番事业만 기억해 두면 됩니다.

□ 成果 chéngguǒ 명 성과

研究成果 연구 성과

取得成果 성과를 거두다

□ 情景 qíngjǐng 명 (구체적인 장소에서의) 정경, 모습

熟悉的情景 익숙한 정경

感人的情景 감동적인 모습

• 熟悉 shúxī 형 잘 알다, 익숙하다

□ 领域 lǐngyù 명 영역, 분야

专业领域 전문 영역

科技领域 과학 기술 분야

STEP 04 확인문제 풀기

01–04

张大千是中国当代著名的画家，他曾画了一幅《绿柳鸣蝉图》赠给朋友。画儿上有一只蝉，趴在柳枝上，头朝下，尾朝上。齐白石看到这幅画后说："你画错了！蝉在柳枝上，头极少朝下。"张大千得知后，__01__，心中却不服气。

几年后，张大千外出写生。那时正值盛夏，林子里蝉声此起彼伏。他想起齐白石的话，便跑去观察。只见几棵大树上趴满了蝉，但蝉几乎都是头朝上的。张大千不禁对齐白石充满了敬佩，但还是不明白其中的__02__。后来，他专门向齐白石请教这个问题，齐白石说："蝉头大身小，趴在树上，头朝上重心才__03__。况且柳枝又细又软，蝉如果头朝下，很容易掉下来。我们画画儿必须观察__04__了再画。"张大千恍然大悟，由衷敬佩齐白石的艺术功底。

01 A 变得更加自信了　　B 嘴上虽然没说什么
C 却没办法改动了　　D 就和齐白石吵了起来

02 A 道理　B 传说　C 细节　D 核心

03 A 硬　B 稳　C 棒　D 宽

04 A 严肃　B 耐心　C 仔细　D 独特

05-08

珠算是中国古代的___05___发明，它以算盘为计算工具，伴随中国人度过了1800多年的漫长岁月。珠算计算工具简便，蕴含着独特的数理内涵，被誉为“世界上最古老的计算机”。2013年12月，联合国教科文组织___06___批准将中国珠算列入《人类非物质文化遗产代表作名录》。

中国珠算协会会长在接受采访时说，___07___，珠算的计算功能逐渐被削弱，但是古老的珠算依然有着顽强的生命力。珠算成功申遗，将___08___让更多的人了解珠算，增强民族自豪感，并且吸引更多的人加入到保护与弘扬珠算文化的队伍中来。

05 A 严重　B 重大　C 巨大　D 全面

06 A 正式　B 平常　C 强烈　D 充分

07 A 虽然算盘比较笨重　B 哪怕学习难度很大
C 随着计算机技术的发展　D 由于讨价还价的人少了

08 A 对比　B 盼望　C 舍不得　D 有助于

▶ 정답 및 해설 28쪽

시나공법 03

어법어휘의 용법을 출제한다!

독해 1부분은 부사, 접속사, 전치사, 대명사, 양사 등 어법어휘들을 출제하기도 합니다. 전체 15문제 중 어법어휘가 차지하는 비중은 2~4문제입니다. 문제 수가 많지는 않지만, 확실히 공부해 두어서 틀리지 않도록 해야 합니다.

STEP 01 먼저 풀어보기

예제

许多人误以为，睡前适当地喝酒，更有助于睡眠。___1___研究表明，睡前饮酒尽管能___2___入睡时间，但同时睡眠也会变得很浅，浅睡眠的时间一旦延长，中途醒来的次数就会增多，这样睡眠便会变得断断续续。而且到了下半夜，酒精的作用___3___消失后，往往还会引起失眠、多梦等状况，睡眠质量整体下降，甚至有害健康。

可见，睡前饮酒看似对睡眠有益，实际上却可能干扰睡眠。

1. A 尽管　　B 然而　　C 因而　　D 何况
2. A 阻止　　B 实现　　C 缩短　　D 促进
3. A 逐渐　　B 再三　　C 幸亏　　D 赶快

선생님의 한마디

어휘 중에서 명사, 동사, 형용사는 의미를 전달하는 역할을 합니다. 반면, 부사, 접속사, 전치사, 양사 등은 의미를 전달하지 못하며 동사나 형용사 등을 수식하거나 구조적으로 연결하는 등 어법적인 역할을 하므로 본 책에서는 '어법어휘'라고 정의하겠습니다.

STEP 02 선생님 풀이과정 보기

예제

|해 설|

许多人误以为，睡前适当地喝酒，更有助于睡眠。__1__研究表明，睡前饮酒尽管能__2__入睡时间，但同时睡眠也会变得很浅，浅睡眠的时间一旦延长，中途醒来的次数就会增多，这样睡眠便会变得断断续续。而且到了下半夜，酒精的作用__3__消失后，往往还会引起失眠、多梦等状况，睡眠质量整体下降，甚至有害健康。

（역접이 와야 함 / 술어 / 목적어 / 시간의 경과 ⟶ (3)하게 사라지다）

可见，睡前饮酒看似对睡眠有益，实际上却可能干扰睡眠。

1. A 尽管 B 然而 C 因而 D 何况
2. A 阻止 B 实现 C 缩短 D 促进
3. A 逐渐 B 再三 C 幸亏 D 赶快

[1번 빈칸] 许多人误以为，睡前适当地喝酒，更有助于睡眠。(1)尽管/然而/因而/何况研究表明，

빈칸에 적절한 접속사를 찾는 문제입니다. 이 경우는 빈칸 앞뒤 문장을 정확히 해석해야 하고, 선택지의 접속사들이 각각 무슨 뜻인지 알고 있어야 풀 수 있습니다. 빈칸 앞 문장에서는 '许多人误以为'라는 부분을 통해 사람들이 잘못 알고 있는 내용을 말하고 있습니다. 따라서 빈칸 뒤의 내용은 많은 사람들이 잘못 알고 있는 것과 다른 내용을 이끌어 내기 때문에 역접을 나타내는 접속사, 즉, '그러나', '하지만' 등을 선택해야 합니다. 따라서 정답은 B 然而입니다.

A **尽管** jǐnguǎn 접 비록 ~이지만 ★★ [=虽然 suīrán / 虽 suī / 虽说 suīshuō]

> 문형 尽管__A__，但(是)+(주어)+(却)__B__ 비록 A지만, B이다
> (A: 사실, B: 반대 결과)

尽管他很有才能，但一直没有机会。비록 그는 재능이 매우 많지만, 줄곧 기회가 없었다.

B **然而** rán'ér 접 그러나, 하지만 ★★

张老师工作很辛苦，然而从来不叫苦。

장 선생님은 일이 힘들었지만 이제껏 한 번도 고통을 호소한 적이 없다.

• 叫苦 jiàokǔ 동 고통을 호소하다

C **因而** yīn'ér 접 따라서 ★

他缺课时间太多，因而不能参加期末考试。

그는 결석 시간이 너무 많아서 기말시험을 볼 수 없다.

• 缺课 quēkè 동 (수업에) 결석하다 | 参加 cānjiā 동 참가하다 | 期末考试 qīmò kǎoshì 기말시험

D **何况** hékuàng 접 더군다나, 하물며 ★

> 문형 (连)__A__都/也+(술어)，何况__B__呢？A조차 ~한데 하물며 B는?
> (A: 비교 대상, B: 강조 대상)

北京人都不认识这个地方，何况外地人呢？

베이징 사람들도 모두 이곳을 모르는데, 하물며 외지인은?

선생님의 한마디

可见은 '由此可见(이로부터 알 수 있다)'을 줄인 말로, 전체 글의 마지막 부분에서 결론을 정리할 때 사용하는 단어입니다.

선생님의 한마디

然而과 같은 의미의 접속사로는 但是, 可是, 不过, 而이 있습니다.

선생님의 한마디

因而은 결과를 이끌어 내는 접속사로, 앞 절에는 由于와 호응해서 사용할 수 있습니다. 하지만 因而에 因이 있기 때문에 因为와는 함께 쓰지 못합니다.

由于~因而…(O)

因为~因而…(X)

[2번 빈칸] 睡前饮酒尽管能(2)阻止/实现/缩短/促进入睡时间，但同时睡眠也会变得很浅，

능원동사 能이 앞에 있으므로 빈칸은 동사 자리임을 알 수 있습니다. 2번 빈칸의 목적어는 바로 뒤에 있는 '入睡时间(잠드는 시간)'입니다. 入睡를 모를 때는 时间만 봐도 됩니다. 선택지에서 时间을 목적어로 가질 수 있는 동사는 C 缩短밖에 없습니다. D의 促进은 해석상 자연스러운 것 같지만 时间과 호응하지 않기 때문에 정답이 될 수 없습니다. 따라서 정답은 C입니다.

A **阻止** zǔzhǐ 동 저지하다, 가로막다 ★

父母应及时阻止孩子不理智的行为。

부모는 아이들의 이성적이지 못한 행동을 제때 막아야 한다.

• 及时 jíshí 부 제때 | 理智 lǐzhì 형 이지적이다, 이성적이다

B **实现** shíxiàn 동 실현하다 ★★★

实现目标 목표를 실현하다 | 实现愿望 소망을 실현하다

你只要好好努力，就能够实现梦想。네가 열심히 노력하기만 하면, 꿈을 실현할 수 있을 거야.

C **缩短** suōduǎn 동 단축하다, 줄이다 ★

缩短时间 시간을 단축하다

网络缩短了我们之间的距离。인터넷은 우리 사이의 거리를 줄여 줬다.

• 距离 jùlí 명 거리

D **促进** cùjìn 동 촉진하다 ★★

促进发展 발전을 촉진하다 | 促进交流 교류를 촉진하다

改革开放促进了经济的发展。개혁 개방은 경제의 발전을 촉진했다.

• 改革开放 gǎigé kāifàng 개혁 개방

[3번 빈칸] 而且到了下半夜，酒精的作用(3)逐渐/再三/幸亏/赶快消失后，往往还会引起失眠、多梦等状况，

빈칸은 동사 消失를 수식하는 부사 자리입니다. 消失는 '(저절로) 사라지다'라는 의미이기 때문에 부사 逐渐과 호응하여 逐渐消失라고 자주 사용합니다. 앞뒤 문맥을 해석해 봐도 '到了下半夜'라는 시간의 경과가 나오고, '알코올의 작용이 사라지다'라는 의미이기 때문에 선택지 중 가장 적합한 것은 A 逐渐입니다.

A **逐渐** zhújiàn 부 점차, 점점 ★★

逐渐恢复 점차 회복되다 | 逐渐消失 점점 사라지다

天气逐渐热起来了。날씨가 점점 더워지기 시작했다.

B **再三** zàisān 부 거듭, 여러 번 ★★

再三强调 거듭 강조하다 | 再三嘱咐 거듭 당부하다

老师再三劝告他不要去，他还是去了。

선생님이 그에게 가지 말라고 거듭 타일렀지만, 그는 그래도 갔다.

• 强调 qiángdiào 동 강조하다 | 嘱咐 zhǔfù 동 당부하다 | 劝告 quàngào 동 권고하다, 타이르다

C **幸亏** xìngkuī 부 다행히, 운 좋게 ★★

幸亏你来了，不然我们还真没办法了。

다행히 네가 왔으니 망정이지, 그렇지 않았으면 우리는 정말 방법이 없었어.

D **赶快** gǎnkuài 부 빨리, 얼른 ★

屋里很乱，你赶快收拾一下吧。방 안이 어지럽네, 너 얼른 좀 치워라.

• 收拾 shōushi 동 정리하다, 치우다

선생님의 한마디

缩短은 조금 어려울 수 있지만 5급 필수어휘이므로 꼭 암기하고 있어야 합니다.

선생님의 한마디

缩短은 短이 핵심이고, 목적어로 时间, 距离와 호응합니다. 반면 비슷한 글자의 필수어휘 缩小는 小가 핵심이라 '缩小范围(범위를 축소하다)'라는 호응을 암기해 두어야 합니다.

선생님의 한마디

독해 1부분은 자주 연결되어 사용하는 호응(搭配)이 익숙하게 숙지된 학생들이 유리한 만큼, 평소 많은 문장을 접하면서 같이 등장하는 단어들은 통으로 암기하는 것이 많은 도움이 됩니다.

|해 석|

许多人误以为，睡前适当地喝酒，更有助于睡眠。(1)然而研究表明，睡前饮酒尽管能(2)缩短入睡时间，但同时睡眠也会变得很浅，浅睡眠的时间一旦延长，中途醒来的次数就会增多，这样睡眠便会变得断断续续。而且到了下半夜，酒精的作用(3)逐渐消失后，往往还会引起失眠、多梦等状况，睡眠质量整体下降，甚至有害健康。

可见，睡前饮酒看似对睡眠有益，实际上却可能干扰睡眠。

1. A 尽管　B 然而　C 因而　D 何况
2. A 阻止　B 实现　C 缩短　D 促进
3. A 逐渐　B 再三　C 幸亏　D 赶快

많은 사람들이 자기 전에 적당하게 술을 마시는 것이 수면에 더욱 도움이 된다고 잘못 알고 있다. (1)그러나 연구에 따르면 자기 전에 술을 마시는 것은 비록 잠드는 시간을 (2)줄일 수 있지만 동시에 수면이 얕아지고, 얕은 수면 시간이 일단 늘어나면 도중에 깨는 횟수가 많아지는데 이러면 수면이 끊어졌다 이어지기를 반복하게 된다고 한다. 게다가 늦은 밤이 되어 알코올의 작용이 (3)점차 사라진 후에는 종종 잠을 이루지 못하고 꿈을 많이 꾸는 상황이 야기되어, 수면의 질이 전체적으로 떨어지고 심지어 건강에 해롭다.

자기 전에 술을 마시는 것은 보기에는 수면에 이로운 것 같지만, 사실은 아마도 수면을 방해할지도 모른다는 것을 알 수 있다.

1. A 비록 ~이지만　B 그러나
   C 따라서　D 하물며
2. A 저지하다　B 실현하다
   C 줄이다　D 촉진하다
3. A 점차　B 거듭
   C 다행히　D 얼른

|단 어| **误以为** wù yǐwéi 잘못 여기다, 착각하다 | **适当** shìdàng 형 적당하다, 적절하다 | **有助于** yǒuzhù yú ~에 도움이 되다 | **睡眠** shuìmián 명 수면, 잠 | **研究表明** yánjiū biǎomíng 연구에 따르면 ~이라고 한다 | **饮酒** yǐnjiǔ 동 음주하다, 술을 마시다 | **入睡** rùshuì 동 잠들다 | **浅** qiǎn 형 얕다 | **延长** yáncháng 동 연장하다, 늘어나다 | **中途** zhōngtú 명 중도, 도중 | **醒** xǐng 동 (잠에서) 깨다 | **次数** cìshù 명 횟수 | **增多** zēngduō 동 많아지다 | **断断续续** duànduànxùxù 형 끊어졌다 이어졌다 하다 | **下半夜** xiàbànyè 명 (자정부터 동이 틀 때까지의) 늦은 밤 | **酒精** jiǔjīng 명 알코올 | **消失** xiāoshī 동 사라지다 | **引起** yǐnqǐ 동 야기하다 | **失眠** shīmián 동 잠을 이루지 못하다 | **梦** mèng 명 꿈 | **状况** zhuàngkuàng 명 상황, 상태 | **质量** zhìliàng 명 품질, 질 | **整体** zhěngtǐ 명 전체, 전부 | **下降** xiàjiàng 동 (정도가) 떨어지다 | **甚至** shènzhì 접 심지어, ~까지도 | **有害健康** yǒuhài jiànkāng 건강에 해롭다 | **看似** kànsì 동 보기엔 ~한 것 같다 | **有益** yǒuyì 동 유익하다, 이롭다 | **实际上** shíjìshàng 부 사실상, 실제로 | **干扰** gānrǎo 동 방해하다

|정 답| 1. B　2. C　3. A

STEP 03 내공쌓기

어법어휘(부사, 접속사, 양사, 전치사, 대명사)는 단독으로 공부할 경우 정답을 고르는 데 큰 효과를 보지 못하며, 반드시 술어와 어떻게 호응하는지 혹은 전체 문장에서 어떻게 쓰이는지를 알아 두어야 합니다. 아래 내공쌓기의 내용을 꼼꼼히 학습하세요.

정답으로 자주 출제되는 부사

□ 一旦 yídàn 부 일단 ~한다면

문형 一旦 A(가정), 就 B(결과) 일단 A하면 B하다

一旦找到了原因，问题就不难解决了。일단 원인을 찾아내면 문제는 해결하기 어렵지 않다.

□ 逐渐 zhújiàn 부 점차, 점점

逐渐消失 점점 사라지다

逐渐好转 점차 호전되다

天气逐渐热起来了。날씨가 점점 더워지기 시작했다.

□ 分别 fēnbié 부 각각, 따로따로

老师分别找了他俩谈话。선생님은 그 두 사람을 따로따로 찾아가서 대화를 했다.

□ 根本 gēnběn 부 전혀, 아예[뒤에는 부정의 내용이 옴]

我根本就没想到这些问题。나는 이런 문제들을 전혀 생각하지 못했다.

> **Tip** 根本의 용법
> 根本은 뒤에 부정의 내용이 오기 때문에 주로 부정부사 不나 没와 함께 쓰입니다.

□ 曾经 céngjīng 부 일찍이, 이전에

我曾经反复尝试过用左手写字，但效果并不理想。

나는 일찍이 왼손으로 글씨 쓰는 것을 반복해서 시도해 봤지만, 효과는 결코 이상적이지 않았다.

□ 不断 búduàn 부 부단히, 끊임없이

我们在不断追求更高目标的同时，也不能脱离实际。

우리는 더 높은 목표를 끊임없이 추구하는 동시에, 현실에서 벗어나서도 안 된다.

□ 反复 fǎnfù 부 반복해서, 거듭

经过反复思考，我终于找到了解题方法。

반복해서 사고를 한 끝에, 나는 마침내 문제 풀이 방법을 찾아냈다.

선생님의 한마디

一旦은 정답으로 정말 많이 나온 단어입니다. 사전에는 부사라고 나오지만 사실상 접속사 如果와 비슷하게 문장과 문장을 연결하는 역할을 합니다. 一旦이 쓰인 문장의 뒷절에는 就가 온다는 사실도 잘 기억해 두세요.

- **解决** jiějué 동 해결하다

선생님의 한마디

分别는 '이별하다', '분별하다'라는 동사 용법도 있지만, HSK 5급에서는 부사 용법만 공부해 두어도 됩니다.

- **没想到** méi xiǎngdào 생각하지 못하다, 뜻밖이다

- **尝试** chángshì 동 시도해 보다

선생님의 한마디

断은 '끊다'라는 의미이므로, 不断은 주로 추상적인 동작이 끊이지 않고 행해질 때 사용합니다.

- **脱离实际** tuōlí shíjì 현실에서 벗어나다

- **解题方法** jiětí fāngfǎ 문제 풀이 방법

□ 毕竟 bìjìng 부 (그래도) 어쨌든, 과연 ~이다[어떤 사실을 인정하는 어감을 나타냄]

虽然哥哥考了两年才考上大学，但毕竟考上了，全家人都很高兴。
비록 형이 2년 재수하고 나서야 대학에 합격했지만, 그래도 어쨌든 합격했기에 온 가족 모두가 기뻐했다.

□ 连忙 liánmáng 부 얼른, 급히, 재빨리

我们看到老师站在门口，连忙过去向他打招呼。
우리는 선생님이 입구에 서 있는 것을 보고, 얼른 선생님께 다가가서 인사했다.

□ 至少 zhìshǎo 부 적어도, 최소한

我们班至少有三分之二的同学参加了汉语水平考试。
우리 반에서 최소한 학생 3분의 2가 HSK 시험에 참가했다.

□ 特意 tèyì 부 특별히, 일부러

今天是妈妈的生日，我特意为她做了一碗长寿面。
오늘은 엄마의 생신이라서 난 특별히 엄마를 위해 장수면 한 그릇을 만들었다.

□ 立即 lìjí 부 즉시, 바로[=马上 mǎshàng / 立刻 lìkè]

既然你认识到自己错了，就应该立即改正！
이미 넌 자신이 잘못한 걸 알았으니, 즉시 바로잡아야 해!

□ 基本 jīběn 부 기본적으로, 대체로

在当今世界，用筷子进食的国家基本上集中在亚洲。
오늘날 세계에서, 젓가락으로 식사하는 국가는 대체로 아시아에 집중되어 있다.

□ 往往 wǎngwǎng 부 주로, 대부분, 종종

语言的魅力往往不在于话的长短，而在于内容。
언어의 매력은 주로 말의 길이에 있지 않고, 내용에 있다.

> **Tip** 往往의 용법
> 往往은 자주 일어난 동작을 바탕으로 규칙성을 찾아내어 결론을 내릴 때 사용합니다.

□ 反而 fǎn'ér 부 반대로, 오히려

你这样对待他，不但解决不了问题，反而会使他更加生气。
네가 이렇게 그를 대하면 문제를 해결할 수 없을 뿐만 아니라, 오히려 그를 더 화나게 할 수도 있다.

□ 始终 shǐzhōng 부 시종일관, 줄곧

有一位年轻的求职者始终表现得很出色。
한 젊은 구직자가 시종일관 뛰어난 활약을 했다.

선생님의 한마디
毕竟은 '필경'이라고 암기하지 않도록 합니다. 우리말에서 잘 쓰지 않는 '필경'으로 암기하면 활용도가 떨어지므로 결국 암기하지 않은 것과 같습니다.

- **打招呼** dǎ zhāohu 동 (말이나 행동으로) 인사하다
- **汉语水平考试** Hànyǔ Shuǐpíng Kǎoshì 한어수평고시(HSK)
- **碗** wǎn 양 그릇, 공기

선생님의 한마디
基本은 형용사 용법도 있지만, 주로 부사로 쓰입니다. 基本上의 형태는 꼭 암기해 두세요.

- **筷子** kuàizi 명 젓가락
- **进食** jìnshí 동 식사하다
- **魅力** mèilì 명 매력
- **长短** chángduǎn 명 길이
- **对待** duìdài 동 대하다, 상대하다
- **表现** biǎoxiàn 동 표현하다, 활약하다

□ 简直 jiǎnzhí 부 그야말로, 정말로[과장의 어감을 나타냄]

她简直就是个仙女。그녀는 그야말로 선녀이다.

□ 依然 yīrán 부 여전히

在恶劣的环境中，他依然保持着积极乐观的心态。
열악한 환경 속에서, 그는 여전히 긍정적이고 낙관적인 마음 상태를 유지하고 있다.

□ 纷纷 fēnfēn 부 (시간 차를 두고) 잇따라, 연달아[=陆续 lùxù / 先后 xiānhòu]

乘客们纷纷下车。승객들이 잇따라 차에서 내렸다.

Tip 纷纷과 不断

- 纷纷 fēnfēn 부 잇따라, 연달아
  纷纷은 어떤 동작이 시간 차를 두고 연이어 발생할 때 사용합니다.
- 不断 búduàn 부 부단히, 끊임없이
  不断은 동작이 끊이지 않고 행해질 때 사용합니다.

□ 陆续 lùxù 부 (시간 차를 두고) 계속해서, 잇따라

快到中午了，钓鱼的人陆续回家了。
점심때가 가까워지자, 낚시하는 사람들은 잇따라 집으로 돌아갔다.

□ 尽量 jǐnliàng 부 가능한 한, 최대한

家长需要尽量满足孩子的合理要求。
학부모는 아이의 합리적인 요구를 최대한 만족시켜야 한다.

□ 及时 jíshí 부 즉시, 곧바로, 제때

工作中出了问题应采取措施，及时解决问题。
업무 중 문제가 생기면 조치를 취해서 즉시 문제를 해결해야 한다.

□ 果然 guǒrán 부 과연, 예상한 대로

天气预报说今天有雨，果然下雨了。
일기예보에서 오늘 비가 온다고 했는데, 과연 비가 온다.

□ 急忙 jímáng 부 급히, 서둘러

她急忙把雨伞合上。그녀는 서둘러 우산을 접었다.

□ 一致 yízhì 부 만장일치로, 일제히

董事会一致通过了这项决定。이사회가 이 결정을 만장일치로 통과시켰다.

□ 未必 wèibì 부 반드시 ~한 것은 아니다 [=不一定 bùyídìng]

失败未必是成功之母。실패가 반드시 성공의 어머니인 것은 아니다.

선생님의 한마디
简直는 실제로 그렇다는 것이 아니라, 그만큼 과장의 어투로 나타내는 표현입니다.

- 恶劣 èliè 형 열악하다, 아주 나쁘다
- 积极乐观 jījí lèguān 긍정적이고 낙관적이다

- 乘客 chéngkè 명 승객

- 钓鱼 diàoyú 동 낚시하다

선생님의 한마디
尽量은 동작의 상태를 수식하는 상태부사라서 능원동사보다 뒤에 위치합니다.

선생님의 한마디
及时의 기본 품사는 형용사이며, '시기적절하다', '때가 적당하다'라는 뜻입니다. 참고로 及时雨란 표현이 있는데 '때맞춰 내리는 단비', 즉 '어려움을 적시에 해결해 주는 사람이나 사물'을 의미합니다.

- 采取措施 cǎiqǔ cuòshī 조치를 취하다

- 天气预报 tiānqì yùbào 일기예보

선생님의 한마디
一致는 '일치하다'라는 형용사 용법도 있습니다.

- 董事会 dǒngshìhuì 명 이사회

정답으로 자주 출제되는 접속사

□ 假如 jiǎrú 접 만약 ~이라면[=如果 rúguǒ / 若 ruǒ]

> **문형** 假如 A(가정), (那么) (주어) 就 B(자연스러운 결과) 만약 A한다면, B일 것이다

假如自己真是一块石头，就应该使自己变成一块黄金。
만약 자신이 정말로 돌멩이라면, 스스로 황금이 되게 해야 한다.

□ 从而 cóng'ér 접 그럼으로써, 따라서

实验表明，让学习者及时了解自己的学习结果，能强化他们学习的积极性，从而提高学习效率。
실험에 따르면, 학습자가 자신의 학습 성과를 즉시 파악하게 하면 그들의 학습 의욕을 강화하고 그럼으로써 학습 효율을 높일 수 있다고 한다.

- 实验表明 shíyàn biǎomíng 실험에 따르면 ~이라고 한다
- 积极性 jījíxìng 명 적극성, 의욕
- 学习效率 xuéxí xiàolǜ 학습 효율

□ 以及 yǐjí 접 및, 그리고, 아울러[=及 jí]

常常心怀感激的人，除了拥有更高的幸福感以及更加健康的身体外，与人相处得也更为和谐。
항상 마음속에 고마움을 품는 사람은 더 높은 행복감, 그리고 더욱 건강한 몸을 가지는 것 외에 남들과도 더욱 조화롭게 지낸다.

- 心怀感激 xīnhuái gǎnjī 마음속에 고마움을 품다
- 幸福感 xìngfúgǎn 행복감
- 和谐 héxié 형 잘 어울리다, 조화롭다

> **Tip** 以及의 용법
> 以及는 명사와 명사를 연결하는 접속사입니다.

□ 尽管 jǐnguǎn 접 비록 ~일지라도[=虽然 suīrán / 虽 suī / 虽说 suīshuō]

> **문형** 尽管 A(사실), 但(是)+(주어)+(却) B(반대 결과) 비록 A지만, B이다

尽管他很有才能，但一直没有机会。
비록 그는 매우 재능이 있지만, 줄곧 기회가 없었다.

선생님의 한마디
尽管과 호응하는 뒷절은 주로 但是를 쓰며, 때로는 但是와 부사 却를 함께 쓰기도 합니다. 이때 却를 '오히려'라고 해석하지 않도록 합니다. 却의 기본 의미는 '그러나', '~지만'입니다.

□ 于是 yúshì 접 그래서, 그리하여

两个同学真诚地交换了意见，消除了矛盾，于是又成了好朋友。
두 학생은 진심으로 의견을 교환하고 갈등을 풀었다. 그리하여 다시 절친이 되었다.

- 真诚 zhēnchéng 형 진실하다, 진심이다
- 交换意见 jiāohuàn yìjiàn 의견을 교환하다
- 消除矛盾 xiāochú máodùn 갈등을 풀다

□ 只要 zhǐyào 접 ~하기만 하면

> **문형** 只要 A(충분조건), 就 B(자연스러운 결과) A하기만 하면 B하다

只要你一直不停地往前走，幸福就会一直在你的后面。
당신이 계속 멈추지 않고 앞으로 나아가기만 하면, 행복은 줄곧 당신의 뒤에 있을 것이다.

선생님의 한마디
只要는 결과를 내기 위한 조건이 비교적 수월하다는 의미를 나타내므로, 뒷절에 就를 사용합니다.

□ 何况 hékuàng 접 더군다나, 하물며

문형 (连) A 都/也+(술어), 何况+ B 呢? A조차 ~한데 하물며 B는?
A: 비교 대상 / B: 강조 대상

自信很重要，如果连你自己都看不起自己，何况别人呢？
자신감은 중요하다. 만약 너 자신조차도 자신을 무시한다면, 하물며 다른 사람은?

□ 可见 kějiàn 접 ~이라는 것을 알 수 있다

小红毛笔字写得真好，可见平时经常练习。
샤오홍은 붓글씨를 정말 잘 쓰는데, 평소에 자주 연습한다는 것을 알 수 있다.

□ 即使 jíshǐ 접 설령 ~이라 할지라도[=哪怕 nǎpà]

문형 即使 A , 也/都 B 설령 A할지라도 B하다
A: 가정(극단적인상황) / B: 변하지 않는 결과/의지

即使我们在学习上取得了优异的成绩，也不能骄傲自满。
설령 우리가 학습에서 우수한 성적을 거뒀을지라도, 거만하고 자만해선 안 된다.

정답으로 자주 출제되는 양사

□ 批 pī 양 무리, 떼, 무더기

一批学生 학생 한 무리
一批粮食 식량 한 무더기

□ 片 piàn 양 ① [범위나 면적이 큰 지역을 세는 단위]
② [풍경 · 소리 · 언어 · 마음 등을 세는 단위]

一片森林 일대의 삼림
一片掌声 한바탕의 박수 소리
一片真心 진실된 마음

□ 届 jiè 양 회, 기, 차

本届毕业生 이번 졸업생
首届汉语演讲大赛 제1회 중국어 말하기 대회

□ 支 zhī 양 자루, 개피[가늘고 긴 물건을 세는 단위]

一支铅笔 연필 한 자루
一支烟 담배 한 개피

선생님의 한마디
예문은 '别人更看不起你自己(다른 사람이 너 자신을 더욱 무시한다)'라는 의미를 강조하기 위해 何况을 이용하여 반어문으로 만든 예문입니다.

- **毛笔字** máobǐzì 명 붓글씨
- **练习** liànxí 동 연습하다

- **优异** yōuyì 형 (특히) 우수하다
- **成绩** chéngjì 명 성적
- **骄傲自满** jiāo'àozìmǎn 성 거만하고 자만하다

- **粮食** liángshi 명 식량, 양식

- **森林** sēnlín 명 삼림, 숲
- **掌声** zhǎngshēng 명 박수 소리

선생님의 한마디
届는 정기적인 회의 또는 졸업 기수에 쓰고, 일반 동작의 횟수에는 쓰지 않습니다.

- **演讲大赛** yǎnjiǎng dàsài 말하기 대회

□ 项 xiàng 양 가지, 항목, 항[규정 · 법률 · 조항 등 항목으로 분류하는 것을 세는 단위]

一项规定 한 가지 규정
八项原则 여덟 가지 원칙

□ 颗 kē 양 알, 방울[둥글고 작은 알맹이 모양을 세는 단위]

一颗心 하나의 마음
一颗果实 하나의 열매

선생님의 한마디
颗는 둥글고 작은 알맹이 형상을 세는 단위이지만, 사람의 마음을 나타낼 때도 一颗心이라고 표현합니다.

□ 幅 fú 양 폭[포목 · 종이 · 그림 등을 세는 단위]

一幅画 그림 한 폭
一幅布 천 한 폭

□ 朵 duǒ 양 송이, 조각, 점

一朵花 꽃 한 송이
一朵云 구름 한 점

□ 座 zuò 양 좌, 동, 채

一座大桥 큰 다리 하나
一座高楼 빌딩 한 채

- 大桥 dàqiáo 명 대교, 큰 다리
- 高楼 gāolóu 명 빌딩

□ 套 tào 양 조, 벌, 세트[세트를 이루는 사물을 세는 단위]

一套衣服 옷 한 벌
一套家具 가구 한 세트

□ 堆 tuī 양 더미, 무더기, 무리, 떼

一堆柴火 땔감 한 더미
一堆人 사람들 한 무리

선생님의 한마디
堆는 쌓여 있는 물건 혹은 무리 지은 사람들을 세는 단위이며, 동사로 쓰일 경우에는 '(물건을) 쌓다', '쌓아 올리다'라는 의미입니다.

- 柴火 cháihuo 명 땔감, 장작

정답으로 자주 출제되는 전치사

□ 对于 duìyú 전 ~에 대해서

消费者对于汽车品牌的喜爱程度主要受汽车性能的影响。
소비자의 자동차 브랜드에 대한 호감 정도는 주로 자동차 성능의 영향을 받는다.

- 消费者 xiāofèizhě 명 소비자
- 品牌 pǐnpái 명 상표, 브랜드
- 喜爱程度 xǐ'ài chéngdù 호감 정도

□ 与 yǔ 전 ~와/과[=跟 gēn / 和 hé / 同 tóng]

成功来源于计划与自信。 성공은 계획과 자신감에서 비롯된다.

- 来源于 láiyuán yú ~에서 기원하다

□ 由 yóu 전 ① ~(으)로부터, ~에서[=从 cóng] ② ~(으)로 ③ ~이/가

由上午八点等到十点，犯罪嫌疑人一直没有出现。
오전 8시부터 10시까지 기다려도, 용의자는 줄곧 나타나지 않았다.

句子由短语组成。
문장은 구로 구성되어 있다.

我过两年就该退休了，工作还得由你们年轻人来干。
나는 2년이 지나면 이제 퇴직하니, 일은 너희 젊은이들이 해야 한다.

선생님의 한마디
由가 ②번 용법으로 쓰일 경우에는 '由~组成(~으로 구성하다)'의 문형이 자주 나오니 암기해 두세요. ③번 용법은 동작의 주체를 강조하는 전치사로 쓰였습니다.

- 犯罪嫌疑人 fànzuì xiányírén 범죄 혐의자, 용의자
- 短语 duǎnyǔ 명 구(句)

□ 当 dāng 전 ~할 때

每当我听到这首歌时，就想起了小时候的情景。
매번 난 이 노래를 들을 때, 어릴 때의 정경이 떠오른다.

선생님의 한마디
'当~时'는 시점을 나타내는 전치사이며, 이때 当은 在와 같은 의미입니다.

□ 根据 gēnjù 전 ~에 근거하여, ~에 따르면

根据医生的判断，她的病不太严重。
의사의 판단에 따르면, 그녀의 병은 그리 심각하지 않다.

- 判断 pànduàn 동 판단

□ 按照 ànzhào 전 ~에 따르면, ~대로[=按 àn]

飞机在天空中是按照规定的方向飞行的。
비행기는 하늘에서 규정된 방향에 따라 비행한다.

□ 凭 píng 전 ~에 의지해서[=凭着 píngzhe / 凭借 píngjiè]

我想凭本事赚钱没有错。 나는 능력으로 돈을 버는 건 잘못이 없다고 생각한다.

- 赚钱 zhuànqián 동 돈을 벌다

Tip

根据, 按照, 凭

根据, 按照, 凭은 한국어로 '~에 따라', '~에 근거하여'라고 풀이할 수 있는데, 뒤에 오는 호응 내용은 차이가 있습니다.

根据 gēnjù: 근거가 되는 특정 상황과 호응합니다. → 根据+情况

按照 ànzhào: 객관적인 조건이나 규정 또는 주관적인 의견과 호응합니다.
→ 按照+规定 / 按照+意见

凭 píng: 개인의 능력이나 역량과 호응합니다. → 凭+能力

□ 通过 tōngguò 전 ~을 통해서

通过努力，他的汉语水平有了明显的提高。
노력을 통해서 그의 중국어 수준은 두드러진 향상을 보였다.

선생님의 한마디
通过는 주로 어떤 방식을 통해서 결과를 얻을 때 사용합니다.

□ 趁 chèn 전 ~한 (시간 · 기회)를 이용해서(틈타서)

我想趁去南方旅行的机会，作些社会调查。
나는 남쪽 지역으로 여행 가는 기회를 이용해서, 사회 조사를 좀 해 보고 싶다.

선생님의 한마디
趁은 간혹 趁着로 쓰기도 하는데, 이때 着는 아무 의미 없이 쓰인 것이므로 해석하지 않아도 됩니다.

정답으로 자주 출제되는 대명사

□ 如何 rúhé 대 어떻게[=怎么 zěnme], 어떠하다[=怎么样 zěnmeyàng]

我真不知道如何回答他的问题。
나는 그의 질문에 어떻게 대답해야 할지 정말 몰랐다.

□ 其余 qíyú 대 나머지

明天只有数学和英语两门功课，其余的书就不用带了。
내일은 수학과 영어 두 과목만 있어서, 나머지 책은 챙길 필요가 없다.

□ 各自 gèzì 대 각자, 제각기

同学们在学习上既要各自努力，又要互相帮助。
학생들은 공부하는 데 있어 각자 노력도 하고, 서로 돕기도 해야 한다.

□ 任何 rènhé 대 어떠한

没有水和空气，任何生物都不能生存。
물과 공기가 없으면 어떠한 생물도 생존할 수 없다.

Tip **任何의 용법**
任何는 마치 형용사처럼 명사를 수식할 수 있어서, '任何+명사+都+동사'의 구조로 많이 사용합니다.

□ 彼此 bǐcǐ 대 피차, 서로

我们俩是青梅竹马的好朋友，彼此十分了解。
우리 둘은 죽마고우라, 서로 아주 잘 안다.

□ 其中 qízhōng 대 그중(에서)

我们班有15个人，其中9个是女生。
우리 반에는 15명이 있는데, 그중에서 9명이 여학생이다.

선생님의 한마디
如何는 怎么처럼 동사를 수식하기도 하며, 怎么样처럼 직접 술어로 쓰이기도 합니다.

- 数学 shùxué 명 수학
- 功课 gōngkè 명 (학)과목

- 青梅竹马 qīngméizhúmǎ 성 죽마고우

STEP 04 확인문제 풀기

01-03

夏天的清晨，当你在树林或草丛中散步时，你会发现树叶或小草上有一些小水珠，仿佛我们流下的汗珠__01__。其实，植物和人一样，也会“出汗”。植物在生长过程中，要从土壤中吸收大量的水分。晚上气温__02__，植物体内蒸发的水分就很少，这时候植物就会把体内多余的水分通过叶子上的气孔排出去。于是，这些水分就在叶子上聚集成了小水珠。在整个“排汗”过程中，植物还可以将多余的矿物质排除掉，__03__有利于更好地生长。

01 A 相似　　B 似的　　C 不可　　D 以来

02 A 延长　　B 缓解　　C 降低　　D 缩短

03 A 可见　　B 从而　　C 总之　　D 哪怕

04-07

长江一带的鳜鱼自古远近闻名，为了扩大销量，鱼贩们徒步将鳜鱼运送到千里之外的黄山地区售卖。___04___到了目的地，鳜鱼往往已经发臭，变得没法吃了。鱼贩们只好在鱼身上撒一层盐，以防止鱼变质。让人意想不到的是，这样腌制储存的鳜鱼被运到千里之外后，颜色___05___鲜亮如新。虽然表皮会散发出一种似臭非臭的气味，但洗净后，经过热油烹调，___06___，反而鲜香无比。中国名菜“黄山臭鳜鱼”就是这么来的。臭鳜鱼歪打正着，化腐朽为神奇，___07___了人间美味，令人赞叹。

04 A 除非　B 不过　C 假如　D 何况

05 A 果然　B 依然　C 偶尔　D 偶然

06 A 吃起来非但无臭味　B 即使加上各种调料
C 或许能够吸引人们的注意　D 最后生成了对人有益的微生物

07 A 促使　B 成就　C 导致　D 构成

▶ 정답 및 해설 32쪽

[46–48]

射鱼的捕猎技术在动物界可谓一流，射击是它天生的＿46＿。射鱼能从水里射中陆地上的昆虫，而且几乎百发百中，称得上是水族中的“神枪手”。平时，射鱼一边在水里游来游去，一边＿47＿注视着河岸上的草木。＿48＿发现上面停着蚊子、苍蝇之类的小昆虫，它就屏住呼吸，把头探出水面，从嘴里喷射出一股箭一般的水柱，把昆虫击落到水中，然后游过去，把它吞到肚里，饱餐一顿。

46. A 智慧　B 本领　C 情绪　D 个性

47. A 虚心　B 当心　C 操心　D 专心

48. A 与其　B 一旦　C 哪怕　D 宁可

[49–52]

以前很多人利用各种途径来获取金钱和＿49＿，现在他们开始反思：生活本应像雨后彩虹一样丰富多彩，而自己却只追求彩虹中的一两种颜色。这些人逐渐意识到这种“自我损耗”的生活态度是不可取的，因此越来越多的人＿50＿了自己的生活方式，希望成为积极向上的“彩虹族”。

“彩虹族”指的是这样一类人：他们能在工作和生活中找到平衡点，每天的生活都如彩虹般健康。他们工作、生活两不误，会有意识地为自己减压，注意均衡地摄取营养，＿51＿拒绝不健康食品；坚持锻炼，保证睡眠充足，定期去医院做体检。他们追求健康、快乐的生活方式，＿52＿。

49. A 座位　B 地点　C 地位　D 地区

50. A 删除　B 省略　C 兑换　D 改变

51. A 虚心　B 乐观　C 主动　D 坚强

52. A 认为自由最宝贵　B 生活态度十分积极
C 没有什么业余爱好　D 永远把家人放在第一位

[53–56]

著名戏剧表演艺术家梅兰芳___53___说过："我是个拙笨的学艺者，没有天生的才能，全凭苦学。"这并不完全是___54___。梅兰芳小时候去拜师学艺，师傅说他的双眼呆滞无神，___55___不是唱戏的料，不肯收他。然而他学戏的决心并没有动摇，___56___。为了让眼睛变得有神采，他每天抬头望天空，双眼紧盯着飞翔的鸽子；也常低头看水底，双眼紧跟着游动的鱼儿。经过不懈努力，他双眼渐渐灵活起来，最终变得炯炯有神了。

53. A 逐渐　B 迟早　C 至今　D 曾经
54. A 谦虚　B 小气　C 坚决　D 可靠
55. A 一律　B 根本　C 陆续　D 亲自
56. A 反而更加勤奋　B 却感到委屈极了
C 似乎没想象的难　D 兴趣不那么强烈了

[57–60]

我们为何要一天工作8小时？这应该从工业革命说起。

18世纪后期爆发了一场工业革命，工厂老板为了提高产量，一天24小时都在不停地生产。那时候工人们一天工作10至16个小时很___57___。

但这种现象并没有一直___58___下去，因为高强度的工作，很快就引发了一场罢工运动。工人们呼吁每天工作不应超过8小时，口号就是："8小时工作，8小时消遣，8小时睡觉"。

最早引进这种工作___59___的是一家汽车公司。1913年，这家公司将工作时间做了调整，改为每天8小时。让许多公司吃惊的是，___60___，可工人们的工作效率反而大幅度地提高了。其他公司见状也纷纷效仿，将工作时间改为8小时。

这就是8小时工作制的来源。

57. A 必然　B 高级　C 正常　D 大型
58. A 转变　B 持续　C 传播　D 恢复
59. A 形势　B 规矩　C 形象　D 制度
60. A 毕竟竞争很激烈　B 娱乐时间不但没减少
C 工厂给员工更多权利　D 尽管工作时间缩短了

▶ 정답 및 해설 87쪽

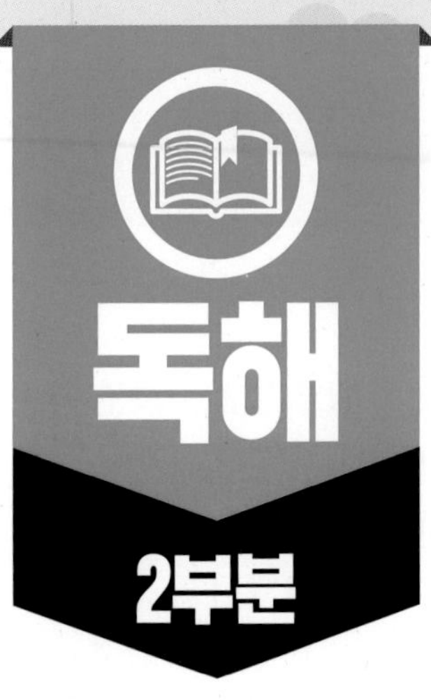

시험 유형 소개

★ 총 10문제(61~70번)

★ 지문 내용과 일치하는 선택지 고르기

★ 지문 1개당 1문제 출제

★ 지문의 길이는 대략 80~120자 정도의 단문임

★ 배점: 문제당 2.2점

瓜皮岛位于黄海深处，呈椭圆形，因其貌似西瓜皮而得名。目前瓜皮岛毫无人工开发的痕迹，自然风光保存完好。岛上分布的大片的松软沙滩，是海内外游客度假休闲的好去处。

✓ A 瓜皮岛适合度假
B 瓜皮岛盛产西瓜
C 瓜皮岛开发难度大
D 瓜皮岛矿产资源丰富

시험 공략법

1 한 문장씩 읽으며 선택지와 비교하라!

지문의 첫 문장을 읽은 후 선택지에 답이 있으면 그다음 문제로 바로 넘어가고, 그렇지 않으면 지문의 다음 문장을 읽어 내려갑니다. 60% 정도의 확률이 있으면, 그 선택지를 답으로 고릅니다. 독해 2부분은 지문 전체의 의미를 꼼꼼히 이해하는 연습이 아니라, 지문과 선택지를 대조하여 일치하는 것을 '빠르게' 찾는 습관을 길러야 시간 안에 문제를 풀 수 있습니다.

2 字로 어휘를 유추하라!

HSK 5급 독해 2부분은 HSK 6급 입문 과정이므로, 5급 수준에서는 어려운 어휘가 많이 나옵니다. 이때 최대한 문맥과 字로 어휘의 뜻을 유추합니다. 한자는 뜻글자이기 때문에 부수만 봐도 의미를 짐작할 수 있습니다. 아는 단어를 바탕으로 字의 모양새를 맞춰 보며 최대한 의미를 유추하는 훈련이 필요합니다. 그래도 모르겠다면 글자를 그림이라 생각하고, 지문과 선택지를 비교하여 같은 그림 찾기 식으로 찾으면 정답을 조금이라도 빠르게 골라 낼 수 있습니다.

3 내공이 약하면 독해 2부분은 마지막에 풀어라!

독해 영역은 한 문제당 1분 안에 풀어야 하며, 독해 2부분도 예외는 아닙니다. 독해 2부분이 3부분보다 쉽게 느껴지는 학생들은 독해 영역을 순서대로 풀면 됩니다. 하지만 독해 2부분이 약해서 연습 시 문제당 1분을 넘기게 된다면, 실제 시험에서는 '독해 1부분 → 독해 3부분 → 독해 2부분'의 순서대로 문제를 푸는 것도 방법이 될 수 있습니다. 시간 제한을 둔 연습을 통해 본인에게 맞는 요령을 찾아야 합니다.

字로 어휘 익히기 – 5급 최우선 필수어휘 700

- □ **仿佛** fǎngfú 부 마치 ~인 것 같다[=好像 hǎoxiàng / 似乎 sìhū]
- □ **分别** fēnbié 부 각각, 따로따로 동 ① 헤어지다 ② 구별하다
- □ **分析** fēnxī 동 분석하다
- □ **奋斗** fèndòu 동 분투하다, 매우 노력하다
- □ **风格** fēnggé 명 스타일
- □ **风景** fēngjǐng 명 풍경, 경치
- □ **风俗** fēngsú 명 풍속
- □ **风险** fēngxiǎn 명 위험, 리스크
- □ **否定** fǒudìng 동 부정하다 형 부정의, 부정적인
- □ **服装** fúzhuāng 명 복장, 의류, 의상 → 服 명 옷, 의복 + 装 명 의복, 복장
- □ **幅** fú 양 폭[옷감 · 종이 · 그림을 셈] 명 폭, 넓이
- □ **辅导** fǔdǎo 동 (학습을) 도우며 지도하다, 과외하다 → 辅 동 돕다, 보조하다 + 导 동 이끌다, 지도하다
- □ **改善** gǎishàn 동 개선하다 → 改 동 고치다, 바로잡다 + 善 형 좋다, 훌륭하다
- □ **改正** gǎizhèng 동 개정하다, 바르게 고치다 → 改 동 고치다, 바로잡다 + 正 형 바르다
- □ **盖** gài 명 덮개, 마개 동 ① 덮다 ② (도장을) 찍다 ③ (집을) 짓다
- □ **干脆** gāncuì 부 아예, 차라리 형 (언행 · 성격이) 명쾌하다, 시원스럽다
- □ **干燥** gānzào 형 건조하다 → 干 형 건조하다, 마르다 + 燥 형 건조하다
- □ **赶紧** gǎnjǐn 부 얼른, 재빨리, 서둘러
- □ **感激** gǎnjī 동 매우 감사하다 → 感 동 감사하다, 고맙게 여기다 + 激 동 (감정이) 일어나다

  | Tip | '감격하다'로 외우지 않도록 주의합니다.

- □ **感受** gǎnshòu 동 (영향을) 받다, 느끼다 명 느낀 바 → 感 동 느끼다 + 受 동 받다, 당하다
- □ **干活儿** gànhuór 동 일하다, 노동하다 → 干 동 (일을) 하다 + 活儿 명 일
- □ **搞** gǎo 동 (~을) 하다, 처리하다
- □ **格外** géwài 부 각별히, 특별히
- □ **隔壁** gébì 명 옆집, 이웃(집)
- □ **根本** gēnběn 부 전혀, 아예[뒤에는 부정의 내용이 옴] 명 근본 형 근본적인
- □ **工厂** gōngchǎng 명 공장
- □ **工程师** gōngchéngshī 명 엔지니어
- □ **工具** gōngjù 명 ① 공구, 작업 도구 ② 수단, 도구
- □ **公布** gōngbù 동 공표하다
- □ **公寓** gōngyù 명 아파트
- □ **功能** gōngnéng 명 기능
- □ **贡献** gòngxiàn 동 공헌하다 명 공헌
- □ **沟通** gōutōng 동 (의사)소통하다
- □ **姑姑** gūgu 명 고모
- □ **股票** gǔpiào 명 주식

□ **鼓掌** gǔzhǎng 동 손뼉을 치다, 박수를 치다 ⇒ 鼓 동 두드리다, 치다 + 掌 명 손바닥

□ **怪不得** guàibude 부 어쩐지[궁금증이 풀렸을 때 사용함] [=难怪 nánguài]

□ **观察** guānchá 동 관찰하다 ⇒ 观 동 보다, 살피다 + 察 동 관찰하다

□ **观点** guāndiǎn 명 관점

□ **观念** guānniàn 명 관념, 의식 ⇒ 观 동 보다 명 인식, 견해 + 念 명 생각, 염두

□ **冠军** guànjūn 명 1등, 우승, 챔피언

□ **光盘** guāngpán 명 CD, 콤팩트디스크 ⇒ 光 형 광택이 있다, 매끄럽다 + 盘 명 쟁반, 접시, 접시 모양의 사물

□ **广大** guǎngdà 형 ① (사람이) 많다 ② (면적 · 공간이) 넓다

□ **广泛** guǎngfàn 형 광범위하다, 폭넓다 ⇒ 广 형 넓다, 광범위하다 + 泛 형 넓다, 광범위하다

□ **规律** guīlǜ 명 규칙 형 규칙적인

□ **规模** guīmó 명 규모

□ **柜台** guìtái 명 계산대, 카운터[=收银台 shōuyíntái]

□ **锅** guō 명 솥, 냄비

□ **果然** guǒrán 부 과연, 생각한 대로

□ **过分** guòfèn 동 지나치다

□ **过敏** guòmǐn 동 알레르기 반응을 보이다 형 과민하다, 예민하다

□ **过期** guòqī 동 기한을 넘기다 ⇒ 过 동 (시점을) 지나다, 경과하다 + 期 명 시기, 기한

□ **海鲜** hǎixiān 명 해산물

□ **喊** hǎn 동 ① 외치다, 고함치다 ② (사람을) 부르다

□ **行业** hángyè 명 직업, 업계, 업종

□ **好客** hàokè 형 손님 접대를 좋아하다 ⇒ 好 동 좋아하다 + 客 명 손님

□ **好奇** hàoqí 형 호기심을 갖다, 궁금해 하다

□ **合同** hétong 명 계약서

□ **合影** héyǐng 동 (둘 이상이) 함께 사진을 찍다 명 함께 찍은 사진 ⇒ 合 동 합치다, 모으다 + 影 명 사진

□ **合作** hézuò 동 합작하다, 협력하다

□ **和平** hépíng 명 평화 형 평화롭다

□ **猴子** hóuzi 명 원숭이

□ **后果** hòuguǒ 명 (나쁜) 결과

□ **呼吸** hūxī 동 호흡하다, 숨을 쉬다 ⇒ 呼 동 (숨을) 내쉬다 + 吸 동 들이마시다, 들이쉬다

□ **忽然** hūrán 부 갑자기, 별안간, 문득[=突然 tūrán]

□ **忽视** hūshì 동 소홀히 하다, 경시하다 ⇒ 忽 동 소홀히 하다 + 视 동 보다

□ **胡同** hútòng 명 골목

□ **糊涂** hútu 형 ① 멍청하다, 어리바리하다 ② 잘 모르겠다, 헷갈리다

□ **划** huà 동 (금을) 긋다, 가르다

huá 동 ① (배를) 젓다 ② (칼에) 베이다

□ **滑** huá 형 매끈매끈하다, 미끄럽다 동 미끄러지다

| Tip | 滑雪 huáxuě 스키를 타다 | 滑冰 huábīng 스케이트를 타다

□ **缓解** huǎnjiě 동 ① 완화되다, 호전되다 ② 완화시키다

□ **灰心** huīxīn 동 낙심하다, 낙담하다

- □ **挥** huī 동 ① 휘두르다, 흔들다 ② (눈물 · 땀을) 닦다, 훔치다
- □ **恢复** huīfù 동 회복하다, 회복되다
- □ **婚礼** hūnlǐ 명 혼례, 결혼식 ⋙ 婚 명 혼인 + 礼 명 의식, 예식
- □ **活跃** huóyuè 형 활동적인, 활기차다 동 활기를 띠게 하다 ⋙ 活 형 활기차다, 생동적이다 + 跃 동 뛰다, 도약하다
- □ **火柴** huǒchái 명 성냥
- □ **或许** huòxǔ 부 아마, 어쩌면, 혹시 (~인지 모른다)
- □ **机器** jīqì 명 기기, 기계 ⋙ 机 명 기계, 기기 + 器 명 기구
- □ **基本** jīběn 형 기본의, 기본적인 부 거의, 대체로
- □ **激烈** jīliè 형 격렬하다, 치열하다
- □ **及格** jígé 동 합격하다 ⋙ 及 동 도달하다, 이르다 + 格 명 규격, 표준
- □ **极其** jíqí 부 지극히, 아주, 매우
- □ **急忙** jímáng 부 급히, 서둘러
- □ **急诊** jízhěn 명 응급 진료 ⋙ 急 형 급하다 + 诊 동 진찰하다
- □ **集合** jíhé 동 집합하다, 모으다
- □ **集体** jítǐ 명 집단, 단체
- □ **记录** jìlù 동 기록하다 명 기록 ⋙ 记 동 기록하다, 적다 + 录 동 기록하다
- □ **记忆** jìyì 동 기억하다 명 기억 ⋙ 记 동 기억하다 + 忆 동 기억하다
- □ **纪念** jìniàn 동 기념하다 명 기념(품) ⋙ 纪 동 기록하다 + 念 동 그리워하다
- □ **系领带** jì lǐngdài 넥타이를 매다 ⋙ 系 동 묶다, 매다 + 领带 명 넥타이
- □ **寂寞** jìmò 형 ① 적막하다, 외롭다 ② 고요하다, 조용하다
- □ **家庭** jiātíng 명 가정
- □ **家务** jiāwù 명 집안일, 가사
- □ **家乡** jiāxiāng 명 고향
- □ **嘉宾** jiābīn 명 귀빈, 게스트, 초대 손님
- □ **假如** jiǎrú 접 가령, 만약, 만일
- □ **假设** jiǎshè 동 가정하다 명 가정, 가설
- □ **假装** jiǎzhuāng 동 가장하다, ~한 척하다 ⋙ 假 형 거짓의 + 装 동 가장하다, ~인 척하다
- □ **价值** jiàzhí 명 가치 ⋙ 价 명 값, 가치 + 值 명 가치
- □ **驾驶** jiàshǐ 동 운전하다, 조종하다 ⋙ 驾 동 운전하다 + 驶 동 운전하다
- □ **嫁** jià 동 시집가다
- □ **肩膀** jiānbǎng 명 어깨 ⋙ 肩 명 어깨 + 膀 명 어깨
- □ **艰苦** jiānkǔ 형 고생스럽다, 고달프다 ⋙ 艰 형 어렵다, 곤란하다 + 苦 형 힘들다, 고생스럽다
- □ **兼职** jiānzhí 동 겸직하다 명 겸직
- □ **捡** jiǎn 동 줍다[=拾 shí]
- □ **简历** jiǎnlì 명 약력(간단한 이력), 이력서
- □ **简直** jiǎnzhí 부 그야말로, 정말로
- □ **建立** jiànlì 동 건립하다, 세우다 ⋙ 建 동 짓다, 세우다 + 立 동 세우다, 설립하다
- □ **建筑** jiànzhù 동 건축하다, 짓다 명 건축물 ⋙ 建 동 짓다, 세우다 + 筑 동 건설하다, 건축하다
- □ **健身** jiànshēn 동 몸을 건강하게 하다 ⋙ 健 동 건강하게 하다 + 身 명 몸, 신체

□ 键盘 jiànpán 명 건반, 키보드

□ 讲究 jiǎngjiu 동 중시하다 명 주의할 만한 것 ⇒ 讲 동 중시하다, 따지다 + 究 동 연구하다, 탐구하다

□ 讲座 jiǎngzuò 명 강좌 ⇒ 讲 동 말하다, 이야기하다 + 座 명 좌석, 자리

□ 交换 jiāohuàn 동 교환하다 ⇒ 交 부 서로 + 换 동 교환하다, 바꾸다

□ 交往 jiāowǎng 동 왕래하다, 교제하다 명 왕래, 교제 ⇒ 交 동 사귀다, 교제하다

□ 角度 jiǎodù 명 각도, 관점

□ 狡猾 jiǎohuá 형 교활하다

□ 教材 jiàocái 명 교재 ⇒ 教 동 가르치다 + 材 명 자료

□ 教练 jiàoliàn 명 (운동 분야의) 감독, 코치 ⇒ 教 동 가르치다 + 练 동 연습하다, 훈련하다

□ 结实 jiēshi 형 ① 단단하다, 견고하다 ② (몸이) 튼튼하다

□ 接触 jiēchù 동 접촉하다, 닿다 ⇒ 接 동 접촉하다, 닿다 + 触 동 접촉하다, 닿다

□ 接待 jiēdài 동 접대하다, 응대하다 ⇒ 待 동 접대하다

□ 接近 jiējìn 동 접근하다, 다가가다 형 가깝다, 비슷하다 ⇒ 接 동 접근하다 + 近 형 가깝다

□ 节省 jiéshěng 동 절약하다, 아끼다 ⇒ 节 동 절약하다, 아끼다 + 省 동 아끼다

□ 结构 jiégòu 명 구조

□ 结合 jiéhé 동 결합하다 ⇒ 结 동 맺다, 결합하다 + 合 동 합치다

□ 结论 jiélùn 명 결론

□ 结账 jiézhàng 동 장부를 결산하다, 계산하다

□ 戒 jiè 동 ① 경계하다, 훈계하다 ② (나쁜 습관을) 끊다

□ 戒指 jièzhi 명 반지 ⇒ 戒 명 반지

□ 借口 jièkǒu 명 구실, 핑계

□ 尽快 jǐnkuài 부 되도록 빨리, 가능한 한 빨리

□ 尽量 jǐnliàng 부 가능한 한, 최대한

□ 紧急 jǐnjí 형 긴급하다, 긴박하다 ⇒ 紧 형 긴급하다 + 急 형 급하다

□ 谨慎 jǐnshèn 형 (언행이) 신중하다, 조심스럽다 ⇒ 谨 형 조심스럽다 + 慎 형 신중하다

□ 进步 jìnbù 동 발전하다, 향상되다, 진보하다

□ 进口 jìnkǒu 동 수입하다 명 입구 ⇒ 进 동 들어가다 + 口 명 출입구

□ 经商 jīngshāng 동 장사하다

□ 经营 jīngyíng 동 경영하다

□ 精力 jīnglì 명 에너지, 정력(정신과 체력)

□ 精神 jīngshén 명 정신
jīngshen 명 원기, 활력 형 활기차다, 생기발랄하다

□ 救 jiù 동 구하다, 구제하다

□ 舅舅 jiùjiu 명 외삼촌

□ 居然 jūrán 부 뜻밖에, 의외로

□ 桔子 júzi 명 귤[=橘子 júzi]

□ 巨大 jùdà 형 (규모 · 수량이) 아주 크다, 거대하다

□ 具备 jùbèi 동 갖추다, 구비하다 ⇒ 具 동 갖추다, 구비하다 + 备 동 갖추다, 구비하다

□ 具体 jùtǐ 형 구체적인

□ 俱乐部 jùlèbù 명 동호회

시나공법 01

중국 관련 지식을 출제한다!

독해 2부분은 총 10문제 중 설명문이 평균 8문제 이상 출제됩니다. 설명문은 다시 중국 관련 지식을 전달하는 글과 일반 상식을 전달하는 글로 나뉩니다. 중국 관련 지식은 중국의 문화 또는 지역 소개가 주를 이룹니다. 유구한 역사를 가진 문화나 문물 소개, 풍경이 아름다운 여행지에 대한 설명이 대부분입니다. 또한 중국 관련 지식은 긍정적인 내용이 정답으로 출제됩니다.

STEP 01 먼저 풀어보기

예제 1

瓜皮岛位于黄海深处，呈椭圆形，因其貌似西瓜皮而得名。目前瓜皮岛毫无人工开发的痕迹，自然风光保存完好。岛上分布的大片的松软沙滩，是海内外游客度假休闲的好去处。

A 瓜皮岛适合度假
B 瓜皮岛盛产西瓜
C 瓜皮岛开发难度大
D 瓜皮岛矿产资源丰富

예제 2

羌笛是羌族古老的单簧气鸣乐器，已有2000多年历史了。羌笛主要用于独奏，乐曲内容相当广泛。由于羌族没有文字，所以羌族人常用它来表达自己的喜怒哀乐。羌笛是羌族人传承文化的重要方式，因此羌笛对羌族历史、文化的研究有着重要作用。

A 羌笛是近代才出现的乐器
B 羌族的文字已存在2000多年了
C 人们用羌笛主要表达喜悦的情感
D 羌笛对羌族文化的传承有重要意义

선생님의 한마디

독해 2부분은 지문을 한 문장씩 읽으면서 선택지에 해당 내용이 있는지 찾아 가며 풀어야 합니다. 60%의 확률만 있다면 정답으로 선택하고 그다음 문제로 넘어갑니다. 정답은 지문의 처음, 중간, 마지막에서 골고루 출제됩니다. 만약 첫 문장에 정답이 있다면 그다음 문장은 읽지 말고 다음 문제로 바로 넘어가는 습관을 길러야 제한된 시간 안에 문제를 풀 수 있습니다.

STEP 02 선생님 풀이과정 보기

예제 1

|해 설|

瓜皮岛位于黄海深处，呈椭圆形，因其貌似西瓜皮而得名。目前瓜皮岛毫无人工开发的痕迹，自然风光保存完好。岛上分布的大片的松软沙滩，是海内外游客度假休闲的好去处。

A 瓜皮岛适合度假
B 瓜皮岛盛产西瓜
C 瓜皮岛开发难度大
D 瓜皮岛矿产资源丰富

'과피다오'는 황해 깊숙한 곳에 위치하며, 타원형을 나타내는데, 그 겉모습이 수박 껍질을 닮아서 얻은 이름이다. 현재 과피다오는 인공적으로 개발한 흔적이 전혀 없고, 자연 풍경이 온전하게 보존되었다. 섬에 분포된 드넓고 부드러운 모래사장은 국내외 관광객이 휴가를 보내며 한가롭게 지내기에 좋은 곳이다.

A 과피다오는 휴가를 보내기에 적합하다
B 과피다오는 수박이 많이 생산된다
C 과피다오는 개발 난이도가 높다
D 과피다오는 광산 자원이 풍부하다

먼저 첫 문장만 읽고 나서 선택지를 봅니다. 첫 문장에 수박에 대한 얘기가 나오지만 '섬의 모양이 수박을 닮았다'라는 내용이고, B는 '수박이 많이 생산된다'라는 내용이므로 정답에서 제외하고 그다음 문장을 읽습니다. 이러한 식으로 한 문장씩 O, X를 표시하며 내용을 읽다 보면 가장 마지막 문장인 '岛上分布的大片的松软沙滩，是海内外游客度假休闲的好去处'와 선택지 A 瓜皮岛适合度假가 일치하는 것을 알 수 있습니다. 따라서 정답은 A입니다.

|단 어| **瓜皮岛** Guāpí Dǎo 고유 과피다오[지명] * **岛** dǎo 명 섬 | **位于** wèiyú 동 ~에 위치하다, ~에 있다 | **黄海** Huáng Hǎi 고유 황해[한국의 서해를 가리킴] | **深处** shēnchù 명 깊숙한 곳 | **呈** chéng 동 (어떤 형태나 색깔을) 나타내다, 띠다 | **椭圆形** tuǒyuánxíng 명 타원형 | **因~而…** yīn~ér… ~때문에 …되다 | **貌似** màosì 동 겉모습이 ~을 닮다 | **西瓜** xīguā 명 수박 | **皮** pí 명 껍질 | **得名** démíng 동 이름을 얻다 | **毫无** háowú 동 조금도 ~이 없다, 전혀 ~하지 않다 | **开发** kāifā 동 개발하다 | **痕迹** hénjì 명 흔적 | **自然风光** zìrán fēngguāng 자연 풍경 | **保存** bǎocún 동 보존하다 | **完好** wánhǎo 형 온전하다, 완전하다 | **分布** fēnbù 동 분포하다 | **大片** dàpiàn 형 (면적 · 범위가) 드넓다 | **松软** sōngruǎn 형 부드럽다, 푹신푹신하다 | **沙滩** shātān 명 모래사장, 백사장 | **海内外** hǎinèiwài 명 국내외 | **游客** yóukè 명 여행객, 관광객 | **度假** dùjià 동 휴가를 보내다 | **休闲** xiūxián 동 한가롭게 보내다 | **去处** qùchù 명 곳, 장소 | **适合** shìhé 동 적합하다 | **盛产** shèngchǎn 동 많이 나다(생산되다) | **难度大** nándù dà 난이도가 높다 | **矿产资源** kuàngchǎn zīyuán 광산 자원 | **丰富** fēngfù 형 풍부하다

|정 답| A

선생님의 한마디

중국의 지역 소개를 할 때 첫 문장은 대부분 '位于 wèiyú' 또는 '坐落在 zuòluò zài'로 시작을 하는데, 이 부분은 거의 정답으로 출제되지 않습니다.

예제 2

|해 설|

羌笛是羌族古老的单簧气鸣乐器，已有2000多年历史了。羌笛主要用于独奏，乐曲内容相当广泛。由于羌族没有文字，所以羌族人常用它来表达自己的喜怒哀乐。羌笛是羌族人传承文化的重要方式，因此羌笛对羌族历史、文化的研究有着重要作用。 A 羌笛是近代才出现的乐器 B 羌族的文字已存在2000多年了 C 人们用羌笛主要表达喜悦的情感 D 羌笛对羌族文化的传承有重要意义	창디는 창족의 오래된 싱글 리드 공명 악기로, 이미 2000여 년의 역사를 가지고 있다. 창디는 주로 독주에 쓰이고, 악곡 내용은 상당히 광범위하다. 창족은 문자가 없어서 창족 사람들은 자주 그것으로 자신의 희로애락을 표현했다. 창디는 창족 사람들이 문화를 전승하는 주요 방식이다. 이 때문에 창디는 창족 역사와 문화의 연구에 중요한 역할을 한다. A 창디는 근대에 비로소 나타난 악기이다 B 창족의 문자는 이미 존재한 지 2000여 년이 되었다 C 사람들은 창디를 이용해 주로 기쁜 감정을 나타냈다 D 창디는 창족 문화의 전승에 중요한 의의가 있다

羌笛라는 단어는 처음 볼 때 생소할 수 있지만, '羌笛是……乐器'를 보고 악기인 것만 짚고 넘어갑니다. 한 문장을 읽고 관련된 보기를 찾아 O, X를 표시하며 문제를 푼다면 정확하고 빠르게 풀 수 있습니다. 정답은 가장 마지막 문장인 '羌笛是羌族人传承文化的重要方式，因此羌笛对羌族历史、文化的研究有着重要作用。'을 통해 D가 정답임을 확인할 수 있습니다.

|단 어| **羌笛** qiāngdí 명 창디[창족의 피리 이름] | **羌族** Qiāngzú 명 창족[중국 소수민족의 하나로, 쓰촨(四川) 일대에 분포함] | **古老** gǔlǎo 형 오래되다 | **单簧气鸣乐器** dān huáng qì míng yuèqì 싱글 리드 공명 악기[리드: 기명악기의 발음체로, 악기에 부착시키는 대, 나무(갈대), 금속 등으로 만든 얇은 조각] * **气鸣** qì míng 공기가 울리다, 공명하다 | **乐器** yuèqì 명 악기 | **独奏** dúzòu 동 독주하다 | **乐曲** yuèqǔ 명 악곡[음악 작품의 총칭] | **广泛** guǎngfàn 형 광범위하다, 폭넓다 | **表达** biǎodá 동 나타내다, 표현하다 | **喜怒哀乐** xǐ nù āi lè 성 희로애락[기쁨, 노여움, 슬픔, 즐거움] | **传承** chuánchéng 동 전승하다, 전수하고 계승하다 | **因此** yīncǐ 접 이 때문에, 따라서 | **研究** yánjiū 동 연구하다 | **作用** zuòyòng 명 작용, 역할 | **出现** chūxiàn 동 출현하다, 나타나다 | **存在** cúnzài 동 존재하다 | **喜悦** xǐyuè 형 기쁘다 | **情感** qínggǎn 명 감정

|정 답| D

선생님의 한마디

문제를 풀 때 모르는 단어가 나오면 A로 처리하고 넘어가세요. 가령 单簧气鸣乐器는 'A라는 악기'라고 해석하고 넘어갑니다. 单簧气鸣乐器에서 单簧气鸣과 같은 단어는 암기할 필요가 없으므로 과감하게 버립니다. '乐器(악기)'란 단어만 암기하면 충분합니다.

선생님의 한마디

중국 관련 문물이 나오면 구체적인 쓰임보다는 그 문물이 가지는 의의, 즉 중국 문화의 전승에 기여했다는 내용이 정답으로 자주 출제됩니다.

STEP 03 내공쌓기

중국과 관련된 기초 상식을 익혀 두면 문제 풀이에 많은 도움이 됩니다. HSK 5급 독해 2부분은 HSK 6급 입문 과정이다 보니 이곳에서 다루는 지식은 HSK 6급에서도 많이 출제됩니다. 가장 기본적인 상식을 정리해 두었으니 꼭 정독해서 익혀 두시기 바랍니다.

선생님의 한마디

이번 내공쌓기에서 중국어로 된 설명 부분은 6급 수준으로 많이 어렵기 때문에 내공이 약한 학생들은 우선 한국어 부분만 읽어도 됩니다. 한국어로 배경지식을 익혀 두는 것도 중요하니 중국어는 추후에 공부해도 무방합니다.

시험에 자주 출제되는 지역

1. 黄山 Huáng Shān 황산

黄山被世人誉为“天下第一奇山”。有“五岳归来不看山，黄山归来不看岳”之说。

황산은 세상 사람에게 '천하제일기산'이라고 불린다. '오악을 본 사람은 다른 산이 눈에 차지 않고, 황산을 본 사람은 오악을 봐도 감흥이 들지 않는다.'라는 말이 있다.

• 誉为 yùwéi 동 ~이라고 칭송되다, ~이라고 불리다

|주요 어휘 및 표현|

☐ **天下第一奇山** tiānxià dì-yī qí shān 천하에서 가장 신비로운 산
☐ **五岳归来不看山，黄山归来不看岳** Wǔyuè guīlái bú kàn shān, Huáng Shān guīlái bú kàn yuè 오악을 본 사람은 다른 산이 눈에 차지 않고, 황산을 본 사람은 오악을 봐도 감흥이 들지 않는다.

2. 五岳 wǔyuè 오악

五岳是中国五大名山的总称。即东岳泰山，西岳华山，南岳衡山，北岳恒山，中岳嵩山。

오악은 중국 5대 명산의 통칭이다. 즉, 동악태산(东岳泰山), 서악화산(西岳华山), 남악형산(南岳衡山), 북악항산(北岳恒山), 중악숭산(中岳嵩山)이다.

• 总称 zǒngchēng 명 총칭, 통칭
• 即 jí 동 즉 ~이다

|주요 어휘 및 표현|

☐ **泰山** Tài Shān 고유 태산
☐ **华山** Huà Shān 고유 화산
☐ **衡山** Héng Shān 고유 형산
☐ **恒山** Héng Shān 고유 항산
☐ **嵩山** Sōng Shān 고유 숭산

3. 泰山 Tài Shān 태산

泰山是中国五岳之首，是中国最有文化底蕴的山，古人把自己登山的感受刻在山上，石刻足有几千个。

태산은 중국 오악의 으뜸이자 중국에서 가장 문화적 깊이가 있는 산이다. 옛 사람이 자신이 산에 오를 때 느낀 바를 산에 새겨 놓았는데 그 석각이 족히 수천 개나 된다.

- **之首** zhī shǒu 우두머리, 으뜸
- **底蕴** dǐyùn 명 상세한 내용, 속사정, 내막
- **石刻** shíkè 명 석각, (비석이나 암벽 등의) 석재에 새겨진 문자나 그림
- **足有** zú yǒu 족히 ~이 되다

4. 吐鲁番 Tǔlǔfān 투루판

吐鲁番地处新疆天山东部的山间盆地。吐鲁番盆地内干燥少雨，日照充足，优越的光热条件和独特的气候，使这里盛产葡萄、哈密瓜、反季节蔬菜等经济作物，被誉为“葡萄和瓜果之乡”。

투루판은 신장 톈산 동부의 산간 분지에 있다. 투루판 분지는 건조하고 비가 적으며 일조가 충분하다. 우월한 광열 조건과 독특한 기후로, 이곳에서는 포도와 멜론, 철 아닌 야채 등의 경제 작물이 많이 생산되어 '포도와 과일의 고향'이라고 불린다.

- **地处** dìchǔ 동 ~에 위치하다, ~에 있다
- **新疆** Xīnjiāng 고유 신장[지명]
- **盆地** péndì 명 분지
- **干燥** gānzào 형 건조하다
- **盛产** shèngchǎn 동 많이 생산하다, 많이 나다
- **葡萄** pútao 명 포도
- **哈密瓜** hāmìguā 명 멜론
- **反季节蔬菜** fǎnjìjié shūcài 철 아닌 야채
- **被誉为** bèi yùwéi ~이라고 칭송되다(불리다)
- **瓜果** guāguǒ 명 과일

5. 承德避暑山庄 Chéngdé Bìshǔ Shānzhuāng 청더 비슈산장

承德避暑山庄是中国古代帝王宫苑，清代皇帝避暑和处理政务的场所。

청더 비슈산장은 중국 고대 제왕의 궁정으로, 청대 황제가 더위를 피해 정무를 처리한 장소이다.

- **承德** Chéngdé 고유 청더[지명]
- **避暑山庄** Bìshǔ Shānzhuāng 고유 비슈산장
- **宫苑** gōngyuàn 명 궁정[왕이나 귀족의 화원을 가리킴]
- **皇帝** huángdì 명 황제
- **避暑** bìshǔ 동 더위를 피하다

시험에 자주 출제되는 문화

1. 相声 xiàngsheng 샹성

相声主要采用口头方式表演。相声讲究“说、学、逗、唱”。

샹성은 주로 구두 방식으로 공연하는 것을 채택한다. 만담은 '말하고, 흉내 내고, 웃기고, 노래하는' 것을 중요시한다.

선생님의 한마디

샹성은 재치 있는 말솜씨로 언어유희 또는 세상을 풍자하는 것으로, 우리나라의 만담과 비슷합니다. 중국 설창 문예의 일종이고, 주로 두 명이 짝을 이루어 대화로 이야기를 전개합니다.

- **逗** dòu 동 웃기다

2. 四大发明 sì dà fāmíng 사대발명

四大发明是指中国古代对世界具有很大影响的四种发明。即造纸术、指南针、火药、活字印刷术。

사대발명은 중국 고대에, 세계에 큰 영향을 끼친 네 가지 발명품을 가리킨다. 즉, 제지술, 나침반, 화약, 활자 인쇄술이다.

|주요 어휘 및 표현|

- □ **造纸术** zàozhǐshù 명 제지술[종이 제작 기술]
- □ **指南针** zhǐnánzhēn 명 나침반
- □ **火药** huǒyào 명 화약
- □ **活字印刷术** huózì yìnshuāshù 명 활자 인쇄술

3. 四大名著 sì dà míngzhù 4대 명작

中国的四大名著是《三国演义》、《水浒传》、《西游记》、《红楼梦》。

중국의 4대 명작은 ≪삼국연의≫, ≪수호전≫, ≪서유기≫, ≪홍루몽≫이다.

|주요 어휘 및 표현|

- □ **三国演义** Sānguó Yǎnyì 고유 삼국연의[위 · 촉 · 오 삼국 간의 전쟁을 배경으로 쓴 장편소설]
- □ **水浒传** Shuǐhǔ Zhuàn 고유 수호전
- □ **西游记** Xīyóu Jì 고유 서유기
- □ **红楼梦** Hónglóumèng 고유 홍루몽[중국 청나라 때 조설근이 지은 장편소설]

• **名著** míngzhù 명 명작

4. 丝绸之路 sīchóu zhī lù 실크로드

丝绸之路是连接亚洲、非洲和欧洲的古代商业贸易路线。

실크로드는 아시아, 아프리카와 유럽을 연결한 고대 상업 무역로이다.

|주요 어휘 및 표현|

- □ **丝绸之路** sīchóu zhī lù 실크로드, 비단길[내륙 아시아를 횡단하여 중국과 서아시아 지중해 연안 지방을 연결하였던 고대의 무역 통상로]

• **连接** liánjiē 동 연결하다
• **贸易路线** màoyì lùxiàn 무역 노선, 무역로

5. 梅兰竹菊 méi lán zhú jú 매난죽국

梅兰竹菊指：梅花，兰花，竹，菊花。被人们称为“花中四君子”，共同特点是自强不息。

매난죽국은 매화, 난초, 대나무, 국화를 가리킨다. 사람들에게 '꽃 중의 사군자'로 불리며, 공통된 특징은 스스로 쉬지 않고 몸과 마음을 가다듬는다는 것이다.

• **自强不息** zìqiángbùxī 성 자강불식. 스스로 꾸준히 노력하다. 스스로 쉬지 않고 힘써 몸과 마음을 가다듬다

|주요 어휘 및 표현|

- ☐ **梅花** méihuā 명 매화
- ☐ **兰花** lánhuā 명 난초
- ☐ **竹** zhú 명 대나무
- ☐ **菊花** júhuā 명 국화

시험에 자주 출제되는 명절

1. 春节 Chūnjié 춘제

春节是中国最富有特色的传统节日，农历正月初一。传说，年兽害怕红色、火光和爆炸声，而且在大年初一出没。所以每到大年初一这天，人们便有了拜年、贴春联、挂年画、放爆竹、发红包、吃饺子等春节习俗。

춘제는 중국에서 가장 특색 있는 전통 명절로, 음력 정월 초하루(1월 1일)이다. 전해지는 바로, 붉은색, 불빛과 폭발음을 무서워하는 사나운 짐승(年兽)이 정월 초하루에 나타난다고 한다. 그래서 매년 정월 초하루가 되면 사람들은 세배 하기, 춘롄 붙이기, 세화 걸기, 폭죽 터뜨리기, 세뱃돈 주기, 자오즈 먹기 등의 풍습을 가지게 되었다.

선생님의 한마디

• 양력 1월 1일은 '元旦 Yuándàn' 이라고 부릅니다.

• **春联**은 설날에 문 · 기둥에 붙이는 대련(종이나 천에 쓰거나 대나무 · 나무 · 기둥 따위에 새긴 대구)을 말합니다.

• **年画**는 설날에 실내에 붙이는, 즐거움과 상서로움을 나타내는 그림을 말합니다.

• **出没** chūmò 동 출몰하다

|주요 어휘 및 표현|

- ☐ **年兽** niánshòu 흉맹한 야수
- ☐ **爆炸** bàozhà 동 큰 소리를 내며 폭발하다
- ☐ **拜年** bàinián 동 세배하다
- ☐ **贴春联** tiē chūnlián 춘롄을 붙이다
- ☐ **挂年画** guà niánhuà 세화를 걸다
- ☐ **放爆竹** fàng bàozhú 폭죽을 터트리다
- ☐ **发红包** fā hóngbāo 세뱃돈을 나눠 주다
- ☐ **饺子** jiǎozi 명 자오즈[한국의 물만두와 같음]
- ☐ **习俗** xísú 명 풍속, 습속

2. 清明节 Qīngmíngjié 칭밍제

清明节是一个祭祀祖先的节日，传统活动为扫墓。古代有名的诗句“清明时节雨纷纷，路上行人欲断魂”就是描写清明节景象的。

칭밍제는 조상에게 제사를 지내는 명절로, 전통적인 활동은 성묘이다. 고대의 유명한 시구 '칭밍제에 비 어지럽게 내리니, 길가는 나그네는 시름겨워지네.'는 바로 칭밍제의 모습을 묘사한 것이다.

- 祖先 zǔxiān 명 선조, 조상
- 时节 shíjié 명 때, 계절
- 纷纷 fēnfēn 형 (비 · 눈 · 꽃잎 등이) 어지럽게 흩날리다
- 断魂 duànhún 동 넋을 잃다
- 描写 miáoxiě 동 묘사하다

| 주요 어휘 및 표현 |

□ 祭祀 jìsì 동 제사를 지내다

□ 扫墓 sǎomù 동 성묘하다

3. 中秋节 Zhōngqiūjié 중추제

阴历八月十五日，这天是一年中月亮最圆的一天，因此象征着团圆。这一天中国人祭月、观潮、猜谜、赏桂花、玩花灯，吃月饼。

음력 8월 15일은 일 년 중 달이 밝고 가장 둥근 날이어서 '团圆(한자리에 모이다)'을 상징한다. 이날 중국인은 달에 제사 지내기, 조수 구경하기, 수수께끼 맞히기, 계수나무 꽃 감상하기, 꽃등 놀이를 하고, 위에빙을 먹는다.

- 阴历 yīnlì 명 음력
- 圆 yuán 형 둥글다
- 象征 xiàngzhēng 동 상징하다, 나타내다

| 주요 어휘 및 표현 |

□ 团圆 tuányuán 동 한자리에 모이다

□ 祭月 jì yuè 달에 제사 지내다

□ 观潮 guāncháo 동 조수를 구경하다

□ 猜谜 cāimí 동 수수께끼를 맞히다

□ 赏桂花 shǎng guìhuā 계수나무 꽃을 감상하다

□ 玩花灯 wán huādēng 꽃등 놀이하다

□ 月饼 yuèbing 명 위에빙[중국에서 중추제에 먹는 음식으로, 소를 넣어 둥글게 만든 음식. 온 가족이 한자리에 모인다는 의미를 나타냄]

4. 端午节 Duānwǔjié 돤우제

阴历5月5日是中国的端午节。最初是为了纪念爱国主义诗人屈原。端午节有吃粽子，赛龙舟，挂菖蒲，喝雄黄酒的习俗。“端午节”为国家法定节假日之一，并被列入世界非物质文化遗产名录。

음력 5월 5일은 중국의 돤우제이다. 최초에는 애국주의 시인 굴원을 기념하기 위해서였다. 돤우제에는 쭝즈 먹기, 용선 경주하기, 창포를 걸고 웅황주를 마시기의 풍습이 있다. 돤우제는 법정 공휴일 중 하나로, 세계 무형 문화유산 명부에 들어간다.

- **屈原** Qū Yuán 고유 굴원[인명]
- **法定节假日** fǎdìng jiéjiàrì 법정 공휴일
- **列入** lièlù 동 집어넣다, 끼워 넣다
- **文化遗产** wénhuà yíchǎn 명 문화유산
- **名录** mínglù 명 명부, 명단

| 주요 어휘 및 표현 |

- □ **粽子** zòngzi 명 쫑즈[찹쌀을 대나무 잎사귀나 갈댓잎에 싸서 삼각형으로 묶은 후 찐 음식]
- □ **赛龙舟** sài lóngzhōu 용선 경주를 하다
- □ **挂菖蒲** guà chāngpú 창포를 걸다
- □ **雄黄酒** xiónghuángjiǔ 명 웅황주[단오에 액막이를 위해 마시거나 몸에 바르던 웅황 가루와 창포 뿌리를 잘게 썰어 넣어 만든 술]

5. 国庆节 Guóqìngjié 궈칭제[건국 기념일]

每年的10月1日是中国的国庆节，全国人民举国欢庆。法律规定从1日到7日放假7天，是中国旅游行业的黄金周。

매년 10월 1일은 중국의 궈칭제로 전 국민과 전국이 즐겁게 축하한다. 법적으로 1일에서 7일까지, 7일 동안 쉬는 것을 규정으로 하며, 중국 여행 업종의 황금주이다.

- **举国** jǔguó 명 전국
- **欢庆** huānqìng 동 경축하다, 즐겁게 축하하다

STEP 04 확인문제 풀기

01 黄山是世界文化与自然双重遗产，并以怪石众多而著称，其中已被命名的就有120多处，像老僧采药、狮子峰等，形态各异，生动形象。从不同的方向或角度，或者在不同的天气下观看，黄山怪石会呈现出不一样的形态，可谓“横看成岭侧成峰，远近高低各不同”。

A 黄山的天气多变
B 黄山怪石形象生动
C 黄山怪石都以动物命名
D 黄山怪石最适合夏季观赏

02 南京云锦是中国传统的提花丝织工艺品，用料考究，织工精细，图案色彩鲜艳，如天上彩云般瑰丽，故名“云锦”。它与苏州的宋锦、四川的蜀锦一起并称为“中国三大名锦”。

A 云锦制作工艺已经失传
B 云锦因美如彩云而得名
C 云锦的名声已不如从前
D 云锦是南京三大名锦之一

03 围屋是客家的特色民居建筑，始建于唐宋，兴盛于明清。它是具有防御力的城堡式建筑，只要是客家人的聚居之处，都能见到围屋的痕迹。围屋与北京的四合院、陕北的窑洞、闽西的土围楼一起被称为中国“四大古民居”。

A 围屋是方形的
B 围屋内部有保暖设施
C 围屋多位于城市中心
D 围屋拥有悠久的历史

04 杜牧是晚唐杰出诗人，据说他早年创作了近千首唐诗，但是晚年审查自己的作品时，将自己不满意的诗词全部烧毁，只留下200多首。不过他留下的这些诗歌，几乎首首都是经典之作，至今仍被传颂。

A 杜牧从小就会写诗
B 杜牧晚年时烧了很多诗
C 杜牧对自己的作品很满意
D 杜牧的诗一首都没流传下来

▶ 정답 및 해설 36쪽

시나공법 02

일반 상식을 출제한다!

HSK 5급 독해 2부분 설명문 중 일반 상식을 다룬 지문도 높은 비중을 차지합니다. 설명문의 특성상 첫 문장이 주제 문장인 경우가 많으니 첫 문장을 읽고 전체 글의 흐름을 짐작할 수 있어야 합니다. HSK 5급 필수어휘 외에도 어려운 단어들이 많이 출제되므로, 지문에서 모르는 단어는 선택지의 단어와 한자 그림 맞추기를 하면서 정답을 찾아야 합니다.

STEP 01 먼저 풀어보기

예제 1

西红柿中含有94%左右的水分，其消暑解渴的效果可以与西瓜媲美。不过，西红柿中维生素C的含量却相当于西瓜的10倍，而且由于受到有机酸的保护，即使在烹调加热过程中，维生素C也不易遭到破坏。

A 西瓜不宜长期存放
B 西红柿生吃更营养
C 蔬菜普遍含有有机酸
D 西红柿的维生素C含量高于西瓜

예제 2

植物枝叶每天都要蒸发大量的水分，水在蒸发过程中会吸收周围空气中的热量，从而起到降温的作用，因而植物又被誉为“绿色空调器”。据科学测定，绿化率高的街区，夏季气温比绿化面积少的街区平均低2-4摄氏度。

A 绿色空调用电少
B 植物具有降温功能
C 植物吸水能力相对较弱
D 绿化率低的街区温度更低

STEP 02 선생님 풀이과정 보기

예제 1

|해 설|

西红柿中含有94%左右的水分，其消暑解渴的效果可以与西瓜媲美。不过，西红柿中维生素C的含量却相当于西瓜的10倍，而且由于受到有机酸的保护，即使在烹调加热过程中，维生素C也不易遭到破坏。 A 西瓜不宜长期存放 B 西红柿生吃更有营养 C 蔬菜普遍含有有机酸 D 西红柿的维生素C含量高于西瓜	토마토는 94% 정도의 수분을 함유하고 있다. 더위를 식히고 갈증을 푸는 (토마토의) 효과는 수박과 견줄 만하다. 그런데 토마토 속 비타민C의 함량은 수박의 10배에 해당되고, 또한 유기산의 보호를 받기 때문에 설령 요리하고 가열하는 과정에서도 비타민 C는 쉽게 파괴되지 않는다. A 수박은 장기간 보관하면 안 된다 B 토마토는 생으로 먹는 것이 더욱 영양가 있다 C 채소는 일반적으로 유기산이 함유되어 있다 D 토마토의 비타민C 함량은 수박보다 높다

첫 문장을 읽으면 이 글의 중심이 '토마토(西红柿)'라는 것을 알 수 있으므로, 선택지의 B와 D를 후보로 놓고 두 번째 문장을 읽습니다. 두 번째 문장에서 '西红柿中维生素C的含量却相当于西瓜的10倍'라는 부분을 읽고 D 西红柿的维生素C含量高于西瓜가 정답임을 알 수 있습니다.

|단 어| **西红柿** xīhóngshì 명 토마토 | **含有** hányǒu 동 함유하다, (안에) 들어 있다 | **左右** zuǒyòu 명 정도, 쯤 | **消暑** xiāoshǔ 동 더위를 식히다 | **解渴** jiěkě 동 갈증을 풀다 | **效果** xiàoguǒ 명 효과 | **西瓜** xīguā 명 수박 | **媲美** pìměi 동 (아름다움을) 겨루다, 견주다 | **维生素** wéishēngsù 명 비타민 | **含量** hánliàng 명 함량 | **相当于** xiāngdāng yú ~에 상당하다, ~에 해당되다 | **倍** bèi 양 배 | **由于** yóuyú 접 ~때문에, ~으로 인해 | **受到保护** shòudào bǎohù 보호를 받다 | **有机酸** yǒujīsuān 명 유기산[산성을 나타내는 유기 화합물의 통칭] | **即使~也…** jíshǐ~yě… 설령 ~하더라도 …하다 | **烹调** pēngtiáo 동 요리하다, 조리하다 | **加热** jiārè 동 가열하다 | **过程** guòchéng 명 과정 | **遭到破坏** zāodào pòhuài 파괴되다 *遭到 zāodào 동 (나쁜 일을) 당하다 | **不宜** bùyí 동 ~해서는 안 된다[=不应该 bù yīnggāi], 적합하지 않다 | **长期** chángqī 명 장기간, 오랫동안 | **存放** cúnfàng 동 (물건을) 보관하다 | **生吃** shēngchī 동 생으로 먹다 | **营养** yíngyǎng 명 영양 | **蔬菜** shūcài 명 채소, 야채 | **普遍** pǔbiàn 형 보편적이다, 일반적이다

|정 답| D

선생님의 한마디

- 문장에서 但是, 可是, 不过와 같이 역접을 나타내는 접속사가 있으면 그 뒷부분을 주의 깊게 봐야 합니다. 역접 접속사 뒷부분에서 정답이 자주 출제됩니다.
- 普遍은 형용사이지만, 동사를 수식하는 부사 용법으로도 자주 쓰입니다. '보편적으로'라고 해석하세요.
- 高于처럼 1음절 형용사 뒤의 于는 비교의 의미를 나타냅니다. 즉, 高于西瓜는 比西瓜更高와 같은 의미입니다.

예제 2

|해 설|

植物枝叶每天都要蒸发大量的水分，水在蒸发过程中会吸收周围空气中的热量，从而起到降温的作用，因而植物又被誉为“绿色空调器”。据科学测定，绿化率高的街区，夏季气温比绿化面积少的街区平均低2-4摄氏度。

A 绿色空调用电少
B 植物具有降温功能
C 植物吸水能力相对较弱
D 绿化率低的街区温度更低

식물의 가지와 잎은 매일 대량의 수분이 증발하는데, 물이 증발하는 과정에서 주변 공기 속의 열량을 흡수함으로써 온도를 낮추는 작용을 한다. 그래서 식물은 '친환경 에어컨'이라고도 불린다. 과학 측정에 따르면, 녹지율이 높은 구역의 여름 기온은 녹지 면적이 적은 구역보다 평균적으로 섭씨 2~4도가 낮다고 한다.

A 친환경 에어컨은 전기 사용이 적다
B 식물은 온도를 낮추는 기능이 있다
C 식물의 물 흡수 능력은 상대적으로 약한 편이다
D 녹지율이 낮은 구역은 온도가 더 낮다

첫 번째 문장에서 '从而起到降温的作用' 부분을 읽고 B 植物具有降温功能이 정답임을 찾을 수 있습니다.

|단 어| **植物** zhíwù 명 식물 | **枝叶** zhīyè 명 가지와 잎 | **蒸发** zhēngfā 동 증발하다 | **大量** dàliàng 형 대량의 | **过程** guòchéng 명 과정 | **吸收** xīshōu 동 흡수하다 | **周围** zhōuwéi 명 주위 | **空气** kōngqì 명 공기 | **热量** rèliàng 명 열량 | **从而** cóng'ér 접 따라서, ~함으로써 | **起到~的作用** qǐdao~de zuòyòng ~한 작용을 하다 | **降温** jiàngwēn 동 온도를 내리다(낮추다) | **因而** yīn'ér 접 그러므로, 그런 까닭에 | **被誉为** bèi yùwéi ~이라고 불리다 | **绿色空调器** lǜsè kōngtiáoqì 친환경 에어컨 | **据** jù 전 ~에 따르면 | **科学测定** kēxué cèdìng 과학 측정 | **绿化率** lǜhuàlǜ 녹지율[총면적 중 녹지 공간이 차지하는 비율] | **街区** jiēqū 명 (약간의 거리로 형성된) 구역 | **气温** qìwēn 명 기온 | **绿化面积** lǜhuà miànjī 녹지 면적 | **平均** píngjūn 형 평균의, 평균적인 부 평균적으로 | **摄氏度** shèshìdù 양 섭씨(온도) [℃로 표기함] | **用电** yòngdiàn 동 전기를 사용하다 | **具有** jùyǒu 동 있다, 가지다 | **吸水** xīshuǐ 동 물을 흡수하다, 물을 빨아들이다 | **温度** wēndù 명 온도

|정 답| B

선생님의 한마디

- 첫 번째 문장의 每天都要에서 要는 규칙적인 습관을 나타내기 때문에 해석하지 않아도 됩니다. 要를 '~해야 한다'라고 해석하지 않도록 합니다.
- '起到~的作用'은 자주 쓰이는 구문이므로 잘 암기해 둡니다.
- 형용사 平均은 부사처럼 동사를 수식할 수 있습니다.

선생님의 한마디

독해 2부분에서는 나머지 선택지가 틀렸다는 것을 굳이 확인하지 말고 그다음 문제로 바로 넘어가야 제한 시간 안에 독해 영역을 다 풀 수 있습니다.

STEP 03 내공쌓기

설명문은 일정한 패턴을 가지고 있기 때문에 설명문의 구조를 알아 두면 글 전체의 흐름을 읽는 데 도움이 되며, 중요한 문장을 쉽게 찾을 수 있습니다. 또한 속독이 가능하게 되어 빠르게 정답을 찾을 수 있습니다.

1. 不仅/不但A，而且/还/也B

설명문에 자주 등장하는 '不仅/不但A，而且/还/也B' 구문에서는 뒷절인 B부분이 중요합니다. 이어지는 문장도 B의 내용을 좀 더 구체적으로 설명하는 형식으로 내용이 전개됩니다.

研究发现，人们为一场表演鼓掌欢呼的程度不仅(=不但)取决于表演者的水平（不仅+공연자의 수준에 달려 있다），还(=而且/也)取决于观众间的相互影响（还+관중 간의 상호 영향에 달려 있다 / 还 뒤의 내용이 더 중요함）。

当某几个人开始鼓掌时，这种情绪便会在人群中传播开来；（두 가지 내용을 대비할 때 사용함）当一两个人停止鼓掌时，周围的人也会慢慢停下来。

|분 석|

첫 번째 문장의 '不仅～还…' 구문의 내용은 '공연자의 수준에 결정될 뿐만 아니라, 관중 간의 상호 영향으로 결정된다'입니다. 이 구문에서 중요한 부분은 还 뒷부분, 즉, '관중 간의 상호 영향으로 결정된다'입니다. 따라서 두 번째 문장은 还 뒷부분의 내용을 구체적으로 부연하고 있습니다. 독해 지문에서 '不仅～还…' 구문이 나오면 还 뒷부분의 내용을 파악해야 합니다. 두 번째 문장의 쌍반점은 두 가지 내용을 대비할 때 주로 사용합니다. 이 지문에서는 몇몇 사람들이 박수를 치기 시작할 때와 박수를 멈출 때를 대비해서 설명하고 있습니다.

|해 석|

연구에 따르면, 사람들이 공연을 위해 박수 치며 환호하는 정도는 공연자의 수준에 달려 있을 뿐만 아니라 관중 간의 상호 영향에도 달려 있다고 한다.

몇몇 사람들이 박수 치기 시작할 때 이 감정은 즉시 사람들 사이에서 널리 퍼져 나가고, 한두 사람이 박수를 멈출 때 주변 사람들도 서서히 멈출 것이다.

선생님의 한마디

내공쌓기에 나오는 지문들은 꼭 10회 정독하세요.

- **鼓掌** gǔzhǎng 동 손뼉을 치다, 박수 치다
- **欢呼** huānhū 동 환호하다
- **取决于** qǔjué yú ~에 의해 결정되다, ~에 달려 있다
- **传播** chuánbō 동 전파하다, 널리 퍼지게 하다

2. 주제 문장 → 예를 들어 설명하는 문장

설명문은 대개 두괄식 구조로 이루어져 있습니다. 첫 번째 문장은 주제 문장이고, 두 번째 문장부터는 구체적인 예를 들어 주제 문장을 뒷받침합니다.

> 植物的高矮程度其实是可以通过叶子形状判断的。(주제 문장) 同一地区的植物，如果叶子是圆形的(① 잎이 원형인 경우)，则该植物可能是蔓生或藤本植物；如果叶子是细长的(② 잎이 가늘고 긴 경우)，则可能是高大的草本或木本植物，而且叶子越细长，植物越高。
>
> 这种分布能使同一地区的不同植物最大程度地利用有限的阳光、空气和水。

- **形状** xíngzhuàng 명 형상, 모양
- **蔓生** mànshēng 동 식물의 줄기가 덩굴져 나다
- **藤本植物** téngběn zhíwù 덩굴 식물
- **细长** xìcháng 형 가늘고 길다
- **分布** fēnbù 동 분포하다

|분 석|

첫 번째 문장이 이 글의 주제 문장이고, 두 번째 문장은 잎이 원형인 경우와 잎이 가늘고 긴 경우의 구체적인 설명을 통해, 잎의 모양을 통해 식물의 크기를 판단할 수 있다는 주제 문장을 뒷받침하고 있습니다. 또한 이 두 가지 경우는 대등하게 나열하고 있으므로 쌍반점으로 구분하고 있습니다. 이처럼 설명문에서는 보통 두괄식으로 주제 문장이 나오고, 이어서 예를 들어 설명하는 문장이 나오는 구조라는 것을 기억해야 합니다.

|해 석|

식물의 크고 작은 정도는 사실 잎의 모양을 통해서 판단할 수 있다. 같은 지역의 식물이 만약 잎이 원형이라면 이 식물은 아마 식물의 줄기가 덩굴져 나거나 덩굴 식물일 것이고, 만약 잎이 가늘고 길다면 아마 큰 초본 혹은 목본 식물일 것이다. 게다가 잎이 가늘고 길수록 식물은 키가 크다.

이런 분포는 같은 지역의 서로 다른 식물이 제한된 햇빛, 공기와 물을 최대한 이용하도록 할 수 있다.

3. 잘못된 통념 → 其实/但事实上……

설명문에서 첫 번째 문장은 주로 사람들이 알고 있는 잘못된 통념을 언급하고, 그 다음 문장에서 '其实(사실은)' 또는 '但事实上(그러나 사실상)'과 같은 단어를 이용해서 정확한 개념을 소개하는 식으로 전개되기도 합니다. 따라서 其实나 但事实上과 같은 단어가 나오면 뒷부분에 주의해서 읽어야 합니다.

① 설명1

很多人都以为早晨的空气最新鲜（사람들의 잘못된 통념），其实这是个误解（정확한 개념）。早晨，傍晚和夜间这三个时间段，地面温度低于高空温度，容易出现"逆温层"。这个"逆温层"就像一个大盖子一样压在地面上空，使地面空气中的污染物很难扩散，空气污染较为严重。

② 설명2

而上午十点至下午三四点之间，地面温度高于高空温度，逆温层就会逐渐消散。

于是污染物也就很快扩散了，因此这段时间空气更新鲜。

- 其实 qíshí 부 사실
- 误解 wùjiě 명 오해
- 逆温层 nìwēncéng 명 역전층 [대기의 고도가 높아질수록 온도가 낮아지는 것이 일반적이지만 고도가 높아질수록 온도가 올라가는 현상이 일어나는 기층을 말함]
- 扩散 kuòsàn 동 확산하다
- 消散 xiāosàn 동 흩어져 사라지다

|분 석|

위 지문은 첫 번째 문장에서 사람들의 일반적인 생각을 언급한 후, 其实를 이용해 이것이 잘못된 통념이라는 것을 말하고 있습니다. 두 번째 문장부터는 '이른 아침, 해질 무렵, 저녁 시간대가 공기 오염이 심하다'라는 설명과, '오전 10시부터 오후 3~4시 대의 공기가 더 신선하다'라는 설명을 병렬 나열하여 주제 문장을 구체적으로 설명하고 있습니다. 따라서 독해를 할 때는 其实 뒷부분의 내용을 정확하게 파악하는 것이 중요합니다.

|해 석|

많은 사람들은 모두 이른 아침의 공기가 가장 신선하다고 여기는데, 사실 이것은 오해이다. 이른 아침, 저녁 무렵과 야간 이 세 시간대는, 지면 온도가 고공 온도보다 낮아서 '역전층'이 쉽게 나타난다. 이 '역전층'은 커다란 덮개와 같이 지면 상공을 눌러, 지면 공기 속의 오염 물질이 확산되기 어렵게 해서 공기 오염이 비교적 심각하다. 그러나 오전 10시부터 오후 3~4시 사이까지는 지면 온도가 고공 온도보다 높아서, 역전층은 점차 흩어져 사라진다.

그래서 오염 물질도 빠르게 확산되고, 이 때문에 이 시간대의 공기는 더 신선하다.

STEP 04 확인문제 풀기

01 研究表明，饭后吃水果是一种错误的生活习惯。因为食物进入胃以后，需要一到两个小时来消化。肠胃需要先消化完正餐后再消化水果，如果饭后立即吃水果，那么水果的营养很难被全部吸收。另外，这也会加重肠胃的负担，长此以往，就会引起各种肠胃疾病。

A 饭后吃水果有助于消化
B 多吃水果可以让人变苗条
C 饭后立即吃水果对肠胃不好
D 身体要及时补充水分和营养

02 俗话说"饭不香，吃生姜"，生姜中含有姜辣素，能增强血液循环、刺激胃液分泌，起到促进消化、增进食欲的作用。当不想吃饭的时候吃上几片生姜，或在料理中加入生姜，既好吃又有营养。

A 吃生姜可促进消化
B 生姜可促进新陈代谢
C 吃生姜会让人没有胃口
D 多吃生姜有利于保养皮肤

03 　　蝴蝶的翅膀就像飞机的两翼，让蝴蝶利用气流向前飞行。蝴蝶翅膀上还有丰富多彩的图案，令人赞叹不已。这些五彩缤纷的图案不仅具有装饰的作用，还能让蝴蝶免于敌人的追捕，将自己隐藏起来。另外，蝴蝶翅膀上的图案还能作为同伴之间传递信息的信号。

A 蝴蝶与同伴无法沟通
B 蝴蝶不能远距离飞行
C 蝴蝶的翅膀有多种功能
D 根据翅膀颜色可判断蝴蝶种类

04 　　"黑匣子"又称为航空飞行记录器，是飞机专用的电子记录设备。它能记录飞机出事之前半个小时里的语音对话和飞行高度、速度、航向等数据，供事故分析之用。由于它具有抗火、防水、耐压、耐冲击振动等特点，即便飞机完全损坏，黑匣子里所记录的数据也能被完整地保存下来。

A 黑匣子容易损坏
B 黑匣子现在用处不大
C 黑匣子不具有防火功能
D 黑匣子可保存飞机数据

▶ 정답 및 해설 38쪽

시나공법 03

인생철학을 출제한다!

독해 2부분 10문제 중 평균 2문제는 인생철학과 관련된 내용이 출제됩니다. 인생철학은 주로 주제와 관련된 문장을 정답으로 많이 출제하므로 지문에서 말하고자 하는 주제를 재빨리 파악하는 것이 중요합니다. 지문 앞부분은 비유나 설명이 나오고 마지막 부분에서 주제가 나오는 경향이 많기 때문에, 주제를 찾을 때까지 빠르게 읽어 나가는 방법을 택하는 것이 유리합니다. 실전과 같이 문제를 푼 다음에 복습할 때는 반드시 10회 정독을 하는 습관을 기르도록 합니다.

STEP 01 먼저 풀어보기

예제 1

在心理学中，有一个著名的摘苹果理论，意思是说：一个渴望成功的人，应该永远努力去采摘那些需要奋力跳起来才能够得着的“苹果”——也就是目标。跳起来摘苹果，是一种挑战和超越，是用更高的目标激励自己，促使自己不断努力，从而获得更大的成功。

A 人要懂得满足
B 实现理想要脚踏实地
C 得不到的永远是最好的
D 追求较高目标有助于成长

예제 2

一位著名的政治家曾经说过:“要想征服世界，首先要征服自己的悲观。”人生在世，不如意事十之八九，这是一种客观规律，不以人的意志为转移。一味沉浸在不如意的忧愁中，只会使事情变得更加不如意。既然悲观于事无补，那我们何不微笑着对待生活呢?

A 不要过分追求完美
B 悲观的人更懂得珍惜
C 要保持乐观的生活态度
D 要学会表达自己的情感

선생님의 한마디

문제 풀이를 마친 후, 의미와 주제를 생각하며 지문을 10회 정독하세요.

STEP 02 선생님 풀이과정 보기

예제 1

|해 설|

在心理学中，有一个著名的摘苹果理论，意思是说：一个渴望成功的人，应该永远努力去采摘那些需要奋力跳起来才能够得着的“苹果”——也就是目标。跳起来摘苹果，是一种挑战和超越，是用更高的目标激励自己，促使自己不断努力，从而获得更大的成功。

A 人要懂得满足
B 实现理想要脚踏实地
C 得不到的永远是最好的
D 追求较高目标有助于成长

심리학에 유명한 '사과 따기' 이론이 있는데, 의미는 다음과 같다. 성공을 갈망하는 사람은 있는 힘을 다해 뛰어올라야 비로소 닿을 수 있는 '사과', 다시 말해서 '목표'를 영원히 노력해서 따야 한다. 뛰어올라 사과를 따는 것은 일종의 도전과 초월이자, 더 높은 목표로 자신을 격려하여 자신이 끊임없이 노력하게 함으로써, 더 큰 성공을 거두는 것이다.

A 사람은 만족할 줄 알아야 한다
B 이상을 실현하려면 착실하게 해야 한다
C 얻을 수 없는 것이 언제나 가장 좋다
D 비교적 높은 목표를 추구하는 것은 성장에 도움이 된다

'……意思是说'라는 표현을 이용해, 사과 따는 것에 비유하여 인생철학을 다루고 있음을 알 수 있습니다. 인생철학 지문은 주제를 담고 있는 선택지가 정답일 확률이 높으므로, 비유를 다룬 문장은 빠르게 넘어가고, 주제를 나타내는 마지막 문장에 초점을 두어야 합니다. 지문 마지막 문장인 '是用更高的目标激励自己，促使自己不断努力，从而获得更大的成功'을 통해 D 追求较高目标有助于成长가 정답임을 확인할 수 있습니다.

|단 어| **心理学** xīnlǐxué 명 심리학 | **著名** zhùmíng 형 저명하다, 유명하다 | **摘苹果理论** zhāi píngguǒ lǐlùn 사과 따기 이론 * **摘** zhāi 동 (식물의 꽃 · 잎 · 열매 등을) 따다 | **意思** yìsi 명 의미, 뜻 | **渴望** kěwàng 동 갈망하다 | **永远** yǒngyuǎn 부 영원히, 언제나 | **努力** nǔlì 동 노력하다, 열심히 하다 | **采摘** cǎizhāi 동 (식물의 꽃 · 잎 · 열매 등을) 따다 | **需要** xūyào 동 ~해야 한다, 필요하다 | **奋力** fènlì 동 있는 힘을 다하다 | **跳** tiào 동 뛰다 | **够得着** gòu de zháo 손이 닿을 수 있다 | **目标** mùbiāo 명 목표 | **挑战** tiǎozhàn 명 도전 | **超越** chāoyuè 명 초월 | **激励** jīlì 동 격려하다 | **促使** cùshǐ 동 ~하도록 (재촉)하다, ~하게 하다 | **不断** búduàn 부 부단히, 끊임없이 | **从而** cóng'ér 접 그리하여, 그렇게 함으로써 | **获得** huòdé 동 얻다, 획득하다 | **懂得** dǒngde 동 (뜻 · 방법을) 알다 | **实现理想** shíxiàn lǐxiǎng 이상을 실현하다 | **脚踏实地** jiǎotàshídì 일하는 것이 착실하고 견실하다 | **追求** zhuīqiú 동 추구하다 | **有助于** yǒuzhù yú ~에 도움이 되다

|정 답| D

선생님의 한마디
독해 영역은 첫 문장을 통해 글의 유형을 파악할 수 있습니다. '……说/表明'의 경우 설명문으로 볼 수 있고, 속담이나 심리학 이론, 인생과 관련된 단어가 있는 경우 인생철학을 다루는 지문으로 볼 수 있습니다.

예제 2

|해 설|

一位著名的政治家曾经说过："要想征服世界，首先要征服自己的悲观。"人生在世，不如意事十之八九，这是一种客观规律，不以人的意志为转移。一味沉浸在不如意的忧愁中，只会使事情变得更加不如意。既然悲观于事无补，那我们何不微笑着对待生活呢？

A 不要过分追求完美
B 悲观的人更懂得珍惜
C 要保持乐观的生活态度
D 要学会表达自己的情感

한 유명한 정치가가 일찍이 "세상을 정복하려면 우선 자신의 비관을 정복해야 한다."라고 말한 적이 있다. 인생을 살면서 뜻대로 되지 않는 일이 십중팔구인데, 이것은 객관적인 법칙이라 사람의 의지로 바꾸지 못한다. 뜻대로 되지 않는 슬픔에 무턱대고 빠지는 것은 일이 더 뜻대로 되지 않게 할 뿐이다. 이왕에 비관이 일에 아무런 도움이 안 된다면, 우리는 왜 미소를 지으며 삶을 대하지 않는 걸까?

A 지나치게 완벽을 추구하지 마라
B 비관적인 사람은 더 소중히 할 줄 안다
C 낙관적인 생활 태도를 유지해야 한다
D 자신의 감정을 표현할 줄 알아야 한다

첫 문장에서 정치가의 말로 문장을 시작한 것으로 미루어, 지문은 인생철학과 관련된 내용임을 유추할 수 있습니다. 첫 문장 '首先要征服自己的悲观'에서 주제에 관한 힌트를 얻는 것이 좋습니다. 征服가 HSK 6급 필수어휘라서 몰랐다면 悲观만 가지고도 주제를 유추할 수 있습니다. 悲观의 반대가 乐观이기 때문에 정답 C를 고를 수 있습니다. 지문의 마지막 문장인 '既然悲观于事无补，那我们何不微笑着对待生活呢？'를 통해서도 정답을 확인할 수 있습니다. 微笑着对待生活만 해석이 되어도 정답 C를 선택할 수 있습니다.

|단 어| **著名** zhùmíng 형 저명하다, 유명하다 | **政治家** zhèngzhìjiā 명 정치가 | **征服** zhēngfú 동 정복하다 | **首先** shǒuxiān 부 가장 먼저, 우선 | **悲观** bēiguān 형 비관적인 | **在世** zàishì 동 (사람이) 세상에 살다 | **如意** rúyì 동 뜻대로 되다 | **十之八九** shí zhī bā jiǔ 십중팔구, 거의 | **客观** kèguān 형 객관적인 | **规律** guīlǜ 명 법칙 | **以～为…** yǐ~wéi… ~으로 …하다 | **意志** yìzhì 명 의지 | **转移** zhuǎnyí 동 바꾸다, 변경하다 | **一味** yíwèi 부 무턱대고, 오로지, 덮어 놓고 | **沉浸** chénjìn 동 (분위기나 생각에) 빠져 있다, 잠겨 있다 | **忧愁** yōuchóu 형 슬프다, 우울하다 | **于事无补** yúshìwúbǔ 성 일에 아무런 도움이 안 되다 | **何不** hébù 부 왜 ~하지 않는가? | **微笑** wēixiào 동 미소를 짓다 | **对待** duìdài 동 대하다, 상대하다 | **过分** guòfèn 동 과분하다, 지나치다 | **追求** zhuīqiú 동 추구하다 | **完美** wánměi 형 매우 훌륭하다, 완전무결하다 | **懂得** dǒngde 동 (뜻 · 방법을) 알다 | **珍惜** zhēnxī 동 소중히 여기다 | **保持** bǎochí 동 (지속적으로) 유지하다 | **乐观** lèguān 형 낙관적이다 | **学会** xuéhuì 동 ~할 줄 알다 | **表达** biǎodá 동 (감정을) 표현하다 | **情感** qínggǎn 명 감정

|정 답| C

선생님의 한마디

HSK 5급 독해 2부분은 지문의 단어가 비교적 어려운 편입니다. 따라서 지문의 의미를 100% 이해하여 풀기는 어렵기 때문에, 본인이 해석할 수 있는 최대한의 단어를 이용해 정답을 유추해야 합니다. 60%의 확신이 든다면 정답으로 선택하고 과감하게 다음 문제로 넘어가야, 시간 안에 문제를 풀 수 있습니다.

STEP 03 내공쌓기

시험에 자주 출제되는 인생철학 주제

1. 인간관계

인간관계에서는 상대방을 칭찬해야 하고, 상대방의 말을 경청하며, 사심 없이 도와주어야 한다는 내용의 지문이 출제됩니다.

1) 赞美是一种美德。칭찬은 일종의 미덕이다.
Zànměi shì yì zhǒng měidé.

2) 要学会认真倾听。열심히 경청하는 것을 배워야 한다.
Yào xuéhuì rènzhēn qīngtīng.

3) 谦虚才能学到更多。겸손해야 더 많은 것을 배울 수 있다.
Qiānxū cái néng xuédào gèng duō.

4) 要乐于助人。다른 사람을 기꺼이 도와야 한다.
Yào lèyú zhù rén.

5) 要懂得与人合作。타인과 협력할 줄 알아야 한다.
Yào dǒngde yǔ rén hézuò.

2. 성공 1 – 목표와 계획의 중요성

성공을 하려면 목표를 설정하고 끝까지 포기하지 않는 정신이 중요합니다. 하지만 맹목적으로 전진하는 것만이 성공을 향한 길이라고는 볼 수 없습니다. 실수가 있다면 때로는 한 걸음 물러서는 것도 필요함을 강조하는 지문이 출제됩니다.

1) 要坚持自己的选择。자신의 선택을 끝까지 견지해야 한다.
Yào jiānchí zìjǐ de xuǎnzé.

2) 有时候放弃也是一种智慧。때로는 포기하는 것도 일종의 지혜이다.
Yǒushíhou fàngqì yě shì yì zhǒng zhìhuì.

3) 要学会取舍。취하고 버릴 줄 알아야 한다.
Yào xuéhuì qǔshě.

선생님의 한마디

인생철학과 관련한 지문은 시험에 자주 출제되는 주제만 알아도 문제의 반은 맞힐 수 있습니다. 반드시 암기를 철저히 해서 인생철학 관련 문제만큼은 다 맞히도록 합니다.

4) 要及时调整方向。 제때 방향을 조정할 줄 알아야 한다.
Yào jíshí tiáozhěng fāngxiàng.

5) 人生目标要切合实际。 인생의 목표는 현실에 부합되어야 한다.
Rénshēng mùbiāo yào qièhé shíjì.

3. 성공 2 - 노력과 태도

성공을 하기 위해서는 피 나는 노력을 해야 하고, 긍정적이고 낙관적인 마음 자세가 중요하며, 적극적인 행동력이 중요합니다. 자신의 장점과 잠재력을 발견해서 계발해야 한다는 내용도 자주 출제됩니다.

1) 成功离不开勤奋。 성공은 근면함이 없어서는 안 된다.
Chénggōng lí bù kāi qínfèn.

2) 付出才会有收获。 노력한 만큼 결과를 얻는다.
Fùchū cái huì yǒu shōuhuò.

3) 要平静地对待失败。 차분하게 실패를 대해야 한다.
Yào píngjìng de duìdài shībài.

4) 艰苦的环境有助于人的成长。 어려운 환경이 사람의 성장에 도움이 된다.
Jiānkǔ de huánjìng yǒuzhù yú rén de chéngzhǎng.

5) 做好小事是成就大事业的基础。
작은 일을 잘 해내는 것은 큰 사업을 성공시키는 밑바탕이다.
Zuòhǎo xiǎoshì shì chéngjiù dà shìyè de jīchǔ.

6) 要充分发挥自己的优势。 자신의 장점을 잘 발휘해야 한다.
Yào chōngfèn fāhuī zìjǐ de yōushì.

7) 情绪可以由自己掌握。 감정은 자신이 통제할 수 있다.
Qíngxù kěyǐ yóu zìjǐ zhǎngwò.

4. 성공 3 - 기회

성공의 기회는 준비된 자에게 찾아옵니다. 또한 위험을 두려워 말고 과감하게 도전해야 하며, 경쟁은 사람을 발전시킨다는 내용도 출제됩니다.

1) 要善于把握机会。기회를 잘 잡을 줄 알아야 한다.
Yào shànyú bǎwò jīhuì.

2) 机会偏爱有准备的人。기회는 준비된 자를 좋아한다.
Jīhuì piān'ài yǒu zhǔnbèi de rén.

3) 不要过于害怕风险。위험을 지나치게 두려워하지 마라.
Búyào guòyú hàipà fēngxiǎn.

4) 危机能够使人成熟。위기는 사람을 성숙하게 만들어 줄 수 있다.
Wēijī nénggòu shǐ rén chéngshú.

5) 竞争促进发展。경쟁은 발전을 촉진시킨다.
Jìngzhēng cùjìn fāzhǎn.

5. 행복

행복은 다른 사람과 비교하지 않고 스스로의 삶에 만족할 줄 알아야 한다는 것을 강조하는 내용이 주로 출제됩니다.

1) 做人应该知足常乐。사람은 항상 만족할 줄 알아야 한다.
Zuòrén yīnggāi zhīzú chánglè.

2) 不要过分追求完美。지나치게 완벽을 추구해서는 안 된다.
Búyào guòfèn zhuīqiú wánměi.

3) 不要与别人比较。다른 사람과 비교하지 마라.
Búyào yǔ biérén bǐjiào.

4) 要保持乐观的生活态度。낙관적인 생활 태도를 유지해야 한다.
Yào bǎochí lèguān de shēnghuó tàidù.

5) 积极的心态更重要。긍정적인 마음 자세가 더욱 중요하다.
Jījí de xīntài gèng zhòngyào.

STEP 04 확인문제 풀기

01 一项研究称，一个人如果要掌握某项技能并成为专家，则需要不间断地练习一万个小时；要把一份工作做得游刃有余，则差不多需要10年。所以如果你现在尽力了，但还是做得不够好，此时请不要太过抱怨，这只能说明你投入的时间还是不够多。多一点儿耐心、多给自己一点儿时间，相信不久的将来你就会成功。

A 要合理分配时间
B 要热爱自己的工作
C 成功的标准并不唯一
D 成功需要一定时间的积累

02 象棋是很多人都喜欢的一种娱乐方式，要想下好一盘棋，你必须提前制定好策略，有计划地打败对手。遇到突发情况时，你要及时做出调整，以应对各种变化。人生也像下棋一样。本来走得很顺的路，突然出现了岔路口，这时你应该当机立断，迅速做出新的选择，才能继续你的脚步。

A 象棋的规则很复杂
B 要善于处理生活中的变化
C 下棋能提高人的表达能力
D 做重大决定时要征求他人意见

03 别为小小的委屈难过，人生在世，注定要受许多委屈。因此一个人越是成功，他所遭受的委屈也就越多；一个人越是聪明，就越会忍受更多委屈。要想让自己的生活更加精彩，就不能太在乎委屈。面对委屈，我们需要心胸开阔一点，用微笑与忍耐去对待。

A 要学会克服困难
B 委屈是可以避免的
C 受了委屈不要太在意
D 聪明的人很少遭受委屈

04 俗话说："送人玫瑰，手留余香。"在帮助别人的过程中，我们得到的不是经济上的回报，而是精神上的收获。帮助别人能提升我们的境界，改善我们的心态。这些收获虽然不那么"实惠"，却能让我们长期甚至终身受益，而这些是金钱买不来的。

A 付出不一定有收获
B 物质是精神的基础
C 良好的人际关系很重要
D 帮助别人能使自己受益

▶ 정답 및 해설 40쪽

61. 3D食物打印机是一种能像打印文件一样把食物“打印”出来的机器。我们只要把材料和配料放入容器内，然后输入食谱，打开开关，很快就能吃到我们想吃的食物了。这款新产品的商业用途很广，一旦普及，必然会极大地改变人类的生活方式。

A 3D食物打印机很环保
B 3D食物打印机价格昂贵
C 3D食物打印机还未普及
D 3D食物打印机无需输入食谱

62. 研究发现，把水果和蔬菜混在一起保管，会缩短它们的保鲜时间。因为不同的水果和蔬菜保存方法也不尽相同。所以最好将水果和蔬菜分类包装，然后分区域保存。这样可以保证果蔬的保鲜时间更长。

A 蔬菜不能放在冰箱里
B 夏季果蔬的保鲜期会缩短
C 不同的果蔬保存条件不同
D 果蔬一起保存味道会变差

63. 人如果能利用好一天之中效率最高的那段时间，那么只要投入20%的精力就能有80%的收获。相反，如果是在效率较低的时间段内工作，那么即使投入很大的精力也只能有很少的收获。因此，我们要把握住一天中效率最高的那段时间，利用这段时间来解决最难和最需要思考的事情。

A 要制定每天的工作计划
B 高效率时段不能休息
C 要明确自己的工作方向
D 要合理利用高效率时段

64. 平湖秋月景区是杭州西湖十景之一，位于西湖白堤的西面。这里不仅风景秀丽，而且临水平台宽敞，视野开阔，能将西湖美景尽收眼底，因此一直被公认为西湖赏月的最佳去处。

A 杭州共有十大景区
B 白堤具有纪念价值
C 平湖秋月景区水位很高
D 平湖秋月景区很适合赏月

65. 北京大学生电影节始于1993年，它以“大学生办，大学生看，大学生拍，大学生评”为特色，对教育、文化和影视等各领域都有深远影响。该电影节的学生评委来自全国各大高校，参与人数居中国的各种电影节之首。

A 获奖影片由导演投票选出
B 该电影节期间有免费电影展
C 该电影节在教育界很有影响力
D 该电影节由北京电影学院主办

66. 机器人能够“听懂”人讲话，其实是因为人们给它安装了类似于人耳的“听觉器官”，这种“耳朵”靠电脑系统控制，只能按照提前编好的程序工作。机器人的“听觉”系统并不能像人脑那样独立分析事物，所以机器人的“听力”其实很有限。

A 机器人无法独立分析事物
B 机器人的听觉和人类一样
C 机器人能记住说话人的声音
D 未来机器人能正常说话生活

67. 西塘是江南六大古镇之一。9条河流在镇内交汇，27座古桥将古镇分为8个区域，呈现出一种小桥流水的水乡风情。西塘是江南一带唯一没有被商业开发的千年古镇，因此被称为“活着的千年古镇”。在这里你能更真切地接触到江南水乡人家的真实生活。

A 西塘交通不便
B 西塘具有水乡特色
C 江南古镇已完全商业化
D 西塘景区免费向游人开放

68. 忍冬，因其刚开花时为白色，后变为黄色，而又名“金银花”。它是一种药用价值极高的中草药，自古被誉为清热解毒的良药，常被用于治疗各种热病，如身体发热、嗓子疼痛等，效果十分显著。

A 金银花是一种药材
B 金银花的香味很浓
C 金银花只在冬季开花
D 金银花可用来治头疼

69. 国际驾照是指人们在国外驾车、租车时所需的驾驶资格证明和翻译文件，其实它并不是驾照，因此只有和驾驶员所持的本国驾照同时使用才有效。换句话说，真正判断驾驶员是否具有驾驶资格的是他的本国驾照，而不是国际驾照。

A 国际驾照不能单独使用
B 国际驾照每年可考一次
C 国际驾照由各国使馆发放
D 仅有少数国家承认国际驾照

70. 人的情绪与外界环境有着密切的联系。总的来说，低温环境更有利于人的精神稳定，如果气温过高，人不仅会感到身体不适，心理和情绪也会随之变得非常不稳定，容易导致脾气变差、记忆力下降等。

A 人的情绪会受到温度影响
B 低温环境容易让人想睡觉
C 全球变暖是严重的大问题
D 情绪变化大是种心理疾病

▶ 정답 및 해설 95쪽

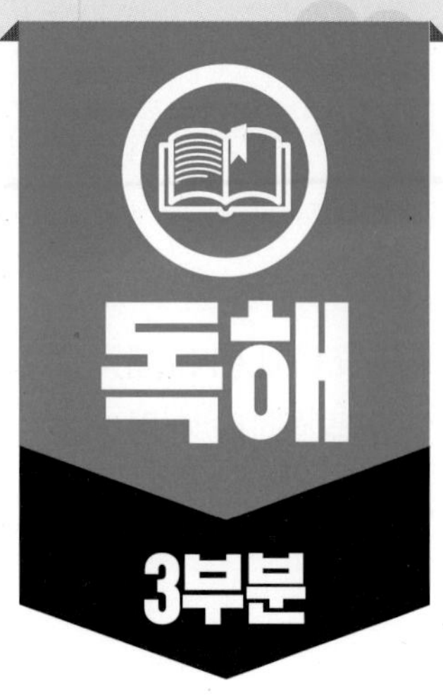

시험 유형 소개

★ 총 20문제(71~90번)

★ 지문은 총 5개가 출제되며, 지문 한 개당 4문제로 구성

★ 지문 내용
- 설명문: 지식 전달
- 이야기 글: 깨우침을 주는 글

★ 평균 3개 이상의 지문이 설명문으로 출제되고 있음

★ 배점: 문제당 2.2점(상대평가로, 소수점은 나오지 않음)

예제

71-74

小李大学毕业后，在一家著名的房地产公司工作。他总是向朋友抱怨："我来公司都两年了，工资一直是最低的，老板也一直不肯重用我。我实在干不下去了，想辞职。"

朋友问他："你把你们公司的业务都弄清楚了没有？"他不好意思地回答："还没有。"朋友接着说："我建议你先静下心来，踏踏实实地工作，等你把所有东西都学会了再走也不迟。"

小李觉得朋友说的很有道理。从此，他一改往日散漫的工作态度，开始积极地投入到工作中，努力学习公司的各项业务。有时下班之后还留在办公室加班。

一年后，朋友遇到小李，就问他："你现在大概什么都学会了，可以准备拍桌子不干了吧？"小李笑着说："我发现近半年来，老板对我越来越器重了，不但把我升为业务主管，最近还让我负责一个很重要的项目，就连同事们对我的态度也都不一样了。"

就像故事中的小李一样，在这个实力决定竞争力的时代，只有把工作做得比别人更迅速、更完美，让自己的水平提高到一般人不可替代，才能受到别人的重视。

71. 小李抱怨什么？
√A 工资太低　　B 经常加班
C 和同事难相处　　D 工作比较无聊

72. 朋友建议小李怎么做？
√A 踏实工作　　B 尽快辞职
C 与老板沟通　　D 找一份兼职

73. 第4段中，与画线词语"器重"意思最接近的是？
√A 看重　　B 安慰
C 羡慕　　D 推荐

74. 这个故事主要想告诉我们：
A 遇事不能慌张　　B 要对自己有信心
√C 要首先提高自身实力　　D 要处理好工作和生活的关系

시험 공략법

1 문제를 먼저 읽는다!

문제는 하나씩만 읽습니다. 문제를 먼저 읽는 것은 내가 필요로 하는 정보를 지문에서 빨리 찾기 위함인데 네 문제를 한꺼번에 읽고 지문에서 찾으려 하면, 문제를 다 기억하지 못해서 시간만 낭비하게 되기 때문입니다. 대부분 문제는 순서대로, 한 단락당 한 문제씩 풀리는 경우가 많습니다. 정답과 상관없는 문장이나 단락은 읽지 않고 과감히 넘기는 연습을 많이 해야 합니다.

2 세부 내용을 묻는 문제는 바로 지문을 본다!

의문사를 이용해서 묻는 구체적인 문제는 문제만 기억한 뒤, 지문에서 힌트가 있는 부분을 찾은 다음, 선택지에서 정답을 찾도록 합니다. 예를 들어, 71번 문제를 읽은 후 질문의 핵심을 기억해서 지문을 빠르게 읽어 나가면서 힌트가 있는 부분을 찾고, 선택지에서 맞는 내용을 고릅니다. 이때는 선택지를 미리 보지 않아도 됩니다.

3 정오를 묻는 문제는 선택지를 읽은 후 지문을 본다!

맞는 내용 혹은 틀린 내용을 묻는 문제들, 즉, **'根据上文，下列哪项正确?'** 혹은 **'关于……，可以知道什么?'**와 같은 문제는 선택지를 먼저 속독한 후 지문에서 찾습니다. 이 경우 문제 자체에 아무런 정보가 없으므로, 선택지로 내용을 파악한 후 지문에서 핵심 단어를 중심으로 일치하는 내용을 찾아야 합니다.

4 속독과 어휘량이 관건이다!

속독은 문제를 많이 푼다고 느는 것이 아닙니다. 반드시 학습한 지문을 10회 정독을 해야만 구조가 익숙해지고, 속독이 가능해집니다. 또한 평소에 字로 어휘를 익히고, 문맥과 字로 단어의 뜻을 유추하는 훈련을 해야 어휘량이 높아집니다. 지문 10회 정독과 단어의 뜻을 유추하는 훈련을 꼭 기억하세요!

字로 어휘 익히기 - 5급 최우선 필수어휘 700

- ☐ **捐** juān 동 바치다, 기부하다, 헌납하다
- ☐ **决赛** juésài 명 결승전, 파이널 ⇒ 决 동 결정하다 + 赛 명 시합
- ☐ **决心** juéxīn 동 결심하다 명 결심, 결의 ⇒ 决 동 결정하다 + 心 명 마음
- ☐ **角色** juésè 명 역할, 배역 ⇒ 角 명 역할 + 色 명 색

| Tip | 角의 발음이 jiǎo가 아니라 jué인 것에 주의합니다.

- ☐ **绝对** juéduì 형 절대적인 부 절대로, 반드시
- ☐ **开发** kāifā 동 개발하다
- ☐ **开幕式** kāimùshì 명 개막식 ⇒ 开 동 열다, 시작하다 + 幕 명 막 + 式 명 의식
- ☐ **开水** kāishuǐ 명 끓인 물
- ☐ **砍** kǎn 동 (도끼로) 찍다, 패다
- ☐ **看不起** kànbuqǐ 동 경시하다, 무시하다
- ☐ **看望** kànwàng 동 방문하다 ⇒ 看 동 방문하다 + 望 동 방문하다, 찾아가다
- ☐ **靠** kào 동 ① 기대다 ② 의지하다, ~에 달려 있다 전 ~에 의지해서, ~을 가지고
- ☐ **可见** kějiàn 접 ~임을 알 수 있다
- ☐ **克服** kèfú 동 극복하다 ⇒ 克 동 극복하다, 이기다
- ☐ **刻苦** kèkǔ 형 몹시 애를 쓰다, 노고를 아끼지 않다
- ☐ **客观** kèguān 형 객관적인
- ☐ **课程** kèchéng 명 교육과정, 커리큘럼 ⇒ 课 명 수업 + 程 명 순서, (진행) 과정
- ☐ **空间** kōngjiān 명 공간
- ☐ **空闲** kòngxián 형 한가하다 명 짬, 틈, 여가 ⇒ 空 명 틈, 짬 + 闲 형 한가하다
- ☐ **控制** kòngzhì 동 통제하다, 억제하다 ⇒ 控 동 제어하다, 통제하다 + 制 동 제한하다, 통제하다
- ☐ **夸张** kuāzhāng 동 과장하다 ⇒ 夸 동 과장하다 + 张 동 확대하다, 넓히다
- ☐ **会计** kuàijì 명 회계사, 회계
- ☐ **宽** kuān 동 (폭이) 넓다 형 너그럽다, 관대하다 명 너비, 폭
- ☐ **扩大** kuòdà 동 (범위 · 규모를) 확대하다, 넓히다 ⇒ 扩 동 확대하다, 넓히다 + 大 형 크다
- ☐ **拦** lán 동 (가로)막다, 저지하다
- ☐ **朗读** lǎngdú 동 낭독하다
- ☐ **劳动** láodòng 명 노동, 일 동 노동하다, 일하다
- ☐ **老百姓** lǎobǎixìng 명 백성, 국민
- ☐ **老板** lǎobǎn 명 상점 주인, (상공업계의) 사장
- ☐ **老婆** lǎopo 명 아내
- ☐ **老实** lǎoshi 형 솔직하다, 정직하다, 성실하다
- ☐ **老鼠** lǎoshǔ 명 쥐
- ☐ **姥姥** lǎolao 명 외할머니
- ☐ **乐观** lèguān 형 낙관적인
- ☐ **雷** léi 명 천둥, 우레

□ 类型 lèixíng 명 유형 ⇒ 类 명 종류 + 型 명 유형
□ 冷淡 lěngdàn 형 냉담하다, 쌀쌀하다
□ 厘米 límǐ 양 센티미터(cm)
□ 离婚 líhūn 동 이혼하다 ⇒ 离 동 분리하다, 떠나다 + 婚 명 혼인, 결혼
□ 梨 lí 명 배[과일명]
□ 理由 lǐyóu 명 이유
□ 力量 lìliàng 명 역량, 힘 ⇒ 力 명 힘, 능력 + 量 명 수량, 양
□ 立即 lìjí 부 곧, 즉시
□ 立刻 lìkè 부 즉시, 바로
□ 利润 lìrùn 명 이윤 ⇒ 利 명 이익, 이윤 + 润 형 습하다, 윤이 나다 명 이익, 이윤
□ 利息 lìxī 명 이자 ⇒ 利 명 이익 + 息 명 이자 동 쉬다, 휴식하다
□ 利益 lìyì 명 이익 ⇒ 利 명 이익 + 益 명 이익
□ 利用 lìyòng 동 이용하다
□ 连续 liánxù 동 연속하다, 계속하다 ⇒ 连 동 잇다 + 续 동 이어지다, 계속하다
□ 恋爱 liàn'ài 동 연애하다 명 연애
□ 亮 liàng 형 밝다, 빛나다 동 (날이) 밝다, 새다
□ 列车 lièchē 명 열차
□ 临时 línshí 형 잠시의, 일시적인 부 때에 이르러, 갑자기 ⇒ 临 동 이르다, 오다 + 时 명 때
□ 灵活 línghuó 형 민첩하다, 재빠르다, 융통성 있다
□ 零食 língshí 명 간식, 군것질, 주전부리 ⇒ 零 형 자잘하다, 사소하다 + 食 명 음식
□ 领导 lǐngdǎo 명 지도자, 리더, 상사 동 이끌다, 지도하다 ⇒ 领 동 이끌다 + 导 동 이끌다
□ 领域 lǐngyù 명 영역, 분야
□ 浏览 liúlǎn 동 대충 훑어보다, 대강 둘러보다 ⇒ 览 동 보다, 대강 훑어보다
□ 流传 liúchuán 동 전해지다
□ 流泪 liúlèi 동 눈물을 흘리다 ⇒ 流 동 흐르다 + 泪 명 눈물
□ 陆续 lùxù 부 (시간 차를 두고) 끊임없이, 잇따라
□ 录取 lùqǔ 동 채용하다, 뽑다, 합격시키다
□ 轮流 lúnliú 동 교대로 하다, 돌아가면서 하다
□ 落后 luòhòu 형 낙후되다, 뒤떨어지다 ⇒ 落 동 (뒤)떨어지다 + 后 명 뒤
□ 骂 mà 동 욕하다, 꾸짖다
□ 麦克风 màikèfēng 명 마이크
□ 毛病 máobìng 명 ① (기계의) 고장 ② (사람의) 결점, 단점
□ 矛盾 máodùn 명 모순, 갈등 형 모순적인 ⇒ 矛 명 창 + 盾 명 방패
□ 冒险 màoxiǎn 동 모험하다, 위험을 무릅쓰다 ⇒ 冒 동 무릅쓰다 + 险 명 위험
□ 贸易 màoyì 명 무역, 교역
□ 媒体 méitǐ 명 대중매체, 매스미디어
□ 魅力 mèilì 명 매력
□ 梦想 mèngxiǎng 명 꿈, 간절히 바라는 일
□ 秘密 mìmì 명 비밀 형 비밀의

□ 秘书 mìshū 명 비서

□ 密切 mìqiè 형 (관계가) 밀접하다, 가깝다

□ 蜜蜂 mìfēng 명 꿀벌 ⊳ 蜜 명 꿀 + 蜂 명 벌

□ 面对 miànduì 동 마주 보다, 직면하다

□ 面积 miànjī 명 면적

□ 面临 miànlín 동 (문제 · 상황에) 직면하다, 당면하다

□ 苗条 miáotiao 형 (몸매가) 날씬하다

□ 描写 miáoxiě 동 묘사하다

□ 名牌 míngpái 명 유명 상표[브랜드] ⊳ 名 형 유명하다, 저명하다 + 牌 명 상표, 브랜드, 간판, 팻말

□ 名片 míngpiàn 명 명함

□ 名胜古迹 míngshèng gǔjì 명 명승고적
⊳ 名 형 유명하다, 저명하다 + 胜 형 (경치가) 아름답다 + 古 형 오래되다 + 迹 명 (발)자취, 흔적

□ 明确 míngquè 형 명확하다 ⊳ 明 형 명백하다, 분명하다 + 确 형 확실하다

□ 明显 míngxiǎn 형 뚜렷하다, 분명하다 ⊳ 明 형 명백하다, 분명하다 + 显 형 분명하다, 뚜렷하다

□ 命令 mìnglìng 동 명령하다 명 명령

□ 命运 mìngyùn 명 운명

□ 摸 mō 동 ① 만지다, 쓰다듬다 ② 찾다, 모색하다

□ 模仿 mófǎng 동 모방하다 ⊳ 模 동 본뜨다, 모방하다 + 仿 동 모방하다, 본뜨다

□ 陌生 mòshēng 형 생소하다, 낯설다 ⊳ 生 형 생소하다, 낯설다

□ 目标 mùbiāo 명 목표

□ 哪怕 nǎpà 접 설령 ~이라 해도[=即使 jíshǐ]

□ 难怪 nánguài 부 어쩐지[궁금증이 풀렸을 때 사용함] [=怪不得 guàibude]

□ 难免 nánmiǎn 동 피하기 어렵다, ~하기 마련이다 ⊳ 难 형 어렵다 + 免 동 면하다, 피하다

□ 内科 nèikē 명 내과

□ 能干 nénggàn 형 유능하다 ⊳ 能 형 유능하다 + 干 형 유능하다

□ 能源 néngyuán 명 에너지, 에너지원 ⊳ 能 명 에너지 + 源 명 근원

□ 牛仔裤 niúzǎikù 명 청바지

□ 农村 nóngcūn 명 농촌

□ 浓 nóng 형 진하다

□ 拍 pāi 동 ① 치다, 두드리다 ② (영화 · 사진을) 찍다

□ 派 pài 동 보내다, 파견하다

□ 培训 péixùn 동 교육 훈련하다, 육성하다 ⊳ 培 동 배양하다, 양성하다 + 训 동 훈련하다

□ 培养 péiyǎng 동 배양하다, 기르다, 키우다 ⊳ 培 동 배양하다, 기르다 + 养 동 기르다

□ 赔偿 péicháng 동 배상하다, 변상하다 ⊳ 赔 동 배상하다, 변상하다 + 偿 동 배상하다, 변상하다

□ 佩服 pèifú 동 감탄하다, 존경스럽다, 탄복하다

□ 碰 pèng 동 ① 부딪히다, 충돌하다 ② (우연히) 만나다

□ 批 pī 양 무리, 떼

□ 批准 pīzhǔn 동 허락하다, 승인하다 명 허락, 승인 ⊳ 批 동 허가하다 + 准 형 정확하다 동 허락하다

□ 疲劳 píláo 형 피로하다, 지치다 ⊳ 疲 형 피로하다 + 劳 형 피로하다

- □ 频道 píndào 명 채널
- □ 平安 píng'ān 형 평안하다, 편안하다
- □ 平常 píngcháng 명 평소, 평상시 형 보통의, 평범하다 ⫸ 平 형 보통의, 일상적인 + 常 형 보통의, 평소의
- □ 平衡 pínghéng 형 평형하다, 균형이 맞다 명 균형, 밸런스
- □ 平静 píngjìng 형 평온하다, 조용하다 ⫸ 平 형 평온하다 + 静 형 조용하다
- □ 平均 píngjūn 형 평균의, 균등한 부 균등하게
- □ 评价 píngjià 동 평가하다 명 평가 ⫸ 评 동 평하다 + 价 명 값, 가격
- □ 凭 píng 전 ~에 근거하여, ~을 가지고서 동 의지하다, 기대다
- □ 破产 pòchǎn 동 파산하다, 도산하다 ⫸ 破 동 깨다, 파손되다 + 产 명 재산
- □ 破坏 pòhuài 동 파괴하다, 해치다, 손상시키다 ⫸ 破 동 깨다, 파손되다 + 坏 동 망가지다
- □ 期待 qīdài 동 기대하다
- □ 奇迹 qíjì 명 기적 ⫸ 奇 형 기이하다 + 迹 명 (발)자취, 흔적
- □ 气氛 qìfēn 명 분위기
- □ 谦虚 qiānxū 형 겸허하다, 겸손하다[=虚心 xūxīn] ⫸ 谦 형 겸허하다, 겸손하다 + 虚 형 겸허하다
- □ 签 qiān 동 서명하다, 사인하다
- □ 前途 qiántú 명 앞날, 미래
- □ 浅 qiǎn 형 ① (물이) 얕다 ② (색깔이) 옅다
- □ 欠 qiàn 동 ① 빚지다 ② 하품하다
- □ 强调 qiángdiào 동 강조하다 ⫸ 强 형 강하다 + 调 명 억양, 어조
- □ 强烈 qiángliè 형 강렬하다
- □ 墙 qiáng 명 담(장), 벽
- □ 抢 qiǎng 동 ① 빼앗다, 약탈하다 ② 앞다투어 ~하다
- □ 巧妙 qiǎomiào 형 절묘하다, 훌륭하다
- □ 切 qiē 동 (칼로) 자르다, 썰다
- □ 亲自 qīnzì 부 직접, 몸소
- □ 勤奋 qínfèn 형 부지런하다, 열심히 하다 ⫸ 勤 형 부지런하다, 근면하다 + 奋 동 분발하다
- □ 轻易 qīngyì 부 쉽사리, 함부로
- □ 情景 qíngjǐng 명 정경, 광경
- □ 情绪 qíngxù 명 마음, 기분
- □ 庆祝 qìngzhù 동 축하하다, 경축하다 ⫸ 庆 동 경축하다, 축하하다 + 祝 동 축하하다
- □ 球迷 qiúmí 명 (구기 종목의) 팬 ⫸ 球 명 구기 운동 + 迷 명 팬, 광
- □ 取消 qǔxiāo 동 취소하다
- □ 去世 qùshì 동 세상을 떠나다
- □ 权力 quánlì 명 권력
- □ 劝 quàn 동 권하다, 설득하다, 타이르다
- □ 缺乏 quēfá 동 부족하다, 모자라다[=缺少 quēshǎo] ⫸ 缺 동 결핍되다, 부족하다 + 乏 동 모자라다, 부족하다
- □ 确定 quèdìng 동 확정하다 형 확정적인, 확고하다
- □ 群 qún 명 ① 무리, 떼 ② 군중, 대중 양 무리, 떼

시나공법 01

깨우침을 주는 이야기 글을 출제한다!

깨우침을 주는 이야기 글은 서론에서 주인공이 시련을 맞닥뜨리고 본론에서 시련을 이겨 나가는 과정이 전개되며 결론에서는 주인공이 시련을 딛고 성공하는 내용이 대부분입니다. 문제는 서론과 결론 부분에서 출제되는 경향이 있고, 주제는 마지막 단락에서 총정리(总结)를 통해 제시하는 경우가 대부분입니다.

STEP 01 먼저 풀어보기

예제

小李大学毕业后，在一家著名的房地产公司工作。他总是向朋友抱怨："我来公司都两年了，工资一直是最低的，老板也一直不肯重用我。我实在干不下去了，想辞职。"

朋友问他："你把你们公司的业务都弄清楚了没有？"他不好意思地回答："还没有。"朋友接着说："我建议你先静下心来，踏踏实实地工作，等你把所有东西都学会了再走也不迟。"

小李觉得朋友说的很有道理。从此，他一改往日散漫的工作态度，开始积极地投入到工作中，努力学习公司的各项业务。有时下班之后还留在办公室加班。

一年后，朋友遇到小李，就问他："你现在大概什么都学会了，可以准备拍桌子不干了吧？"小李笑着说："我发现近半年来，老板对我越来越器重了，不但把我升为业务主管，最近还让我负责一个很重要的项目，就连同事们对我的态度也都不一样了。"

就像故事中的小李一样，在这个实力决定竞争力的时代，只有把工作做得比别人更迅速、更完美，让自己的水平提高到一般人不可替代，才能受到别人的重视。

선생님의 한마디

- 내공이 약한 학생들은 해설 부분에 있는 단어를 미리 한번 체크한 후 문제를 풀어 보세요.
- 문제를 풀 때는 1지문당 4분으로 제한하여 연습해야 합니다. 내공이 약한 학생들은 처음에 4분 30초로 제한하고, 서서히 4분으로 줄이도록 합니다.

1. 小李抱怨什么?

A 工资太低　B 经常加班
C 和同事难相处　D 工作比较无聊

2. 朋友建议小李怎么做?

A 踏实工作　B 尽快辞职
C 与老板沟通　D 找一份兼职

3. 第4段中，与画线词语“器重”意思最接近的是?

A 看重　B 安慰
C 羡慕　D 推荐

4. 这个故事主要想告诉我们:

A 遇事不能慌张　B 要对自己有信心
C 要首先提高自身实力　D 要处理好工作和生活的关系

STEP 02 선생님 풀이과정 보기

예제

|해 설|

❷ 지문 읽기

小李大学毕业后，在一家著名的房地产公司工作。他总是向朋友抱怨：[1]"我来公司都两年了，工资一直是最低的，老板也一直不肯重用我。我实在干不下去了，想辞职。"

1번 질문 1번 문제로 가기

❺ 지문 이어 읽기

朋友问他："你把你们公司的业务都弄清楚了没有？"他不好意思地回答："还没有。"朋友接着说："[2]我建议你先静下心来，踏踏实实地工作，等你把所有东西都学会了再走也不迟。"

2번 문제로 가기

❽ 지문 이어 읽기

小李觉得朋友说的很有道理。从此，他一改往日散漫的工作态度，开始积极地投入到工作中，努力学习公司的各项业务。有时下班之后还留在办公室加班。

一年后，朋友遇到小李，就问他："你现在大概什么都学会了，可以准备拍桌子不干了吧？"小李笑着说："我发现近半年来，老板对我越来越器重了，[3]不但把我升为业务主管，最近还让我负责一个很重要的项目，就连同事们对我的态度也都不一样了。"

3번 문제로 가기

⓫ 지문 이어 읽기

就像故事中的小李一样，在这个实力决定竞争力的时代，只有把工作做得比别人更迅速、更完美，[4]让自己的水平提高到一般人不可替代，才能受到别人的重视。

4번 문제로 가기

❶ 문제만 읽기

1. 小李抱怨什么？

A 工资太低　　B 经常加班

C 和同事难相处　　D 工作比较无聊

❸ 정답 고르기

❹ 문제만 읽기

2. 朋友建议小李怎么做？

A 踏实工作　　B 尽快辞职

C 与老板沟通　　D 找一份兼职

❻ 정답 고르기

선생님의 한마디

干不下去는 동사 干과 방향보어 下去 사이에 부정부사 不를 넣어 만든 표현으로, '~할 수 없다'라는 가능보어 부정형입니다.

선생님의 한마디

- 一改의 一는 '완전히'라는 의미입니다. 따라서 一改는 '완전히 바뀌었다'라는 의미입니다.
- 投入의 기본 뜻은 '(자금 등을) 투입하다'인데, 이 지문에서는 '(어떤 일에) 뛰어들다'라는 의미로 쓰였습니다.

선생님의 한마디

이야기 글의 마지막 总结(총정리) 부분에서는 주로 '只有~, 才能…(반드시 ~해야만, 비로소 …할 수 있다)'의 구문을 이용해서 주제를 나타내는 경우가 많습니다.

⑦ 문제만 읽기

3. 第4段中，与画线词语“器重”意思最接近的是?

A 看重　　B 安慰

C 羡慕　　D 推荐

⑨ 정답 고르기

⑩ 문제와 선택지 읽기

4. 这个故事主要想告诉我们：

A 遇事不能慌张　　B 要对自己有信心

C 要首先提高自身实力　　D 要处理好工作和生活的关系

⑫ 정답 고르기

① 1번 문제만 읽기

'小李抱怨什么?'라고 세부 내용을 물어보았으므로, 선택지는 보지 않고 지문에서 小李가 무엇을 원망하는지 찾아야 합니다.

② 지문 읽기 ~ ③ 1번 정답 고르기

1번 문제를 읽은 후 지문으로 가서 문제의 힌트가 나올 때까지 속독합니다. '他总是向朋友抱怨'이라는 부분에서 샤오리가 원망하는 부분이 나올 것임을 예상할 수 있습니다. 뒤이어 등장하는 '工资一直是最低的'를 통해 A 工资太低가 정답임을 확인할 수 있습니다.

④ 2번 문제만 읽기

문제의 키워드는 '朋友建议'이므로 친구의 말을 찾아야 합니다.

⑤ 지문 이어 읽기 ~ ⑥ 2번 정답 고르기

'我建议你先静下心来'를 통해 친구가 건의하는 부분임을 알 수 있습니다. 뒤이어 '踏踏实实地工作'라고 했으므로 A 踏实工作가 정답임을 확인할 수 있습니다.

선생님의 한마디

踏踏实实는 6급 필수어휘 踏实의 중첩형입니다. 이처럼 어려운 어휘가 나오면 지문의 단어 그대로 정답이 되는 경우가 많습니다.

⑦ 3번 문제만 읽기

지문에 밑줄 친 단어가 있는 경우, 대부분 필수어휘에서 벗어난 어휘입니다. 따라서 선택지를 하나씩 대입해서 문맥에 맞는 어휘를 찾거나 字로 유추해서 정답을 찾아내야 합니다.

⑧ 지문 이어 읽기 ~ ⑨ 3번 정답 고르기

器重 뒤에 나오는 힌트 3 부분을 통해, 사장이 자신을 중요하게 대하고 있다는 것을 알 수 있습니다. 따라서 器重의 의미는 A 看重이 됩니다.

⑩ 4번 문제와 선택지 읽기

4번은 독해 3부분에서 자주 등장하는 유형인 지문의 주제를 묻는 문제입니다. 3번까지 문제를 풀었을 때 지문의 주제를 알아차릴 수 있기 때문에 지문을 확인하지 않고 바로 선택지 내용을 보며 정답을 골라도 무방합니다.

⑪ 지문 이어 읽기 ~ ⑫ 4번 정답 고르기

이야기 글의 주제는 대부분 마지막 단락에 있습니다. 힌트 4의 문장은 '대체 불가능할 정도의 실력이 되어야만 다른 사람에게서 중시를 받는다'라는 의미입니다. 따라서 자신의 실력을 높이라는 내용의 C 要首先提高自身实力가 정답임을 파악할 수 있습니다.

|해 석|

小李大学毕业后，在一家著名的房地产公司工作。他总是向朋友抱怨："我来公司都两年了，工资一直是最低的，老板也一直不肯重用我。我实在干不下去了，想辞职。"

朋友问他："你把你们公司的业务都弄清楚了没有？"他不好意思地回答："还没有。"朋友接着说："我建议你先静下心来，踏踏实实地工作，等你把所有东西都学会了再走也不迟。"

小李觉得朋友说的很有道理。从此，他一改往日散漫的工作态度，开始积极地投入到工作中，努力学习公司的各项业务。有时下班之后还留在办公室加班。

一年后，朋友遇到小李，就问他："你现在大概什么都学会了，可以准备拍桌子不干了吧？"小李笑着说："我发现近半年来，老板对我越来越器重了，不但把我升为业务主管，最近还让我负责一个很重要的项目，就连同事们对我的态度也都不一样了。"

就像故事中的小李一样，在这个实力决定竞争力的时代，只有把工作做得比别人更迅速、更完美，让自己的水平提高到一般人不可替代，才能受到别人的重视。

샤오리는 대학교에서 졸업한 후에 한 유명한 부동산 회사에서 일했다. 그는 늘 친구한테 불평했다. "내가 회사에 들어온 지 벌써 2년이나 되었는데 월급이 줄곧 가장 낮았고, 사장님도 계속 날 중용하려 하지 않아. 정말 일 못하겠어. 퇴사하고 싶어."

친구가 그에게 물었다. "넌 너희 회사의 업무를 모두 확실히 아니?" 그는 멋쩍은 듯 대답했다. "아직 몰라." 친구가 이어서 말했다. "너에게 제안하는데, 먼저 마음을 가라앉히고 성실하게 일을 해 봐. 네가 모든 것을 다 습득한 후에 떠나도 늦지 않아."

샤오리는 친구의 말이 일리가 있다고 생각했다. 그때부터 그는 이전의 제멋대로였던 근무 태도를 완전히 바꾸고 적극적으로 업무에 뛰어들기 시작했고, 회사의 여러 업무를 열심히 배웠다. 때로는 퇴근 후에도 사무실에 남아서 야근했다.

1년 후, 친구가 샤오리를 만나서 그에게 물었다. "넌 지금 아마 뭐든 다 습득했을 테니, 책상을 내려치며 그만둘 준비를 해도 되겠네?" 샤오리가 웃으면서 말했다. "최근 반년간 사장님이 나를 갈수록 신임하시는 걸 발견했어. 나를 업무 팀장으로 승진시켰을 뿐만 아니라, 최근에는 또 나한테 중요한 프로젝트를 맡기셨거든. 동료들이 나를 대하는 태도도 달라졌어."

이야기 속의 샤오리와 같이, 실력이 경쟁력을 결정하는 이 시대에는 반드시 업무를 남보다 더욱 신속하고 완벽하게 처리하고, 자신의 실력이 보통 사람은 대신할 수 없을 정도로 높아지게 해야만, 비로소 다른 사람의 중시를 받을 수 있다.

1. 小李抱怨什么？
   A 工资太低
   B 经常加班
   C 和同事难相处
   D 工作比较无聊

2. 朋友建议小李怎么做？
   A 踏实工作
   B 尽快辞职
   C 与老板沟通
   D 找一份兼职

3. 第4段中，与画线词语"器重"意思最接近的是？
   A 看重
   B 安慰
   C 羡慕
   D 推荐

1. 샤오리는 무엇을 불평했는가?
   A 월급이 너무 낮다
   B 자주 야근한다
   C 동료와 함께 지내기 어렵다
   D 업무가 비교적 지루하다

2. 친구는 샤오리에게 어떻게 하라고 제안했는가?
   A 성실하게 일해라
   B 되도록 빨리 퇴사해라
   C 사장님과 소통해라
   D 겸직을 찾아라

3. 네 번째 단락의 밑줄 친 단어 '器重'과 의미가 가장 가까운 것은?
   A 중시하다
   B 위로하다
   C 부러워하다
   D 추천하다

4. 这个故事主要想告诉我们：
A 遇事不能慌张
B 要对自己有信心
C 要首先提高自身实力
D 要处理好工作和生活的关系

4. 이 이야기가 우리에게 말하려는 것은?
A 일을 맞닥뜨리면 당황해서는 안 된다
B 자신에 대해 자신감을 가져야 한다
C 우선 자신의 실력을 높여야 한다
D 일과 생활의 관계를 잘 처리해야 한다

|단 어| **毕业** bìyè 동 졸업하다 | **著名** zhùmíng 형 저명하다, 유명하다 | **房地产** fángdìchǎn 명 부동산 | **总是** zǒngshì 부 항상, 늘 | **抱怨** bàoyuàn 동 불평하다, 원망하다 | **工资** gōngzī 명 월급, 임금 | **一直** yìzhí 부 계속, 줄곧 | **低** dī 형 (월급이) 낮다 | **老板** lǎobǎn 명 사장 | **不肯** bùkěn 동 원하지 않다, ~하려 하지 않다 | **重用** zhòngyòng 동 중용하다 | **实在** shízài 부 정말, 참으로 | **辞职** cízhí 동 퇴사하다, 직장을 그만두다 | **业务** yèwù 명 업무 | **弄清楚** nòng qīngchu 분명히 하다, 제대로 알다 | **不好意思** bùhǎoyìsi 민망하다, 멋쩍다 | **回答** huídá 동 대답하다 | **接着** jiēzhe 부 이어서 | **建议** jiànyì 동 건의하다, 제안하다 | **静心** jìngxīn 동 마음을 가라앉히다 | **踏实** tāshi 형 (태도가) 착실하다, 성실하다 | **学会** xuéhuì 동 습득하다, 배워서 알다 | **不迟** bù chí 늦지 않다 | **有道理** yǒu dàolǐ 일리가 있다 | **从此** cóngcǐ 부 이때부터, 그로부터 | **往日** wǎngrì 명 이전, 예전 | **散漫** sǎnmàn 형 제멋대로이다 | **工作态度** gōngzuò tàidù 근무 태도 | **积极** jījí 형 적극적이다 | **投入** tóurù 동 뛰어들다, 참가하다, (열정적으로) 몰두하다 | **项** xiàng 양 가지, 항목 | **下班** xiàbān 동 퇴근하다 | **留** liú 동 남다, 머무르다 | **加班** jiābān 동 야근하다 | **遇到** yùdào 동 만나다, 마주치다 | **大概** dàgài 부 아마(도), 대략 | **准备** zhǔnbèi 동 준비하다, ~하려고 하다 | **拍桌子** pāi zhuōzi 책상을 치다 | **发现** fāxiàn 동 발견하다, 알아차리다 | **器重** qìzhòng 동 (주로 윗사람이 아랫사람을) 신임하다 | **升为** shēng wéi ~으로 승진시키다 | **主管** zhǔguǎn 명 팀장 | **负责** fùzé 동 책임지다 | **项目** xiàngmù 명 프로젝트 | **连~都…** lián~dōu… ~까지도(조차도) …하다 | **同事** tóngshì 명 동료 | **故事** gùshi 명 이야기 | **实力** shílì 명 실력 | **决定** juédìng 동 결정하다 | **竞争力** jìngzhēnglì 명 경쟁력 | **迅速** xùnsù 형 신속하다, (재)빠르다 | **完美** wánměi 형 완벽하다 | **替代** tìdài 동 대신하다, 대체하다 | **受到重视** shòudào zhòngshì 중시를 받다 | **相处** xiāngchǔ 동 함께 지내다 | **无聊** wúliáo 형 무료하다, 지루하다 | **尽快** jǐnkuài 부 되도록 빨리 | **沟通** gōutōng 동 소통하다 | **兼职** jiānzhí 명 겸직[자기의 원래 직무 외에 다른 직무를 더 맡아 하는 것] | **画线** huà xiàn 선을 긋다, (밑)줄을 치다 | **词语** cíyǔ 명 단어와 어구, 글자 | **接近** jiējìn 형 비슷하다, 가깝다 | **看重** kànzhòng 동 중시하다 | **安慰** ānwèi 동 위로하다 | **羡慕** xiànmù 동 흠모하다, 부러워하다 | **推荐** tuījiàn 동 추천하다 | **遇事** yùshì 동 일에 부딪치다 | **慌张** huāngzhāng 형 당황하다 | **首先** shǒuxiān 부 가장 먼저, 우선 | **提高** tígāo 동 (실력을) 높이다 | **处理** chǔlǐ 동 처리하다

|정 답| 1. A 2. A 3. A 4. C

STEP 03 내공쌓기

이번 내공쌓기에서는 이야기 글의 지문을 통해 흐름을 분석하고, 문제가 어떻게 출제되는지 학습합니다. 평소에도 다음과 같은 순서로 독해 지문을 학습하세요.

교훈적인 이야기 글 학습 방법

1. 단어 학습하기

독해 영역은 어휘량이 관건입니다. 문제를 푸는 요령을 습득하는 것도 중요하지만, 일정 수준의 어휘량이 있어야 요령도 습득할 수 있습니다. 다음 단어 중 본인이 알고 있는 단어를 체크해 보고, 모르는 단어는 이번 기회에 확실하게 암기해 봅시다.

- □ 表弟 biǎodì
- □ 色香味 sè-xiāng-wèi
- □ 居然 jūrán
- □ 菜品 càipǐn
- □ 点菜 diǎncài
- □ 抱怨 bàoyuàn
- □ 不如 bùrú
- □ 撤掉 chèdiào
- □ 布置 bùzhì
- □ 洁净 jiéjìng
- □ 始终 shǐzhōng
- □ 改变 gǎibiàn
- □ 特色 tèsè
- □ 连锁店 liánsuǒdiàn
- □ 厨师 chúshī
- □ 俱全 jùquán
- □ 赚 zhuàn
- □ 实惠 shíhuì
- □ 浪费 làngfèi
- □ 灵感 línggǎn
- □ 生意 shēngyi
- □ 旧 jiù
- □ 一番 yì fān
- □ 明亮 míngliàng
- □ 个别 gèbié
- □ 风格 fēnggé
- □ 越来越 yuèláiyuè
- □ 道 dào
- □ 开张 kāizhāng
- □ 纳闷 nàmèn
- □ 发愁 fāchóu
- □ 划算 huásuàn
- □ 既然 jìrán
- □ 模式 móshì
- □ 餐桌 cānzhuō
- □ 显得 xiǎnde
- □ 口味 kǒuwèi
- □ 提意见 tí yìjiàn
- □ 守住 shǒuzhù
- □ 拥有 yōngyǒu

2. 지문의 흐름 파악하기

독해 영역의 지문은 소재에 따라 흐름상 비슷한 패턴이 있습니다. 교훈적인 이야기 글의 흐름은 대부분 '주인공의 시련 → 깨우침 및 성공해 나가는 과정 → 주인공의 성공+주제 언급'과 같은 패턴입니다. 다음 예시 지문을 통해 지문 흐름의 패턴을 파악해 두면 어떤 지문이 나와도 빠르게 정답을 찾을 수 있습니다.

1) 첫 번째 단락: 주인공의 시련을 언급함

表弟是一名厨师，每道菜都能做得色香味俱全。他自己开了家饭店，可没想到开张半年后，居然一分钱也没有赚到。我曾经纳闷地问他原因，他说："我虽然花了很大力气增加新的菜品，但对于大多数客人来说，他们更想要的是一顿简单而实惠的饭。"

|분 석|

주인공에 대한 소개 및 그의 시련을 다루는 단락입니다. 손님들은 간단하면서도 실속 있는 식사를 원하는데, 손님의 요구를 만족시키지 못해서 사업이 실패했다고 주인공이 말하고 있습니다. 교훈 이야기 지문에서는 주로 주인공의 시련에 대한 내용을 첫 번째 문제로 출제합니다.

|예상문제 1|

表弟的饭店为什么一开始没赚到钱? 사촌 동생의 식당은 왜 돈을 벌지 못했는가?

→ 没满足客人的需求 손님들의 요구를 만족시키지 못해서

|해 석|

> 사촌 동생은 요리사인데, 만드는 음식마다 색과 향과 맛을 모두 갖추고 있다. 그는 스스로 식당을 개업했지만 뜻밖에도 개업한 지 반년이 지나도록 한 푼도 벌지 못했다. 나는 일전에 궁금증에 답답해서 그에게 원인을 물어봤더니, 그가 "내가 비록 역량을 쏟아부어서 새로운 음식을 늘려 보기도 했지만, 대다수의 손님들이 더 원하는 것은 간단하면서도 실속 있는 식사래."라고 말했다.

2) 두 번째 단락: 주인공의 깨우침 및 성공해 나가는 과정을 언급함

一次，表弟和一个客人聊天。客人说现在的上班族最发愁的就是吃饭，去餐厅点菜不仅浪费时间而且价格不划算。说者无心，听者有意。客人的抱怨给了表弟一些灵感，他心想：既然这样，自己不如专门做这部分人的生意，开一家只卖一道菜的饭店。从那以后，表弟改变了自己的经营模式，他把店名换成了"黄焖鸡米饭"，菜单上也只有这一道菜。同时，他撤掉了以前的旧餐桌，并将店内重新布置了一番，使其显得洁净明亮。

• **黄焖鸡** huángmènjī 중국식 찜닭

|분 석|

두 번째 단락은 주로 주인공의 깨우침 및 시련을 전환하는 내용을 다룹니다. 지문에서 주인공은 손님의 말 속에서 아이디어를 얻었고, 손님들의 요구에 맞게 한 가지 요리만 전문적으로 하는 식당으로 바꾸는 과정을 묘사하고 있습니다.

|예상문제 2|

上班族为什么不愿意去餐厅点菜? 직장인은 왜 식당에 가서 주문하는 것을 꺼리는가?

→ 浪费时间且价格贵 시간 낭비일 뿐 아니라 가격이 비싸서

|예상문제 3|

表弟的新店有什么特点? 사촌 동생의 새 가게는 어떤 특징이 있는가?

→ 只卖一道菜 한 가지 요리만 판매한다

|해 석|

한번은 사촌 동생이 어떤 손님과 이야기를 나눴다. 손님은 요즘 직장인이 가장 걱정하는 것이 바로 식사라고 했다. 식당에 가서 주문하는 것은 시간 낭비일 뿐 아니라, 가격도 합리적이지 않다는 것이다. 손님은 무심코 한 말이지만, 듣는 이에게는 의미가 있었다. 손님의 불평은 사촌 동생에게 영감을 주었다. 그는 마음속으로 '이렇게 된 이상, 내가 직접 이 사람들을 위한 장사를 전문적으로 하는 것이 낫겠어.'라고 생각하고는, 한 가지 음식만 파는 식당을 열었다. 그때 이후로, 사촌 동생은 자신의 경영 모델을 바꿨다. 그는 가게 이름을 '중국식 찜닭'으로 바꿨으며, 메뉴에도 이 음식 한 가지만 있었다. 동시에, 그는 이전의 오래된 식탁을 없애고, 가게 안을 새롭게 꾸며서 가게가 청결하고 밝아지게 만들었다.

3) **세 번째 단락:** 주인공의 성공을 언급함

每天，表弟只要准备好这一道菜就行了，口味也始终都一样，不会因为个别客人提意见而改变，表弟说"只有坚持自己的风格才能守住自己的特色。"很快，表弟的饭店越来越有名，生意也越来越好，短短三年时间，他就已经拥有了12家连锁店。

|분 석|

세 번째 단락에서는 주로 주인공의 성공한 결과를 다룹니다. 이야기 글의 결말을 물어보는 질문은 대부분 '**根据上文，下列哪项正确?**'이며, 보통 3번 문제나 4번 문제에서 출제됩니다. 지문 또한 주인공이 자신의 스타일을 고수해서 성공했다는 내용을 언급하고 있습니다.

|예상문제 4|

根据上文，下列哪项正确? 위의 지문을 근거로 다음 중 올바른 내용은?

→ 最后表弟生意做大了 결국 사촌 동생은 장사가 잘되었다

|해 석|

매일같이 사촌 동생은 단지 이 요리 한가지만 준비하면 되었다. 음식 맛도 시종일관 같았고, 개별적으로 손님이 의견을 제시한다고 해서 바꾸지 않았다. 사촌 동생은 "반드시 자신의 스타일을 고수해야만 자신의 특색을 지킬 수 있어."라고 말했다. 얼마 지나지 않아 사촌 동생의 식당은 갈수록 유명해졌고 장사도 갈수록 잘되어, 3년이라는 짧은 시간 만에 그는 이미 12곳의 체인점을 소유하게 되었다.

3. 지문 10회 정독하기

독해 영역 학습은 단순히 문제만 풀어 보고 끝내서는 절대 안 됩니다. 풀이를 한 후에는 반드시 지문 전체를 10회 정독하는 습관을 길러 봅시다. 의미를 생각하며 반복하여 정독하다 보면, 자연스럽게 어휘를 암기하게 되고 문형이 잡히며 흐름에 익숙해지게 됩니다.

表弟是一名厨师，每道菜都能做得色香味俱全。他自己开了家饭店，可没想到开张半年后，居然一分钱也没有赚到。我曾经纳闷地问他原因，他说："我虽然花了很大力气增加新的菜品，但对于大多数客人来说，他们更想要的是一顿简单而实惠的饭。"

주인공의 시련

一次，表弟和一个客人聊天。客人说现在的上班族最发愁的就是吃饭，去餐厅点菜不仅浪费时间而且价格不划算。说者无心，听者有意。客人的抱怨给了表弟一些灵感，他心想：既然这样，自己不如专门做这部分人的生意，开一家只卖一道菜的饭店。从那以后，表弟改变了自己的经营模式，他把店名换成了"黄焖鸡米饭"，菜单上也只有这一道菜。同时，他撤掉了以前的旧餐桌，并将店内重新布置了一番，使其显得洁净明亮。

주인공의 깨우침

每天，表弟只要准备好这一道菜就行了，口味也始终都一样，不会因为个别客人提意见而改变，表弟说"只有坚持自己的风格才能守住自己的特色。"很快，表弟的饭店越来越有名，生意也越来越好，短短三年时间，他就已经拥有了12家连锁店。

주인공의 성공 결과 (+주제)

STEP 04 확인문제 풀기

01-04

一条街上同时开了三家裁缝店，三个裁缝都费尽心思希望能在激烈的竞争中脱颖而出，吸引更多的客人。

一天，第一个裁缝把一个非常显眼的招牌挂在了门口，上面写着:“全市最好的裁缝”。这一招果然奏效，许多客人就冲着这块儿牌子来到这家裁缝店做衣服。

第二个裁缝看到后不甘示弱，心想：我打出的招牌一定要比他的更加响亮才行。于是他订做了一个更大、更醒目的招牌，上面写着:“全国最好的裁缝”七个大字。果不其然，他的牌子把第一家比了下去，客人们又纷纷跑到他的店里来了。

一周后，第三个裁缝出差回来，他一回到家，妻子就愁眉苦脸地告诉他这几天发生的事。 妻子说:“我们要不要将招牌改为‘全世界最好的裁缝’，好把生意抢回来?”第三个裁缝听后却笑着说:“别担心，那两家正为我们免费打广告呢!”于是他也请人做了一块儿招牌，虽然没有那两家店的大，不过许多客人看了这三家的招牌后，都走进了这家裁缝店，生意也随之红火起来。

招牌上到底写了什么呢? 答案不是“全世界”这么夸张的口号，而是“本街最好的裁缝”。第三个裁缝非常聪明，他的招牌说明了自己是这条街上三个裁缝中最好的，这样一来，无论前两个裁缝如何夸大自己，都只是为他做了铺垫，他用一种更实际的方式来表现自己的优势。

01 第2段中“这一招果然奏效”最可能是什么意思?

A 成本降低了　　B 办法很管用

C 市场反应平淡　　D 邻居不再抱怨

02 第三个裁缝的妻子为什么愁眉苦脸?

A 生意被抢了　　B 广告费太贵

C 和同行吵架了　　D 丈夫没有音信

03 关于三个裁缝，下列哪项正确?

A 互相之间有合作　　B 第一个手艺最好

C 都希望吸引更多顾客　　D 第三个开展了送货业务

04 最适合做上文标题的是:

A 开店的学问　　B 招牌的竞争

C 诚信是最大的财富　　D 与顾客沟通的技巧

▶ 정답 및 해설 42쪽

시나공법 02

중국 인물을 소개하는 이야기 글을 출제한다!

중국의 고대나 현대에서 어느 한 분야에 특출한 두각을 드러낸 인물의 이야기가 HSK 5급 독해 3부분에 꾸준히 출제되고 있습니다. 주인공이 시련을 딛고 일어서서 끝내 성공한다는 이야기가 주를 이룹니다. 이 경우 필수어휘 외에 어려운 단어들도 많이 보이므로 평소에 字 학습을 통해 모르는 단어를 유추하는 훈련을 해 두어야 합니다.

STEP 01 먼저 풀어보기

예제

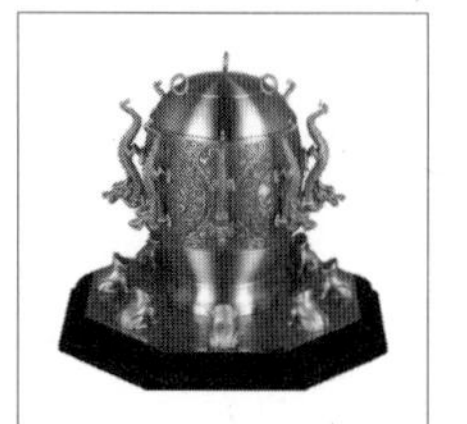

张衡是中国东汉时期著名的天文学家。他一生的发明种类繁多，不计其数，其中最著名的要数地动仪。

东汉时期，经常发生地震，每次地震都给国家和百姓带来很大的损失。由于科技不发达，当时人们都认为地震是鬼神造成的，但是张衡却不信。他认真分析了以前记录下来的地震现象，经过多次研究，反复验证，最终发明了一个能测出地震发生方位的仪器，也就是地动仪。

地动仪是用青铜制成的，形状像一个酒坛，上面有八个方位，每个方位上面铸有一条惟妙惟肖的龙。每条龙的嘴里都含着一颗小铜球，龙头下面蹲了一只张开嘴的蟾蜍。哪个方向发生了地震，该方向龙嘴里的铜球就会掉进蟾蜍的嘴中，发出响亮的声音，告诉人们哪个方向发生了地震。

公元138年二月的一天，地动仪上正对着西方的龙嘴里的铜球突然掉了出来，这意味着西边发生了地震。而此时在洛阳的人们丝毫未感到地震，于是纷纷开始质疑地动仪。人们对张衡产生了不信，认为地动仪是骗人的。可没想到几天后，有人向朝廷报告说洛阳以西500多公里的金城、陇西一带发生了大地震。这时，人们才真正信服了。

선생님의 한마디

한 지문당 시간을 4분으로 제한하여 풀어 보세요. 문제 풀이 후에는 어휘 학습을 한 뒤 반드시 지문을 10회 정독하세요.

1. 根据第2段，可以知道：

A 地动仪能预报天气
B 张衡负责震后记录工作
C 张衡相信地震能被测知
D 皇帝命令张衡制造地动仪

2. 如果某地发生了地震，地动仪会怎么样？

A 不停转动
B 往外喷水
C 下面的蟾蜍会跳起来
D 该方向龙嘴中的球会掉落

3. 第4段中，人们为什么纷纷开始质疑地动仪？

A 怀疑地动仪被偷了
B 地震救灾工作不及时
C 认为地动仪谎报地震
D 觉得马上会有大地震

4. 根据上文，下列哪项正确？

A 地动仪由钢铁制成
B 地动仪发挥了作用
C 朝廷要求百姓捐款救灾
D 张衡在文学方面成就突出

STEP 02 선생님 풀이과정 보기

예제

|해 설|

❷ 지문 읽기

张衡是中国东汉时期著名的天文学家。他一生的发明种类繁多，不计其数，其中最著名的要数地动仪。

东汉时期，经常发生地震，每次地震都给国家和百姓带来很大的损失。由于科技不发达，当时人们都认为地震是鬼神造成的，但是张衡却不信。[1]他认真分析了以前记录下来的地震现象，经过多次研究，反复验证，最终发明了一个能测出地震发生方位的仪器，也就是地动仪。
1번 문제로 가기

❺ 지문 이어 읽기

地动仪是用青铜制成的，形状像一个酒坛，上面有八个方位，每个方位上面铸有一条惟妙惟肖的龙。每条龙的嘴里都含着一颗小铜球，龙头下面蹲了一只张开嘴的蟾蜍。[2]哪个方向发生了地震，该方向龙嘴里的铜球就会掉进蟾蜍的嘴中，发出响亮的声音，告诉人们哪个方向发生了地震。
2번 문제로 가기

❽ 지문 이어 읽기

公元138年二月的一天，地动仪上正对着西方的龙嘴里的铜球突然掉了出来，这意味着西边发生了地震。[3]而此时在洛阳的人们丝毫未感到地震，于是纷纷开始质疑地动仪。
3번 문제로 가기 / 3번 질문

⓫ 지문 이어 읽기

人们对张衡产生了不信，认为地动仪是骗人的。可没想到几天后，[4]有人向朝廷报告说洛阳以西500多公里的金城、陇西带发生了大地震。这时，人们才真正信服了。
4번 문제로 가기

❶ 문제와 선택지 읽기

1. 根据第2段，可以知道：

A 地动仪能预报天气　　B 张衡负责震后记录工作
C 张衡相信地震能被测知　　D 皇帝命令张衡制造地动仪

❸ 정답 고르기

❹ 문제만 읽기

2. 如果某地发生了地震，地动仪会怎么样？

A 不停转动　　B 往外喷水
C 下面的蟾蜍会跳起来　　D 该方向龙嘴中的球会掉落

❻ 정답 고르기

선생님의 한마디

- 不计其数 같은 성어는 몰라도 되므로 가볍게 넘깁니다.
- '最～的(+주어)+要数A' 구문은 '가장 ~한 것으로 A를 손꼽는다'라는 의미입니다. 문형과 해석을 잘 기억해 두세요.

선생님의 한마디

铸有처럼 어려운 단어를 보면 아는 글자인 有만 가지고 해석하는 연습을 합니다.

선생님의 한마디

중국의 역사적 인물들의 업적을 그린 글은 반드시 해피엔딩으로 끝을 맺습니다. 그러므로 부정적인 내용의 선택지는 절대 답이 아님을 늘 떠올려야 합니다. 이 지문의 경우, 핵심 기구인 地动仪가 성공했다는 내용으로 글을 끝맺을 것이라는 것을 미루어 짐작할 수 있어야 합니다.

⑦ 문제만 읽기

3. 第4段中，人们为什么纷纷开始质疑地动仪？

A 怀疑地动仪被偷了　　B 地震救灾工作不及时

C 认为地动仪谎报地震　　D 觉得马上会有大地震

⑨ 정답 고르기

⑩ 문제와 선택지 읽기

4. 根据上文，下列哪项正确？

A 地动仪由钢铁制成　　B 地动仪发挥了作用

C 朝廷要求百姓捐款救灾　　D 张衡在文学方面成就突出

⑫ 정답 고르기

① 1번 문제와 선택지 읽기

두 번째 단락에서 알 수 있는 것을 물었으므로 선택지를 먼저 읽고 지문을 읽습니다. 첫 번째 단락은 전체 글의 주제나 흐름을 파악하기 위해서 빠르게 읽고, 두 번째 단락부터 꼼꼼하게 읽습니다.

② 지문 읽기 ~ ③ 1번 정답 고르기

두 번째 단락의 중간 부분에 '**但是张衡却不信**'이 나옵니다. 힌트 1의 문장을 통해 장형은 보통 사람들과 달리, 지진을 측정할 수 있을 거라 믿었음을 알 수 있습니다. 선택지의 **测知**는 필수어휘가 아니므로 **测**를 모르면 뒤에 있는 결과보어 **知**만 가지고 **知道**의 의미라 유추할 수 있어야 합니다. 정답은 C입니다.

④ 2번 문제만 읽기

지진이 발생하면 지동의가 어떻게 되는지 물었으므로, 해당 내용을 지문에서 빠르게 찾습니다.

⑤ 지문 이어 읽기 ~ ⑥ 2번 정답 고르기

세 번째 단락은 지동의의 모양 묘사 및 기능을 설명하고 있습니다. 문단 뒷부분의 '**哪个方向发生了地震，该方向龙嘴里的铜球就会掉进蟾蜍的嘴中……**'을 통해 D **该方向龙嘴中的球会掉落**를 정답으로 선택할 수 있습니다.

⑦ 3번 문제만 읽기

네 번째 단락에서 사람들이 문제를 제기한 이유가 무엇일지 생각하며 지문을 이어 읽습니다.

⑧ 지문 이어 읽기 ~ ⑨ 3번 정답 고르기

네 번째 단락에서 3번 문제 내용인 '**于是纷纷开始质疑地动仪**'를 쉽게 찾을 수 있습니다. **于是**는 결과를 나타내므로, 그 앞부분에서 원인을 찾아야 합니다. 지동의의 구슬이 떨어졌는데 사람들은 지진을 느끼지 못했기 때문에 의문을 제기했다는 설명입니다. 즉 사람들은 지동의에 속았다고 여겼으므로 정답은 C **认为地动仪谎报地震**입니다. 정답으로 나온 **谎报**는 필수어휘가 아니라서 어려우므로, 나머지 선택지를 제거하는 방법으로 문제를 풀어도 좋습니다.

⑩ 4번 문제와 선택지 읽기

선택지의 어느 항목이 정확한지 묻는 문제는 선택지를 우선 읽고 지문을 읽어야 합니다.

⑪ 지문 이어 읽기 ~ ⑫ 4번 정답 고르기

마지막 단락의 힌트 4를 통해서 지동의가 제 기능을 발휘했다는 것을 알 수 있기 때문에 B **地动仪发挥了作用**을 정답으로 선택할 수 있습니다.

선생님의 한마디

독해를 공부할 때는 **但是**나 **却**가 나오면 그다음 내용을 주의 깊게 읽는 습관을 길러야 합니다.

张衡是中国东汉时期著名的天文学家。他一生的发明种类繁多，不计其数，其中最著名的要数地动仪。

东汉时期，经常发生地震，每次地震都给国家和百姓带来很大的损失。由于科技不发达，当时人们都认为地震是鬼神造成的，但是张衡却不信。他认真分析了以前记录下来的地震现象，经过多次研究，反复验证，最终发明了一个能测出地震发生方位的仪器，也就是地动仪。

地动仪是用青铜制成的，形状像一个酒坛，上面有八个方位，每个方位上面铸有一条惟妙惟肖的龙。每条龙的嘴里都含着一颗小铜球，龙头下面蹲了一只张开嘴的蟾蜍。哪个方向发生了地震，该方向龙嘴里的铜球就会掉进蟾蜍的嘴中，发出响亮的声音，告诉人们哪个方向发生了地震。

公元138年2月的一天，地动仪上正对着西方的龙嘴里的铜球突然掉了出来，这意味着西边发生了地震。而此时在洛阳的人们丝毫未感到地震，于是纷纷开始质疑地动仪。人们对张衡产生了不信，认为地动仪是骗人的。可没想到几天后，有人向朝廷报告说洛阳以西500多公里的金城、陇西一带发生了大地震。这时，人们才真正信服了。

1. 根据第2段，可以知道：
   A 地动仪能预报天气
   B 张衡负责震后记录工作
   C 张衡相信地震能被测知
   D 皇帝命令张衡制造地动仪

2. 如果某地发生了地震，地动仪会怎么样？
   A 不停转动
   B 往外喷水
   C 下面的蟾蜍会跳起来
   D 该方向龙嘴中的球会掉落

3. 第4段中，人们为什么纷纷开始质疑地动仪？
   A 怀疑地动仪被偷了
   B 地震救灾工作不及时

장형은 중국 동한 시기의 유명한 천문학자이다. 그는 일생의 발명이 종류가 많아 수를 헤아릴 수 없는데, 그중 가장 유명한 것으로 지동의를 꼽는다.

동한 시기에는 자주 지진이 발생했는데, 매번 지진은 국가와 백성에게 큰 손실을 가져다주었다. 과학 기술이 발달하지 않아서 당시 사람들은 모두 지진은 귀신이 초래한 것이라 여겼지만, 장형은 믿지 않았다. 그는 이전에 기록한 지진 현상을 열심히 분석하고 여러 차례의 연구를 거쳐 거듭 검증하여, 결국 지진 발생의 방향과 위치를 측정해 낼 수 있는 측정기를 발명했는데, 바로 지동의이다.

지동의는 청동으로 만들었고 모양은 술 단지 같다. 상단에는 여덟 방위가 있는데, 모든 방위 위에는 아주 생동감 있는 용 한 마리가 주조되어 있다. 모든 용의 입 속에는 작은 구리 공 한 알을 머금고 있고, 용머리 아래쪽에는 입을 벌리고 있는 두꺼비가 한 마리 있다. 어느 방향에서든 지진이 발생하면, 그 방향에 있는 용의 입 속 구리 공이 두꺼비의 입 속으로 떨어지는데, 크고 맑은 소리가 나서 사람들에게 어느 방향에서 지진이 발생했는지 알려 준다.

서기 138년 2월의 어느 날, 지동의의 상단 서쪽을 정면으로 향하고 있는 용의 입 속 구리 공이 갑자기 떨어졌는데, 이것은 서쪽에서 지진이 발생했음을 의미한다. 그러나 이때 뤄양에 있는 사람들은 지진을 조금도 느끼지 못했고, 따라서 잇따라 지동의에 의문을 제기하기 시작했다. 사람들은 장형에게 불신이 생겼고, 지동의에 사람들이 속았다고 여겼다. 하지만 뜻밖에도 며칠 후, 누군가가 조정에 뤄양에서 서쪽으로 500여 킬로미터 떨어진 진청과 룽시 일대에 대지진이 발생했다고 보고했다. 이 때가 되어서야 사람들은 비로소 진정으로 믿고 따랐다.

1. 두 번째 단락에 근거하여 알 수 있는 것은?
   A 지동의는 날씨를 예보할 수 있다
   B 장형은 지진 후의 기록 업무를 책임진다
   C 장형은 지진을 측정하여 알 수 있다고 믿었다
   D 황제는 장형에게 지동의를 만들 것을 명령했다

2. 만약 어떤 곳에 지진이 발생하면 지동의는 어떻게 되는가?
   A 계속해서 회전한다
   B 밖으로 물을 내뿜는다
   C 아래의 두꺼비가 뛰어오른다
   D 그 방향의 용의 입 속에 있는 공이 떨어진다

3. 네 번째 단락에서 사람들은 왜 지동의에 의문을 제기했는가?
   A 지동의를 도둑맞았다고 의심해서
   B 지진 재난 구제를 제때 하지 않아서

C 认为地动仪谎报地震
D 觉得马上会有大地震

4. 根据上文，下列哪项正确?
A 地动仪由钢铁制成
B 地动仪发挥了作用
C 朝廷要求百姓捐款救灾
D 张衡在文学方面成就突出

C 지동의가 지진을 허위 보고했다고 여겨서
D 곧 대지진이 있을 거라고 여겨서

4. 지문에 근거하여 다음 중 정확한 것은?
A 지동의는 강철로 만들어졌다
B 지동의는 기능을 발휘했다
C 조정은 백성에게 돈을 기부하여 재난을 구제할 것을 요구했다
D 장형은 문학 분야에 있어서 성취가 뛰어났다

|단 어| 张衡 Zhāng Héng 고유 장형[인명] | 著名 zhùmíng 형 저명하다, 유명하다 | 天文学家 tiānwénxuéjiā 천문학자 | 发明 fāmíng 명 발명 | 种类 zhǒnglèi 명 종류 | 繁多 fánduō 형 (종류가) 많다 | 不计其数 bújìqíshù 성 그 수를 헤아릴 수 없다, 부지기수이다 | 数 shǔ 동 손꼽다 | 地动仪 dìdòngyí 명 지동의[세계 최초의 지진계, 候风地动仪(후풍지동의)의 약칭] | 地震 dìzhèn 명 지진 | 损失 sǔnshī 명 손실 | 科技 kējì 명 과학 기술 | 鬼神 guǐshén 명 귀신 | 造成 zàochéng 동 (나쁜 결과를) 초래하다, 야기하다 | 认真 rènzhēn 형 진지하다, 열심히 하다 | 分析 fēnxī 동 분석하다 | 记录 jìlù 동 기록하다 | 现象 xiànxiàng 명 현상 | 经过 jīngguò 전 ~을 거쳐 | 研究 yánjiū 동 연구하다 | 反复 fǎnfù 부 반복하여, 거듭 | 验证 yànzhèng 동 검증하다 | 测出 cèchū 측정해 내다 | 方位 fāngwèi 명 방향과 위치, 방위 | 仪器 yíqì 명 측정기[과학 기술 분야에서 실험 · 검측 · 제도 · 계량 등에 쓰이는 각종 정밀 기구 혹은 장치] | 用~制成 yòng~zhìchéng ~으로 만들어지다 | 青铜 qīngtóng 명 청동[구리와 주석의 합금] | 形状 xíngzhuàng 명 형상, 모양 | 酒坛 jiǔtán 명 술독, 술 단지 | 铸有 zhù yǒu 주조되어 있다 | 惟妙惟肖 wéimiàowéixiào 성 진짜와 똑같이 묘사하다, (묘사가) 아주 생동감 있다 | 龙 lóng 명 용 | 嘴 zuǐ 명 입 | 含 hán 동 (입에) 물다, 머금다 | 颗 kē 양 알[둥글고 작은 알맹이 모양과 같은 것을 세는 단위] | 铜球 tóngqiú 구리 공 | 蹲 dūn 동 쪼그리고 앉다 | 张开嘴 zhāngkāi zuǐ 입을 벌리다 | 蟾蜍 chánchú 명 두꺼비 | 该 gāi 대 이, 그, 저 | 掉 diào 동 떨어지다[=掉落 diàoluò] | 响亮 xiǎngliàng 형 (소리가) 크고 맑다 | 突然 tūrán 부 갑자기 | 意味着 yìwèizhe 동 의미하다 | 洛阳 Luòyáng 고유 뤄양[지명] | 丝毫 sīháo 부 조금도 | 未 wèi 부 아직 ~하지 않다 | 纷纷 fēnfēn 부 잇따라, 연이어서 | 质疑 zhìyí 동 의문을 제기하다 | 骗人 piànrén 동 (남을) 속이다 | 没想到 méi xiǎngdào 생각지 못하다, 뜻밖에도 | 朝廷 cháotíng 명 조정 | 报告 bàogào 동 보고하다 | 金城 Jīnchéng 고유 진청[지명] | 陇西 Lǒngxī 고유 롱시[지명] | 一带 yídài 명 일대 | 信服 xìnfú 동 믿고 따르다 | 根据 gēnjù 전 ~에 근거하여, ~에 따르면 | 预报 yùbào 동 예보하다, 미리 알리다 | 负责 fùzé 동 책임지다 | 震后记录工作 zhèn hòu jìlù gōngzuò 지진 후의 기록 업무 | 测知 cèzhī 측정하여 알다 | 皇帝 huángdì 명 황제 | 命令 mìnglìng 동 명령하다 | 制造 zhìzào 동 제조하다, 만들다 | 转动 zhuàndòng 동 (어떤 축을 중심으로) 돌다, 회전하다 | 喷水 pēnshuǐ 동 물을 내뿜다 | 跳 tiào 동 뛰다, 도약하다 | 怀疑 huáiyí 동 의심하다, 의심을 품다 | 偷 tōu 동 훔치다, 도둑질하다 | 救灾 jiùzāi 동 재난을 구제하다 | 谎报 huǎngbào 동 허위 보고하다 | 钢铁 gāngtiě 명 강철 | 发挥作用 fāhuī zuòyòng 기능을 발휘하다 | 捐款 juānkuǎn 동 돈을 기부하다 | 成就 chéngjiù 명 성취, 성과 | 突出 tūchū 형 두드러지다, 뛰어나다

|정 답| 1. C 2. D 3. C 4. B

STEP 03 내공쌓기

HSK 5급에서는 중국의 역사적 인물이 주로 출제되지만, 간혹 현대 인물도 출제됩니다. 주인공의 성공 스토리에 맞춰서 지문이 어떤 패턴을 보이는지 학습합니다. 지문을 읽기에 앞서 단어 공부를 먼저 하고, 복습을 할 때는 지문을 10회 정독하세요.

중국 인물의 이야기 글 학습 요령

1. 단어 학습하기

다음 단어 중 본인이 알고 있는 단어를 체크해 보고, 모르는 단어는 확실하게 암기한 후 지문 학습으로 넘어갑니다.

- □ 美术学院 měishù xuéyuàn
- □ 想象 xiǎngxiàng
- □ 一直 yìzhí
- □ 辞职 cízhí
- □ 强 qiáng
- □ 想法 xiǎngfǎ
- □ 堆 duī
- □ 眼前 yǎnqián
- □ 鼻子 bízi
- □ 海带丝 hǎidàisī
- □ 灵感 línggǎn
- □ 发 fā
- □ 乐趣 lèqù
- □ 选择 xuǎnzé
- □ 除了 chúle
- □ 艺术展 yìshùzhǎn
- □ 吸引目光 xīyǐn mùguāng
- □ 博物馆 bówùguǎn
- □ 摇身一变 yáo shēn yí biàn
- □ 啧啧 zézé
- □ 传出 chuánchū
- □ 创意 chuàngyì
- □ 圈子 quānzi
- □ 网络游戏 wǎngluò yóuxì
- □ 过浓 guò nóng
- □ 认可 rènkě
- □ 摄影 shèyǐng
- □ 充分 chōngfèn
- □ 厨房 chúfáng
- □ 蔬菜 shūcài
- □ 生动 shēngdòng
- □ 像 xiàng
- □ 长发 cháng fà
- □ 创作 chuàngzuò
- □ 新意 xīnyì
- □ 鼓励 gǔlì
- □ 素材 sùcái
- □ 剪刀 jiǎndāo
- □ 塑料袋 sùliàodài
- □ 一～就… yī~jiù…
- □ 主办 zhǔbàn
- □ 个展专区 gèzhǎn zhuānqū
- □ 经典 jīngdiǎn
- □ 称奇 chēngqí
- □ 名声 míngshēng
- □ 与众不同 yǔzhòngbùtóng
- □ 小有名气 xiǎo yǒu míngqì
- □ 设计 shèjì
- □ 不符 bùfú
- □ 为此 wèi cǐ
- □ 艺术性 yìshùxìng
- □ 表达 biǎodá
- □ 餐桌 cānzhuō
- □ 不由得 bùyóude
- □ 南瓜 nánguā
- □ 茄子 qiézi
- □ 凭借 píngjiè
- □ 幅 fú
- □ 发现 fāxiàn
- □ 仿制 fǎngzhì
- □ 广泛 guǎngfàn
- □ 案板 ànbǎn
- □ 来源 láiyuán
- □ 亮相 liàngxiàng
- □ 开辟 kāipì
- □ 普通 pǔtōng
- □ 参加 cānjiā
- □ 由此 yóucǐ
- □ 拍 pāi
- □ 逐渐 zhújiàn

2. 지문의 흐름 파악하기

인물의 성공에 관한 이야기 글은 대부분 '주인공의 시련 → 시련을 극복 → 주인공의 성공'과 같은 패턴입니다. 다음 예시 지문을 통해 패턴을 파악해 둡시다.

1) 첫 번째 단락: 주인공의 시련을 언급함

从美术学院毕业后，桔多淇一直从事网络游戏设计。由于她的设计中个人想象色彩过浓，与公司要求不符，作品一直不被认可。为此，桔多淇辞了职，开了一家摄影工作室。她觉得摄影艺术性强，可以充分表达自己的想法。

- **桔多淇** Jú Duōqí 고유 쥐둬치 [인명]

|분 석|

성공 스토리의 첫 번째 단락에서는 주로 주인공의 시련을 언급합니다. 주인공인 쥐둬치는 취업을 하지만 본인의 작품이 인정을 못 받자 회사를 그만두고, 직접 촬영 작업실을 열어서 자신만의 예술의 세계를 표현한다는 내용입니다. 이때 주인공의 시련에 대한 내용이 첫 번째 문제로 자주 출제됩니다.

|예상문제 1|

桔多淇为什么辞职? 쥐둬치는 왜 퇴사했는가?

→ 设计不被看好 디자인을 인정받지 못해서

|해 석|

미술대학을 졸업한 후에, 쥐둬치는 줄곧 인터넷 게임 디자인에 종사했다. 그녀의 디자인은 개인의 상상력이 지나치게 깊었기 때문에 회사의 요구에 부합하지 않았고, 작품은 계속 허가를 받지 못했다. 이 때문에 쥐둬치는 퇴사를 하고, 한 사진 촬영 스튜디오를 열었다. 그녀는 사진 촬영이 예술성이 강하다 여겼고, 충분히 자신의 상상력을 표현할 수 있었다.

2) 두 번째 단락: 주인공이 시련을 극복하고 성공해 나가는 과정을 언급함

一天，桔多淇看着厨房餐桌上的一堆蔬菜，不由得浮想联翩，眼前的东西慢慢变得生动起来——南瓜有了眼睛和鼻子，像人的脸；茄子是手；海带丝是飘逸的长发……凭借着这些灵感，桔多淇决定用蔬菜创作一幅画。作品完成后，她把照片发到了朋友圈上，大家都觉得很有新意，认为这样的作品可以让人发现日常生活中不一样的乐趣。

- **浮想联翩** fú xiǎng lián piān 온갖 생각이 떠오르다
- **飘逸** piāoyì 날려 흩어지다

|분 석|

두 번째 단락은 주로 주인공이 시련을 극복하는 과정을 언급합니다. 지문에서는 쥐둬치가 채소를 보고 영감을 얻어서 작품을 창작하고, 친구들의 칭찬을 받는 과정을 설명하고 있습니다. 묘사 과정이기 때문에 모르는 단어가 나올 수 있지만, 전체적인 글의 흐름상 이 단락이 영감을 얻는 과정임을 파악하기만 하면 됩니다. 글을 읽어 나갈 때는 큰 흐름을 잡아 가는 것이 중요합니다.

예상문제 2

朋友怎么评价她的第一幅作品? 친구들은 그녀의 첫 번째 작품을 어떻게 평가했는가?

→ 充满新意 매우 신선하다

해 석

하루는 줘둬치가 주방 식탁 위의 채소 더미를 보았는데, 저절로 끊임없는 상상력이 떠올랐고, 눈앞의 것들은 천천히 생동감 있게 변하였다. 호박은 눈과 코가 생겨 사람 같은 얼굴이었고, 가지는 손이며, 다시마 줄기는 흩날리는 장발 머리카락이었다. 이러한 영감에 따라, 줘둬치는 채소를 이용해 그림 작품을 창작하기로 결정했다. 작품이 완성된 후에, 그녀는 사진을 찍어 SNS에 올렸다. 모두들 매우 신선하다고 여겼으며, 이러한 작품이 사람들에게 일상생활 중 각기 다른 즐거움을 줄 수 있다고 여겼다.

3) 세 번째 단락

在朋友们的鼓励下，桔多淇决定用蔬菜来仿制她喜欢的世界名画。此后，她选择的素材更为广泛了，除了蔬菜，厨房中的一切都能成为桔多淇创作的工具，比如剪刀、案板、买菜用的黑色和蓝色塑料袋，都成了她创作的灵感来源。

분 석

이 단락은 전개 과정의 연장이라 크게 중요한 내용이 없습니다. 이러한 부연 설명 단락의 경우 문제를 출제하지 않습니다.

해 석

친구들의 응원 속에서 줘둬치는 채소를 이용해 그녀가 좋아하는 세계 명화들을 모방하기로 결정했다. 그 후, 그녀가 선택한 재료는 더욱 광범위해졌고, 채소뿐만 아니라 주방에 있는 모든 것들, 예를 들면 부엌칼, 도마, 채소를 살 때 쓰는 검은색과 파란색 비닐봉지가 모두 줘둬치의 창작 도구가 되었으며, 모든 것들이 그녀의 창작 영감의 근원이 되었다.

4) 네 번째 단락: 주인공의 성공을 언급한

在一次艺术展上，她的蔬菜画一亮相，就吸引了主办方的目光，他们决定为她开辟一个“蔬菜博物馆”的个展专区。普通的蔬菜摇身一变，成了经典的艺术品，这让来参加的人啧啧称奇。从那以后，桔多淇的摄影工作室由此传出了名声，一些想拍创意摄影照片的人找到她，让她设计与众不同的照片。逐渐地，桔多淇成为了圈子里小有名气的艺术家。

분 석

마지막 단락에서는 주인공의 성공한 결과를 언급합니다. 이 지문 또한 줘둬치의 작품이 많은 사람들의 주목을 끌어 그녀가 유명해졌다는 '주인공 성공의 법칙'을 보여 주고 있습니다.

예상문제 3

根据第4段，可以知道: 네 번째 단락을 근거로 알 수 있는 것은?

→ 桔多淇的创作很受欢迎 줘둬치의 작품은 매우 환영받았다

|예상문제 4|

最适合做上文标题的是： 지문의 제목으로 가장 적합한 것은?

→ 创意“蔬菜画”

|해 석|

첫 번째의 예술전에서 그녀의 채소 그림은 모습을 드러내자마자 주최자의 눈길을 끌었고, 그들은 그녀를 위해 '채소 박물관'의 개인 전시 전용 구역을 열 것을 결정했다. 보통의 채소가 모습을 바꾸고 멋진 예술 작품이 되었다. 이것이 참가한 사람들이 기묘함에 감탄하게 하였다. 그때 이후로, 쥐둬치의 사진 촬영 작업장은 명성이 전해져서 독창적인 사진을 찍고 싶어 하는 사람들이 그녀를 찾았고, 그녀는 보통 사람과는 다른 사진을 디자인하게 되었다. 점점 쥐둬치는 업계에서 유명세를 얻은 예술가가 되어 갔다.

3. 지문 10회 정독하기

从美术学院毕业后，桔多淇一直从事网络游戏设计。由于她的设计中个人想象色彩过浓，与公司要求不符，作品一直不被认可。为此，桔多淇辞了职，开了一家摄影工作室。她觉得摄影艺术性强，可以充分表达自己的想法。 — 주인공의 시련

一天，桔多淇看着厨房餐桌上的一堆蔬菜，不由得浮想联翩，眼前的东西慢慢变得生动起来——南瓜有了眼睛和鼻子，像人的脸；茄子是手；海带丝是飘逸的长发……凭借着这些灵感，桔多淇决定用蔬菜创作一幅画。作品完成后，她把照片发到了朋友圈上，大家都觉得很有新意，认为这样的作品可以让人发现日常生活中不一样的乐趣。 — 시련의 극복 + 성공을 향한 노력

在朋友们的鼓励下，桔多淇决定用蔬菜来仿制她喜欢的世界名画。此后，她选择的素材更为广泛了，除了蔬菜，厨房中的一切都能成为桔多淇创作的工具，比如剪刀、案板、买菜用的黑色和蓝色塑料袋，都成了她创作的灵感来源。

在一次艺术展上，她的蔬菜画一亮相，就吸引了主办方的目光，他们决定为她开辟一个“蔬菜博物馆”的个展专区。普通的蔬菜摇身一变，成了经典的艺术品，这让来参加的人啧啧称奇。从那以后，桔多淇的摄影工作室由此传出了名声，一些想拍创意摄影照片的人找到她，让她设计与众不同的照片。逐渐地，桔多淇成为了圈子里小有名气的艺术家。 — 주인공의 성공 결과 (+주제)

STEP 04 확인문제 풀기

01-04

“扬州八怪”是指清朝中期活动于扬州地区一批风格相近的书画家，郑板桥便是其中一位。他的诗、书、画均风格独特，人称“三绝”。他一生创作了许多画作，其中尤以代表作《兰竹图》得到世人称颂。

郑板桥曾在苏州桃花巷的东头开了一间画室，以卖画儿为生。巷子的另外一头也有一个卖画儿的，是当地有名的画家吕子敬。吕子敬自认为画技高超，所画梅花无人能及。

有一次，一位酷爱书画的商人出高价请郑板桥为自己画一幅梅花。令人出乎意料的是，郑板桥却推辞道:“吕子敬先生画的梅花最好。如果说他画的梅花图得用50两银子买下来的话，我的画5两就足够了。”那人信以为真，便找吕子敬去了。

人们很快就发现，郑板桥自开画室以来，兰、竹、菊等样样都画，却唯独不画梅花。对此，吕子敬很是得意，深信自己画梅花的水平远在郑板桥之上，逢人便说:“郑板桥也不过如此嘛!”

三年后，郑板桥要离开苏州。临行时，吕子敬来为郑板桥送行。按照当时的礼节，两人应作画之后互相赠给对方。吕子敬接过郑板桥画的梅花图，看到画上的梅花气韵不凡，这才恍然大悟，不禁感到非常惭愧。吕子敬感激地对郑板桥说:“郑兄之所以不画梅花，原来是为了给我留口饭吃呀。”

01 关于吕子敬，可以知道什么?

A 最擅长画兰花 B 很崇拜郑板桥

C 自以为画技高超 D 是“扬州八怪”之一

02 根据上文，郑板桥之所以不画梅花，是因为:

A 有意帮助吕子敬 B 不敢承认自己的劣势

C 舍不得卖自己的画儿 D 对自己的画儿不自信

03 最后一段中的划线部分“恍然大悟”的意思是:

A 最终接受 B 感到震惊

C 突然明白 D 内心惭愧

04 根据上文，下列哪项正确?

A 吕子敬关闭了画室 B 郑板桥的梅花画得更好

C《兰竹图》是多人合画的 D 吕子敬想跟随郑板桥学画

▶ 정답 및 해설 44쪽

시나공법 03 과학 지식과 동식물에 관한 설명문을 출제한다!

독해 3부분에서 빠지지 않는 지문이 바로 일반 상식에 관한 설명문입니다. 최근 들어 독해 3부분의 설명문 비중이 높아지고 있는데, 그중에서도 기초 생활 과학 지식과 동식물에 관한 설명문은 꾸준히 출제되고 있습니다. 설명문은 지식을 전달하는 글이다 보니 필수어휘를 벗어난, 어려운 어휘들도 많이 출제되기 때문에 평소 字 학습과 문맥으로 어휘를 유추하는 연습을 해 두어야 합니다.

STEP 01 먼저 풀어보기

예제

如果你是一个心细的人，就会感觉到，雨后的空气会突然变得比较清新，但在不同的地方，清新程度有区别。

在一些工业城市，由于空气中存在大量的工业废气，在那里形成的雨水常常会呈一定的酸性。当这样的雨水与城市地面上的化学物质接触时，就会发生化学反应，并释放出一些不好闻的气味。而且酸雨还会渗入土壤里，与土壤里的一些工业废弃物发生反应，从而使空气的气味更加难闻。这种气味在旱季结束后的第一场雨后最为强烈。不过经过多场雨后，地面上的污浊物质会被稀释，无法与雨水发生大范围的化学反应，而且降雨会将空气中的悬浮物带走，所以空气会变得越来越清新。

相比之下，绿化面积较大的城郊或人口并不密集的乡镇，雨后的空气更加清新宜人。原来，许多植物在干旱时会储存油分。下雨时，这些油分中的芳香油会释放到空气中，散发出淡淡的清香，让人们感到舒适、畅快。

如此说来，人们要想闻到雨后清新宜人的空气，就必须远离城市吗？其实不然。只要我们爱护城市环境，做好城市绿化，减少污染，那么在城市里，我们也能呼吸到雨后干净的空气。

선생님의 한마디

HSK 시험 출제는 아주 과학적으로 출제됩니다. 문제를 풀 때는 다음과 같은 출제 패턴을 생각하면서 정답을 찾도록 합니다.

1. 첫 번째 단락을 통해 주제를 암시합니다.
   예 04번 힌트 출제
2. 단락별로 문제 순서대로 힌트가 나오므로, 한 문제씩 질문을 먼저 읽고 답을 찾는 습관을 기릅니다.
   예 두 번째 단락: 01번 힌트 출제 → 세 번째 단락: 02번 힌트 출제 → 네 번째 단락: 03번 힌트 출제
3. 마지막 문제는 주제 찾기입니다.
   예 04번 문제 풀기

1. 根据第2段，可以知道：

A 空气污染很难治理　　B 城市土壤不适宜种植

C 雨后空中悬浮物会增多　　D 工业城市雨水多呈酸性

2. 关于植物的芳香油，可以知道什么？

A 无法提取出来　　B 可用作食用油

C 雨天会释放到空气中　　D 储存在植物的叶子中

3. 下列哪项属于作者的建议？

A 搬离城市　　B 加强城市绿化

C 控制城市人口　　D 常去户外运动

4. 上文主要谈的是：

A 酸雨的形成原因　　B 城乡工业发展差异

C 如何检测空气质量　　D 降雨对空气的影响

STEP 02 선생님 풀이과정 보기

예제

|해 설|

❷ 지문 읽기

如果你是一个心细的人，就会感觉到，雨后的空气会突然变得比较清新，但在不同的地方，清新程度有区别。

在一些工业城市，由于空气中存在大量的工业废气，[1] 在那里形成的雨水常常会呈一定的酸性。(1번 문제로 가기) (❺ 지문 이어 읽기) 当这样的雨水与城市地面上的化学物质接触时，就会发生化学反应， 并释放出一些不好闻的气味。而且酸雨还会渗入土壤里，与土壤里的一些工业废弃物发生反应，从而使空气的气味更加难闻。这种气味在旱季结束后的第一场雨后最为强烈。不过经过多场雨后，地面上的污浊物质会被稀释，无法与雨水发生大范围的化学反应，而且降雨会将空气中的悬浮物带走，所以空气会变得越来越清新。

相比之下，绿化面积较大的城郊或人口并不密集的乡镇，雨后的空气更加清新宜人。原来，许多植物在干旱时会储存油分。[2] 下雨时，这些油分中的芳香油会释放到空气中，(2번 문제로 가기) 散发出淡淡的清香，让人们感到舒适、畅快。

❽ 지문 이어 읽기

如此说来，人们要想闻到雨后清新宜人的空气，就必须远离城市吗？其实不然。只要我们爱护城市环境，[3] 做好城市绿化，(3번 문제로 가기) 减少污染，那么在城市里，我们也能呼吸到雨后干净的空气。

❶ 문제와 선택지 읽기

1. 根据第2段，可以知道：

A 空气污染很难治理　　B 城市土壤不适宜种植

C 雨后空中悬浮物会增多　　D 工业城市雨水多呈酸性

❸ 정답 고르기

❹ 문제만 읽기

2. 关于植物的芳香油，可以知道什么？

A 无法提取出来　　B 可用作食用油

C 雨天会释放到空气中　　D 储存在植物的叶子中

❻ 정답 고르기

선생님의 한마디

설명문의 첫 번째 단락은 전체 글의 주제와 흐름을 파악할 수 있기 때문에 반드시 빠르게 읽고 전체 글의 주제나 글의 전개를 예상하도록 합니다.

'雨后的空气会突然变得比较清新'을 통해 전체 글의 주제인 降雨对空气的影响을 유추할 수 있으며, '但在不同的地方，清新程度有区别'를 통해, 그다음 단락부터는 서로 다른 지역에 따라 공기의 신선한 정도가 다르다는 것을 설명함을 알 수 있습니다.

선생님의 한마디

네 번째 단락은 글쓴이의 주장을 나타내고 있습니다.

⑦ 문제와 선택지 읽기

3. 下列哪项属于作者的建议?

A 搬离城市　　B 加强城市绿化

C 控制城市人口　　D 常去户外运动

⑨ 정답 고르기

⑩ 문제와 선택지 읽고 정답 고르기

4. 上文主要谈的是:

A 酸雨的形成原因　　B 城乡工业发展差异

C 如何检测空气质量　　D 降雨对空气的影响

① 1번 문제와 선택지 읽기

두 번째 단락을 근거로 알 수 있는 내용을 물었으니, 선택지를 읽은 후 지문에서 해당 내용을 찾아야 합니다. 만약 내공이 약한 학생이라면, 두 번째 단락을 한 문장씩 먼저 읽어 가면서 선택지에 정답이 있는지 체크합니다.

② 지문 읽기 ~ ③ 1번 정답 고르기

첫 번째 단락 또한 전체 글의 주제나 흐름을 예측할 수 있기 때문에 함께 읽어야 합니다. 첫 번째 단락은 장소에 따라 공기의 신선한 정도가 다르다는 명제를 언급했고, 두 번째 단락은 공업 도시에서 비가 내린 후에 공기가 신선해지는 과정을 설명했습니다. 지문의 '**在那里形成的雨水常常会呈一定的酸性**'이라는 문장을 통해 D **工业城市雨水多呈酸性**가 정답임을 알 수 있습니다.

④ 2번 문제만 읽기

植物的芳香油라는 키워드에 주의를 기울이며 지문을 읽어야 합니다. 지문을 빠르게 읽으면서 **芳香油**라는 단어를 찾습니다.

⑤ 지문 이어 읽기 ~ ⑥ 2번 정답 고르기

세 번째 단락의 내용 중 '**下雨时，这些油分中的芳香油会释放到空气中**'이라는 문장에서 처음 **芳香油**가 등장했고, **释放到空气中**이라고 했으므로 C **雨天会释放到空气中**가 정답임을 알 수 있습니다.

⑦ 3번 문제와 선택지 읽기

글쓴이의 건의나 제안에 해당하는 부분은 대개 마지막 단락에 있습니다. 마지막 단락을 정독하면서 글쓴이의 제안을 찾아봅시다.

⑧ 지문 이어 읽기 ~ ⑨ 3번 정답 고르기

한 단락당 한 문제 출제 원칙에 따라, 아직 읽지 않은 네 번째 단락에서 답이 나올 것이라는 것을 유추합니다. '**如此说来**'라는 표현으로 정리를 하고 있으므로, 다음에 올 문장이 정답일 가능성이 높습니다. '**只要我们爱护城市环境，做好城市绿化，减少污染**' 부분과 선택지의 **加强城市绿化**가 일치합니다. 따라서 정답은 B입니다.

⑩ 문제와 선택지 읽고 정답 고르기

첫 번째 단락의 '**雨后的空气会突然变得比较清新**'을 보고 이 글의 주제를 유추할 수 있습니다. 또한 글 전체의 내용에서 비와 공기에 대한 언급이 계속되었기 때문에 D **降雨对空气的影响**을 정답으로 선택해야 합니다. A는 산성비에 대한 내용만 있어 그 외의 지문 내용을 포괄하지 못하기 때문에 너무 지엽적이고, C 역시 공기의 질에는 비에 대한 내용을 포함하지 않기에 정답이 될 수 없습니다.

|해 석|

如果你是一个心细的人，就会感觉到，雨后的空气会突然变得比较清新，但在不同的地方，清新程度有区别。

在一些工业城市，由于空气中存在大量的工业废气，在那里形成的雨水常常会呈一定的酸性。当这样的雨水与城市地面上的化学物质接触时，就会发生化学反应，并释放出一些不好闻的气味。而且酸雨还会渗入土壤里，与土壤里的一些工业废弃物发生反应，从而使空气的气味更加难闻。这种气味在旱季结束后的第一场雨后最为强烈。不过经过多场雨后，地面上的污浊物质会被稀释，无法与雨水发生大范围的化学反应，而且降雨会将空气中的悬浮物带走，所以空气会变得越来越清新。

相比之下，绿化面积较大的城郊或人口并不密集的乡镇，雨后的空气更加清新宜人。原来，许多植物在干旱时会储存油分。下雨时，这些油分中的芳香油会释放到空气中，散发出淡淡的清香，让人们感到舒适、畅快。

如此说来，人们要想闻到雨后清新宜人的空气，就必须远离城市吗？其实不然。只要我们爱护城市环境，做好城市绿化，减少污染，那么在城市里，我们也能呼吸到雨后干净的空气。

만약 당신이 세심한 사람이라면 비가 내린 후의 공기가 갑자기 비교적 신선해졌음을 느낄 것이다. 하지만 장소에 따라 신선한 정도에 차이가 있다.

일부 공업 도시에서는 공기 속에 대량의 공업 폐기 가스가 있어서, 그곳에서 형성된 빗물은 항상 어느 정도 산성을 띤다. 이런 빗물이 도시 지면 위의 화학물질과 접촉할 때, 화학반응이 일어나고 아울러 좋지 않은 냄새를 방출한다. 게다가 산성비가 토양 속으로도 스며들어 토양 속의 일부 공업 폐기물과 반응이 일어나면서 공기의 냄새를 더욱 고약하게 만든다. 이런 냄새는 건기가 끝난 후 첫 번째 비가 내린 후에 가장 강렬하다. 하지만 여러 차례 비가 내린 후에는 지면의 더러운 물질이 희석되어 (오염 물질은) 빗물과 넓은 범위의 화학반응이 일어날 수 없다. 게다가 강우는 공기 속의 부유물을 가지고 가서 공기는 갈수록 신선해진다.

이에 비해, 녹화 면적이 비교적 큰 변두리 혹은 인구가 밀집되어 있지 않은 소도시에서는 비가 내린 후의 공기가 더욱 신선하고 좋다. 알고 보니 수많은 식물은 가뭄 때 유분을 저장한다. 비가 올 때 이러한 유분 속의 방향유는 공기 속에 방출되고, 옅게 맑은 향기를 발산하여 사람들이 편안함과 상쾌함을 느끼게 한다.

그렇다면, 사람들은 비가 내린 후의 신선하고 좋은 공기를 맡고 싶다면 반드시 도시를 멀리 떠나야 할까? 사실은 그렇지 않다. 우리가 도시 환경을 소중히 하고 도시 녹화를 잘하며 오염을 줄이기만 하면, 도시에서도 우리는 비가 내린 후의 깨끗한 공기를 마실 수 있다.

1. 根据第2段，可以知道：
   A 空气污染很难治理
   B 城市土壤不适宜种植
   C 雨后空中悬浮物会增多
   D 工业城市雨水多呈酸性

1. 두 번째 단락에 근거하여 알 수 있는 것은?
   A 공기 오염은 다스리기 어렵다
   B 도시의 토양은 재배하기에 적합하지 않다
   C 비가 내린 후에는 공중 부유물이 증가한다
   D 공업 도시의 빗물은 대부분 산성을 띤다

2. 关于植物的芳香油，可以知道什么？
   A 无法提取出来
   B 可用作食用油
   C 雨天会释放到空气中
   D 储存在植物的叶子中

2. 식물의 방향유에 관해서 알 수 있는 것은 무엇인가?
   A 추출할 방법이 없다
   B 식용유로 쓸 수 있다
   C 비 오는 날에 공기 속에 방출된다
   D 식물의 잎 속에 저장된다

3. 下列哪项属于作者的建议？
   A 搬离城市
   B 加强城市绿化

3. 다음 중 글쓴이의 제안에 속하는 것은?
   A 도시를 떠난다
   B 도시 녹화를 강화한다

C 控制城市人口 D 常去户外运动	C 도시 인구를 억제한다 D 야외 운동을 자주 나간다
4. 上文主要谈的是： A 酸雨的形成原因 B 城乡工业发展差异 C 如何检测空气质量 D 降雨对空气的影响	4. 윗글에서 말하는 것은? A 산성비의 형성 원인 B 도시와 농촌 공업 발전의 차이 C 어떻게 공기의 질을 검사 측정하는가 D 강우가 공기에 끼치는 영향

|단 어| **心细** xīnxì 형 세심하다 | **突然** tūrán 부 갑자기 | **清新** qīngxīn 형 신선하다, 맑다 | **程度** chéngdù 명 정도 | **区别** qūbié 명 구별, 차이 | **工业城市** gōngyè chéngshì 공업 도시 | **存在** cúnzài 동 존재하다, 있다 | **大量** dàliàng 형 대량의, 많은 양의 | **废气** fèiqì 명 폐기가스 | **形成** xíngchéng 동 형성되다 | **呈** chéng 동 (어떤 상태나 모양을) 띠다 | **酸性** suānxìng 명 산성 | **化学物质** huàxué wùzhì 화학 물질 | **接触** jiēchù 동 접촉하다 | **化学反应** huàxué fǎnyìng 화학 반응 | **释放** shìfàng 동 방출하다, 내보내다 | **闻** wén 동 (냄새를) 맡다 | **气味** qìwèi 명 냄새 | **酸雨** suānyǔ 명 산성비 | **渗入** shènrù 동 스며들다 | **土壤** tǔrǎng 명 토양 | **废弃物** fèiqìwù 명 폐기물 | **从而** cóng'ér 접 따라서, ~함으로써 | **难闻** nánwén 형 (냄새가) 고약하다 | **旱季** hànjì 명건기[1년 중 강수량이 가장 적은 기간 혹은 계절] | **结束** jiéshù 동 끝나다 | **最为** zuìwéi 부 가장, 제일 | **强烈** qiángliè 형 강렬하다 | **污浊** wūzhuó 형 (공기·물 등이) 더럽다 | **稀释** xīshì 동 (농도를) 희석하다, 묽게 하다 | **降雨** jiàngyǔ 명 강우 | **悬浮物** xuánfúwù 명 부유물 *悬浮 xuánfú 동 (공중에) 떠다니다 | **相比之下** xiāngbǐ zhī xià 그것과 비교하면, 이에 비하면 | **绿化面积** lǜhuà miànjī 녹화 면적[녹화: 산이나 들 따위에 나무나 화초를 심어 푸르게 함] | **城郊** chéngjiāo 명 (도시의) 변두리 | **密集** mìjí 동 밀집하다 | **乡镇** xiāngzhèn 명 소도시 | **宜人** yírén 동 (기후나 온도가) 편안하다, 좋다 | **原来** yuánlái 부 원래, 알고 보니 | **植物** zhíwù 명 식물 | **干旱** gānhàn 형 가물다 | **储存油分** chǔcún yóufèn 유분을 저장하다 *油分 yóufèn 명 유분, 기름기 | **芳香油** fāngxiāngyóu 명 방향유[식물의 잎·줄기·열매·꽃·뿌리 따위에서 채취한 방향을 풍기는 기름의 총칭] | **散发** sànfā 동 발산하다, 내뿜다 | **淡淡** dàndàn 형 (향기가) 옅다 | **清香** qīngxiāng 명 맑은 향기 | **舒适** shūshì 형 마음이 편하다, 쾌적하다 | **畅快** chàngkuài 형 상쾌하다, 기분이 좋다 | **如此说来** rúcǐ shuōlái 이렇게 보면 | **远离** yuǎnlí 동 멀리 떠나다 | **其实不然** qíshí bùrán 사실은 그렇지 않다 | **爱护** àihù 동 소중히 하다 | **减少污染** jiǎnshǎo wūrǎn 오염을 줄이다 | **呼吸空气** hūxī kōngqì 공기를 호흡하다 | **空气污染** kōngqì wūrǎn 공기 오염 | **治理** zhìlǐ 동 다스리다, 관리하다 | **适宜** shìyí 형 적합하다 | **种植** zhòngzhí 동 재배하다 | **增多** zēngduō 동 많아지다, 증가하다 | **提取** tíqǔ 동 추출하다, 뽑아내다 | **用作** yòngzuò ~으로 쓰다 | **食用油** shíyòngyóu 명 식용유 | **叶子** yèzi 명 잎 | **属于** shǔyú 동 ~에 속하다 | **建议** jiànyì 명 건의, 제안 동 제안하다 | **搬离** bānlí 동 (이사해서) 떠나다 | **加强** jiāqiáng 동 강화하다 | **控制** kòngzhì 동 통제하다, 억제하다 | **户外运动** hùwài yùndòng 야외 운동 | **城乡** chéngxiāng 명 도시와 농촌 | **差异** chāyì 명 차이 | **检测** jiǎncè 동 검사 측정하다

|정 답| 1. D 2. C 3. B 4. D

STEP 03 내공쌓기

속독이 가능해지는 문장부호

설명문은 지문의 구조를 파악하면 정답을 빠르게 찾을 수 있는데, 이때 문장부호가 큰 역할을 합니다. 독해 3부분은 문장부호의 용법을 알면 세부 내용을 일일이 해석하지 않아도 되는 부분이 쉽게 드러나므로, 속독을 하는 데 큰 도움이 됩니다.

1. 쌍점(： 冒号 màohào) 과 쌍반점(； 分号 fēnhào)

쌍점 뒤의 내용은 앞 문장의 부연 설명입니다. 따라서 쌍점 뒷부분에는 주로 병렬이나 대비 구조의 나열이 오는데, 이때 사용하는 것이 쌍반점입니다. 쌍반점은 비슷한 내용을 병렬적으로 열거하거나, 서로 상반되는 내용을 대비할 때 사용합니다.

人的情绪与气候有密切关系，尤其在35℃以上的高温高热天气下，人很容易冲动，会莫名其妙地出现情绪和行为异常，这就是所谓的'情绪中暑'。医学专家提醒市民，要预防"情绪中暑"主要从三个方面进行自我调节（더위 먹는 것을 방지하는 세 가지 방법）：一是合理饮食（첫째……），多吃清淡的食物，多吃新鲜水果、蔬菜以及绿茶、金银花露等清火的食物和饮料，不滥服补药；二是保持居室通风（둘째……），中午室外气温高，宜将门窗紧闭，拉上窗帘，开空调时将温度控制在25℃～27℃左右；三是活动要有规律（셋째……），早睡早起，保证午休时间，维持充足的睡眠，不在烈日下或封闭空间内呆太久。

|분 석|

'더위를 먹는 현상(情绪中暑)'을 예방하려면 세 가지 방면에서 자기 조절을 해야 한다고 언급하며, 쌍점을 이용해서 구체적인 설명을 나열합니다. 또한 나열하는 설명은 쌍반점을 이용해 '첫째……; 둘째……; 셋째……'와 같이 병렬하고 있습니다. 문장부호를 잘 활용한다면 문제에서 요구하는 부분만 골라서 읽을 수 있으므로, 문제 풀이 시간을 많이 줄일 수 있습니다.

|해 석|

사람의 감정은 기후와 밀접한 관계가 있다. 특히 35도 이상의 더운 날씨에는 사람은 쉽게 흥분해서 공연히 감정과 행동이 평소와 같지 않을 수 있는데, 이것이 이른바 '더위 먹는 것'이다. 의학 전문가들은 시민들에게 더위 먹는 것을 예방하려면 세 가지 방면에서 스스로 조절해야 한다고 말한다 : 첫째는 음식을 알맞게 조절하는 것이다. 담백한 음식을 많이 먹고, 신선한 과일, 채소 및 녹차, 인동초 음료 등 열을 내리는 음식과 음료를 많이 섭취하며, 자양제는 과도하게 복용하지 않는다 ; 둘째는 실내 통풍을 유지하는 것이다. 낮에 실내 기온이 높아져서 문과 창문을 닫고 커튼을 치며 에어컨을 켤 때는 온도를 25~27도 정도로 제한해야 한다 ; 셋째는 활동을 규칙적으로 하는 것이다. 일찍 자고 일찍 일어나고 오후 낮잠 시간을 두어 충분한 수면을 유지하며, 뜨거운 야외 또는 꽉 막힌 실내에 장시간 있지 않아야 한다.

선생님의 한마디

쌍점은 '说', '想', '道', '问' 등의 단어 뒤에 사용되어 따옴표(" ")로 이루어진 대사를 이끌어 내기도 합니다.

예 人事经理对总经理说："这个人在公司工作10年了，没犯过任何错误。"
인사팀장은 대표에게 "이 사람은 회사에서 일한 10년 동안 아무 잘못도 저지른 적이 없습니다."라고 말했다.

선생님의 한마디

지문의 이해를 돕기 위해, 해석의 쌍점과 쌍반점 부분에 마침표 대신 원문과 같은 문장부호를 표기해 놓았습니다.

2. 모점(、 顿号 dùnhào)

모점은 예를 들어 설명할 때, 또는 단어나 구를 병렬할 때 사용하므로, 한두 개 단어(또는 구)만 읽어 내용을 파악한 후 건너뛰어도 됩니다.

我们平时看到的花儿多为红、黄、橙、白等颜色，这是由于这些花儿能够反射阳光中含热量较多的红、橙、黄三种颜色的光波，以避免自身被灼伤。在自然界中，真正黑色花朵是不存在的。

|분 석|

위의 지문에서는 여러가지 색깔을 모점으로 나열하고 있습니다. 보통 모점으로 나열할 때 '红、黄、橙、白等颜色'처럼 마지막 부분에 '等+명사' 구문이 많이 나옵니다.

|해 석|

우리가 평소에 보는 꽃은 대부분 빨강、노랑、주황、흰색 등의 색깔이다. 이는 이 꽃들이, 태양 빛 중 함유 열량이 비교적 큰 빨강、주황、노랑의 세 가지 빛 파동을 반사할 수 있기 때문인데, (이 때문에) 스스로가 열상을 입는 것을 피할 수 있다. (따라서) 자연계에 순수하게 검은 꽃은 존재하지 않는다.

선생님의 한마디
'구'란 단어가 두 개 이상 합쳐진 형태를 말합니다. 가령, '동사구'라 하면 보통 '동사+명사', 또는 '부사+동사'의 결합 형태를 말합니다.

선생님의 한마디
지문의 '为 wèi'는 '~이다'라는 동사 용법으로 쓰여, 是와 동일한 의미를 나타냅니다.

설명문 학습 방법

1. 단어 학습하기

다음 단어 중 본인이 알고 있는 단어를 체크해 보고, 모르는 단어는 확실하게 암기한 후 지문 학습으로 넘어갑니다.

□ 戴 dài	□ 耳机 ěrjī	□ 视频 shìpǐn
□ 嘈杂 cáozá	□ 清楚 qīngchu	□ 不自觉地 bú zìjué de
□ 音量 yīnliàng	□ 调 tiáo	□ 殊不知 shūbùzhī
□ 此举 cǐ jǔ	□ 造成 zàochéng	□ 逐渐 zhújiàn
□ 下降 xiàjiàng	□ 研究证实 yánjiū zhèngshí	□ 内耳 nèi'ěr
□ 毛细胞 máoxìbāo	□ 损坏 sǔnhuài	□ 甚至 shènzhì
□ 死亡 sǐwáng	□ 久而久之 jiǔ'érjiǔzhī	□ 引起 yǐnqǐ
□ 失去 shīqù	□ 提前 tíqián	□ 伤害 shānghài
□ 首先 shǒuxiān	□ 遵守 zūnshǒu	□ 原则 yuánzé
□ 超过 chāoguò	□ 连续 liánxù	□ 外界声音 wàijiè shēngyīn
□ 最好 zuìhǎo	□ 国际上 guójìshàng	□ 公认 gōngrèn
□ 保护 bǎohù	□ 尤其 yóuqí	□ 内置 nèizhì
□ 遵循 zūnxún	□ 其次 qícì	□ 尽量 jǐnliàng
□ 选择 xuǎnzé	□ 头戴式耳机 tóu dài shì ěrjī	□ 通常 tōngcháng
□ 分为 fēnwéi	□ 类型 lèixíng	□ 损伤 sǔnshāng

선생님의 한마디
头戴式耳机가 무엇일지 字로 유추해 보세요. '头(머리)+戴(착용하다)+式(형태)+耳机(이어폰)'이니, '(머리에 쓰는 형태의) 헤드폰'을 뜻합니다. 字 학습을 생활화하세요.

□ 身处 shēn chǔ
□ 吵闹 chǎonào
□ 比如 bǐrú
□ 室内 shìnèi
□ 值得 zhídé
□ 留意 liúyì
□ 耳鸣 ěrmíng
□ 头晕 tóuyūn
□ 尽快 jǐnkuài
□ 就诊 jiùzhěn

2. 지문의 흐름 파악하기

과학 소재의 설명문 구조는 크게 두 부분으로 나눌 수 있습니다. 첫 번째 설명에서는 주제를 언급하고, 두 번째는 주제를 좀 더 구체적으로 설명합니다. 다음 예시 지문을 통해 설명문 흐름의 패턴을 파악해 봅시다.

1) 설명1: 주제를 제시함

如今，不管是在地铁还是公交车上，经常能看到戴耳机听音乐或看视频的人。由于环境嘈杂，为了听得更清楚一些，人们会不自觉地把音量调大。殊不知，此举正是造成听力逐渐下降的重要原因。

研究证实，近距离、高分贝的声音会造成人的内耳毛细胞损坏甚至死亡，久而久之就会引起噪声性耳聋，甚至是失去听力。长时间戴耳机听歌，可能使人提前30年失去听力。

那么，怎样才能科学使用耳机，而不伤害耳朵呢?

• **分贝** fēnbèi 양 데시벨(db)
• **噪声性耳聋** zàoshēngxìng ěrlóng 소음성난청[일상에서 소음에 오랜 동안 노출되어 소리를 잘 들을 수 없는 상태를 말함]

|분 석|

설명1에서는 최근 사회현상의 문제점을 지적하며, 이를 극복 또는 해결할 수 있는 방안에 대한 의문을 언급합니다. 이 부분에서 제기하는 문제점은 이 지문의 주제와 밀접한 관계가 있습니다.

|예상문제|

上文主要谈的是什么? 윗글의 주제는?

→ 如何科学使用耳机 어떻게 과학적으로 이어폰을 사용할까

|해 석|

오늘날 지하철이나 버스에 관계없이 이어폰을 끼고 음악을 듣거나 동영상을 보는 사람을 자주 볼 수 있다. 환경이 떠들썩하기 때문에, 좀 더 분명하게 듣기 위해서 사람들은 저도 모르게 음량을 높이게 된다. 뜻밖에도 이런 행동은 바로 청력이 점차 떨어지게 하는 중요한 원인이다.

연구에 따르면, 근거리의 높은 데시벨 소리는 내이의 모세포를 손상시키고 심지어 죽음에 이르게 한다. 오랜 시일이 지나면 소음성난청을 일으키고 심지어 청력을 잃기도 한다. 장시간 이어폰을 끼고 노래를 들으면 아마 30년을 앞당겨 청력을 잃을지도 모른다.

그렇다면 어떻게 해야 과학적으로 이어폰을 사용해서 귀를 손상시키지 않을 수 있을까?

2) 설명2: 문제의 해결 방안을 전개하고 그에 대한 결론도 함께 제시함

首先，应遵守“60原则”，即听音乐时，音量不要超过最大音量的60%，连续听的时间不要超过60分钟，外界声音最好不超过60分贝。这是国际上比较公认的保护听力的方法，经常戴耳机，尤其是内置耳机的人更应该遵循这个原则。

其次，尽量选择头戴式耳机。耳机通常分为头戴式、耳挂式与入耳式三种类型，其中对耳朵损伤最小的是头戴式耳机。

另外，如果身处吵闹的环境，尽量不要使用耳机。比如在地铁里就最好不要用耳机，在室内听音乐时，应尽量选择外放。

最后，值得注意的是，经常戴耳机的人应留意自己的听力情况，当出现耳鸣、头晕、听力下降等情况时，应尽快去医院就诊。

- **耳挂式** ěr guà shì 귀걸이형
- **入耳式** rù ěr shì 커널형

분 석

설명2는 설명1에서 언급한 문제의 해결 방안 또는 결과를 과학적으로 도출하는 단락입니다. 이어폰을 과학적으로 사용하는 방법을 총 네 가지로 정리해서 제시하고 있습니다. 여러 가지 내용을 나타낼 때 자주 쓰는 접속사 '**首先……其次……另外……最后……**'를 이용했는데, 문제를 풀 때는 내용 전체를 읽을 필요 없이, 문제의 키워드가 있는 단락만 찾아서 읽으면 됩니다. 가령, '**关于"60原则"，可以知道:**'라는 문제는 '**60原则**'가 있는 **首先** 부분만 빠르게 읽고 답을 찾습니다.

선생님의 한마디

보통 이렇게 네 가지 해결 방법을 제시하면 두 문제 정도가 출제됩니다.

예상문제 1

关于"60原则"，可以知道： '60원칙'에 대해 알 수 있는 것은?

→ 能有效保护听力 청력 보호에 효과적이다

예상문제 2

根据上文，下列哪项正确?

→ 头戴式耳机对耳朵伤害最小 헤드폰이 귀에 손상이 적다

해 석

먼저, '60원칙'을 준수하는 것이다. 즉, 음악을 들을 때 음량은 최대 음량의 60%를 넘어서면 안 되고, 연속해서 듣는 시간이 60분을 넘어서면 안 되며, 외부 소리는 60데시벨을 넘지 않는 것이 가장 좋다. 이것은 국제적으로 비교적 공인된 청력 보호 방법으로, 자주 이어폰을 끼는 사람, 특히 내장형 이어폰을 끼는 사람은 더욱 이 원칙을 따라야 한다.

그다음으로, 가능한 한 헤드폰을 선택하는 것이다. 이어폰은 통상적으로 헤드폰형, 귀걸이형, 커널형의 3가지 유형으로 나뉘는데, 그중 귀에 손상이 가장 적은 것은 헤드폰이다.

이외에, 만약 떠들썩한 환경에 있다면 최대한 이어폰을 사용하지 않는 것이다. 예를 들어 지하철에서는 이어폰을 쓰지 않는 것이 가장 좋고, 실내에서 음악을 들을 때는 가급적 스피커로 듣는 것을 선택해야 한다.

마지막으로 주의할 점은 자주 이어폰을 끼는 사람은 자신의 청력 상태에 주의를 기울여야 한다는 것이다. 이명, 머리가 어지럽고, 청력이 떨어지는 등의 상황이 나타날 때는 되도록 빨리 병원에 가서 진찰을 받아야 한다.

3. 지문 10회 정독하기

如今，不管是在地铁还是公交车上，经常能看到戴耳机听音乐或看视频的人。由于环境嘈杂，为了听得更清楚一些，人们会不自觉地把音量调大。殊不知，此举正是造成听力逐渐下降的重要原因。

이슈 언급

研究证实，近距离、高分贝的声音会造成人的内耳毛细胞损坏甚至死亡，久而久之就会引起噪声性耳聋，甚至是失去听力。长时间戴耳机听歌，可能使人提前30年失去听力。

那么，怎样才能科学使用耳机，而不伤害耳朵呢？

문제 제기(주제)

首先，应遵守“60原则”，即听音乐时，音量不要超过最大音量的60%，连续听的时间不要超过60分钟，外界声音最好不超过60分贝。这是国际上比较公认的保护听力的方法，经常戴耳机，尤其是内置耳机的人更应该遵循这个原则。

其次，尽量选择头戴式耳机。耳机通常分为头戴式、耳挂式与入耳式三种类型，其中对耳朵损伤最小的是头戴式耳机。

另外，如果身处吵闹的环境，尽量不要使用耳机。比如在地铁里就最好不要用耳机，在室内听音乐时，应尽量选择外放。

最后，值得注意的是，经常戴耳机的人应留意自己的听力情况，当出现耳鸣、头晕、听力下降等情况时，应尽快去医院就诊。

해결 방안 전개

01–04

在南极，给人印象最深的动物自然是企鹅。而在北极，令人肃然起敬的却并非北极熊，而是北极燕鸥。

北极燕鸥体态优美，其长嘴和双脚都是鲜红色，就像是用红玉雕刻出来的；头顶是黑色的，像戴着一顶呢绒帽子；背部的羽毛是灰白色的，从上面看下去，与大海融为一体，不会轻易被天敌发现；而腹部的羽毛都是黑色的，海里的鱼从下面望上去，也很难发现它们的踪迹。可以说，北极燕鸥美丽的外形正是大自然巧妙雕琢的结果。

北极燕鸥可以说是鸟中之王，它们在北极繁殖，但却要到南极去越冬，它们每年在两极之间往返，飞行数万公里。要知道，飞机要在两极之间往返一次，也绝非一件容易的事。北极燕鸥总是在两极的夏天中度日，而两极夏天的太阳是不落的。所以，它们是地球上唯一一种永远生活在光明中的生物。不仅如此，它们还有非常顽强的生命力。1970年，人们发现了一只腿上套环的北极燕鸥，那个环竟然是1936年套上去的。也就是说，这只北极燕鸥至少已经活了34年，它至少已经飞行了150多万公里。

北极燕鸥不仅有非凡的飞行能力，而且争强好斗，勇猛无比。虽然它们内部邻里之间经常争吵不休，但一旦遇到外敌入侵，则立刻不计前嫌，一致对外。实际上，它们经常聚集在一起，就是为了集体防御。有人曾经看到过这样一个惊心动魄的场面：一头北极熊悄悄地逼近北极燕鸥的聚居地。争吵中的北极燕鸥发现了北极熊后，立刻安静了下来，然后高高飞起，轮番攻击北极熊。北极熊虽然凶猛，却无力还手，只好灰溜溜地逃跑了。

01 下列哪项是北极燕鸥的外形特征？

A 眼睛又大又圆　　B 脚部是红色的

C 头顶有灰色羽毛　　D 背部羽毛呈黑色

02 北极燕鸥为什么常常聚在一起？

A 为了取暖　　B 便于分配食物

C 为了共同抗敌　　D 便于照顾幼年燕鸥

03 根据第3段，可以知道：

A 南极天气更寒冷　　B 北极燕鸥善于飞行

C 北极燕鸥从不迷路　　D 鸟类的平均寿命较短

04 根据上文，可以知道什么？

A 北极燕鸥极少争吵　　B 北极燕鸥数量逐年减少

C 北极燕鸥每年往返于两极间　　D 北极熊能与北极燕鸥友好相处

▶ 정답 및 해설 46쪽

시나공법 04

교육과 심리에 관한 설명문을 출제한다!

자녀 교육에 관한 설명문은 주로 '자녀의 의견이나 흥미를 존중해야 한다', '자녀를 많이 칭찬해야 한다', '자녀와 함께하는 시간을 많이 가져야 한다'와 같은 내용이 출제됩니다. 또한 사람의 심리와 관련한 설명문은 '연구(研究)', '조사(调查)', '실험(实验)'을 통해서 관련 지식을 설명하는 경우가 많습니다.

STEP 01 먼저 풀어보기

예제

后悔不是人类独有的情绪，一份标题为《老鼠也会“后悔”》的科研报告肯定了这一看法。

为了弄清老鼠是否有后悔情绪，研究人员设计了一个名为“餐饮街”的实验。整个实验模拟人类生活中的场景，比如一条街上有多家“餐馆”，老鼠可以根据喜好选择在任意一家餐厅“用餐”。研究人员通过实验发现，老鼠因做出错误判断而错过美食时，会表现出后悔的情绪，这种情绪甚至还会影响它之后的决定。

实验中，老鼠需要在多个喂食器中挑选一个并等待食物投下。如果等待时间过长，有的老鼠就会失去耐心，转去别的喂食器旁等候。当发现等来的食物不理想时，老鼠会有明显的反应，比如行动停顿、看看自己刚才错过的美食等。进一步研究发现，因失去耐心、放弃等待而遇上不好吃的食物后，这些老鼠会在再次实验时改变之前的做法，为自己喜欢的味道“坚守”，不再轻易转向其他选择。相反，之前没有作出“错误选择”的老鼠则不会有这些表现，它们会毫不犹豫地走向其他喂食器。

研究人员称，人出现后悔情绪时，会对导致这一结果的错误决定感到不满，大脑中的“眼窝前额皮质”会比较活跃。实验发现，老鼠大脑中的相应位置也有相似的表现。因此，后悔情绪并不是人类独有的。

1. 第一段中划线部分“这一看法”指的是：

A 动物没有情绪　　B 老鼠会伤害人类

C 不只是人类有后悔情绪　　D 人类的大脑最发达

2. 关于餐饮街实验，可以知道什么？

A 结论遭到质疑　　B 对象是幼年老鼠

C 在一家饭店里进行　　D 模拟人类生活场景

3. 当等来的食物不理想时，老鼠会有什么表现？

A 立即回到洞中　　B 互相争抢食物

C 走向其他喂食器　　D 回头看错过的食物

4. 根据上文，可以知道什么？

A 情绪容易传染　　B 老鼠习惯集体行动

C 老鼠会受后悔情绪影响　　D 动物大多数行为与人类相似

STEP 02 선생님 풀이과정 보기

예제

|해 설|

❷ 지문 읽기

[1]后悔不是人类独有的情绪，一份标题为《老鼠也会“后悔”》的科研报告
1번 문제로 가기
肯定了这一看法。

❺ 지문 이어 읽기

为了弄清老鼠是否有后悔情绪，研究人员设计了一个名为“餐饮街”的实验。2번 질문 [2]整个实验模拟人类生活中的场景，比如一条街上有多家“餐馆”，老鼠可以根据喜好选择在任意一家餐厅“用餐”。2번 문제로 가기 ❽ 지문 이어 읽기 研究人员通过实验发现，老鼠因做出错误判断而错过美食时，会表现出后悔的情绪，这种情绪甚至还会影响它之后的决定。

实验中，老鼠需要在多个喂食器中挑选一个并等待食物投下。如果等待时间过长，有的老鼠就会失去耐心，转去别的喂食器旁等候。当发现等来的食物不理想时，老鼠会有明显的反应，比如行动停顿、3번 질문 [3]看看自己刚才错过的美食等。3번 문제로 가기 ⓫ 지문 이어 읽기 进一步研究发现，因失去耐心、放弃等待而遇上不好吃的食物后，这些老鼠会在再次实验时改变之前的做法，为自己喜欢的味道“坚守”，不再轻易转向其他选择。相反，之前没有作出“错误选择”的老鼠则不会有这些表现，它们会毫不犹豫地走向其他喂食器。

研究人员称，人出现后悔情绪时，会对导致这一结果的错误决定感到不满，大脑中的“眼窝前额皮质”会比较活跃。实验发现，[4]老鼠大脑中的相应位置也有相似的表现。4번 문제로 가기 因此，后悔情绪并不是人类独有的。

❶ 문제만 읽기

1. 第一段中划线部分“这一看法”指的是：

A 动物没有情绪　　B 老鼠会伤害人类
C 不只是人类有后悔情绪　　D 人类的大脑最发达

❸ 정답 고르기

❹ 문제만 읽기

2. 关于餐饮街实验，可以知道什么？

A 结论遭到质疑　　B 对象是幼年老鼠
C 在一家饭店里进行　　D 模拟人类生活场景

❻ 정답 고르기

선생님의 한마디

‘一份标题为《老鼠也会“后悔”》’에서 为는 是와 같은 의미입니다. 문장부호《 》는 작품명을 나타냅니다.

선생님의 한마디

실험(实验)을 통해 특정 지식을 전달하는 지문은 대상, 기간, 배경, 과정, 결과 등을 중심으로 출제하기 때문에 질문을 정확히 파악한 후 정답을 찾아야 합니다. 02번 문제는 실험의 배경을 출제했고, 03번 문제는 실험 대상인 쥐의 반응을 출제했으며, 04번 문제는 실험의 결과를 출제했습니다. 실험의 결과는 지문 전체의 주제와도 관련 있습니다.

⑦ 문제만 읽기
3. 当等来的食物不理想时，老鼠会有什么表现?

A 立即回到洞中　　B 互相争抢食物
C 走向其他喂食器　　D 回头看错过的食物　⑨ 정답 고르기

⑩ 문제와 선택지 읽기
4. 根据上文，可以知道什么?

A 情绪容易传染　　B 老鼠习惯集体行动
C 老鼠会受后悔情绪影响　　D 动物大多数行为与人类相似　⑫ 정답 고르기

① 1번 문제만 읽기

밑줄 친 부분 '这一看法'가 가리키는 것을 물어보았습니다. 지시사의 의미를 물어보는 문제는 앞에 그 단어가 등장했다는 의미이므로, 지시사의 앞부분에 주의하며 읽어야 합니다.

② 지문 읽기 ~ ③ 1번 정답 고르기

'这一看法'가 가리키는 것을 찾는 것은 어렵지 않습니다. '이 견해'라고 해석되는 이 단어는 앞 문장에 있는 '后悔不是人类独有的情绪'를 설명하는 것이기 때문에 C 不只是人类有后悔情绪를 정답으로 선택할 수 있습니다.

④ 2번 문제만 읽기

음식 거리 실험에 대해 알 수 있는 것을 물었으니 餐饮街라는 단어가 등장하면 주의하면서 읽어야 합니다.

⑤ 지문 이어 읽기 ~ ⑥ 2번 정답 고르기

두 번째 단락의 첫 문장에 '研究人员设计了一个名为"餐饮街"的实验'이라고 餐饮街라는 키워드가 등장했으므로 이어지는 문장을 주의 깊게 읽어야 합니다. 뒷문장인 '整个实验模拟人类生活中的场景'을 통해서 D 模拟人类生活场景을 정답으로 고를 수 있습니다.

⑦ 3번 문제만 읽기

当等来的食物不理想时를 키워드로 잡고 지문을 이어서 읽기 시작합니다.

⑧ 지문 이어 읽기 ~ ⑨ 3번 정답 고르기

지문에서 '当发现等来的食物不理想时'라고 질문이 나왔고 뒤이어 '看看自己刚才错过的美食'라는 내용이 나오므로 D 回头看错过的食物를 정답으로 선택해야 합니다. C의 走向其他喂食器라는 내용이 세 번째 단락 마지막 부분에 그대로 나오기 때문에 오답으로 고르지 않도록 주의해야 합니다. C는 맨 처음에 잘못된 선택을 하지 않은 쥐의 반응이므로 오답입니다.

⑩ 4번 문제와 선택지 읽기

지문을 통해 알 수 있는 것을 물어보는 문제는 선택지를 먼저 읽고 지문을 이어 읽습니다.

⑪ 지문 이어 읽기 ~ ⑫ 4번 정답 고르기

마지막 단락에서 '老鼠大脑中的相应位置也有相似的表现(쥐의 뇌에도 비슷한 현상이 있다)'이라는 말을 통해 쥐 역시도 후회를 느낀다는 점을 설명하고 있기 때문에 C 老鼠会受后悔情绪影响을 정답으로 고를 수 있습니다.

선생님의 한마디

4번 문제는 쥐도 인류처럼 후회의 감정을 느낀다는 것이 이 글의 주제인 만큼, 3번을 풀고 난 뒤 바로 C를 선택할 수도 있지만 지문을 끝까지 읽으며 정답을 확인합니다. 시간이 부족한 경우에는 과감히 찍고 넘어가도록 합니다.

|해 석|

后悔不是人类独有的情绪，一份标题为《老鼠也会“后悔”》的科研报告肯定了这一看法。

为了弄清老鼠是否有后悔情绪，研究人员设计了一个名为“餐饮街”的实验。整个实验模拟人类生活中的场景，比如一条街上有多家“餐馆”，老鼠可以根据喜好选择在任意一家餐厅“用餐”。研究人员通过实验发现，老鼠因做出错误判断而错过美食时，会表现出后悔的情绪，这种情绪甚至还会影响它之后的决定。

实验中，老鼠需要在多个喂食器中挑选一个并等待食物投下。如果等待时间过长，有的老鼠就会失去耐心，转去别的喂食器旁等候。当发现等来的食物不理想时，老鼠会有明显的反应，比如行动停顿、看看自己刚才错过的美食等。进一步研究发现，因失去耐心、放弃等待而遇上不好吃的食物后，这些老鼠会在再次实验时改变之前的做法，为自己喜欢的味道“坚守”，不再轻易转向其他选择。相反，之前没有作出“错误选择”的老鼠则不会有这些表现，它们会毫不犹豫地走向其他喂食器。

研究人员称，人出现后悔情绪时，会对导致这一结果的错误决定感到不满，大脑中的“眼窝前额皮质”会比较活跃。实验发现，老鼠大脑中的相应位置也有相似的表现。因此，后悔情绪并不是人类独有的。

후회는 인류 혼자만 갖고 있는 감정이 아니다. 제목이 《쥐도 '후회'할 수 있다》라는 한 과학 연구 보고서가 이 견해를 인정했다.

쥐가 후회의 감정이 있는지 여부를 알아보기 위해서, 연구원은 '음식 거리'라는 이름의 한 가지 실험을 설계했다. 모든 실험은 인류 생활 속의 모습을 모방했다. 예를 들어 하나의 거리에 여러 '식당'이 있으며, 쥐는 기호에 따라 임의의 한 식당을 골라서 '식사'를 할 수 있다. 연구원은 실험을 통해서, 쥐가 잘못된 판단을 내려서 맛있는 음식을 놓칠 때 후회의 감정을 나타냈고 이런 감정은 심지어 쥐의 이후의 결정에도 영향을 줄 수 있다는 것을 발견했다.

실험에서, 쥐는 여러 급식기 중에서 한 개를 고르고, 음식물이 투하될 때까지 기다려야 한다. 만약 대기 시간이 너무 길면, 어떤 쥐는 곧 인내심을 잃고 다른 급식기 옆으로 돌아가서 기다렸다. 기다려서 나온 음식물이 만족스럽지 않을 때 쥐는 뚜렷한 반응을 보였다. 예를 들어 행동을 잠시 멈추고, 자신이 방금 놓친 음식물을 살펴보는 등의 반응이다. 나아가 연구 결과는, 인내심을 잃고 기다림을 포기해서 맛없는 음식물을 맞닥뜨린 후, 이 쥐들은 재차 실험할 땐 이전의 방법을 바꿔서 자신이 좋아하는 맛을 위해서 '굳건히 자리를 지키고', 다시는 쉽사리 다른 선택을 하지 않는 것을 발견했다. 반대로 이전에 '잘못된 선택'을 하지 않은 쥐는 이런 행동을 하지 않고, 조금도 주저하지 않고 다른 급식기로 갔다.

연구원은, 사람은 후회의 감정을 나타낼 때 이런 결과를 초래한 잘못된 결정에 대해서 불만을 느끼고 대뇌 속 '안와전두피질'이 활발히 움직이는 편이라고 말한다. 실험에서 쥐의 대뇌 속 상응하는 위치에도 비슷한 현상이 있다는 것을 발견했다. 따라서 후회의 감정은 결코 인류 혼자만 갖고 있지 않다.

1. 第一段中划线部分“这一看法”指的是：
   A 动物没有情绪
   B 老鼠会伤害人类
   C 不只是人类有后悔情绪
   D 人类的大脑最发达

1. 첫 번째 단락에서 밑줄 친 부분 '这一看法'가 가리키는 것은?
   A 동물은 감정이 없다
   B 쥐는 인류를 해칠 수 있다
   C 인류만 후회의 감정이 있는 것은 아니다
   D 인류의 대뇌가 가장 발달했다

2. 关于餐饮街实验，可以知道什么？
   A 结论遭到质疑
   B 对象是幼年老鼠
   C 在一家饭店里进行
   D 模拟人类生活场景

2. 음식 거리 실험에 관해서 무엇을 알 수 있는가?
   A 결론을 의심받았다
   B 대상은 어린 쥐이다
   C 식당 안에서 진행되었다
   D 인류 생활의 모습을 모방했다

3. 当等来的食物不理想时，老鼠会有什么表现？ A 立即回到洞中 B 互相争抢食物 C 走向其他喂食器 D 回头看错过的食物	3. 기다렸던 음식물이 만족스럽지 않을 때, 쥐는 어떤 행동을 보였는가? A 즉시 구멍 속으로 돌아갔다 B 서로 음식물을 챙기려고 다투었다 C 다른 급식기로 갔다 D 놓친 음식물을 뒤돌아봤다
4. 根据上文，可以知道什么？ A 情绪容易传染 B 老鼠习惯集体行动 C 老鼠会受后悔情绪影响 D 动物大多数行为与人类相似	4. 윗글에 근거하여 알 수 있는 것은 무엇인가? A 감정은 쉽게 전염된다 B 쥐는 집단행동에 익숙하다 C 쥐는 후회 감정의 영향을 받을 수 있다 D 동물의 대다수 행동은 인류와 비슷하다

|단 어| **后悔** hòuhuǐ 동 후회하다 | **情绪** qíngxù 명 정서, 감정 | **标题** biāotí 명 제목 | **老鼠** lǎoshǔ 명 쥐 | **科研** kēyán 명 과학 연구[=科学研究 kēxué yánjiū] | **报告** bàogào 명 보고서 | **肯定** kěndìng 동 긍정하다, 인정하다 | **看法** kànfǎ 명 견해 | **弄清** nòngqīng 동 뚜뚜히 밝히다, 분명히 하다 | **设计** shèjì 동 설계하다 | **名为** míng wèi 이름이 ~이다 * 为 wèi ~이다[=是 shì] | **餐饮街** cānyǐnjiē 음식 거리 | **实验** shíyàn 명 실험 동 실험하다 | **整个** zhěnggè 형 전체의, 모든 | **模拟** mónǐ 동 모방하다, 본뜨다 | **场景** chǎngjǐng 명 정경, 모습 | **根据** gēnjù 전 ~에 근거하여, ~에 따라 | **喜好** xǐhào 명 기호 | **选择** xuǎnzé 동 선택하다, 고르다 명 선택 | **任意** rènyì 형 임의의 | **用餐** yòngcān 동 식사를 하다 | **通过** tōngguò 전 ~을 통해서 | **做出判断** zuòchū pànduàn 판단을 내리다 | **错误** cuòwù 형 잘못되다 | **错过** cuòguò 동 (시기 · 대상을) 놓치다 | **美食** měishí 명 맛있는 음식 | **表现** biǎoxiàn 동 드러내다, 나타내다 명 태도, 행동, 증상 | **甚至** shènzhì 부 심지어 | **影响** yǐngxiǎng 동 영향을 주다 | **决定** juédìng 명 결정 | **喂食器** wèishíqì 급식기 * 喂食 wèishí 동 (동물에게) 먹이를 먹이다 | **挑选** tiāoxuǎn 동 고르다, 선택하다 | **等待** děngdài 동 기다리다, 대기하다 | **投下** tóuxià 동 던져 넣다, 투하하다 | **过长** guò cháng 너무 길다 | **失去耐心** shīqù nàixīn 인내심을 잃다 | **转去** zhuǎnqù 동 돌아가다 | **等候** děnghòu 동 기다리다 | **理想** lǐxiǎng 형 이상적이다, 만족스럽다 | **明显** míngxiǎn 형 뚜렷하다, 분명하다 | **停顿** tíngdùn 동 잠시 멈추다 | **进一步** jìnyíbù 부 (한 걸음 더) 나아가 | **放弃** fàngqì 동 포기하다 | **遇上** yùshàng 동 만나다 | **改变** gǎibiàn 동 바꾸다 | **做法** zuòfǎ 명 방법 | **坚守** jiānshǒu 동 굳게 지키다, (입장을) 고수하다 | **轻易** qīngyì 부 함부로, 쉽사리 | **转向** zhuǎnxiàng 동 (방향을) ~로 바꾸다 | **相反** xiāngfǎn 접 반대로 | **毫不犹豫** háobùyóuyù 성 조금도 주저하지 않다 | **称** chēng 동 말하다 | **导致** dǎozhì 동 (나쁜 결과를) 야기하다, 초래하다 | **大脑** dànǎo 명 대뇌 | **眼窝前额皮质** yǎnwō qián'é pízhì 안와전두피질[OFC, 인지와 감정을 조절하는 자기조절 중추] | **活跃** huóyuè 형 활발하다, 활기를 띠다 | **相应** xiāngyìng 동 상응하다, 서로 맞다 | **相似** xiāngsì 형 서로 비슷하다 | **因此** yīncǐ 접 이 때문에 | **划线** huàxiàn 동 (밑)줄을 치다 | **伤害** shānghài 동 상하게 하다, 해치다 | **结论** jiélùn 명 결론 | **遭到质疑** zāodào zhìyí 의심을 받다 | **幼年** yòunián 명 유년, 어린 시절 | **立即** lìjí 부 즉시 | **洞** dòng 명 구멍 | **互相** hùxiāng 부 상호, 서로 | **争抢** zhēngqiǎng 동 다투어 빼앗다, 챙기려고 다투다 | **回头看** huítóu kàn 뒤돌아보다 | **传染** chuánrǎn 동 전염되다 | **集体行动** jítǐ xíngdòng 집단행동

|정 답| 1. C 2. D 3. D 4. C

STEP 03 내공쌓기

시험에 자주 출제되는 접속사

문장과 문장을 연결하는 접속사(但是, 所以, 而且 등)나 접속부사(就, 却, 也 등)를 숙지하고 있으면, 글의 흐름을 쉽게 파악하여 속독할 수 있습니다. 이번 내공쌓기에서는 시험에 자주 출제되는 접속사를 익히도록 합니다.

1. 不但A，而且B búdàn A, érqiě B A할 뿐만 아니라 B하다

주어 + 不但/不仅/不仅仅/非但 + 술어1, 而且 + 还/也 + 술어2
(강조: 而且 + 还/也 + 술어2)

'不但A，而且B' 문형의 A와 B는 점층 관계입니다. A에 B가 더해지는 내용이므로 뒷절을 더 강조합니다. 따라서 독해를 할 때는 뒷절의 내용에 더 집중해야 합니다. 뒷절의 而且와 还/也는 함께 쓸 수도 있고 하나만 쓸 수도 있습니다.

예 这不仅对孩子的成长有利，也关系到整个家庭的幸福。
이것은 아이의 성장에 유리할 뿐 아니라, 전체 가정의 행복에도 관련되어 있다.

선생님의 한마디
예문에서 강조하는 것은 뒷절의 关系到整个家庭的幸福입니다.

2. 不但＋不/没A，反而B búdàn + bù/méi A, fǎn'ér B A하지 못할 뿐만 아니라 오히려 B하다

주어 + 不但 + 不/没+술어1, 反而 + 술어2
(강조: 反而 + 술어2)

'不但+不/没A，反而B' 문형의 A와 B는 점층 관계이지만, 부정적인 점층이라는 점이 '不但A，而且B' 문형과의 차이입니다.

예 这样做不但解决不了问题，反而会增加新的困难。
이렇게 하면 문제를 해결할 수 없을 뿐 아니라, 오히려 새로운 어려움이 늘어날 것이다.

3. 虽然A，但是B suīrán A, dànshì B 비록 A하지만 B하다

虽然/虽/尽管 + 사실, 但是/可是/不过/然而 + (주어) + 却 + 반대 사실
(강조: 但是/可是/不过/然而 + (주어) + 却 + 반대 사실)

'虽然A，但是B' 문형에서 A와 B는 상반된 내용입니다. 뒷절의 역접 접속사와 역접부사 却는 두 종류를 함께 쓸 수도 있고 한 종류만 쓸 수도 있습니다. 뒷절을 강조하는 문형이므로 독해를 할 때는 A보다 B의 내용에 집중해야 합니다.

예 他嘴上虽然没说什么，心中却不服气。
그는 입으로는 비록 별말이 없었지만, 마음속으로는 인정하지 않았다.

선생님의 한마디
却는 '오히려'라고 해석하면 지문 해석이 매끄럽게 되지 않습니다. '~지만', '그러나'와 같이 역접의 의미로 암기해 두세요.

4. 不是A，而是B búshì A, érshì B A가 아니라 B이다

不是 + 부정하는 내용, 而是 + 긍정하는 내용
강조

'不是A，而是B' 문형은 앞 절의 내용을 부정하고 뒷절의 내용을 긍정할 때 사용합니다. A와 B는 주로 형식이 같거나 비슷하며, 명사뿐 아니라 구나 절도 올 수 있습니다.

예 惩罚并不是父母愤怒的产物，而是做了不该做的事情所必须承担的后果。
징벌은 결코 부모의 분노의 산물이 아니고, 하지 말아야 할 일을 했기 때문에 반드시 감당해야 하는 결과이다.

5. 即使A，也B jíshǐ A, yě B 설령 A할지라도 B하다

即使/哪怕/即便 + 가정, 也/都 + 변하지 않는 결과/의지
극단적인 상황 강조

'即使A，也B' 문형은 가정문입니다. A는 주로 극단적인 상황을 가정하고, B는 그런 가정에도 변함 없는 결과를 나타냅니다. 뒷절을 강조하는 문형이므로, 독해 시 也 뒤쪽에 집중해야 합니다.

예 即使我们的工作取得了很大的成绩，也不能骄傲自满。
설령 우리 일이 큰 성과를 얻었다 할지라도, 거만하고 자만해서는 안 된다.

哪怕困难再大，我们都要坚持下去。
설령 어려움이 아무리 크더라도, 우리는 계속해 나가야만 한다.

6. 不管A，都B bùguǎn A, dōu B A에 상관없이 B하다

不管/不论/无论 + 2가지 이상의 조건,
의문사
多/多么+형용사
A不A/A没A
A还是B/A或者 B
(주어) + 都/也/一定 + 변하지 않는 결과
강조

'不管A，都B' 문형은 조건문이지만 A와 B의 관계는 '무(無) 조건'임을 기억해 둡니다. A의 조건이 어떠하든 결과 B는 변하지 않음을 나타내므로, B를 강조하는 구문입니다.

예 不论天气多么冷，路多么远，我们也一定要去看她。
날씨가 아무리 춥고 길이 아무리 멀어도, 우리는 그녀를 보러 가야만 한다.

선생님의 한마디
부사 再 뒤에 형용사 또는 '怎么+동사' 구조가 오면 이때 再는 정도를 강조하는 역할을 합니다. 접속사 即使 등과 함께 쓰이기도 하지만, 再 단독으로도 쓸 수 있습니다.

7. 只有A，才B zhǐyǒu A, cái B A해야만 B할 수 있다

只有 + 유일한 조건, 才 + 결과
강조

'只有A，才B' 문형에서 A는 결과 B를 이루기 위한 유일한 조건입니다. 다른 조건은 안 되고 반드시 조건 A여야만 결과를 이룰 수 있습니다. 즉, 결과를 내는 조건이 비교적 어렵기 때문에 결과절에는 부사 才와 호응합니다.

예 人只有不满足现状才能不断进步。
사람은 반드시 현재 상태에 만족하지 않아야만 끊임없이 발전할 수 있다.

선생님의 한마디
'只有~才…' 구문은 이야기 글의 마지막 부분에서 결론을 내릴 때, 즉, 总结 부분에서 자주 보입니다.

8. 只要A，就B zhǐyào A, jiù B A하기만 하면 B하다

只要 + 충분 조건, 就/一定 + 결과
강조

'只要A，就B' 문형은 A를 하기만 하면 결과 B를 이룰 수 있다는 의미입니다. 결과를 내는 조건이 비교적 쉽다는 어감을 나타내므로, 결과절에는 부사 就와 호응합니다. '不管A，只要B，就C'의 형태로 쓰기도 합니다.

예 你只要把话说清楚，她一定会原谅你的。
네가 말만 똑바로 하면 그녀도 너를 용서할 거야.

不管什么工作，只要能上班就行。
어떤 일이든 상관없이 출근만 할 수 있으면 돼.

9. 如果A，就B rúguǒ A, jiù B 만약 A라면 B하다

如果/假如/若 + 가정, (那么) + 주어 + 就/便 + 결과

'如果A，就B' 문형은 가장 자주 출제되는 가정문입니다. A에는 가정의 내용, B에는 가정에 따른 결과가 나옵니다. 독해 지문에서 자주 출제되는, 가정을 나타내는 단어는 '如果 rúguǒ', '假如 jiǎrú', '若 ruǒ'입니다.

예 父母若规定孩子每天玩儿半个小时，那么就要提醒孩子严格遵守规定。
부모는 만약에 아이가 매일 30분씩 놀도록 규정했다면, 아이에게 엄격하게 규정을 준수하도록 일깨워 줘야 한다.

10. 为了 wèile ~하기 위해서

为了 + 목적, (而) + 행위

为了는 주로 주어 앞에 위치하며, 목적을 이끌어 냅니다. 为了의 뒷절에는 항상 그 목적에 이르기 위한 행위가 나옵니다.

예 为了培养下一代，老师们付出了巨大的代价。
다음 세대를 길러 내기 위해서, 선생님들은 막대한 대가를 지불했다.

11. 以 yǐ ~하기 위해서, ~하도록

행위, 以/以便 + 목적

为了 구문의 앞 절과 뒷절을 바꾸어 놓은 형태입니다. 목적에 이르기 위한 행위가 앞 절에 나오고 행위의 목적은 以 뒤에 나옵니다.

예 我们必须马上学会使用电脑，以适应现在的工作。
현재 업무에 적응하기 위해, 우리는 즉시 컴퓨터 사용하는 법을 배워야 한다.

每个学生都要掌握一门外语，以便将来工作得更好。
장래에 일을 더 잘하기 위해, 모든 학생은 외국어를 하나씩 익혀야 한다.

선생님의 한마디
접속사 以는 목적을 나타내기 때문에 以가 이끄는 절을 먼저 해석하는 것이 우리말로는 자연스럽습니다. 하지만 이렇게 뒤부터 해석하기 힘들 경우, 앞에서부터 해석하며 以 뒷부분은 '그럼으로써'로 연결해 보세요. 가령, '我们必须马上学会使用电脑，以适应现在的工作。'는 '우리는 즉시 컴퓨터 사용하는 법을 배워야 한다. 그럼으로써 현재 업무에 적응한다.'와 같은 방식입니다. 해석이 비교적 어색하지만 속독을 위해 이런 해석법을 익히는 것도 좋습니다.

12. A或者B A huòzhě B A 또는 B

주어 + 선택 사항1 + 或者 + 선택 사항2

'A或者B'의 문형은 평서문에서 선택 사항을 나타낼 때 쓰는 구문입니다. A와 B에는 단어나 구, 절이 모두 올 수 있습니다.

예 我打算明天或者后天去看望一下我的老师。
난 내일이나 모레 우리 선생님을 찾아뵐 생각이다.

13. 先A，然后B xiān A, ránhòu B A한 후에 B하다

주어 + 先 + 동작1, 然后 + (再/又) + 동작2

'先A，然后B' 문형은 동작을 시간 순서대로 나열하는 구문입니다. B가 아직 일어나지 않은 동작일 경우 '然后再B'의 형태로, 이미 일어난 동작일 경우 '然后又B'의 형태로 쓸 수 있으며, 혹은 再나 又를 쓰지 않아도 무방합니다. 독해 지문에서 이 구문이 보일 경우, 동작의 순서에 집중해서 봐야 합니다.

예 今年暑假我打算先去上海，然后再去香港。
올해 여름방학에 나는 먼저 상하이에 가고, 그러고 나서 홍콩에 갈 계획이다.

14. 越A越B yuè A yuè B A할수록 점점 더 B하다

주어1 + 越 + 조건/상황 + (주어2) + 越 + 조건에 따른 변화

'越A越B' 문형은 A에 의해 B와 같이 변화되는 상황을 나타내는 구문입니다. A의 조건이나 상황은 원인이 되고, B는 그에 따른 결과를 나타냅니다. 越는 부사이므로, 주어가 있을 경우에는 주어 뒤에 위치합니다.

예 他越着急越说不出话来。
그는 초조해질수록 말을 할 수 없었다.

15. 既A又B jì A yòu B A하기도 하고 B하기도 하다

주어 + 既/又 + 형용사/동사 + 又 + 형용사/동사

'既A又B' 문형은 형용사나 동사를 병렬 나열하는 구문입니다. 주어가 하나일 때 쓸 수 있고, 既와 又는 부사이므로 주어 뒤에 위치합니다. A와 B의 형식은 같거나 비슷합니다.

예 他既没有来的意思，又没有拒绝邀请，这到底是怎么回事呀?
그 사람은 오겠다는 얘기도 없고, 초청을 거절하지도 않았어. 이게 도대체 어떻게 된 일이야?

李卫又热情又负责，确实是一位好班长。
리웨이는 열정적이고 책임감이 있어서, 확실히 좋은 반장이다.

16. 与其A，不如B yǔqí A, bùrú B A하느니 차라리 B하겠다

与其 + 선택 사항1(선택 안 함), 不如 + 선택 사항2(선택함, 강조)

'与其A，不如B' 문형은 선택 관계를 나타내는 구문입니다. 不如 뒤의 내용을 선택한다는 의미이므로, 지문에서 이 구문이 보이면 뒷절에 집중해야 합니다.

예 与其没完没了地修理你的破车，不如去买一辆新的。
네 고물 차를 한없이 고치느니, 차라리 새 차를 한 대 사는 게 낫겠다.

확인문제 풀기

01-04

调查发现电子产品在儿童玩具中所占比重随着孩子的成长而升高。如何适当地让孩子玩儿电子产品，成了很多家长关心的问题。对此，专家给出了以下建议：

首先，父母坚决不能把电子产品当做“电子保姆”。许多年轻父母因缺乏经验和耐心，当孩子不听话时，自己不是用心去关注、理解孩子，照料孩子，而是用电子产品来转移孩子的注意力，“填充”孩子的空闲时光。于是，电子产品成了孩子身边的保姆，孩子渐渐离不开它们，而与父母的关系却越来越疏远。当亲子关系出现问题的时候，孩子的身心健康免不了会出问题。

其次，要善于引导。父母要多与孩子交流，降低游戏对孩子的吸引力。同时，从小让孩子养成良好的习惯，让孩子从小就明白玩什么、玩多长时间。比如，父母若规定孩子每天玩儿半个小时，那么就要提醒孩子严格遵守规定。这样才能有效防止孩子过多地玩儿电子产品。

另外，孩子在成长期间对外界事物的好奇心非常强，接受新事物的速度也极快。此时所形成的认知将对他们的未来产生深远的影响。因此，父母还应让孩子更多地接触自然和社会，而不能让他们把大量的时间浪费在电子产品上。只要孩子在适当的时间内玩儿电子产品，电子产品就不会成为“洪水猛兽”。

01 当电子产品成为了“保姆”，孩子将：

A 疏远父母　　B 更加活泼

C 比从前敏感　　D 无法集中精力

02 根据第3段，父母的引导能：

A 让孩子更懂礼貌　　B 让孩子更有信心

C 增强孩子的金钱观念　　D 避免孩子迷上电子产品

03 根据最后一段，孩子在成长期间有什么特点？

A 容易骄傲　　B 不善交际

C 接受力强　　D 爱独立思考

04 根据上文，下列哪项正确？

A 父母应多陪伴孩子　　B 应禁止儿童玩儿游戏

C 电子产品更新换代慢　　D 孩子的未来由自己决定

▶ 정답 및 해설 48쪽

[71-74]

1920年，在大学教书的刘半农在中国文学界已经很有名气了，并有多家报社找他约稿。那时，刘半农获得了公费出国学习语言的机会。因此他想借着这次机会兼修文学专业。但开学以后，刘半农意识到如果兼修文学肯定会影响到自己本专业的学习，于是他决定放下文学，把全部的精力都投入到语言学上面。

后来，随着学习的深入，刘半农发现语言学门类众多，要想完全掌握，至少要七八年。他综合考虑了一下国内语音学的研究情况，最后决定专攻语言学中的实验语音学。定下这个目标后，他便开始潜心专研这门学科。毕业回国后，刘半农迅速成长为一名优秀的语言学家，他所著的《汉语字声实验录》也获得了国际大奖。

人的精力是有限的，只有明确自己的目标并集中精力去奋斗，才能有一番作为。

71. 刘半农获得了什么机会?

A 放假旅游　　B 出版书籍

C 公费出国学习　　D 晋升教授

72. 开学以后，刘半农为什么放弃了文学?

A 不感兴趣　　B 经济条件不允许

C 觉得没意思　　D 怕没精力学语言学

73. 刘半农最后决定学习什么?

A 声音艺术学　　B 社会语言学

C 实验语音学　　D 社会心理学

74. 根据上文，下列哪项正确?

A 刘半农以山水画出名　　B 刘半农的著作获了奖

C 刘半农发表过多部小说　　D 刘半农在艺术界很有名

[75–78]

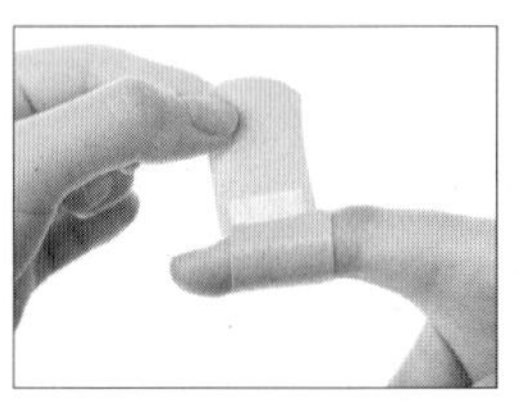

20世纪初，某保健产品公司有一名员工，他的妻子做家务时总是不小心割破手指，所以他经常要为妻子包扎伤口。

有一次妻子切菜时不小心割伤了手指，他为妻子包扎伤口时，妻子说："要是能有一种快速包扎伤口的绷带就好了。这样你不在家时，我自己也能处理伤口。"妻子的话提醒了他，他突然想到：如果把纱布和药物粘在一起，那用起来不就方便多了吗?

他连忙找来一些纱布和药物，先剪下一块较长的纱布，并在上面涂了一层胶，然后又剪了一块纱布并抹上药，再把抹了药的纱布粘到长纱布中间。这样，一个可以快速包扎伤口的绷带便制作完成了。但这个绷带有一个缺点：长纱布上的胶由于一直暴露在空气中，特别容易失效。于是，他又找了很多种布料做实验，最终，他选中了一种质地较硬的纱布。后来他把这个小发明交给了公司，公司立刻组织专家进行研究和开发，最后生产出了名叫"创可贴"的产品。这款产品的面世不仅极大地方便了人们的生活，也为该公司带来了极大的利润。

75. 那名员工的妻子为什么想要一种能快速包扎伤口的绷带?

A 方便自己处理伤口　　B 减少护士的工作量

C 普通的绷带价格昂贵　　D 家附近没有医院

76. 那名员工最初做的绷带有什么缺点?

A 一个人很难操作　　B 药物量太少

C 胶水容易失效　　D 绷带不易携带

77. 根据上文，下列哪项正确?

A 创可贴中含有消毒剂　　B 那名员工成了总经理

C 创可贴只在医院销售　　D 创可贴给人带来了便利

78. 最适合做上文标题的是:

A 知识决定命运　　B 怎样让头脑更灵活

C 恩爱的夫妻　　D 创可贴的发明故事

[79–82]

“木桶理论”说的是一个木桶能装多少水，取决于其中最短的那块木板。这个理论在过去曾经非常流行，但随着社会的发展，这个理论在互联网时代已经不太适用了。

当代公司只要有一块足够长的长板，以及一名具有“完整的桶”意识的管理者，就可以通过合作的方式来补齐自己的短板。如果想吸引优秀的人才，就可以与专门的人力资源机构合作；如果市场推广是短板，那么找一家优秀的广告公司，享受最专业的服务即可。因此，对于今天的企业来说，“长板原理”更加重要。

一旦有了一块长板，就等于有了核心竞争力，你就可以利用这块长板赚取利润，然后通过合作、购买等方式来补足你的短板。我们举一个青岛啤酒公司的例子，它最大的优势是拥有啤酒的配方与企业知名度。至于啤酒的酒瓶和盖子等，基本都交给专门的厂家生产，而青岛啤酒公司只要拿出自己的配方，贴上自己的商标便可以坐享成功。

互联网的发展加快了各种信息的传播速度，同时也降低了企业间的合作成本。对于企业来说，与其花费大量人力物力来完善自身不足，不如发挥自己的优势，将最好的部分发挥到极致。

79. 如果企业在市场推广上存在不足，应该：

A 加大广告力度　B 与广告公司合作

C 高薪聘请销售人才　D 听取消费者的意见

80. "长板"在企业中指的是：

A 核心竞争力　B 最好的技术部门

C 良好的生产力　D 可靠的领导层

81. 青岛啤酒的例子说明了什么？

A 应该多和客户交流　B 广告的实用性

C 长板原理的重要性　D 企业要加大宣传力度

82. 根据上文，下列哪项正确？

A 互联网有安全漏洞　B 企业要制定短期发展计划

C 企业应尽量发挥自身优势　D "木桶原理"适用于中小企业

[83–86]

超慢跑在最近的健身者之间成为了越来越流行的运动。这种运动方式虽然看似强度不大，但健身效果却很明显，所谓的超慢跑是以超乎想象的极慢速跑步的有氧运动。

超慢跑到底有多慢呢？这其实是因人而异的，有的人快一些，有的人慢一些，虽然没有速度的限制，但每次的运动量不能低于10公里，或者运动时间不能少于70分钟，这样才能起到健身的效果。在超慢跑过程中，上身要保持直立，这样能让你感觉更轻松。就像戏曲演员在舞台上那样，上身不动，只用脚下的小碎步向前移动。但是要注意，超慢跑不是快走。因为快走永远有一只脚是落地的，超慢跑无论跑得多慢，总会有一瞬间双脚是同时离开地面的，所以身体感受到的运动强度也会比快走大。简而言之，超慢跑是一种小步幅、低幅度的运动。

另外，超慢跑强调的是不给身体和心理增加额外负担，因此无论你是刚刚尝试长距离超慢跑，还是已经坚持这项运动很长时间了，感觉吃力的时候，可以随时停下来走一会儿。

83. 关于超慢跑，下列哪项正确？
A 步子越大越好
B 属于有氧运动
C 易使腿部受伤
D 比快跑更能减肥

84. 超慢跑时，怎样才能感觉更轻松？
A 腿部要放松
B 跑前喝一大杯水
C 上身保持直立
D 胳膊要使劲儿

85. 和快走相比，超慢跑有什么不同？
A 运动强度较小
B 双脚会同时离地
C 减肥效果不明显
D 必须在跑步机上进行

86. 超慢跑强调：
A 锻炼前先热身
B 运动要有规律
C 跑前不能进食
D 不给身心增加压力

[87–90]

最近各大名校的网络公开课不仅受到年轻人的普遍欢迎，甚至还改变了一些人的生活方式。很多人利用排队、候车、上下班途中等时间，坚持每天看一课。

网络公开课的参与者分为两大类。第一类如同大学的“旁听生”。75岁高龄的柳爷爷就是其中一名旁听生。他对历史很感兴趣，通过网络公开课程，他获得了更多历史知识。他说:“过去我花了很多钱买书，可只能学到一点儿；而现在，网上有众多免费的课程，需要的信息随手就能找到。”

第二类可称为“社交型学生”。这些人或因为生病行动不便，或需要在家中照顾亲人，与外界接触较少。网络公开课为他们提供了更多与外界联系的机会，并且用新鲜的知识丰富了他们的生活。

对大多数人而言，网络公开课是一种极为自由的获得知识的方式。只要有空儿，打开电脑或手机，随时随地都可以参与课程的学习。自由不仅指时间、地点自由，更指选择自由。所有人都可以根据自己的兴趣去学习。这是网络公开课风靡全世界的根本原因。

网络公开课为人们提供了一个崭新的学习平台，不仅对大学生，也对许多个人学习者及教学者产生了冲击。虽然目前我们还很难对网络公开课的利弊做出全面的评估，但是教育资源全球共享，无疑满足了很多人“活到老学到老”的人生目标。

87. 根据第2段，柳爷爷怎么看网络公开课?

A 更新快　　B 相对简单

C 既方便又省钱　　D 吸引力不大

88. 关于“社交型学生”，可以知道:

A 比较悲观　　B 不善于表达

C 与外界接触少　　D 学习不够用功

89. 第4段主要介绍的是?

A 课程的种类　　B 网络教学的成果

C 网络公开课的规模　　D 网络公开课流行的原因

90. 第5段中画线词语的意思最可能是:

A 好处和坏处　　B 权利和义务

C 整体与细节　　D 原因及结果

▶ 정답 및 해설 100쪽

시나공
HSK

쓰기 완벽 대비

1장 쓰기 1부분 이렇게 나온다!
2장 쓰기 2부분 이렇게 나온다!

셋째마당 3

쓰기 1부분

시험 유형 소개

★ 총 8문제(91번~98번)
★ 제시된 단어들의 순서를 바르게 배열하기
★ 중국어의 기본 어법과 필수어휘 위주로 출제
★ 4급과 5급 필수어휘가 80% 이상 출제
★ 배점: 문제당 5점(부분 점수 없으며, 상대평가가 적용됨)

예제

路程　　这大大　　缩短了　　上下班的

[정답] 这大大缩短了上下班的路程。

시험 공략법

1 제시된 단어들의 품사와 의미를 파악한다!

쓰기 1부분에서는 우리말 어순에 맞춰 문장을 만들면 안 됩니다. 중국어는 품사에 따라 단어의 위치가 결정되기 때문에, 제시어의 품사와 뜻을 먼저 파악해야 합니다. 제시어는 80% 이상이 HSK 4, 5급 필수어휘에서 출제되므로, 평소 필수어휘를 완벽하게 암기해 두어야 합니다.

2 술어를 먼저 찾는다!

문장에서 가장 기본이 되는 성분은 술어입니다. 따라서 술어가 될 수 있는 동사 또는 형용사를 먼저 찾아야 합니다. 쓰기 1부분에서는 동사술어와 보어를 붙여서 제시하는 경우가 많으나, 만약 보어가 술어와 떨어져 있다면 동사술어 뒤에 배열합니다.

3 주어는 술어 앞, 목적어는 술어 뒤에 배열한다!

중국어 문장의 가장 기본적인 구조는 '주어+술어+목적어'임을 기억합니다. 동사술어일 경우, 주어는 술어 앞, 목적어는 술어 뒤에 배열해야 합니다. 만약 형용사술어가 제시되었다면 목적어를 가지지 않으므로 바로 주어 및 다른 성분을 찾습니다.

4 관형어는 주어나 목적어 앞에 배열한다!

관형어는 주어 또는 목적어를 수식하는 성분입니다. 주어나 목적어는 명사(구) 또는 대명사가 쓰이므로, 관형어는 '……的'의 구조를 가집니다. 위치는 주어 또는 목적어, 즉, 수식하는 중심어의 앞입니다.

5 부사어는 술어 앞에 배열한다!

부사어는 술어를 수식하는 성분입니다. 부사, 능원동사, 전치사구(전치사+명사)가 부사어로 쓰이며, 부사어의 위치는 수식하는 술어의 앞입니다.

6 적절한 문장부호를 추가한다!

마지막으로 문장부호를 써 줍니다. 중국어의 마침표는 온점(.)이 아니라 고리점(。)임에 주의합니다.

字로 어휘 익히기 - 5급 최우선 필수어휘 700

- □ 燃烧 ránshāo 동 연소하다, 타다 ▷ 燃 동 타다, 연소하다 + 烧 동 태우다, 불사르다
- □ 绕 rào 동 ① (실을) 감다 ② 돌아서 가다, 우회하다
- □ 热爱 rè'ài 동 뜨겁게 사랑하다
- □ 热烈 rèliè 형 열렬하다
- □ 人类 rénlèi 명 인류
- □ 忍不住 rěnbuzhù 동 견딜 수 없다, 참을 수 없다 ▷ 忍 동 참다, 인내하다
- □ 日程 rìchéng 명 일정
- □ 日期 rìqī 명 날짜
- □ 日子 rìzi 명 날, 날짜, 때, 생계, 생활
- □ 软件 ruǎnjiàn 명 (컴퓨터) 소프트웨어, 프로그램
- □ 弱 ruò 형 약하다
- □ 嗓子 sǎngzi 명 ① 목(구멍) ② 목소리, 목청
- □ 色彩 sècǎi 명 색채, 색깔
- □ 沙漠 shāmò 명 사막
- □ 傻 shǎ 형 어리석다, 미련하다
- □ 晒 shài 동 ① (햇볕이) 내리쬐다 ② (햇볕에) 말리다
- □ 删除 shānchú 동 삭제하다, 지우다 ▷ 删 동 삭제하다 + 除 동 제거하다
- □ 扇子 shànzi 명 부채
- □ 善良 shànliáng 형 선량하다, 착하다 ▷ 善 형 착하다, 선량하다 + 良 형 좋다, 훌륭하다
- □ 善于 shànyú 동 ~을 잘하다, ~에 뛰어나다
- □ 伤害 shānghài 동 상하게 하다, 손상시키다, 해치다 ▷ 伤 동 상하다, 해치다 + 害 동 해를 끼치다, 해치다
- □ 舍不得 shěbude 동 (헤어지기) 섭섭하다, 아쉽다
- □ 设备 shèbèi 명 설비, 시설
- □ 设计 shèjì 동 설계하다, 디자인하다 명 설계, 디자인
- □ 摄影 shèyǐng 동 사진을 찍다, 촬영하다
- □ 伸 shēn 동 펴다, 펼치다, 내밀다
- □ 身材 shēncái 명 몸매
- □ 深刻 shēnkè 형 (인상 · 정도가) 깊다 ▷ 深 형 깊다 + 刻 동 새기다, 조각하다
- □ 神话 shénhuà 명 신화
- □ 神秘 shénmì 형 신비하다, 신비롭다
- □ 升 shēng 동 오르다, 올라가다 양 리터
- □ 生动 shēngdòng 형 생동감 있다, 생기발랄하다
- □ 失眠 shīmián 명 불면증 동 잠을 이루지 못하다 ▷ 失 동 잃다, 놓치다 + 眠 명 잠
- □ 失去 shīqù 동 잃다, 잃어버리다
- □ 失业 shīyè 동 직업을 잃다 ▷ 失 동 잃다 + 业 명 직업
- □ 狮子 shīzi 명 사자

☐ **湿润** shīrùn 형 습윤하다, 축축하다 ⇒ 湿 형 습하다, 축축하다 + 润 형 습하다, 축축하다

☐ **时尚** shíshàng 명 유행, 시류 형 유행하다

☐ **实习** shíxí 동 실습하다

☐ **实现** shíxiàn 동 실현하다, 달성하다

☐ **实验** shíyàn 명 실험 동 실험하다

☐ **食物** shíwù 명 음식물, 먹이

☐ **使劲儿** shǐjìnr 동 힘을 쓰다, 힘껏 하다[=用力 yònglì] ⇒ 使 동 쓰다, 사용하다 + 劲儿 명 힘

☐ **始终** shǐzhōng 부 시종일관, 한결같이 ⇒ 始 명 처음, 최초 + 终 명 끝

☐ **事先** shìxiān 명 사전에, 미리

☐ **收获** shōuhuò 동 (농작물을) 수확하다 명 수확, 성과 ⇒ 收 동 (물건을) 거두어들이다 + 获 동 얻다, 획득하다

☐ **手术** shǒushù 명 수술

☐ **手续** shǒuxù 명 수속, 절차

☐ **手指** shǒuzhǐ 명 손가락

☐ **寿命** shòumìng 명 수명 ⇒ 寿 명 수명 + 命 명 생명, 수명

☐ **受伤** shòushāng 동 상처를 입다, 부상당하다 ⇒ 受 동 당하다, 입다 + 伤 명 상처

☐ **书架** shūjià 명 책장, 책꽂이 ⇒ 书 명 책 + 架 명 (물체를 지탱하거나 기물을 놓아두는) 도구, 선반

☐ **输入** shūrù 동 (컴퓨터로) 입력하다

☐ **蔬菜** shūcài 명 채소, 야채

☐ **熟练** shúliàn 형 숙련되다, 능숙하다

☐ **属于** shǔyú 동 ~에 속하다

☐ **鼠标** shǔbiāo 명 마우스 ⇒ 鼠 명 쥐 + 标 동 표시하다

☐ **数** shǔ 동 ① 세다, 헤아리다 ② 손꼽히다, 제일이다
shù 명 숫자, 수

☐ **数据** shùjù 명 데이터, 수치

☐ **摔倒** shuāidǎo 동 쓰러지다, 넘어지다 ⇒ 摔 동 ①떨어져 부서지다 ②넘어지다 + 倒 동 넘어지다, 자빠지다

☐ **甩** shuǎi 동 ① 휘두르다, 뿌리치다 ② 떨치다, 떨어뜨리다 ③ (애인을) 차다

☐ **双方** shuāngfāng 명 쌍방, 양쪽

☐ **说不定** shuōbudìng 부 ~일지 모른다, 아마 ~일 것이다

☐ **说服** shuōfú 동 설득하다, 납득시키다 ⇒ 说 동 말하다 + 服 동 복종하다, 따르다

☐ **思考** sīkǎo 동 사고하다, 사색하다

☐ **思想** sīxiǎng 명 ① 사상, 의식 ② 생각, 견해

☐ **撕** sī 동 (손으로) 뜯다, 찢다

☐ **似乎** sìhū 부 마치 ~인 것 같다[=好像 hǎoxiàng, 仿佛 fǎngfú]

☐ **搜索** sōusuǒ 동 (인터넷에) 검색하다

☐ **宿舍** sùshè 명 기숙사

☐ **随时** suíshí 부 수시로, 언제나

☐ **碎** suì 동 ① 부서지다, 깨지다 ② 부수다

☐ **损失** sǔnshī 명 (경제적) 손실, 손해 동 손실되다, 손해 보다

☐ **缩短** suōduǎn 동 (거리 · 길이 · 시간 등을) 단축하다, 줄이다 ⇒ 缩 동 줄어들다, 수축하다 + 短 형 짧다

- □ 锁 suǒ 명 자물쇠 동 잠그다
- □ 谈判 tánpàn 동 담판하다
- □ 坦率 tǎnshuài 형 솔직하다, 정직하다
- □ 烫 tàng 형 뜨겁다 동 ① 데다, 화상 입다 ② (머리를) 파마하다
- □ 逃 táo 동 도망치다, 달아나다
- □ 淘气 táoqì 형 장난이 심하다
- □ 讨价还价 tǎojiàhuánjià 성 값을 흥정하다
- □ 特色 tèsè 명 특색, 특징
- □ 特殊 tèshū 형 특수하다, 특별하다
- □ 疼爱 téng'ài 동 매우 사랑하다 ⇢ 疼 동 몹시 아끼다 + 爱 동 사랑하다
- □ 体会 tǐhuì 동 몸소 느끼다, 체득하다 명 체득, 이해 ⇢ 体 동 체험하다 + 会 동 이해하다, 깨닫다
- □ 体现 tǐxiàn 동 구현하다, 구체적으로 보여 주다
- □ 体验 tǐyàn 동 체험하다
- □ 调整 tiáozhěng 동 조정하다, 조절하다
- □ 挑战 tiǎozhàn 동 도전하다
- □ 通常 tōngcháng 명 보통, 통상적으로
- □ 痛苦 tòngkǔ 형 고통스럽다 명 고통, 아픔 ⇢ 痛 형 아프다 + 苦 형 고통스럽다, 괴롭다
- □ 痛快 tòngkuài 형 통쾌하다, 즐겁다
- □ 投入 tóurù 동 ① (자금을) 투입하다, 넣다 ② 뛰어들다, 참가하다 형 몰두하다, 전념하다
- □ 投资 tóuzī 동 투자하다 명 투자, 투자금 ⇢ 投 동 집어넣다, 투입하다 + 명 자금, 재물
- □ 突出 tūchū 형 ① 돌출하다 ② 돋보이다, 뛰어나다 동 부각시키다, 두드러지게 하다
- □ 土豆 tǔdòu 명 감자
- □ 兔子 tùzi 명 토끼
- □ 推广 tuīguǎng 동 널리 보급하다 ⇢ 推 동 (손으로) 밀다, (일을) 추진하다, 보급시키다 + 广 형 넓다
- □ 推荐 tuījiàn 동 추천하다
- □ 退 tuì 동 ① 물러나다 ② 탈퇴하다 ③ 무르다, 돌려주다
- □ 退步 tuìbù 동 퇴보하다 ⇢ 退 동 물러서다, 후퇴하다 + 步 명 걸음
- □ 退休 tuìxiū 동 퇴직하다 ⇢ 退 동 (관직 등에서) 물러나다 + 休 동 쉬다, 퇴직하다
- □ 完美 wánměi 형 완벽하다, 완전무결하다
- □ 完善 wánshàn 형 완벽하다, 완전하다 동 완벽하게 하다
- □ 完整 wánzhěng 형 완전하다, 온전하다
- □ 玩具 wánjù 명 완구, 장난감
- □ 万一 wànyī 접 만일, 만약
- □ 网络 wǎngluò 명 네트워크, 인터넷
- □ 危害 wēihài 동 해를 끼치다, 해치다 명 위해, 해, 손해 ⇢ 危 동 위태롭게 하다, 해치다 + 害 동 해를 끼치다, 해치다
- □ 微笑 wēixiào 동 미소를 짓다 명 미소 ⇢ 微 부 약간, 살짝 + 笑 동 웃다
- □ 围巾 wéijīn 명 목도리, 스카프 ⇢ 围 동 둘러싸다, 에워싸다 + 巾 명 수건
- □ 围绕 wéirào 동 ① (주위 · 둘레를) 돌다 ② (문제 · 사건을) 둘러싸다, (~을) 중심에 놓다

□ 唯一 wéiyī 형 유일하다

□ 维修 wéixiū 동 수리하다, 보수하다 ⋙ 维 동 유지하다 + 修 동 수리하다, 보수하다

□ 尾巴 wěiba 명 꼬리

□ 委屈 wěiqu 형 억울하다 명 억울함 동 섭섭하게 하다

□ 未必 wèibì 부 반드시 ~한 것은 아니다[=不一定 bùyídìng]

□ 未来 wèilái 명 미래

□ 位于 wèiyú 동 ~에 위치하다(있다)

□ 位置 wèizhi 명 위치

□ 胃 wèi 명 위(장)

□ 胃口 wèikǒu 명 식욕, 입맛

□ 温暖 wēnnuǎn 형 온난하다, 따뜻하다 ⋙ 温 형 따뜻하다 + 暖 형 따뜻하다

□ 温柔 wēnróu 형 다정하다, 부드럽다 ⋙ 温 형 (성격 · 태도가) 온화하다 + 柔 형 부드럽다

□ 文件 wénjiàn 명 서류, 파일

□ 闻 wén 동 ① 냄새를 맡다 ② 듣다

□ 卧室 wòshì 명 침실 ⋙ 卧 동 눕다 + 室 명 방

□ 握手 wòshǒu 동 악수하다 ⋙ 握 동 잡다, 쥐다 + 手 명 손

□ 屋子 wūzi 명 방

□ 无奈 wúnài 형 어쩔 수 없다, 부득이하다

□ 无所谓 wúsuǒwèi 상관없다, 개의치 않다

□ 物质 wùzhì 명 물질

□ 雾 wù 명 안개

□ 吸收 xīshōu 동 흡수하다, 받아들이다 ⋙ 吸 동 흡수하다 + 收 동 받다, 받아들이다

□ 戏剧 xìjù 명 희극, 연극, 중국 전통극

□ 系统 xìtǒng 명 계통, 시스템

□ 细节 xìjié 명 세부 사항, 구체적인 것 ⋙ 细 형 자세하다, 상세하다 + 节 명 사항, 항목

□ 下载 xiàzài 동 다운로드하다 ⋙ 下 동 (위에서 아래로) 내리다 + 载 동 싣다, 적재하다

□ 吓 xià 동 놀라다, 놀라게 하다

□ 鲜艳 xiānyàn 형 (색이) 산뜻하고 아름답다, 화려하다

□ 显得 xiǎnde 동 ~처럼 보이다

□ 显示 xiǎnshì 동 (분명하게) 표현하다, 보여 주다

□ 现象 xiànxiàng 명 현상

□ 限制 xiànzhì 동 제한하다, 한정하다 명 제한, 한정 ⋙ 限 동 제한하다 + 制 동 제한하다

□ 相处 xiāngchǔ 동 함께 지내다 ⋙ 相 부 서로 + 处 동 살다, (다른 사람과 함께) 지내다

□ 相当 xiāngdāng 부 상당히, 꽤 동 상당하다, 비슷하다

□ 相关 xiāngguān 동 관련되다, 연관되다 ⋙ 相 부 서로 + 关 동 관계되다, 관련되다

□ 相似 xiāngsì 형 닮다, 비슷하다 ⋙ 相 부 서로 + 似 동 닮다, 비슷하다

□ 享受 xiǎngshòu 동 누리다, 즐기다

□ 想念 xiǎngniàn 동 그리워하다

시나공법 01

문장의 기본 구조 '주+술+목'만 기억하라!

쓰기 1부분은 제시된 단어를 배열하는 유형입니다. 중국어는 단어의 형태 변화가 없기 때문에 기본 구조인 '주어(S)+술어(V)+목적어(O)'의 구조만 기억한다면 쉽게 배열할 수 있습니다. 더불어 把자문, 被자문, 연동문, 겸어문 등 특수한 문장 구조와 HSK 5급 필수어휘를 숙지해 두면 쓰기 1부분 고득점이 가능합니다.

STEP 01 먼저 풀어보기

예제 1

路程　　这大大　　缩短了　　上下班的

____

예제 2

每个人　　都有追求　　权利　　梦想　　的

____

STEP 02 선생님 풀이과정 보기

예제 1

|해 설|

路程	这大大	缩短了	上下班的
명사	지시대명사	동사	……的
↓	↓	↓	↓
주어/목적어	(주로) 주어	술어	관형어

1단계 제시어를 분석한다.

路程은 명사, **这大大**는 '지시대명사+부사', **缩短了**의 **缩短**은 동사입니다. **上下班的**는 '……的'의 구조이므로 관형어임을 바로 알 수 있습니다.

2단계 술어를 찾는다.

보통 了 앞에 있는 단어는 동사이자 술어입니다. 동사의 상태를 표현하는 동태조사(了, 着, 过)를 힌트로 동사술어를 빠르게 찾을 수 있습니다.

→ 缩短了

3단계 목적어를 찾는다.

목적어는 주로 명사나 대명사가 쓰입니다. 명사이자, 동사술어 **缩短**과 의미상 호응 관계인 **路程**을 목적어 자리에 배열합니다.

→ 路程

4단계 주어를 찾는다.

제시어 **这大大**는 지시대명사 **这**와 부사 **大大**가 결합된 형태입니다. 지시대명사 **这/那**는 주로 주어로 쓰입니다. 또한 명사 **路程**이 목적어로 확정되면서 제시어 중 주어가 될 수 있는 것은 **这大大**가 유일하므로, 주어 자리에 배열합니다.

→ 这 + 大大

5단계 남은 제시어를 배열한다.

구조조사 **的**로 **上下班的**는 관형어임을 쉽게 알 수 있습니다. 의미상 호응하는 목적어 **路程** 앞에 위치시킵니다.

→ 上下班的 + 路程

|단 어| **路程** lùchéng 명 노정, 총 노선 거리 | **大大** dàdà 부 크게, 대단히 | **缩短** suōduǎn 동 (거리를) 단축하다, 줄이다 | **上下班** shàngxiàbān 출퇴근하다

|정 답| 这 [大大] 缩短了 (上下班的) 路程。 이것은 출퇴근 거리를 크게 단축했다.

선생님의 한마디

路程은 비슷한 의미의 4급 필수 어휘 **距离**로 바뀌어 출제될 수 있습니다. '缩短距离(거리를 단축시키다)'는 자주 출제되는 호응 관계이니 꼭 기억해 두세요.

선생님의 한마디

문장성분은 다음 기호로 표시했습니다.

- 주어: ═══
- 술어: ───
- 목적어: ~~~~
- 관형어: (　)
- 부사어: [　]
- 보어: 〈　〉

예제 2

|해 설|

每个人	都有追求	权利	梦想	的
명사	부사+동사	명사	명사	구조조사
↓	↓	↓	↓	↓
주어/목적어	술어	주어/목적어	주어/목적어	관형어 만듦

1단계 제시어를 분석한다.

每个人은 '수량(每个)+명사(人)'의 구조이므로 중심어는 명사 人입니다. 都有는 '부사+동사'의 구조이므로 문장성분은 '부사어(都)+술어(有)'가 됨을 유추할 수 있습니다. 구조조사 的가 제시되었으므로 관형어를 만들어 줘야 함을 기억하고, 술어, 주어, 목적어를 찾습니다.

2단계 술어를 찾는다.

제시어 중 동사는 有와 追求입니다. 부사 都로 미루어 有가 동사술어로 쓰였음을 알 수 있습니다. 그러므로 追求는 관형어의 동사로 쓰였음을 알 수 있습니다.

→ 都+有+追求

3단계 주어와 목적어를 찾는다.

명사는 权利와 梦想이 제시되어 있습니다. 동사술어 有의 목적어로 두 단어 모두 가능하지만 동사인 追求의 목적어는 梦想만 가능하기 때문에 有의 목적어는 权利가 됩니다. '주어+술어+목적어'의 큰 틀을 단어 뜻으로 맞춰 보면, '人(S)+有(V)+权利(O)'가 자연스러움을 알 수 있습니다.

→ 주어: 每个人 | 목적어: 权利

4단계 관형어를 만들어 수식하는 명사 앞에 배열한다.

동사 追求와 호응하는 명사는 梦想입니다. 따라서 梦想을 追求 뒤에 배열하고, 목적어 权利와 연결되도록 구조조사 的를 追求梦想과 权利 사이에 배열합니다.

→ 追求+梦想+的+权利

선생님의 한마디

제시어 중 동사가 두 개 이상 있을 때는 각 동사의 목적어를 먼저 체크합니다. 동사 중 하나는 전체 술어이고, 하나는 관형어 '동사+목적어+的'의 동사일 수 있습니다.

|단 어| **追求** zhuīqiú 동 추구하다 | **权利** quánlì 명 권리 | **梦想** mèngxiǎng 명 꿈

|정 답| 每个人 [都] 有 (追求梦想的) 权利。 모든 사람은 꿈을 추구할 권리가 있다.

STEP 03 내공쌓기

품사와 문장성분

'품사'란 단어를 기능, 형태, 의미에 따라 나눈 갈래, 즉, 단어가 가지는 공통된 성질을 말하고, '문장성분'이란 문장을 구성하는 기능적 단위를 말합니다. 품사는 단어가 문장의 어느 자리에 위치해야 할지 알려 주는 나침반 역할을 합니다. 품사를 기준으로 찾은 단어의 자리가 바로 문장성분이기 때문입니다.

중국어 문장 기본 구조

문장성분 →	주어	술어	목적어
올 수 있는 품사 →	명사 대명사 ⋮	동사 형용사 ⋮	명사 대명사 ⋮
	我	吃	饭。
	哥哥	学习	汉语。
	男朋友	去	学校。

예문과 같이 주어, 술어, 목적어의 위치는 변하지 않고, 각 문장성분에 올 수 있는 품사 내에서 단어만 바뀝니다. 따라서 각각의 품사와 문장성분의 개념을 알면, 길고 복잡한 구조의 문장이 나와도 쉽게 배열할 수 있습니다.

선생님의 한마디
많은 학생들이 품사와 문장성분의 필요성을 깨닫지 못한 채 중국어를 배우고 있습니다. 품사와 문장성분의 관련성을 모른다면, 어법이 어렵기만 하고 잘 이해되지 않습니다. 중국어는 영어의 'he-his-him'과 같은 격 변화, 또는 한국어의 '이, 가, 을, 를' 같은 조사나 띄어쓰기가 없기 때문에, 품사의 특징만 잘 이해해도 빠르게 내공을 쌓을 수 있습니다.

품사의 개념

1. 명사(名词 míngcí)

사람과 사물의 명칭을 말합니다.

韩国 Hánguó 한국　　今年 jīnnián 올해　　冬天 dōngtiān 겨울
教室 jiàoshì 교실　　汽车 qìchē 자동차　　书 shū 책

2. 대명사(代词 dàicí)

명사를 대신하는 단어입니다. 사람과 사물을 지칭하는 인칭대명사와 지시대명사, 의문을 나타내는 의문대명사가 있습니다. 지시대명사는 지시사로, 의문대명사는 의문사로 줄여 부르기도 합니다.

1) **인칭대명사(대명사)**

我 wǒ 나　　你 nǐ 너, 당신　　您 nín 당신
他 tā 그　　她 tā 그녀　　我们 wǒmen 우리(들)

선생님의 한마디
HSK 준비 시, 어법 이론을 깊게 공부할 필요는 없습니다. HSK 4급을 공부하지 않은 학생들도 이곳에서 기본 어법은 물론, HSK 6급까지의 어법 이론도 모두 배울 수 있습니다.

2) **지시대명사(지시사)**

这 zhè 이　那 nà 그　这么 zhème 이렇게
那么 nàme 그렇게　这儿 zhèr 여기　这样 zhèyàng 이렇게

3) **의문대명사(의문사)**

怎么 zěnme 어떻게　什么 shénme 무엇　多少 duōshao 얼마(나)

3. 동사(动词 dòngcí)

동작 또는 심리 상태 등을 나타냅니다. 크게 동작동사와 심리동사로 구분할 수 있습니다.

1) **동작동사:** 일반적인 동작을 나타냅니다.

看 kàn 보다　写 xiě 쓰다　打 dǎ 때리다
去 qù 가다　来 lái 오다　吃 chī 먹다

2) **심리동사:** 감정이나 심리 활동을 나타냅니다.

爱 ài 사랑하다　喜欢 xǐhuan 좋아하다　讨厌 tǎoyàn 싫다

Tip 심리동사는 일반적으로 很이나 最와 같이 정도를 나타내는 부사의 수식을 받습니다.
예 我很喜欢你。나는 너를 좋아해.

4. 능원동사(能愿动词 néngyuàn dòngcí)

동작과 사실에 대한 의지, 능력, 판단, 허가를 나타내며, '조동사(助动词 zhùdòngcí)'라고도 합니다.

要 yào ~해야 한다　得 děi ~해야 한다　会 huì ~할 수 있다
能 néng ~할 수 있다　应该 yīnggāi 마땅히 ~해야 한다

5. 형용사(形容词 xíngróngcí)

사람이나 사물의 성질이나 상태를 나타냅니다.

大 dà 크다　小 xiǎo 작다　多 duō 많다
漂亮 piàoliang 아름답다　热 rè 뜨겁다　冷 lěng 차다

선생님의 한마디
형용사는 뒤에 목적어를 가질 수 없으며, 주로 정도부사(很, 非常 등)의 수식을 받습니다.

6. 수사(数词 shùcí)

숫자를 나타내는 단어입니다.

一 yī 일(1)　　十 shí 십(10)　　百 bǎi 백(100)

千 qiān 천(1,000)　　万 wàn 만(10,000)　　亿 yì 억(100,000,000)

Tip 수사는 일반적으로 명사를 직접 수식할 수 없으며, 양사와 결합하여 '수사+양사'의 형태로 명사를 수식합니다. '수사+양사'의 결합 형태를 '수량사'라고 부릅니다.
㉠ 一书 (X) → 一本书

7. 양사(量词 liàngcí)

사람이나 사물의 수량, 동작의 횟수 등을 세는 단위입니다.

只 zhī ① 마리[동물을 세는 단위]　　一只鸟 새 한 마리
② 짝[세트 중 하나를 세는 단위]　　一只筷子 젓가락 한 짝

本 běn 권[서적을 세는 단위]　　一本书 책 한 권

件 jiàn ① 벌, 장[의류를 세는 단위]　　一件衣服 옷 한 벌
② 건[일을 세는 단위]　　一件事 일 한 건

次 cì 번, 차례[횟수를 세는 단위]　　第一次 첫 번째

趟 tàng 번, 차례[왕복 횟수를 세는 단위]　　去一趟 (왕복으로) 한 번 다녀오다

선생님의 한마디
한국어와 달리, 중국어는 양사가 매우 발달된 언어입니다. 양사는 반드시 명사와 함께 외우는 습관을 들여야 합니다.

8. 부사(副词 fùcí)

동사와 형용사 앞에서 동작 · 성질 · 상태의 지속, 시간, 범위, 정도 등을 강조하기도 하고, 동작이나 상태의 긍정과 부정을 나타내기도 합니다.

已经 yǐjīng 이미, 벌써　　都 dōu 모두　　很 hěn 매우

9. 전치사(介词 jiècí)

전치하는 '개사'라고도 하는데, 명사나 대명사와 결합한 전치사구의 형태로 술어를 수식하며, 단독으로는 쓸 수 없습니다. 전치사구는 주로 술어 앞에서 동작의 시간, 장소, 대상, 방향, 원인, 방식 등을 나타냅니다.

在 zài ~에서　　从 cóng ~부터　　对 duì ~에 대해서

向 xiàng ~을 향해서　　按照 ànzhào ~에 따라, ~대로

선생님의 한마디
'전치사+명사'구조를 '전치사구'라고 부릅니다.

10. 접속사(连词 liáncí)

단어와 단어, 구와 구, 문장과 문장을 연결합니다.

可是 kěshì 그러나　　而 ér ~하고, ~하지만　　虽然 suīrán 비록 ~하지만

因为 yīnwèi ~이기 때문에　从而 cóng'ér 따라서, 그리하여

Tip 하나의 복문을 구성하는 접속사 세트를 '관련어(关联词 guānliáncí)'라고 합니다.

- 虽然 A，可是 B　비록 A이지만 B하다

  예 虽然今天下大雨了，可是我没迟到。
  오늘 큰비가 내렸지만 나는 지각하지 않았다.

- 因为 A，所以 B　A이기 때문에 B하다

  예 因为妹妹今天感冒了，所以没去上学。
  여동생은 오늘 감기에 걸려서 학교에 가지 않았다.

- 迟到 chídào 동 지각하다

선생님의 한마디

접속사 所以 대신 부사 就를 쓰기도 합니다. 다만 부사 就는 주어가 있을 경우에는 주어 뒤에 위치합니다.

11. 조사(助词 zhùcí)

문장에서 도우미 역할을 하는 단어이며 동태조사, 구조조사, 어기조사가 있습니다.

1) **동태조사:** 동사 뒤에서 동작의 상태를 나타냅니다.

① 동사+了 le [동작의 완료를 나타냄]

喝了一瓶饮料 음료수 한 병을 마셨다

吃了一顿饭 한 끼 식사를 했다

- 瓶 píng 양 병
- 饮料 yǐnliào 명 음료
- 顿 dùn 양 끼[식사 등을 세는 단위]

② 동사+着 zhe [동작이나 상태의 지속을 나타냄]

听着音乐 음악을 듣고 있다

墙上挂着一幅画 벽에 그림 한 폭이 걸려 있다

- 墙 qiáng 명 벽, 담장
- 挂 guà 동 걸다, 걸리다
- 幅 fú 양 폭[그림, 옷감 등을 세는 단위]

③ 동사+过 guo [동작의 경험을 나타냄]

去过北京 베이징에 가 본 적이 있다

报道过这个新闻 이 뉴스를 보도한 적이 있다

- 报道 bàodào 동 보도하다
- 新闻 xīnwén 명 뉴스

2) **구조조사:** 문장에서 구조적으로 도움을 주는 조사입니다.

① ……的+명사

精彩的表演 뛰어난 공연

② ……地+동사

热情地打招呼 다정하게 인사하다

③ 동/형+得+보어

车堵得很厉害 차가 심하게 막힌다

선생님의 한마디

조사 的 뒤에 오는 단어의 품사는 반드시 명사이고, 조사 地 뒤에 오는 단어의 품사는 반드시 동사입니다. 조사 得 앞에는 동사나 형용사만 옵니다. 따라서 堵车得很厉害는 틀린 표현입니다.

- 堵车 dǔchē 동 차가 막히다
- 厉害 lìhai 형 (정도가) 심하다

3) **어기조사:** 문장 끝에 위치하여 문장의 어기를 나타냅니다.

了 le [변화]　　的 de [강조]　　吧 ba [명령, 추측]

吗 ma [의문]　　呢 ne [의문]

12. 감탄사(叹词 tàncí)

감탄사는 강렬한 감정의 표시로 탄복, 기쁨, 탄식, 놀라움 등을 나타냅니다.

阿 ā [탄복이나 기쁨의 어기]　　哼 hēng [불만의 어기]　　唉 ài [실망의 어기]

문장성분의 개념

1. 술어(谓语 wèiyǔ)

술어는 문장에서 주어의 동작이나 상태, 성질 따위를 서술하는 역할을 합니다. 주로 동사나 형용사가 술어로 쓰입니다. 이때 동사는 뒤에 목적어를 가질 수 있지만, 형용사는 목적어를 가질 수 없습니다.

学校举行了运动会。 학교에서 운동회를 개최했다.
동사술어　목적어

压力非常大。 스트레스가 매우 크다.
형용사술어

- 举行 jǔxíng 동 거행하다, 개최하다
- 压力 yālì 명 스트레스

Tip **주술술어문**

주술술어문이란, 술어 자리에 하나의 품사가 오는 게 아니라, '주어+형용사'와 같은 '주술구'가 오는 문장을 말합니다.

예 我 身体 很健康。 나는 몸이 건강하다.
주어　술어

疲劳驾驶 危害 大。 졸음운전은 해가 크다.
주어　술어

- 疲劳 píláo 형 피곤하다
- 驾驶 jiàshǐ 동 운전하다

2. 주어(主语 zhǔyǔ)

주어는 술어가 나타내는 동작이나 상태의 주체가 되는 역할을 가리킵니다. 주로 명사나 대명사가 주어로 쓰이지만, '부사어+동사' 혹은 '동사+목적어'와 같은 동사구가 주어로 쓰이기도 합니다.

故宫是中国有名的建筑。 고궁은 중국의 유명한 건축물이다.
명사주어

她参加了这次运动会。 그녀는 이번 운동회에 참가했다.
대명사주어

- 故宫 Gù Gōng 명 고궁
- 建筑 jiànzhù 명 건축물
- 参加 cānjiā 동 참가하다

这样做不符合公司的规定。이렇게 하는 것은 회사의 규정에 맞지 않는다.
동사구주어

Tip 주어는 '특정 대상'이어야 합니다. 특정 대상이란 말하는 이나 듣는 이가 서로 알고 있는 확실한 대상을 말합니다. 가령, '수량사+명사'는 불확실한 대상을 말하므로 일반적으로는 주어 자리에 오지 않습니다. 따라서 주어로 만들고 싶을 때는 앞에 这/那 같은 지시사를 넣어 대상을 한정해야 합니다.

예 三个面包已经吃了。(X) → 那三个面包已经吃了。
특정 대상

3. 목적어(宾语 bīnyǔ)

목적어는 동사가 쓰인 문장에서 동작의 대상이 되는 역할을 합니다. 주로 명사나 대명사가 목적어로 쓰입니다.

他正在讲一个笑话。그는 웃기는 이야기를 하고 있는 중이다.
명사목적어

你在看什么? 너 지금 무엇을 보고 있니?
대명사목적어

4. 관형어(定语 dìngyǔ)

관형어는 명사(주어, 목적어) 앞에서 수식하는 역할을 합니다. 관형어 자리에는 여러 품사들, 또는 구(단어가 2개 이상 합쳐진 형태), 절(주어+술어)이 옵니다. 가장 많이 보이는 관형어의 형태는 '수량+형용사+的' 구조입니다.

她是一个很漂亮的女孩儿。그녀는 예쁜 여자아이다.
수량+형용사구+的

我昨天买了一个非常舒适的沙发。나는 어제 매우 편한 소파를 하나 샀다.
수량+형용사구+的

弟弟讲的笑话非常有意思。동생이 말한 우스갯소리는 매우 재미있다.
주어+술어+的

5. 부사어(状语 zhùngyǔ)

부사어는 술어(동사, 형용사) 앞에서 수식하는 역할을 합니다. 부사어의 기본 위치는 주어 뒤, 술어 앞이며, 부사어 자리에는 '부사+능원동사+전치사구'의 형태가 가장 많이 옵니다.

我偶尔去运动。나는 간혹 운동하러 간다.
부사

我在北京工作了一年。나는 베이징에서 1년간 일했다.
전치사+명사(=전치사구)

- **符合** fúhé 동 부합하다, (들어)맞다
- **规定** guīdìng 명 규정
- **讲笑话** jiǎng xiàohuà 웃기는 이야기를 하다
- **舒适** shūshì 형 편(안)하다
- **沙发** shāfā 명 소파
- **笑话** xiàohua 명 웃기는 이야기, 우스갯소리
- **有意思** yǒuyìsi 재미있다, 흥미있다

선생님의 한마디
'大型设备(대형 설비)'와 같이 조사 的 없이 직접 명사 设备를 수식하는 大型의 경우도 관형어이지만, 편의상 的 앞에 오는 단어들을 기준으로 관형어를 구분 지어도 무방합니다.

- **偶尔** ǒu'ěr 부 간혹, 이따금
- **学校** xuéxiào 명 학교
- **食堂** shítáng 명 식당

他偶尔会在学校食堂吃午饭。그는 가끔 학교 식당에서 점심을 먹는다.

부사+능원동사+전치사구

6. 보어(补语 bǔyǔ)

보어는 술어(동사, 형용사) 뒤에서 술어를 보충하는 역할을 합니다. 술어가 동사일 경우 보충하는 내용은 동작의 결과, 방향, 가능성, 상태, 횟수 등이며, 술어가 형용사일 경우 정도를 보충합니다.

这部电影已经下载完了。이 영화는 이미 다운로드를 다 받았다.

결과

我跟女朋友吵了好几次架。나는 여자 친구와 여러 번 말다툼했다.

횟수

他吃饭吃得很快。그는 밥을 매우 빨리 먹는다.

상태

- 电影 diànyǐng 명 영화
- 下载 xiàzài 동 다운로드하다
- 吵架 chǎojià 동 말다툼하다

쓰기 1부분 풀이 방법

1단계 제시된 단어들 중에서 '술어'를 먼저 찾습니다. 술어는 대부분 동사나 형용사입니다.

2단계 명사를 찾아서 '주어'와 '목적어'를 구분합니다. 술어가 동사일 경우에는 목적어를 먼저 찾을 수도 있습니다.

3단계 주어와 목적어를 수식하는 관형어(……的)를 주어나 목적어 앞에 배열합니다.

4단계 부사어가 있을 경우, 부사어를 술어 앞에 배열합니다.

5단계 보어가 있을 경우, 보어를 술어 뒤에 배열합니다.

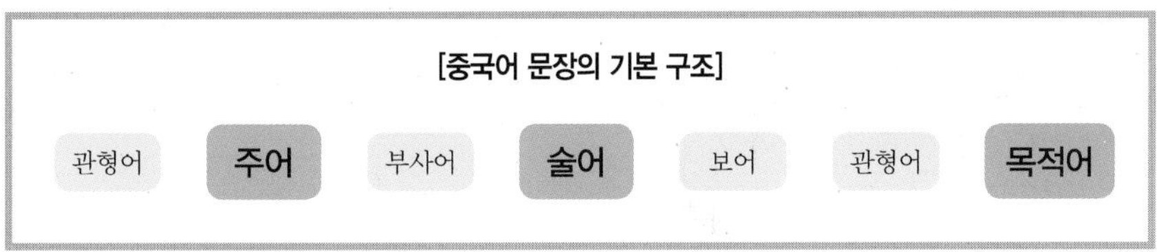

예제 직접 풀어 봅시다.

北京　喜欢上了　深深地　历史悠久的　早已　我　留学三年多的

____

|해 설| ① 제시된 단어들 가운데 동사를 중심으로 술어와 보어를 찾습니다.

→喜欢上了

쓰기 1부분 문제에서는 동사술어와 보어를 따로 떨어뜨리지 않고 붙여서 출제하는 경우가 대부분입니다.

② 명사를 찾아서 주어와 목적어 자리에 놓습니다.

→ 주어: 我 | 목적어: 北京

명사는 주로 행위자(我)가 주어이며, 동작을 받는 대상(北京)이 목적어입니다.

③ 명사를 수식하는 관형어를 찾아 놓습니다.

→ 留学三年多的＋我 | 历史悠久的＋北京

留学三年多的는 주어인 我를 수식하는 내용으로 어울리기 때문에 我 앞에 배열하고, 历史悠久的는 목적어인 北京를 수식하는 내용으로 어울리기 때문에 北京 앞에 배열합니다.

④ 부사어를 찾아서 술어 앞에 놓습니다.

→ 早已＋深深地＋喜欢上了

부사어 자리에 위치하는 단어들이 여러 개일 때 순서에 맞게 배열합니다. 일반적으로 '부사+능원동사+전치사구+……地' 순서입니다.

|정 답| 留学三年多的我早已深深地喜欢上了历史悠久的北京。

유학한 지 3년여가 된 나는 역사가 유구한 베이징을 이미 매우 깊이 좋아하게 되었다.

STEP 04 확인문제 풀기

01 新增了　便利设施　许多　学校图书馆里

____

02 对孩子的　心理成长　巨大　父母　影响

____

03 我们很　合作关系　贵公司建立　与　期待能

____

04 时间　过长　电池寿命　会缩短　电脑开机

____

05 是　一门学问　培养　自己的自信　如何

____

▶ 정답 및 해설 50쪽

시나공법

02 술어를 먼저 찾아라!

술어는 주어의 동작이나 상태를 설명하는 문장성분으로, 문장의 중심이라고 할 수 있습니다. 주로 동사나 형용사가 술어 역할을 합니다. HSK 5급 쓰기 1부분에서는 술어가 동사 위주로 출제되므로, 가장 먼저 할 일은 동사술어를 찾는 것입니다.

STEP 01 먼저 풀어보기

예제 1

应该　　全面重视　　环境保护　　受到

예제 2

组长的　　熟练　　业务技巧　　非常

STEP 02 선생님 풀이과정 보기

예제 1

|해 설|

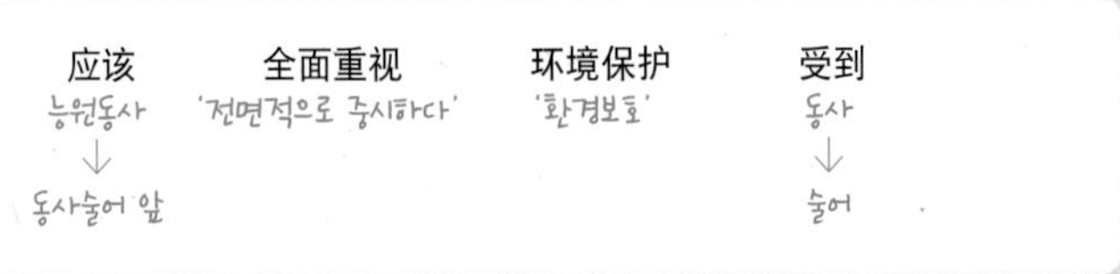

1단계 제시어를 분석한다.

应该는 능원동사이므로 동사술어 앞에 위치해야 합니다. 全面重视와 环境保护는 자주 쓰이는 단어의 결합이므로, 품사나 문장성분 분석보다는 의미로 푸는 것이 쉬울 수 있습니다. 受到는 동사이므로 술어가 될 수 있습니다.

2단계 술어를 찾는다.

제시어 중 동사는 受到와 重视인데 보통 受到가 전체 문장의 술어가 됩니다.

→ 受到

3단계 목적어를 찾는다.

受到는 동사나 동사구를 목적어로 가지므로, 목적어로 적절한 것은 동사구인 全面重视입니다. 环境保护는 명사형이므로 受到의 목적어가 될 수 없다는 사실을 체크하고 全面重视를 목적어로 찾을 수도 있습니다.

→ 受到 + 全面重视

4단계 주어를 찾는다.

주어는 명사(구) 또는 대명사가 주로 옵니다. 의미상으로도 제시어 중 주어로 가장 적절한 것은 环境保护입니다.

→ 环境保护

5단계 부사어를 찾는다.

능원동사 应该는 동사술어 受到 앞에 위치합니다.

→ 应该 + 受到

|단 어| **全面** quánmiàn 형 전면적인, 전반적인 | **重视** zhòngshì 동 중시하다 | **环境保护** huánjìng bǎohù 환경보호 | **受到** shòudào 동 받다

|정 답| 环境保护 [应该] 受到 全面重视。 환경보호는 전면적으로 중시를 받아야 한다.

선생님의 한마디

受到와 다른 동사가 함께 제시되면 受到를 전체 술어로 봐도 무방합니다. 더불어 '受到重视(중시를 받다)', '受到欢迎(환영을 받다)', '受到批评(꾸지람을 듣다)'의 호응 관계도 함께 알아 두세요.

선생님의 한마디

受到는 중국어에서 被를 쓰지 않고 만드는 '의미상의 피동문'입니다. 따라서 '环境保护应该受到全面重视'는 사실상 '(사람들이) 환경보호를 전면적으로 중시해야 한다'라는 의미입니다.

예제 2

|해 설|

组长的	熟练	业务技巧	非常
……的	형용사	명사구'업무 스킬'	부사
↓	↓	↓	↓
관형어	술어	주어/목적어	부사어

1단계 제시어를 분석한다.

组长的는 구조조사 的로, 관형어로 쓰임을 바로 알 수 있습니다. 熟练은 형용사이므로 술어가 될 수 있고, '명사(业务)+명사(技巧)'의 구조인 业务技巧는 주어 또는 목적어 자리에 올 수 있습니다. 非常은 부사이므로 술어를 수식하는 부사어로 쓰입니다.

2단계 술어를 찾는다.

제시어 중 형용사가 하나이므로, 술어가 됨을 알 수 있습니다. 형용사술어는 목적어를 가질 수 없으며, 정도부사 非常은 형용사술어 앞에 배열합니다.

→ 非常 + 熟练

3단계 주어를 찾는다.

의미상 주어가 될 수 있는 명사 형태의 단어는 业务技巧 하나밖에 없습니다. 따라서 이 단어를 주어 자리에 배열합니다.

→ 业务技巧

4단계 나머지 제시어의 위치를 배열한다.

목적어가 없는 형용사술어 문장이므로, 관형어 组长的는 주어 业务技巧를 수식함을 알 수 있습니다. 따라서 组长的를 주어 앞에 배열합니다.

→ 组长的 + 业务技巧

|단 어| **组长** zǔzhǎng 명 팀장, 조장 | **熟练** shúliàn 형 숙련되다, 능숙하다 | **业务** yèwù 명 업무 | **技巧** jìqiǎo 명 기교, 스킬

|정 답| (组长的) 业务技巧 [非常] 熟练。팀장의 업무 스킬은 아주 능숙하다.

STEP 03 **내공쌓기**

술어 자리에는 주로 동사와 형용사가 오기 때문에, 동사와 형용사의 특징을 체계적으로 학습해 두어야 합니다. 특히 동사는 목적어를 가질 수 있지만, 형용사는 목적어를 가질 수 없다는 차이점을 꼭 기억해 두어야 합니다.

동사의 종류와 특징

1. 동사의 종류

동사는 사람과 사물의 동작과 심리 상태 등을 나타내며, 크게 동작동사와 심리동사로 구분할 수 있습니다. 동사 또는 동사구가 문장의 주요 술어가 되는 문장을 '동사술어문'이라고 합니다.

1) 동작 · 행위를 나타내는 동사

听 tīng 듣다　　看 kàn 보다　　吃 chī 먹다　　写 xiě 쓰다

2) 심리상태를 나타내는 동사

喜欢 xǐhuan 좋아하다　　爱 ài 사랑하다

讨厌 tǎoyàn 싫어하다　　担心 dānxīn 걱정하다

3) 사역 · 명령을 나타내는 동사

使 shǐ ~하게 하다　　让 ràng ~하게 시키다, ~하게 하다

叫 jiào ~하게 시키다, ~하게 하다　　请 qǐng ~하세요, ~을 청하다

Tip 사역동사 使는 '(결과적으로) ~하게 하다'라는 의미이고, 让과 叫는 '시키다', '~하게 하다'라는 의미입니다. 让과 叫에는 '시키다'라는 의미가 있고, 使에는 '시키다'라는 의미가 없습니다. 请은 '~해 주세요'라고 부탁할 때 사용합니다.

4) 가능 · 바람 · 의무를 나타내는 동사(=능원동사)

会 huì ~할 수 있다, ~할 것이다　　能 néng ~할 수 있다

可以 kěyǐ ~할 수 있다, ~해도 좋다　　应该 yīnggāi 마땅히 ~해야 한다

선생님의 한마디
능원동사(=조동사)는 동사에서 파생되어 나왔지만 동사를 앞에서 수식하는 역할을 하므로 부사어로 쓰입니다.

2. 동사의 특징

1) 동사는 부사와 능원동사의 수식을 받을 수 있다.

① 동사를 수식하는 부사는 동사의 앞에 위치합니다.

주어	부사	동사	
我	不得不	道歉。	나는 어쩔 수 없이 사과했다.
我们	非常	激动。	우리는 매우 감격했다.

② 동사 앞에 부사와 능원동사가 모두 있으면 주로 '부사+능원동사+동사'의 순서로 배열합니다.

我	不	会	说	汉语。	나는 중국어를 못한다.
주어	부사	능원동사	동사	목적어	

- 不得不 bùdébù 부 어쩔 수 없이
- 道歉 dàoqiàn 동 사과하다
- 激动 jīdòng 형 (감정이) 격해지다, 감격하다

2) 동사는 동태조사 了, 着, 过를 수반할 수 있다.

昨天	我	制定了	学习计划。	어제 나는 학습 계획을 세웠다.
부사어	주어	동사+了	목적어	

선생님의 한마디

쓰기 1부분에서 了, 着, 过가 붙어 있는 제시어는 의미를 모른다 하더라도 품사가 동사라는 것을 유추할 수 있습니다.

- 制定 zhìdìng 동 제정하다, (계획을) 세우다
- 计划 jìhuà 명 계획

3) 동사술어는 대부분 목적어를 수반할 수 있다.

① 동사는 일반적으로 명사나 대명사를 목적어로 가질 수 있습니다.

我	获得了	奖金。	나는 상여금을 받았다.
주어	동사	명사목적어	
朋友	鼓励	我。	친구는 나를 격려했다.
주어	동사	대명사목적어	

- 获得 huòdé 동 획득하다, 받다
- 奖金 jiǎngjīn 명 상금, 상여금
- 鼓励 gǔlì 동 격려하다

> **Tip** 중국어의 동사는 목적어를 가질 수 있는 타동사와 목적어를 갖지 않는 자동사를 겸하는 경우가 대부분입니다.
>
> 예 学校举行了运动会。학교는 운동회를 개최했다.
> (举行了: (타)동사, 运动会: 목적어)
>
> 运动会将在下个月中旬举行。운동회는 다음 달 중순에 개최될 것이다.
> (举行: (자)동사)

② 일부 동사는 동사구나 절을 목적어로 취할 수 있습니다.

선생님의 한마디

동사구는 '술어+목적어' 구조, 절은 '주어+술어' 구조를 뜻합니다.

• 동사구를 목적어로 가지는 동사

打算 dǎsuan 계획하다	决定 juédìng 결정하다
开始 kāishǐ 시작되다	进行 jìnxíng 진행하다
学会 xuéhuì 습득하다	善于 shànyú ~을 잘한다
懂得 dǒngde ~할 줄 안다	

주어	동사	목적어(동사구)	
学校	决定	举行运动会。	학교는 운동회를 개최하기로 결정했다.
我	学会	开车。	나는 운전을 배웠다.

- 决定 juédìng 동 결정하다
- 举行 jǔxíng 동 거행하다, 개최하다
- 学会 xuéhuì 동 습득하다, 배우다

• 절을 목적어로 가지는 동사

希望 xīwàng 희망하다　　觉得 juéde ~이라고 느끼다(생각하다)

感觉 gǎnjué ~이라고 느끼다　　认为 rènwéi 여기다, 생각하다

以为 yǐwéi ~이라 (잘못) 여기다

주어	동사	목적어(절)	
爸爸	希望	女儿应聘到好工作。	아빠는 딸이 좋은 직장에 들어가기를 바란다.
我	觉得	市场竞争很激烈。	나는 시장 경쟁이 치열하다고 생각한다.

4) 이합동사 술어는 뒤에 목적어를 수반할 수 없다.

이합동사란 '동사+목적어'의 구조로 이루어진 동사를 말합니다. 기본적으로 동사가 목적어를 중복해서 가질 수 없기 때문에 이합동사 뒤에는 목적어를 쓸 수 없습니다.

① 이합동사가 목적어를 가지는 방식

• 이합동사의 중간에 놓는 형태

帮她的忙 그녀를 돕다

→ 帮忙她 (×)

• 전치사를 사용해 이합동사 앞에 놓는 형태

和老师见面 / 跟老师见面 선생님과 만나다

→ 见面老师 (×)

向朋友道歉 친구에게 사과하다

→ 道歉朋友 (×)

• 이합동사 앞에 놓는 형태

大学毕业[=毕业于大学] 대학을 졸업하다

→ 毕业大学 (×)

② 꼭 알아야 하는 이합동사

- □ 见面 jiànmiàn 동 서로 만나다
- □ 睡觉 shuìjiào 동 잠을 자다
- □ 聊天 liáotiān 동 이야기하다, 한담하다
- □ 游泳 yóuyǒng 동 헤엄치다, 수영하다
- □ 道歉 dàoqiàn 동 사과하다, 사죄하다
- □ 生气 shēngqì 동 화내다, 성을 내다
- □ 毕业 bìyè 동 졸업하다
- □ 散步 sànbù 동 산보하다, 산책하다
- □ 帮忙 bāngmáng 동 돕다, 도와주다
- □ 点头 diǎntóu 동 고개를 끄덕이다
- □ 结婚 jiéhūn 동 결혼하다
- □ 吵架 chǎojià 동 말다툼하다

5) 동사는 중첩하여 쓸 수 있다.

동사의 중첩은 동작이 지속된 시간이 짧음을 나타내거나, 부드러운 어기 혹은 가벼운 시도 등을 나타냅니다.

선생님의 한마디

应聘은 '지원하다'라는 의미이고, 应聘到는 '지원하여 (결과적으로) 합격했다'라는 의미까지 포함합니다.

- 应聘 yìngpìn 동 지원하다
- 市场竞争 shìchǎng jìngzhēng 시장 경쟁
- 激烈 jīliè 형 격렬하다, 치열하다

① 1음절 동사 중첩

• AA / A一A: 미래 혹은 습관적인 일을 나타냅니다.
听 → 听听 / 听一听 좀 들어 보다
看 → 你看看这本书吧。너 이 책 좀 봐봐.

• A了A / A了一A: 과거를 나타냅니다.
听 → 听了听 / 听了一听 좀 들어 봤다
看 → 我看了看这本书，写得不错。내가 이 책을 좀 봤는데 괜찮게 썼다.

② 2음절 동사 중첩

• ABAB: 미래를 나타냅니다.
介绍 → 介绍介绍 소개 좀 해 주다
解释 → 你给我们解释解释。우리에게 설명을 좀 해 줘.

• AB了AB: 과거를 나타냅니다.
介绍 → 介绍了介绍 소개를 좀 해 주었다
他给我们介绍了介绍这儿的情况。
그는 우리들에게 이곳의 상황을 소개해 줬다.

③ 이합동사 중첩

• AB → AAB
散步 → 散散步 산책을 좀 하다
帮忙 → 帮帮忙 좀 도와주다
点头 → 点点头 고개를 끄덕끄덕하다
聊天 → 聊聊天 이야기를 좀 나누다
我希望能有个人陪着散散步。
나는 누군가가 함께 산책을 좀 해 주기를 희망한다.

선생님의 한마디
A了A 또는 A了一A 형태의 중첩일 경우, AA了의 형태로는 쓸 수 없습니다.
예 听听了(X)

선생님의 한마디
一는 1음절 동사를 중첩할 때만 쓰므로, AB一AB의 형태로는 쓸 수 없습니다.
예 介绍一介绍 (X)

선생님의 한마디
이합동사는 동사(A)만 중첩하고 뒤의 명사(B)는 중첩하지 않습니다. 명사를 중첩하면 틀린 표현이 됩니다.
예 散步散步 (X)

• 陪 péi 동 모시다, 함께하다

형용사의 특징

형용사는 사람이나 사물의 성질 또는 상태를 묘사합니다. 묘사하는 기능 때문에 문장에서 술어로 쓰이기도 하고 관형어나 보어로 쓰이기도 합니다.

1) **형용사술어는 목적어를 가질 수 없다.**
형용사술어가 동사술어와 가장 구별되는 점은 동사는 목적어를 가질 수 있지만, 형용사는 목적어를 가질 수 없다는 것입니다.

예 这条裙子很 合适(형용사술어) 她(목적어)。(X)
这条裙子很 适合(동사술어) 她(목적어)。(O) 이 치마는 그녀에게 잘 어울린다.

• 裙子 qúnzi 명 치마
• 合适 héshì 형 적합하다, 알맞다
• 适合 shìhé 동 적합하다, 어울리다

2) **형용사술어는 일반적으로 단독으로 쓰지 않고 정도부사의 수식을 받는다.**
정도부사는 很 / 非常 / 十分 / 特别 / 更 / 比较 등이 있습니다.

주어	정도부사	형용사술어
弟弟	很	诚实。남동생은 매우 솔직하다.
他的胳膊	特别	疼。그의 팔은 매우 아프다.

3) **형용사는 대부분 관형어와 술어, 보어로 사용되며 간혹 부사어로 쓰이기도 한다.**

他是很优秀的老师。그는 우수한 선생님이다.
(관형어: 优秀的)

他的性格非常乐观。그의 성격은 매우 낙관적이다.
(술어: 乐观)

她长得很漂亮。그녀는 예쁘게 생겼다.
(보어: 漂亮)

大家要充分发挥自己的优势。모두 자신의 강점을 충분히 발휘해야 한다.
(부사어: 充分)

4) **형용사는 중첩하여 쓸 수 있다.**
형용사 중첩은 형용사의 정도를 강조하는 의미가 있으며, 묘사의 성격이 강해집니다.

① 1음절 형용사 중첩
- A → AA

大 → **大大** 매우 크다
红 → **红红** 매우 빨갛다

② 2음절 형용사 중첩
- AB → AABB: 2음절 형용사 중첩의 가장 기본적인 형태입니다.

漂亮 → **漂漂亮亮** 매우 예쁘다
高兴 → **高高兴兴** 매우 기쁘다

③ 2음절 형용사(동사형)
- AB → ABAB: 형용사의 기본형이 이미 강조가 되어 있는 경우라면, 동사 중첩과 마찬가지로 ABAB 형식으로 중첩해야 합니다.

雪白 → **雪白雪白** 매우 희다
冰凉 → **冰凉冰凉** 매우 차갑다

④ 생동적 묘사형
- A → ABB: 묘사의 성격이 더욱 강해집니다.

亮 → **亮晶晶** 반짝반짝 빛나다
胖 → **胖乎乎** 통통하다

- **诚实** chéngshí 형 진실하다, 솔직하다
- **胳膊** gēbo 명 팔

- **优秀** yōuxiù 형 우수하다
- **性格** xìnggé 명 성격
- **乐观** lèguān 형 낙관적이다
- **充分** chōngfèn 부 충분히
- **发挥** fāhuī 동 발휘하다
- **优势** yōushì 명 우세, 강점

선생님의 한마디
充分은 형용사이지만 부사처럼 동사를 직접 수식하는 용법으로 많이 쓰입니다.

선생님의 한마디
형용사 중첩은 '很+형용사'와 같은 의미이기 때문에, 중첩된 형용사 앞에는 정도부사를 쓰지 않습니다.
예 很大大(X)
很高高兴兴(X)

선생님의 한마디
ABB 중첩 형태는 맨 앞 글자인 A만 알아도 의미를 유추할 수 있습니다. ABB 형용사는 '很+A'와 의미가 같습니다.
예 亮晶晶 = 很亮 매우 빛나다

STEP 04 확인문제 풀기

01 大雾　造成了　产量的　下降　该地粮食

____

02 结果　给你满意的　领导目前　无法

____

03 画展　允许拍照　博物馆　的　吗

____

04 与人　善于　很　沟通　他

____

05 当地的　文化　很　民俗　独特

____

▶ 정답 및 해설 52쪽

시나공법
03 부사어의 위치와 순서를 묻는다!

부사어는 술어 앞에 위치하여 술어를 수식하는 문장성분을 말합니다. 부사어가 될 수 있는 가장 대표적인 품사는 부사, 능원동사(조동사), 전치사구(전치사+명사)가 있으며, 그 외 품사들은 '명사/동사/형용사+地'의 형식으로 부사어를 만듭니다. 부사어가 될 수 있는 품사와 그 위치를 잘 익혀 두면 쓰기 1부분 문장 배열 문제를 쉽게 풀 수 있습니다.

STEP 01 먼저 풀어보기

예제 1

教练　再三　放弃　强调不能

____

예제 2

从根本上　不能　抱怨　解决问题

____

STEP 02 선생님 풀이과정 보기

예제 1

|해 설|

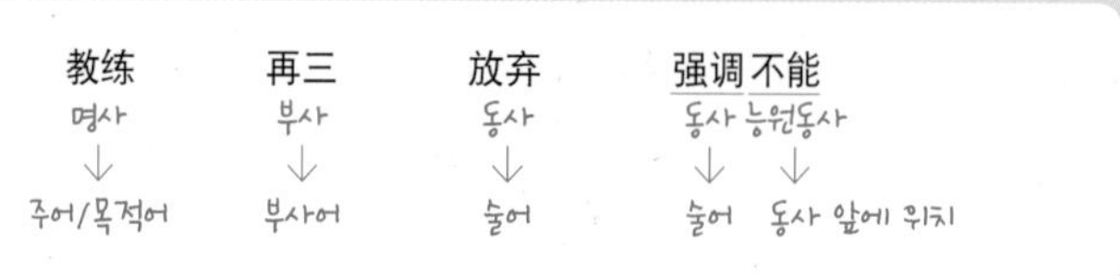

1단계 제시어를 먼저 분석한다.

教练은 명사이므로 주어 또는 목적어가 될 수 있고, **再三**은 부사이므로 부사어가 되며, **放弃**는 동사이므로 술어가 될 수 있습니다. **强调不能**은 '동사+능원동사'의 결합이며, 능원동사 **不能** 뒤에는 동사가 와야 합니다.

2단계 술어를 찾는다.

제시어 중 동사는 **放弃**와 **强调**가 있습니다. 능원동사 **不能** 뒤에는 반드시 동사가 와야 하므로, **不能** 뒤에 올 수 있는 제시어는 동사 **放弃** 단 하나입니다. 따라서 **强调**가 문장의 술어가 되고, 동사구 **不能放弃**는 술어 **强调**의 목적어가 됩니다.

→ 强调不能 + 放弃

3단계 주어를 찾는다.

주어가 될 수 있는 품사는 주로 명사(구)/대명사입니다. 따라서 제시어 중 주어가 될 수 있는 단어는 **教练**입니다.

→ 教练

4단계 부사어를 술어 앞에 배열한다.

부사 **再三**은 의미상 목적어 **放弃**가 아닌 동사술어 **强调**와 호응합니다. '거듭 강조하다'라는 뜻이므로 동사술어 **强调** 앞에 배열합니다.

→ 再三 + 强调

> 선생님의 한마디
> '동사구'는 '동사+목적어' 또는 '부사어+동사'처럼 동사를 중심으로 기타 단어가 결합되어 있는 형태를 말합니다.

|단 어| **教练** jiàoliàn 명 코치 | **再三** zàisān 부 재삼, 거듭 | **放弃** fàngqì 동 포기하다 | **强调** qiángdiào 동 강조하다

|정 답| 教练 [再三] 强调不能放弃。코치는 포기해선 안 된다는 것을 거듭 강조했다.

예제 2

|해 설|

从根本上	不能	抱怨	解决问题
전치사구	능원동사	동사	동사+명사
↓	↓	↓	↓
부사어 (술어 앞에 위치)	부사어 (술어 앞에 위치)	술어(?)	술어+목적어

1단계 제시어를 먼저 분석한다.

从根本上은 부사어, 不能은 능원동사이므로 이 두 개의 제시어는 동사술어 앞에 위치해야 합니다. 抱怨은 동사이며, 解决问题는 술목 구조의 동사구입니다.

2단계 술어를 찾는다.

제시어 중 동사는 抱怨과 解决가 있습니다. 抱怨이 술어가 되면 解决问题를 배열할 수 있는 문장성분이 없어지므로 抱怨은 술어가 될 수 없습니다. 따라서 동사술어 解决와 목적어 问题가 결합된 解决问题가 술어가 됩니다.

→ 解决问题

3단계 주어를 찾는다.

주어에는 주로 명사(구)/대명사가 오지만, 동사 또한 주어 자리에 올 수 있습니다.

→ 抱怨

4단계 부사어를 찾아서 술어 앞에 위치시킨다.

부사어가 여러 개 있을 경우, 배열 순서는 '부사 → 능원동사 → 전치사구'입니다. 제시어는 전치사구 从根本上과 능원동사 不能이므로, 不能从根本上의 순서로 술어 解决 앞에 배열합니다.

→ 不能 + 从根本上 + 解决

선생님의 한마디

전치사 从 뒤에 명사형인 根本上이 함께 붙어서 출제되었습니다. 根本은 '근본'이라는 명사로 쓰였고 뒤에 방위사 上이 붙어서 从根本上은 '근본적으로'라는 의미가 됩니다.

|단 어| **根本** gēnběn 명 근본 | **抱怨** bàoyuàn 동 원망하다, 불평하다, 불만을 늘어놓다 | **解决** jiějué 동 해결하다

|정 답| 抱怨 [不能] [从根本上] 解决 问题。 불평은 문제를 근본적으로 해결할 수 없다.

STEP 03 내공쌓기

부사어란 술어 앞에서 술어를 수식하는 문장성분을 말합니다. 주로 부사, 능원동사(조동사), 전치사구(전치사+명사)가 부사어로 쓰입니다. 여기서는 각 품사별로 위치와 용법을 학습합니다.

부사의 위치와 종류

1. 부사의 기본 위치

중국어의 모든 부사의 기본 위치는 주어 뒤, 술어 앞입니다. 이때 술어는 동사와 형용사가 주를 이룹니다.

树上的 果实 已经 成熟 了。 나무 위의 열매가 이미 익었다.
관형어 주어 부사 형용사술어

你们 是否 赞成 他的 观点? 당신들은 그의 관점에 찬성합니까?
주어 부사 동사술어 관형어 목적어

2. 부사의 종류

부사는 의미에 따라서 어기, 시간, 빈도, 범위, 상태, 정도, 부정부사로 나눕니다.

1) 어기부사

전체 문장의 말투를 결정합니다. 부사의 기본 위치는 주어 뒤지만, 일부 어기부사는 문장 전체의 어기(느낌)를 나타내므로 간혹 주어 앞에서 문장 전체를 수식하기도 합니다.

- □ 其实 qíshí (그러나) 사실은
- □ 终于 zhōngyú =总算 zǒngsuàn 마침내[바라던 일이 실현되었을 때 씀]
- □ 原来 yuánlái 알고 보니[몰랐던 사실을 알았을 때 씀]
- □ 到底 dàodǐ =究竟 jiūjìng 도대체[의문문에 씀]
- □ 幸亏 xìngkuī =多亏 duōkuī 다행히도
- □ 怪不得 guàibude =难怪 nánguài 어쩐지[궁금증이 풀렸을 때 씀]
- □ 难道 nándào 설마 ~하겠는가?
- □ 也许 yěxǔ =大概 dàgài =恐怕 kǒngpà 아마도 ~할 것이다[추측을 나타냄]
- □ 至少 zhìshǎo 최소한
- □ 好像 hǎoxiàng =似乎 sìhū =仿佛 fǎngfú 마치 ~인 것 같다
- □ 最好 zuìhǎo ~하는 게 제일 좋다
- □ 竟然 jìngrán =竟 jìng 뜻밖에도[예상하지 못했을 때]

선생님의 한마디

예문에서 부사 已经과 是否의 위치를 보면 주어 뒤, 술어 앞이라는 것을 확인할 수 있습니다.

- 树 shù 명 나무
- 果实 guǒshí 명 과실, 열매
- 成熟 chéngshú 형 (열매가) 익다
- 是否 shìfǒu 부 ~인지 아닌지
- 赞成 zànchéng 동 찬성하다
- 观点 guāndiǎn 명 관점

선생님의 한마디

- 좌측 부사들은 HSK 5급에서 꼭 알아야 하는 부사들입니다. 쓰기 1부분에도 자주 출제되므로, 반드시 익혀 두세요.
- 좌측의 어기부사 중 竟然, 只好, 不一定을 제외한 나머지는 주어 앞뒤에 모두 쓸 수 있습니다.
- 多亏가 부사로 쓰일 경우에는 幸亏와 같이 쓰일 수 있습니다. 多亏는 '~덕분이다'라는 동사 용법도 있지만, 幸亏에는 동사 용법이 없습니다.

□ 只好 zhǐhǎo =不得不 bùdébù 어쩔 수 없이, 부득이

□ 未必 wèibì =不一定 bùyídìng =不见得 bújiànde 반드시 ~한 것은 아니다

예 现在已经十点多了，难道 他 不 来 了 吗?
어기부사 주어 부정부사 술어

지금 벌써 10시가 넘었는데, 설마 그가 안 오는 걸까?

小王昨天出院了，你 难道 没 听说 吗?
주어 어기부사 부정부사 술어

샤오왕이 어제 퇴원했는데, 너는 설마 못 들었니?

2) 시간부사

술어의 시간을 수식합니다.

□ 已经 yǐjīng 이미[동작이 끝났음을 나타냄]

□ 曾经 céngjīng 예전에 ~한 적이 있다

□ 马上 mǎshàng 곧, 즉시, 바로

□ 就 jiù 곧, 즉시, 바로

□ 才 cái 이제야, 방금

□ 刚 gāng =刚刚 gānggāng 지금 막, 방금

□ 将 jiāng =即将 jíjiāng 곧 ~할 것이다

□ 一直 yìzhí 줄곧, 계속

□ 始终 shǐzhōng 한결같이, 시종일관, 줄곧

□ 陆续 lùxù =纷纷 fēnfēn =先后 xiānhòu (시간 차를 두고) 잇따라, 끊임없이

□ 经常 jīngcháng =常常 chángcháng 늘, 항상, 자주

□ 往往 wǎngwǎng 주로, 대부분, 종종[규칙적인 결론을 내릴 때 씀]

□ 还是 háishi =依然 yīrán =仍然 réngrán 여전히, 아직도

3) 빈도부사

동작의 중복을 나타냅니다.

□ 又 yòu 또, 다시[과거 동작의 중복을 나타냄]

□ 再 zài 다시, 재차[미래 동작의 중복을 나타냄]

□ 还 hái 또[미래 동작의 중복을 나타냄]

□ 也 yě ~도, 또한

□ 再三 zàisān =一再 yízài 거듭, 여러 번

예 我还想再去中国。
나는 중국에 또 가고 싶다.

선생님의 한마디
쓰기 1부분에서는 어기부사가 주어 앞에 올 경우, 주어와 함께 붙여서 제시하는 경우가 많습니다.
예 제시어: 难道他 / 你难道

• 出院 chūyuàn 동 퇴원하다

선생님의 한마디
即将은 6급 어휘이지만 함께 알아두도록 합니다.

선생님의 한마디
이때, 还와 再는 같은 역할을 하므로 하나만 써도 됩니다.

4) **범위부사**

범위를 나타냅니다.

□ 都 dōu 모두, 전부

□ 几乎 jīhū 거의, 거의 모두

□ 到处 dàochù 도처에, 곳곳에

□ 只 zhǐ =仅 jǐn =仅仅 jǐnjǐn =光 guāng 단지, 다만

5) **상태부사**

동작의 상태를 묘사합니다.

□ 尽量 jǐnliàng 가능한 한, 최대한, 되도록

□ 逐渐 zhújiàn =渐渐 jiànjiàn 점점, 점차

□ 亲自 qīnzì 직접, 손수, 친히

□ 及时 jíshí 즉시, 곧바로, 시기 적절히

□ 正在 zhèngzài =在 zài 지금(한창) ~하고 있다

□ 重新 chóngxīn 다시, 새로

□ 突然 tūrán =忽然 hūrán 갑자기, 문득

6) **정도부사**

형용사, 심리동사의 정도를 강조합니다.

□ 很 hěn 매우, 아주

□ 十分 shífēn 매우, 아주, 대단히

□ 最 zuì 제일

□ 非常 fēicháng 매우, 아주

□ 比较 bǐjiào 비교적

□ 太 tài 너무

□ 挺 tǐng 꽤, 제법, 매우, 아주

□ 更 gèng 더욱

□ 格外 géwài 각별히, 유달리, 특별히

□ 稍微 shāowēi =稍稍 shāoshāo 약간, 조금

□ 越来越 yuèláiyuè 점점 ~하다, 갈수록 ~하다

> **선생님의 한마디**
> 정도의 강도는 '很 < 比较 < 十分 < 非常' 순입니다. 중국어에서는 형용사를 단독으로 쓰지 않고 습관적으로 很을 쓰기 때문에 很은 굳이 해석하지 않아도 됩니다.
> 예 你很漂亮。너는 예쁘다.

7) **부정부사**

술어의 의미를 부정합니다.

□ 不 bù 아니다[현재와 미래에 대한 부정을 나타냄]

□ 没(有) méi(yǒu) =未 wèi 아직 ~하지 않았다[과거에 대한 부정을 나타냄]

□ 别 bié ~하지 마라[명령문의 부정에 씀]

□ 勿 wù ~하지 마라, ~해서는 안 된다

Tip 부정부사는 중요하므로 특히 잘 외워 두어야 합니다. 예문과 함께 용법을 파악해 둡시다.
예 双方还未在合同上签字。양측은 아직 계약서에 사인하지 않았다.
请勿在车厢里抽烟。객실 안에서는 흡연하지 마십시오.

- 合同 hétong 명 계약서
- 签字 qiānzi 동 (문서에) 서명하다, 사인하다
- 车厢 chēxiāng 명 객실
- 抽烟 chōuyān 동 흡연하다, 담배를 피우다

능원동사의 위치와 종류

1. 능원동사

능원동사는 동사 앞에 위치하여 '바람 · 필요 · 가능 · 당위'의 뜻을 나타냅니다. '조동사'라고도 부르는 이 능원동사는 반드시 동사와 함께 쓰이며, 단독으로 문장 성분이 될 수 없습니다.

선생님의 한마디
능원동사는 能愿动词라고 합니다. 이름 그대로 대표적으로 '가능(能)'과 '바람(愿)'을 나타냅니다. 또한 '조동사(助动词)'라고도 하는데, 이는 '동사(动)를 도와준다(助)'라는 의미입니다.

2. 능원동사의 기본 위치

능원동사는 주어 뒤, 동사 술어 앞에 옵니다.

我	想	学	汉语。나는 중국어를 배우고 싶다.
주어	능원동사	술어	목적어

3. 자주 쓰이는 능원동사

1) 会 huì ~할 수 있다 / ~일 것이다

① ~할 수 있다: 주로 학습으로 인한 능력을 나타낼 때 씁니다.
我会说汉语。나는 중국어를 할 줄 안다.

② ~일 것이다: 가능성 및 추측을 나타내며, 주로 '会~的'의 형태로 씁니다.
他一定会同意的。그는 분명히 동의할 것이다.

2) 能 néng ~할 수 있다 / ~해도 된다

① ~할 수 있다: 주로 회복된 능력이나 수량 또는 수준을 강조합니다. 이때는 会를 쓸 수 없습니다.
我的腿伤已经好了，能参加比赛了。(≠会)
그의 다리 상처는 이미 좋아져서, 경기에 참가할 수 있게 되었다.

- 腿伤 tuǐ shāng 다리 상처
- 比赛 bǐsài 명 경기, 시합

② ~해도 된다: 허가를 나타내며, 주로 명령문에서 不能의 형태로 씁니다.

我们不能推迟这次会议的时间。우리는 이번 회의 시간을 연기해서는 안 된다.

· 推迟 tuīchí 동 미루다, 연기하다

3) 想 xiǎng ~하고 싶다

앞으로의 바람이나 계획을 나타냅니다.

我想去大公司应聘。나는 대기업에 지원하고 싶다.

· 应聘 yìngpìn 동 지원하다

4) 要 yào ~해야 한다, ~하려고 한다

바람이나 의지 또는 필요성을 나타냅니다.

我要去中国学习汉语。나는 중국어를 배우러 중국에 가려고 한다.

5) 应该 yīnggāi 마땅히 ~해야 한다

도리상 또는 사실상의 필요성을 나타냅니다. 应该와 같은 의미로 应 또는 该만 쓰기도 합니다.

儿童应该培养刷牙的好习惯。어린이는 반드시 양치질하는 좋은 습관을 길러야 한다.

· 儿童 értóng 명 아동, 어린이
· 培养 péiyǎng 동 배양하다, 기르다
· 刷牙 shuāyá 동 이를 닦다, 양치질하다
· 习惯 xíguàn 동 습관

6) 可以 kěyǐ ~할 수 있다 / ~해도 된다

① ~할 수 있다: 가능성을 나타내며 부정형은 不能으로 씁니다.

这间房间可以住4个人。이 방에선 4명이 살 수 있다.

② ~해도 된다: 허가를 나타내며, 부정형은 不可以와 不能 모두 가능합니다.

如果有什么困难，你可以直接找我帮忙。
무슨 어려움이 있으면, 직접 나를 찾아와 도움을 청해도 된다.

· 间 jiān 양 칸[방을 세는 단위]
· 住 zhù 동 살다, 거주하다
· 如果 rúguǒ 접 만약, 만일
· 困难 kùnnan 명 어려움
· 直接 zhíjiē 부 직접

7) 得 děi ~해야 한다

应该와 마찬가지로 당위를 나타냅니다.

你得尊重别人的意见。너는 다른 사람의 의견을 존중해야 한다.

선생님의 한마디
得가 '~해야 한다'라는 능원동사로 쓰일 때는 발음이 de가 아니라 děi임에 유의해야 합니다.

· 尊重 zūnzhòng 동 존중하다
· 意见 yìjiàn 명 의견

8) 愿意 yuànyi (~하기를) 바라다, 원하다

자신의 바람을 나타냅니다.

我愿意跟你结婚。나는 너와 결혼하길 원한다.

전치사의 위치와 종류

1. 전치사

전치사는 명사나 대명사와 결합하여, 술어나 문장 전체를 수식하는 단어를 가리킵니다. 전치사는 단독으로 쓸 수 없으며, 항상 뒤에 명사(성) 단어와 함께 결합하여 쓰이는데, 이를 전치사구라 합니다.

전치사구의 개념

전치사	명사/대명사	→ 전치사구
在	北京	上大学。베이징에서 대학교를 다닌다.
从	明天	开始。내일부터 시작한다.
给	我	打电话。나에게 전화해 줘.

2. 전치사구의 기본 위치

대부분의 전치사구는 부사어로 쓰이기 때문에 주어 뒤, 술어 앞에 오는 것이 가장 일반적인 형태입니다.

我	对中国文化	很	感	兴趣。	나는 중국 문화에 흥미가 있다.
주어	전치사구	부사어	술어	목적어	

你	在电影院门口	等	我	吧。	너 영화관 입구에서 나를 기다려.
주어	전치사구	술어	목적어		

- **感兴趣** gǎn xìngqù 흥미를 느끼다, 흥미가 있다
- **电影院** diànyǐngyuàn 명 영화관, 극장

3. 전치사의 종류

1) 시간을 나타내는 전치사

① 在/当+시점: 언제[동작의 발생 시점을 나타냄]

公司在9点开会。 회사는 9시에 회의를 한다.

当我想放弃的时候，朋友鼓励了我。
내가 포기하고 싶을 때, 친구가 나를 격려해 줬다.

② 从/自/由+시점: 언제부터[동작이 시작되는 기점을 나타냄]

从现在起，我再也不抽烟了。 지금부터, 나는 다시는 담배를 피우지 않을 것이다.

由早上7点等到下午5点，航班仍然没有起飞。
아침 7시부터 오후5시까지 기다렸는데, 비행기는 여전히 이륙하지 않았다.

> **Tip** 전치사 由는 '~이/가'라는 의미로 행위자를 강조하는 의미도 있습니다.
> 예 **演出的一切费用都由公司承担。** 공연의 모든 비용은 회사가 부담한다.

선생님의 한마디
일부 전치사는 두 가지 이상의 의미를 가지니, 의미를 구분하여 암기해야 합니다.

- **放弃** fàngqì 동 포기하다
- **鼓励** gǔlì 동 격려하다

- **抽烟** chōuyān 동 흡연하다, 담배를 피우다
- **航班** hángbān 명 항공편
- **仍然** réngrán 부 여전히
- **起飞** qǐfēi 동 (비행기가) 이륙하다
- **演出** yǎnchū 명동 공연(하다)
- **费用** fèiyòng 명 비용
- **承担** chéngdān 동 감당하다, 부담하다, 책임지다

③ 到+시점: 언제까지[동작이 끝나는 시점을 나타냄]

我经常加班到很晚。나는 자주 늦게까지 야근한다

④ 离+기간: (지금부터) 언제까지[기간을 나타냄]

离春节还有一个月。설까지는 아직 한 달이 남았다.

• 加班 jiābān 동 초과 근무하다

• 春节 Chūnjié 명 (음력) 설

2) 장소 · 범위를 나타내는 전치사

① 在+장소: 어디에서[동작이 발생한 장소를 나타냄]

我在北京生活过3年。나는 베이징에서 3년 동안 생활한 적이 있다.

② 从/自+장소: 어디로부터[동작이 시작된 장소를 나타냄]

他们从首尔出发。그들은 서울에서 출발한다.

我来自韩国。나는 한국에서 왔다.[주로 동사 뒤에서 보어로 쓰임]

③ 到+장소: 어디까지[동작이 끝나는 장소를 나타냄]

从我家到单位坐公交车要一个小时。우리 집에서 회사까지 버스로 1시간이 걸린다.

④ 离+장소: (어디부터) 어디까지[장소의 거리를 나타냄]

我家离车站不太远。우리 집은 정류장에서 그다지 멀지 않다.

• 首尔 Shǒu'ěr 고유 서울
• 韩国 Hánguó 고유 한국
• 单位 dānwèi 명 직장, 회사
• 公交车 gōngjiāochē 명 버스
• 车站 chēzhàn 명 정류장

3) 방향을 나타내는 전치사

向/朝/往+방향: 어디로[가려는 방향을 나타냄]

你们一直向南走，就能看到故宫。너희들은 곧장 남쪽으로 가면, 고궁을 볼 수 있다.

餐厅的窗户朝南开。식당의 창문은 남쪽으로 열려 있다.

这辆火车往南开。이 기차는 남쪽으로 간다.

• 故宫 Gù Gōng 명 고궁[베이징(北京)에 있는 청대(清代)의 궁전을 가리킴]
• 餐厅 cāntīng 명 식당
• 窗户 chuānghu 명 창문
• 辆 liàng 양 대[차량을 세는 단위]

4) 대상을 나타내는 전치사

① 对/对于+대상: ~에 대해서[태도를 나타내는 대상에 주로 씀]

教练对这次比赛的结果很满意。코치는 이번 경기의 결과에 만족했다.

② 向+대상: ~에게[동작을 주는 대상이나 혹은 받는 대상에 씀]

我向老师请教了一个问题。나는 선생님에게 문제에 대한 가르침을 청했다.

我们向邻居借了一把椅子。우리는 이웃에게 의자 하나를 빌렸다.

③ 给+대상: ~에게[동작을 받는 대상에 씀]

我给小张寄了一封信。샤오장에게 편지 한 통을 부쳤다.

天冷了，妈妈给我准备了一件厚外套。
날씨가 추워져서, 엄마는 나에게 두꺼운 외투를 준비해 줬다.

④ 为+대상: ~을 위하여, ~에게[이익을 받는 대상에 주로 씀]

图书馆为大家提供了很好的阅读环境。
도서관은 사람들에게 좋은 독서 환경을 제공한다.

• 请教 qǐngjiào 동 가르침을 청하다
• 封 fēng 양 통[편지를 세는 단위]
• 厚外套 hòu wàitào 두꺼운 외투
• 提供 tígōng 동 제공하다
• 阅读 yuèdú 동 읽다, 독서하다

⑤ 关于+범위: ~에 관해서[동작이 미치는 범위를 나타냄]

这是一本关于中国历史的小说。이것은 중국 역사에 관한 소설이다.

⑥ 跟+대상: ~와/과[동작을 함께하거나 비교하는 대상을 나타냄]

我们跟妈妈商量一下。우리 엄마와 한번 상의해 보자.

同事跟我的看法不一样。동료는 나의 견해와 다르다.

⑦ 比+대상: ~보다[비교의 대상을 나타냄]

今年冬天比去年还冷。올해 겨울은 작년보다 더 춥다.

• 历史 lìshǐ 명 역사
• 小说 xiǎoshuō 명 소설
• 商量 shāngliang 동 상의하다, 의논하다
• 同事 tóngshì 명 동료
• 看法 kànfǎ 명 견해
• 不一样 bù yíyàng 다르다

5) 도구, 방식, 수단을 나타내는 전치사

① 以+수단: ~으로[동작의 근거나 방식을 나타냄]

他以优秀的成绩考进了重点大学。그는 우수한 성적으로 거점 대학에 들어갔다.

② 通过+방식: ~을 통해(서)[동작을 하는 방식을 나타냄]

我们要通过调查了解情况。우리는 조사를 통해 상황을 알아봐야 한다.

③ 经过+방식: ~을 거쳐, ~을 통해, ~끝에[시간의 경과를 강조함]

经过长期的努力，他终于解决了这个问题。

오랜 노력 끝에, 그는 마침내 이 문제를 해결했다.

④ 按照+기준: ~에 따라, ~대로[동작을 하는 기준을 나타냄]

我们一定会按照你们的要求完成任务。

우리는 반드시 당신들의 요구에 따라 임무를 완수할 것이다.

⑤ 根据+근거: ~에 근거하여, ~에 따르면[동작을 하는 근거를 나타냄]

根据我们的调查，这件事跟他无关。

우리의 조사에 따르면 이 일은 그와 관계없다.

• 考进 kǎojìn 동 (시험을 쳐서) 들어가다
• 重点大学 zhòngdiǎn dàxué (중국에서 지정한) 핵심 대학, 거점 대학
• 调查 diàochá 동 조사하다
• 了解 liǎojiě 동 이해하다, 알아보다
• 长期 chángqī 명 장기간, 오랜 기간
• 终于 zhōngyú 부 마침내
• 要求 yāoqiú 명 요구
• 无关 wúguān 동 무관하다, 관계없다

부사어의 어순

1. 부사어의 기본 순서

쓰기 1부분에서 자주 출제되는 부사어에는 부사, 능원동사, 전치사구가 있습니다. 이 부사어들이 한 문장에 나올 경우 순서는 '부사 → 능원동사 → 전치사구'의 순서로 배치합니다.

어순 부사 → 능원동사 → 전치사구

他	一直	想	来	中国	看看。
주어	부사	능원동사	술어1	목적어	술어2

그는 줄곧 중국에 와 보고 싶어 했다.

他 小时候 曾经 在父亲的小商店里 帮过几天忙。
주어 시간명사 부사 전치사구 술어+목적어

그는 어렸을 때 아버지의 작은 상점에서 며칠간 일을 도운 적이 있다.

李师傅 要 给大家 表演 中国功夫。
주어 능원동사 전치사구 술어 목적어

리 사부는 모두에게 중국 무술을 공연하려고 한다.

我 一定 要 跟柳老师 学 HSK。
주어 부사 능원동사 전치사구 술어 목적어

나는 반드시 리우 선생님께 HSK를 배울 것이다.

- **师傅** shīfu 명 사부, 선생님[기예를 가진 사람을 부르는 호칭]
- **表演** biǎoyǎn 동 공연하다
- **功夫** gōngfu 명 무술

2. 일반부사의 순서 배치

일반부사들이 한꺼번에 모두 나오는 경우는 없으며, 보통 2개씩 자주 출제됩니다. 일반부사가 2개 이상 제시될 경우, 부사의 순서는 아래와 같습니다.

선생님의 한마디
일반부사는 어기 · 시간 · 빈도부사 등 부정부사의 상대 개념인 부사를 가리킵니다.

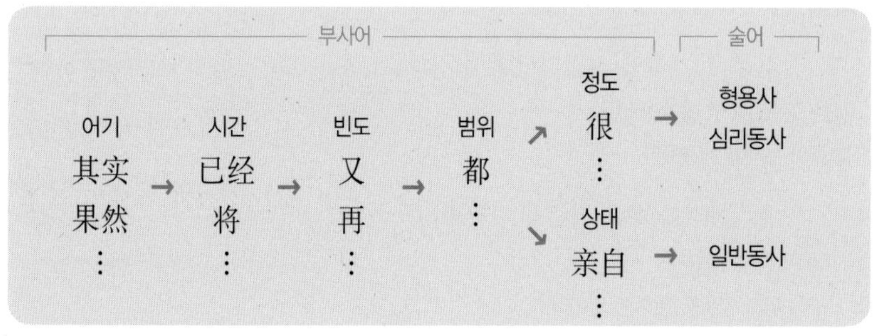

선생님의 한마디
정도부사와 형용사는 한 몸처럼 긴밀하게 붙어 다닌다는 것을 꼭 기억하세요.

他们 毕竟 已经 都 很 **累** 了。그들은 어쨌든 이미 모두 피곤해졌다.
주어 어기 시간 범위 정도 술어

你 最好 重新 **换** **一个** **密码**。너는 비밀번호를 새로 바꾸는 것이 가장 좋다.
주어 어기 상태 술어 수량사 목적어

- **毕竟** bìjìng 부 (그래도) 어쨌든

3. 부정부사의 순서 배치

1) 부정부사는 일반부사 뒤에 배치한다.

어순 일반부사 → 부정부사

我们 根本 不 沟通。나는 전혀 소통하지 않는다.
주어 일반부사(어기) 부정부사 술어

我 从来 没有 去过 美国。나는 지금까지 미국에 가 본 적이 없다.
주어 일반부사(시간) 부정부사 술어 목적어

- **根本** gēnběn 부 전혀, 아예
- **沟通** gōutōng 동 소통하다
- **从来** cónglái 부 지금까지, 여태껏

2) 부정부사는 전치사구 앞에 배치한다.

어순 부정부사 → 전치사구

这个问题(주어) 没有(부정부사) 被大家(전치사구) 重视(술어)。

이 문제는 사람들이 중시하지 않았다.

她(주어) 没有(술어1) 一天(목적어1) 不(부정부사) 为女儿(전치사구) 担心的(술어2)。

그녀는 하루도 딸을 위해 걱정을 하지 않은 날이 없다.

这次旅行(주어) 不(부정부사) 像我们想象的那样(전치사구) 顺利(술어)。

이번 여행은 우리가 상상한 것처럼 그렇게 순조롭지 못했다.

선생님의 한마디

한국어에 어순에 따라 被大家没有重视라고 쓰면 안 됩니다. 부정부사 不/没가 나올 때는 어순에 특히 유의해야 합니다.

- 重视 zhòngshì 동 중시하다
- 旅行 lǚxíng 명 여행
- 想象 xiǎngxiàng 동 상상하다
- 顺利 shùnlì 형 순조롭다

4. 기본 위치를 따르지 않는 예외 부사어

1) 술어를 수식하는 성격이 강한 부사어

① 일부 부사는 동사술어와 결합하는 성격이 강해서 능원동사 뒤, 술어 앞에 위치할 수 있습니다. 대표적으로 다음과 같은 부사가 있습니다.

- □ 马上 mǎshàng 부 곧, 즉시, 바로
- □ 一起 yìqǐ 부 함께, 같이
- □ 再 zài 부 다시, 또
- □ 亲自 qīnzì 부 직접, 몸소
- □ 尽量 jǐnliàng 부 가능한 한, 되도록
- □ 及时 jíshí 부 즉시, 곧바로
- □ 轻易 qīngyì 부 함부로, 쉽사리, 가볍게
- □ 经常 jīngcháng 부 언제나, 자주, 늘
- □ 永远 yǒngyuǎn 부 영원히
- □ 充分 chōngfèn 부 힘껏, 충분히

예 那辆车(주어) 没有(부정부사) 马上(예외 부사) 停(술어)。그 차는 즉시 멈추지는 않았다.

我们(주어) 没有(부정부사) 一起(예외 부사) 参加(술어) 象棋比赛(목적어)。

우리는 장기 대회에 함께 참가하지는 않았다.

我(주어) 想(능원동사) 再(예외 부사) 去(술어) 一趟(보어) 中国(목적어)。나는 중국에 다시 한번 다녀오고 싶다.

我(주어) 要(능원동사) 亲自(예외 부사) 去(술어) 一趟(보어)。내가 직접 한번 다녀와야겠다.

你(주어) 不能(능원동사) 轻易(예외 부사) 相信(술어) 别人(목적어)。너는 다른 사람을 쉽게 믿어서는 안 된다.

发现问题，我们(주어) 应该(능원동사) 及时(예외 부사) 解决(술어) 问题(목적어)。

문제를 발견하면, 우리는 즉시 문제를 해결해야 한다.

선생님의 한마디

- 부정부사와 일반부사가 함께 나오면 부정부사는 주로 일반부사 뒤에 위치하는데, 马上이나 一起 등은 예외적으로 부정부사 뒤, 술어 앞에 위치합니다.
- 일반부사와 능원동사가 함께 나오면 일반부사는 능원동사 앞에 위치하는데, 再는 예외적으로 능원동사 뒤, 술어 앞에 위치합니다. 再가 보이면 '능원동사+再+동사술어'의 순서를 떠올리세요.

② 술어를 직접 수식하지 못하는 품사인 형용사, 동사, 명사 등은 술어를 수식할 때 조사 地의 도움을 받습니다. 이렇게 '형용사, 동사, 명사+地'로 형성된 구를 '地자구'라고 합니다. 地자구 부사어도 술어를 수식하는 성격이 강하므로 술어 바로 앞에 위치합니다.

服务员	应该	热情地	招待	客人。
주어	능원동사	地자구 부사어	술어	목적어

종업원은 친절하게 손님을 접대해야 한다.

선생님의 한마디

가령, 大声이 哭了를 수식할 때는 직접 수식하지 못하니 '大声地哭了(큰 소리로 울었다)'라고 해야 합니다. 地자구의 地 뒤에는 반드시 동사가 와야 합니다.

- 热情 rèqíng 형 친절하다, 다정하다
- 招待 zhāodài 동 접대하다
- 客人 kèrén 명 손님

2) 주어 앞에 올 수 있는 부사어

① 화제를 제시하는 전치사구는 주어 앞뒤에 올 수 있습니다.

□ 对于 duìyú ~에 대해　　□ 为了 wèile ~하기 위하여

□ 根据 gēnjù ~에 근거하여　　□ 按照 ànzhào ~에 따라

예

对于学生的未来，	老师们	很	关心。
전치사구	주어	부사어	술어

老师们	对于学生的未来	很	关心。
주어	전치사구	부사어	술어

학생의 미래에 대해, 선생님들은 매우 관심을 가진다.

- 未来 wèilái 명 미래
- 关心 guānxīn 동 관심을 가지다

② 시간명사는 주어 앞뒤에 올 수 있습니다.

昨天	我	在商场	买	了	一件	衣服。
시간명사	주어	전치사구	술어		수량사	목적어

我	昨天	在商场	买	了	一件	衣服。
주어	시간명사	전치사구	술어		수량사	목적어

어제 나는 상가에서 옷을 한 벌 샀다.

3) 술어 뒤에 보어로 쓰이는 전치사구

'전치사+명사' 형태의 전치사구는 술어 뒤에서 결과보어로도 쓰입니다. 모든 전치사가 다 결과보어가 될 수 있는 것이 아니라 '在 / 到 / 给 / 向 / 往 / 自 / 于 / 以'의 8개 전치사로 이루어진 전치사구만 결과보어가 될 수 있습니다.

□ 在 zài 전 ~에
放在桌子上 탁자 위에 놓여 있다

□ 到 dào 전 ~에, ~로
送到医院 병원에 보냈다

□ 给 gěi 전 ~에게
留给老人 노인에게 남겼다

□ 向 xiàng 전 ~에, ~로
走向未来 미래를 향해 나아간다

□ 往 wǎng 전 ~쪽으로, ~를 향해

- 医院 yīyuàn 명 병원
- 未来 wèilái 명 미래
- 报 bào 동 보답하다
- 掌声 zhǎngshēng 명 박수 소리

飞往北京的飞机 베이징으로 날아가는 비행기

□ 自 zì 전 ~에서(부터)

来自韩国 한국에서 왔다

□ 于 yú 전 ~보다[비교를 표시함]

他的水平高于我 그의 수준은 나보다 높다

□ 以 yǐ 전 ~로써

报以掌声 박수로 보답했다, 박수를 보냈다

선생님의 한마디

전치사 于가 비교의 의미를 가지려면 高于我처럼 于 앞에 1음절 형용사(高)가 와야 합니다.

STEP 04 확인문제 풀기

01 具体的比赛　确定　日程还　未

____

02 那家企业　制造　家用地毯　主要

____

03 领导们　陆续　到达会议室　已　邀请的

____

04 中旬　公布　本月　会议结果将于

____

05 大部分　尾巴　来控制平衡　动物靠

____

▶ 정답 및 해설 53쪽

시나공법 04

把자문은 시험 단골이다!

모든 언어의 기본 문장은 '(주어)가 (목적어)를/에게 (동작)하다'라는 의미를 가지고 있습니다. 하지만 때로는 목적어의 변화된 결과를 강조해야 할 때도 있습니다. 이때 쓰는 구문이 把자문입니다. 把자문은 HSK 5급 쓰기 1부분에 거의 매번 출제되는 아주 중요한 구문이므로 잘 익혀 두어야 합니다.

STEP 01 먼저 풀어보기

예제 1

把　客厅　姑姑　收拾　好了

____

예제 2

把　请　围巾　给我　递

____

STEP 02 선생님 풀이과정 보기

예제 1

|해 설|

把	客厅	姑姑	收拾	好了
把	명사	명사	동사	형용사
↓	↓	↓	↓	↓
把+목적어	주어/목적어	주체	술어	결과

1단계 제시어를 먼저 분석한다.

전치사 把가 있으므로, 문장은 '주체+把+목적어+동작+결과'의 구조가 나와야 합니다. 客厅은 명사이므로 목적어가 될 수 있고, 姑姑는 명사이자 동작을 행하는 주체자가 될 수 있으므로 주어로 유력합니다. 收拾는 동사, 好了의 好는 형용사이므로 술어와 결과보어를 잘 구분해야 합니다.

2단계 술어를 찾는다.

술어가 될 수 있는 단어로, 동사 收拾와 형용사 好가 있습니다. 了는 주로 문장 끝에 들어가므로 好了는 순서상 술어가 아니라 술어를 보충하는 결과보어에 적합함을 알 수 있습니다. 따라서 술어는 收拾입니다.

→ 收拾

3단계 주어와 목적어를 찾아서 把 앞에 주어를, 把 뒤에 목적어를 배열한다.

주어는 동작의 주체가 될 수 있는 姑姑가 적합합니다. 따라서 목적어는 하나 남은 명사 客厅이 됩니다.

→ 姑姑 + 把 + 客厅 + 收拾

4단계 보어를 찾아서 동사 뒤에 배열한다.

好는 결과보어로, 完과 같은 의미를 가집니다. 위치는 동사술어 뒤입니다.

→ 收拾 + 好了

|단 어| **客厅** kètīng 명 응접실, 거실 | **姑姑** gūgu 명 고모 | **收拾** shōushi 동 정리하다, 치우다

|정 답| 姑姑 把客厅 收拾〈好〉了。고모는 거실을 다 치웠다.

선생님의 한마디

把자문이 출제될 때 把客厅처럼 把와 뒤에 오는 단어를 붙여서 출제되는 경우가 많습니다.

예제 2

|해 설|

把	请	围巾	给我	递
把	동사	명사	전치사구	동사
↓	↓	↓	↓	↓
把+목적어	(주로) 문장 앞	주어/목적어	보어	술어

1단계 제시어를 먼저 분석한다.

请은 주로 명령문의 제일 앞에 위치하는 동사입니다. 围巾은 명사이므로 주어 또는 목적어가 될 수 있는데 请이 있는 명령문은 일반적으로 무주어문이므로 围巾은 목적어로 쓰일 가능성이 높습니다. 给我는 전치사구로 부사어나 보어가 됩니다. 递는 동사이므로 술어가 될 수 있습니다.

2단계 把와 술어를 찾는다.

请은 把자문과 결합해 쓸 수 있습니다. 请은 사실상 '我请你'에서 我와 你는 생략하고 请만 출제하는 경우가 많습니다. 남은 제시어 중 술어가 될 수 있는 것은 동사 递입니다.

→ 술어1: 请 + 把 | 술어2: 递

3단계 목적어를 찾는다.

술어 递의 목적어가 될 수 있는 제시어는 명사 围巾입니다.

→ 请 + 把 + 围巾 + 递

4단계 보어를 찾아서 동사 뒤에 배열한다.

전치사구 보어는 把자문에서 결과보어로 자주 쓰입니다. 给我가 보어이므로, 동사술어 递 뒤에 배열합니다.

→ 递 + 给我

선생님의 한마디

把자문에서 자주 보이는 전치사구 보어로는 '在+장소', '到+장소', '给+대상'이 있습니다.

|단 어| 围巾 wéijīn 명 목도리, 스카프 | 递 dì 동 넘겨주다, 건네다

|정 답| 请 把围巾 递 〈给我〉。목도리를 저에게 건네주세요.

STEP 03 내공쌓기

把자문의 문형과 특징

1. 把자문

중국어에서 목적어가 있는 문장은 일반적으로 '주어+동사술어+목적어'의 형식을 취합니다. 이런 기본 문형은 주어의 행위가 강조되어 '주어가 목적어에 무엇했다(한다)'라는 것을 강조합니다. 이에 비해 把자문은 '주어+把+목적어+동사술어'의 형태로 전치사 把를 이용해 목적어를 동사 앞으로 가져가는 문형입니다. 把자문은 '동사의 목적어가 주어의 행위를 받아 (어떻게) 되었다'라는 결과를 강조합니다.

중국어 문장의 기본 문형

주어	동사술어	결과	목적어	
妈妈	拿	走了	我的手机。	엄마가 내 휴대전화를 가져갔다.

把자문 공식

주어	把+목적어	동사술어	결과	
妈妈	把我的手机	拿	走了。	[목적어 手机가 변화된 결과를 강조함]

2. 把자문의 특징

1) 把 뒤의 목적어는 특정 대상이어야 한다.

'一本书'처럼 '수량+명사'는 특정 대상이 아니라 불특정한 일반 대상이므로 把자문에 쓰지 않습니다.

我 把那本书(특정 대상) 借 给他 了。나는 그 책을 그에게 빌려주었다.

→ 我把一本书(불특정 대상)借给他了。(X)

2) 동사 뒤에는 반드시 결과가 있어야 한다.

把자문은 동사 뒤에 반드시 결과가 와야 합니다. 결과는 보통 '보어+了'가 많이 쓰이며, 보어가 없을 경우에 了 또는 동사 중첩 등 기타 성분이 반드시 와야 합니다.

你 把这个苹果 吃(동사) 了(결과)。너 이 사과 먹어.

→ 你把这个苹果吃(동사)。(X)

선생님의 한마디

한국어 습관 때문에 명령문에서 동사 뒤에 결과를 쓰지 않는 경우가 많은데, 了는 과거가 아닌 동작의 완료이기 때문에 명령문 동사 뒤에 쓸 수 있습니다.

• 苹果 píngguǒ 명 사과

3) **부사어는 把 앞에 위치한다.**

부사어에 포함되는 일반부사, 부정부사(不/没), 능원동사는 把 앞에 위치해야 합니다.

我　竟然　把银行卡的密码　给忘记了。

일반부사　把+목적어

나는 뜻밖에도 은행 카드의 비밀번호를 잊어버렸다.

→ 我把银行卡的密码竟然给忘记了。(X)

我　没有　把那本书　看完。나는 그 책을 다 보지 못했다.

부정부사　把+목적어

→ 我把那本书没有看完。(X)

4) **把 대신 将을 쓸 수 있다.**

把는 将으로 바꾸어 쓸 수 있습니다. 将은 '~하게 될 것이다'라는 부사 용법 외에, 전치사 把와 같은 용법도 있습니다.

请　将您的个人信息　填写　完整。

将 = 把

당신의 개인 정보를 완전하게 기입해 주세요.

5) **请과 함께 사용하는 把자문이 자주 출제된다.**

请을 이용한 把자문에서는 주로 주어가 생략되어 '请把……' 형식으로 많이 출제됩니다.

请把这幅画　挂　在墙上。

请+把+목적어

이 그림을 벽에 걸어 주세요.

请把这个报道的内容　简单　概括　一下。

请+把+목적어

이 보도의 내용을 간단하게 요약 좀 해 주세요.

6) **자주 나오는 把자문의 결과보어**

把자문에서는 동사 뒤에 결과보어가 많이 쓰입니다. 그중 특히 전치사구 보어인 '在/到/给+명사'의 형태가 많이 출제됩니다.

她　把精力　都　放　在了写作上。그녀는 에너지를 모두 글쓰기에 쏟았다.

把+목적어　동사술어　在+명사(구)

我　把文件　保存　到硬盘里了。나는 파일을 하드디스크에 저장했다.

把+목적어　동사술어　到+명사(구)

我　已经　把相关资料　发　给他了。나는 이미 관련 자료를 그에게 보냈다.

把+목적어　동사술어　给+명사(구)

선생님의 한마디

동사 忘记 앞의 给는 아무 의미 없는 조사로, 구어체의 어기를 강조합니다.

- **竟然** jìngrán 부 뜻밖에도, 의외로
- **密码** mìmǎ 명 비밀번호

선생님의 한마디

把 대신 쓰이는 将은 HSK 5급 쓰기 1부분에서 간혹 출제되기도 합니다.

- **个人信息** gèrén xìnxī 개인 정보
- **填写** tiánxiě 동 (일정한 양식에) 써 넣다, 기입하다
- **完整** wánzhěng 형 (손상이 없이) 온전하다, 완전하다

- **幅** fú 양 폭[옷감 · 종이 · 그림 등을 세는 단위]
- **挂** guà 동 (고리 · 못에) 걸다
- **墙** qiáng 명 담(장), 벽
- **报道** bàodào 명 보도
- **简单** jiǎndān 형 간단하다
- **概括** gàikuò 동 개괄하다, 요약하다

- **精力** jīnglì 명 에너지, 정력
- **写作** xiězuò 동 글을 쓰다 명 글쓰기
- **文件** wénjiàn 명 파일
- **保存** bǎocún 동 보존하다, 저장하다
- **硬盘** yìngpán 명 하드디스크
- **发** fā 동 보내다, 발송하다

STEP 04 확인문제 풀기

01 舅舅不小心　　材料　　弄丢　　了　　把

02 母校　　把　　个人财产　　全部捐给　　我将

03 请将　　完整　　密码　　输入　　您的

04 做到　　尽量把　　最好　　公司会　　服务

05 洗一洗　　裙子　　把　　吧　　拿到洗手间里

▶ 정답 및 해설 55쪽

시나공법
05 被자문은 공식으로 접근한다!

우리말에서 문장은 능동문, 즉, 주체를 중심으로 행한 동작을 설명하는 표현을 일반적으로 씁니다. 하지만 중국어에서는 능동문 외에도, 때로는 피동문을 이용해서 '(~을) 당했다'라는 의미를 더 명확하게 전달할 때도 있습니다. 이러한 중국어의 피동문을 被자문이라고 합니다. 한국어에는 없는 구조이므로 문제를 풀 때는 반드시 공식에 맞춰 풀어야 정확하게 단어를 배열할 수 있습니다.

STEP 01 먼저 풀어보기

예제 1

牛奶　弄洒　被弟弟　了

____

예제 2

被　入学申请　已经　批准了

____

STEP 02 선생님 풀이과정 보기

예제 1

|해 설|

牛奶	弄洒	被弟弟	了
명사	동사+동사	被+명사	조사
↓	↓	↓	↓
주어/목적어	술어+보어	被+주어	문장 끝

1단계 제시어를 먼저 분석한다.

牛奶는 명사입니다. 제시어 중 被 뒤에 주어 弟弟가 있으므로 牛奶는 목적어가 될 가능성이 있습니다. 弄洒는 동사 弄과 洒가 결합된 것으로, 술어가 될 수 있습니다. 了는 주로 문장 끝에 위치합니다.

2단계 被와 술어를 찾는다.

被 뒤에 주어 弟弟, 동사 弄 뒤에 결과보어 洒가 결합된 형태로 제시되어 비교적 쉽게 찾을 수 있습니다.

→ 被弟弟 + 弄洒

3단계 주어와 목적어를 찾아서, 被 뒤에 주어, 被 앞에 목적어를 배열한다.

주어는 被弟弟로 붙어 있으므로, 목적어만 찾으면 됩니다. 동사 弄의 목적어는 나머지 명사 牛奶가 됩니다. 被자문에서는 목적어가 '被+주어'의 앞에 위치함을 기억해야 합니다.

→ 牛奶 + 被弟弟 + 弄洒

4단계 조사를 찾아 술어 뒤에 배열한다.

조사 了는 주로 문장 끝에 위치하므로, 술보 구조인 弄洒 뒤에 조사 了를 배열합니다.

→ 弄洒 + 了

|단 어| 牛奶 niúnǎi 명 우유 | 弄 nòng 동 (~을) 하다 | 洒 sǎ 동 엎지르다

|정 답| 牛奶 被弟弟 弄〈洒〉了。우유는 남동생이 엎질러 버렸다.

선생님의 한마디

把자문과 被자문에서 '동사 弄+결과보어'의 형태가 자주 보입니다. 弄은 '임의의 어떤 동작을 하다'라는 의미이고, 결합하는 결과보어의 영향에 따라 다음과 같이 해석할 수 있습니다.

弄丢了 잃어버렸다
弄脏了 더럽혔다
弄哭了 울렸다
弄洒了 (액체를) 엎질렀다
弄清楚 분명히 하다

예제 2

|해 설|

被	入学申请	已经	批准了
被	명사(구)	부사	동사+了
↓	↓	↓	↓
뒤에 주어가 와야 함	주어/목적어	부사어	술어

1단계 제시어를 먼저 분석한다.

入学申请은 '입학 신청'이라는 명사이므로 주어 또는 목적어가 될 수 있습니다. **已经**은 부사이므로 술어 앞에서 술어를 수식하는 부사어가 될 수 있고, **批准了**는 동사이므로 술어가 될 수 있습니다.

2단계 **被**와 술어를 찾는다.

批准의 뜻을 몰라도 조사 **了**로 동사술어임을 알 수 있습니다.

→ **被** | 술어: **批准了**

3단계 주어와 목적어를 찾아서, **被** 뒤에 주어, **被** 앞에 목적어를 배열한다.

동사 **批准**을 가지고 목적어를 찾아도 되지만, 제시된 명사는 **入学申请**이란 단어 하나이므로 목적어 자리에 배열할 수 있습니다. **被**자문에서 주어는 생략할 수 있기 때문입니다.

→ **入学申请** + **被** + (주어 생략) + **批准了**

4단계 부사어를 찾아 **被** 앞에 놓는다.

被자문에서 부사나 능원동사는 **被** 앞에 배열합니다.

→ **已经** + **被**

|단 어| **入学申请** rùxué shēnqǐng 입학 신청 | **批准** pīzhǔn 동 비준하다, 승인하다

|정 답| 入学申请 [已经] 被批准 了。입학 신청은 이미 승인되었다.

STEP 03 내공쌓기

被자문의 문형과 특징

1. 被자문

被자문은 동사 뒤의 목적어를 문장 맨 앞으로 두고 그 목적어 입장에서 이야기를 하는 것으로, 바라지 않는 행동을 당했을 때 주로 사용합니다.

중국어의 기본 문형

주어 / 동사술어 / 결과 / 목적어
妈妈 拿 走了 我的手机。 엄마가 내 휴대전화를 가져갔다.

被자문

목적어 / 被+주어 / 동사술어 / 결과
我的手机 被妈妈 拿 走了。[목적어 手机가 변화된 결과를 강조함]
내 휴대전화는 엄마가 가져갔다.

2. 被자문의 특징

1) 被 앞의 목적어는 특정 대상이 와야 한다.

'一本书'처럼 '수량+명사'는 불특정 대상이므로 被자문에 쓰지 않습니다.

那本书 被朋友 借走了。 그 책은 친구가 빌려 갔다.
(那本书: 특정 대상)

→ 一本书被朋友借走了。(X)
(一本书: 불특정 대상)

2) 동사 뒤에는 일반적으로 결과가 있어야 한다.

被자문은 동사 뒤에 결과가 와야 하는데, 결과는 보통 '보어+了'가 많이 쓰이며, 보어가 없을 경우 了 또는 동사 중첩 등 기타 성분이 오는 것이 일반적입니다.

那杯水 被他 喝 光了。 그 잔의 물은 그가 다 마셔 버렸다.
(喝: 동사, 光了: 결과)

→ 那杯水被他喝。(X)
(喝: 동사)

선생님의 한마디

한국어는 피동문이 발달되어 있지 않기 때문에 被자문을 매우 생소하게 느낄 수 있습니다. 따라서 구조를 잘 익혀 두어야 합니다.

3) 부사어는 被 앞에 위치한다.

부사어에 포함되는 일반부사, 부정부사(不/没), 능원동사는 被 앞에 위치해야 합니다.

这个消息 很快就 被同学们 知道了。

일반부사 被+주어

이 소식은 매우 빨리 반 친구들이 알아 버렸다.

→ 这个消息被同学们很快就知道了。(×)

那棵树 没有 被风 刮倒。그 나무는 바람에 쓰러지지 않았다.

부정부사 被+주어

→ 那棵树被风没有刮倒。(×)

4) 被 뒤의 주어는 생략 가능하다.

被 뒤의 주어는 생략이 가능합니다. 즉, 被 뒤에 바로 동사가 올 수 있습니다.

丽江 被 称 为世界上最美丽的地方。

被 동사 (주어 생략) 为+명사(보어)

리장은 세상에서 가장 아름다운 곳으로 불린다.

我的钱包 被 弄 丢了。내 지갑을 잃어버렸다.

被 동사 (주어 생략)

5) '被…所~' 문형으로 쓸 수 있다.

被자문은 '목적어+被+주어+所+동사'의 문형으로 쓸 수 있습니다. 이때는 동사 뒤에 결과보어가 오지 않으며, 주로 2음절 동사가 옵니다. 이 문형에서는 '목적어+ 为 wéi+주어+所+동사'와 같이 被를 为로 바꾸어 쓸 수 있습니다.

我 被这情景 所 感动。

목적어 被+주어 所 동사술어

나는 이 광경에 감동을 받았다.

安乐死 为越来越多的人 所 接受。

목적어 为+주어 所 동사술어

안락사는 갈수록 많은 사람들이 받아들였다.

- 消息 xiāoxi 명 소식
- 棵 kē 양 그루, 포기[식물을 세는 단위]
- 树 shù 명 나무
- 刮 guā 동 (바람이) 불다
- 倒 dǎo 동 넘어지다, 쓰러지다
- 丽江 Lìjiāng 고유 리장[지명]
- 被称为 bèi chēngwéi ~이라고 불리다
- 美丽 měilì 형 아름답다
- 钱包 qiánbāo 명 지갑
- 弄丢 nòngdiū 동 분실하다, 잃어버리다

선생님의 한마디

'被…所~' 구문은 쓰기 1부분보다 독해 영역에서 자주 보이는 구문입니다.

- 情景 qíngjǐng 명 장면, 모습
- 感动 gǎndòng 동 감동하다, 감동시키다
- 安乐死 ānlèsǐ 명 안락사
- 接受 jiēshòu 동 받아들이다

STEP 04 확인문제 풀기

01 被艺术家的　我　吸引了　精彩演出

____

02 笑声　被　老爸的　吓哭了　宝宝

____

03 众多　被　应用于　领域　这个技术

____

04 被　小李连续三年　评为　员工　优秀

____

05 国外　他　出差　被公司　派到

____

▶ 정답 및 해설 57쪽

시나공법 06

연동문과 겸어문은 동사가 2개 이상 나온다!

주어가 한 개 있는 문장에 동사가 두 개 이상 연이어 나오는 문장을 '연동문', 사역동사(使, 叫, 让) 뒤에 '주어+술어'의 형태가 오는 문장을 '겸어문'이라고 합니다. 이 두 가지 문형의 특징은 한 문장에 동사가 두 개 나온다는 것입니다. 각각 동사의 위치에 주의를 기울여 제시어를 배치해야 하므로, 문장 구조를 잘 익혀 두어야 합니다.

STEP 01 먼저 풀어보기

예제 1

包裹　去一楼大厅　取一下　我一会儿

____

예제 2

很感动　一番话　觉得　让我们　老师的

____

STEP 02 선생님 풀이과정 보기

예제 1

|해 설|

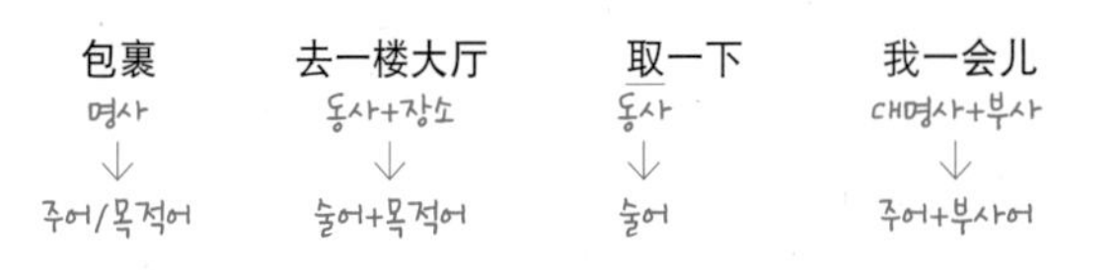

1단계 제시어를 먼저 분석한다.

包裹는 명사이므로 주어나 목적어가 될 수 있습니다. 去一楼大厅은 '동사(去)+장소'로 이루어진 술목 구조이며, 取一下의 取는 동사이므로 술어가 될 수 있습니다. 我一会儿은 인칭대명사 我로 보아 주어가 유력합니다.

2단계 술어를 찾는다.

동사가 2개이므로, 순서에 맞게 술어 1, 2를 찾습니다. 동작이 일어난 순서대로, 동사를 去→取 순서로 배열합니다. 첫 번째 동사 去는 목적어(一楼大厅)와 붙어 있습니다. 두 번째 동사 取는 동량보어 一下와 붙어 있습니다.

→ 술어1: 去一楼大厅 | 술어2: 取一下

3단계 주어와 목적어를 찾는다.

주어 我는 부사어 一会儿과 붙어 있습니다. 去의 목적어는 붙어 있으므로, 取의 목적어만 찾으면 됩니다. 取의 대상이 되는 목적어는 명사 包裹가 됩니다.

→ 주어: 我一会儿 | 목적어: 包裹

|단 어| **包裹** bāoguǒ 명 소포, 보따리 | **楼** lóu 양 층 | **大厅** dàtīng 명 홀, 로비 | **取** qǔ 동 가지다, 찾다 | **一会儿** yíhuìr 명 잠시, 잠깐 동안

|정 답| 我 [一会儿] 去 一楼大厅 取 〈一下〉 包裹。 나 잠시 1층 로비에 가서 소포 좀 찾을게.

선생님의 한마디

我一会儿의 一会儿은 '잠시', '잠깐 동안'이라는 의미로 시간의 양을 나타내는 '시량사'입니다. 보통 시량사는 동작이 행해지는 소요 시간을 나타내므로 동사 뒤에 보어로 쓰는 경우가 많습니다. 가령 等一会儿은 '잠시만 기다려.'라는 의미입니다. 이 문장처럼 一会儿이 동사 앞에 부사어로 쓰이면 '잠시 뒤에 (그 동작)을 하겠다'라는 의미가 됩니다.

예제 2

|해 설|

很感动	一番话	觉得	让我们	老师的
형용사	양사+명사	동사	사역동사	……的
↓	↓	↓	↓	↓
술어	주어/목적어	술어	술어1(겸어문)	관형어

1단계 제시어를 먼저 분석한다.

很感动은 형용사 感动으로 보아 술어가 될 수 있습니다. 一番话의 중심어 话는 명사이므로 주어나 목적어가 될 수 있으며, 觉得는 동사이므로 술어가 될 수 있습니다. 让我们의 让으로 이 문장은 겸어문임을 알 수 있습니다. 老师的는 관형어이므로 뒤에 주어 또는 목적어가 와야 합니다.

2단계 사역동사와 술어2를 찾는다.

겸어문에서는 사역동사가 술어1로 쓰이므로, 觉得는 자동적으로 술어2가 됨을 알 수 있습니다. 제시어 让我们의 我们은 사역동사 让의 목적어이자, 두 번째 동사 觉得의 주어이기도 합니다.

→ 让我们 + 觉得

3단계 술어2의 목적어를 찾는다.

사역동사의 목적어는 붙여서 제시했으므로, 술어2의 목적어만 찾으면 됩니다. 觉得의 목적어는 명사가 아니라 형용사나 동사가 옵니다. 따라서 제시어 중 觉得의 목적어가 될 수 있는 것은 很感动밖에 없습니다.

→ 觉得 + 很感动

4단계 사역동사 让의 주어를 찾는다.

남은 제시어 一番话와 老师的 중 주어가 될 수 있는 것은 명사 형태인 一番话가 됩니다. 남은 제시어 老师的는 자연히 주어를 수식하는 관형어가 됩니다.

→ 老师的 + 一番话

|단 어| **感动** gǎndòng 동 감동하다 | **一番话** yì fān huà 한마디 말

|정 답| (老师的) 一番话 让 我们 觉得 很感动。 선생님의 한마디 말씀은 우리를 매우 감동시켰다.

STEP 03 내공쌓기

연동문의 문형과 특징

1. 연동문

'(어디)에 가서 물건을 샀다'와 같이 두 개 이상의 동작을 표현하는 경우가 있습니다. 이렇게 주어가 하나인 문장에 두 개의 동사를 연이어 쓰는 문장을 '연동문(连动句)'이라고 합니다.

연동문의 기본 문형

주어	부사어	동사1	목적어1	동사2
我	今天要	去	图书馆	学习。

나는 오늘 도서관에 가서 공부하려고 한다.

선생님의 한마디
연동문에서 今天要처럼 부사어는 주로 첫 번째 동사 앞에 씁니다.

2. 연동문의 특징

1) 동사1과 동사2는 동작이 일어난 순서대로 쓴다.

你 站起来(동사1) 回答(동사2) 这个问题。너는 일어나서 이 질문에 대답해 봐라.

→ '일어나다'라는 동작 후에 '대답하다'라는 동작이 이어집니다.

他 开(동사1) 门 出去(동사2) 了。그는 문을 열고 나갔다.

→ '문을 열다'라는 동작 후에 '나가다'라는 동작이 이어집니다.

2) 동사1이 来, 到, 去일 경우, 了는 동사2 뒤 혹은 문장 끝에 써야 한다.

他 去(동사1 (来, 到, 去)) 药房(목적어1 (장소)) 买了(동사2+了) 感冒药(목적어2)。그는 약국에 가서 감기약을 샀다.

→ 他去了药房买感冒药。(X)
去 뒤에 다시 동사 买가 나왔으므로 了는 买 뒤에 써야 합니다. 즉, 동사1로 쓰인 去 뒤에는 了를 쓸 수 없습니다.

Tip 위 예문에서 了를 문장 끝에 쓸 수도 있습니다. 다만 이 땐 의미가 달라집니다. 了를 문장 끝에 쓰면 어기(말투)를 강조하는 것이므로 약을 사러 약국에 갔다는 상황을 설명하는 것이며, 약을 샀는지는 모릅니다.
他去药房买感冒药了。그는 감기약을 사러 약국에 갔다. (아직 감기약을 샀는지는 모름)
他去超市买了一些东西。그는 마트에 가서 물건을 좀 샀다. (물건을 이미 샀음)
他去超市买东西了。그는 물건을 사러 마트에 갔다. (아직 물건을 샀는지는 모름)

선생님의 한마디
'주어+去+장소+동사2'의 구조는 어떤 장소에 가서 동작2를 할 때 사용하는 구문입니다. 우리말로는 '나는 감기약을 사러 약국에 간다.'가 자연스럽지만, 중국식 사고는 '나는 약국에 가서 감기약을 산다.'가 자연스럽습니다. 본 교재에서는 중국식 사고에 맞게 해석해 놓았습니다.

- **药房** yàofáng 명 약국
- **感冒药** gǎnmào yào 감기약

3) 첫 번째 동작을 끝낸 후 두 번째 동작을 할 때, 동사1 뒤에 了를 쓴다.

我 下了 课 就 去 找 你。
동사1+了 동사2 동사3

내가 수업 끝나고 나서 너를 찾아갈게.

→ '(수업이) 끝나다'라는 동작이 완료된 후에 '(찾으러) 가다'라는 동작이 발생합니다.

你 应该 吃了 药 再 休息。 너는 약을 먹고 나서 쉬어야 한다.
동사1+了 동사2

→ '먹었다'라는 동작이 완료된 후에 '쉬다'라는 동작이 발생합니다.

4) 첫 번째 동작을 지속하면서 두 번째 동작을 할 때, 동사1 뒤에 着를 쓰거나 '在+장소'를 보어로 쓴다.

他 躺着 看 电视。 그는 누워서 텔레비전을 보고 있다.
동사1+着 동사2

她 戴着 耳机 做 作业。 그녀는 이어폰을 낀 채 숙제를 한다.
동사1+着 동사2

他 躺在床上 看 书。 그는 침대에 누워서 책을 본다.
동사1+在+장소 동사2

5) 동사1이 有인 연동문에 부사어가 올 때는 부사어를 대부분 동사2 앞에 쓴다.

我 有 很多作业 要 做。
동사1(有) 부사어 동사2

나는 해야 할 숙제가 많다.

我 有 件事情 想 请 你 帮个忙。
동사1(有) 부사어 동사2

당신에게 도움을 청하고 싶은 일이 있다.

网上 有 很多免费资源 可以 利用。
동사1(有) 부사어 동사2

인터넷에는 이용할 수 있는 무료 자원이 많다.

我 没有 时间 看 电影。 → 没有 연동문
동사1(没有) 동사2

나는 영화를 볼 시간이 없다.

선생님의 한마디

'수업이 끝났다'는 '下课了'이고, '下了课'는 '수업이 끝나고 나서'라는 의미입니다. 이렇게 了 뒤에 목적어가 课처럼 명사만 단독으로 쓰이면 了는 '~하고 나서'라는 의미입니다.

선생님의 한마디

동사 뒤의 '在+장소'는 결과보어로, 동작이 끝난 뒤에도 그 장소에서 지속된다는 의미입니다. 가령, '我坐在沙发上看电视。(나는 소파에 앉아서 텔레비전을 본다.)'라는 문장은 앉은(坐) 결과가 소파 위(在沙发上)에서 지속이 되면서 두 번째 동작인 看电视를 하는 것입니다.

- **躺** tǎng 동 눕다, 드러눕다
- **戴** dài 동 착용하다, 끼다
- **耳机** ěrjī 명 이어폰

선생님의 한마디

첫 번째 동사가 有인 연동문의 경우 우리말로는 두 번째 동사부터 해석되므로, 많은 학생들이 힘들어하는 구문 중 하나입니다. 我有很多作业要做에서 중국식 사고로는, 많은 숙제가 있는 것이 먼저이고, 그 숙제를 하는 것은 그 다음에 일어나는 동작입니다. 그러나 우리말로 얘기 할 때는 "나는 해야 할 숙제가 많다"라고 합니다.

겸어문의 문형과 특징

1. 겸어문

첫 번째 동사의 목적어가 뒤에 나오는 두 번째 술어(동사/형용사)의 주어를 겸하는 문장 형태를 '겸어문'이라고 합니다. 겸어문을 만드는 첫 번째 동사 가운데 대표적인 동사로 사역의 의미를 나타내는 叫, 让, 使, 令이 있습니다.

겸어문의 기본 문형

老师	让	我		
주어1	동사1	목적어		
		我	写	一篇文章。
		주어2	동사2	목적어2
		겸어(兼语)		

→ **老师让我写一篇文章。** 선생님은 나한테 글 한 편을 쓰라고 시켰다.

위의 첫 번째 동사(让)의 목적어(我)는 뒤에 나오는 두 번째 술어(写)의 주어를 겸하고 있습니다. 겸어문에서는 두 번째 술어(写)의 주어가 '我'라는 점이 중요합니다.

2. 겸어문의 특징

1) 동사1 뒤에는 구조상으로 완전한 하나의 문장이 온다.

妈妈 让(동사1) 我吃饭(주어+술어+목적어)。 엄마가 나한테 밥 먹으라고 했다.

老师 叫(동사1) 我们回去(주어+술어)。 선생님은 우리에게 돌아가라고 했다.

这部电影 使(동사1) 我深受感动(주어+술어+목적어)。 이 영화는 내가 깊은 감동을 받게 했다.

Tip 겸어문 공식

S_1	让	S_2	V_2	O_2
4번	1번	3번	2번	3번

쓰기 1부분 문제를 풀 때는 첫 번째 동사인 사역동사(叫, 让, 使, 令)를 먼저(1번) 찾고, 두 번째로 술어(2번)를 찾습니다. 두 번째 술어가 동사일 경우에 두 번째 주어(3번)와 두 번째 목적어(3번)를 함께 찾아 씁니다. 마지막으로 첫 번째 주어(4번)를 찾으면 문장이 완성됩니다.

선생님의 한마디

사역은 '사동'이라고도 말하는데, 주체가 제3의 대상에게 행동을 하게 함을 뜻합니다. 따라서 사역동사 叫, 让, 使, 令은 '~을 시키다', '~하게 만들다'라는 뜻을 나타냅니다.

선생님의 한마디

- 겸어문은 연동문과 달리 주어가 1개가 아닌 2개라는 점에 유의합니다.
- 두 번째 술어는 동사와 형용사가 오지만, 대부분 동사가 오므로 편의상 동사2라 부르기로 합니다.

- **篇** piān 양 편[일정한 형식을 갖춘 문장을 세는 단위]
- **文章** wénzhāng 명 (독립된 한 편의) 글

선생님의 한마디

겸어문에서는 주어2(겸어)가 동사1의 목적어라는 것보다 동사2의 주어라는 점에 더 주목해야 합니다. 동사2의 주어를 제대로 찾는 것이 쓰기 영역은 물론, 독해 영역에서도 문장을 제대로 이해하는 데 큰 도움이 됩니다.

- **深受感动** shēnshòu gǎndòng 깊은 감동을 받다

2) 능원동사는 일반적으로 동사1 앞에 위치한다.

你 可以 叫 他 进来。너는 그를 들어오게 해도 된다.
주어1 능원동사 동사1 주어2 동사2

3. 겸어문의 종류

1) 동사1이 사역의 의미를 나타내는 겸어문

他叫我带来一本词典。그는 나한테 사전 한 권을 가져오게 했다.

她的微笑让我觉得很温暖。그녀의 미소는 내가 따뜻함을 느끼게 했다.

她的行为使姥姥感到好奇。그녀의 행동은 외할머니가 호기심을 가지게 했다.

实验的结果令人很意外。실험의 결과는 의외였다.

2) 동사1이 심리동사인 겸어문

大家都喜欢这孩子很聪明。사람들은 모두 이 아이가 똑똑하다고 좋아한다.

老师批评他学习不努力。선생님은 그가 공부에 힘쓰지 않는다고 질책했다.

Tip 겸어문에 자주 쓰이는 심리동사에는 喜欢 xǐhuan(좋아하다), 爱 ài(좋아하다), 讨厌 tǎoyàn(싫어하다), 批评 pīpíng(꾸짖다, 나무라다) 등이 있습니다.

3) 동사1이 요구, 부탁, 파견, 격려 등을 나타내는 겸어문

工人们要求厂长听一听他们的意见。
노동자들은 공장장에게 그들의 의견을 좀 들어 보라고 요구했다.

我们请王先生作报告。우리는 왕 선생님께 보고를 해 달라고 부탁했다.

领导派我来接您。상사가 나를 보내서 당신을 마중하라 했다.

老师鼓励我学游泳。선생님은 나한테 수영을 배우라고 격려해 줬다.

4) 동사1이 有인 겸어문

他有个妹妹在上海工作。그에겐 상하이에서 일하는 여동생이 있다.

中国有一位伟大的诗人叫李白。중국에는 이백이라는 위대한 시인이 있다.

咱们这里没有人喜欢打排球。우리들 중엔 배구를 좋아하는 사람이 없다.

선생님의 한마디

- 叫는 '시키다'라는 의미로 많이 쓰이고, 让/使/令은 '~하게 만들다'라는 의미로 많이 쓰입니다.
- 令人은 보통 让我의 의미를 대신하는 경우가 많습니다. 따라서 이 문장은 实验的结果让我很意外와 같은 의미입니다.

- 微笑 wēixiào 명 미소
- 温暖 wēnnuǎn 형 온난하다, 따뜻하다
- 好奇 hàoqí 형 호기심을 갖다, 궁금해하다
- 实验 shíyàn 명 실험
- 意外 yìwài 형 의외이다, 뜻밖이다

- 厂长 chǎngzhǎng 명 공장장

- 作报告 zuò bàogào 보고를 하다
- 派 pài 동 파견하다, 보내다
- 接 jiē 동 맞이하다, 마중하다
- 鼓励 gǔlì 동 격려하다

STEP 04 확인문제 풀기

01 去了　加拿大　移民　舅舅

____

02 图书馆里　很多　有　可以　阅读　相关资料

____

03 健康　这样　心理　保持　才能使

____

04 艺术家的　深受鼓舞　令人　表演

____

05 很佩服　让　进取精神　大家　他的

____

▶ 정답 및 해설 58쪽

시나공법 07

존현문은 장소주어, 비교문은 형용사술어에 주목한다!

존현문은 장소가 주어가 되는 문장으로, 한국어에는 없는 중국어만의 독특한 문장 구조입니다. HSK 5급 쓰기 1부분에서 자주 출제되는 중요한 문형입니다. 비교문은 둘 이상의 사물을 비교하는 문장입니다. 쓰기 1부분에서 출제 비중이 높지 않지만, 듣기나 독해 영역에서도 많은 도움이 되므로 숙지해 두어야 합니다.

STEP 01 먼저 풀어보기

예제 1

体检通知　一张　贴着　教室墙上

____

예제 2

小李在　比我　更优秀　学习方面

____

STEP 02 선생님 풀이과정 보기

예제 1

|해 설|

体检通知	一张	贴着	教室墙上
명사+명사	수량사	동사	장소명사
↓	↓	↓	↓
주어/목적어	명사 앞	술어	주어(존현문)

1단계 제시어를 먼저 분석한다.

体检通知는 명사의 결합이므로 주어 또는 목적어가 될 수 있습니다. 一张은 수량사이므로 뒤에는 종이 형태의 명사가 와야 하며, 贴着는 '동사+着'의 형태이므로 술어가 될 수 있습니다. 教室墙上는 장소명사인데 전치사 없이 단독으로 제시된 것으로 보아 이 문장은 존현문임을 알 수 있습니다.

2단계 술어를 찾는다.

동태조사 着를 보고 贴가 동사술어임을 알 수 있습니다. 존현문 중 존재를 나타내는 문장은 '장소명사+지속 가능 동사 着+불확실한 명사'의 구조로 사용합니다.

→ 贴着

3단계 주어를 찾는다.

존현문은 주어 자리에 장소명사가 옵니다. '일반명사+방위명사=장소명사'이므로, '教室墙+上'이 주어가 됩니다.

→ 教室墙上

4단계 목적어를 찾는다.

존현문에서 목적어는 불특정한 명사가 옵니다. 贴의 목적어인 명사 体检通知 앞에 수량사 一张을 배열합니다.

→ 一张 + 体检通知

|단 어| **体检** tǐjiǎn 명 신체 검사 | **通知** tōngzhī 명 통지(서) | **贴** tiē 동 붙이다 | **教室** jiàoshì 명 교실 | **墙** qiáng 명 벽, 담(장)

|정 답| 教室墙上 贴 着 (一张) 体检通知。교실 벽에 신체 검사 통지서 한 장이 붙어 있다.

선생님의 한마디

제시어 중 장소명사(教室墙上)가 전치사 없이 단독으로 제시되었다면 대부분 존현문이니 주어 자리에 배열하면 됩니다.

선생님의 한마디

존현문은 한국어 해석에 의지하지 말고 공식에 맞춰서 풀어야 합니다.

선생님의 한마디

방위명사란 上, 中, 下와 같이 방위를 나타내는 단어를 말합니다.

예제 2

|해 설|

小李在	比我	更优秀	学习方面
인명+在	比	형용사	'학습 방면'
↓	↓	↓	
주어	比+비교 대상	술어	

1단계 제시어를 먼저 분석한다.
두 번째 제시어 比我로 보아 이 문장은 비교문임을 알 수 있습니다. '比+비교 대상'은 술어 앞에 위치합니다.

2단계 술어를 찾는다.
제시어 중 술어가 될 수 있는 품사는 형용사 优秀입니다.
→ 更优秀

3단계 주어를 찾는다.
제시어 중 주어가 될 수 있는 것은 小李와 我인데, 我는 比와 함께 붙어 있으므로, 주어는 小李在가 됩니다. 여기서 在는 전치사입니다.
→ 小李在

4단계 비교문이므로 '比+비교 대상'을 술어 앞에 배열한다.
→ 比我 + 更优秀

5단계 전치사구를 완성한다.
在 뒤에는 명사가 와야 하므로, 명사 学习方面을 배열합니다.
→ 小李在 + 学习方面 + 比我更优秀

|단 어| 优秀 yōuxiù 형 우수하다

|정 답| 小李 [在学习方面] [比我] [更] 优秀。샤오리는 학습 방면에서 나보다 더 우수하다.

STEP 03 내공쌓기

존현문의 개념과 특징

1. 존현문

어떤 장소에 불특정한 사람이나 사물이 존재하거나 출현 또는 소멸함을 나타내는 문장을 존현문이라 합니다. 존현문은 '존재문+출현/소멸문'을 합한 말로, 동사의 성질에 따라 존재 · 출현 · 소멸을 나타냅니다. 존재동사는 지속이 가능하여 뒤에 着를 붙일 수 있고, 출현/소멸동사는 지속이 불가능하므로 동사 뒤에 了를 붙이는 것이 특징입니다.

존재의 표시

장소주어	존재동사	着	임의의 사람/사물
桌子上	放	着	一本书。책상 위에 책이 한 권 놓여 있다.

출현 · 소멸의 표시

장소주어	출현/소멸동사	了	임의의 사람/사물
家里	来	了	一位客人。집에 손님 한 분이 왔다.

• 客人 kèrén 명 손님

2. 동사의 종류로 구분하는 존현문

1) 존재문

존재문에는 放/挂/坐/住/躺 등 지속이 가능한 동사들이 쓰이며, 그 뒤에는 상태의 지속을 의미하는 동태조사 着가 쓰입니다. 이때 목적어는 말하는 사람이 그 전에 어디서 보거나 들은 바가 없는, 즉 알지 못하는 '불특정'한 사람이나 사물이 옵니다. 따라서 这, 那 등의 지시대명사는 올 수 없으며, 주로 '수량+명사'의 형태가 옵니다. 동사 有와 是도 존현문에 쓰일 수 있는데, 이때 有와 是 뒤에는 着를 쓰지 않습니다.

주어	동사(+着) (지속가능)	목적어 (불특정)
书架上	有	很多照片。책꽂이 위에 사진이 많이 있다.
墙上	挂着	一张世界地图。벽에 세계지도 한 폭이 걸려 있다.
大树下	坐着	几位老人。큰 나무 아래 노인 몇 분이 앉아 있다.

Tip 존재를 나타내는 동사들 뒤에 着를 쓰면 의미가 아래와 같습니다.

放着 놓여 있다　　挂着 걸려 있다　　坐着 앉아 있다
住着 살고 있다　　躺着 누워 있다

선생님의 한마디
'불특정'이라는 용어는 화자나 청자가 알지 못하는 임의의 사람이나 사물을 뜻합니다. 쉽게 생각하면, '수량+명사'의 구조는 '불특정', 지시대명사 这/那가 있으면 '특정'이라고 할 수 있습니다.

선생님의 한마디
중국어에서 장소명사란 '일반명사+방위사(上/中/下/里)'의 구조를 말합니다. 방위사 없이 '桌子有一本书'라고 하면 틀린 표현이 됩니다.

• 书架 shūjià 명 책장, 책꽂이
• 照片 zhàopiàn 명 사진

2) **출현/소멸문**

출현/소멸문에 쓰이는 동사는 주로 동작의 지속이 불가능한 단어들로 走/生/死/掉/出现 등이 있으며, 완료를 나타내는 了와 함께 쓰입니다. 존재문과 마찬가지로 목적어는 불특정한 사람/사물만 올 수 있기 때문에 这/那 등의 지시대명사는 올 수 없고, 주로 '수량+명사'의 형태가 옵니다.

路上	走过来	一个人。	길에 한 사람이 걸어왔다.
村里	死了	两头牛。	마을에 두 마리의 소가 죽었다.
衣服上	掉了	一个扣子。	옷에서 단추 하나가 떨어졌다.

선생님의 한마디
동사 走 뒤에는 了가 아닌 보어 过来가 올 수도 있습니다. 走了는 '떠났다'라는 의미가 되며, 예문의 '走过来(걸어왔다)'는 출현의 의미입니다.

- **掉** diào 동 떨어지다
- **扣子** kòuzi 명 단추

3. 존현문의 특징

장소주어에는 전치사 在를 쓸 수 없고, '那本书'와 같은 특정 대상은 목적어가 될 수 없습니다.

桌子上放着一本书。 책상 위에 책 한 권이 있다.

→ 在桌子上放着一本书。(×)
桌子上放着那本书。(×)

선생님의 한마디
那本书가 필요하다면 목적어가 아니라, 주어 자리에 써야 합니다.
예 那本书放在桌子上。
그 책은 책상 위에 있다.

비교문의 문형과 특징

1. 비교문

비교문이란 '그는 나보다 키가 크다', '호랑이는 사자만큼 사납다'와 같이 사람이나 사물의 성질, 상태, 정도를 비교하는 문장을 말합니다. 전치사 比/跟, 동사 有/像을 활용해 비교문을 만들 수 있습니다.

비교문의 기본 문형(比 비교문)

주어	比	(비교 대상)	술어 → A比B+형용사술어
他的个子	比	我	高。그의 키는 나보다 크다.
广州	比	北京	热。광저우는 베이징보다 덥다.

선생님의 한마디
동사는 기본적으로 비교의 의미를 나타낼 수 없기 때문에, 비교문에서는 형용사 술어가 주로 쓰입니다.

- **广州** Guǎngzhōu 고유 광저우

2. 비교문의 종류와 특징

1) **比 비교문**

① 부사는 更과 还를 이용해 형용사 술어의 정도를 강조한다.
평서문에서 형용사는 단독으로 쓰이지 않고, 주로 '정도부사+형용사'의 형

태로 쓰입니다. 비교문에서는 형용사 앞에 비교를 강조하는 부사 更/还를 쓰며, 다른 정도부사는 쓸 수 없습니다.

• A 比 B + 更/还 + 형용사술어　A는 B보다 훨씬 ~하다

他的个子比我更高。 그의 키는 나보다 더 크다.

广州比北京还热。 광저우는 베이징보다 더 덥다.

> 선생님의 한마디
> 真, 很, 最 등의 정도부사를 쓰면 비교문에서는 틀린 표현이 되므로 반드시 정도부사는 更/还만 쓰도록 합니다.
> 예 他的个子比我真高。(X)

② 수량사를 이용해 비교 대상의 차이를 구체적으로 나타낼 수 있다.
형용사술어 뒤에 '수량/一点儿/一些/得多/多了/很多' 등을 써서 비교 대상들의 차이를 나타내기도 합니다.

• A 比 B + 형용사술어 + 수량　A는 B보다 (수량만큼) ~하다

哥哥比弟弟大三岁。 형은 동생보다 세 살이 많다.

这个西瓜比那个重一公斤。 이 수박은 저것보다 1킬로그램 무겁다.

• 公斤 gōngjīn 양 킬로그램(kg)

• A 比 B + 형용사술어 + 一点儿/一些　A는 B보다 조금 ~하다

这条围巾比那条贵一点儿。 이 목도리는 저것보다 조금 비싸다.

哥哥比我高一些。 형은 나보다 약간 크다.

• 围巾 wéijīn 명 목도리, 스카프

• A 比 B + 형용사술어 + 得多/多了/很多　A는 B보다 훨씬 ~하다

海洋的面积比陆地大得多。 바다의 면적은 육지보다 훨씬 크다.

他比以前胖多了。 그는 이전보다 훨씬 살쪘다.

• 海洋 hǎiyáng 명 해양, 바다
• 面积 miànjī 명 면적
• 陆地 lùdì 명 육지

③ 술어가 동사일 때는 부사어를 활용하여 비교한다.
비교문의 술어로 동사가 쓰일 때는 동사 앞에 1음절 형용사 早/晚/多/少를 부사어로 써서 비교를 나타내고, 동사 뒤에는 보어가 옵니다.

• A 比 B + 早/晚/多/少(부사어) + 동사술어 + 수량/시간(보어)　A는 B보다 (수량만큼) ~하다

今天他比我早到十分钟。 오늘 그는 나보다 10분 일찍 도착했다.

我比他多学了一年汉语。 나는 그보다 중국어를 1년 더 배웠다.

> 선생님의 한마디
> 비교문에서 동사가 술어로 쓰일 때는 早/晚/多/少를 반드시 동사 앞에 두어야 합니다.

2) 有 비교문

동사 有를 이용한 비교문은 서로 비슷함을 나타냅니다. 일반동사 有와 혼동하지 않으려면 '有+명사' 뒤에 형용사가 있는지 체크합니다.

• A 有 B + 这么/那么/这样/那样 + 형용사술어　A는 B만큼 이렇게~하다

他的个子有我这么高。 그의 키는 나만큼 크다.

那棵树有两层楼那么高。 그 나무는 2층 건물만큼 크다.

• 棵 kē 양 그루, 포기[식물을 세는 단위]
• 层 céng 양 층
• 楼 lóu 명 (다층) 건물

有 비교문의 부정 형태는 没有를 씁니다.

我没有你漂亮。 나는 너만큼 예쁘지 않다.

这部电影没有小说那么好看。 이 영화는 소설만큼 그렇게 재미있지 않다.

这场比赛没有昨天那么激烈。 이번 경기는 어제만큼 그렇게 격렬하지 않다.

선생님의 한마디
有 비교문에서는 부정문인 没有 비교문이 더욱 중요합니다.

• 激烈 jīliè 형 격렬하다, 치열하다

3) 像 비교문

동사 像을 이용한 비교문은 서로 비슷함을 나타냅니다. 有 비교문과 마찬가지로 형용사술어 앞에 주로 这么/那么/这样/那样을 함께 씁니다.

• A 像 B + 这么/那么/这样/那样 + 형용사술어　A는 B만큼 이렇게 ~하다

今年夏天，北京像广州那么热。 올해 여름, 베이징은 광저우처럼 그렇게 덥다.

他计算的速度像电脑那么快。 그가 계산하는 속도는 컴퓨터만큼 그렇게 빠르다.

像 비교문의 부정 형태는 不像을 씁니다.

这次旅行不像我想象的那么顺利。
이번 여행은 내가 상상한 것처럼 그렇게 순조롭지 못했다.

他不像同龄人那么成熟。
그는 동갑내기만큼 그렇게 성숙하지 못하다.

선생님의 한마디
부정부사 不는 반드시 像 앞에 위치해야 합니다. 우리말에 맞춰서 술어(顺利, 成熟) 앞에 不를 넣지 않도록 유의해야 합니다. 또한 부정문인 不像 비교문이 더욱 중요합니다.

• 计算 jìsuàn 동 계산하다
• 速度 sùdù 명 속도

• 旅行 lǚxíng 명 여행
• 想象 xiǎngxiàng 동 상상하다
• 顺利 shùnlì 형 순조롭다
• 同龄人 tónglíngrén 명 동년배, 동갑내기
• 成熟 chéngshú 형 성숙하다

4) 跟 비교문

전치사 跟을 이용한 비교문은 서로 같거나 비슷함을 나타냅니다. 이때 跟은 和 또는 与와 바꾸어 쓸 수 있습니다.

① 비교의 결과가 같을 경우에는 '跟……一样' 형태를 씁니다. 부정 형태는 '跟……不一样'입니다.

• A 跟 B + 一样　A는 B와 같다

上司的观点跟我的一样。
상사의 관점은 나와 같다.

这部电影的结尾与我想象的不一样。
이 영화의 결말은 내가 상상했던 것과 다르다.

• 上司 shàngsi 명 상사
• 观点 guāndiǎn 명 관점
• 结尾 jiéwěi 명 결말

② 비교의 결과가 차이가 없을 경우에는 '跟……差不多' 형태를 씁니다.

• A 跟 B + 差不多　A는 B와 비슷하다

他的意见跟我的差不多。 그의 의견은 나와 비슷하다.

李会计的工资和我的差不多。 리 회계사의 급여는 나와 비슷하다.

• 意见 yìjiàn 명 의견
• 会计 kuàijì 명 회계사
• 工资 gōngzī 명 월급, 급여

STEP 04 확인문제 풀기

01 详细联系　上　有我们公司的　名片　方式

____

02 当地　牛郎织女的传说　许多有关　流传着

____

03 彩虹　中　出现了一道　天空

____

04 那么　糟糕　并　这个世界　没有你想象的

____

05 承受能力比　强　以前　多了　他的心理

____

▶ 정답 및 해설 60쪽

시나공법 08

보어의 위치와 순서를 묻는다!

술어(동사/형용사) 뒤에 위치하여 앞에 있는 술어를 보충하는 단어를 '보어'라고 합니다. 중국어의 보어는 구조적으로 매우 낯선 문장성분이고, 우리말로 옮기면 부사어 등 다른 성분으로 바뀌기 때문에 어렵게 느낄 수 있습니다. 보어는 우리말 해석만으로 풀기에는 다소 난점이 있기 때문에, 용법과 의미를 익힌 후 술어와 함께 통째로 암기해야 합니다. HSK 5급 쓰기 1부분에서는 보어만 따로 배열하는 문제는 많지 않고, 주로 술어와 결합한 형태로 제시어가 출제됩니다.

STEP 01 먼저 풀어보기

예제 1

女主角　自然　得　表现　十分

____

예제 2

帐号　成功了　已经注册　您的

____

STEP 02 선생님 풀이과정 보기

예제 1

|해 설|

女主角	自然	得	表现	十分
명사	'자연스럽다'	구조조사	동사	부사 '충분히'
↓		↓	↓	
주어		상태보어	술어	

1단계 제시어를 먼저 분석한다.

女主角는 유일한 명사이므로 주어로 쓰일 수 있습니다. 得가 있고, 十分, 自然이 있는 것으로 보아 상태보어 문장임을 짐작할 수 있습니다. 表现은 동사이므로 술어가 될 수 있습니다.

2단계 得 앞에 배열할 술어를 찾는다.

得를 보고 보어 문장임을 알 수 있습니다. 구조조사 得 앞에는 동사술어 또는 형용사술어가 오는데, 제시어 중 表现이 유일한 동사입니다.

→ 表现 + 得

3단계 보어를 찾는다.

보어를 만드는 구조조사 得 뒤는 '정도부사+형용사'의 형태가 가장 많이 나옵니다. 따라서 得 뒤에 정도부사 十分, 형용사 自然을 차례대로 배열합니다.

→ 表现得 + 十分 + 自然

4단계 주어를 찾는다.

제시어 중 남아 있는 단어는 女主角 하나이므로 주어가 됩니다.

→ 女主角

|단 어| **女主角** nǚzhǔjué 명 여주인공 | **表现** biǎoxiàn 동 보여 주다, 나타내다, 표현하다

|정 답| 女主角 表现 得〈十分自然〉。여주인공은 아주 자연스럽게 연기했다.

선생님의 한마디

表现은 동사로 '(추상적인 것을 구체적으로) 보여 주다/나타내다'라는 의미이며, '(사람의 어떤 행동을) 보여 주다'라는 의미도 있습니다. 이 문장에서는 女主角가 주인공이므로 表现을 '연기하다'라는 의미로 해석합니다.

예제 2

|해 설|

帐号	成功了	已经注册	您的
명사	동사/형용사	동사	……的
↓	↓	↓	↓
주어/목적어	술어/보어	술어	관형어

1단계 제시어를 먼저 분석한다.
帐号는 명사이므로 주어 또는 목적어가 될 수 있고, 您的는 관형어임을 알 수 있습니다. 나머지 제시어에서 동사 注册와 형용사와 동사 모두 사용 가능한 成功의 관계를 잘 파악해야 합니다.

2단계 술어를 찾는다.
동사 注册 앞에 부사 已经이 붙어 있습니다. 따라서 부사 뒤의 注册를 동사술어로 봐야 합니다. 成功了의 了를 보고 成功이 술어라 착각할 수 있지만, 이 문제에서 成功은 결과보어로 사용되었습니다.
→ 已经注册

3단계 보어는 술어 뒤에 놓는다.
결과보어는 1음절 동사/형용사뿐만 아니라 2음절 동사/형용사도 올 수 있습니다. 여기서 成功은 형용사로 쓰여 결과보어 자리에 위치합니다.
→ 已经注册 + 成功了

4단계 주어를 찾는다.
제시어 중 주어로 쓰일 수 있는 것은 명사 帐号입니다.
→ 帐号

5단계 관형어를 찾아 수식하는 명사와 결합시킨다.
→ 您的 + 帐号

|단 어| **帐号** zhànghào 명 계정, ID | **注册** zhùcè 동 등록하다

|정 답| (您的) 帐号 [已经] 注册 〈成功〉 了。당신의 계정은 이미 성공적으로 등록되었습니다.

STEP 03 내공쌓기

보어의 종류와 특징

1. 결과보어

결과보어란 동사술어 바로 뒤에 위치하여 동작의 결과를 설명하는 문장성분을 말합니다. 주로 1음절 동사 또는 형용사가 결과보어로 쓰이고, 동작에 의해 발생한 '결과'를 표현하므로 완료를 나타내는 了가 결과보어 뒤에 쓰입니다.

1) 결과보어의 기본 위치

결과보어는 동사술어와 늘 붙어다니기 때문에 하나의 동사처럼 사용됩니다. 따라서 동작의 상태를 나타내는 동태조사 了나 过, 목적어 등은 모두 결과보어 뒤에 놓아야 합니다.

我 看到 了 老同学。나는 옛 동창을 봤다.
주어 동사술어+결과보어 목적어

我 把那篇文章 写完 了。나는 그 글을 다 썼다.
주어 把+목적어 동사술어+결과보어

2) 결과보어의 부정형

결과보어가 쓰인 문장은 이미 동작이 실행되어 나타난 그 결과를 강조하기 때문에 부정문을 만들 때 不가 아닌 没(有)를 사용합니다.

作业做完了。 → 作业没做完。숙제를 다 하지 못했다.

我听清楚你的话。 → 我没听清楚你的话。나는 너의 말을 제대로 듣지 못했다.

3) 결과보어로 가능보어 만들기

동사와 결과보어 사이에 得를 넣으면 '할 수 있다'라는 가능보어의 긍정형이 되고, 不를 넣으면 '할 수 없다'라는 가능보어의 부정형이 됩니다.

	긍정형	부정형
결과보어	我听懂了你的话。 나는 너의 말을 알아들었다.	我没听懂你的话。 나는 너의 말을 알아듣지 못했다.
가능보어	我听得懂你的话。 나는 너의 말을 알아들을 수 있다.	我听不懂你的话。 나는 너의 말을 알아들을 수 없다.

선생님의 한마디
결과보어는 '동작의 결과'를 나타내므로 형용사술어 뒤에는 결과보어를 쓸 수 없습니다.

- **篇** piān 양 편[일정한 형식을 갖춘 문장을 세는 단위]
- **文章** wénzhāng 명 (독립된 한 편의) 글

선생님의 한마디
동사 뒤에 결과보어 懂이 있기 때문에 不로 부정하면 틀린 문장이 됩니다.
예 我不听懂你的话。(X)

선생님의 한마디
일반적으로 부정부사 不는 동사 앞에 위치합니다. 만약 不가 동사 뒤에 있다면, 가능보어의 부정형을 나타내는 문장입니다.

4) 꼭 알아야 할 결과보어와 가능보어

동사 + 完	'끝내다', '완성하다'를 의미함 说完了 다 말했다 | 吃完了 다 먹었다 我已经看完了所有数据。 나는 이미 모든 데이터를 다 봤다.
동사 + 见	• 주로 시각/청각/후각의 결과를 나타냄 • 결과보어 到로 바꿔 쓸 수 있음 看见了 보았다 | 听见了 들었다 我看见她了。 나는 그녀를 보았다.
동사 + 光	'모두 없어졌다'를 의미함 吃光了 다 먹었다 | 喝光了 다 마셨다 | 花光了 (돈 · 시간을) 다 써 버렸다 她喝光了冰箱里的啤酒。 그녀가 냉장고의 맥주를 다 마셔 버렸다.
동사 + 着 zháo	결과를 얻음을 나타냄 睡着了 잠들었다 | 猜着了 알아맞혔다 妈妈刚睡着了。 엄마는 방금 잠들었다. [결과보어] 今天晚上，我怎么也睡不着觉。 오늘 밤에, 나는 어떻게 해도 잠을 잘 수 없다. [가능보어]
동사 + 住	동작으로 인해 고정됨을 의미함 记住 기억하다 | 抓住 잡다 他抓住了这次面试的机会。 그는 이번 면접의 기회를 잡았다.
동사 + 掉 diào	동작으로 인해 제거되거나 사라짐을 의미함 卖掉 팔아 버리다 | 吃掉 먹어 버리다 | 跑掉 도망가 버리다 他改掉了自己的坏习惯。 그는 이미 자신의 나쁜 습관을 고쳐 버렸다.
동사 + 满	· 가득 차 있음을 의미함 · 주로 장소주어와 함께 쓰임 放满了 가득 놓여 있다 | 坐满了 가득 앉았다 教室里坐满了学生。 교실에 학생들이 가득 앉아 있다.
동사 + 成	· 동작으로 인해 '~으로 변함'을 나타냄 · 把자문과 被자문에 자주 쓰임 翻译成 ~으로 번역하다 | 变成 ~으로 변하다 | 换成 ~으로 바꾸다(바뀌다) 她把英文小说翻译成中文了。 그녀는 영문 소설을 중문으로 번역했다.
동사 + 了 liǎo	· 가능 여부(할 수 있다/할 수 없다)를 나타냄 · 가능보어 형식으로 쓰임 吃得了 먹을 수 있다 ↔ 吃不了 먹을 수 없다 受得了 견딜 수 있다 ↔ 受不了 견딜 수 없다 忘得了 잊을 수 있다 ↔ 忘不了 잊을 수 없다 妹妹一个人吃不了这么多菜。 여동생 혼자서 이렇게 많은 음식을 다 먹을 수 없다.

선생님의 한마디

결과보어는 동사와 붙어 다니므로 함께 암기해 두는 것이 중요합니다.

• 数据 shùjù 명 데이터

• 光 guāng 형 아무것도 없다

• 睡着 shuìzháo 동 잠들다

• 猜 cāi 동 추측하다, 알아맞히다

• 睡不着觉 shuì bù zháo jiào 잠을 잘 수 없다

• 面试 miànshì 명 면접 (시험)

• 坏习惯 huài xíguàn 나쁜 습관

선생님의 한마디

한국어 습관 때문에 '学生坐满了教室里。(X)'라고 쓰지 않도록 주의합니다.

선생님의 한마디

· 가능보어 형식에 쓰인 了는 le가 아니라 liǎo로 발음합니다.

· 受不了는 '견딜 수 없다', '참을 수 없다'라는 의미로 4급 필수어휘이지만 5급에서도 자주 쓰입니다.

예 我受不了工作上的压力。
나는 업무 스트레스를 견딜 수 없다.

5) 전치사구 결과보어

'전치사구(전치사+명사)'가 술어 뒤에 위치하여 결과보어로 쓰이는 경우가 있습니다. 전치사 중 在/到/给/向/往/自/于/以의 8개 전치사로 이루어진 전치사구는 결과보어가 될 수 있습니다.

동사 + 在 + 장소	주로 동사 住/放/挂와 함께 쓰임 放在桌子上 책상 위에 놓여 있다
동사 + 到 + 도착지	· 도착을 나타냄 · 주로 움직임을 나타내는 동사와 함께 쓰임 送到医院 병원에 보냈다
동사 + 给 + 대상	· 행위(동작동사)의 대상인 사람을 이끌어 냄 · 주로 움직임을 나타내는 동사와 함께 쓰임 留给老人 노인에게 남기다
동사 + 自 + 출발지	· 출발지를 나타냄 · 주로 움직임을 나타내는 동사와 함께 쓰임 来自韩国 한국에서 오다
동사 + 于 + 시간/대상	· 때/대상의 출처를 나타냄 · 1음절 형용사 뒤에 쓰면 비교의 의미가 있음 出生于19世纪 19세기에 태어나다 | 有利于国家 국가에 이익이 되다 他的水平高于我。 그의 수준은 나보다 높다.
동사 + 向 + 추상명사	· 방향이나 추상적인 의미를 뜻하는 명사를 이끌어 냄 · 주로 움직임을 나타내는 동사와 함께 쓰임 走向未来 미래를 향해 나아가다
동사 + 往 + 도착지	· 도착지를 향해 움직임을 나타냄 · 주로 움직임을 나타내는 동사와 함께 쓰임 开往上海的飞机 상하이를 향해 운행하는 비행기
동사 + 以 + 명사	행위의 방식을 나타냄 报以掌声 박수 소리로 보답하다

선생님의 한마디

HSK 5급 쓰기 1부분에서는 전치사구 결과보어 위주로 출제되며, 전치사는 在/到/给/自/于 5개만 공부해 두면 됩니다.

- 住 zhù 살다
- 放 fàng 놓다
- 挂 guà 걸다

선생님의 한마디

自와 같은 의미인 从은 동사 뒤에 쓸 수 없으며, '从+장소+동사'의 형태로 써야 합니다.

예 从韩国来 한국에서 왔다

- 世纪 shìjì 명 세기

2. 방향보어

동사술어 뒤에서 来나 去를 이용해 동작의 방향을 나타내는 보어를 방향보어라고 합니다. 방향보어는 한 글자로 된 단순방향보어와 두 글자로 된 복합방향보어로 나뉩니다.

1) 단순방향보어

단순방향보어는 '동사+来/去'의 형태입니다.

走来 걸어오다 | 走去 걸어가다

선생님의 한마디

'동사+上/下/进/出/回/过/起'의 형태로도 결합이 가능하나, 이 형태는 방향보어가 아니라 결과보어로 기억해 두세요.

2) **복합방향보어**

복합방향보어는 '동사+上/下/进/出/回/起/过+来/去'의 형태입니다.

走上来 걸어 올라오다 | 走上去 걸어 올라가다 | 走下来 걸어 내려오다 | 走下去 걸어 내려가다

	上	下	进	出	回	过	起
来	上来 올라오다	下来 내려오다	进来 들어오다	出来 나오다	回来 돌아오다	过来 다가오다	起来 일어나다
去	上去 올라가다	下去 내려가다	进去 들어가다	出去 나가다	回去 돌아가다	过去 다가가다	–

3) **방향보어와 목적어의 위치**

① 장소목적어는 보어 来/去 앞에 위치합니다.

我 回 家 去 了。→ 단순방향보어
(回: 동사 / 家: 장소목적어 / 去: 去)

나는 집으로 돌아갔다.

车 开 进 停车场 去 了。→ 복합방향보어
(开: 동사 / 进: 进 / 停车场: 장소목적어 / 去: 去)

차는 주차장으로 운전해 들어갔다.

② 장소목적어를 제외한, 일반목적어는 来/去 앞뒤에 모두 위치할 수 있습니다.

我 买 回 来 了 一件衣服。 나는 옷 한 벌을 사 왔다.
(买: 동사 / 回: 回 / 来: 来 / 一件衣服: 일반목적어)

= 我 买 回 一件衣服 来 了。
(买: 동사 / 回: 回 / 一件衣服: 일반목적어 / 来: 来)

4) **방향보어로 가능보어 만들기**

동사와 방향보어 사이에 得를 넣으면 '(~을) 할 수 있다'라는 긍정의 가능보어가 되며, 不를 넣으면 '(~을) 할 수 없다'라는 부정의 가능보어가 됩니다.

	긍정형	부정형
단순방향보어	那本书我带来了。 그 책을 나는 가져왔다.	那本书我没带来。 그 책을 나는 가져오지 않았다.
가능보어	那本书我带得来。 그 책을 나는 가져올 수 있다.	那本书我带不来。 그 책을 나는 가져올 수 없다.
복합방향보어	你的声音我听出来了。 네 목소리를 나는 알아챘다.	你的声音我没听出来。 네 목소리를 나는 알아채지 못했다.
가능보어	你的声音我听得出来。 네 목소리를 나는 알아챌 수 있다.	你的声音我听不出来。 네 목소리를 나는 알아챌 수 없다.

선생님의 한마디
起来는 가능하지만 起去는 불가능합니다.

선생님의 한마디
한국어의 영향으로 아래와 같이 쓰면 안 됩니다.
回去学校(X) → 回学校去
同学们都走进去教室了。(X)
→ 同学们都走进教室去了。

선생님의 한마디
복합방향보어와 가능보어 부정형이 중요하므로, 꼭 숙지해 두세요.

5) 꼭 알아야 할 방향보어와 가능보어

형용사 + 下来	점진적인 변화를 표시함 : 밝음 → 어둠 | 강 → 약 | 동(动)적인 것 → 정(静)적인 것 **黑下来** 점차 깜깜해졌다 | **安静下来** 조용해졌다 **会议室里安静下来了。** 회의실 안이 조용해졌다
동사 + 下来	① 동작에 의해 분리되어 떨어짐을 나타냄 **脱下来** (옷을) 벗다 | **剪下来** (가위로) 잘라 내다 ② 동작의 결과로 고정이 됨을 나타냄 **记下来** 기록하다 | **背下来** 암기하다 ③ 과거에서 현재까지 동작이 지속됨을 나타냄 **传下来** 전해 내려오다 | **坚持下来** 지속해오다 **这是我们的祖先传下来的。** 이것은 우리 조상이 전해 내려 준 것이다.
동사 + 下去	동작이나 상태가 현재에서 미래로 지속될 것임을 나타냄 **传下去** 전해져 내려가다 | **坚持下去** 지속해 나가다 **任何一门学问，只要坚持下去，都会有成就。** 어떠한 학문이든, 지속해 나가기만 하면, 성과를 얻을 것이다.
동사 + 出来	① 동작의 결과로 무(無)에서 유(有)를 만들어 냄을 의미함 **算出来** 계산해 내다 | **写出来** 써 내다 | **画出来** 그려 내다 **这张画，他想了一个多月才画出来。** 이 그림을, 그는 한 달여 동안 생각해서 겨우 그려 냈다. ② (분별 · 식별로) 알아차린다는 뜻으로, 표현 자체에 동작을 통해 결과를 얻어 냄을 의미함 **看出来** (보고) 알아차리다 | **听出来** (듣고) 알아차리다 | **认出来** 알아차리다 **我已经听出来他不是本地人了。** 나는 이미 그가 현지인이 아님을 알아차렸다.
동사 + 起来	① 동작이 시작됨을 나타냄 **下起雨来** 비가 내리기 시작하다 | **吃起饭来** 밥을 먹기 시작하다 | **聊起天来** 이야기하기 시작하다 **他俩一见面就吵起架来了。** 그 둘은 만나자마자 다투기 시작했다. ② 분산되었던 것을 한곳에 모으는 것을 의미함 **存起来** 저축하다 | **积累起来** (경험을) 쌓다 ③ 주관적인 판단이나 추측을 의미함 **看起来[=看来/看上去/看样子]** 보기에(보아하니) ~하다, ~하게 보이다 **他看起来很年轻。** 그는 젊어 보인다.
동사 + 过来	상태의 호전을 나타냄 : 비정상 → 정상적 | 좋지 않은 상태 → 좋은 상태 **醒过来** 깨어나다 | **恢复过来** 회복하다 | **改过来** (나쁜 습관을) 고치다 **他的酒醒过来了。** 그는 술에서 깨어났다. **他的健康恢复过来了。** 그의 건강은 회복되었다.

- **脱** tuō 동 (옷을) 벗다
- **剪** jiǎn 동 (가위로) 자르다
- **背** bèi 동 외우다, 암기하다
- **传** chuán 동 전하다
- **坚持** jiānchí 동 (하고 있던 것을) 지속하다, 꾸준히 하다
- **祖先** zǔxiān 명 선조, 조상
- **任何** rènhé 대 어떠한
- **门** mén 양 가지, 과목[학문 · 기술 따위의 항목을 세는 데 쓰임]
- **学问** xuéwen 명 학문
- **成就** chéngjiù 명 성취, 성과
- **算** suàn 동 계산하다
- **本地人** běndìrén 명 현지인

선생님의 한마디

특히 이합사와 결합했을 때 '동사+起+목적어+来' 형태가 되는 것에 주의하세요.

- **吵架** chǎojià 동 말다툼하다, 다투다
- **积累** jīlěi 동 (경험을) 쌓다
- **醒** xǐng 동 깨다, 깨어나다
- **恢复** huīfù 동 회복하다
- **改** gǎi 동 고치다

3. 정도보어

형용사나 심리동사가 술어일 때, 술어의 정도를 강조하는 보어를 정도보어라고 합니다.

1) **형용사 + 得很**

부사는 단독으로 보어가 될 수 없지만 很은 得 뒤에서 단독으로 정도를 보충할 수 있습니다.

热得很(=很热) 매우 덥다 | 高兴得很(=很高兴) 매우 기쁘다

他们俩的感情好得很。그들 둘의 감정은 매우 좋다.

2) **형용사 + 极了/坏了/死了**

难受极了 매우 괴롭다 | 困死了 매우 졸리다 | 高兴极了 매우 기쁘다 | 高兴坏了 매우 기쁘다 | 气坏了=气死了 매우 화나다

我现在难受极了。나는 현재 매우 괴롭다.

3) **형용사 + 得多/多了/得远/远了**

他的年龄比我大得多。그의 나이는 나보다 훨씬 많다.

我的汉语水平比他差远了。내 중국어 수준은 그보다 매우 낮다.

有了这条路可方便多了。이 길이 생겨서 (없을 때보다) 훨씬 편리해졌다.

4. 상태보어

동사술어 뒤에서 조사 得를 써서 술어의 상태를 평가하거나 결과를 나타내는 보어를 '상태보어' 또는 '정태보어'라고 합니다.

1) **동사 + 得 + 상태보어(정도부사+형용사)**

得 뒤에 가장 많이 오는 품사는 형용사인데, 형용사는 일반적으로 단독으로 쓰지 않고 앞에 정도부사를 함께 사용합니다. 정도부사 대신 这么/那么와 같은 대명사가 오기도 합니다.

他今天起床起得很早。그는 오늘 일찍 일어났다.

他汉语说得很好。그는 중국어를 잘한다.

他跑得那么快，我赶不上他。그가 그렇게 빨리 달려서, 나는 그를 따라잡을 수 없다.

> **Tip** 상태보어는 보어 중에서 가장 복잡한 형식을 갖고 있습니다. 得 뒤에 '정도부사+형용사' 형태의 상태보어가 가장 많이 쓰이지만, 동사구 · 절 · 비교문 · 把자문 · 被자문 등 여러 가지 복잡한 구문들이 모두 올 수 있습니다.
>
> 예 我忙得连吃饭的时间都没有了。나는 바빠서 밥을 먹을 시간조차 없다.
> (동사구: 连吃饭的时间都没有了)

• **感情** gǎnqíng 명 감정

선생님의 한마디
极了/坏了/死了는 정도보어로 쓰일 경우 모두 '매우'라는 뜻입니다.

• **难受** nánshòu 형 (육체 · 정신적으로) 괴롭다

선생님의 한마디
得多/多了/得远/远了는 '매우', '훨씬' 등 상당히 높은 정도를 표시합니다.

선생님의 한마디
어법 용어는 그리 중요하지 않습니다. 상태보어는 쉽게 얘기하면 조사 '得'를 쓰는 결과보어라고 이해하면 됩니다. HSK 5급 쓰기 1부분에서 보어 문제는 비중이 높지 않지만, 보어 관련 문제만 따로 떼어놓고 보면 상태보어가 많이 출제되는 편입니다.

• **赶不上** gǎnbúshàng 따라잡을 수 없다

2) 동사의 목적어가 있을 경우

동사술어가 목적어를 가질 경우 목적어의 위치에 특히 주의해야 합니다. 得 바로 앞에는 명사가 올 수 없기 때문에 술어로 쓰인 동사를 한 번 더 쓴 다음 그 뒤에 보어를 써야 합니다. 또는 목적어를 동사 앞에 쓴 다음 동사 뒤에 보어를 쓸 수도 있습니다. 이 문형은 특히 '동사+명사' 형태로 이루어진 이합사에 주의해야 합니다.

你 说 汉语 说 得 很好。너는 중국어를 잘한다.
동사 목적어 동사(반복)

=你 汉语 说 得 很好。
목적어 동사

他 唱 歌 唱 得 很好。그는 노래를 잘 부른다.
동사 목적어 동사(반복)

=他 歌 唱 得 很好。
목적어 동사

他唱歌得很好。(X) → 得 앞에는 명사 歌가 올 수 없습니다.
他唱得很好歌。(X) → 목적어 歌를 得 뒤로 보낼 수 없습니다.

3) 상태보어의 부정형

상태보어의 부정형은 술어를 부정하는 것이 아니라 보어를 부정합니다.

他 唱 歌 唱 得 不好。
주어 동사 목적어 동사 得 不+보어
그는 노래를 잘 부르지 못한다.

你们的 接待工作 做 得 不太出色。
관형어 주어 동사 得 不+보어
너희들의 접대 업무는 그다지 뛰어나지 못했다.

선생님의 한마디
실제 중국인들은 평소 대화를 할 때 他唱歌唱得很好보다 他歌唱得很好를 사용하는 경우가 많습니다.

• 接待 jiēdài 동 접대하다
• 出色 chūsè 형 뛰어나다, 훌륭하다

5. 동량보어

동작의 횟수를 나타내는 동량사가 동사 뒤에서 수식하는 보어를 동량보어라고 합니다. 대표적인 동량사로는 次/遍/回/趟/下 등이 있습니다.

1) 동량보어의 위치

他 说 了 一遍。그는 한 번 말했다.
주어 술어 동량보어

请 你 再 去 一趟 吧。다시 한번 다녀오세요.
술어 주어 부사어 술어 동량보어

선생님의 한마디
결과보어와는 달리, 동량보어에서는 了가 보어 앞에 위치합니다.

2) 자주 쓰이는 동량사

次 cì	회, 번, 차례 [동작의 횟수를 세는 단위] 说一次 한 번 말하다 | 看一次 한 번 보다
遍 biàn	· 회, 번 [동작의 횟수를 세는 단위] · 동작의 시작부터 끝까지의 전 과정을 강조함 看一遍 한 번 보다 | 再说一遍 다시 한번 말하다
回 huí	회, 번, 차례 [일 · 동작 등의 횟수를 세는 단위] 看一回 한 번 보다 | 参观一回 한 번 참관하다
趟 tàng	차례, 번 [사람이나 차의 왕래 횟수를 세는 단위] 来一趟 한 차례 오다 | 回去一趟 한 차례 되돌아가다
下 xià	번, 회 [비교적 짧고 가벼운 동작의 횟수를 세는 단위] 问一下 좀 물어보다 | 商量一下 상의를 좀 해 보다

• 商量 shāngliang 동 상의하다, 의논하다

3) 동량보어와 목적어의 위치

목적어가 일반명사이면 동량보어 뒤에 위치하지만, 목적어가 대명사이면 동량보어 앞에 위치합니다. 특히 동사가 이합사일 경우에 유의해야 합니다.

我 给她 打 了 好几次 电话。 나는 그녀에게 전화를 여러 번 했다.
주어 전치사구 술어 동량보어 목적어(일반명사)

我 见 过 他 几次。 나는 그를 몇 번 본 적이 있다.
주어 술어 목적어(대명사) 동량보어

선생님의 한마디
이합사(离合词)란 하나의 동사가 '동사술어+목적어'의 구조로 이루어진 단어를 말합니다.
예 见面 만나다: 见(동사술어)+面(목적어)

6. 시량보어

시간의 양을 나타내는 시량사가 동사 뒤에서 수식하는 보어를 시량보어라고 합니다. 시량보어는 일반적으로 동작이 그 시간 동안 지속되었음을 나타내지만, 일부 지속이 불가능한 동사(来/到/去/死/离开/毕业 등) 뒤에 쓰일 경우에는 동작이 끝난 후 경과된 시간을 나타냅니다.

1) 시량보어의 위치

我 等 了 一个小时。
주어 술어 시량보어
나는 한 시간 동안 기다렸다.[동작이 지속된 시간을 나타냄]

我 来 中国 一年多 了。
주어 술어 목적어 시량보어
나는 중국에 온 지 1년이 넘었다.[동작이 끝난 후 경과된 시간을 나타냄]

2) **부정부사 不/没와 시량사의 위치**

동사 앞에 부정부사 不나 没가 있을 경우, 시량사는 부정부사 앞에 위치합니다.

我们俩 多年 没有 见面 了。
주어 시량사 부정부사 술어

우리 둘은 여러 해 동안 만나지 못했다.

上海 已经 三个月 没 下雨 了。
주어 부사어 시량사 부정부사 술어

상하이에는 이미 3개월 동안 비가 내리지 않았다.

선생님의 한마디
'上海已经没下雨三个月了。(X)'와 같이 쓰지 않도록 주의합니다. 또한 일반 문장에서는 부정부사 没有와 了를 함께 쓰지 못하지만, 시량사와 함께 쓰는 부정문에서는 没有를 了와 함께 쓸 수 있습니다.

3) **시량보어와 목적어의 위치**

목적어가 일반명사이면 시량보어 뒤에 오지만, 목적어가 대명사이면 시량보어 앞에 위치합니다.

我 学 了 三年 汉语。
주어 술어 시량보어 목적어(일반명사)

나는 3년간 중국어를 배웠다.

我 等 了 他 两个小时，他还没来。
주어 술어 목적어(대명사) 시량보어

나는 그를 두 시간 기다렸는데, 그는 아직 오지 않았다.

他 离开 上海 三个月 了。
주어 술어(비지속 동사) 목적어(장소) 시량보어

그는 상하이를 떠난 지 3개월이 되었다.

선생님의 한마디
'他离开三个月上海了。(X)'와 같이 쓰지 않도록 주의합니다.

STEP 04 확인문제 풀기

01 稳定　下来　了　病情已经　姥姥的

____

02 那个小伙子　跳了　激动得　起来

____

03 都　放在　里　会议材料　这个文件夹

____

04 此次演出　持续　将　下个月中旬　至

____

05 包含　的范围之内　汉语阅读　在这次考试

____

▶ 정답 및 해설 62쪽

시나공법 09

기타 문형을 익혀서 만점에 도전하자!

HSK 5급 쓰기 1부분은 단순히 어법을 테스트하는 영역이 아니라 5급 필수어휘도 테스트하며, 나아가 필수 어법을 벗어난 다양한 문형들을 출제하기도 합니다. 따라서 평소에 다양한 문형들을 익혀 두는 것이 쓰기 1부분에서 만점으로 가는 비결입니다.

STEP 01 먼저 풀어보기

예제 1

公园里　勿在　乱扔垃圾　请

____

예제 2

麻烦　一下文件　你帮我　复印

____

STEP 02 선생님 풀이과정 보기

예제 1

|해 설|

公园里	勿在	乱扔垃圾	请
장소명사	부사/전치사	동사	'~해 주세요'
↓	↓ ↓	↓	↓
전치사구	부사어 +장소	술어	술어(문장 앞에 위치)

1단계 제시어를 먼저 분석한다.

公园里는 장소명사입니다. 장소명사는 전치사 在가 있으면 在 뒤에 위치합니다. 勿在에서 勿는 부사어이므로 술어 앞에 위치해야 합니다. 在가 결합되어 있으니, 뒤에는 장소명사가 와야 함을 알 수 있습니다. 乱扔垃圾는 술어(扔)와 목적어(垃圾)가 다 포함되어 있습니다. 请은 술어인데 주로 부탁하는 표현에서 문장의 제일 앞에 위치합니다.

2단계 술어를 찾는다.

제시어에서 술어는 请과 扔 두 개임을 알 수 있습니다. 请은 문장의 맨 앞에 쓰여, '~해 주세요'라는 정중한 표현이 됩니다. 따라서 술어는 请이 첫 번째, 扔이 두 번째 순서임을 알 수 있습니다.

→ 술어1: 请 | 술어2: 乱扔垃圾

3단계 부사어를 찾아 술어 앞에 배열한다.

부사 勿는 서면에서 주로 '请勿……'의 형태로 쓰임을 기억해 둡니다. 勿 뒤에 전치사 在가 붙어 있으므로 장소명사 公园里를 그 뒤에 배열합니다.

→ 请 + 勿在 + 公园里 + 乱扔垃圾

|단 어| 勿 wù 부 ~하지 마라 | 乱 luàn 부 함부로, 제멋대로 | 扔 rēng 동 던지다, (내)버리다 | 垃圾 lājī 명 쓰레기

|정 답| 请 [勿] [在公园里] [乱] 扔 垃圾。공원에서 쓰레기를 함부로 버리지 마시오.

선생님의 한마디

勿는 不要와 같은 의미로, 서면어로 쓰입니다. 가령 구어체에서는 '请不要抽烟!'이라고 말하지만, 글로 쓸 때는 '请勿吸烟!'이라고 합니다.

선생님의 한마디

공고문이나 안내문처럼 주어가 불확실하거나 굳이 필요하지 않은 경우에는 주어를 생략하기도 합니다. 예제의 문장 또한 불특정 다수에게 당부하는 공고문이므로 주어를 생략한 것입니다.

예제 2

|해 설|

麻烦	一下文件	你帮我	复印
동사	양사	대명사/동사	동사
↓	↓	↓	↓
술어	보어(앞에 동사가 옴)	주어/술어	술어

1단계 제시어를 먼저 분석한다.

품사로 구분해 보면 동사는 麻烦, 帮, 复印 세 개가 있습니다. 一下文件의 一下는 '동사+一下'의 형태로 쓰므로 앞에 동사가 와야 함을 알 수 있습니다. 你帮我 뒤에는 도움의 내용, 즉, 동작이 와야 합니다.

2단계 술어를 찾아 순서대로 배열한다.

동사 麻烦, 帮, 复印이 술어가 될 수 있습니다. 麻烦은 주로 '麻烦你帮我……(번거롭겠지만 저에게 ~해 주세요)'라는 관용 표현으로 쓰임을 기억해 둡니다. 따라서 술어의 순서는 麻烦이 첫 번째, 帮이 두 번째, 나머지 复印이 도움의 내용을 설명하므로 세 번째임을 알 수 있습니다.

→ 술어1, 2: 麻烦 + 你帮我 | 술어3: 复印

3단계 목적어를 찾는다.

复印의 목적어는 명사 文件이 됩니다. 文件 앞에 동량보어 一下가 붙어 있으므로 순서를 확신할 수 있습니다.

→ 复印 + 一下文件

|단 어| **麻烦** máfan 동 귀찮게 하다, 번거롭게 하다 | **文件** wénjiàn 명 서류, 문서 | **复印** fùyìn 동 복사하다

|정 답| 麻烦 你 帮 我 复印 〈一下〉 文件。 번거롭겠지만 저에게 문서를 좀 복사해 주세요.
(你: 겸어, 我: 겸어)

STEP 03 내공쌓기

시험에 자주 출제되는 다양한 문형

1. 请으로 시작하는 문장

请으로 시작하는 문장은 주로 '请(您)+동사술어+목적어'의 구조로 쓰이며, 상대방에게 부탁할 때 사용합니다. 이때 '您'은 생략 가능합니다.

1)
请 勿在车厢里 抽烟。
(勿在车厢里: 부사어 / 抽烟: 술어)
객실 안에서 담배를 피우지 마십시오.

'请勿……'는 '~하지 마세요'라는 의미의 서면어입니다. 勿는 부사이지만 '~하지 마라'라는 의미이므로, 전치사구 在车厢里는 请勿 뒤에 위치해야 합니다.

2)
请您 主动 出示 个人证件。
(主动: 부사어 / 出示: 술어)
자발적으로 개인 증명서를 제시해 주십시오.

主动은 형용사에서 파생된 부사로, 술어인 出示 앞에 위치해야 합니다.

3)
请各位 遵守 交通规则。
(遵守: 술어 / 交通规则: 목적어)
모든 분은 교통 규칙을 준수해 주십시오.

'请各位+동사술어+목적어'의 구문입니다. '遵守 – 交通规则'의 호응 관계를 익혀 둡시다. 遵守는 '(규정을) 준수하다'라는 의미의 동사이므로, 목적어는 항상 규정이나 규칙, 법칙 관련 단어를 써야 합니다.

4)
请 重新 输入 您的 密码。
(重新: 부사어 / 输入: 술어 / 密码: 목적어)
비밀번호를 다시 입력해 주십시오.

'请(您)+동사술어+목적어'의 구조에서 您이 생략된 형태입니다. 重新은 부사로서 '새롭게', '다시'라는 의미입니다. 부사이므로 동사 输入 앞에 위치해야 합니다.

선생님의 한마디
쓰기 1부분의 완성은 다양한 문형들을 익혀 두는 데 있습니다. 이번 내공쌓기에는 시험에 출제되었던 문형들과 앞으로 출제될 가능성이 있는 문장들을 정리해 두었습니다. 반드시 여러 번 반복해서 읽고 암기해 두기 바랍니다.

- **勿** wù 부 ~하지 마라 [=不要 búyào]
- **车厢** chēxiāng 명 객실
- **抽烟** chōuyān 동 흡연하다, 담배를 피우다

- **主动** zhǔdòng 형 주동적이다, 자발적이다
- **出示** chūshì 동 제시하다
- **个人证件** gèrén zhèngjiàn 개인 증명서

- **遵守** zūnshǒu 동 (규정을) 준수하다
- **交通规则** jiāotōng guīzé 교통 규칙

- **重新** chóngxīn 부 새롭게, 다시
- **输入** shūrù 동 입력하다
- **密码** mìmǎ 명 비밀번호

2. 주어가 없는 문장

문장은 기본적으로 주어와 술어가 있어야 하지만, 중국어에는 주어가 없는 문장, 즉, 무주어문이 존재합니다. 명령문이나 주어가 일반적인 것이라 말할 필요가 없는 경우 등에 이 무주어문을 씁니다.

1) 要 客观地 评价 他人。

부사어 술어

객관적으로 다른 사람을 평가해야 한다.

주어가 일반적인 내용이라 생략된 형태입니다. 이런 무주어문은 주로 능원동사 要나 不要가 문장 맨 앞에 위치합니다. '客观地'와 같이 조사 地가 있으면 부사어이므로, 뒤에는 반드시 술어가 와야 합니다. 쓰기 1부분에서 他人을 주어 자리에 잘못 배열하는 경우가 있는데, '他人要~'는 잘못된 표현입니다. 评价 뒤에는 평가 대상이 목적어로 와야 합니다.

- 客观 kèguān 형 객관적이다
- 评价 píngjià 동 평가하다

2) 不要轻易 否定 自己。

부사어 술어 목적어

함부로 자신을 부정해서는 안 된다.

不要로 시작하는 문장은 앞에 你가 생략된 명령문이며, 시험에 자주 출제됩니다. 목적어 부분을 세부적으로 분석하면 '부사어(轻易)+술어(否定)+목적어(自己)'의 구조입니다.

- 轻易 qīngyì 부 쉽사리, 함부로
- 否定 fǒudìng 동 부정하다

3) 下载软件时应 注意 查杀病毒。

부사어 술어 목적어

소프트웨어를 다운받을 때는 바이러스 제거에 주의해야 한다.

일반적인 주어 '你'를 생략한 형태입니다. 이 문장의 应은 要 대신 쓰인 능원동사입니다. 술어 注意 뒤에는 일반적으로 동사구(查杀病毒) 목적어가 옵니다.

- 下载 xiàzài 동 다운받다
- 软件 ruǎnjiàn 명 소프트웨어
- 查杀 cháshā 동 (찾아서) 제거하다
- 病毒 bìngdú 명 바이러스

4) 雨后常常能 看到 彩虹。

부사어 술어 목적어

비 온 뒤에는 무지개를 자주 볼 수 있다.

자연현상을 설명할 때는 주어를 확실하게 말할 수 없으므로 일반적으로 주어를 생략합니다.

- 彩虹 cǎihóng 명 무지개

5)

> 非工作人员请勿入内。
> 근무자 외에는 안으로 들어가지 마십시오.

请勿 앞에 非工作人员이 있는 독특한 구조입니다. 실제로 非工作人员은 请의 주어가 아닙니다. 어법적으로 구성하자면 '请非工作人员勿入内'라고 해야 합니다. 위 문장은 우리말로 '관계자 외 출입금지'라는 문구처럼 쓰이는 고정 표현이므로 통째로 외워 두도록 합니다.

- **非** fēi 접두 [명사 또는 명사성 단어 앞에서 어떠한 범위에 속하지 않음을 나타냄]
- **工作人员** gōngzuò rényuán 근무자

3. 어기부사가 맨 앞에 오는 문장

일부 어기부사는 문장 맨 앞에 위치하기도 합니다. 대표적인 부사로 幸亏, 多亏, 难怪(=怪不得), 到底, 原来, 其实 등이 있습니다.

1)

> 幸亏 你及时发现了合同里的错误。
> 다행히 당신이 제때 계약서 오류를 발견했군요.

어기부사 幸亏는 주로 문장의 맨 앞에 위치합니다.

- **幸亏** xìngkuī 부 다행히, 운 좋게
- **及时** jíshí 부 즉시, 제때
- **发现** fāxiàn 동 발견하다
- **合同** hétong 명 계약서
- **错误** cuòwù 명 잘못, 오류

2)

> 难怪 大家都叫他胆小鬼。
> 어쩐지 모두가 그를 겁쟁이라고 부르더라.

어기부사 难怪는 무조건 문장 맨 앞에 위치합니다. 같은 의미의 怪不得가 제시되어도 문장 맨 앞에 배열하면 됩니다. 难怪는 궁금증이 해결되었을 때 사용하는 단어입니다.

- **难怪** nánguài 부 어쩐지
- **胆小鬼** dǎnxiǎoguǐ 명 겁쟁이

4. 是～的 강조 구문

'是～的' 강조 구문은 이미 완료된 동작이나 행위를 표현하는 문장에서, 동작이 행해진 '시간, 장소, 대상, 목적, 방식, 행위자' 등을 특별히 강조할 때 쓰는 구문입니다.

1)

> 这条项链 是 王师傅 制作 的。
> (王师傅: 강조)
> 이 목걸이는 왕 선생님이 만든 것이다.

동사 制作의 행위자인 王师傅를 강조하는 '是～的' 구문입니다.

- **项链** xiàngliàn 명 목걸이
- **师傅** shīfu 명 선생님[기예 · 기능을 가진 사람에 대한 존칭]
- **制作** zhìzuò 동 제작하다, 만들다

2) 命运是 掌握在自己手里 的。
강조
운명은 자신의 손에 달려 있다.

掌握在自己手里를 강조하는 是~的 강조 구문입니다. 掌握의 목적어는 命运인데, 掌握 뒤에 在自己手里가 보어로 있어서 목적어를 쓸 수 없기 때문에 命运을 주어 자리에 놓고 술어를 강조한 문장입니다.

- **命运** mìngyùn 명 운명
- **掌握** zhǎngwò 동 (운명을) 주도하다, (기술 등을) 숙달하다

3) 一个人的成功是 由多方面的因素决定 的。
강조
한 사람의 성공은 다방면의 요소가 결정한다.

전치사 由가 쓰인 구문은 '是~的' 구문으로 자주 쓰입니다. 이 문장은 동사 决定의 주체인 多方面的因素를 강조합니다.

- **由** yóu 전 ~이/가[동작의 주체를 이끌어 냄]
- **因素** yīnsù 명 (구성) 요소
- **决定** juédìng 동 결정하다

5. 기타 특징이 있는 문장들

1) 我们每周 轮流 打扫 宿舍卫生。
동사1 동사2 목적어2
우리는 매주 돌아가며 기숙사를 청소한다.

이 문장의 핵심 단어는 5급 필수어휘인 轮流입니다. 轮流는 뒤에 동사가 연이어 오는 연동문 형태를 취합니다.

- **轮流** lúnliú 동 교대로[돌아가며] ~하다
- **打扫** dǎsǎo 동 청소하다
- **宿舍** sùshè 명 기숙사

2) 长城是世界七大奇迹之一。
만리장성은 세계 7대 기적 중 하나이다.

'~之一'는 '~가운데 하나'라는 의미로, 之一 앞에는 주로 복수를 나타내는 명사가 오며, 之一는 대부분 목적어가 됩니다. '四大发明之一(4대 발명 중 하나)', '十大名画之一(10대 명화 중 하나)'와 같은 표현을 자주 볼 수 있습니다.

- **长城** Chángchéng 고유 만리장성
- **奇迹** qíjì 명 기적

3) 长时间使用电脑 易 导致 眼睛疲劳。
주어(원인) 부사어 술어 목적어(결과)
장시간 컴퓨터를 사용하는 것은 눈의 피로를 초래하기 쉽다.

导致는 '원인+导致+결과'의 구조로 사용합니다. 이때 주어와 목적어는 명사뿐만 아니라, 동사구나 절이 올 수도 있습니다.

- **使用** shǐyòng 동 사용하다
- **导致** dǎozhì 동 (나쁜 결과를) 초래하다, 야기하다[=造成 zàochéng]
- **疲劳** píláo 형 피로하다

STEP 04 확인문제 풀기

01 尽快　请　填写个人　您　信息

____

02 努力　轻易　否定他人的　不要

____

03 我校的代表　这座图书馆　建筑　之一　是

____

04 你　恭喜　这轮面试　通过了

____

05 很多年　从事戏剧　他　了　表演　工作

____

▶ 정답 및 해설 63쪽

쓰기 1부분

91. 重　　一吨多　　成年海象　　通常有

92. 上世纪80年代　　图书馆于　　建成　　该

93. 的主要　　是什么　　因素　　眼睛疲劳　　导致

94. 抽屉里　　耳环　　锁在了　　姑姑把

95. 姓名地址　　的　　信封上　　模糊　　有点儿

____

96. 所有缺点　　要有　　决心　　你　　克服

____

97. 学习　　他说的　　值得我们　　经历

____

98. 已　　嘉宾　　到达西安　　陆续　　各国

____

▶ 정답 및 해설 108쪽

시험 유형 소개

★ 총 2문제(99~100번)

★ 99번: 주어진 5개의 단어를 사용하여 80자 내외의 단문 작성하기
- 제시어는 4급 필수어휘 2개, 5급 필수어휘 3개로 구성
- 명사, 형용사, 동사 위주로 출제되며, 간혹 부사가 출제
- 5개의 단어를 논리에 맞게 연결하여 단문 작성
- 단어의 순서 또는 반복은 무관함

★ 100번: 주어진 사진을 근거로 80자 내외의 단문 작성하기
- 사진의 키워드 파악이 관건
- 사진 묘사가 아니라, 사진을 근거로 스토리를 작성

★ 배점: 99번 30점, 100번 30점

예제

99. 最初　　情况　　适应　　克服　　坚强

[모범답안]

我最初在中国留学的时候，很难适应那里的生活，遇到了很多困难。面对这种情况，我没有放弃，很快就克服了，不仅学习成绩提高了，而且更加喜欢留学生活了，现在我变得更坚强了。

100. 

[모범답안]

我是一个上班族，今年27岁了。我平时很喜欢逛街， 如果没有什么事的话，每个周末我一般都会去商场逛一逛。最近商场正在打折，所以昨天我和我的朋友一起去买了一双鞋。我买的鞋不但大小合适，款式好看，而且价格也很合理。所以我非常满意。

시험 공략법

1 최대한 길게 작성하라!

쓰기 2부분은 '80자 내외 작성'이라고 규정되어 있습니다. 하지만 반드시 80자를 맞추어 쓰라는 의미는 아닙니다. 더군다나 원고지는 112자로 되어 있어서 80자 내외로 작성하면 상대적으로 내용이 부족해 보일 수 있습니다. 그러니 답안은 최대한 많이 작성하는 게 좋은 점수를 받는 데 더 유리합니다.

2 쉬운 내용으로 써라!

시험을 볼 때는 조금이라도 더 고급스러운 단어와 표현을 쓰고 싶은 욕심이 생깁니다. 그러나 어려운 단어일수록 쓰는 조건이 까다롭고, 어려운 표현일수록 한국식 표현과 중국식 표현이 달라지게 됩니다. 따라서 평소에 배운 쉬운 단어와 표현을 위주로 쓰고, 확신이 없는 표현은 쓰지 않는 것이 좋습니다.

3 한국식 표현은 금물이다!

쓰기 2부분은 어법뿐만 아니라, 중국어식 표현을 잘 활용해야 더 높은 점수를 받을 수 있습니다. 따라서 평소 학습 시, 중국인들이 선호하는 단어 또는 표현을 정리해 두는 것, 그리고 중국인들의 사고방식이나 말하는 습관을 연구해 두는 것이 중요합니다.

4 논리적으로, 긍정적으로 써라!

쓰기 2부분은 주관식 문제이기 때문에 반드시 논리적이고 긍정적인 내용을 써야 합니다. 누구나 공감할 수 있는 내용을 써야 하고, 면접을 본다는 가정하에 채점 위원에게 잘 보이도록 내용을 작성하는 게 좋은 점수를 받는 데 훨씬 더 유리합니다.

5 모르는 제시어는 제외하고 써라!

99번 제시어는 모두 4, 5급 필수어휘에서만 출제됩니다. 만약 필수어휘를 다 암기하지 못해 모르는 단어가 제시되었다면, 모르는 제시어를 제외하고 나머지 네 개의 제시어만 활용하여 문단을 작성하세요. 제시어 한 개를 활용하지 못한 것에 감점은 있겠지만 전혀 엉뚱한 내용을 쓰는 것보다는 유리합니다.

6 모범 답안과 공식을 암기해 둔다!

언어는 창조가 아닌 모방입니다. 중국인들의 사고를 모방해서 쓰는 작문이 가장 좋은 글이기 때문에 모범 답안을 최소한 5개 정도 암기해 두도록 합니다. 모범 답안 1개당 암기 속도가 20초 대가 나오도록 만드는 것이 좋습니다. 본 교재에 있는 쓰기 공식도 아주 유용하므로 잘 암기해 두도록 합니다.

字로 어휘 익히기 - 5급 최우선 필수어휘 700

- □ **想象** xiǎngxiàng 동 상상하다 명 상상
- □ **项链** xiàngliàn 명 목걸이 ⋙ 项 명 목덜미 + 链 명 쇠사슬
- □ **项目** xiàngmù 명 ① 항목, 종목 ② 프로젝트, 사업
- □ **象棋** xiàngqí 명 장기
- □ **象征** xiàngzhēng 동 상징하다 명 상징
- □ **消费** xiāofèi 동 소비하다
- □ **消极** xiāojí 형 소극적인, 부정적인
- □ **消失** xiāoshī 동 사라지다, 없어지다 ⋙ 消 동 사라지다, 없어지다 + 失 동 잃다, 놓치다
- □ **销售** xiāoshòu 동 팔다, 판매하다 ⋙ 销 동 팔다, 판매하다 + 售 동 팔다
- □ **小气** xiǎoqi 형 인색하다, 쩨쩨하다
- □ **孝顺** xiàoshùn 동 효도하다 형 효성스럽다 ⋙ 孝 동 효도하다 + 顺 동 순종하다, 복종하다
- □ **效率** xiàolǜ 명 효율
- □ **歇** xiē 동 쉬다[=休息 xiūxi]
- □ **写作** xiězuò 동 글을 짓다
- □ **心脏** xīnzàng 명 심장
- □ **欣赏** xīnshǎng 동 감상하다, 마음에 들다
- □ **信号** xìnhào 명 신호, 사인
- □ **信任** xìnrèn 동 신임하다, 신뢰하다
- □ **行为** xíngwéi 명 행위, 행동
- □ **形式** xíngshì 명 형식
- □ **形象** xíngxiàng 명 형상, 이미지 형 생동감 있는 ⋙ 形 명 형체, 형상 + 象 명 형상, 모양
- □ **形状** xíngzhuàng 명 외관, 모양, 형상 ⋙ 形 명 형체, 형상 + 状 명 형상, 모습
- □ **幸亏** xìngkuī 부 다행히, 운 좋게
- □ **幸运** xìngyùn 형 행운의, 운이 좋은 명 행운 ⋙ 幸 형 행운의 + 运 명 운, 운명
- □ **休闲** xiūxián 동 한가롭게 보내다 ⋙ 休 동 쉬다 + 闲 형 한가하다
- □ **修改** xiūgǎi 동 고치다, 수정하다 ⋙ 修 동 수리하다 + 改 동 바로잡다, 고치다
- □ **虚心** xūxīn 형 겸허하다
- □ **宣传** xuānchuán 동 광고하다, 홍보하다
- □ **学历** xuélì 명 학력
- □ **寻找** xúnzhǎo 동 찾다, 구하다 ⋙ 寻 동 찾다 + 找 동 찾다
- □ **询问** xúnwèn 동 물어보다, 알아보다 ⋙ 询 동 묻다, 문의하다 + 问 동 묻다, 질문하다
- □ **训练** xùnliàn 동 훈련하다
- □ **迅速** xùnsù 형 신속하다, 재빠르다
- □ **牙齿** yáchǐ 명 치아, 이 ⋙ 牙 명 이 + 齿 명 이, 치아
- □ **延长** yáncháng 동 연장하다, 늘이다 ⋙ 延 동 연장하다, 늘이다 + 长 형 길다

□ 严肃 yánsù 형 엄숙하다
□ 演讲 yǎnjiǎng 명 강연, 연설 동 강연하다, 연설하다
□ 宴会 yànhuì 명 연회, 파티
□ 阳台 yángtái 명 베란다, 발코니
□ 样式 yàngshì 명 양식, 스타일
□ 腰 yāo 명 허리
□ 摇 yáo 동 흔들다
□ 咬 yǎo 동 (입으로) 물다, 깨물다
□ 业务 yèwù 명 업무 ⇢ 业 명 일, 업무 + 务 명 일, 사무, 업무
□ 业余 yèyú 명 업무 외, 여가 형 아마추어의 ⇢ 业 명 업무 + 余 명 (어떤 일이나 상황) 이외의 시간
□ 一辈子 yíbèizi 명 한평생, 일생
□ 一律 yílǜ 부 일률적으로, 예외 없이
□ 一致 yízhì 형 일치하다
□ 依然 yīrán 부 여전히, 변함없이
□ 移民 yímín 동 이민하다 ⇢ 移 동 이동하다, 움직이다 + 民 명 백성, 국민
□ 遗憾 yíhàn 명 아쉬움, 후회스러운 일 형 안타깝다, 아쉽다 ⇢ 遗 동 남기다 + 憾 명 아쉬움
□ 亿 yì 수 억
□ 议论 yìlùn 동 왈가왈부하다, 비평하다, 논의하다 명 의견
□ 意外 yìwài 형 의외의, 뜻밖의 명 뜻밖의 사고
□ 营养 yíngyǎng 명 영양
□ 营业 yíngyè 동 영업하다
□ 硬 yìng 형 단단하다, 굳다
□ 勇气 yǒngqì 명 용기
□ 用功 yònggōng 동 열심히 공부하다 형 열심이다
□ 用途 yòngtú 명 용도
□ 优惠 yōuhuì 형 특혜의, 우대의 명 가격 우대, 혜택, 프로모션
□ 优美 yōuměi 형 (풍경 · 자태가) 아름답다
□ 优势 yōushì 명 (상대보다 유리한) 강점, 우세 ⇢ 优 형 우수하다 + 势 명 기세, 형세
□ 悠久 yōujiǔ 형 (역사가) 유구하다, 오래되다 ⇢ 悠 형 (시간이) 오래다 + 久 형 오래다
□ 犹豫 yóuyù 형 머뭇거리다, 주저하다, 망설이다
□ 游览 yóulǎn 동 유람하다 ⇢ 游 동 이리저리 다니다 + 览 동 보다
□ 有利 yǒulì 형 유리하다
□ 预报 yùbào 동 예보하다, 미리 알리다 명 예보 ⇢ 预 부 미리, 사전에 + 报 동 알리다, 보고하다
□ 预订 yùdìng 동 예약하다 ⇢ 预 부 미리, 사전에 + 订 동 예약하다
□ 预防 yùfáng 동 예방하다, 미리 방비하다 ⇢ 预 부 미리, 사전에 + 防 동 막다, 방비하다
□ 员工 yuángōng 명 종업원, 직원
□ 原则 yuánzé 명 원칙 ⇢ 原 형 원래의, 본래의 + 则 명 규칙
□ 愿望 yuànwàng 명 희망, 바람

□ 在于 zàiyú 동 (사물의 본질 · 관건이) ~에 있다, ~에 달려 있다
□ 糟糕 zāogāo 형 상황이 안 좋다, 엉망이 되다, 망치다
□ 造成 zàochéng 동 (나쁜 결과를) 야기하다, 초래하다
□ 责备 zébèi 동 꾸짖다, 나무라다 ⇒ 责 동 꾸짖다, 나무라다
□ 摘 zhāi 동 ① (열매 · 꽃을) 따다, 꺾다 ② (쓰거나 걸려 있는 물건을) 벗다, 벗기다, 떼다
□ 窄 zhǎi 형 협소하다, 좁다
□ 展开 zhǎnkāi 동 ① 펴다, 펼치다 ② (활동을) 전개하다 ⇒ 展 동 펴다, 펼치다, 전개하다
□ 展览 zhǎnlǎn 동 전람하다 ⇒ 展 동 전시하다, 전람하다 + 览 동 보다, 관람하다
□ 占 zhàn 동 차지하다, 점거하다
□ 涨 zhǎng 동 (수위 · 물가가) 오르다
□ 掌握 zhǎngwò 동 ① 숙달[마스터]하다, 정통하다, 완전히 ② 장악하다, 통제하다
□ 招待 zhāodài 동 접대하다 ⇒ 招 동 부르다 + 待 동 대우하다, 대하다
□ 着凉 zháoliáng 동 감기에 걸리다 ⇒ 着 동 부착하다, 달라붙다 + 凉 형 차갑다, 서늘하다
□ 针对 zhēnduì 동 겨누다, 겨냥하다 전 ~을 겨냥해서, ~을 타깃으로
□ 珍惜 zhēnxī 동 아끼다, 소중히 여기다
□ 争取 zhēngqǔ 동 노력해서 얻다, ~하려고 힘쓰다, 쟁취하다 ⇒ 争 동 다투다, 겨루다 + 取 동 가지다, 얻다
□ 征求 zhēngqiú 동 (의견을) 구하다 ⇒ 征 동 구하다 + 求 동 요구하다
□ 整体 zhěngtǐ 명 전체, 전부 ⇒ 整 형 완전하다, 온전하다 + 体 명 물체
□ 挣 zhèng 동 (돈을) 벌다[=赚 zhuàn]
□ 志愿者 zhìyuànzhě 명 자원봉사자, 지원자
□ 治疗 zhìliáo 동 치료하다 ⇒ 治 동 치료하다 + 疗 동 치료하다
□ 智慧 zhìhuì 명 지혜
□ 中旬 zhōngxún 명 중순 ⇒ 中 명 중심, 가운데 + 旬 명 순[한 달을 셋으로 나눈 열흘을 뜻함]
□ 逐渐 zhújiàn 부 점점, 점차[=渐渐 jiànjiàn] ⇒ 逐 부 점차, 점점 + 渐 부 점차
□ 注册 zhùcè 동 등록하다, 회원 가입하다 ⇒ 注 동 기재하다, 등록하나 + 册 명 책, 잭자
□ 装 zhuāng 명 의복, 복장 동 ① 싣다, 담다 ② 설치하다, 조립하다 ③ ~인 척하다
□ 装修 zhuāngxiū 동 인테리어하다 ⇒ 装 동 설치하다 + 修 동 수리하다

시나공법

01 상황별 키워드를 익혀 두자!

HSK 5급 쓰기 2부분은 세부적인 묘사보다는 상황 설정을 잘하는 것이 중요합니다. 99번에 제시되는 키워드 5개는 서로가 매우 연관성이 깊은 어휘들이 제시됩니다. 100번 사진 문제 또한 세부적인 사진 묘사보다는 핵심 키워드를 중심으로 전체 상황을 묘사하면 됩니다.

STEP 01 먼저 풀어보기

예제

最初　　情况　　适应　　克服　　坚强

선생님의 한마디

내공이 약한 학생들은 주어진 단어들을 사전으로 먼저 찾아본 뒤에 작문을 하도록 합니다. 혹은 내공쌓기를 먼저 공부한 뒤에 예제를 학습해도 됩니다.

STEP 02 선생님 풀이과정 보기

예제

|해 설|

最初	情况	适应	克服	坚强
처음	상황	적응하다	극복하다	굳세다

1단계 제시어의 의미를 파악한다.

- **最初** zuìchū 5급 명 최초, 처음, 맨처음
  最初的计划 최초의 계획 | 最初的几天 처음 며칠
  我最初只想学一点儿简单的中文会话。
  나는 처음에 단지 간단한 중국어 회화를 조금 배우고 싶었다.
- **情况** qíngkuàng 4급 명 상황
  了解情况 상황을 알다 | 面对情况 상황에 직면하다 |
  情况不太乐观 상황이 별로 낙관적이지 않다
  今年的就业情况不太乐观。올해의 취업 상황은 별로 낙관적이지 않다.
  我不太了解他们家的情况。나는 그 집의 상황을 잘 모른다.
- **适应** shìyìng 4급 동 적응하다
  适应力强 적응력이 강하다 | 适应环境 환경에 적응하다 |
  适应生活 생활에 적응하다
  我还不太适应这里的生活。나는 아직 여기의 생활에 별로 적응하지 못했다.
  我已经适应了中国的物价。나는 이미 중국의 물가에 적응했다.
- **克服** kèfú 5급 동 극복하다
  克服困难 어려움을 극복하다 | 克服障碍 장애를 극복하다
  一开始我不太习惯，但是很快就都克服了。
  처음에 난 그리 익숙하지 않았지만, 아주 빠르게 극복했다.
- **坚强** jiānqiáng 5급 형 굳세다, 강인하다
  坚强的人 강인한 사람
  来中国留学以后，我变得越来越坚强了。
  중국 유학을 온 후에, 나는 갈수록 강인해졌다.

2단계 제시어를 활용해 간략하게 스토리를 구상한다.

'처음(最初)에는 적응(适应)하기 어려웠지만, 나중에는 어려운 상황(情况)을 다 극복(克服)하고 강인(坚强)해졌다.'라는 큰 틀을 잡습니다. 스토리의 배경은 중국 유학 생활, 본인이 속한 특정 모임이나 사회생활 등 다양하게 정할 수 있습니다.

선생님의 한마디

1단계는 학습의 기초를 다지기 위한 것입니다. 실제 시험에서는 시간이 부족하므로 제시어의 뜻만 파악한 후, 바로 스토리를 구상해야 합니다.

선생님의 한마디

最初는 '최초'라는 의미 외에 '처음에는'이라는 의미도 있어서, '처음에는 ~했는데 나중에는 ~했다'라는 형태로, 시간의 흐름에 따른 상황의 변화를 나타내기도 합니다.

- **计划** jìhuà 명 계획
- **简单** jiǎndān 형 간단하다
- **了解** liǎojiě 동 (자세하게 잘) 알다
- **乐观** lèguān 형 낙관적이다
- **就业** jiùyè 동 취업하다
- **环境** huánjìng 명 환경
- **物价** wùjià 명 물가
- **障碍** zhàng'ài 명 장애(물)
- **习惯** xíguàn 동 습관이 되다, 익숙해지다, 익숙하다
- **留学** liúxué 동 유학하다

| 모범답안 |

　　我最初在中国留学的时候，很难适应那里的生活，遇到了很多困难。面对这种情况，我没有放弃，很快就克服了，不仅学习成绩提高了，而且更加喜欢留学生活了，现在我变得更坚强了。

나는 처음 중국에서 유학할 때 그곳 생활에 적응하기 어려웠고 많은 어려움을 맞닥뜨렸다. 이런 상황에 직면해도 나는 포기하지 않았고, 빠르게 극복해서 성적이 올랐을 뿐만 아니라 유학 생활이 더 좋아졌으며, 지금 난 더 굳세졌다.

| 단 어 | **留学** liúxué 동 유학하다 | **遇到** yùdào 동 만나다, 마주치다 | **困难** kùnnan 명 어려움 | **面对** miànduì 동 직면하다 | **放弃** fàngqì 동 포기하다 | **成绩** chéngjì 명 성적 | **提高** tígāo 동 향상시키다

STEP 03 내공쌓기

1. 중국어 문장부호 사용법

1) **마침표[。]: 句号** jùhào

문장이 끝났음을 나타냅니다. 서술, 명령, 청유 등을 나타내는 문장의 끝에 사용합니다.

春天是运动最好的季节。 봄은 운동하기에 가장 좋은 계절이다.

2) **쉼표[,]: 逗号** dòuhào

문장 중간에서 문장이 아직 끝나지 않았음을 나타냅니다. 주로 같은 자격의 단어 또는 절을 열거할 때, 끊어 읽는 부분을 나타낼 때, 부르거나 대답하는 말 뒤에 사용합니다.

即使他不来，我也会等下去。 그가 오지 않더라도 나는 기다릴 것이다.

3) **모점[、]: 顿号** dùnhào

문장 중간에서 단어와 단어를 나열할 때 사용합니다.

她制作的虎、猫、狗、兔等动物剪纸，深受人们喜爱。
그녀가 만든 호랑이, 고양이, 개, 토끼 등 동물 전지는 사람들의 깊은 사랑을 받았다.

4) **물음표[?]: 问号** wènhào

문장 끝에서 의문을 나타낼 때 사용합니다.

我们可以坐在靠窗户那儿吗？ 저희가 창가 쪽 자리에 앉아도 될까요?

5) **느낌표[!]: 叹号** tànhào

문상 끝에서 감탄의 어기를 나타낼 때 주로 사용합니다. 또한 강한 느낌을 나타내는 어구, 평서문 · 명령문 등의 끝, 다른 사람을 부르거나 대답할 때 사용하기도 합니다.

方向错了，你的马再快，也到不了楚国呀！
방향이 틀렸습니다. 당신의 말이 아무리 빨라도 초나라에 도착할 수 없어요!

6) **쌍반점[;]: 分号** fēnhào

문장 중간에서 구문과 구문을 병렬 나열할 때 사용합니다.

一是要情绪乐观；二是要保证良好的睡眠；三是多饮水、多吃蔬菜。
첫 번째로 마음이 낙관적이어야 하고, 두 번째로 숙면을 보장해야 하며, 세 번째는 물을 많이 마시고 야채를 많이 먹는 것이다.

선생님의 한마디

원고지 사용법에 대한 요구는 그리 높지 않으며 감점도 거의 없으니, 원고지 사용에 대한 학습은 가장 기본적인 것만 알아보도록 합니다.

7) **쌍점[:]: 冒号** màohào

문장 중간에서 인용이나 부연설명을 할 때 사용합니다.

主人说："看见什么？我今天连门都没出。"

주인은 "뭘 봤다고 그러세요? 저는 오늘 문밖에도 나가지 않았는걸요."라고 말했다.

8) **큰따옴표[" "]: 双引号** shuāngyǐnhào

문장 중간에서 직접 대화를 나타낼 때, 말이나 글을 직접 인용할 때 사용합니다.

有个孩子对母亲说："妈妈你今天好漂亮。"

어떤 아이가 엄마한테 말했다."엄마 오늘 정말로 예뻐요."

9) **겹화살괄호[《 》]: 书名号** shūmínghào

책 · 영화 · 문장 제목 등을 나타낼 때 사용합니다.

《阿Q正传》中的阿Q是封建社会中国农民的典型形象。

≪아Q정전≫의 '아Q'는 봉건사회 중국 농민의 전형적인 캐릭터이다.

10) **줄임표[……]: 省略号** shěnglüèhào

대화에서 말을 줄이거나 말이 없음을 나타낼 때, 문장이나 글의 일부를 생략할 때 사용합니다.

桌子上放着书、本子、杂志…… 책상 위에는 책, 공책, 잡지 등이 있다.

11) **줄표[——]: 破折号** pòzhéhào

앞에서 언급한 내용과 관련 있는 내용을 부연할 때 사용합니다.

这对夫妇对校长说他们儿子曾在哈佛读书，因为意外去世了，
所以想在学校留下纪念物——想捐给哈佛一座大楼。

이 부부는 총장에게 자신의 아들이 하버드에서 공부한 적이 있는데, 의외의 사고로 죽었기 때문에 학교에 기념물을 남기고 싶어서 하버드에 건물 하나를 기부하고 싶다고 말했다.

- **阿Q正传** Ā Q Zhèngzhuàn 고유 아Q정전[서명]
- **封建社会** fēngjiàn shèhuì 봉건사회
- **农民** nóngmín 명 농민
- **典型** diǎnxíng 형 전형적인
- **形象** xíngxiàng 명 캐릭터, 이미지

2. 중국어 원고지 작성법

1) **문단이 시작될 때는 반드시 두 칸을 들여쓰기 한다.**

국문법의 원고지 규칙상 문단이 시작할 때 들여쓰기는 한 칸이지만, 중국어 문법 규칙상 들여쓰기는 두 칸입니다.

2) **문장부호는 한 칸에 하나씩 쓴다.**

① 마침표(。), 쉼표(,), 모점(、), 물음표(?), 느낌표(!), 쌍반점(;)과 쌍점(:)은 각각 한 칸에 하나씩 씁니다.

。	，	、	？	！	；	：

문장부호는 매 행의 첫 번째 칸에 단독으로 쓸 수 없으므로, 문장을 줄 바꿈할 경우 행의 마지막 칸에 글자와 문장부호를 한 칸에 함께 씁니다.

X	X	,	X	X	X	X。

② 큰따옴표(" "), 겹화살괄호(《 》), 줄임표(……), 줄표(——)와 같이 두 개가 짝을 이루는 문장부호는 한 칸에 하나씩 나누어 씁니다.

"	X	X	X	"

《	X	X	X	》

X	X	X	…	…

X	X	X	—	—

줄바꿈을 할 경우 행의 마지막 칸에 글자와 문장부호를 한 칸에 함께 씁니다.

X	X	"	X	X	X	X"
X	X	X	X	X	X	《X
X	X	X	》	X	X	X。

3) **두 개의 문장부호를 연달아 쓸 경우, 한 칸에 두 개의 문장부호를 함께 쓴다.**

쌍점과 큰따옴표, 마침표 · 물음표 · 느낌표 등과 닫는 큰따옴표 등 두 개의 문장부호를 이어서 써야 하는 경우가 있습니다. 이때는 이어지는 두 개의 문장부호를 한 칸에 함께 씁니다.

X	X	:"	X	X	X	?"

X	X	《	X	X	》,	X

4) **알파벳 표기 시, 소문자는 한 칸에 두 자씩, 대문자는 한 칸에 한 자씩 쓴다.**

X	X	ab	cd	X	X	X

X	X	A	B	X	X	X

5) **숫자 표기 시, 한 칸에 두 자씩 쓴다. 숫자의 자릿수가 홀수일 경우, 뒷자리 수부터 한 칸에 두 자씩 쓴다.**

X	X	12	34	X	X	X

X	X	1	23	45	X	X

|예 시|

		20	16	年	5	月	1	日	，	我	临	时	到	国	外
出	差	，	没	想	到	我	在	路	上	遇	到	一	个	很	熟
悉	的	朋	友	。	他	手	里	拿	着	一	本	《	现	代	汉
语	词	典	》。	我	们	决	定	到	一	家	饭	店	吃	海	鲜。
吃	完	以	后	，	我	朋	友	说	：“	我	来	结	账	。”	

3. 상황별 키워드 익히기

1) 학습

□ HSK考试 HSK kǎoshì HSK 시험

我想报名参加HSK考试。나는 HSK 시험에 참가 신청을 하려고 한다.

- 报名 bàomíng 동 신청하다
- 参加 cānjiā 동 참가하다

□ 资料 zīliào 명 자료

我手里有很多宝贵的学习资料。내 수중에 귀중한 학습 자료가 많이 있다.

선생님의 한마디

资料와 동의어로 4급 필수어휘인 材料를 써도 됩니다.

□ 目标 mùbiāo 명 목표

我的目标一定能实现。나의 목표는 반드시 실현될 수 있다.

□ 计划 jìhuà 명 계획

我制定了具体的学习计划。나는 구체적인 학습 계획을 세웠다.

선생님의 한마디

'制定计划(계획을 세우다)'를 암기해 둡니다.

- 制定 zhìdìng 동 제정하다, (계획을) 세우다

□ 刻苦 kèkǔ 형 매우 열심히 하다, 고생을 견디다

他这几天学习很刻苦。그는 요 며칠간 공부를 매우 열심히 했다.

□ 有信心 yǒu xìnxīn 자신 있다

我对这次考试很有信心。나는 이번 시험에 자신 있다.

□ 灰心 huīxīn 동 (어려움 · 실패 · 좌절 등을 겪어) 낙심하다, 낙담하다

我感到很灰心。나는 낙담했다.

□ 成绩 chéngjì 명 성적

我对我的成绩比较满意。나는 내 성적에 대해 비교적 만족한다.

□ 合格 hégé 동 합격하다

我一定能合格。나는 반드시 합격할 수 있다.

□ 勇气 yǒngqì 명 용기

我鼓起勇气查了我的考试结果。나는 용기를 내서 나의 시험 결과를 찾아봤다.

□ 坚持 jiānchí 동 (하고 있던 것을) 계속하다, 꾸준히 하다

我会继续坚持下去。나는 계속해서 꾸준히 해 나갈 것이다.

- 鼓起 gǔqǐ 동 (용기를) 불러일으키다, 내다
- 查 chá 동 (뒤져서) 찾아보다
- 继续 jìxù 동 계속하다

2) 학교생활

□ 宿舍 sùshè 명 기숙사

我们宿舍一共有四个人。우리 기숙사에는 모두 4명이 있다.

- 一共 yígòng 부 모두

□ 理解 lǐjiě 동 이해하다

理解比什么都重要。이해는 무엇보다도 중요하다.

□ 鼓励 gǔlì 동 격려하다

王老师鼓励我努力学习。왕 선생님은 나한테 열심히 공부하라고 격려해 주었다.

□ 羡慕 xiànmù 동 부러워하다

他学习特别好，我很羡慕他。그는 공부를 아주 잘해서, 나는 그를 매우 부러워했다.

□ 沟通 gōutōng 동 (의사)소통하다

我们经常沟通，所以关系非常好。우리는 자주 소통해서, 관계가 아주 좋다.

□ 建议 jiànyì 동 건의하다, 제안하다

老师建议我多交几个中国朋友。

선생님이 나한테 여러 중국 친구들을 많이 사귀라고 제안했다.

선생님의 한마디

建议는 문장에서 '주어1+建议+주어2+술어2' 구조로 많이 쓰입니다.

□ 克服 kèfú 동 극복하다

我克服了学习上的各种困难。나는 학습상에서의 온갖 어려움을 극복했다.

- 困难 kùnnan 명 어려움

□ 适应 shìyìng 동 적응하다

我已经适应了校园生活。나는 이미 캠퍼스 생활에 적응했다.

- 校园 xiàoyuán 명 교정, 캠퍼스

□ 辅导 fǔdǎo 동 (학습을 도우며) 지도하다, 개인 과외를 하다

我请我的中国朋友给我辅导口语。

나는 내 중국 친구한테 내게 회화를 지도해 달라고 부탁했다.

□ 陌生 mòshēng 형 생소하다, 낯설다

我刚上大学，感到一切都很陌生。

나는 막 대학에 들어가서, 모든 것이 낯설다는 느낌이 들었다.

□ 矛盾 máodùn 명 갈등, 불화, 모순

我和室友的关系非常好，从来都没有过矛盾。

나는 룸메이트와의 관계가 아주 좋아서, 지금까지 갈등이 있었던 적이 없다.

- 从来 cónglái 부 지금까지, 여태껏

□ 烦恼 fánnǎo 명 걱정(거리), 고민

我不想把我的烦恼告诉爸爸妈妈。
나는 나의 걱정거리를 부모님께 말하고 싶지 않다.

□ 轻松 qīngsōng 형 (기분이) 홀가분하다

放假了，我感到很轻松。방학을 하니 나는 홀가분하다.

□ 坦率 tǎnshuài 형 솔직하다

我的同学们都很坦率。내 학생들은 모두 솔직하다.

□ 进步 jìnbù 동 발전하다, 향상되다

在中国同学的帮助下，我的汉语进步了。
중국 친구의 도움 아래, 나의 중국어는 향상됐다.

□ 业余 yèyú 명 업무 외, 여가

我经常利用业余时间去爬山。나는 자주 여가 시간을 이용해서 등산하러 간다.

• 爬山 pá shān 산을 오르다, 등산하다

□ 坚强 jiānqiáng 형 (의지 · 성격이) 굳세다, 강하다

上大学以后，我的性格越来越坚强了。
대학에 들어간 후에, 나의 성격은 갈수록 강건해졌다.

• 性格 xìnggé 명 성격

3) 자원봉사 활동

□ 志愿者 zhìyuànzhě 명 자원봉사자

这次大会一共有500多名志愿者。
이번 대회에는 모두 500여 명의 자원봉사자가 있다.

□ 参加 cānjiā 동 참가하다

我利用暑假参加了志愿者服务活动。
나는 여름방학을 이용해서 자원봉사자 봉사 활동에 참가했다.

• 暑假 shǔjià 명 여름방학, 여름휴가
• 服务活动 fúwù huódòng 봉사활동

□ 照顾 zhàogù 동 돌보다, 보살피다

我的任务是照顾病人。내 임무는 환자를 돌보는 것이다.

• 任务 rènwu 명 임무
• 病人 bìngrén 명 환자

□ 服务 fúwù 동 봉사하다, 서비스하다

我的任务是为参加比赛的运动员服务。
내 임무는 시합에 참가하는 운동선수를 위해서 봉사하는 것이다.

• 比赛 bǐsài 명 시합

□ 合作 hézuò 동 합작하다, 협력하다

我和其他的志愿者们合作得很愉快。나는 다른 자원봉사자들과 즐겁게 협력했다.

• 愉快 yúkuài 형 유쾌하다, 즐겁다

□ 接待 jiēdài 동 접대하다

我每天都接待很多游客。나는 매일같이 많은 관광객들을 접대한다.

• 游客 yóukè 명 여행객, 관광객

□ 经历 jīnglì 명 경험, 경력 동 몸소 겪다, 경험하다

这次志愿者服务活动是一次很特别的经历。

이번 자원봉사자 봉사 활동은 특별한 경험이었다.

> **Tip**
> **유사 어휘 经验**
> 经验 jīngyàn 명 경험, 노하우
> 经历는 실제로 몸소 겪은 경험을 얘기할 때 사용하며, 명사 용법과 동사 용법이 모두 있습니다. 반면 经验은 주로 일정 기간을 거쳐 쌓은 '경험', '노하우'를 가리키며 명사 용법만 있습니다.

□ 收获 shōuhuò 명 수확, 소득, 성과

这次志愿者服务活动的收获非常大。

이번 자원봉사자 봉사 활동의 성과는 매우 크다.

□ 合影 héyǐng 동 같이 사진을 찍다

最后志愿者们一起合影留念了。

마지막에 자원봉사자들은 같이 사진을 찍어 기념으로 남겼다.

선생님의 한마디
合影은 두 명 이상이 함께 사진을 찍는 것을 가리키므로 '단체 사진'이라고만 기억하면 안 됩니다.

4) 졸업

□ 毕业 bìyè 동 졸업하다

我马上就要毕业了。나는 곧 졸업한다.

□ 专业 zhuānyè 명 전공 형 전문적이다

我的专业是中文。내 전공은 중국어이다.

선생님의 한마디
专业의 형용사 용법도 있어서 '전문적이다'라는 의미도 알고 있어야 합니다. 형용사 용법은 주로 독해 지문에서 자주 보입니다.

□ 论文 lùnwén 명 논문

我的论文已经写完了。내 논문은 이미 다 썼다.

□ 感激 gǎnjī 동 고마움을 느끼다, 고마워하다

我非常感激我的导师王老师。나는 내 지도 교수인 왕 선생님께 매우 고마워했다.

• 导师 dǎoshī 명 지도 교수

□ 舍不得 shěbude 동 ~하기 아쉽다, 아깝다

我非常舍不得离开老师和同学们。나는 선생님과 친구들을 떠나기가 매우 아쉽다.

• 离开 líkāi 동 떠나다

□ 毕业典礼 bìyè diǎnlǐ 졸업식

今天是举行毕业典礼的日子。오늘은 졸업식 날이다.

• 举行 jǔxíng 동 거행하다, (행사를) 치르다

□ 家乡 jiāxiāng 명 고향

我决定回我的家乡去找工作。나는 내 고향으로 돌아가 일자리를 찾기로 결정했다.

□ 表现 biǎoxiàn 명 표현, 태도, 행동, 활약
동 (추상적인 것을 구체적으로) 보여 주다, 나타내다

上大学时，他在各个方面的表现都很出色。
대학에 들어갈 때, 그의 여러 방면에서의 활약이 모두 뛰어났다.

□ 优秀 yōuxiù 형 우수하다
他是一个非常优秀的大学生。그는 매우 우수한 대학생이다.

5) 취업 준비

□ 就业 jiùyè 동 취업하다
就业不是一件容易的事情。취업은 쉬운 일이 아니다.

□ 推荐 tuījiàn 동 추천하다
王教授推荐我去一家公司实习。
왕 교수님이 내게 한 회사에 가서 실습하는 것을 추천했다.

□ 简历 jiǎnlì 명 이력서
我制作了一份个人简历。나는 개인 이력서를 작성했다.

□ 优点 yōudiǎn 명 장점
我的优点是能吃苦。나의 장점은 고생을 잘 견디는 것이다.

□ 突出 tūchū 형 두드러지다, 뛰어나다 동 부각시키다, 두드러지게 하다
写简历时要突出自己的优势。이력서를 쓸 때는 자신의 강점을 부각시켜야 한다.

□ 特色 tèsè 명 특색
我制作的简历很有特色。내가 작성한 이력서는 특색이 많다.

□ 面试 miànshì 동 면접을 보다
明天我要去一家公司面试。내일 나는 한 회사에 면접 보러 가야 한다.

□ 招聘 zhāopìn 동 모집하다, 채용하다
一家公司要招聘三个新员工。한 회사가 신입 사원 3명을 모집하려고 한다.

□ 应聘 yìngpìn 동 지원하다
我去一家公司应聘。나는 한 회사에 지원하러 갔다.

□ 顺利 shùnlì 형 순조롭다
我顺利地找到了一份工作。나는 순조롭게 일자리를 찾았다.

□ 合格 hégé 동 합격하다
这次应聘只有我一个人合格了。이번 지원에서 나 혼자만 합격했다.

• 出色 chūsè 형 출중하다, 뛰어나다

• 教授 jiàoshòu 명 교수

• 制作 zhìzuò 동 제작하다, (문서 등을) 작성하다

• 吃苦 chīkǔ 동 고생을 견디다

• 优势 yōushì 명 우세, 강점

• 新员工 xīn yuángōng 신입 사원

선생님의 한마디
招聘의 招는 '오라고 손짓하다'라는 의미로, 招聘은 회사가 직원을 채용할 때 사용합니다. 应聘의 应은 '응하다'라는 의미이고 개인이 회사에 지원할 때 사용합니다.

□ 适应 shìyìng 동 적응하다

我很快就适应了新的工作环境。나는 곧 새로운 업무 환경에 빠르게 적응했다.

• 环境 huánjìng 명 환경

□ 经验 jīngyàn 명 경험, 노하우

通过这次面试，我积累了很多经验。이번 면접을 통해, 나는 많은 경험을 쌓았다.

• 通过 tōngguò 전 ~을 통해서
• 面试 miànshì 명 면접
• 积累 jīlěi 동 (경험을) 쌓다

□ 成长 chéngzhǎng 동 성장하다, 자라다

参加工作以后，我成长了很多。회사에 다닌 후로, 나는 많이 성장했다.

• 参加工作 cānjiā gōngzuò 회사에 다니다, 일에 참가하다

6) 회사 생활

□ 加班 jiābān 동 야근하다, 초과 근무를 하다

我最近经常加班。나는 요즘 자주 야근한다.

선생님의 한마디
加班은 야근뿐만 아니라 주말에 초과 근무를 할 때도 사용합니다.

□ 准备资料 zhǔnbèi zīliào 자료를 준비하다

我把开会时要用的资料都准备好了。
나는 회의할 때 써야 할 자료를 모두 다 준비했다.

□ 写报告 xiě bàogào 보고서를 쓰다

我一直在写报告。나는 계속 보고서를 쓰고 있다.

• 一直 yìzhí 부 계속, 줄곧

□ 培训 péixùn 동 (업무 관련) 교육을 하다(받다)

我最近正在接受培训。나는 요즘 직업 교육을 받고 있다.

선생님의 한마디
培训은 주로 직장에서 업무 관련 교육을 하는 것을 의미합니다.

□ 忙着 mángzhe ~하느라 바쁘다

我正忙着写报告呢。나는 한창 보고서를 쓰느라 바쁘다.

□ 客户 kèhù 명 고객, 거래처

领导让我给客户打电话。상사는 나에게 고객한테 전화를 걸게 했다.

• 领导 lǐngdǎo 명 지도자, 대표, 상사

□ 老板 lǎobǎn 명 (회사의) 사장, (상점) 주인

我们老板很能干。우리 사장님은 유능하다.

• 能干 nénggàn 형 유능하다

□ 领导 lǐngdǎo 명 지도자, 대표

我们领导很有能力。우리 대표님은 매우 능력이 있다.

□ 上司 shàngsi 명 상사

我遇到了一个好上司。나는 좋은 상사를 만났다.

• 遇到 yùdào 동 만나다

□ 同事 tóngshì 명 직장 동료

我的同事们都很优秀。내 동료들은 모두 우수하다.

□ 能干 nénggàn 형 유능하다

领导夸我很能干。상사가 나에게 유능하다고 칭찬했다.

• 夸 kuā 동 칭찬하다

□ 商量 shāngliang 동 상의하다, 의논하다
遇到问题时，我每次都主动找同事商量。
문제를 맞닥뜨리면, 나는 매번 자발적으로 동료를 찾아 의논한다.

□ 提出意见 tíchū yìjiàn 의견을 제시하다
我提出了一个意见。나는 의견 하나를 제시했다.

□ 出错 chūcuò 동 실수를 하다
我在工作上从来没出过错。나는 업무에 있어서 지금껏 실수를 한 적이 없다.

□ 差距 chājù 명 격차, 차이
我和同事们还有很大差距。나는 동료들과 아직 큰 격차가 있다.

□ 满意 mǎnyì 형 만족하다
领导对我的报告很满意。상사는 내 보고서에 만족했다.

□ 压力 yālì 명 스트레스
我的工作压力非常大。내 업무 스트레스는 매우 크다.

□ 请假 qǐngjià 동 휴가를 신청하다
我想请假休息几天。나는 휴가를 신청해서 며칠간 쉬고 싶다.

선생님의 한마디
出错는 '동사술어+목적어' 구조로 이루어진 이합사이기 때문에 '出过错'라고 써야 합니다.

• 从来没 cónglái méi 지금껏 ~한 적이 없다

• 报告 bàogào 명 보고서

7) 여행

□ 放假 fàngjià 동 방학하다, 휴가로 쉬다.
放假以后我要去旅游。방학한 후에 나는 여행을 가려고 한다.

□ 国庆节 Guóqìngjié 명 궈칭제
国庆节公司放三天假。궈칭제에 회사는 3일 동안 쉰다.

□ 寒假 hánjià 명 겨울방학
今年寒假我打算去滑雪。올해 겨울방학엔 스키를 타러 갈 계획이다.

□ 订酒店 dìng jiǔdiàn 호텔을 예약하다
我提前订好了酒店。나는 미리 호텔을 예약했다.

□ 行李 xíngli 명 (여행) 짐
我的行李不多，不用托运。내 짐은 많지 않아서, 수하물로 부칠 필요가 없다.

□ 海边 hǎibian 명 해변, 바닷가
海边的风景很漂亮。바닷가의 풍경이 아름답다.

□ 沙滩 shātān 명 모래사장
我喜欢在沙滩上散步。나는 모래사장에서 산책하는 것을 좋아한다.

선생님의 한마디
중국의 건국 기념일인 궈칭제는 10월 1일이며, '十 · 一'라고 말하기도 합니다.

• 滑雪 huáxuě 동 스키를 타다

선생님의 한마디
호텔은 '宾馆 bīnguǎn'이라고도 합니다.

선생님의 한마디
托运은 주로 비행기에 수화물을 부치는 것을 의미합니다.

• 托运 tuōyùn 동 탁송하다, 운송을 위탁하다

• 散步 sànbù 동 산책하다

□ 舒适 shūshì 형 편(안)하다, 쾌적하다

我们住的酒店的环境非常舒适。우리가 묵는 호텔의 환경은 매우 쾌적하다.

□ 愉快 yúkuài 형 유쾌하다, 즐겁다

这次旅行我们玩儿得很愉快。이번 여행에서 우리는 즐겁게 놀았다.

□ 放松 fàngsōng 동 긴장을 풀다, 마음을 편하게 하다.

放假的时候，我打算出去旅游放松一下。
방학 때, 난 여행을 떠나 휴식을 할 계획이다.

선생님의 한마디
放松을 우리말로 번역할 때 문맥에 따라서는 '휴식을 하다'라는 의미를 나타내기도 합니다.

□ 期待 qīdài 동 기대하다

我非常期待这次旅行。나는 이번 여행을 매우 기대한다.

8) 쇼핑

□ 购物 gòuwù 동 물건을 사다, 쇼핑하다

我很喜欢购物。나는 쇼핑을 매우 좋아한다.

□ 逛街 guàngjiē 동 거리 구경을 하다, (아이) 쇼핑하다

我经常和妈妈去逛街。나는 자주 엄마와 쇼핑하러 간다.

□ 挑 tiāo 동 고르다, 선택하다

我挑了一双白色的鞋。나는 흰색 신발 한 켤레를 골랐다.

□ 打折 dǎzhé 동 가격을 깎다, 할인하다

商场正在打折。상점은 할인을 하고 있다.

• 商场 shāngchǎng 명 상점, 쇼핑 센터

□ 价格 jiàgé 명 가격

价格比较合理。가격이 비교적 합리적이다.

선생님의 한마디
'价格合理'는 물건 대비 가격이 적당하다는 의미입니다.

• 合理 hélǐ 형 합리적이다

□ 样式 yàngshì 명 양식, 스타일, 디자인[=款式 kuǎnshì]

衣服的样式非常多。옷의 디자인이 매우 많다.

□ 大小 dàxiǎo 명 크기, 사이즈

鞋的大小正合适。신발 사이즈가 딱 적당하다.

• 鞋 xié 명 신발
• 合适 héshì 형 적합하다, 적당하다, 알맞다

□ 适合 shìhé 동 어울리다

这件衣服的颜色比较适合我。이 옷의 색은 비교적 나한테 어울린다.

□ 推荐 tuījiàn 동 추천하다

店员向我推荐了一件衣服。점원이 나한테 옷 한 벌을 추천해 주었다.

• 店员 diànyuán 명 (상점의) 점원

□ 售货员 shòuhuòyuán 명 (상점 등의) 점원, 판매원

鞋店的售货员很热情。신발 가게의 점원은 친절했다.

• 热情 rèqíng 형 (태도가) 친절하다

9) 운동

□ 锻炼身体 duànliàn shēntǐ 신체를 단련하다, 운동하다

我几乎每天早上都锻炼身体。나는 거의 매일 아침 운동한다.

• 几乎 jīhū 부 거의

□ 苗条 miáotiao 형 (몸매가) 날씬하다

我以前很苗条，最近越来越胖了。

나는 이전에 날씬했는데, 요즘 갈수록 살이 찐다.

• 胖 pàng 형 뚱뚱하다, 살찌다

□ 轻松 qīngsōng 형 (기분이) 홀가분하다

运动结束以后，我的心情总是很轻松。

운동이 끝난 후에, 내 기분은 늘 홀가분하다.

• 结束 jiéshù 동 끝나다
• 总是 zǒngshì 부 항상, 늘

□ 放松 fàngsōng 동 (근육, 긴장 등을) 이완시키다, (마음을) 편하게 하다

运动结束以后一定要放松一下肌肉。

운동이 끝난 후에는 반드시 근육을 좀 풀어 주어야 한다.

선생님의 한마디

放松은 동사이므로 목적어를 가질 수 있습니다. '放松心情(마음을 편하게 하다)'의 호응 관계를 기억해 두세요.

• 肌肉 jīròu 명 근육

□ 坚持 jiānchí 동 (하고 있던 것을) 계속하다, 꾸준히 하다

我每天晚上都出去跑步，已经坚持三个月了。

나는 매일 저녁에 나가서 달리기를 하는데, 이미 3개월 동안 꾸준히 했다.

• 跑步 pǎobù 동 달리다

10) 모임/외식

□ 聚会 jùhuì 동 (한데) 모이다 명 모임

我和同学们经常聚会。나는 동창들과 자주 모인다.

□ 同学会 tóngxuéhuì 명 동창회

下周我们要举行同学会。다음 주에 우리는 동창회를 하려고 한다.

□ 生日宴 shēngrìyàn 명 생일 파티[=生日宴会 shēngrì yànhuì]

今天晚上我们要给妈妈举行生日宴。

오늘 밤에 우리는 엄마한테 생일 파티를 열어 주려고 한다.

□ 过生日 guò shēngrì 생일을 지내다

今天我过生日，所以我请几个好朋友一起吃了一顿饭。

오늘 나는 생일이라서, 친한 친구 몇 명을 불러서 함께 밥 한 끼를 먹었다.

• 顿 dùn 양 번, 차례, 끼니[식사 · 질책 · 권고 등을 세는 단위]

□ 饭店 fàndiàn 명 식당[=餐厅 cāntīng]

我们提前订好了一家饭店。우리는 미리 식당을 예약했다.

• 提前 tíqián 동 (예정된 시간을) 앞당기다
• 订 dìng 동 예약하다

□ 邀请 yāoqǐng 동 초청하다, 초대하다

他邀请了很多朋友。그는 많은 친구들을 초대했다.

□ 气氛 qìfēn 명 분위기

昨天聚会的时候气氛非常好。어제 모임을 할 때 분위기가 매우 좋았다.

□ 菜单 càidān 명 메뉴

我和男朋友一起看着菜单点菜。
나는 남자 친구와 함께 메뉴를 보면서 요리를 주문했다.

• 点菜 diǎncài 동 요리를 주문하다

□ 请客 qǐngkè 동 초대하다, 한턱내다

昨天一个朋友过生日，所以他请了大家的客。
어제 한 친구가 생일이라서, 그가 모두를 초대했다.

□ 庆祝 qìngzhù 동 축하하다, 경축하다

我毕业了，为了庆祝，我们一家人一起吃了一顿饭。
내가 졸업을 해서 축하하기 위해 우리 가족은 함께 밥 한 끼를 먹었다.

□ 祝贺 zhùhè 동 축하하다

为了祝贺我找到了工作，昨天我姐姐请我吃饭了。
내가 일자리를 찾은 것을 축하하기 위해서, 어제 누나가 나한테 밥을 사 줬다.

□ 聊天 liáotiān 동 이야기를 나누다

他们一边喝酒，一边聊天。그들은 술을 마시면서 이야기를 나누었다.

11) 스트레스/병

□ 缓解 huǎnjiě 동 (스트레스를) 풀다

运动可以缓解我的压力。운동은 내 스트레스를 풀어 줄 수 있다.

□ 着凉 zháoliáng 동 감기에 걸리다

我这几天着凉了，十分难受。나는 요 며칠 감기에 결려서 매우 괴롭다.

선생님의 한마디

着凉은 주로 '추워서 감기에 걸리다'라는 의미이고, 感冒는 바이러스를 포함한 모든 감기를 의미합니다.

• 难受 nánshòu 형 괴롭다, 견딜 수 없다

□ 生病 shēngbìng 동 병이 나다

不久以前我生了一场病。얼마 전에 나는 한 차례 병이 났다.

□ 熬夜 áoyè 동 밤을 새다

我经常熬夜学习，所以我的身体越来越不好了。
나는 자주 밤새서 공부해서, 내 몸은 갈수록 나빠졌다.

□ 严重 yánzhòng 형 (정도가) 심각하다

我的病不太严重。내 병은 그다지 심각하지 않다.

□ 疲劳 píláo 형 피곤하다, 지치다

我每天都感到非常疲劳。나는 매일 매우 피곤함을 느낀다.

□ 精力 jīnglì 명 에너지, 정신과 체력

我没有精力锻炼身体。나는 운동할 기운이 없다.

□ 治疗 zhìliáo 동 치료하다

我治疗了三个月。나는 3개월 동안 치료했다.

□ 及时 jíshí 부 제때, 즉시

幸亏我的病被及时发现了。다행히 내 병은 제때 발견되었다.

□ 住院 zhùyuàn 동 (환자가) 입원하다

我住了几天院。나는 며칠간 입원했다.

□ 开药 kāiyào 동 약을 처방하다

医生给我开了一点儿药。의사 선생님이 내게 약을 조금 처방해 주었다.

□ 乐观 lèguān 형 낙관적이다

保持乐观的心情是最重要的。낙관적인 마음을 유지하는 것이 가장 중요하다.

□ 调整心态 tiáozhěng xīntài 심리 상태를 조절하다, 마인드 컨트롤하다

调整心态是缓解压力最好的办法。
마인드 컨트롤은 스트레스를 푸는 가장 좋은 방법이다.

□ 安排 ānpái 동 (스케줄 등을) 짜다, 안배하다

我们应该合理安排工作和休息的时间。
우리는 일하고 쉬는 시간을 합리적으로 짜야 한다.

- 幸亏 xìngkuī 부 다행히, 운 좋게
- 发现 fāxiàn 동 발견하다

- 保持 bǎochí 동 (지속적으로) 유지하다

- 缓解压力 huǎnjiě yālì 스트레스를 풀다

선생님의 한마디

예문의 合理는 형용사지만 동사를 수식하는 부사어로 쓰였습니다.

- 合理 hélǐ 형 합리적이다

12) 결혼

□ 求婚 qiúhūn 동 구혼하다, 프러포즈하다

我的男朋友向我求婚了。내 남자 친구가 나한테 프러포즈했다.

□ 结婚 jiéhūn 동 결혼하다

我们结婚已经三年了。우리는 결혼한 지 이미 3년이 되었다.

□ 婚姻 hūnyīn 명 결혼 생활

她的婚姻非常幸福。그녀의 결혼 생활은 매우 행복하다.

□ 举行 jǔxíng 동 거행하다, (결혼식을) 올리다[=举办 jǔbàn]

我的朋友下个月要举行婚礼。내 친구는 다음 달에 결혼식을 올리려고 한다.

□ 打扮 dǎban 동 단장하다, 꾸미다

举行婚礼那天她打扮得很漂亮。결혼식을 올리는 날에 그녀는 아름답게 꾸몄다.

선생님의 한마디

结婚은 지속이 불가능한 동사라서 '结婚了三年'은 잘못된 표현입니다.

□ 感谢 gǎnxiè 동 감사하다, 고마워하다

我非常感谢来参加我婚礼的朋友们。
나는 내 결혼식에 참가하러 온 친구들한테 매우 고마워했다.

□ 庆祝 qìngzhù 동 축하하다, 경축하다

大家都向我表示庆祝。모두가 나한테 축하를 해 주었다.

• 表示庆祝 biǎoshì qìngzhù 축하를 표하다

□ 愿望 yuànwàng 명 소망, 소원, 바람

我的愿望是她永远幸福。나의 바람은 그녀가 언제나 행복하는 것이다.

• 永远 yǒngyuǎn 부 영원히, 언제나

□ 结婚纪念日 jiéhūn jìniànrì 결혼 기념일

昨天是我们的结婚纪念日，我们一起庆祝了一下。
어제는 우리의 결혼 기념일이라서, 우리는 함께 축하했다.

13) 경기/시합

□ 比赛 bǐsài 명 경기, 시합

我参加了一场比赛。나는 시합에 참가했다.

□ 决赛 juésài 명 결승전

我们队进入了决赛。우리 팀은 결승전에 진출했다.

• 队 duì 명 팀

□ 冠军 guànjūn 명 우승(자), 1등

我获得了冠军。나는 우승을 차지했다.

• 获得冠军 huòdé guànjūn 우승을 차지하다

□ 第一名 dì-yī míng 1위, 1등

我没有得到第一名。나는 1등을 차지하지 못했다.

□ 发挥 fāhuī 동 발휘하다

我发挥出了我最好的水平。나는 내 최고의 실력을 발휘했다.

• 水平 shuǐpíng 명 수준, 실력

□ 激动 jīdòng 형 (감정이) 격해지다, 감격하다, 흥분하다

得到了好成绩，我非常激动。좋은 성적을 받아서, 나는 매우 감격했다.

• 得到~成绩 dédào~chéngjì ~한 성적을 받다

□ 兴奋 xīngfèn 형 (기뻐서) 흥분하다

听到这个好消息，大家都很兴奋。이 좋은 소식을 듣고, 모두가 흥분했다.

□ 争取 zhēngqǔ 동 쟁취하다, ~하려고 애쓰다

下次我要争取取得更好的成绩。
다음에 나는 더 좋은 성적을 거두기 위해 애써야겠다.

• 取得~成绩 qǔdé~chéngjì ~한 성적을 거두다

□ 可惜 kěxī 형 아쉽다, 아깝다

我没有拿到好成绩，我感到很可惜。
나는 좋은 성적을 받지 못해서 아쉬웠다.

• 拿到 nádào (손에) 넣다, 받다

□ 总结 zǒngjié 동 총정리하다

我总结了一下这次比赛的经验和教训。
나는 이번 시험의 경험과 교훈을 한번 총정리했다.

• 教训 jiàoxùn 명 교훈

□ 支持 zhīchí 동 지지하다

我非常感谢家人对我的支持。나는 가족들의 나에 대한 지지에 매우 고마워한다.

□ 鼓励 gǔlì 동 격려하다

妈妈鼓励我争取下次得到好成绩。
엄마는 나에게 다음에 좋은 성적을 받는 데 힘쓰라고 격려해 주었다.

14) 실수/좌절/반성

□ 犯错误 fàn cuòwù 잘못을 저지르다, 실수하다

昨天我在公司犯了一个很大的错误。어제 나는 회사에서 큰 잘못을 저질렀다.

□ 虚心 xūxīn 형 겸손하다, 겸허하다[=谦虚 qiānxū]

遇到问题，我总是虚心向同事们请教。
문제를 맞닥뜨리면 나는 항상 겸손하게 동료들에게 가르침을 청한다.

선생님의 한마디
虚心과 谦虚는 동의어로 용법이 거의 같습니다. 다만 虚心은 주로 동사를 수식하는 부사어로 많이 사용됩니다.

□ 惭愧 cánkuì 형 (죄송해서 ~을 볼) 면목이 없다

出了这样的错，我感到很惭愧。이런 실수를 해서, 나는 면목이 없었다.

• 出错 chūcuò 동 실수를 하다

□ 损失 sǔnshī 명 (경제적) 손실, 손해

幸亏公司的损失不太大。다행히 회사의 손실은 그다지 크지 않다.

□ 烦恼 fánnǎo 형 걱정하다, 고민하다

我没有什么经验，我感到很烦恼。나는 별다른 노하우가 없어서 걱정했다.

□ 勇气 yǒngqì 명 용기

我鼓起勇气承认了我的错误。나는 용기를 내서 내 잘못을 인정했다.

• 承认 chéngrèn 동 (잘못을) 인정하다

□ 灰心 huīxīn 동 (어려움 · 실패 · 좌절 등을 겪어) 낙심하다, 낙담하다

面对这样的情况，我没有灰心。이런 상황에 직면해도 나는 낙담하지 않았다.

• 情况 qíngkuàng 명 상황

□ 教训 jiàoxùn 명 교훈

通过这件事，我吸取了教训。이 일을 통해서, 나는 교훈을 얻었다.

• 吸取 xīqǔ 동 (교훈을) 얻다, 받아들이다

□ 挫折 cuòzhé 명 좌절

我遇到了一个很大的挫折。나는 큰 좌절을 겪었다.

선생님의 한마디
挫折는 6급 필수어휘지만, 5급에서도 종종 출제되니, 암기해 두어야 합니다.

15) 목표 달성

□ 制定目标 zhìdìng mùbiāo 목표를 세우다

我给自己制定了一个新的目标。나는 스스로 새로운 목표를 세웠다.

□ 理想 lǐxiǎng 명 이상, 꿈 형 이상적이다, 만족스럽다

我的理想是成为一个外交官。내 꿈은 외교관이 되는 것이다.

• 外交官 wàijiāoguān 명 외교관

□ 挑战 tiǎozhàn 동 도전하다

我喜欢向新的事物挑战。나는 새로운 것에 도전하길 좋아한다.

□ 克服 kèfú 동 극복하다

各种困难我都克服了。여러 어려움을 나는 모두 극복했다.

□ 自信 zìxìn 형 자신(감) 있다

我是一个非常自信的人。나는 매우 자신감 있는 사람이다.

□ 细节 xìjié 명 세부 (사항)

以后我要注意每一个细节。앞으로 나는 모든 세부 사항에 주의해야겠다.

□ 实现 shíxiàn 동 실현하다

我的目标一定会实现。나의 목표는 반드시 실현될 것이다.

• 目标 mùbiāo 명 목표

□ 前途 qiántú 명 전망, 장래, 비전

我相信我自己会很有前途。나는 내 자신의 전망이 밝을 거라고 믿는다.

STEP 04 확인문제 풀기

01 错误　面对　虚心　经验　成长

▶ 정답 및 해설 66쪽

시나공법 02

작문의 첫걸음은 어휘다!

HSK 5급 쓰기 2부분은 작문이기 때문에 기본적으로 어휘량이 일정 수준 이상 되어야 답안을 작성할 수 있습니다. 4, 5급 필수어휘 범위 내에서 단어가 제시되지만 간혹 단어의 뜻을 모르면 작문이 불가능합니다. 또한 작문을 할 때 혼동하기 쉬운 어휘를 제대로 써야 좋은 점수를 받을 수 있습니다. 어설프게 우리말로만 단어를 암기해 두면 잘못된 작문을 하기 쉬우니, 이번 시나공법에서는 혼동하기 쉬운 어휘들의 용법을 제대로 학습하도록 합니다.

STEP 01 먼저 풀어보기

예제

毕业　舍不得　顺利　前途　感激

STEP 02 선생님 풀이과정 보기

예제

|해 설|

毕业	舍不得	顺利	前途	感激
졸업하다	아쉽다	순조롭다	비전	감사하다

1단계 제시어의 의미를 파악한다.

- **毕业** bìyè 4급 동 졸업하다

  大学毕业 대학을 졸업하다 | 毕业**于～** ～를 졸업하다

  我是首尔大学毕业**的。** 나는 서울대학교 졸업생이다.

  我毕业**于清华大学。** 나는 칭화대학교를 졸업했다.

- **舍不得** shěbude 5급 동 (헤어지기) 아쉽다, 섭섭하다, ～하기 아까워하다

  舍不得**离开学校** 학교를 떠나기 아쉽다 |

  舍不得**离开同学们** 친구들을 떠나기 아쉽다

  舍不得**吃** 먹기 아깝다 | 舍不得**穿** 입기 아깝다 | 舍不得**用** 쓰기 아깝다

  我马上就要毕业了，非常舍不得**离开我们学校。**
  나는 곧 졸업하는데, 우리 학교를 떠나기가 매우 아쉽다.

  我今天新买了一件衣服，有点儿舍不得**穿。**
  나는 오늘 옷 한 벌을 새로 샀는데, 입기가 조금 아깝다.

- **顺利** shùnlì 4급 형 순조롭다

  ① **顺利地** + 동사: 순조롭게 ～하다[부사어로 쓰임]

  我顺利**地找到了工作。** 나는 순조롭게 일자리를 찾았다.

  高中毕业后，我顺利**地考上了大学。**
  고등학교 졸업 후에, 나는 순조롭게 대학에 합격했다.

  下飞机后，我们顺利**地到了酒店。**
  비행기에서 내린 후에, 우리는 순조롭게 호텔에 도착했다.

  ② 명사 + **很顺利**: ～이 매우 순조롭다[술어로 쓰임]

  我在学习方面一直很顺利**。** 나는 공부 방면에 있어서 줄곧 매우 순조로웠다.

  我在工作上一直比较顺利**。** 나는 일에 있어서 줄곧 비교적 순조로웠다.

- **前途** qiántú 5급 명 전망, 장래, 비전

  有前途 전망이 있다 | 前途**光明** 장래가 밝다

  这个工作很有前途**。** 이 일은 전망이 밝다.

  我觉得这家公司没有什么前途**。** 나는 이 회사가 별다른 전망이 없다고 생각한다.

- **感激** gǎnjī 5급 동 고마움을 느끼다, 매우 고마워하다

  感激 + 대상: ～에게 고마워하다

  我很感激**王老师。** 나는 왕 선생님께 매우 고마웠다.

  我最感激**的就是王老师。** 내가 가장 고마워하는 사람은 바로 왕 선생님이다.

2단계 제시어를 활용해 간략하게 스토리를 구상한다.

졸업(毕业)을 앞두고 있다. 순탄하게(顺利) 대학에 진학하게 되었고 내 미래는 비전(前途)이 있을 것 같다. 선생님께 감사하고(感激), 헤어지기 아쉽다(舍不得).

선생님의 한마디

毕业는 이합사이므로 뒤에 목적어를 가질 수 없습니다. 따라서 '毕业大学(X)'는 틀린 표현입니다.

- **首尔** Shǒu'ěr 고유 서울

선생님의 한마디

舍不得는 일반적으로 동사구를 목적어로 갖습니다.

- **考上大学** kǎoshàng dàxué 대학에 합격하다
- **酒店** jiǔdiàn 명 호텔

- **一直** yìzhí 부 계속, 줄곧

선생님의 한마디

感激는 非常感谢의 의미입니다. 感激를 '감격하다' 또는 '感动(감동하다)'과 같은 의미로 혼동하는 경우가 많은데 올바르게 숙지해 두어야 합니다.

모범답안

		我	们	毕	业	了	，	我	和	同	学	们	都	顺	利
地	考	上	了	理	想	的	大	学	，	大	家	都	很	感	激
班	主	任	王	老	师	。	我	要	去	外	地	上	大	学	，
同	学	们	和	老	师	们	都	说	我	以	后	一	定	会	很
有	前	途	。	我	明	天	就	要	出	发	了	，	我	很	舍
不	得	离	开	老	师	和	同	学	们	。					

우리는 졸업했다. 나와 친구들이 모두 순조롭게 원하는 대학에 합격하자 모두들 담임인 왕 선생님께 고마워했다. 나는 타지에서 대학에 다니게 되었는데, 친구들과 선생님들은 모두 내가 앞으로 틀림없이 장래가 밝을 거라고 말했다. 나는 내일 바로 출발한다. 선생님, 친구들과 헤어지기 너무 아쉽다.

|단 어| **考上** kǎoshàng 동 (시험에) 합격하다 | **理想** lǐxiǎng 형 이상적이다 | **班主任** bān zhǔrèn 학급 담임 | **外地** wàidì 명 타지, 외지 | **上大学** shàng dàxué 대학교에 다니다 | **就要~了** jiùyào~le 곧 ~하다 | **离开** líkāi 동 떠나다

선생님의 한마디

중국인들은 理想이란 표현을 상당히 좋아합니다. '理想的大学'라는 표현은 본인이 가고 싶어하는 이상적인 대학을 뜻합니다. '考试成绩很理想'이라는 표현도 자주 쓰는데, 자연스럽게 의역하면 '시험 성적이 잘 나왔다'라는 의미입니다. 한국어 문장을 중국어로 직역하여 작문하기보다는 중국식으로 쓰는 연습을 해야 합니다.

STEP 03 내공쌓기

1. 유사어 용법 구분하기

단어	용법 및 예문
帮助 bāngzhù 동 돕다	• 타동사이므로 뒤에는 목적어가 옴 예 帮助 + 돕는 대상 • 목적어는 단어 또는 문장이 올 수 있음 他经常帮助我。그는 자주 나를 돕는다. 他帮助我解决了问题。그는 나를 도와 문제를 해결했다.
帮忙 bāngmáng 동 (일을) 돕다	• 이합사이므로 목적어 등의 성분은 단어 사이에 위치해야 함 예 帮 + 기타 성분 + 忙 (X) 帮忙 + 돕는 대상 他帮了我的忙。그는 내 일을 도왔다. 我帮了朋友一个忙。나는 친구의 일을 도왔다.
想 xiǎng 동 ~하고 싶다	• 주로 본인의 의지로 하고 싶은 일에 씀 我想去中国留学。나는 중국으로 유학을 가고 싶다. 我想进这家公司工作。나는 이 회사에 들어가서 일하고 싶다.
愿意 yuànyì 동 원하다	• 주로 대화체에서 씀 A: 你愿意去中国工作吗? 너 중국에 가서 일하고 싶니? B: 我愿意! 난 일하고 싶어!
希望 xīwàng 동 희망하다, 바라다	• 목적어는 주로 '주어+술어' 구조의 완전한 문장이 옴 예 주어1+希望+주어2+술어2+목적어2 我希望他幸福。나는 그가 행복하길 바란다. 我希望同学们都能取得好成绩。 나는 학생들이 좋은 성적을 거둘 수 있기를 바란다.
愿望 yuànwàng 명 소망, 소원, 바람	• 명사 용법만 있음 我的愿望是去国外生活。나의 바람은 외국에 가서 생활하는 것이다. 我的愿望是找到一份好工作。나의 바람은 좋은 일자리를 찾는 것이다.
适合 shìhé 동 어울리다, (적성에) 맞다	• 타동사이므로 뒤에는 목적어가 옴 예 适合 + 목적어(단어/구문) • 목적어는 명사 또는 동사구가 올 수 있음 这个工作很适合我。이 일은 나한테 딱 맞다. 我的性格不太适合做这样的工作。 나의 성격은 이런 일을 하는 데 그다지 어울리지 않는다.
合适 héshì 형 적당하다, 알맞다	• 형용사이므로 목적어를 가지지 않고 '주어+合适'의 구조로 씀 衣服的大小很合适。옷의 크기가 적당하다. 他这么处理这件事并不合适。 그가 이 일을 이렇게 처리하는 것은 결코 알맞지 않다.

선생님의 한마디

• '他帮助我解决了问题。'의 我는 帮助의 목적어이자 술어 解决의 주어를 겸하고 있습니다. 따라서 이 문장은 '겸어문'입니다.

• 이합사는 단어 자체가 '동사술어+목적어'의 구조로 이루어져 있기 때문에 뒤에 또 다른 목적어를 가질 수 없습니다.

선생님의 한마디

愿意는 구어체이므로 단문 작성인 쓰기 2부분에서는 가급적 사용하지 않는 것이 좋습니다.

• 幸福 xìngfú 형 행복하다
• 取 qǔ 동 가지다, (결과 등을) 얻다
• 成绩 chéngjì 명 성적

선생님의 한마디

愿望은 동사로 쓰이지 않는다는 점을 기억해 둡시다.

• 性格 xìnggé 명 성격

• 衣服 yīfu 명 의복, 옷
• 大小 dàxiǎo 명 크기
• 处理 chǔlǐ 동 처리하다

知道 zhīdào 동 알다	• '(객관적인 사실을) 알다'라는 의미일 때 씀 我知道什么时候放假。나는 언제 쉬는지 안다. 我不知道他是谁。나는 그가 누군지 모른다.
明白 míngbai 동 알다	• '(주관적인 뜻을) 이해하다', '(이치를) 깨닫다'라는 의미로 씀 我明白老师的意思了。나는 선생님의 뜻을 이해했다. 我终于明白我为什么失败了。나는 내가 왜 실패했는지 마침내 깨달았다.
理解 lǐjiě 동 이해하다, 알다	• '(뜻이나 마음을) 이해하다, 알다'라는 의미일 때 씀 • 주관적인 사실을 좀 더 깊이 있게 이해할 때 씀 我不理解他。나는 그를 이해하지 못하겠다. 我很理解妈妈的心情。나는 엄마의 마음을 안다.
了解 liǎojiě 동 (자세하게 잘) 알다	• '(상황이나 정보를 자세하게) 알다'라는 의미일 때 씀 • 주로 주변의 상황 등 객관적 사실을 이해할 때 씀 我不了解他的情况。나는 그의 상황을 잘 모른다. 我很了解中国文化。나는 중국 문화를 잘 안다.
一直 yìzhí 부 계속, 줄곧	• '(중간에 쉬지 않고) 쭉 ~을 하다'라는 의미일 때 씀 • 시간상 오랜 기간 동안 계속해 왔음을 의미함 我一直在学习。나는 계속 공부하고 있다. 我一直在这家公司上班。나는 계속 이 회사에서 근무하고 있다.
继续 jìxù 동 계속하다	• '(원래 하던 일을 이어서) 쭉 하다'라는 의미일 때 씀 • 동사 목적어를 가짐 作业昨天没写完，今天继续写。 숙제를 어제 다 못 해서, 오늘 계속해서 한다. 上午的会议没开完，下午继续开。 어제 회의가 끝나지 않아서, 오후에 계속해서 한다.
为 wèi 전 ~때문에, ~에게	• '为+대상+동사/심리동사'의 구조로 씀 • 주로 단문에서 씀 爸爸妈妈总是为我操心。아빠와 엄마는 늘 나 때문에 걱정하신다. 我最近一直为这件事头疼。나는 요즘 계속 이 일 때문에 머리가 아프다.
为了 wèile 전 ~을 위해서	• '为+동사(구)'의 구조로 씀 • 주로 복문의 앞 절에서 씀 为了我的未来，我要好好学习。 나의 미래를 위해서, 나는 열심히 공부해야 한다. 为了找到一个好工作，我做了很多准备。 좋은 일자리를 찾기 위해서, 나는 많은 준비를 했다.
信心 xìnxīn 명 자신(감)	• 주로 有/没有와 결합하여 '(어떤 일에) 자신 있다/없다'라고 표현할 때 씀 • 주로 구체적인 일에 대한 자신감을 나타낼 때 씀 这次考试我很有信心。이번 시험은 난 자신 있다. 我对今天的面试很有信心。난 오늘 면접에 자신 있다.

- **放假** fàngjià 동 방학하다, (휴가로) 쉬다
- **终于** zhōngyú 부 마침내
- **失败** shībài 동 실패하다
- **上班** shàngbān 동 출근하다, 근무하다

선생님의 한마디

继续는 우리말로 해석할 때는 마치 부사처럼 해석이 되지만, 원래 품사는 동사입니다.

- **总是** zǒngshì 부 항상, 늘
- **操心** cāoxīn 동 마음을 쓰다, 걱정하다
- **未来** wèilái 명 미래
- **准备** zhǔnbèi 동 준비하다
- **考试** kǎoshì 명 시험
- **面试** miànshì 명 면접

단어	설명 및 예문
自信 zìxìn 형 자신(감) 있다	• 주로 관형어 형태로 씀 예 自信的人 • 주로 성격을 나타낼 때 씀 我是一个很自信的人。난 자신감 있는 사람이다. 他是一个很不自信的人。그는 자신감 없는 사람이다.
收到 shōudào 동 받다	• 주로 물건/우편물/통지 등 구체적인 사물과 호응함 我收到一封信。난 편지 한 통을 받았다. 我收到一个生日礼物。난 생일 선물을 받았다.
受到 shòudào 동 받다	• 주로 칭찬/비판/영향 등 추상적인 목적어와 호응함 我受到了老师的表扬。난 선생님의 칭찬을 받았다. 我受到了妈妈的影响。난 엄마의 영향을 받았다.
看起来 kànqǐlái 동 보기에 ~하다, ~하게 보이다	• 주로 추측의 표현에 씀 他看起来很幸福。그는 행복해 보인다. 看起来面试官对我比较满意。 면접관은 나한테 비교적 만족한 걸로 보인다.
显得 xiǎnde 동 ~하게 보이다	• 주로 평소와 비교하여 달라 보인다는 표현에 씀 • 목적어는 명사가 올 수 없고, 주로 형용사구가 옴 她这么穿显得很苗条。그녀는 이렇게 입으니까 날씬해 보인다. 这么一打扮，她就显得更年轻了。 이렇게 꾸미니까, 그녀는 더 젊어 보인다.
第一次 dì-yī cì 처음	• 주로 '첫 번째'라는 의미로 씀 这是我第一次打工。이것은 내가 처음 아르바이트를 한 것이다. 这是我第一次坐飞机。이것은 내가 처음 비행기를 탄 것이다.
一开始 yì kāishǐ 처음에는	• '처음에는'이라는 의미로 씀 • 주로 현재 상황과 비교하여 맨 처음이라는 과거를 언급할 때 씀 我从去年开始运动。一开始我觉得很累，后来就习惯了。 나는 작년부터 운동하기 시작했다. 처음에 나는 피곤함을 느꼈는데, 나중에는 익숙해졌다. 我从上个月开始学汉语。一开始我觉得很有意思，现在觉得越来越难了。 나는 지난달부터 중국어를 배우기 시작했다. 처음에는 재미있었는데, 지금은 갈수록 어려운 것 같다.
可怕 kěpà 형 두렵다, 무섭다	• 주로 '주어+可怕'의 구조로 씀 我妈妈很可怕。우리 엄마는 무섭다. 这件事太可怕了。이 일은 너무 무섭다.
害怕 hàipà 동 두려워하다, 무서워하다	• 타동사이므로 '주어+害怕+목적어'의 형태로 씀 我害怕我姐姐。나는 우리 누나를 무서워한다. 我害怕妈妈不同意。나는 엄마가 동의하지 않을까 봐 두렵다.

- **封** fēng 양 통, 꾸러미
- **生日礼物** shēngrì lǐwù 생일 선물
- **表扬** biǎoyáng 동 칭찬하다
- **影响** yǐngxiǎng 명 영향
- **幸福** xìngfú 형 행복하다
- **面试官** miànshìguān 면접관
- **穿** chuān 동 (옷을) 입다
- **苗条** miáotiao 형 (몸매가) 날씬하다
- **打扮** dǎban 동 단장하다, 꾸미다
- **年轻** niánqīng 형 젊다
- **打工** dǎgōng 동 아르바이트하다, 임시직으로 일하다
- **习惯** xíguàn 동 습관이 되다, 익숙해지다
- **有意思** yǒuyìsi 재미있다

단어	설명 및 예문
恐怕 kǒngpà 부 아마 ~일 것이다	• 주로 '恐怕+要/会+동사'의 구조로 씀 • 뒤에는 주로 걱정과 우려의 추측이 옴 我恐怕要迟到了。 나는 아마 늦을 것이다. 他今天恐怕不会来了。 그는 오늘 아마 오지 않을 것이다.
也许 yěxǔ 부 어쩌면, 아마도	• 일반적인 추측에 모두 쓸 수 있음 • 걱정이나 우려의 어감이 없음 他也许会同意。 그는 어쩌면 동의할 수도 있다. 我们也许能找到。 우리는 아마도 찾을 수 있을 것이다.
结婚 jiéhūn 동 결혼하다	• 결혼 대상을 쓴다면, '和/跟+人+结婚'의 구조로 씀 我还没结婚。 나는 아직 결혼하지 않았다. 我马上就要结婚了。 나는 곧 결혼한다.
婚姻 hūnyīn 명 결혼 생활	• 결혼식 후의 '생활'을 뜻할 때 씀 我姐姐的婚姻很美满。 우리 누나의 결혼 생활은 아름답고 원만하다. 我结婚三年了，我的婚姻很幸福。 나는 결혼한 지 3년이 되었고, 나의 결혼 생활은 행복하다.
婚礼 hūnlǐ 명 결혼식	• 결혼 '예식'을 뜻하는 명사 용법만 있음 举行婚礼 결혼식을 올리다 | 举办婚礼 결혼식을 올리다 | 参加婚礼 결혼식에 참가하다 上周他举行了婚礼。 지난주에 그는 결혼식을 올렸다. 我要去参加一个朋友的婚礼。 나는 친구 결혼식에 참가하려고 한다.
负责 fùzé 동 책임지다	• 이합사이므로 뒤에 목적어가 올 수 없음 这件事情我来负责。 이 일은 내가 책임진다. 人生要对自己的行为负责。 인생은 자신의 행동에 대해 책임을 져야 한다.
责任 zérèn 명 책임	• 명사이므로 동사나 형용사와 호응해서 써야 함 负责任 책임을 지다 | 承担责任 책임을 지다 这件事情我也有责任。 이 일은 나도 책임이 있다. 当了科长，我的责任也比以前重了。 과장이 되니 나의 책임도 이전보다 무거워졌다.
舍不得 shěbude 동 ~하기 아쉽다(아깝다)	• 아직 발생하지 않은 일을 말할 때 씀 • '아쉬움'의 감정을 나타냄 • 목적어는 주로 동사(구)가 옴 我舍不得离开我的家乡。 나는 내 고향을 떠나기 아쉽다. 我舍不得穿妈妈给我买的新衣服。 나는 엄마가 내게 사 준 새 옷을 입기 아깝다.
可惜 kěxī 형 아쉽다, 아깝다	• 이미 발생한 일을 말할 때 씀 • '후회'의 감정을 나타냄 一个同事辞职了，我觉得很可惜。 한 동료가 퇴사해서, 난 아쉬웠다. 这次比赛我们没有获得冠军，大家都觉得很可惜。 이번 시합에서 우리가 우승을 차지하지 못해서, 모두가 아까워했다.

• 要~了 yào~le 곧 ~할 것이다
• 迟到 chídào 동 지각하다, 늦다
• 就要~了 jiù yào~le 곧 ~하다
• 美满 měimǎn 형 (아름답고) 원만하다
• 举行 jǔxíng 동 (행사 등을) 거행하다, (결혼식을) 올리다
• 举办 jǔbàn 동 개최하다, 열다, (결혼식을) 치르다
• 承担 chéngdān 동 (책임을) 지다, 감당하다
• 科长 kēzhǎng 명 과장
• 离开 líkāi 동 떠나다
• 家乡 jiāxiāng 명 고향
• 辞职 cízhí 동 퇴사하다, 직장을 그만두다
• 比赛 bǐsài 명 경기, 시합
• 获 huò 동 (결과, 성과 등을) 얻다
• 冠军 guànjūn 명 우승, 1등

偶尔 ǒu'ěr 부 가끔, 간혹	• 화자의 의지와 관계 있음 我偶尔会想起她。나는 가끔 그녀가 떠오른다. 我偶尔会去那个地方看看。난 간혹 그곳에 가서 살펴본다.
偶然 ǒurán 형 우연하다	• 화자의 의지와 관계 없음 • 주로 관형어나 형용사술어로 씀 这是一个偶然的机会。이것은 우연한 기회이다. 这只是一个非常偶然的现象。이것은 매우 우연한 현상에 불과하다.
临时 línshí 부 갑자기, 때에 이르러	• '갑자기'를 강조함 我们临时决定改变计划。우리는 갑자기 계획을 바꾸기로 결정했다. 比赛时他受伤了，教练临时决定让我参加比赛。 시합 때 그가 부상당하자, 코치는 나를 시합에 참가시키기로 갑자기 결정했다.
暂时 zànshí 명 잠시, 일시	• '일시적'을 강조함 这样的现象只是暂时的。이런 현상은 일시적인 것에 불과하다. 困难是暂时的，我相信我自己一定能克服。 어려움은 일시적인 거라서, 난 내 자신이 반드시 극복할 수 있다고 믿는다.

• 想起 xiǎngqǐ 동 생각해 내다, 떠오르다

• 现象 xiànxiàng 명 현상

선생님의 한마디
临时는 형용사로서 '임시의'라는 의미도 있지만, 여기서는 시험에 잘 나오는 '갑자기'라는 부사 용법만 공부합니다.

2. 표현 바로잡기

真	• 대화, 혼잣말 등 대화체에서 사용함 예 这件事让我真生气。(X)
很，非常，特别	• 일반 평서문, 대화문에 모두 사용함 这件事让我很生气。이 일은 나를 정말 화나게 했다.
没	• 没+동사(구): 동사(구)의 과거를 부정함 • '没'와 '了'는 함께 사용하지 않음 예 我没吃饭了。(X) • '안 했다', '못 했다'를 표현할 때는 没를 사용함 我没吃饭。나는 밥을 안 먹었다.
不	• 不+동사(구): 동사의 미래 / 일반적인 상황을 부정함 • '안 한다', '안 할 것이다'를 표현할 때는 不를 사용함 我不吃饭了。나 (이제) 안 먹을래.
再	• 아직 발생하지 않은 일에 대해 '또', '다시'라고 말할 때 씀 예 我再开始学汉语了。(X) • '다시 ~할 것이다'를 표현할 때는 再를 사용함 再见！또 만나자!
又	• 이미 발생한 일을 가리킴 • '다시 ~했다'를 표현할 때는 又를 사용함 又来了！또 왔구나! 我又开始学汉语了。나는 중국어 공부를 다시 시작했다.

선생님의 한마디
한국말은 설명과 같은 서술을 할 때도 '정말 ~하다'라는 표현이 자연스럽기 때문에 중작을 할 때도 한국식 표현으로 真을 많이 쓰게 되는데, 중국어에서는 부자연스러운 표현이므로 주의해야 합니다. 서술하는 글에서는 真이 아니라 일반 정도부사를 써야 합니다.

终于	• 많은 노력 끝에 드디어 바라던 일이 이루어졌을 때 사용함 经过长期的努力，我终于成功了。 장기간의 노력 끝에 나는 드디어 성공했다.
最后	• 일반적인 상황 또는 안타까운 결과가 이루어졌을 때 사용함 最后他成功了。(많은 사람들 중에) 결국 그가 성공했다.
后来	• 현재의 시점에서 과거의 어느 한 시점을 말할 때 사용함 • '나중에 ~했다'라고 표현할 때는 后来를 사용함 后来我不学汉语了。(시간이 흘러) 나중에 중국어 공부를 그만뒀다.
以后	• 현재의 시점에서 미래의 일을 말할 때 사용함 • '나중에 ~할 것이다'라고 표현할 때는 以后를 사용함 以后有机会的话，我想去中国留学。 나중에 기회가 되면 중국으로 유학을 가고 싶다.
了의 사용	정도부사+형용사 • '정도부사(很, 非常)+형용사' 구조에는 了를 쓰지 않음 见到老同学，我很开心。옛 동창을 보니, 난 즐거웠다.
	一直, 经常, 总是 • 지속적이거나 반복적인 상황을 나타내는 부사는 '완료/변화'를 나타내는 了와 함께 쓰지 않음 小的时候我经常去奶奶家玩儿。 어렸을 때 나는 자주 할머니댁에 놀러 갔었다.
	심리동사 • 심리동사는 과거형이 없으므로, 了와 함께 쓰지 않음 • 자주 쓰는 심리동사 : 喜欢/爱/讨厌/害怕/怕/担心/想/想念/觉得 我以前喜欢他。나는 이전에 그를 좋아했다.
	존재동사 • 존재동사 有/没有는 了와 함께 쓰지 않음 我一直没有男朋友。나는 줄곧 남자친구가 없었다.
	형용사/심리동사 • 상태 또는 마음을 묘사할 때 '변화'의 의미가 내포되어 있으면 了를 사용함 我瘦了。나는 살이 빠졌다. 我爱上了运动。나는 운동을 좋아하게 됐다.[이전에는 좋아하지 않았음] 你不高兴了？ 너 삐졌지?[조금 전에는 화나지 않았음]

선생님의 한마디

중국어는 시제가 없는 언어이므로, 문장에서 시제는 今天, 明天 같은 시간명사나 已经, 曾经, 将(~할 것이다)과 같은 시간부사를 이용해서 나타냅니다.

STEP 04 확인문제 풀기

01 简历　特色　信息　突出　应聘

▶ 정답 및 해설 67쪽

시나공법

03 작문도 공식이 있다!

쓰기 2부분 100번 문제에서 제시되는 사진은 크게 몇 가지 종류로 나눌 수 있습니다. 이번 파트에서는 시험에 자주 나오는 사진을 분류해서 각각의 사진에 사용할 수 있는 공식을 만들어 놓았습니다. 단어 및 표현을 숙지하면 비슷한 류의 사진이 나왔을 때 답안을 빠르게 작성할 수 있고, 고득점 또한 기대할 수 있습니다.

STEP 01 먼저 풀어보기

예제

STEP 02 선생님 풀이과정 보기

예제

|해 설| **1단계** 사진의 키워드를 파악하여 주제를 설정한다.

연상 ① 신발 구매: 쇼핑을 함, 나는 평소에도 쇼핑을 좋아함, 쇼핑은 주로 친구와 다님
② 신발 묘사: 사이즈가 딱 맞음, 디자인이 예쁨
③ 감정: 신발이 예뻐서 만족스러움

2단계 '도입-전개-마무리'에 맞춰 간략하게 스토리를 구상한다.

도입 나는 평소에 쇼핑(逛街)을 좋아해서, 주말에 백화점에 가서 구경하곤 한다(逛一逛).

전개 어제 나는 내 친구와 백화점에 가서 신발 한 켤레(一双鞋)를 샀다. 내가 산 신발은 사이즈가 알맞고(大小合适) 스타일이 예쁘며(款式好看), 가격도 합리적이다(价格也很合理).

마무리 나는 매우 만족했다(满意).

|모범 답안|

		我	是	一	个	上	班	族	，	今	年	27	岁	了	。
我	平	时	很	喜	欢	逛	街	，	如	果	没	有	什	么	事
的	话	，	每	个	周	末	我	一	般	都	会	去	商	场	逛
一	逛	。	最	近	商	场	正	在	打	折	，	所	以	昨	天
我	和	我	的	朋	友	一	起	去	买	了	一	双	鞋	。	我
买	的	鞋	不	但	大	小	合	适	，	款	式	好	看	，	而
且	价	格	也	很	合	理	。	所	以	我	非	常	满	意	。

나는 직장인이고, 올해 27살이다. 나는 평소에 쇼핑을 좋아해서, 만일 별다른 일이 없으면 매 주말마다 백화점에 가서 구경하며 돌아다니곤 한다. 요즘 백화점은 할인 중이라서, 어제 나는 내 친구와 함께 가서 신발 한 켤레를 샀다. 내가 산 신발은 사이즈가 알맞고 스타일이 예쁠 뿐만 아니라, 가격도 합리적이었다. 그래서 나는 매우 만족했다.

|단 어| **上班族** shàngbānzú 명 직장인 | **逛街** guàngjiē 동 거리 구경을 하다, (아이) 쇼핑하다 | **周末** zhōumò 명 주말 | **商场** shāngchǎng 명 백화점, 쇼핑 센터 | **逛一逛** guàng yí guàng 이리저리 돌아다니다 | **打折** dǎzhé 동 가격을 깎다, 할인하다 | **鞋** xié 명 신발 | **大小** dàxiǎo 명 크기 | **合适** héshì 형 적당하다 | **款式** kuǎnshì 명 스타일, 디자인 | **价格** jiàgé 명 가격 | **合理** hélǐ 형 합리적이다

선생님의 한마디
사진을 보며 키워드를 잡을 때 연상 작용이 중요합니다. 가령, '신발'만 키워드로 잡으면 스토리에 살을 붙이기 힘드니, '신발 · 쇼핑 · 만족/불만족'과 같이 범위를 넓혀 키워드를 생각하는 게 좋습니다.

STEP 03 내공쌓기

사진 내용별 쓰기 모범 답안

이번 코너에서는 사진의 내용별로 응용할 수 있는 공식을 학습합니다. 이 공식을 암기해 두면 비슷한 내용의 사진이 나왔을 때 활용하여, 본인만의 모범 답안을 만드는 데 큰 도움이 됩니다.

1) 일상생활(운동, 취미 생활, 여가 활동 등)

我是一个大学生，今年22岁了。我平时很喜欢 ＿＿동사구＿＿，
예) 踢足球
弹钢琴
购物

如果没有什么事的话，每个周末我一般都会 ＿＿동사구＿＿。
예) 去踢球
在家练琴
去逛街

|해 석|

나는 대학생이고 올해 22살이다. 나는 평소에 ~하는 것을 좋아해서, 만일 별다른 일이 없으면 주말마다 ~을 하곤 한다.

- 踢足球 tī zúqiú 축구를 하다
- 弹钢琴 tán gāngqín 피아노를 치다
- 购物 gòuwù 동 물건을 사다, 쇼핑하다
- 练琴 liàn qín 피아노를 연습하다

2) 회사 생활(업무 처리, 회의, 상사에게 보고 등)

我是一个上班族，我在一家大公司工作。
虽然 ＿＿장점＿＿，但其实我的工作压力也很大。
예) 很多人都很羡慕我
我的工作很有前途
我的工资比较高

|해 석|

나는 직장인이고 대기업에서 일한다. 비록 ~한 장점이 있지만, 사실 나의 업무 스트레스는 크다.

- 上班族 shàngbānzú 명 직장인
- 工作压力 gōngzuò yālì 업무 스트레스
- 其实 qíshí 부 사실
- 羡慕 xiànmù 동 부러워하다
- 前途 qiántú 명 비전, 앞길, 전망
- 工资 gōngzī 명 월급, 임금

3) 고민하는 모습

生活中有很多让人烦恼的事情，面对这样的情况，
我经常不知道该怎么办。
最近我开始为 ＿＿고민내용＿＿ 的事情而头疼。
예) 找工作 / 留学 / 结婚

- 烦恼 fánnǎo 형 걱정하다, 고민하다
- 面对 miànduì 동 직면하다
- 情况 qíngkuàng 명 상황
- 头疼 tóuténg 동 머리가 아프다

|해 석|

생활 속에는 걱정을 끼치는 일들이 많이 있다. 이런 상황을 맞닥뜨리면 나는 종종 어떻게 해야 할지 모르겠다. 요즘 나는 ~하는 일 때문에 머리가 아프기 시작했다.

4) 프러포즈

我和我的男朋友是 ＿＿만난 시점＿＿ 的，我们已经交往 ＿＿교제 기간＿＿ 了。

예 上大学时认识	好几年
别人介绍认识	半年
在汉语学习班认识	很久

昨天他向我求婚了，还给我买了一束花和一个戒指。

|해 석|

나는 나의 남자 친구와 (언제) 만났고, 우리는 이미 (기간) 동안 사귀었다. 어제는 그가 내게 프러포즈를 했고, 나에게 꽃 한 다발과 반지도 주었다.

- **交往** jiāowǎng 통 교제하다, 사귀다
- **求婚** qiúhūn 통 프러포즈하다, 구혼하다
- **束** shù 양 묶음, 다발
- **戒指** jièzhi 명 반지

5) 연애 · 결혼 생활

我姐姐和姐夫结婚已经好几年了，他们俩很有共同语言，在一起时总有说不完的话题。昨天他们 ＿＿사진 내용＿＿。

예 一起去看电影
一起出去吃饭
在家里庆祝结婚纪念日

|해 석|

우리 누나와 자형은 결혼한 지 이미 여러 해가 되었다. 그들 둘은 공통 관심사가 많아서 함께 있을 때 늘 끊이지 않는 화제가 있다. 어제 그들은 ~했다.

- **姐夫** jiěfu 명 형부, 자형
- **结婚** jiéhūn 통 결혼하다
- **共同语言** gòngtóng yǔyán 공통 관심사
- **话题** huàtí 명 화제
- **庆祝** qìngzhù 통 축하하다
- **结婚纪念日** jiéhūn jìniànrì 결혼 기념일

6) 출퇴근 · 이사

我是一个上班族，我每天都 ＿＿교통 수단＿＿ 上下班。

예 坐地铁
坐公交车
开车

因为我们家离公司比较远，每天在路上要花两个小时，所以我决定搬家。

|해 석|

나는 직장인이고, 매일같이 (~을) 타고 출퇴근한다. 우리 집은 회사에서 비교적 멀어서 매일 길에서 두 시간을 보내야 한다. 그래서 나는 이사를 하기로 결정했다.

- **上下班** shàng xiàbān 통 출퇴근하다
- **花** huā 통 (시간을) 보내다
- **搬家** bānjiā 통 이사하다
- **坐** zuò 통 (교통수단 등을) 타다
- **地铁** dìtiě 명 지하철
- **公交车** gōngjiāochē 명버스

7) 취재

我是一个记者，我几乎每天都要出去采访。因为采访可以让我接触到各种各样的人和事，所以我的工作既紧张又有趣。今天我采访了一个 ___취재 대상___，问他对 ___취재 내용___ 的问题怎么看。

예 大学生 / 大学生打工
上班族 / 跳槽
中年人 / 养老

|해 석|

나는 기자라서, 거의 매일같이 인터뷰를 하러 가야 한다. 인터뷰는 내가 각양각색의 사람과 일을 접하게 해서 내 일은 바쁘면서도 재미있다. 오늘 나는 (누구)를 취재했다. 그에게 ~한 문제에 대해 어떻게 바라보는지 물어봤다.

- 记者 jìzhě 명 기자
- 几乎 jīhū 부 거의
- 采访 cǎifǎng 동 인터뷰하다, 취재하다
- 接触 jiēchù 동 접촉하다, 접하다
- 各种各样 gèzhǒnggèyàng 성 각양각색, 갖가지
- 紧张 jǐnzhāng 형 (일이) 바쁘다
- 有趣 yǒuqù 형 재미있다
- 上班族 shàngbānzú 명 직장인
- 跳槽 tiàocáo 동 직장을 옮기다
- 养老 yǎnglǎo 동 노인을 부양하다

8) 파티 · 축하

___축하 내용___，为了庆祝，昨天我们开了一个晚会。

예 我们球队参加比赛获得了冠军
我的弟弟大学毕业了
我姐姐找到工作了

______ 买了一瓶香槟，我买了一个蛋糕。

예 队长
爸爸
妈妈

|해 석|

(축하 내용). 축하를 하기 위해서 어제 우리 모두는 한자리에 모였다. (누구)는 샴페인 한 병을 샀고 나는 케이크를 샀다.

- 晚会 wǎnhuì 명 이브닝 파티, 연회
- 瓶 píng 양 병
- 香槟 xiāngbīn 명 샴페인
- 蛋糕 dàngāo 명 케이크
- 参加 cānjiā 동 참가하다
- 比赛 bǐsài 명 시합
- 获得冠军 huòdé guànjūn 우승을 차지하다
- 队长 duìzhǎng 명 팀장, 주장

9) 경기 · 시합

我弟弟是一个 ___운동 종목___ 运动员，上周他去参加了一场 ___운동 종목___ 比赛，他在比赛上表现得非常出色，发挥出了他自己的水平。

예 足球/长跑/乒乓球 / 足球/长跑/乒乓球

|해 석|

내 남동생은 (운동) 선수이다. 지난주에 그는 (운동) 시합에 참가했는데, 대회에서 아주 뛰어난 활약을 하며 자신의 실력을 발휘했다.

- 比赛 bǐsài 명 시합, 경기, 대회
- 表现 biǎoxiàn 동 표현하다, 활약하다
- 出色 chūsè 형 출중하다, 뛰어나다
- 发挥 fāhuī 동 (실력을) 발휘하다
- 水平 shuǐpíng 명 실력, 수준

10) 여행

我是一个大学生，我非常喜欢旅游。因为旅游不但可以让我大开眼界，还可以让我学到很多书本上学不到的东西。今年我决定去 ___여행 예정 장소 + 이유___。

㉮ 北京看看，因为北京是中国的首都
上海看看，因为上海是中国最大的城市。
海南岛玩，因为海南岛是中国的旅游胜地。

|해 석|

나는 대학생이고, 여행을 아주 좋아한다. 여행은 내가 견문을 넓히도록 할 수 있을 뿐만 아니라, 책에서 배우지 못한 많은 것들을 배울 수 있게 해 준다. 올해 나는 ~에 가기로 결정했다. 왜냐하면 ~이기 때문이다.

- **旅游** lǚyóu 동 여행하다
- **大开眼界** dàkāi yǎnjiè 견문을 넓히다
- **首都** shǒudū 명 수도
- **海南岛** Hǎinán Dǎo 고유 하이난섬[지명]
- **旅游胜地** lǚyóu shèngdì 관광 명소

STEP 04 확인문제 풀기

01

▶ 정답 및 해설 67쪽

시나공법 04

문형을 암기하면 작문이 쉬워진다!

쓰기 2부분은 상대평가가 적용되기 때문에 일정 수준의 어법이나 표현을 남들은 올바르게 작문했는데 본인만 틀렸다면 점수를 많이 깎일 수 있습니다. 따라서 활용도가 높은 기본 문형을 암기해서 단어만 바꾸어 적재적소에 사용한다면, 올바른 문장을 쓸 수 있고 시간 또한 절약할 수 있습니다. 이번 시나공법에서는 작문의 뼈대를 잡을 수 있는 문형을 집중 학습합니다.

STEP 01 먼저 풀어보기

예제

STEP 02 선생님 풀이과정 보기

예제

|해 설| **1단계** 사진의 키워드를 파악하여 주제를 설정한다.

연상 ① 여행 가방: 짐을 챙기다, 옷과 카메라 등

② 여행지: 중국 – 여행의 성과가 클 것이라 기대함

③ 여행의 장점: 견문을 넓힐 수 있다, 배움이 많다

2단계 '도입–전개–마무리'에 맞춰 간략하게 스토리를 구상한다.

도입 나는 여행(**旅游**)을 매우 좋아한다. 여행은 견문을 넓힐(**大开眼界**) 수도 있고, 많은 것을 배울 수 있기 때문이다.

전개 곧 중국에 여행을 갈 것이라서 오늘 여행 가방(**行李**)을 챙겼다.

마무리 나는 이번 여행에 기대가 크다.

|모범 답안|

		我	是	一	个	大	学	生	，	我	非	常	喜	欢	旅
游	。	因	为	旅	游	不	但	可	以	让	我	大	开	眼	界，
还	可	以	让	我	学	到	很	多	书	本	上	学	不	到	的
东	西	。	这	个	暑	假	我	要	去	中	国	玩	儿	，	今
天	我	把	行	李	都	准	备	好	了	。	我	的	行	李	不
多	，	只	有	几	件	衣	服	和	一	个	相	机	。	我	相
信	这	次	旅	行	的	收	获	一	定	会	很	大	。		

나는 대학생이고 여행을 매우 좋아한다. 여행은 견문을 넓힐 수 있을 뿐만 아니라 책에서 배우지 못한 많은 것들을 배우게 하기 때문이다. 이번 여름방학에 나는 중국으로 놀러 가려고 한다. 오늘 여행 가방을 챙겼다. 내 짐은 옷 몇 벌과 카메라 하나로, 많지 않다. 나는 이번 여행의 소득이 반드시 클 것이라 믿는다.

|단 어| **旅游** lǚyóu 동 여행하다 | **大开眼界** dàkāi yǎnjiè 견문을 넓히다 | **暑假** shǔjià 명 여름방학, 여름휴가 | **玩儿** wánr 동 놀다 | **行李** xíngli 명 (여행) 짐 | **准备** zhǔnbèi 동 준비하다 | **衣服** yīfu 명 의복, 옷 | **相机** xiàngjī 명 카메라 | **旅行** lǚxíng 명 여행 | **收获** shōuhuò 명 수확, 소득, 성과

선생님의 한마디

여행 가방을 챙기는 과정을 구체적으로 묘사할 필요는 없습니다. 또한 여행 출발 전이 아니라 여행을 다녀온 직후로 설정하여 여행지에서의 소감을 작성할 수도 있고, 여행이 아닌 출장으로 설정할 수도 있습니다.

STEP 03 내공쌓기

작문에 자주 쓸 수 있는 표현

쓰기 2부분에서는 어떤 문제가 나와도 쓸 수 있게 준비하는 것이 중요합니다. 길게 못 쓰더라도 '도입(1문장)+전개(2문장)+마무리(1문장)' 이렇게 네 문장만 쓰면 기본 점수를 받을 수 있고 합격할 수 있습니다. 따라서 도입 부분과 마무리 부분에 자주 쓰는 중국식 표현들을 많이 외워 놓으면 쓰기를 할 때 많은 도움이 됩니다.

1. 도입 부분에 유용한 표현

1) 马上就要～了 곧 ~하다

马上就要**毕业**了。곧 졸업한다.
马上就要**过年**了。곧 새해이다.
马上就要**考试**了。곧 시험을 본다.

- **过年** guònián 동 설을 쇠다, 새해를 맞다
- **考试** kǎoshì 동 시험을 보다

2) 最喜欢的～就是… 내가 가장 좋아하는 ~은 바로 …다

我最喜欢的**运动**就是**打篮球**。내가 가장 좋아하는 운동은 바로 농구이다.
我最喜欢的**季节**就是**春天**。내가 가장 좋아하는 계절은 바로 봄이다.
我最喜欢**喝**的**饮料**就是**绿茶**。내가 가장 즐겨 마시는 음료는 바로 녹차이다.

- **打篮球** dǎ lánqiú 농구를 하다
- **季节** jìjié 명 계절
- **饮料** yǐnliào 명 음료
- **绿茶** lǜchá 명 녹차

3) 刚开始～的时候 막 ~하기 시작했을 때

刚开始**学汉语**的时候，**我觉得很难**。
막 중국어를 배우기 시작했을 때 난 어렵다고 느꼈다.
刚开始**上班**的时候，**我的压力很大**。
막 출근하기 시작했을 때 나의 스트레스는 컸다.
刚开始**学弹钢琴**的时候，**我觉得很有意思**。
막 피아노를 배우기 시작했을 때 난 재미있었다.

- **上班** shàngbān 동 출근하다
- **压力** yālì 명 스트레스
- **弹钢琴** tán gāngqín 피아노를 치다
- **有意思** yǒuyìsi 재미있다

4) 大学毕业以后，我～ 대학을 졸업한 후에 난 ~했다

大学毕业以后，我**顺利地找到了一份工作**。
대학을 졸업한 후에, 나는 순조롭게 일자리를 찾았다.
大学毕业以后，我**就去中国留学了**。
대학을 졸업한 후에, 나는 중국으로 유학을 갔다.
大学毕业以后，我**就开始创业了**。
대학을 졸업한 후에, 나는 창업을 시작했다.

- **顺利** shùnlì 형 순조롭다
- **留学** liúxué 동 유학하다
- **创业** chuàngyè 동 창업하다

5) 我有一个～ 나는 ~이 있다

我有一个**妹妹，她的性格很开朗**。나는 여동생이 있는데, 그녀의 성격은 명랑하다.
我有一个**同学，他经常帮我**。나는 반 친구가 있는데, 그는 자주 나를 도와준다.
我有一个**男朋友，他对我很好**。나는 남자 친구가 있는데, 그는 나한테 잘해 준다.

선생님의 한마디
'我有一个'의 목적어로 사람이 오면, 뒷문장에서는 그 사람을 받는 대명사 他 또는 她로 시작하면 됩니다.

- **开朗** kāilǎng 형 (성격이) 명랑하다, 밝다

6) 已经~了 벌써 ~이 되었다

我结婚已经10年了。나는 결혼한 지 벌써 10년이 되었다.
我和男朋友认识已经3年了。나는 남자 친구와 알게 된 지 벌써 3년이 되었다.
我离开家乡已经很多年了。나는 고향을 떠난 지 벌써 여러 해가 되었다.

Tip '(주어)가 (동작)한 지 벌써 (기간)이 되었다'라는 표현을 쓸 때는 '주어+동사+已经+(기간)+了'의 구조를 씁니다.
예 我来中国已经3年了。나는 중국에 온 지 벌써 3년이 되었다.

- 结婚 jiéhūn 동 결혼하다

7) 从~开始… ~부터 …하기 시작했다

我从去年开始学汉语。나는 작년부터 중국어를 배우기 시작했다.
我从上个月开始打工。나는 지난달부터 아르바이트를 하기 시작했다.
我从上周开始跑步。나는 지난주부터 달리기 시작했다.

Tip '나는 (언제)부터 (무엇)하기 시작했다'라는 표현은 '주어+从+(시점)+开始+동사술어+(목적어)'의 구조로 씁니다.

- 打工 dǎgōng 동 아르바이트하다, 일하다
- 跑步 pǎobù 동 달리다

8) 我是一个~ 나는 ~이다

我是一个大学生。나는 대학생이다.
我是一个上班族。나는 직장인이다.
我是一个性格外向的人。나는 성격이 외향적인 사람이다.

선생님의 한마디
중국어는 수량사가 발달되어 있기 때문에 사람 또는 사물을 목적어로 두면 대부분 수량사가 들어가야 바른 문장이 됩니다. '나는 대학생이다.'라는 표현을 '我是大学生。'이라고 하지 말고 '我是一个大学生。'이라고 표현하는 습관을 길러야 합니다.

- 外向 wàixiàng 형 (성격이) 외향적이다

9) 上周我参加了一个~ 지난주에 나는 ~에 참가했다

上周我参加了一个婚礼。지난주에 나는 결혼식에 참가했다.
上周我参加了一个重要的会议。지난주에 나는 중요한 회의에 참가했다.
上周我参加了一个学校的活动。지난주에 나는 학교 행사에 참가했다.

10) 最近很多人都开始~ 요즘 많은 사람들이 모두 ~하기 시작했다

最近很多人都开始学汉语。
요즘 많은 사람들이 모두 중국어를 배우기 시작했다.
最近很多人都开始开车上下班。
요즘 많은 사람들이 모두 차로 출퇴근하기 시작했다.
最近很多人都开始关注环保。
요즘 많은 사람들이 모두 환경보호에 관심을 가지기 시작했다.

11) 最近开始流行~ 요즘 ~이 유행하기 시작했다

最近开始流行练瑜伽。요즘 요가를 연습하는 것이 유행하기 시작했다.
最近开始流行骑自行车。요즘 자전거를 타는 것이 유행하기 시작했다.
最近开始流行在家里烤面包。요즘 집에서 빵을 굽는 것이 유행하기 시작했다.

- 练瑜伽 liàn yújiā 요가를 연습하다
- 烤面包 kǎo miànbāo 빵을 굽다

2. 전개 부분에 유용한 표현

1) 一边~一边… ~하면서 …하다

大家一边吃一边聊，玩得很开心。모두가 먹으면서 이야기를 나누었고 즐겁게 놀았다.

我喜欢一边看书一边喝咖啡。나는 책을 보면서 커피 마시는 것을 좋아한다.

2) 一方面~，另一方面… 한편으로는 ~하고 다른 한편으로는 …하다

我一方面想去留学，另一方面又不想离开我的父母。

나는 한편으로는 유학을 가고 싶고, 다른 한편으로는 또 내 부모님을 떠나고 싶지 않다.

我一方面想结婚，另一方面又不想生孩子。

나는 한편으로는 결혼하고 싶고, 다른 한편으로는 또 아이를 낳고 싶지 않다.

3) 从小就~ 어릴 때(부터) ~하다

我从小就想当记者，现在我的理想实现了。

나는 어려서부터 기자가 되고 싶었는데, 지금 나의 꿈은 실현되었다.

我从小就爱看书，现在更是这样。

나는 어려서부터 책 보는 것을 좋아했는데, 지금은 더 그렇다.

- 理想 lǐxiǎng 명 이상, 꿈
- 实现 shíxiàn 동 실현하다

4) 越来越~ 갈수록 ~하다

我的进步越来越快。내 발전은 갈수록 빠르다.

我越来越矛盾。나는 갈수록 갈등이 심해졌다.

선생님의 한마디

进步를 한자 독음으로 읽으면 '진보(하다)'인데, 우리말에서는 '진보하다'라는 말을 잘 쓰지 않기 때문에, '발전하다', '향상되다'라는 의미로 외워 두는 것이 좋습니다.

5) 本来打算~，但是… 본래 ~할 계획이었지만 …했다

我本来打算去中国学习，但是我的计划变了。

나는 본래 중국에 가서 공부할 계획이었지만, 내 계획이 바뀌었다.

我本来打算去旅游，但是没想到公司不给我假。

나는 본래 여행을 갈 계획이었지만, 뜻밖에도 회사가 나한테 휴가를 주지 않았다.

- 没想到 méi xiǎngdào 생각지 못하다, 뜻밖이다
- 假 jià 명 휴가

6) 我发现~，所以我决定… 나는 ~을 발견해서 …하기로 결정했다

我发现我胖了，所以我决定减肥。

나는 내가 살찐 것을 발견해서, 다이어트하기로 결정했다.

我发现他的学习方法有问题，所以我决定帮他。

나는 그의 학습 방법에 문제가 있는 것을 발견해서, 그를 돕기로 결정했다.

- 减肥 jiǎnféi 동 살을 빼다, 다이어트하다

7) 幸亏~ 다행히 ~했기에 망정이지 / 다행히 ~해서

幸亏我带了雨伞，要不然就糟了。

다행히 내가 우산을 챙겼기에 망정이지, 그렇지 않으면 낭패였을 것이다.

幸亏有同事帮我，我才顺利地完成了这个工作。

다행히 날 도와줄 동료가 있어서, 나는 비로소 순조롭게 이 일을 완수했다.

선생님의 한마디

幸亏는 접속사 '否则[=要不然=要不=不然]'와 자주 호응합니다.

- 幸亏 xìngkuī 부 다행히, 운 좋게
- 要不然 yàoburán 접 그렇지 않으면
- 顺利 shùnlì 형 순조롭다

8) 看到～，我… ~을 보니, 나는…

看到他进步了，我也很开心。

그가 발전한 것을 보니, 나도 즐거웠다.

看到他灰心的样子，我的心情也不太好。

그가 낙담한 모습을 보니, 내 기분도 별로 좋지 않았다.

- 灰心 huīxīn 동 (어려움 · 실패 · 좌절 등을 겪어) 낙심하다, 낙담하다
- 样子 yàngzi 명 모습

9) 很快就～了 곧 ~이다

在老师的帮助下，问题很快就解决了。

선생님의 도움 아래, 문제는 곧 해결되었다.

吃了医生给我开的药，我的病很快就好了。

의사 선생님이 나한테 처방해 준 약을 먹고, 내 병은 곧 좋아졌다.

- 帮助 bāngzhù 명 도움
- 开药 kāiyào 동 약을 처방하다

10) 一开始～，但是后来… 처음에는 ~했지만, 나중에는 …했다

一开始我不太喜欢学汉语，但是后来爱上了学汉语。

처음에 나는 중국어 배우는 걸 별로 좋아하지 않았지만, 나중에 중국어 배우는 걸 좋아하게 되었다.

一开始我们的关系很一般，但是后来成了好朋友。

처음에 우리 관계는 그저 그랬지만, 나중에는 좋은 친구가 되었다.

- 关系一般 guānxi yìbān 관계가 그저 그렇다

11) 以前～，不过最近… 이전에 ~했지만, 요즘은 …이다

以前人们都不爱排队，不过最近情况变了。

이전에 사람들은 줄을 서기 싫어했지만, 요즘은 상황이 변했다.

以前人们都没有手机，不过最近几乎人人都用手机。

이전에 사람들은 모두 휴대전화가 없었지만, 요즘은 거의 모든 사람들이 휴대전화를 쓴다.

- 排队 páiduì 동 줄을 서다

12) 突然～，只好[不得不]… 갑자기 ~해서, 할 수 없이 …했다

突然下雨了，我们只好取消了原来的计划。

갑자기 비가 와서 우리는 할 수 없이 원래의 계획을 취소했다.

他突然要加班，我们不得不决定下次再去看电影。

그는 갑자기 야근해야 해서, 우리는 할 수 없이 다음에 다시 영화를 보러 가기로 결정했다.

- 突然 tūrán 부 갑자기
- 只好 zhǐhǎo 부 할 수 없이
- 取消 qǔxiāo 동 취소하다
- 加班 jiābān 동 초과 근무하다

13) 约好 ~하기로 약속했다

我和妈妈约好一起去旅游。나는 엄마와 함께 여행을 가기로 약속했다.

他们约好一起去爬山。그들은 함께 등산을 가기로 약속했다.

- 约 yuē 동 약속하다

14) 约+(사람)+(동사) (사람)과 (동사)하기로 약속했다

我约一个朋友一起去看电影。나는 친구와 함께 영화를 보러 가기로 약속했다.

我约姐姐出去吃饭。나는 누나와 밥을 먹으러 가기로 약속했다.

선생님의 한마디

작문에서 가장 많이 틀리는 단어 중 하나가 '약속하다'입니다. 约会를 쓰는 학생들이 많은데, 约会는 남녀 간의 데이트 약속을 의미합니다. '약속하다'를 표현할 때는 约라고 써야 합니다.

15) 不但～，而且[还/也]… ~뿐만 아니라, 또 …이다

钓鱼不但可以打发时间，而且可以培养人的耐心。
낚시는 시간을 때울 수 있을 뿐만 아니라, 사람의 인내심을 기를 수 있다.

我不但了解了中国文化，而且交了很多中国朋友。
나는 중국 문화를 알게 되었을 뿐만 아니라, 중국 친구를 많이 사귀었다.

16) 虽然+(사실), 但是+(반대 상황) 비록 ~이지만, …이다

虽然工作很辛苦，但是这是一个宝贵的经历。
비록 일은 고되지만, 이것은 귀중한 경험이었다.

虽然我工作很忙，但是我还是去参加了聚会。
비록 내 일은 바쁘지만, 나는 그래도 모임에 참가하러 갔다.

- 钓鱼 diàoyú 동 낚시하다
- 打发时间 dǎfā shíjiān 시간을 때우다
- 培养 péiyǎng 동 (~을) 기르다, 배양하다
- 耐心 nàixīn 명 인내심
- 了解 liǎojiě 동 (자세하게 잘) 알다
- 经历 jīnglì 명 경험
- 聚会 jùhuì 명 모임

17) 因为+(원인), 所以+(결과) ~해서 …하다

因为我忽视了一个细节，所以犯了一个小错误。
나는 디테일을 간과해서, 조그만 잘못을 저질렀다.

因为我要毕业了，所以最近我的压力很大。
나는 곧 졸업해서, 요즘 내 스트레스가 크다.

- 忽视 hūshì 동 소홀히 하다, 간과하다
- 细节 xìjié 명 세부 (사항)
- 犯错误 fàn cuòwù 잘못을 저지르다, 실수하다

18) 即使+(가정), 也+(결과) 설령 ~할지라도 …하다

即使失败了，我也不会放弃。설령 실패할지라도 나는 포기하지 않을 것이다.

即使下雨，我也要去上学。설령 비가 올지라도 나는 등교해야 한다.

- 放弃 fàngqì 동 포기하다

Tip '即使～，也…'는 即使 뒤에 어떤 극한 상황을 가정하면서 也 뒤에는 변하지 않는 결과를 나타냅니다.

19) 我相信只要～，就一定能…
나는 ~하기만 하면 반드시 …할 수 있을 거라고 믿는다

我相信只要我认真准备，就一定能找到好工作。
나는 내가 열심히 준비하기만 하면, 반드시 좋은 일자리를 찾을 수 있을 거라고 믿는다.

我相信只要明天的比赛我不紧张，就一定能取得好成绩。
나는 내일 시합에서 긴장하지만 않으면, 반드시 좋은 성적을 거둘 수 있을 거라고 믿는다.

- 认真 rènzhēn 형 진지하다, 열심히 하다
- 紧张 jǐnzhāng 형 긴장하다

3. 마무리 부분에 유용한 표현

1) 舍不得～ ～하기 아쉽다

我舍不得离开我的家乡。나는 내 고향을 떠나기 아쉽다.

我舍不得离开母校。나는 모교를 떠나기 아쉽다.

我总是舍不得花钱。나는 늘 돈을 쓰기 아깝다.

2) 现在我变得～了 지금 나는 ～해졌다(～하게 변했다)

现在我变得越来越坚强了。지금 나는 갈수록 강건해졌다.

现在我变得成熟了。지금 나는 성숙해졌다.

现在我变得外向了。지금 나는 외향적으로 변했다.

3) 通过这件事，我变得更～了 이 일을 통해서 나는 더 ～해졌다

通过这件事，我变得更坚强了。이 일을 통해서, 나는 더 강건해졌다.

通过这件事，我变得更勤快了。이 일을 통해서, 나는 더 부지런해졌다.

通过这件事，我变得更自信了。이 일을 통해서, 나는 더 자신 있어졌다.

4) 我觉得～很有前途 나는 ～이 전망이 밝다고 생각한다

我觉得我的专业很有前途。나는 내 전공이 전망이 밝다고 생각한다.

我觉得我们公司很有前途。나는 우리 회사가 전망이 밝다고 생각한다.

我觉得我的朋友很有前途。나는 내 친구가 비전이 있다고 생각한다.

5) 我相信～一定能成功 나는 ～가 반드시 성공할 수 있다고 믿는다

我相信我一定能成功。나는 내가 반드시 성공할 수 있다고 믿는다.

我相信这次合作一定能成功。나는 이번 협력이 반드시 성공할 수 있다고 믿는다.

我相信这个项目一定能成功。나는 이 프로젝트가 반드시 성공할 수 있다고 믿는다.

6) 所以我决定～ 그래서 나는 ～으로 결정했다

所以我决定以后要早起。그래서 나는 앞으로 일찍 일어나기로 결정했다.

所以我决定从明天开始减肥。그래서 나는 내일부터 다이어트를 시작하기로 결정했다.

所以我决定以后做事要认真。그래서 나는 앞으로 일을 열심히 하기로 결정했다.

7) 我下次一定要～ 나는 다음에 꼭 ～해야겠다

我下次一定要注意这个问题。나는 다음에 꼭 이 문제에 주의해야겠다.

我下次一定要提前准备。나는 다음에 꼭 미리 준비해야겠다.

我下次一定要注意细节问题。나는 다음에 꼭 세부적인 문제에 주의해야겠다.

8) 我也不知道该怎么～ 나도 어떻게 ～해야 할지 모르겠다

我也不知道该怎么办。나도 어떻게 해야 할지 모르겠다.

我也不知道该怎么跟他说。나도 어떻게 그한테 말해야 할지 모르겠다.

我也不知道该怎么处理这件事。나도 어떻게 이 일을 처리해야 할지 모르겠다.

선생님의 한마디

舍不得는 5급 필수어휘로, 실제 시험에 출제되기도 했지만 제시어가 아니더라도 평소에 글을 마무리할 때 활용하기 좋습니다.

- **坚强** jiānqiáng 형 (의지 · 성격이) 굳세다, 강하다
- **成熟** chéngshú 형 성숙하다
- **勤快** qínkuai 형 부지런하다
- **前途** qiántú 명 전망, 장래, 비전
- **专业** zhuānyè 명 전공
- **合作** hézuò 동 합작하다, 협력하다
- **项目** xiàngmù 명 항목, 프로젝트
- **早起** zǎoqǐ 동 일찍 일어나다
- **提前** tíqián 동 (예정된 시간을) 앞당기다
- **处理** chǔlǐ 동 처리하다

9) 玩得很开心 아주 즐겁게 놀았다

大家都玩得很开心。모두는 즐겁게 놀았다.
我们一家人都玩得很开心。우리 가족 모두는 즐겁게 놀았다.
在北京，我玩得很开心。베이징에서 나는 즐겁게 놀았다.

10) 我为～感到自豪 나는 ~이 자랑스럽다

我为我的女儿感到自豪。나는 내 딸이 자랑스럽다.
我为我自己感到自豪。나는 내 자신이 자랑스럽다.
我为我们公司感到自豪。나는 우리 회사가 자랑스럽다.

11) 我希望～ 나는 ~하기를 바란다

我希望我能合格。나는 내가 합격할 수 있기를 바란다.
我希望领导能对我满意。나는 상사가 나에 대해 만족할 수 있기를 바란다.
我希望明年能换一个工作。나는 내년에 직업을 바꿀 수 있기를 희망한다.

12) 很快就～了 곧 ~할 것이다

会议很快就结束了。회의는 곧 끝날 것이다.
事情很快就解决了。일은 곧 해결될 것이다.
我们很快就和好了。우리는 곧 화해할 것이다.

13) 最后～ 결국 ~했다

最后我得了冠军。결국 나는 우승을 차지했다.
最后我的同事帮我解决了问题。결국 내 동료는 나를 도와 문제를 해결했다.
最后只有我一个人合格了。결국 나 혼자만 합격했다.

14) (～的)收获很大 ~의 성과가 크다

这次旅行的收获很大。이번 여행의 소득은 크다.
今天的会议收获很大。오늘 회의의 성과는 크다.
我昨天和客户见面的收获很大。내가 어제 고객과 만난 성과는 크다.

- 自豪 zìháo 형 자랑스럽다, 자부심을 느끼다

- 希望 xīwàng 동 희망하다, 바라다
- 合格 hégé 동 합격하다
- 领导 lǐngdǎo 명 지도자, 대표, 상사
- 换工作 huàn gōngzuò 직업을 바꾸다
- 结束 jiéshù 동 끝나다
- 解决 jiějué 동 해결하다
- 和好 héhǎo 동 화해하다

- 得冠军 dé guànjūn 우승을 차지하다

선생님의 한마디

收获의 기본 뜻은 '(곡식의) 수확'이란 의미이지만, 어떤 일을 통해서 얻은 '성과', '소득'이라는 의미로 많이 쓰입니다.

- 收获 shōuhuò 명 수확, 소득, 성과
- 客户 kèhù 명 고객, 거래처

STEP 04 확인문제 풀기

01

▶ 정답 및 해설 68쪽

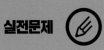

99. 婚礼　　打扮　　兴奋　　费用　　气氛

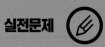

100.

▶ 정답 및 해설 111쪽

실전 모의고사

모의고사는 실전과 똑같은 환경에서 풀어 보는 것이 중요합니다.
중간에 멈추지 말고, 실제 시험을 치르듯이 풀어 보세요.

정답과 해설은 부록 114쪽에 있습니다.

新汉语水平考试

HSK（五级）

注　意

一、HSK（五级）分三部分：

　　1. 听力（45题，约30分钟）

　　2. 阅读（45题，约45分钟）

　　3. 书写（10题，约40分钟）

二、听力结束后，有5分钟填写答题卡。

三、全部考试约125分钟（含考生填写个人信息时间5分钟）

一、听力

第一部分

第1－20题：请选出正确答案。

1. A 闯红灯了
   B 骑车技术很好
   C 刚换了辆新车
   D 考到驾照没多久

2. A 男的经常做饭
   B 女的在煮海鲜
   C 女的厨艺很差
   D 他们在收拾房间

3. A 景区游人很多
   B 给女的放几天假
   C 计划去外滩看看
   D 会在上海多待一周

4. A 多提问
   B 放松点儿
   C 反复听录音
   D 鼓励新职员

5. A 降温了
   B 有沙尘暴
   C 十分闷热
   D 一直在下雨

6. A 哲学
   B 语言学
   C 数学
   D 现代文学

7. A 观察力强
   B 小时候很调皮
   C 常教孩子们下棋
   D 得过钢琴比赛冠军

8. A 果园
   B 亲戚家
   C 博物馆
   D 停车场

9. A 付费
   B 注册帐号
   C 连上无线网
   D 关掉其他程序

10. A 应聘失败了
    B 没发年终奖
    C 恋爱不顺利
    D 没考上硕士

11. A 吹风机坏了
    B 钱不够花了
    C 那张钱不能用
    D 银行要收手续费

12. A 想给儿子换班
    B 没空儿去学校
    C 对儿子感到失望
    D 有事要找班主任

13. A 没胃口
B 有些感冒
C 热得受不了
D 冰激凌要化了

14. A 数据还得修改
B 还缺一个目录
C 得替换几张图片
D 没人愿意负责

15. A 失眠了
B 找不到快递
C 被锁在门外了
D 和室友吵架了

16. A 暑期的安排
B 最想去的国家
C 旅途中的美景
D 印象中的家乡

17. A 开幕式
B 辩论会
C 迎新晚会
D 演讲大赛

18. A 怕晕车
B 车内很挤
C 行李放不下
D 汽车站太远

19. A 求职简历
B 数码相机
C 论文样本
D 个人电脑

20. A 腰
B 肩膀
C 后背
D 脖子

第二部分

第21-45题：请选出正确答案。

21. A 去商场买礼品
B 填写申请表
C 报名参加测试
D 参加网球比赛

22. A 男的想租房子
B 女的想坐出租车
C 他们要去找中介
D 单位分配了宿舍

23. A 能组装成汽车
B 更适合女孩儿
C 不提供说明书
D 能锻炼动手能力

24. A 很有创意
B 显得很暗
C 表情抓得好
D 背景没选好

25. A 没充话费
B 打国际长途了
C 下载了个软件
D 花钱买游戏了

26. A 竹子
B 书架
C 花瓶
D 结婚照

27. A 邮局
B 邻居家
C 门卫室
D 牛奶公司

28. A 要去交税
B 还在排队
C 要办营业执照
D 没带身份证复印件

29. A 没人陪他看
B 票价太贵了
C 这阵子太忙了
D 不爱看动画片

30. A 酒吧
B 展览馆
C 出版社
D 高级饭店

31. A 饭前先喝汤
B 少做体力劳动
C 确保足够的营养
D 两餐不能隔太久

32. A 应少量少餐
B 爱运动的人消化好
C 成长期的青少年饭量大
D 每日几餐视个人情况而定

33. A 专家小组
B 美术教师
C 广场上的路人
D 幼儿园的孩子

34. A 相当不错
B 有些抽象
C 特别有趣
D 构图不成功

35. A 街景
B 自画像
C 一块布
D 一只猫

36. A 是圆形的
B 听力很差
C 是半透明的
D 没长在外面

37. A 鱼变少了
B 很多鱼跳上了岸
C 鱼食被人拿走了
D 鱼已在池边等食

38. A 鱼能听到声音
B 鱼用动作交流
C 鱼能闻到各种味道
D 高温会使鱼呼吸困难

39. A 重视研发
B 面临破产
C 利润不大
D 赢在管理

40. A 种类丰富
B 保修一年
C 样式奇特
D 哨声响亮

41. A 要抓住商机
B 专注非常重要
C 企业要注重形象
D 要尽量降低成本

42. A 受伤了
B 护照丢了
C 误了航班
D 朋友发烧了

43. A 色彩很鲜艳
B 印有40个图标
C 各大机场都有售
D 背面印有感谢语

44. A 天分的作用很大
B 天才不需要苦练
C 训练要讲究方法
D 乐器要从小练起

45. A 更愿意投入精力练习
B 善于处理突发状况
C 能迅速发现事物的特点
D 考虑问题的角度很独特

二、阅读

第一部分

第46-60题：请选出正确答案

46-48.

夏天，很多人习惯一上车就先打开空调进行降温。然而，这个不经意的__46__，却对我们的呼吸系统造成了危害。

在启动汽车之前，车内空调系统中已经积累了大量对人体有害的化学物质，这时开空调会__47__污染车内空气。所以上车后应该先开窗通风，再开空调，这样空调中的有害物质才会被排出，此时再__48__车窗。另外，如果长时间驾驶，中途也应该打开车窗换换气。

46. A 动作　　B 姿势　　C 本质　　D 观念
47. A 平均　　B 一直　　C 直接　　D 周到
48. A 关闭　　B 振动　　C 展开　　D 阻止

49-52.

体验教育，又称“经验式教育”，比起书本上的知识，它更注重学习者的内心体验和感受。__49__做法是让学习者参加多种多样的游戏或者户外活动，然后总结过程中碰到的问题和解决方法，使他们从中获得新的知识和经验，并且能将这些收获__50__到日常学习和生活中。

体验教育的特别之处在于注重__51__学生主动学习的意识。在体验教育中，学生从被动接受转变为主动参与，__52__。这是教育观念的转变，也是教育方法的创新。

49. A 平等　　B 业余　　C 个别　　D 具体
50. A 运用　　B 出示　　C 应付　　D 安装
51. A 生产　　B 建设　　C 培养　　D 辅导
52. A 以教材为教学重点　　B 适当提高考试难度
    C 充分体现家长的地位　　D 真正做到以学生为中心

53-56.

生活中，当我们刚要过马路，却看到绿灯变为红灯时，__53__会觉得不耐烦。

于是，一种新型的红绿灯诞生了。这种红绿灯里的小人不再是静止的，它不停地跳舞，有时欢乐，有时搞怪，动作多样，十分有趣。小红人的动作吸引了路人的注意，__54__，而且你还可以跟着它的动作一起舞动。这样不但让你感觉到时间过得很快，还让忙碌的人们多了一份好心情。

这种新型的信号灯让一些平时讨厌等红灯的人也__55__停下脚步。既拥有了好心情，又能保护自身安全，同时还能使人们__56__交通规则，可谓是一举多得。

53. A 难免　　B 务必　　C 总算　　D 何必

54. A 没有行人配合　　B 让人不再觉得无聊
    C 打乱了人们的行程　　D 交警不必站在街边指挥

55. A 讲究　　B 重视　　C 自愿　　D 着急

56. A 采取　　B 承受　　C 逃避　　D 遵守

57-60.

你是否遇到过以下的状况？明明是很熟悉的电影，却突然说不出它的名字；本来是特意记住的电话号码，却突然忘了……可是没过多久，这些名字、数字又__57__出现在脑海里。这种现象叫做“脑雾”，就好像大脑里出现了一层朦胧的雾，使原本清晰的记忆突然变得__58__起来。

很多人误以为因为年纪大了，所以才会出现“脑雾”，其实主要的原因是跟一些不良的生活习惯有关，如饮酒、熬夜、过度使用电子产品等等。长期的不良习惯，会影响人的颈椎和大脑，导致大脑缺血缺氧，从而出现脑雾现象。医生建议，要想改善这种情况，__59__，比如避免长时间使用手机、电脑等电子产品，不做“低头族”。另外要__60__充足的睡眠，多做运动，情况严重的话，应及时就医。

57. A 自动　　B 亲自　　C 随手　　D 始终

58. A 冷淡　　B 模糊　　C 整齐　　D 光滑

59. A 一定要记得服药　　B 要随时随地做笔记
    C 必须改掉那些不良习惯　　D 目前还没有合适的治疗方案

60. A 改进　　B 确认　　C 改正　　D 保证

第二部分

第61-70题：请选出与试题内容一致的一项。

61. 最近，在应届毕业生中，有这么一群人：他们毕业后既不立即找工作，也不继续深造，而是暂时选择游学或创业等等，这样做的目的是给自己一段时间考虑未来的人生道路。据统计，中国越来越多的年轻人告别了传统的"一毕业就工作"模式，成为了"慢就业"人群中的一员。

A 高学历人才更受欢迎
B 多数"90后"都有游学经历
C "慢就业"逐渐成为一种趋势
D 毕业生通常都缺乏创业的勇气

62. 海洋馆里，一个游客问管理员："这条大白鲨能长多大呢？"管理员对他说："如果它生活在海洋里，能大到一口吞下一头牛。可是如果只是在水族箱里，它就只能长到几公尺。"就像环境会限制鲨鱼的成长一样，人也会限制自己的思想，所以不要给自己设置太多条条框框，这样会限制你的发展。

A 看事情不能只看表面
B 不要轻易给思想设限
C 海洋馆的鲨鱼不具危险性
D 要根据实际水平制定目标

63. 秦岭淮河一线，也称秦淮一线，就是人们常说的中国季风区的南方地区和北方地区的地理分界线，此线的南面和北面，无论是自然条件、农业生产方式，还是地理风貌以及人民的生活习俗，都有明显的不同。

A 秦岭周边地区农业发达
B 秦岭附近的生物很难存活
C 秦岭淮河一线北边降水量大
D 秦岭淮河一线南北差别明显

64. 人们从明亮的地方走进关了灯的电影院等黑暗的地方时，刚开始会什么都看不见，要过一会儿才能慢慢适应，看清暗处的东西。这是因为人眼为了适应环境，敏感度需要逐渐增高，而这一过程是需要时间的，这就叫做“暗适应”。

A 光线太强会伤害眼睛

B 在暗处看东西要戴眼镜

C 从明处到暗处会发生暗适应

D 电影院的灯光会破坏观影效果

65. 许多人都认为想获得成功，就应该开辟出一条无人走过的新路，这其实是一种不太成熟的想法。因为别人走过的路实际上为我们积累了宝贵的经验，有助于我们避免失败。我们应该在此基础上，走得比别人更久、更远，这样获得的成功，就如同于站在巨人的肩膀上看风景。

A 要有创新精神

B 要珍惜前人的经验

C 命运掌握在我们手中

D 要懂得发挥自身优势

66. 最新的研究调查表明，蓝色是最受人们喜爱的颜色。蓝色不仅可以给人带来自信，还能让人拥有安全感。同时，蓝色还能增强记忆力，并使大脑和手的配合更加协调。这或许能解释为什么许多大公司尤其是科技公司，都将蓝色作为其公司商标的主要颜色。

A 蓝色使人更有活力

B 喜欢蓝色的人普遍是男性

C 蓝色能给人带来积极影响

D 公司的性质由商标颜色决定

67. “返程效应”是一种非常常见的心理效应。比如：当出门去某地时，尤其是去旅游或游玩时，内心往往会期待快点儿到达目的地，这时总是感觉路途遥远，而返回的时候，尽管是同样的距离，却往往感觉比来时的路程短得多。

A 自驾旅行很辛苦
B 返程让人感觉用时短
C 出发前要查好行车路线
C 人在陌生之处容易迷路

68. 中国钱币博物馆成立于1992年，是直属于中国人民银行总行的国家级专题博物馆，主要从事钱币的收藏、研究和展示。作为国家级专题博物馆，钱币博物馆藏有古今中外钱币及其他相关的文物约30余万件，具有相当高的学术研究价值。

A 馆内只有中国古代钱币
B 该博物馆成立于上个世纪
C 该博物馆只负责科研工作
D 该博物馆经常举办免费讲座

69. 民俗旅游是指人们离开家，到其他地方去体验不同的民俗文化。它是当下非常流行的一种文化旅游。旅游者通过亲身参与当地人的生活，了解当地的风俗习惯，极大地丰富了文化生活。

A 民俗旅游受季节限制
B 民俗旅游多由政府组织
C 民俗旅游属于一种表演形式
D 民俗旅游重在体验民俗文化

70. 谈允贤是中国古代四大女医之一，她出生于医学世家，从小便熟读医学经典。她编著的《女医杂言》在当今的医学界依然具有颇高的地位。此书共收录病案31例，数量虽少，但是从临床治疗角度看都是十分成功的案例，具有很高的医学价值。

A 谈允贤主要研究内科

B 谈允贤是神话传说中的人物

C《女医杂言》里的病例并不多

D《女医杂言》是谈允贤的诗集

第三部分

第71-80题：请选出正确答案。

71-74.

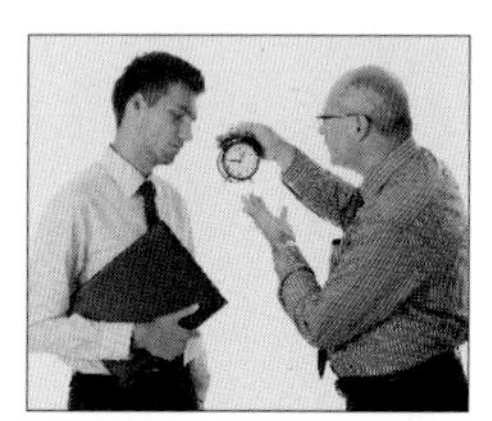

有一家大公司的待遇非常好，这里的员工可以享有充分的自由，比如说随时可以去打篮球或健身，甚至去做按摩。慢慢地，员工们习惯了这种自由的工作模式，上班总是迟到。

针对这个问题，公司制定了严格的管理制度，但是员工们却根本不重视。有一次，一位工程师上班迟到了，部门经理扣了他200元钱，可是这位工程师一生气便辞职了。这件事惊动了公司的上层领导，领导对此很头疼，心想这件事是非解决不可了。

有一天，领导上班时，无意间发现公司的停车场有许多空着的停车位，而旁边一些公司却因为车位不足，很多员工只好把车停在远处的马路上。看到这样的情况，领导忽然想出了一个好主意。

第二天，领导让部门经理退掉一部分停车位。如果有员工跟公司反映停车位不够用，便这样解释：停车位的租期到了，物业不愿续租，公司也没办法。

不久后，"奇迹"便发生了：员工们都开始按时上班——因为一旦迟到，就不得不把车停在离公司很远的地方。

71. 为什么员工上班总是迟到？

A 公司不管　　B 自由惯了

C 交通不便　　D 没地方停车

72. 哪件事惊动了公司领导？

A 业绩下滑　　B 工程师辞职了

C 员工上班时打球　　D 部门经理迟到早退

73. 领导想到了什么办法？

A 开除迟到的人　　B 减少停车位

C 允许员工在家办公　　D 给按时上班的人发奖金

74. 关于那家公司，可以知道什么？

A 待遇好　　B 规模小

C 业务范围广　　D 提倡绿色出行

75-78.

舒遵刚是清代的一位茶叶商人。他刚开始卖茶的时候，销量一直不好。听了顾客的反应才知道，他的茶叶里有杂质，严重影响了茶的味道。

原来，每年新茶上市时，舒遵刚都会请一些工人为他择茶。择茶是制作茶叶时非常重要的一道工序，只有把茶叶里面的杂质都挑出来，茶叶本身的味道才能散发出来，因此茶叶中杂质含量的高低是判断茶叶好坏的重要标准。择茶时，工人要在新茶叶中将好茶叶挑出来，每个工人的工钱都是按挑选出来好茶叶的重量来计算的。但这样一来，清除的杂质越多，收入就越少。所以工人们越是下功夫择茶，挣的钱反而越少，这种算法影响了工人的积极性，茶叶中的杂质自然也清理得不是很干净。

舒遵刚一直冥思苦想，想要尽快解决这个问题。有一天，舒遵刚到择茶点查看工作情况，他突然想到一个好办法。第二天，舒遵刚告诉工人："从今天起，我们改一下计算工钱的方法，按大家从茶叶中挑出的杂质的重量来算工钱。"

这一招果然很有效，既提高了工人干活的积极性，同时还保证了茶叶的质量，舒遵刚的茶叶生意也因此越做越好。

75. 一开始舒遵刚的茶叶质量不好的原因是：

A 售价太高　　B 茶叶有杂质
C 当地人不爱喝茶　　D 同行竞争太激烈

76. 舒遵刚什么时候会请工人择茶？

A 新茶上市时　　B 每年春节后
C 茶叶降价时　　D 小麦快成熟时

77. 最初工人的工钱是按什么算的？

A 茶叶的类型　　B 工作的效率
C 干活儿的时长　　D 好茶叶的质量

78. 舒遵刚采用了新办法后：

A 赔了很多钱　　B 茶叶的产量下降了
C 许多茶农要停止合作　　D 工人干活儿更积极了

79-82.

你有没有发现，当别人抱怨一件事情的时候，我们总觉得问题出在他们自己身上，而当自己遇到问题的时候，却往往认为是他人或环境的错？心理学上把这种现象称为“基本归因错误”。当评价他人的行为时，我们更注重内部因素，而忽视外部环境的影响。而当我们评价自身行为的时候，我们往往会因过分强调环境的影响而忽视自身的因素。

之所以会出现这种情况，并不是因为自私、爱推卸责任，而是因为每个人的注意力都是有限的。我们在分析某些行为出现的原因时，只倾向于选择我们注意力关注到的那个方面。例如，在听他人抱怨事情的时候，我们的大部分注意力都集中在那个人身上，因而很容易忽视周围的环境。而当我们自己做一件事的时候，往往会把更多的注意力放在周围的环境上。这就导致了分析问题时会比较片面，不够客观。

另外，我们对待他人的事情时，是相对慵懒的，由于我们已经用内在因素解释了他人的行为，即使知道他人的行为会受到环境的限制，也不会再做更多的思考了。

因此，以后如果朋友向你抱怨某件事的时候，不要立即下结论，最好先换位思考一下。

79. 在评价他人的行为时，我们通常更关注：

A 内部因素　　B 自己的利益

C 周围人的评价　　D 行为产生的后果

80. 出现“基本归因错误”这种情况，是因为人们：

A 害怕吃亏　　B 注意力受限

C 心理不平衡　　D 不愿承认错误

81. 当身边的人向你抱怨时，应该怎么做？

A 指导他不要抱怨　　B 帮他想办法

C 同他一起抱怨　　D 从他的角度想想

82. 根据上文，下列哪项正确？

A 应该及时跟他人沟通　　B 大部分人懒得安慰别人

C 人们总是故意推卸责任　　D 人评价自身行为时更关注外因

83-86.

近日，一种名为“静音咖啡馆”的小店进入了人们的视线。进入这种咖啡馆的顾客被要求禁止交谈，这样做的目的是为了让顾客在安静的环境中享受轻松的时光。体验者称，咖啡馆内几乎听不到任何声音，让人有一种远离日常生活的奇妙感觉。

一家静音咖啡馆的店长表示，早在4年前他就开了这家咖啡馆，当时的目的是为顾客创造一个安静的空间。但随着咖啡店的生意越来越好，店内变得越来越吵，离自己当初开店的初衷也越来越远。后来，这位店长决定在每个周末的18:30到22:00这段时间内，禁止客人互相交谈，并将这时的咖啡馆称为“静音咖啡馆”，消息一传出，就吸引了很多的顾客。

而另一家静音咖啡馆则全天都禁止客人交谈。店内放了七八本“笔谈册”，里面写着“时间差不多了，我们走吧”“我去趟洗手间”等内容，供客人之间进行简短的交流。

据统计，静音咖啡馆大部分人为年轻女性，她们一般会在店内待一个半小时到两个小时。而且大部分客人都是独自前来，也有客人和朋友一起来，不过他们互相并不交谈，只是各自享受属于自己的时间。

83. 在全天禁止交谈的静音咖啡馆，客人之间如何交谈？

A 做手势
B 互相发短信
C 利用笔谈册
D 压低嗓音说话

84. 关于静音咖啡馆的顾客，可以知道：

A 多选择窗边的位置
B 不愿意单独去这家店
C 一般会在店内待半天
D 年轻女性所占比例高

85. 人们去静音咖啡馆主要是为了：

A 享用美味的糕点
B 交到更多的朋友
C 阅读咖啡馆里的图书
D 安静地享受独处的时间

86. 根据上文，下列哪项正确？

A 静音咖啡馆内不能上网
B 静音咖啡馆只在傍晚开放
C 静音咖啡馆禁止店员走动
D 静音咖啡馆吸引了不少顾客

87-90.

近年来，沙尘暴、雾霾等天气灾害发生得越来越多，环境污染现象也越来越严重。其中很大一个原因是由于人类过度砍伐树木，导致水土流失。为了解决这一问题，人们一般会在砍伐后的土地上再种植树木，但是这个方法真的能降低不利影响吗？

据说，有这样一片森林，那里原本树种丰富，物种繁多，但后来当地人为了追求经济利益，大量砍伐树木，当地的自然环境遭到了严重破坏。为了恢复生态环境，当地人就又种了许多树。大家本以为这样一来自然环境一定可以恢复，可是结果却出乎大家的意料。由于人工种植的树木种类单一，很多动物找不到食物，无法继续居住，因此，整个生态圈都被破坏了。现在那里除了风吹动树叶的沙沙声以外，几乎听不到任何动物的声音，人们也因此尝尽了乱砍乱伐带来的后果。

多年来，很多人都简单地认为，树砍了再种上就可以修复被破坏的环境，于是在肆无忌惮地乱砍乱伐后大面积地植树造林，但有时正是这种盲目的行为对生态环境造成了更严重的影响。

87. 那片森林曾经是怎样的？

A 四周都是湖　　B 土层很松软

C 树种很多样　　D 长年受虫害威胁

88. 为什么森林里的动物无法继续在那儿生存？

A 缺少食物　　B 河水被污染了

C 怕被人们抓住　　D 气候灾害多发

89. 根据最后1段，“盲目的行为”是指：

A 大面积人工造林　　B 开发大量的景点

C 把动物放回森林中　　D 在郊区开很多工厂

90. 上文主要想告诉我们：

A 要控制树木的数量　　B 修路会吓跑野生动物

C 农业发展浪费土地资源　　D 要用科学的方式保护自然

三、书写

第一部分

第91－98题：完成句子。

例如：发表　　这篇论文　　什么时候　　是　　的

这篇论文是什么时候发表的？

91. 喝茶　　饭后　　健康　　危害

92. 张教授　　要保护　　再三　　环境　　强调

93. 这篇　　报道　　现代社会　　反映了　　的问题

94. 教室里　　那　　间　　书　　摆满了

95. 影响　　个人信用　　不按时还款　　将

96. 很　　像胜利的　　这座大桥的　　奖杯　　外形

97. 挑战这么　　我第一次　　高水平　　的　　辩论赛

98. 复杂　　很　　驾驶执照　　办理手续　　的

第二部分

第99-100题：写短文。

99. 请结合下列词语（要全部使用，顺序不分先后），写一篇80字左右的短文。

决赛　　冠军　　激动　　庆祝　　支持

100. 请结合这张图片写一篇80字左右的短文。

新汉语水平考试
HSK（五级）答题卡

姓名	英文	
	中文	

考点代码		
		[0] [1] [2] [3] [4] [5] [6] [7] [8] [9]
		[0] [1] [2] [3] [4] [5] [6] [7] [8] [9]
		[0] [1] [2] [3] [4] [5] [6] [7] [8] [9]
		[0] [1] [2] [3] [4] [5] [6] [7] [8] [9]
		[0] [1] [2] [3] [4] [5] [6] [7] [8] [9]
		[0] [1] [2] [3] [4] [5] [6] [7] [8] [9]
		[0] [1] [2] [3] [4] [5] [6] [7] [8] [9]

考生序号		
		[0] [1] [2] [3] [4] [5] [6] [7] [8] [9]
		[0] [1] [2] [3] [4] [5] [6] [7] [8] [9]
		[0] [1] [2] [3] [4] [5] [6] [7] [8] [9]
		[0] [1] [2] [3] [4] [5] [6] [7] [8] [9]
		[0] [1] [2] [3] [4] [5] [6] [7] [8] [9]

国籍		
		[0] [1] [2] [3] [4] [5] [6] [7] [8] [9]
		[0] [1] [2] [3] [4] [5] [6] [7] [8] [9]
		[0] [1] [2] [3] [4] [5] [6] [7] [8] [9]

性别	男 [1]	女 [2]

注意	请用2B铅笔这样写： ▬

一 听力

01. [A] [B] [C] [D]	06. [A] [B] [C] [D]	11. [A] [B] [C] [D]	16. [A] [B] [C] [D]	21. [A] [B] [C] [D]
02. [A] [B] [C] [D]	07. [A] [B] [C] [D]	12. [A] [B] [C] [D]	17. [A] [B] [C] [D]	22. [A] [B] [C] [D]
03. [A] [B] [C] [D]	08. [A] [B] [C] [D]	13. [A] [B] [C] [D]	18. [A] [B] [C] [D]	23. [A] [B] [C] [D]
04. [A] [B] [C] [D]	09. [A] [B] [C] [D]	14. [A] [B] [C] [D]	19. [A] [B] [C] [D]	24. [A] [B] [C] [D]
05. [A] [B] [C] [D]	10. [A] [B] [C] [D]	15. [A] [B] [C] [D]	20. [A] [B] [C] [D]	25. [A] [B] [C] [D]
26. [A] [B] [C] [D]	31. [A] [B] [C] [D]	36. [A] [B] [C] [D]	41. [A] [B] [C] [D]	
27. [A] [B] [C] [D]	32. [A] [B] [C] [D]	37. [A] [B] [C] [D]	42. [A] [B] [C] [D]	
28. [A] [B] [C] [D]	33. [A] [B] [C] [D]	38. [A] [B] [C] [D]	43. [A] [B] [C] [D]	
29. [A] [B] [C] [D]	34. [A] [B] [C] [D]	39. [A] [B] [C] [D]	44. [A] [B] [C] [D]	
30. [A] [B] [C] [D]	35. [A] [B] [C] [D]	40. [A] [B] [C] [D]	45. [A] [B] [C] [D]	

二 阅读

46. [A] [B] [C] [D]	51. [A] [B] [C] [D]	56. [A] [B] [C] [D]	61. [A] [B] [C] [D]	66. [A] [B] [C] [D]
47. [A] [B] [C] [D]	52. [A] [B] [C] [D]	57. [A] [B] [C] [D]	62. [A] [B] [C] [D]	67. [A] [B] [C] [D]
48. [A] [B] [C] [D]	53. [A] [B] [C] [D]	58. [A] [B] [C] [D]	63. [A] [B] [C] [D]	68. [A] [B] [C] [D]
49. [A] [B] [C] [D]	54. [A] [B] [C] [D]	59. [A] [B] [C] [D]	64. [A] [B] [C] [D]	69. [A] [B] [C] [D]
50. [A] [B] [C] [D]	55. [A] [B] [C] [D]	60. [A] [B] [C] [D]	65. [A] [B] [C] [D]	70. [A] [B] [C] [D]
71. [A] [B] [C] [D]	76. [A] [B] [C] [D]	81. [A] [B] [C] [D]	86. [A] [B] [C] [D]	
72. [A] [B] [C] [D]	77. [A] [B] [C] [D]	82. [A] [B] [C] [D]	87. [A] [B] [C] [D]	
73. [A] [B] [C] [D]	78. [A] [B] [C] [D]	83. [A] [B] [C] [D]	88. [A] [B] [C] [D]	
74. [A] [B] [C] [D]	79. [A] [B] [C] [D]	84. [A] [B] [C] [D]	89. [A] [B] [C] [D]	
75. [A] [B] [C] [D]	80. [A] [B] [C] [D]	85. [A] [B] [C] [D]	90. [A] [B] [C] [D]	

三 书写

91. ....

92. ....

93. ....

94. ....

95.

96.

97.

98.

99.

100.

시험에 나오는 것만 공부한다!

시나공 HSK

YBM 종로 어학원 • EBSlang HSK 전문 강사
한국인 리우 지음

정답과 해설

급

★ 3가지 빠르기의 mp3 파일+학습자료 무료 다운로드
★ 휴대용 소책자 〈HSK 5급 비법노트 – 필수 어휘〉

길벗 이지:톡

시험에 나오는 것만 공부한다!

시나공 HSK 5급

정답 및 해설

시나공
HSK

확인 문제

정답과 해설

1부분 · 2부분 대화형

시나공법 01 확인문제			42쪽
01 B	02 C	03 B	04 D
05 A	06 C		

듣기 1-01-4 확인문제.mp3

01 | B

男 这条丝巾摸起来真不错，多少钱?
女 不好意思，这是非卖品，你可以在我们的网站上购买。
问 关于那条丝巾，下列哪项正确?

A 很薄
B 是非卖品
C 不能手洗
D 不太实用

남: 이 스카프 만져 보니 정말 좋네요. 얼마예요?
여: 죄송합니다. 이것은 비매품이에요. 저희 웹 사이트에서 구매하실 수 있습니다.
질문: 그 스카프에 관해서 다음 중 정확한 것은?

A 매우 얇다
B 비매품이다
C 손빨래를 하면 안 된다
D 그다지 실용적이지 않다

해설 | 선택지를 통해 물건 관련 문제임을 알 수 있습니다. 선택지를 보면서 녹음을 듣다 보면 여자가 '这是非卖品'이라고 선택지와 같은 내용을 말합니다. 따라서 정답은 B입니다.

단어 | **丝巾** sījīn 명 스카프 | **摸** mō 동 (손으로) 만지다, 쓰다듬다 | **不错** búcuò 형 좋다, 괜찮다 | **不好意思** bùhǎoyìsi 죄송합니다 | **非卖品** fēimàipǐn 명 비매품 | **网站** wǎngzhàn 명 웹 사이트 | **购买** gòumǎi 동 구매하다, 사다 | **正确** zhèngquè 형 정확하다, 올바르다 | **薄** báo 형 얇다, 엷다 | **手洗** shǒuxǐ 동 손빨래하다

02 | C

男 你觉得今天的辩论赛怎么样?
女 特别激烈，双方都准备得很全面，很有说服力。
问 女的是怎么看待双方的辩论?

A 证据均不充分
B 实力相差较大
C 都很有说服力
D 观点是一致的

남: 당신 생각에 오늘 토론 대회는 어땠나요?
여: 아주 격렬했어요. 양쪽 모두 준비가 완벽했고, 매우 설득력이 있었어요.
질문: 여자는 양쪽의 토론을 어떻게 보는가?

A 증거가 모두 충분하지 않다
B 실력 차이가 비교적 크다
C 모두 매우 설득력이 있다
D 관점이 일치한다

해설 | 선택지에서 **证据, 实力, 说服力, 观点** 등의 단어를 통해 토론 관련 주제라고 예측할 수 있습니다. 또한 선택지에서 **证据不充分, 实力差大, 有说服力, 观点一致**처럼 핵심 내용을 체크하고 녹음을 들으면 더 쉽게 문제를 풀 수 있습니다. 대화가 질문으로 시작하면 답변하는 상대방 말에서 정답이 나올 확률이 높습니다. 남자가 '辩论赛怎么样?'이라 물었고, 여자는 '很有说服力'로 선택지의 내용을 그대로 말했습니다. 따라서 정답은 C입니다.

단어 | **辩论** biànlùn 동 토론하다, 변론하다 | **激烈** jīliè 형 격렬하다, 치열하다 | **全面** quánmiàn 형 전면적이다, 전반적이다, 완벽하다 | **说服力** shuōfúlì 명 설득력 | **看待** kàndài 동 대하다, 대우하다, 보다 | **证据** zhèngjù 명 증거 | **均** jūn 부 모두, 다 | **实力** shílì 명 실력 | **相差** xiāngchà 동 서로 차이가 나다 | **观点** guāndiǎn 명 관점 | **一致** yízhì 형 일치하다

03 | B

女 我重新开了机，怎么还上不去网啊?
男 我的手机也是时断时续，地铁里网络信号不太稳定。
问 男的是什么意思?

A 到站了
B 网络不稳定
C 手机没电了
D 地铁很拥挤

여: 다시 휴대전화를 켰는데, 왜 여전히 인터넷이 안 되죠?
남: 내 휴대전화 신호도 끊겼다 이어졌다 해요. 지하철 안의 인터넷 신호가 별로 안정적이지 않아요.
질문: 남자의 말뜻은 무엇인가?

A 역에 도착했다
B 인터넷이 불안정하다
C 휴대전화 배터리가 없다
D 지하철이 매우 붐빈다

해설 | 선택지에서 到站, 不稳定, 没电, 拥挤와 같은 핵심 단어와 그 발음을 체크해 둡니다. 남자가 '地铁里网络信号不太稳定'이라고 선택지의 내용을 그대로 언급했습니다. 따라서 정답은 B입니다.

단어 | **重新** chóngxīn 부 다시, 재차 | **开机** kāijī 동 (기계의) 전원을 켜다 | **手机** shǒujī 명 휴대전화 | **时断时续** shí duàn shí xù (신호가) 끊겼다 이어졌다 하다 ***时～时…** shí~shí… (때로는) ～하고 (때로는) …하다 | **网络** wǎngluò 명 인터넷 | **信号** xìnhào 명 신호 | **稳定** wěndìng 형 안정적이다 | **到站** dàozhàn 동 정거장에 도착하다 | **拥挤** yōngjǐ 형 붐비다, 혼잡하다

04 | D

女 公司要集中采购一些办公用品，请统计一下你们部门需要的物品。
男 好的，我统计好后发到你的邮箱里。
问 男的要统计什么？

A 产品类型
B 当月营业额
C 公司交税情况
D 部门所需办公用品

여: 회사에서 사무용품들을 모아서 구매하려고 해요. 여러분 부서에 필요한 물품을 좀 통계 내 주세요.
남: 네, 제가 통계 낸 후에 당신의 메일로 보내 드릴게요.
질문: 남자는 무엇을 통계 내려 하는가?

A 상품 유형
B 당월 매출액
C 회사의 납세 상황
D 부서별 필요한 사무용품

해설 | 선택지의 핵심 단어인 类型, 营业额, 交税情况, 办公用品의 발음을 미리 체크합니다. 첫 문장에서 '办公用品', '部门需要'의 단어로 정답을 찾을 수 있습니다. 이외에 선택지의 나머지 단어들은 언급되지 않았습니다. 따라서 정답은 D입니다.

단어 | **集中采购** jízhōng cǎigòu 집중 구매하다[각 부서의 필요 자재를 하나의 발주 부서로 집약하여 대량 구매하는 방식] ***集中** jízhōng 동 집중하다, 모으다 ***采购** cǎigòu 동 구입하다, 구매하다 | **办公用品** bàngōng yòngpǐn 사무용품 | **统计** tǒngjì 동 통계 내다 | **物品** wùpǐn 명 물품 | **邮箱** yóuxiāng 명 메일함, 메일 주소 | **产品** chǎnpǐn 명 상품 | **类型** lèixíng 명 유형 | **营业额** yíngyè'é 명 매출액 | **交税** jiāoshuì 동 세금을 내다, 납세하다 | **所需** suǒxū 형 필요한 바의

05 | A

男 你的脸色怎么这么难看？
女 为了修改项目合同，我和同事工作到凌晨一点多。
男 以后别这么熬夜了，对身体伤害很大。
女 我知道了，以后尽量早点把工作做完。
问 女的为什么熬夜？

A 修改合同
B 准备演讲稿
C 写实验报告
D 看娱乐节目

남: 너 안색이 왜 이렇게 안 좋아?
여: 프로젝트 계약서를 고치기 위해서, 나는 동료와 새벽 1시 넘어서까지 일했어.
남: 나중에는 이렇게 밤새지 마. 몸 많이 상해.
여: 알았어. 나중에는 가능한 한 좀 일찍 일을 끝낼 거야.
질문: 여자는 왜 밤을 샜는가?

A 계약서를 고치느라
B 강연 원고를 준비하느라
C 실험 보고서를 쓰느라
D 오락 프로그램을 보느라

해설 | 선택지의 A, B, C는 모두 '쓰다', '작성하다' 등의 동사로 활용될 수 있기 때문에 목적어 合同, 演讲稿, 实验报告, 娱乐节目와 그 발음을 핵심 단어로 체크합니다. 녹음에서 남자가 '你的脸色怎么这么难看?'이라고 물어보았으므로 답변인 다음 문장에 정답이 있을 가능성이 상당히 높습니다. 여자의 말에서 '修改项目合同'이라고 선택지의 내용을 그대로 언급하고 있고, 다른 선택지의 키워드는 언급되지 않았습니다. 따라서 정답은 A입니다.

단어 | **难看** nánkàn 형 (안색이) 좋지 않다 | **修改** xiūgǎi 동 (원고를) 고치다, 수정하다 | **项目** xiàngmù 명 프로젝트 | **合同** hétong 명 계약서 | **凌晨** língchén 명 새벽, 이른 아침 | **熬夜** áoyè 동 밤새다 | **伤害** shānghài 동 (몸을) 상하게 하다 | **尽量** jǐnliàng 부 가능한 한, 최대한 | **演讲稿** yǎnjiǎnggǎo 강연 원고 | **实验报告** shíyàn bàogào 실험 보고서 | **娱乐节目** yúlè jiémù 오락 프로그램

06 | C

女 你会给英文电影加载字幕吗?
男 上周的计算机课上老师教过。
女 怎么弄，你能教教我吗?
男 很简单，你先下载好字幕，然后打开播放器，点击添加键就可以了。
问 女的让男的教她什么?

A 卸载软件
B 调试话筒
C 加载字幕
D 调整字体

여: 너 영문 영화에 자막 로딩할 수 있어?
남: 지난주 컴퓨터 수업 시간에 선생님이 가르쳐 주셨어.
여: 어떻게 하는 거야? 나 좀 가르쳐 줄 수 있어?
남: 아주 간단해. 우선 자막을 다운받은 후에, 플레이어를 실행하고 추가 버튼을 클릭하면 돼.
질문: 여자는 남자에게 무엇을 가르쳐 달라고 했는가?

A 어플리케이션을 삭제하는 것
B 마이크를 테스트 조정하는 것
C 자막을 로딩하는 것
D 글자체를 조정하는 것

해설 | 선택지에서는 **软件, 话筒, 字幕, 字体**의 핵심 단어를 체크해 발음을 주의해서 들어야 합니다. 대화 첫 마디의 **加载字幕**를 들었다면 선택지 C를 정답으로 고를 수 있습니다. 만약 첫 문장을 놓쳤다면 2번째 남자의 말에서 **字幕**라는 단어가 다시 등장하므로 C **加载字幕**를 정답으로 확인할 수 있습니다. 이 문제는 질문하는 사람에게서 정답이 나오는 유형으로, 일반 문제처럼 질문에 답하는 사람에게 정답이 나오는 문제와는 차이가 있으므로 듣기를 할 때는 맨 처음부터 집중해서 들어야 합니다.

단어 | **加载** jiāzài 동 (자막을) 로딩하다, 띄우다 | **字幕** zìmù 명 자막 | **计算机** jìsuànjī 명 컴퓨터 | **弄** nòng 동 (~을) 하다 | **下载** xiàzài 동 다운로드하다, 다운받다 | **然后** ránhòu 접 그런 후에, 그다음에 | **打开** dǎkāi 동 켜다, 실행하다 | **播放器** bōfàngqì 명 플레이어 | **点击** diǎnjī 동 클릭하다 | **添加键** tiānjiājiàn 추가 버튼 ***添加** tiānjiā 동 추가하다, 첨가하다 | **卸载** xièzài 동 (설치한 소프트웨어를) 삭제하다 | **软件** ruǎnjiàn 명 소프트웨어, 어플리케이션[=**应用软件** yìngyòng ruǎnjiàn] | **调试** tiáoshì 동 (기기를) 테스트하여 조정하다 | **话筒** huàtǒng 명 마이크 | **调整** tiáozhěng 동 조정하다, 조절하다 | **字体** zìtǐ 명 글자체

시나공법 02 확인문제			53쪽
01 C	02 B	03 A	04 C
05 A	06 A		

듣기 1-02-4 확인문제.mp3

01 | C

女 火车上充不了电，别再玩儿手机游戏了。
男 不要紧，我带了充电宝，能随时充电。
问 男的是什么意思?

A 车厢人多拥挤
B 忘带充电器了
C 别为充电发愁
D 打游戏不费电

여: 기차에선 충전할 수 없으니까 더 이상 휴대전화 게임 하지 마.
남: 괜찮아. 난 보조 배터리를 챙겨 와서 언제든지 충전할 수 있어.
질문: 남자의 말뜻은 무엇인가?

A 객실은 사람들로 많이 붐빈다
B 충전기 가져오는 것을 잊었다
C 충전 때문에 걱정하지 마라
D 게임하는 것은 배터리를 소모하지 않는다

해설 | 선택지가 주술 구조이면 전체적인 의미를 물어보는 경우가 많습니다. 선택지에 **充电, 电** 등의 표현이 나오는 것을 보면 충전과 관련된, 혹은 전기를 사용하는 물건과 관련된 지문일 가능성이 높습니다. 선택지의 핵심 단어 **拥挤, 忘带, 发愁, 不费电**에 체크합니다. 녹음에서 충전과 관련해서 걱정을 하는 여자의 말에, 남자는 그에 대해 '**不要紧**', '**能随时充电**'이라고 말했습니다. 따라서 정답은 C **别为充电发愁**입니다.

단어 | **充电** chōngdiàn 동 충전하다 | **玩儿游戏** wánr yóuxì 게임을 하다[=**打游戏** dǎ yóuxì] | **不要紧** búyàojǐn 형 괜찮다, 문제없다 | **充电宝** chōngdiànbǎo 명 보조 배터리 | **随时** suíshí 부 수시로, 언제든지 | **车厢** chēxiāng 명 객실, 화물칸 | **拥挤** yōngjǐ 형 붐비다, 혼잡하다 | **忘带** wàng dài 가져오는 것을 잊다 | **充电器** chōngdiànqì 명 충전기 | **发愁** fāchóu 동 걱정하다, 근심하다 | **费电** fèidiàn 동 배터리를 소모하다, 전기를 소모하다

02 | B

女 咱们公司那款刚推出的游戏怎么样了?
男 一周内下载量就超过了10万次，很多新闻媒体都做了报道。
问 关于那款游戏，可以知道什么?

A 难度大
B 很受关注
C 上市半年了
D 需加大推广力度

여: 우리 회사에서 최근 출시한 그 게임은 어떻게 됐나요?
남: 1주일 동안 다운로드 횟수가 10만 건을 넘었고, 많은 뉴스 매체에서 보도를 했어요.
질문: 그 게임에 관해서 무엇을 알 수 있는가?

A 난이도가 높다
B 매우 주목을 받는다
C 출시된 지 반년이 되었다
D 널리 알리는 일에 힘써야 한다

해설 | 선택지 A, B는 문장 자체가 짧고 어렵지 않기 때문에 **大**, **关注**만 체크하고, C는 **半年**이라는 시간에 체크합니다. D는 단어가 길어 눈에 잘 안 들어올 수 있기 때문에 **需加大/推广力度**와 같이 끊어서 체크해 둡니다. 여자의 질문을 한마디로 줄이면 '**游戏怎么样?**'으로 압축할 수 있고, 이에 따른 남자의 대답 중 '**很多新闻媒体都做了报道**'를 통해 정답을 고를 수 있습니다. 남자 말의 '**一周内下载量就超过了10万次**'를 통해서도 답을 유추할 수 있습니다. 따라서 정답은 B입니다.

단어 | **款** kuǎn 양 종류, 모양, 스타일 | **推出** tuīchū 동 (신상품을) 내놓다, 출시하다 | **下载量** xiàzàiliàng 다운로드 횟수 | **超过** chāoguò 동 초과하다, 넘다 | **新闻媒体** xīnwén méitǐ 뉴스 매체 | **报道** bàodào 명 (뉴스 등의) 보도 | **难度** nándù 명 난이도 | **受关注** shòu guānzhù 주목을 받다 | **上市** shàngshì 동 출시되다, (상품이) 시장에 나오다 | **需** xū 동 필요하다, 요구되다 | **加大** jiādà 동 확대하다, 늘리다 | **推广** tuīguǎng 동 널리 보급하다, 확대하다 | **力度** lìdù 명 역량

03 | A

男 我果然把钥匙落在洗手间里了，多亏你提醒我。
女 你啊，总是丢三落四的。以后不要再这么马马虎虎了。
问 根据对话，可以知道什么？

A 男的很粗心
B 女的很委屈
C 他们在吵架
D 钥匙没找到

남: 아니나 다를까 내가 열쇠를 화장실에 두고 왔는데, 다행히 네가 나한테 알려 줬어.
여: 너 말이야, 늘 이것저것 빠뜨리는구나. 앞으로 더 이상 이렇게 조심성 없이 굴지 마.
질문: 대화에 따르면 무엇을 알 수 있는가?

A 남자는 매우 덤벙댄다
B 여자는 매우 억울하다
C 그들은 말다툼을 하고 있다
D 열쇠를 찾지 못했다

해설 | 선택지에 **男的**, **女的**가 등장하면 전체 글의 내용을 묻는 문제입니다. 술어 **粗心**, **委屈**, **吵架**, **没找到**에 체크합니다. 여자 말의 **丢三落四**라는 성어나 **马马虎虎**라는 표현을 알면 어렵지 않게 A **男的很粗心**을 답으로 고를 수 있습니다. 만약 이 단어를 몰랐을 경우, 남자의 말을 듣고 정답을 유추해야 합니다. 남자는 열쇠를 화장실에 두고 왔는데 다행히도 여자가 알려 줘서 찾았다는 의미이며, 물건을 빠뜨리고 다니는 남자 성격은 즉, 세심하지 못하고 데면데면하다는 것을 알 수 있습니다.

단어 | **果然** guǒrán 부 과연, 아니나 다를까 | **钥匙** yàoshi 명 열쇠 | **落** là 동 빠뜨리다, (놓아)두고 오다 | **洗手间** xǐshǒujiān 명 화장실 | **多亏** duōkuī 부 덕분에, 다행히 | **提醒** tíxǐng 동 (상대방이 모를 만한 일을) 알려 주다 | **总是** zǒngshì 부 항상, 늘 | **丢三落四** diūsānlàsì 성 이것저것 빠뜨리다, 흐리멍덩하다 | **马马虎虎** mǎmǎhūhū 형 조심성이 없다, 대충하다 | **粗心** cūxīn 형 세심하지 못하다, 덤벙대다[=**粗心大意** cūxīndàyì 성 부주의하다] | **委屈** wěiqu 형 (부당한 지적이나 대우를 받아) 억울하다 | **吵架** chǎojià 동 말다툼하다, 다투다

04 | C

男 实验进行得顺利吗？报告写完了吗？
女 还没呢，实验设备坏了，修了两天了，还没修好，只好暂停实验了。
问 实验为什么暂停了？

A 缺少资金
B 人手不够
C 设备在维修
D 要改实验方案

남: 실험은 진행이 순조롭나요? 보고서는 다 쓰셨어요?
여: 아직이에요. 실험 설비가 고장 났거든요. 이틀째 고치고 있는데, 아직 다 못 고쳐서 할 수 없이 실험을 잠시 멈췄어요.
질문: 실험은 왜 잠시 멈췄는가?

A 자금이 부족해서
B 일손이 부족해서
C 설비를 보수하고 있어서
D 실험 방안을 바꿔야 해서

해설 | 선택지에 **缺少/资金**, **人手/不够**, **设备/在维修**, **要改/实验方案**과 같이 주어와 술어를 분리하면 정답을 찾는 데 도움이 됩니다. 여자의 말 '**实验设备坏了，修了两天了，还没修好**'가 힌트입니다. 선택지의 **资金**, **人手**, **方案**은 언급되지 않았기 때문에 제거하는 방법으로 풀 수도 있습니다. 따라서 정답은 C입니다.

단어 | **实验** shíyàn 명 실험 | **顺利** shùnlì 형 순조롭다 | **报告** bàogào 명 보고서 | **设备** shèbèi 명 설비, 시설 | **坏** huài 형 고장 나다, 망가지다 | **修** xiū 동 수리하다, 고치다 | **只好** zhǐhǎo 부 할 수 없이 | **暂停** zàntíng 동 잠시 중지하다(멈추다) | **缺少** quēshǎo 동 부족하다, 모자라다 | **资金** zījīn 명 자금 | **人手** rénshǒu 명 일손, 일하는 사람 | **不够** búgòu 형 부족하다 | **维修** wéixiū 동 (기계를) 수리하다, 보수하다 | **方案** fāng'àn 명 방안

05 | A

女 我每天都给竹子浇水，叶子怎么还是变黄了？
男 你是不是浇得太勤了？
女 是吗？我一天浇三次，好像是有点多。
男 什么都要适量，水不能浇太多。
问 男的是什么意思？

A 浇水要适度
B 应多晒太阳
C 植物很难养
D 土质很关键

여: 난 매일 대나무에 물을 주는데, 잎이 어째서 여전히 노래지는 거지?
남: 너 물을 너무 자주 준 거 아니야?
여: 그래? 난 하루에 3번 줬는데, 좀 많았나 보구나.
남: 뭐든지 적당해야 하니, 물을 너무 많이 줘서는 안 돼.
질문: 남자의 말뜻은 무엇인가?

A 물 주기는 적당히 해야 한다
B 햇볕을 많이 쬐야 한다
C 식물은 기르기 어렵다
D 토질이 매우 중요하다

해설 | 선택지로 보아 지문은 식물을 기르는 것과 관련 있는 내용임을 알 수 있습니다. 녹음에서 반복되는 필수어휘 浇水라는 단어를 통해 정답 A 浇水要适度를 고를 수 있습니다. 나머지 B, C, D의 명사들은 녹음에서 언급되지 않았습니다.

단어 | **竹子** zhúzi 명 대나무 | **浇水** jiāoshuǐ 동 물을 뿌리다(주다) | **叶子** yèzi 명 잎, 잎사귀 | **变黄** biàn huáng 노랗게 되다, 노래지다 | **勤** qín 형 빈번하다, 잦다 | **好像** hǎoxiàng 부 ~인 것 같다 | **适量** shìliàng 형 적당량이다 | **适度** shìdù 형 (정도가) 적당하다, 적절하다 | **晒太阳** shài tàiyang 햇볕을 쬐다 | **植物** zhíwù 명 식물 | **养** yǎng 동 (화초를) 가꾸다, 재배하다 | **土质** tǔzhì 명 토질 | **关键** guānjiàn 형 매우 중요하다, (~이) 관건이다

06 | A

女 这个书架是用什么材料做的？
男 钢木结合的，拆装方便，不易变形。
女 看着挺结实，就是颜色有点儿深。
男 还有其他颜色，这是产品宣传册，你先看一下。
问 关于那个书架，下列哪项正确？

A 容易安装
B 很难清洗
C 是玻璃的
D 需提前预订

여: 이 책장은 어떤 재료로 만들었나요?
남: 철과 나무를 결합한 것입니다. 분해와 조립이 편리하고 쉽게 변형되지 않아요.
여: 보기에 제법 단단하네요. 다만 색이 좀 짙네요.
남: 다른 색깔도 있습니다. 이건 상품 팸플릿이에요. 먼저 한번 보세요.
질문: 그 책장에 관해서 다음 중 정확한 것은?

A 설치하기 쉽다
B 깨끗이 씻기 어렵다
C 유리로 만들었다
D 미리 예약해야 한다

해설 | 容易/安装, 很难/清洗, 玻璃, 需提前/预订과 같이 구조를 분석하며 핵심 단어를 체크합니다. 녹음에서 남자의 첫 번째 말 중 '拆装方便'이 힌트입니다. 선택지 B, C, D의 내용은 언급되지 않았으므로, B, C, D를 제거하며 풀 수도 있습니다. 따라서 정답은 A입니다.

Tip
拆装은 拆와 装이라는 두 개의 필수어휘가 합쳐진 단어라 단번에 알아듣기는 쉽지 않습니다. 그러므로 평소에 단어를 한 字씩 공부하는 습관을 들여야 합니다. 装에는 여러 뜻이 있지만 拆装의 装은 安装과 같은 의미입니다.

단어 | **书架** shūjià 명 책꽂이, 책장 | **材料** cáiliào 명 재료 | **钢** gāng 명 강철 | **结合** jiéhé 동 결합하다 | **拆装** chāizhuāng 동 분해하고 조립하다 | **变形** biànxíng 동 변형하다, 모양이 변하다 | **结实** jiēshi 형 굳다, 단단하다 | **深** shēn 형 (색깔이) 짙다, 진하다 | **产品** chǎnpǐn 명 상품 | **宣传册** xuānchuáncè 명 팸플릿 | **安装** ānzhuāng 동 (기계·기자재 등을) 설치하다 | **清洗** qīngxǐ 동 깨끗이 씻다 | **玻璃** bōli 명 유리 | **提前** tíqián 동 (예정된 시간을) 앞당기다 | **预订** yùdìng 동 예약하다

시나공법 03 확인문제 61쪽

01 C	02 B	03 B	04 D
05 D	06 C		

듣기 1-03-4 확인문제.mp3

01 | C

男 小王，你在这家玩具店工作吗？
女 不是，这家店是我舅舅的，他临时有事出去了。
问 对话最可能发生在哪儿？

A 幼儿园
B 宠物店
C 玩具店
D 大学宿舍

남: 샤오왕, 너 완구점에서 일하니?
여: 아니, 이 가게는 우리 외삼촌 거야. 외삼촌이 갑자기 볼일이 생겨서 나가셨어.
질문: 대화는 어디에서 이루어졌는가?

A 유치원
B 애완동물 가게
C 완구점
D 대학교 기숙사

해설 | 이 문제는 선택지의 **玩具店**을 녹음에서 그대로 언급했기 때문에 정답을 쉽게 고를 수 있습니다.

> Tip
> 선택지에 장소가 나오면 다음 원칙을 생각합시다.
> 1. 선택지의 장소가 녹음에 그대로 나온다.
> 2. 관련 단어를 통해 선택지의 장소를 유추해야 하는 문제가 나온다.
> 3. 선택지의 장소 중 2개 이상의 단어가 녹음에 그대로 나오면, 질문을 들은 후 정답을 찾아야 한다.

단어 | **玩具店** wánjùdiàn 명 완구점 | **舅舅** jiùjiu 명 외삼촌 | **临时** línshí 부 때에 이르러, 갑자기 | **幼儿园** yòu'éryuán 명 유치원 | **宠物店** chǒngwùdiàn 명 애완동물 가게 | **宿舍** sùshè 명 기숙사

02 | B

女 先生，您的行李太大了，行李架放不上去，请放在前面的行李间里。
男 好的，我整理一下就放上去。
问 他们最可能在哪儿？

A 车库
B 火车上
C 博物馆
D 俱乐部

여: 선생님, 짐이 너무 커서 짐칸에 올려놓을 수 없어요. 앞쪽 수화물 룸에 두세요.
남: 네, 제가 좀 정리하고 바로 놔둘게요.
질문: 그들은 어디에 있는가?

A 차고
B 기차
C 박물관
D 클럽

해설 | **行李**를 **行李架**에 놓느냐, 아니면 **行李间**에 놓느냐를 두고 대화를 하므로 정답은 B **火车上**이라는 것을 알 수 있습니다.

> Tip
> 行李를 주제로 한 대화들은 보통 기차나 비행기, 버스 등 교통수단에서 등장할 가능성이 높습니다. 기차와 관련한 단어 중 '车厢 chēxiāng (객실)'도 대화에서 많이 언급되므로 함께 암기해 둡니다.

단어 | **行李** xíngli 명 (여행) 짐 | **行李架** xínglǐjià 명 (열차 등) 짐 받이 선반, 짐칸 | **放不上去** fàng bú shàngqù 올려놓을 수 없다 | **行李间** xínglǐjiān 명 수화물 룸 | **整理** zhěnglǐ 동 정리하다 | **车库** chēkù 명 차고 | **火车** huǒchē 명 기차 | **博物馆** bówùguǎn 명 박물관 | **俱乐部** jùlèbù 명 클럽, 동호회

03 | B

女 我昨天把戒指放抽屉里了，可却不见了。你帮我看看沙发上有没有。
男 找到了，还在抽屉里，只是被文件盖住了。
问 戒指是在哪儿找到的？

A 地毯上
B 抽屉里
C 台阶上
D 沙发上

여: 나 어제 반지를 서랍 안에 뒀는데 안 보이네. 네가 나 대신 소파 위에 있는지 좀 봐 줘.
남: 찾았어. 아직 서랍에 있었네. 다만 서류에 가려 있었어.
질문: 반지는 어디에서 찾았는가?

A 카펫 위
B 서랍 안
C 계단 위
D 소파 위

해설 | 선택지의 단어 두 개가 녹음에서 그대로 들렸습니다. 남자가 '还在抽屉里'라고 대답했지만, 필수어휘 抽屉를 몰랐다면 답을 찾기가 어렵고, 상대적으로 익숙한 沙发는 귀에 잘 들리기 때문에 오답으로 선택하기 쉬워서 주의가 필요한 문제입니다. 정답은 B입니다.

Tip
일반명사 뒤에 방위를 나타내는 上, 下, 里 등이 있으면 장소명사가 됩니다. 녹음에서 들리는 장소를 선택지에 체크하며 듣는 연습이 필요합니다.

단어 | **戒指** jièzhi 명 반지 | **抽屉** chōuti 명 서랍 | **盖** gài 동 덮다. | **沙发** shāfā 명 소파 | **地毯** dìtǎn 명 양탄자, 카펫 | **台阶** táijiē 명 계단, 층계

04 | D

女 我信用卡丢了，得去银行挂失一下。
男 那你赶紧去吧，一会儿我们直接在博物馆门口碰面吧。
问 他们可能在哪儿见面?

A 酒吧
B 公寓
C 银行
D 博物馆门口

여: 나 신용카드를 잃어버렸어. 은행에 가서 분실신고를 좀 해야 해.
남: 그럼 얼른 가 봐. 잠시 후에 우리 바로 박물관 입구에서 만나자.
질문: 그들은 어디에서 만날 것인가?

A 술집
B 아파트
C 은행
D 박물관 입구

해설 | 선택지의 단어 두 개가 녹음에서 그대로 언급되었습니다. 여자의 말에서 银行이 나왔으므로 C 옆에 '여'라고 메모하고, 남자의 말에서 博物馆이 나왔으므로 D 옆에 '남'이라고 메모하며 들어야 합니다. 질문에서 그들이 만나려는 장소를 물어봤기 때문에 정답은 D입니다.

Tip
선택지가 명사로 이루어져 있다면 두 개 이상이 녹음에서 언급되는 경우가 많기 때문에 선택지에 'O/X' 또는 '남/녀'를 체크하며 들어야 하고, 질문을 들은 후 정답을 선택해야 합니다. 만약 질문이 '여자는 먼저 어디로 가야 하는가?'라고 나왔다면 정답이 C가 되기 때문입니다. 따라서 선택지에 체크하며 듣는 연습이 필요합니다.

단어 | **信用卡** xìnyòngkǎ 명 신용카드 | **丢** diū 동 잃어버리다, 분실하다 | **银行** yínháng 명 은행 | **挂失** guàshī 동 분실신고를 하다 | **赶紧** gǎnjǐn 부 얼른, 재빨리 | **直接** zhíjiē 부 곧장, 직접 | **博物馆** bówùguǎn 명 박물관 | **碰面** pèngmiàn 동 만나다, 마주치다 | **酒吧** jiǔbā 명 (서양식) 술집, 바(bar) | **公寓** gōngyù 명 아파트

05 | D

女 欢迎光临，您有什么需要?
男 听张教练说，这个月办会员卡可以打七折。
女 是的，还可以免费体验我们健身中心的健美操课程。
男 那麻烦你给我办一张吧！
问 他们最有可能在哪儿?

A 驾校
B 乐器店
C 展览馆
D 健身房

여: 어서 오세요. 뭐 필요하신 거 있으세요?
남: 장 코치님께 들었는데, 이번 달에 멤버십 카드를 만들면 30퍼센트 할인된다면서요?
여: 네. 게다가 저희 헬스 센터의 에어로빅 과정도 무료로 체험하실 수 있어요.
남: 그럼 한 장 만들어 주세요!
질문: 그들은 어디에 있는가?

A 운전 학원
B 악기점
C 전시장
D 헬스장

해설 | A의 驾校가 생소할 수 있지만, 5급 필수어휘 '驾驶 jiàshǐ (운전하다)'와 学校가 결합한 단어임을 유추해야 합니다. 녹음에서 '张教练', '健身中心的健美操课程' 등의 표현을 통해 D 健身房이 정답임을 알 수 있습니다. 健身中心과 健身房이 같은 단어라는 것도 알아둡시다.

단어 | **欢迎光临** huānyíng guānglín 어서 오세요 | **听~说** tīng~shuō 동 ~에게 듣다 | **教练** jiàoliàn 명 코치, (운동 분야의) 감독 | **办** bàn 동 (~을) 만들다, 처리하다 | **会员卡** huìyuánkǎ 멤버십 카드 | **打折** dǎzhé 동 가격을 깎다, 할인하다 | **免费** miǎnfèi 동 무료로 하다 | **体验** tǐyàn 동 체험하다 | **健身中心** jiànshēn zhōngxīn 헬스장, 헬스 센터[=健身房 jiànshēnfáng] | **健美操** jiànměicāo 명 에어로빅 | **课程** kèchéng 명 (교육) 과정 | **麻烦** máfan 동 귀찮게 하다, 번거롭게 하다, 실례하다 | **驾校** jiàxiào 명 (자동차) 운전 학원 | **乐器店** yuèqìdiàn 명 악기점 | **展览馆** zhǎnlǎnguǎn 명 전시장

06 | C

女 反正一会儿就走了，我们就把车停在胡同口吧!
男 不行，停这儿容易罚款。
女 也对，那停在前面那座大厦的地下车库好了。
男 行。
问 他们最后要把车停哪儿?

A 广场上
B 单位门口
C 地下车库
D 胡同入口

여: 어쨌든 잠깐 있다가 갈 거니까 우리 차를 골목 입구에 주차하자.
남: 안 돼. 여기 주차하면 벌금 내기 쉬워.
여: 그건 그러네. 그럼 앞쪽 저 빌딩의 지하 주차장에 세우면 되겠다.
남: 그래.
질문: 그들은 결국 차를 어디에 세우려 하는가?

A 광장
B 회사 입구
C 지하 주차장
D 골목 입구

해설 | 여자의 첫 번째 말 **胡同口** 뒤의 대답은 **不行**이고, 여자의 두 번째 말 **地下车库** 뒤의 대답은 **行**이라는 점에서 정답이 C **地下车库**임을 알 수 있습니다.

단어 | **反正** fǎnzhèng 부 아무튼, 어쨌든 | **停** tíng 동 주차하다, 멈추다 | **胡同** hútòng 명 골목 | **容易** róngyì 형 ~하기 쉽다 | **罚款** fákuǎn 동 벌금을 내다 | **座** zuò 양 동, 채[건물을 세는 양사] | **大厦** dàshà 명 빌딩, 고층 건물 | **地下车库** dìxià chēkù 지하 주차장 | **广场** guǎngchǎng 명 광장 | **单位** dānwèi 명 회사

시나공법 04 확인문제 70쪽

01 B	02 B	03 A	04 B
05 C	06 C		

듣기 1-04-4 확인문제.mp3

01 | B

女 刚才下班时走得匆忙，办公室的灯好像没关。
男 高会计好像还在加班，你打个电话，让他帮你关一下。
问 男的让女的给谁打电话?

A 高主任
B 高会计
C 高校长
D 高经理

여: 방금 퇴근할 때 서둘러 나오느라 사무실의 불을 안 끈 것 같아요.
남: 고 회계사가 아마 아직 야근하고 있을 거예요. 당신이 전화해서 그 사람한테 좀 꺼 달라고 하세요.
질문: 남자는 여자한테 누구에게 전화를 해 보라고 했는가?

A 고 주임
B 고 회계사
C 고 교장 선생님
D 고 사장님

해설 | 녹음에서 **高会计**를 못 듣고, **下班**이나 **办公室**만 들었다면 오답인 A나 D를 고를 수도 있으니 주의해야 합니다. 남자의 말에서 **高会计**가 직접 언급되면서 전화를 해 보라고 했으니 정답은 B **高会计**입니다.

> Tip
> 선택지 앞의 高는 성씨이므로 뒤에 나오는 직업, 신분에 주의해서 들어야 합니다. 보통 직업이나 신분은 단어를 그대로 언급하는 경우가 많습니다.

단어 | **匆忙** cōngmáng 형 매우 바쁘다, 분주하다 | **关灯** guān dēng 전등을 끄다 | **好像** hǎoxiàng 부 ~인 것 같다, 아마 ~일 것이다 | **会计** kuàijì 명 회계사 | **加班** jiābān 동 야근하다, 추가 근무하다 | **主任** zhǔrèn 명 주임 | **经理** jīnglǐ 명 (기업의) 지배인, 사장

02 | B

男 话剧马上就开始了，张教授怎么还没到？你打个电话催催他吧！
女 说曹操曹操就到，你看，他已经到门口了。
问 他们在说谁？

A 球迷
B 张教授
C 话剧导演
D 历史人物曹操

여: 연극이 곧 시작되는데, 장 교수님은 왜 아직 안 오셨죠? 전화해서 재촉 좀 해 보세요!
남: 호랑이도 제 말 하면 온다더니, 보세요. 장 교수님은 이미 입구에 도착하셨네요.
질문: 그들은 누구를 말하고 있는가?

A 축구 팬
B 장 교수
C 연극 연출자
D 역사 인물 조조

해설 | 남자의 말 첫 마디 중 话剧를 듣고 성급하게 C를 선택하거나 '说曹操曹操就到'의 의미를 몰라서 D로 착각할 수도 있습니다. 하지만 선택지의 단어를 그대로 언급했고 张教授라는 단어가 어려운 발음이 아니기 때문에, 이 난이도는 정답을 선택할 수 있어야 합니다. 남자가 张教授를 언급했고 계속해서 그에 관해 대화를 하기 때문에 정답은 B입니다.

단어 | **话剧** huàjù 명 연극 | **教授** jiàoshòu 명 교수 | **催** cuī 동 재촉하다 | **说曹操曹操就到** shuō Cáo Cāo, Cáo Cāo jiù dào 속담 호랑이도 제 말 하면 온다 *__曹操__ Cáo Cāo 고유 조조[인명] | **球迷** qiúmí 명 축구 팬 | **导演** dǎoyǎn 명 연출자, 감독 | **历史** lìshǐ 명 역사 | **人物** rénwù 명 인물

03 | A

女 谢总，今天要采访您的报社记者正在会客室等您。
男 好，我签完这份文件就过去。
问 女的最可能是做什么工作的？

A 秘书
B 记者
C 护士
D 警察

여: 셰 사장님, 오늘 사장님을 인터뷰하려는 신문사 기자가 응접실에서 기다리고 있습니다.
남: 네, 제가 이 서류에 사인을 다 하고 바로 가겠습니다.
질문: 여자는 무슨 일을 하는가?

A 비서
B 기자
C 간호사
D 경찰

해설 | 직업과 관련된 단어가 선택지에 나왔기 때문에, 녹음에서 해당 단어가 그대로 나오거나 혹은 직업과 관련된 다른 단어가 들릴 것이라 예상한 후, 녹음을 들어야 합니다. 녹음에서 采访이라는 단어를 듣고 B 记者를 정답으로 고르면 안 됩니다. 처음에 '谢总'으로 말을 시작했고, '记者正在会客室等您'이라는 문장을 제대로 들었으면 기자가 취재하려고 찾아온 상황을 사장님에게 전달하는 인물이라고 파악할 수 있습니다. 그러니 정답은 A 秘书입니다.

> Tip
> 3번처럼 상황을 통해 유추하는 문제는 난이도가 있는 편입니다. 5급 고득점 혹은 6급으로 실력 향상을 위해서는 문장 전체를 듣는 연습도 꾸준히 해야 합니다.

단어 | **谢** Xiè 고유 셰[성씨] | **总** zǒng 명 [总经理를 줄인 표현] | **采访** cǎifǎng 동 인터뷰하다, 취재하다 | **报社** bàoshè 명 신문사 | **记者** jìzhě 명 기자 | **会客室** huìkèshì 명 응접실 | **签** qiān 동 사인하다, 서명하다 | **秘书** mìshū 명 비서 | **护士** hùshi 명 간호사 | **警察** jǐngchá 명 경찰

04 | B

女 新产品就要投入市场了，销售工作就交给你们部门了。
男 您放心，我们销售部一定会尽全力的。
问 男的负责哪方面的工作？

A 咨询
B 销售
C 售后服务
D 新产品开发

여: 신제품이 곧 시장에 출시될 겁니다. 판매 업무를 곧 여러분 부서에 넘겨 드리겠습니다.
남: 걱정 마세요. 저희 판매팀은 반드시 최선을 다할 겁니다.
질문: 남자는 어떤 분야의 일을 책임지는가?

A 자문
B 판매
C 애프터 서비스
D 신제품 개발

해설 | 선택지에 인물의 직업이 아니라 관련 단어를 제시한 유형입니다. 녹음에서 '销售工作', '销售'라는 단어가 두 번이나 등장했으므로 정답 B 销售를 선택할 수 있습니다.

> Tip
> 이처럼 직업, 신분, 관계 관련 문제에서는 해당 단어가 그대로 등장하는 경우가 많기 때문에, 선택지의 단어를 병음까지 정확하게 알고 있는 것이 중요합니다.

단어 | **新产品** xīnchǎnpǐn 명 신제품 | **就要~了** jiùyào~le 곧 ~할 것이다 | **投入市场** tóurù shìchǎng 시장에 투입되다 | **销售** xiāoshòu 동 판매하다, 팔다 | **交** jiāo 동 건네다, 넘기다 | **尽全力** jìn quánlì 최선을 다하다 | **咨询** zīxún 동 자문하다 | **售后服务** shòuhòu fúwù 명 애프터 서비스(A/S)

05 | C

女 报社工作忙吗?
男 还好，过几天我要采访一位著名的服装设计师。
女 难怪最近总看到你查服装设计的资料。
男 是的，为了做好充分准备，还看了很多时尚杂志。
问 男的将要采访谁?

A 模特
B 工程师
C 设计师
D 编辑

여: 신문사 일은 바빠요?
남: 그런대로 괜찮아요. 며칠 후에 저는 유명 의상 디자이너를 인터뷰해야 해요.
여: 어쩐지 당신이 의상 디자인 자료를 찾아보는 게 요즘 내내 보이더라니.
남: 네, 충분한 준비를 하기 위해서 패션 잡지도 많이 봤어요.
질문: 남자는 누구를 취재하려고 했는가?

A 모델
B 엔지니어
C 디자이너
D 편집자

해설 | 녹음에서 报社나 采访만 듣고 D를 선택해서는 안 됩니다. 만약 질문에서 남자의 직업을 물어봤다면 D가 정답이지만, 문제는 남자가 '취재하려는 사람'입니다. 녹음에서 服装设计师, 服装设计的资料, 时尚杂志 등이 언급되었으므로, 정답은 C입니다.

> Tip
> 선택지에 직업을 뜻하는 단어가 나오면 다음 세 가지 중 한 가지 유형으로 출제됩니다.
> 1. 선택지의 단어가 그대로 등장한다.
> 2. 해당 직업과 관련된 내용이 등장한다.
> 3. 두 가지의 직업이 등장해서 질문을 끝까지 들어야 한다.
> 이 핵심을 염두하고 접근한다면 정답률을 더욱 높일 수 있습니다.

단어 | **报社** bàoshè 명 신문사 | **采访** cǎifǎng 동 인터뷰하다, 취재하다 | **著名** zhùmíng 형 유명하다, 저명하다 | **服装** fúzhuāng 명 의상, 복장 | **设计师** shèjìshī 명 디자이너, 설계사 | **难怪** nánguài 부 어쩐지 | **查** chá 동 찾아보다 | **充分** chōngfèn 형 충분하다 | **时尚** shíshàng 명 유행, 패션 | **杂志** zázhì 명 잡지 | **模特** mótè 명 모델 | **工程师** gōngchéngshī 명 엔지니어 | **编辑** biānjí 명 편집자

06 | C

女 你看过电影《倾城之恋》吗?
男 没呢，是关于什么的?
女 讲的是上世纪二三十年代女作家张爱玲的人生经历。
男 那我也要去看。我很喜欢张爱玲的作品，特别是《半生缘》。
问 那部电影是关于谁的?

A 一位女明星
B 一名工程师
C 一位女作家
D 普通老百姓

여: 영화 《경성지련》을 본 적 있어요?
남: 못 봤어요. 뭐에 관한 거예요?
여: 지난 1920, 30년대의 여류 작가 장아이링의 인생 경험 이야기예요.
남: 그럼 나도 보러 가야겠어요. 난 장아이링의 작품을 아주 좋아하거든요. 특히 《반생연》이요.
질문: 그 영화는 누구에 관한 것인가?

A 한 여성 스타
B 한 엔지니어
C 한 여류 작가
D 일반 국민

해설 | 대화의 女作家를 듣고 정답으로 C 一位女作家를 선택할 수 있어야 합니다. 张爱玲이 소설가라는 사전 지식이 있다면 더욱 쉽게 풀 수 있었겠지만, 만약 몰랐더라도 作家라는 단어가 어려운 단어는 아니기 때문에 정답을 선택할 수 있습니다. 다만 대화에서 해당 내용이 길어 女作家라는 단어를 놓칠 수도 있기 때문에 항상 선택지의 병음은 녹음이 시작되기 전 꼭 체크해야 합니다.

단어 | **倾城之恋** Qīngchéng zhī liàn 고유 경성지련[작품명] | **讲** jiǎng 동 말하다, 이야기하다 | **上世纪** shàng shìjì 전 세기 | **年代** niándài 명 연대 | **张爱玲** Zhāng Àilíng 고유 장아이링[인명] | **人生** rénshēng 명 인생 | **经历** jīnglì 명 경험 | **半生缘** Bànshēngyuán 고유 반생연[작품명] | **明星** míngxīng 명 스타 | **普通** pǔtōng 형 보통이다, 일반적이다 | **老百姓** lǎobǎixìng 명 백성, 국민

시나공법 05 확인문제 79쪽

01 D **02** D **03** A **04** A
05 A **06** A

듣기 1-05-4 확인문제.mp3

01 | D

女 听说你去健身房报名了?
男 对，最近腰部特别不舒服，教练建议我加强腰部肌肉的锻炼。
问 教练建议男的怎么做?

A 吃清淡些
B 控制运动量
C 动作要到位
D 加强肌肉锻炼

여: 듣자니까 너 헬스장 등록하러 갔었다며?
남: 맞아. 최근에 허리 부분이 특히 불편했는데, 트레이너가 나한테 허리 근육을 강화하는 훈련을 제안했어.
질문: 트레이너는 남자에게 어떻게 하라고 제안했는가?

A 조금 담백하게 먹는다
B 운동량을 조절한다
C 동작이 적절한 수준에 도달해야 한다
D 근육 단련을 강화한다

해설 | 선택지 A를 제외하면 모두 운동과 관련된 선택지입니다. 동사술어를 중심으로 듣되, 목적어가 선택지와 다르게 들릴 수 있으니 '동사술어+목적어'를 함께 체크하고 들어야 합니다. 남자 말의 '教练建议我加强腰部肌肉的锻炼'으로 정답 D를 고를 수 있습니다.

단어 | **健身房** jiànshēnfáng 명 헬스장 | **报名** bàomíng 동 등록하다, 신청하다 | **腰部** yāobù 명 허리 (부분) | **舒服** shūfu 형 (몸이) 편하다 | **教练** jiàoliàn 명 트레이너, 코치 | **建议** jiànyì 동 제안하다, 건의하다 | **加强** jiāqiáng 동 강화하다 | **肌肉** jīròu 명 근육 | **锻炼** duànliàn 동 (몸을) 단련하다, 훈련하다 | **清淡** qīngdàn 형 (음식이 기름지지 않고) 담백하다 | **控制** kòngzhì 동 조절하다, 통제하다 | **运动量** yùndòngliàng 명 운동량 | **到位** dàowèi 동 적절한 수준에 도달하다

02 | D

女 厂里一些设备坏了，暂时没法印刷，怎么办?
男 你马上就找师傅来修，耽误的时间越长，工厂损失也越大。
问 男的建议女的怎么做?

A 买新机器
B 向厂长汇报
C 给工人放假
D 找人修设备

여: 공장 내에 일부 설비들이 고장 나서 잠시 인쇄할 방법이 없는데, 어떡하죠?
남: 바로 기사를 불러 수리하세요. 지체하는 시간이 길어질수록 공장의 손실도 커집니다.
질문: 남자는 여자에게 어떻게 하라고 제안했는가?

A 새로운 기계를 산다
B 공장장에게 종합하여 보고한다
C 직원에게 휴가를 준다
D 사람을 불러 설비를 수리한다

해설 | 선택지는 행동과 관련된 내용이며, 이 경우 동사술어와 목적어를 함께 들어야 합니다. 술어와 목적어를 买/新机器 또는 向厂长/汇报처럼 끊어 둔 상태에서 지문을 들으면 더욱 쉽게 문제를 풀 수 있습니다. 여자 말의 '设备坏了'를 통해서도 정답을 유추할 수 있고, 남자 말의 '你马上就找师傅来修'를 듣고 정답 D 找人修设备를 고를 수 있습니다. 여기서 找는 단순히 '찾다'라는 의미가 아니라 '找+사람+修理/安装' 구조로, 기계 등의 수리나 설치를 위해 전문가를 부를 때 사용하는 구문입니다.

단어 | **厂** chǎng 명 공장 | **设备** shèbèi 명 설비, 시설 | **坏** huài 동 고장 나다, 망가지다 | **暂时** zànshí 명 잠시, 잠깐 | **印刷** yìnshuā 동 인쇄하다 | **师傅** shīfu 명 기사[기예 · 기능을 가진 사람에 대한 존칭] | **修** xiū 동 수리하다 | **耽误** dānwu 동 (시간을) 지체하다 | **损失** sǔnshī 명 손실 | **机器** jīqì 명 기계, 기기 | **厂长** chǎngzhǎng 명 공장장 | **汇报** huìbào 동 (상황을) 종합하여 보고하다 | **工人** gōngrén 명 직원, 노동자 | **放假** fàngjià 동 휴가로 쉬다

03 | A

男 你看天气预报了吗? 明天天气怎么样?
女 明天会降温降雨，我建议还是把活动改在室内进行吧。
问 女的建议怎么做?

A 改地点
B 推迟一天
C 增派人手
D 取消活动

남: 너 일기예보 봤어? 내일 날씨 어때?
여: 내일 기온이 떨어지고 비가 내릴 거래. 아무래도 행사를 실내로 바꿔서 진행하는 것이 낫겠어.
질문: 여자는 어떻게 하자고 제안했는가?

A 장소를 바꾼다
B 하루 연기한다
C 일손을 늘려서 파견한다
D 행사를 취소한다

해설 | 행동에 관한 선택지인데, ABCD 동사 간의 유사성이 적기 때문에 이 경우는 동사를 중점적으로 봐야 합니다. 선택지의 내용이 지문에서 그대로 언급되지 않을 경우를 예상하며 녹음을 듣습니다. 여자의 '我建议还是把活动改在室内进行'이라는 말을 듣고 정답 A 改地点을 선택할 수 있습니다. 녹음에서 改라는 동사는 변하지 않았지만 뒤의 在室内进行이 선택지에서 地点으로 바뀌어 출제되었습니다.

단어 | **天气预报** tiānqì yùbào 명 일기예보 | **降温** jiàngwēn 동 기온이 떨어지다 | **降雨** jiàngyǔ 동 비가 내리다 | **建议** jiànyì 동 건의하다, 제안하다 | **还是** háishi 부 ~하는 편이 낫다 | **室内** shìnèi 명 실내 | **推迟** tuīchí 동 연기하다, 뒤로 미루다 | **增派** zēngpài 동 (인원을) 늘려서 파견하다 | **人手** rénshǒu 명 일손, 일하는 사람 | **取消** qǔxiāo 동 취소하다

04 | A

女 你别把浅色的上衣和深色的围巾放在一起洗，可能会染色。
男 我都没注意，幸亏你及时提醒。
问 女的建议男的怎么做？

A 分开洗
B 节约用水
C 手洗牛仔裤
D 用温水洗围巾

여: 너 연한 색 상의랑 짙은 색 목도리를 같이 세탁하지 마. 아마 물들 거야.
남: 난 미처 신경 못 썼는데, 다행히 네가 제때 일깨워 줬네.
질문: 여자는 남자에게 어떻게 하라고 제안했는가?

A 분리해서 세탁한다
B 물을 절약한다
C 청바지를 손빨래한다
D 온수로 목도리를 세탁한다

해설 | 선택지 내용이 빨래와 관련 있음을 파악하고 녹음을 들어야 합니다. A의 分开, B의 节约, C의 手洗, D의 用温水를 미리 체크하고, 추가적으로 C와 D는 청바지, 목도리라는 단어까지 조합을 체크해 두면 정답을 고르기 쉬워집니다. 여자 말의 '别……放在一起洗'가 힌트입니다. 녹음에서 여자 말의 앞부분을 못 들었다면 뒤에 이어지는 可能会染色라는 구문으로 정답을 유추할 수 있습니다. 따라서 정답은 A입니다.

단어 | **浅色** qiǎnsè 명 연한 색 | **深色** shēnsè 명 짙은 색 | **围巾** wéijīn 명 목도리, 스카프 | **染色** rǎnsè 동 염색하다, 물들이다 | **幸亏** xìngkuī 부 다행히, 운 좋게 | **及时** jíshí 부 제때, 즉시, 곧바로 | **提醒** tíxǐng 동 일깨우다 | **分开** fēnkāi 동 나누다, 분리하다 | **节约** jiéyuē 동 절약하다, 아끼다 | **用水** yòng shuǐ 물을 사용하다 | **手洗** shǒuxǐ 동 손빨래하다 | **牛仔裤** niúzǎikù 명 청바지 | **温水** wēnshuǐ 명 온수, 따뜻한 물

05 | A

男 难怪你电脑开机速度这么慢，桌面上的文件太多了。
女 我觉得把文件放在桌面上，找起来特别方便。
男 你还是整理一下吧，把没用的删掉，把有用的放在其他盘里。
女 那我现在就清理。
问 男的希望女的怎么做？

A 整理桌面
B 重装系统
C 重新开机
D 安装杀毒软件

남: 어쩐지 네 컴퓨터 부팅 속도가 이렇게 느리다 했어. 바탕화면 위의 파일이 너무 많아.
여: 파일을 바탕화면에 두면 찾기가 무척 편해.
남: 너 그래도 정리 좀 해. 쓸모없는 파일은 삭제하고, 쓰는 파일은 다른 드라이브에 놔둬.
여: 그럼 지금 바로 정리할게.
질문: 남자는 여자가 어떻게 하길 바라는가?

A 바탕화면을 정리한다
B 시스템을 다시 설치한다
C 컴퓨터를 리부팅한다
D 백신 프로그램을 설치한다

해설 | 선택지의 모든 내용이 컴퓨터와 관련된 내용입니다. 또한 행동에 관한 선택지이므로 동사에 주의하고, B와 D처럼 비슷한 동사가 있으면 목적어까지 주의 깊게 봐야 합니다. 남자가 처음 말한 '桌面上的文件太多了'와 두 번째 말한 '你还是整理一下吧'라는 문장을 통해 정답이 A 整理桌面임을 알 수 있습니다.

Tip
최근 HSK에서 컴퓨터와 온라인상에서 쓰는 신조어가 자주 등장하고 있습니다. 桌面이나 系统, C盘, 删掉 등 컴퓨터 관련 단어를 많이 암기해 두세요.

단어 | **难怪** nánguài 부 어쩐지, 과연 | **桌面** zhuōmiàn 명 (컴퓨터) 바탕화면 | **文件** wénjiàn 명 파일 | **整理** zhěnglǐ 동 정리하다 | **删掉** shāndiào 동 삭제하다, 지우다 | **盘** pán 명 드라이브 참고 **C盘** Cpán C 드라이브 | **清理** qīnglǐ 동 (깨끗이) 정리하다 | **重装** chóngzhuāng 동 (시스템을) 다시 설치하다 | **系统** xìtǒng 명 시스템, 계통 | **重新** chóngxīn 부 다시, 거듭 | **开机** kāijī 동 컴퓨터를 켜다(부팅하다) | **安装** ānzhuāng 동 설치하다 | **杀毒软件** shādú ruǎnjiàn 백신 프로그램

06 | A

女 听说，这次参赛的选手都很强，我没把握能获得名次。
男 没关系，友谊第一比赛第二，好好享受整个过程就行。
女 你说的有道理，我应该摆正心态。
男 你这样想就对了。
问 男的希望女的怎么样？

A 享受比赛
B 勇于争第一
C 打听对手情况
D 做好充分准备

여: 듣자 하니 이번에 경기에 참가하는 선수들이 모두 강하대. 난 순위에 들 자신이 없어.
남: 괜찮아. 우정이 제일이고 경기는 둘째야. 전체 과정을 잘 즐기면 돼.
여: 네 말에 일리가 있네. 난 마음가짐을 바르게 해야겠어.
남: 그렇게 생각하면 돼.
질문: 남자는 여자가 어떻게 하길 바라는가?

A 경기를 즐긴다
B 용감하게 1위를 다툰다
C 상대편의 상황을 물어본다
D 충분한 준비를 한다

해설 | 남자의 첫 번째 말 '好好享受整个过程就行'이 힌트입니다. 선택지의 享受가 녹음에 그대로 언급되었으므로, 정답을 쉽게 선택할 수 있습니다. 정답은 A입니다.

단어 | **参赛** cānsài 동 시합에 참가하다 | **选手** xuǎnshǒu 명 선수 | **把握** bǎwò 명 (성공에 대한) 자신감, 확신 | **获得** huòdé 동 획득하다, 얻다, 따다 | **名次** míngcì 명 순위, 등수, 석차 | **享受** xiǎngshòu 동 즐기다, 누리다 | **整个** zhěnggè 형 전체의, 온 | **过程** guòchéng 명 과정 | **摆正心态** bǎizhèng xīntài 마음가짐을 바르게 하다 | **勇于** yǒngyú 동 용감하게 ~하다 | **争** zhēng 동 (우승을) 다투다 | **打听** dǎting 동 물어보다, 알아보다 | **充分** chōngfèn 형 충분하다

시나공법 06 확인문제 88쪽

01 D	**02** B	**03** A	**04** A
05 D	**06** D		

듣기 1-06-4 확인문제.mp3

01 | D

男 这些照片色彩明亮，视角独特，一看就是经验丰富的摄影师拍的。
女 这都是我叔叔拍的，这两张作品还获得了国际大奖。
问 男的觉得那些照片怎么样？

A 很真实
B 光太强
C 有些模糊
D 拍得很专业

남: 이 사진들은 색채가 밝고 앵글이 독특한걸. 딱 보니까 경험이 풍부한 사진사가 찍은 거네.
여: 이건 모두 우리 삼촌이 찍은 거야. 이 작품 두 장은 심지어 국제적인 대상을 받았어.
질문: 남자는 그 사진들이 어떻다고 여기는가?

A 진실하다
B 빛이 너무 강하다
C 조금 분명하지 않다
D 촬영이 매우 전문적이다

해설 | 남자 말의 '经验丰富的摄影师拍的'가 힌트입니다. 선택지 내용이 그대로 언급되지는 않았지만 여자의 말을 통해서도 삼촌이 사진을 잘 찍는다는 걸 알 수 있습니다. 따라서 정답은 D입니다.

Tip
专业는 '전공'이라는 명사만 알고 있으면 안 됩니다. '전문적이다'라는 형용사로 더 많이 사용하니, 함께 암기해 두세요.

단어 | **色彩** sècǎi 명 색채 | **明亮** míngliàng 형 환하다, 밝다 | **视角** shìjiǎo 명 (카메라의) 앵글 | **独特** dútè 형 독특하다 | **经验** jīngyàn 명 경험, 노하우 | **摄影师** shèyǐngshī 명 촬영기사, 사진사 | **拍** pāi 동 (사진을) 찍다 | **叔叔** shūshu 명 숙부, 삼촌 | **获得** huòdé 동 획득하다, (상을) 받다 | **大奖** dàjiǎng 명 대상, 큰 상[상금의 액수가 크거나 영예가 높은 상] | **真实** zhēnshí 형 진실하다 | **模糊** móhu 형 모호하다, 분명하지 않다 | **专业** zhuānyè 형 전문의, 전문적인 명 전공

02 | B

女 这条路比以前宽多了，也没那么堵了。
男 是啊，自从年初修好后，我开车上下班时一直走这条路。
问 那条路现在怎么样?

A 常堵车
B 变宽了
C 绿化差
D 更干净了

여: 이 길은 예전보다 훨씬 넓어졌고 그렇게 막히지도 않네요.
남: 네. 연초에 다 보수된 후부터 저는 운전해서 출퇴근할 때 계속 이 길로 다녀요.
질문: 그 길은 현재 어떠한가?

A 항상 차가 막힌다
B 넓어졌다
C 녹지가 부족하다
D 더욱 깨끗해졌다

해설 | 선택지의 술어를 중점적으로 듣습니다. 여자 말의 '这条路比以前宽多了'로 정답 B 变宽了를 선택할 수 있습니다.

단어 | **宽** kuān 형 (폭이) 넓다 | **堵** dǔ 동 막다, 가로막다 | **自从** zìcóng 전 ~부터, ~에서 | **修** xiū 동 수리하다, 보수하다 | **开车** kāichē 동 차를 운전하다 | **堵车** dǔchē 동 차가 막히다, 교통이 체증되다 | **绿化** lǜhuà 명 녹화[산이나 거리, 공원 등에 나무나 화초 따위를 심어 푸르게 가꿈] | **差** chà 동 부족하다, 모자라다

03 | A

男 你看这件旗袍怎么样? 丝绸做的，款式也很大方。
女 嗯，摸起来光滑柔软，可是颜色有点深，不太适合我。
问 男的觉得那件旗袍怎么样?

A 样式大方
B 大小不合适
C 颜色太鲜艳
D 料子有些硬

남: 이 치파오 어떠세요? 비단으로 만들었고 스타일도 세련되고 편해 보여요.
여: 네, 만져 보니 매끄럽고 부드럽네요. 하지만 색이 좀 짙어서 저한테 그다지 어울리지 않네요.
질문: 남자는 그 치파오가 어떠하다고 여기는가?

A 스타일이 세련되고 편하다
B 사이즈가 맞지 않다
C 색이 아주 선명하고 아름답다
D 옷감이 다소 딱딱하다

해설 | 선택지를 보면 녹음에서 옷이나 스타일과 관련된 내용이 등장할 것을 유추할 수 있습니다. 남자의 말에서 '款式也很大方'이라는 표현을 듣고 정답 A 样式大方을 선택하면 됩니다. 款式와 样式가 동의어임을 알고 있는지 물어본 문제입니다.

단어 | **旗袍** qípáo 명 치파오[중국 여성이 입는 원피스 모양의 의복] | **丝绸** sīchóu 명 비단 | **款式** kuǎnshì 명 스타일, 디자인, 양식 | **大方** dàfang 형 (스타일이) 세련되고 편안하다 | **摸** mō 동 (손으로) 만지다, 쓰다듬다 | **光滑** guānghuá 형 (물체의 표면이) 매끄럽다 | **柔软** róuruǎn 형 부드럽다 | **颜色** yánsè 명 색, 색깔 | **深** shēn 형 (색깔이) 짙다, 진하다 | **适合** shìhé 동 적합하다, 어울리다 | **样式** yàngshì 명 스타일, 양식, 모양 | **大小** dàxiǎo 명 크기, 사이즈 | **合适** héshì 형 적당하다, 적합하다, 알맞다 | **鲜艳** xiānyàn 형 선명하고 아름답다 | **料子** liàozi 명 옷감 | **硬** yìng 형 단단하다, 딱딱하다

04 | A

男 这个年纪的孩子都非常调皮，你也别太担心了。
女 是啊，他做的事总让我们哭笑不得，特别让人操心。
问 他们觉得那个年纪的孩子怎么样?

A 很淘气
B 很热心
C 比较敏感
D 非常单纯

남: 이 나이의 아이들은 모두 장난이 매우 심하니, 당신도 너무 걱정하지 마세요.
여: 맞아요. 그 애가 하는 일은 늘 우리가 이러지도 저러지도 못하게 만들죠. 정말 사람 속을 썩여요.
질문: 그들은 그 나이의 아이들이 어떻다고 여기는가?

A 장난이 심하다
B 친절하다
C 비교적 민감하다
D 매우 순진하다

해설 | 선택지의 키워드 淘气, 热心, 敏感, 单纯 모두 5급 필수어휘입니다. 또한 사람에 대한 평가를 나타내는 단어이므로, 제3자가 등장할 수 있다는 것을 예측해야 합니다. 남자 말의 这个年纪的孩子都非常调皮라는 표현을 듣고 정답 A 很淘气를 선택할 수 있습니다. 이 문제는 调皮와 淘气가 동의어임을 알고 있는지 물어본 문제입니다.

Tip

5급 필수어휘인 调皮와 淘气는 정답으로 자주 출제되지는 않지만 대략 2년에 한 번 정도 듣기와 독해 영역에서 정답으로 출제되니, 이번 기회에 알아 두도록 합니다.

단어 | **年纪** niánjì 명 나이, 연령 | **调皮** tiáopí 형 장난이 심하다, 짓궂다 | **总** zǒng 부 항상, 늘 | **哭笑不得** kūxiàobùdé 이러지도 저러지도 못하다, 어쩔 줄을 모르다 | **操心** cāoxīn 동 마음을 쓰다, 신경을 쓰다, 걱정하다 | **淘气** táoqì 형 장난이 심하다 | **热心** rèxīn 형 친절하다, (마음이) 따뜻하다 | **敏感** mǐngǎn 형 민감하다, (감수성이) 예민하다 | **单纯** dānchún 형 단순하다, 순진하다

05 | D

男 你最近怎么一直看电脑啊?
女 我报了一个会计网络课程班。
男 在网上学，效果好吗?
女 挺好的，听不懂的地方能反复听，还能自由安排学习时间。
问 女的觉得网络课程有什么优点?

A 费用低
B 测验少
C 能免费试听
D 学习时间灵活

남: 넌 요즘 왜 계속 컴퓨터를 보고 있니?
여: 회계 인터넷 과정반을 신청했어.
남: 인터넷으로 배우면 효과가 좋니?
여: 제법 좋아. 알아듣지 못한 부분은 반복해서 들을 수 있고, 자유롭게 공부 스케줄을 짤 수도 있으니까.
질문: 여자는 인터넷 과정에 어떤 장점이 있다고 여기는가?

A 비용이 낮다
B 테스트가 적다
C 무료로 들어 볼 수 있다
D 학습 시간에 구애받지 않는다

해설 | 선택지를 미리 보고 학습과 관련한 내용이 들릴 것임을 유추합니다. 灵活는 '민첩하다'라는 의미로 많이 쓰지만, 时间灵活는 시간상으로 융통성이 있다는 의미입니다. 여자의 두 번째 말에서 '还能自由安排学习时间'을 통해 정답 D를 고를 수 있습니다. 이 문제는 自由安排를 灵活로 바꾸어 출제했지만, 내공이 약한 학생들도 学习时间만 듣고도 답을 찾을 수 있습니다.

단어 | **报** bào 동 신청하다 | **会计** kuàijì 명 회계 | **网络** wǎngluò 명 인터넷 | **课程** kèchéng 명 (교육)과정, 커리큘럼 | **效果** xiàoguǒ 명 효과 | **反复** fǎnfù 부 반복해서 | **安排** ānpái 동 스케줄을 짜다, (시간을) 안배하다 | **费用** fèiyòng 명 비용 | **测验** cèyàn 동 시험하다, 테스트하다 | **试听** shì tīng (시험 삼아) 들어 보다 | **灵活** línghuó 형 융통성이 있다, 구애받지 않다

06 | D

女 我上次给你妻子推荐的那套化妆品用得怎么样?
男 非常好，她说用了后脸不红也不干燥了。
女 那套化妆品是纯天然的，专门为敏感肌肤研制，长期使用还能改善肤质。
男 是吗? 谢谢你的推荐。
问 那套化妆品有什么特点?

A 香味独特
B 保湿效果差
C 含化学成分
D 适合敏感肌肤

여: 제가 지난번 당신 아내분께 추천해 드렸던 그 화장품 세트 써 보니까 어땠던가요?
남: 아주 좋아요. 아내가 쓰고 난 뒤에 얼굴이 붉어지지 않고 건조하지도 않다고 했어요.
여: 그 화장품 세트는 100% 천연 제품이에요. 전문적으로 민감한 피부를 위해 연구 제작해서, 장기간 사용하면 피부 타입도 개선할 수 있어요.
남: 그래요? 추천해 줘서 고마워요.
질문: 그 화장품 세트는 어떤 특징이 있는가?

A 향기가 독특하다
B 보습 효과가 나쁘다
C 화학 성분을 함유하고 있다
D 민감한 피부에 적합하다

해설 | 선택지를 보면 화장품과 관련한 지문이 나올 것을 유추할 수 있습니다. 여자의 두 번째 말 중 '专门为敏感肌肤研制'를 통해 D 适合敏感肌肤가 정답임을 알 수 있습니다. D의 肌肤는 필수어휘는 아니지만, 4급 필수어휘 皮肤의 肤를 통해, 肌肤도 '피부'라는 의미가 있다는 것을 유추할 수 있어야 합니다.

단어 | **推荐** tuījiàn 동 추천하다 | **套** tào 양 세트 | **化妆品** huàzhuāngpǐn 명 화장품 | **干燥** gānzào 형 건조하다 | **纯** chún 부 순전히, 완전히 | **专门** zhuānmén 부 전문적으로 | **敏感** mǐngǎn 형 민감하다 | **肌肤** jīfū 명 (근육과) 피부 | **研制** yánzhì 동 연구 제작하다 | **改善** gǎishàn 동 개선하다 | **肤质** fūzhì 피부 타입 | **香味** xiāngwèi 명 향기 | **独特** dútè 형 독특하다 | **保湿效果** bǎoshī xiàoguǒ 보습 효과 | **含** hán 동 포함하다, 함유하다

2부분 서술형

시나공법 01 확인문제			110쪽
01 C	02 B	03 D	04 C
05 A	06 A		

듣기 2-01-3 확인문제.mp3

01 | C **02** | B **03** | D

第1到3题是根据下面一段话：

黑马受伤以前，是草原上跑得最快的马，可自从受伤后，它没有夺得过一次赛马大会的冠军。虽然在受伤期间，它去看过最好的医生，用过最好的药材，[01]却依然无法恢复到以前的速度。被多次打击后，它不再参加草原大会，渐渐淡出了大家的视线。

一年后，黑马再次亮相，出乎人们意料的是，它获得了"[02]草原上最能负重之马"的荣誉称号。原来，黑马失去了速度上的优势之后，[02]发现自己比别的马搬运的货物要多，经过一年的不懈努力，它把这个特长发挥到了极致。

每个人都不可能只有一个特长，[03]试着去发现你的其他特长吧！

01 黑马为什么不再参加赛跑比赛？
A 年纪大了
B 嫌奖金少
C 速度不如从前
D 被取消资格了

02 一年后，黑马获得了什么荣誉称号？
A 最英俊
B 最能负重
C 本领最大
D 最善奔跑

03 这段话主要想告诉我们什么？
A 要有爱心
B 要说到做到
C 多参与集体活动
D 多发现自己的特长

1~3번 문제는 다음 이야기에 근거한다.

흑마는 부상을 입기 전에는 초원 위에서 가장 빠르게 달리는 말이었지만, 부상을 입은 후 경마 대회에서 한 번도 우승을 차지한 적이 없었다. 비록 부상 기간에 흑마는 가장 좋은 의사에게서 진찰을 받고 가장 좋은 약재를 써 봤지만, [01]여전히 이전의 속도를 회복할 수 없었다. 여러 번 의욕이 꺾인 뒤, 흑마는 초원 대회에 더 이상 참가하지 않았고, 모두의 시선에서 점점 사라졌다.

1년 후, 흑마는 다시 모습을 드러냈다. 사람들의 예상과는 달리, 그는 '[02]초원에서 가장 무거운 짐을 짊어질 수 있는 말'이라는 영예로운 칭호를 얻었다. 알고 보니, 흑마는 속도의 강점을 잃어버린 후, [02]자신이 다른 말보다 운반하는 화물이 더 많다는 것을 발견했고, 1년간의 꾸준한 노력을 거쳐 이 특기를 최고의 경지까지 발휘했다.

모든 사람이 오직 하나의 장기만 가지고 있을 리는 없으니, [03]당신의 다른 장기를 발견하도록 시도해 보라!

01 흑마는 왜 달리기 경주에 더 이상 참가하지 않았는가?
A 나이가 들어서
B 상금이 적은 게 불만이라서
C 속도가 이전만 못해서
D 자격을 취소당해서

02 1년 후, 흑마는 어떤 영예로운 칭호를 얻었는가?
A 재능이 가장 출중하다
B 가장 무거운 짐을 짊어질 수 있다
C 능력이 가장 뛰어나다
D 빨리 달리는 것을 가장 잘한다

03 이 이야기가 우리에게 말하려는 것은 무엇인가?
A 사랑하는 마음이 있어야 한다
B 말한 대로 행해야 한다
C 단체 활동에 많이 참여해야 한다
D 자신의 특기를 많이 발견해야 한다

Tip

선택지 훑어보기

선택지로 지문의 내용을 모두 유추하기는 힘들지만, 단어들은 미리 봐 두어야 합니다. 1번은 年纪大, 奖金少, 速度/不如从前, 取消资格의 키워드를 체크하고, 2번은 형용사에 체크합니다. 3번은 爱心, 说到做到, 多参与, 发现…特长의 키워드를 체크합니다. 3번 B의 说到做到는 '언행일치하다'라는 표현인데, 몰랐던 학생들은 이번 기회에 암기해 두기 바랍니다.

해설 |

01 이야기 글의 앞부분은 대체적으로 주인공이 시련을 겪는 내용입니다. 녹음의 '却依然无法恢复到以前的速度'라는 표현으로 C가 정답임을 알 수 있습니다.

02 B의 负重은 필수어휘는 아니지만 발음을 체크하여 들을 수 있습니다. 녹음의 '它获得了"草原上最能负重之马"的荣誉称号。'라는 문장에서 最能负重을 그대로 언급했기 때문에 B를 정답으로 고를 수 있습니다. 이야기 글에서 주인공이 시련을 이겨 내고 성공하는 부분을 물어본 문제입니다.

03 D의 **特长**이란 단어는 필수어휘는 아니지만 발음은 충분히 알아들을 수 있습니다. 녹음 마지막 문장에서 '**试着去发现你的其他特长吧**'라고 했기 때문에 정답은 D입니다

> Tip
> 서술형 듣기는 6급 입문 과정이기 때문에 이렇게 6급 필수어휘 혹은 필수어휘가 아닌 어휘들도 많이 출제됩니다. 따라서 평소에 字 학습을 통해 단어를 유추하는 훈련을 반드시 해 두어야 합니다.

단어 | **受伤** shòushāng 형 부상을 입다 | **夺得** duódé 동 달성하다, 이룩하다 | **赛马大会** sàimǎ dàhuì 경마 대회 | **冠军** guànjūn 명 우승 | **看医生** kàn yīshēng 의사에게 진찰을 받다 | **药材** yàocái 명 약재 | **依然** yīrán 부 여전히 | **恢复** huīfù 동 회복하다 | **速度** sùdù 명 속도 | **打击** dǎjī 동 타격을 주다, 의욕을 꺾다 | **渐渐** jiànjiàn 부 점점, 점차 | **淡出** dànchū 동 (사람 · 사물이) 소리 소문 없이 서서히 사라지다 | **视线** shìxiàn 명 시선 | **亮相** liàngxiàng 동 (사람 · 사물이) 모습을 드러내다 | **出乎意料** chūhūyìliào 성 예상 밖이다, 예상을 벗어나다 | **获得** huòdé 동 획득하다, 얻다 | **荣誉称号** róngyù chēnghào 영예로운 칭호 | **失去** shīqù 동 잃다, 잃어버리다 | **优势** yōushì 명 우세, 강점 | **搬运** bānyùn 동 운송하다, 운반하다 | **货物** huòwù 명 화물 | **不懈** búxiè 형 게으르지 않다, 꾸준하다 | **发挥** fāhuī 동 발휘하다 | **极致** jízhì 명 극치, 최고의 경지 | **特长** tècháng 명 특기, 장기 | **赛跑比赛** sàipǎo bǐsài 달리기 경주 | **嫌** xián 동 싫어하다, 불만이다 | **奖金** jiǎngjīn 명 상금 | **取消** qǔxiāo 동 취소하다 | **资格** zīgé 명 자격 | **英俊** yīngjùn 형 재능이 출중하다 | **负重** fùzhòng 동 무거운 짐을 짊어지다 | **本领** běnlǐng 명 기량, 능력 | **善** shàn 형 잘하다, 훌륭하다 | **奔跑** bēnpǎo 동 질주하다, 빨리 달리다 | **说到做到** shuōdào zuòdào 말한 것을 반드시 실행에 옮기다, 말한 대로 하다 | **参与** cānyù 동 참여하다 | **集体活动** jítǐ huódòng 단체 활동

04 | C **05** | A **06** | A

第4到6题是根据下面一段话：

农夫在地里同时种了两棵一样大的果树苗，第一棵树开始时就决心长成一棵参天大树，所以它拼命地从地下吸收养分，储备起来。[04]在最初的几年，虽然它越来越粗壮，[04]却一直没结果实，这让农夫很生气。而第二棵早早地就开花结果了。农夫看到它的果实后很开心。

几年后，那棵久不结果的大树由于养分充足，终于结出了又大又甜的果实。而第二棵树却因为过早地开花结果，养分逐渐耗尽，结出的果实慢慢变得苦涩难吃，[05]最后农夫只好把它砍了当柴烧。

急于求成只会导致最后的失败，我们只有将眼光放得远一点，[06]并且注重自身的积累，厚积薄发，才能取得成功。

04 关于第一棵树苗，下列哪项正确？
A 缺乏养分
B 越长越细
C 最初结果不好
D 农夫常给它浇水

05 第二棵树后来怎么样了？
A 被砍了
B 果实香甜
C 叶子掉光了
D 被农夫卖了

06 这段话主要想告诉我们什么？
A 要重视积累
B 要面对现实
C 要及时行动
D 要爱护花草

4~6번 문제는 다음 이야기에 근거한다.

농부가 밭에 같은 크기의 과일나무 묘목 두 그루를 동시에 심었다. 첫 번째 나무는 처음에 하늘을 찌를 듯한 거목으로 자라기로 결심했다. 그래서 그 나무는 필사적으로 지하에서 양분을 흡수하고, 저장하기 시작했다. [04]처음 몇 년간, 비록 그것은 갈수록 굵고 단단해졌지만 [04]계속 과실을 맺지 못했기에, 이는 농부를 매우 화나게 했다. 그러나 두 번째 나무는 일찍이 꽃을 피우고 열매를 맺었다. 농부는 그 나무의 과실을 보고 매우 기뻐했다.

몇 년 뒤, 오랫동안 열매를 맺지 못한 그 큰 나무는 양분이 충분했기 때문에, 마침내 크고 달콤한 과실을 맺었다. 그러나 두 번째 나무는 너무 일찍 꽃이 피고 열매를 맺었기 때문에, 양분이 점차 다 소진되어 맺은 과실이 차츰 씁쓸하고 떫어 맛없게 변했다. [05]결국 농부는 어쩔 수 없이 그것을 베어 땔감으로 사용했다.

서둘러 목적을 달성하려 하면 결국 마지막에는 실패를 야기할 뿐이다. 우리는 시선을 좀 멀리 두고, [06]자신의 축적을 중시하면서 준비를 충분히 해야만 비로소 성공을 거둘 수 있다.

04 첫 번째 묘목에 관해서 다음 중 정확한 것은?
A 양분이 부족하다
B 자랄수록 가늘어진다
C 처음에는 열매를 맺는 것이 안 좋았다
D 농부는 자주 그 나무에게 물을 준다

05 두 번째 나무는 나중에 어떻게 되었는가?
A 베었다
B 과실이 맛있다
C 잎이 다 떨어졌다
D 농부가 팔았다

06 이 이야기가 우리에게 말하려는 것은 무엇인가?
A 축적을 중시해야 한다
B 현실을 직시해야 한다
C 적시에 행동해야 한다
D 화초를 잘 보살펴야 한다

해설 |

04 이 문제는 녹음에서 정답을 바로 들려주지 않기 때문에 난이도가 있는 문제입니다. 따라서 녹음이 나오기 전에 선택지 내용을 미리 파악해 두는 것이 매우 중요합니다. 4, 5번의 선택지를 통해 지문 내용이 과일나무 농사와 관련된 내용이란 것을 유추할 수 있습니다. 녹음의 '**在最初的几年……却一直没结果实，这让农夫很生气**' 부분을 통해 정답은 C **最初结果不好**임을 알 수 있습니다. 선택지에 동그라미를 표시한 후 녹음을 계속해서 들어야 합니다. 이 글처럼 두 가지 사물을 비교하는 지문이 나오면, 주체와 각각의 내용을 잘 체크해 두는 것이 중요합니다.

05 두 번째 나무의 최후에 대해 물어보았습니다. 녹음의 '**最后农夫只好把它砍了当柴烧**'라는 문장을 듣고 A **被砍了**를 정답으로 골라야 합니다.

06 선택지를 보면 주제와 관련된 질문임을 알 수 있습니다. 이야기 글의 주제는 보통 마지막에 들려줍니다. 지문 마지막 부분의 '**并且注重自身的积累，厚积薄发，才能取得成功**' 부분에서 4급 어휘 **积累**만 들었다면 정답 A **要重视积累**를 선택할 수 있습니다.

Tip

HSK 듣기는 모든 단어를 빠지지 않고 듣는 것이 아니라, 핵심 단어만 제대로 듣는 것이 요령입니다. **厚积薄发** 같은 어려운 표현은 들리지도 않을 뿐더러, 들을 필요도 없고 암기할 필요도 없는 어휘입니다. 핵심 단어만 캐치하는 훈련이 고득점으로 가는 지름길입니다.

단어 | **种** zhòng 동 심다, 뿌리다 | **棵** kē 양 그루, 포기[식물을 세는 단위] | **果树苗** guǒshùmiáo 명 과일나무 묘목 | **决心** juéxīn 동 결심하다 | **长成** zhǎngchéng ~으로 성장하다, ~으로 자라다 | **参天大树** cāntiān dàshù 명 하늘을 찌를 듯한 거목 | **拼命** pīnmìng 동 필사적으로 하다 | **吸收** xīshōu 동 흡수하다 | **养分** yǎngfèn 명 양분 | **储备** chǔbèi 동 (물자를) 비축하다, 저장하다 | **粗壮** cūzhuàng 형 (물체가) 굵고 단단하다 | **结** jiē 동 (과실을) 맺다, (열매가) 열리다 | **果实** guǒshí 명 과실, 과일 | **开花结果** kāihuā jiēguǒ 꽃이 피고 열매를 맺다 | **充足** chōngzú 형 충분하다 | **逐渐** zhújiàn 부 점점, 점차 | **耗尽** hàojìn 동 다 써 버리다, 다 소진되다 | **苦涩** kǔsè 형 (맛이) 씁쓸하고 떫다 | **难吃** nánchī 형 먹기 어렵다, 맛이 없다 | **只好** zhǐhǎo 부 어쩔 수 없이, 할 수 없이 | **砍** kǎn 동 (도끼로) 찍다, 베다 | **柴** chái 명 장작, 땔감 | **烧** shāo 동 태우다, 불사르다 | **急于求成** jíyú qiú chéng 서둘러 목적을 달성하려 하다 | **导致** dǎozhì 동 (나쁜 결과를) 야기하다, 초래하다 | **眼光** yǎnguāng 명 시선, 눈길 | **注重** zhùzhòng 동 중시하다 | **厚积薄发** hòu jī bó fā 많이 축적해서 서서히 내보내다, 준비를 충분히 해야만 성공할 수 있다 | **取得** qǔdé 동 얻어 내다, 이루다 | **缺乏** quēfá 동 결핍되다, 부족하다 | **浇水** jiāoshuǐ 동 물을 뿌리다(주다) | **香甜** xiāngtián 형 향기롭고 달다, 맛있다 | **面对** miànduì 동 직시하다, 직면하다 | **现实** xiànshí 명 현실 | **及时** jíshí 부 제때, 적시에 | **爱护** àihù 동 소중히 하다, 잘 보살피다

시나공법 02 확인문제 | 121쪽

01 A	**02** B	**03** B	**04** C
05 A	**06** D		

듣기 2-02-7 확인문제.mp3

01 | A 02 | B 03 | B

第1到3题是根据下面一段话：

[03]江西和福建的气候相似，于是有人将福建的火龙果移植到了江西，想让当地人也能吃上火龙果。火龙果树种在江西后，竟然不结果实，[01]这让江西人非常意外。专家诊断后说："你们这儿的火龙果树缺了一种特殊的养分。"可大家都说："我们什么肥料都上过了，给了它充分的养分啊。"专家摇了摇头说："火龙果树只有先"吃苦"才能结出果实。"大家听后很是迷惑，[02]专家便让人往火龙果树的根部浇上又咸又苦的盐水，第二年，江西人真的吃到了自己家乡种的火龙果。原来，福建四面环海，土壤盐分含量高，[02]火龙果树是因为"吃"了又苦又咸的盐，才结出了又香又甜的火龙果。而江西的土壤中不含盐分，火龙果树没有吃上"苦"，反而颗粒无收。

01 刚发现当地的火龙果树不结果实时，江西人有什么反应？

A 意外
B 失望
C 后悔
D 不耐烦

02 这段话中所说的"吃苦"指的是什么？

A 被修剪
B 吸收盐分
C 蒸发水分
D 忍受曝晒

03 根据这段话，下列哪项正确？

A 江西的火龙果很苦
B 江西与福建气候相似
C 专家的意见未被采用
D 江西后来不种火龙果树了

1~3번 문제는 다음 이야기에 근거한다.

[03]장시와 푸젠의 기후는 서로 비슷하다. 그래서 어떤 사람이 푸젠의 용과를 장시에 옮겨 심어서, 현지인도 용과를 먹을 수 있게 하고 싶었다. 용과 나무를 장시에 심은 후 뜻밖에도 과실이 맺히지 않았는데, [01]이것을 장시 사람

들은 매우 의외라고 생각했다. 전문가가 진단한 후에 말했다. "당신의 이 용과 나무는 특수한 양분이 부족합니다." 하지만 모두가 말했다. "우리는 어떤 비료든 다 주었고, 용과에 충분한 양분을 줬어요." 전문가는 머리를 가로저으며 말했다. "용과 나무는 먼저 '고통을 맛보고' 나서야 과실을 맺을 수 있어요." 사람들이 들은 후 이해를 하지 못하자, [02]전문가는 사람들한테 용과 나무의 뿌리 부분에 짜고 쓴 소금물을 주게 했다. 이듬해, 장시 사람들은 정말로 자신의 고향에 심은 용과를 먹게 되었다. 알고 보니 푸젠은 사면이 바다로 둘러싸여 있고 토양은 염분 함량이 높은데, [02]용과 나무는 쓰고 짠 소금을 먹었기 때문에 비로소 향기롭고 달콤한 용과 과실을 맺은 것이다. 그러나 장시의 토양에는 염분이 들어 있지 않아서 용과 나무는 '고통'을 맛보지 못했고, 오히려 한 알도 수확하지 못한 것이었다.

01 현지의 용과 나무가 과실을 맺지 못한 걸 막 발견했을 때, 장시 사람들은 어떤 반응을 보였는가?

A 뜻밖이다
B 실망이다
C 후회스럽다
D 성가시다

02 이 이야기에서 말한 '吃苦'가 가리키는 것은 무엇인가?

A 가지치기된다
B 염분을 흡수한다
C 수분을 증발시킨다
D 햇볕에 쪼이는 것을 견뎌 낸다

03 이 이야기에 근거하여, 다음 중 정확한 것은?

A 장시의 용과는 매우 쓰다
B 장시와 푸젠은 기후가 비슷하다
C 전문가의 의견이 아직 채택되지 않았다
D 장시에는 나중에 용과 나무를 심지 않았다

Tip

3번 선택지를 보면 火龙果에 관한 지문임을 유추할 수 있습니다. 1번은 태도와 관련한 문제이며 단어는 모두 필수어휘입니다. 2번과 같이 비교적 어려운 단어들은 미리 발음을 체크해 두어야 합니다. 3번은 문장이라 길지만 火龙果很苦, 气候相似, 未被采用, 后来不种과 같이 핵심 키워드만 체크해 두면 선택지 내용을 한눈에 확인할 수 있습니다.

해설 |

01 '这让江西人非常意外'라는 표현이 녹음 지문에서 그대로 들렸기 때문에 상황에 대한 추론 없이 A를 정답으로 선택할 수 있습니다. 감정을 표현하는 형용사 관련 문제는 내용을 유추하거나 비슷한 단어로 바꾸어 출제될 수도 있는데, 이번 문제에서는 意外가 그대로 등장했기 때문에 어렵지 않게 선택할 수 있습니다.

02 비교적 어려운 문제이지만 녹음 지문에서 계속 들리는 盐, 盐分, 盐水 같은 단어들만 알아들어도 B 盐分을 정답으로 선택할 수 있습니다. 녹음 지문의 '专家便让人往火龙果树的根部浇上又咸又苦的盐水' 또는 뒷부분의 '火龙果树是因为"吃"了又苦又咸的盐，才结出了又香又甜的火龙果'를 통해서 용과 나무가 소금물을 흡수한다는 것을 알 수 있습니다. 盐이라는 키워드 외에 다른 선택지 내용은 등장하지 않았기 때문에 B를 선택할 수 있어야 합니다.

03 녹음 지문 첫머리에 B의 내용인 '江西和福建的气候相似'가 그대로 언급되므로 B를 정답으로 선택할 수 있습니다. 하지만 문제가 순서대로 풀리지 않고 마지막 문제인 3번의 내용이 지문의 첫 문장에서 들리기 때문에 미리 3번 선택지를 보지 않았다면 어려운 문제입니다. 때문에 녹음을 듣기 전 선택지 분석을 완료하는 것은 필수입니다. 특히 문장으로 출제된 선택지는 녹음 지문을 들으면서 답을 골라내기가 어렵기 때문에 녹음이 시작되기 전 반드시 키워드를 표시해 두어야 합니다.

단어 | **相似** xiāngsì 형 비슷하다, 닮다 | **火龙果** huǒlóngguǒ 명 용과 | **移植** yízhí 동 (나무를) 옮겨 심다 | **当地人** dāngdìrén 명 현지인 | **种** zhòng 동 (나무 등을) 심다 | **结果实** jiē guǒshí 과실을 맺다 | **专家** zhuānjiā 명 전문가 | **诊断** zhěnduàn 동 진단하다 | **缺** quē 동 결핍되다, 부족하다 | **特殊** tèshū 형 특수하다 | **养分** yǎngfèn 명 (영)양분 | **肥料** féiliào 명 비료, 거름 | **上** shàng 동 (비료를) 주다 | **充分** chōngfèn 형 충분하다 | **摇头** yáotóu 동 머리를 흔들다[부정·거부의 뜻을 나타냄] | **吃苦** chīkǔ 동 고통을 맛보다, 고생하다 | **迷惑** míhuò 동 미혹되다, 잘 모르겠다 | **根部** gēnbù 뿌리 부분 | **浇** jiāo 동 (물을) 주다 | **盐水** yánshuǐ 명 소금물 | **家乡** jiāxiāng 명 고향 | **四面环海** sìmiàn huánhǎi 사면이 바다로 둘러싸이다 | **土壤** tǔrǎng 명 토양, 흙 | **盐分** yánfèn 명 염분 | **含量** hánliàng 명 함량 | **不含** bù hán 포함하지 않다, (안에) 들어 있지 않다 | **反而** fǎn'ér 부 도리어, 오히려 | **颗粒无收** kēlì wú shōu 한 알도 거두지 못하다 | **反应** fǎnyìng 명 반응 | **意外** yìwài 형 의외이다, 뜻밖이다 | **不耐烦** búnàifán 형 성가시다, 짜증나다 | **修剪** xiūjiǎn 동 (가위로) 다듬다, 가지치기하다 | **吸收** xīshōu 동 흡수하다 | **蒸发** zhēngfā 동 증발하다, 증발시키다 | **忍受** rěnshòu 동 견뎌 내다, 이겨 내다 | **曝晒** pùshài 동 햇볕에 쪼이다 | **采用** cǎiyòng 동 채용하다, 채택하다

04 | C 05 | A 06 | D

第4到6题是根据下面一段话：

一间房子破了一扇窗户，没有人去修补，[04]不久后其它的窗户也会莫名其妙地被人打破。一面墙，如果出现一些涂鸦没有清洗掉，很快地，墙上就布满很多图案。一个干净的地方，人会不好意思往那儿丢垃圾，但是一旦地上有垃圾出现之后，[05]人就会毫不犹豫地把垃圾扔在那里，觉得这样做没什么。

这就是心理学上的"破窗效应"。根据该理论，如果当不良现象出现后，不加以制止，就会有越来越多的人去模仿。因此，[06]不要放任不良现象，一定要及时加以制止，以防蔓延。

04 一扇窗户破了，得不到及时修补会怎样？

A 影响邻居心情
B 房子会受到保护
C 更多窗户会被破坏
D 人们会在墙上画画儿

05 往一个原本就有垃圾的地方扔垃圾，人们会觉得怎么样？
A 很正常
B 不文明
C 节省时间
D 值得表扬

06 这段话想告诉我们什么？
A 遇事别慌张
B 要学会积极主动
C 要爱护公共环境
D 要及时制止不良现象

4~6번 문제는 다음 이야기에 근거한다.

어떤 집에 창문 하나가 깨졌는데 아무도 수리하지 않는다면, [04]머지않아 다른 창문도 이유 없이 사람들에 의해 깨질 것이다. 어떤 벽에 만일 낙서가 생겼는데 깨끗이 닦지 않는다면, 아주 빠르게 벽에는 많은 도안들로 가득할 것이다. 깨끗한 곳은 사람들이 그곳에 쓰레기를 버리기 미안해 하지만, 일단 바닥에 쓰레기가 생긴 후에는 [05]사람들은 조금도 망설이지 않고 쓰레기를 그곳에 버리며, 이렇게 하는 것은 괜찮다고 여긴다.

이것이 바로 심리학상의 '깨진 유리창 효과'이다. 이 이론에 따르면, 만일 좋지 않은 현상이 나타난 후에 제지하지 않으면 갈수록 많은 사람들이 따라 한다는 것이다. 이 때문에, [06]좋지 않은 현상은 내버려 둬선 안 되고, 널리 번지는 것을 막기 위해서 반드시 즉시 제지해야 한다.

04 창문 하나가 깨졌는데, 즉시 수리를 받지 않는다면 어떻게 되는가?
A 이웃의 기분에 영향을 끼친다
B 집은 보호를 받을 수 있다
C 더 많은 창문이 깨질 수 있다
D 사람들이 벽에 그림을 그릴 수 있다

05 원래 쓰레기가 있던 곳에 쓰레기를 버리면서, 사람들은 어떻다고 여기는가?
A 매우 정상적이다
B 교양이 없다
C 시간을 아낀다
D 칭찬할 만하다

06 이 이야기가 우리에게 말하고자 하는 것은?
A 일이 생기면 당황하지 마라
B 적극적이고 능동적인 것을 배워야 한다
C 공공 환경을 소중히 해야 한다
D 좋지 않은 현상은 즉시 제지해야 한다

Tip

5번을 제외하고는 선택지가 긴 편입니다. 이런 경우 긴 선택지를 미리 보는 것이 좋습니다. 짧은 선택지는 녹음을 들으면서도 체크가 가능하기 때문입니다. 전혀 시간이 없을 경우에는 주제를 묻는 마지막 문제부터 보는 것이 좋습니다. 4번은 邻居心情, 保护, 被破坏, 画画儿을 키워드로 골라야 하는데, 선택지 C와 D는 명사 窗户와 墙上이 비슷한 발음이므로 주의해야 합니다. 6번은 别慌张, 积极主动, 公共环境, 制止不良现象을 키워드로 체크할 수 있습니다.

해설 |

04 녹음에서 **房子, 窗户, 墙上**이 모두 들리기 때문에 B, C, D 중 헷갈릴 수 있는 문제입니다. '**不久后其它的窗户也会莫名其妙地被人打破**'라는 부분을 들은 후 C에 체크할 수 있고, 질문을 통해 정답 C **更多窗户会被破坏**를 확정할 수 있습니다. 문장을 듣고 이해한 뒤, 질문까지 들어야 풀 수 있는 문제로 난이도가 있는 편입니다.

05 녹음에서 '**但是一旦地上有垃圾出现之后，人就会毫不犹豫地把垃圾扔在那里，觉得这样做没什么**'가 힌트입니다. **毫不犹疑** 또는 **觉得这样做没什么**를 통해 A를 정답으로 고를 수 있습니다.

06 주제를 묻는 문제입니다. 선택지 D의 **及时, 制止, 不良现象**이 지문의 마지막 문장에서 들립니다. '**不要放任不良现象，一定要及时加以制止，以防蔓延**'을 통해 정답은 D임을 알 수 있습니다.

단어 | **间** jiān 양 칸[방을 세는 단위] | **扇** shàn 양 짝, 틀[문, 창문 등에 쓰임] | **修补** xiūbǔ 동 수리하다, 보수하다 | **莫名其妙** mòmíngqímiào 성 영문을 알 수 없다, 이유 없이 | **打破** dǎpò 동 깨다, 때려 부수다 | **墙** qiáng 명 벽, 담 | **涂鸦** túyā 동 낙서하다 | **清洗** qīngxǐ 동 깨끗이 씻다(닦다) | **布满** bùmǎn 동 가득 널려 있다, 가득하다 | **图案** tú'àn 명 도안 | **丢垃圾** diū lājī 쓰레기를 버리다 | **毫不** háobù 부 조금도 ~하지 않다 | **犹豫** yóuyù 형 머뭇거리다, 주저하다, 망설이다 | **该** gāi 대 이, 그, 저 | **理论** lǐlùn 명 이론 | **加以** jiāyǐ 동 (~을) 하다[2음절 동사 앞에 위치하고, 뒤의 동사가 앞에 제시된 사물에 어떤 동작을 가하는 것을 나타냄] | **制止** zhìzhǐ 동 제지하다 | **模仿** mófǎng 동 모방하다, 흉내 내다, 따라 하다 | **放任** fàngrèn 동 방임하다, 내버려 두다 | **及时** jíshí 부 제때, 즉시, 곧바로 | **以防** yǐ fáng 막기 위해서 | **蔓延** mànyán 동 만연하다, (사방으로) 널리 번지다 | **破坏** pòhuài 동 파괴하다, 깨다 | **不文明** bù wénmíng 교양이 없다 | **节省时间** jiéshěng shíjiān 시간을 아끼다 | **遇事** yùshì 동 일이 생기다 | **慌张** huāngzhāng 형 당황하다, 허둥대다 | **学会** xuéhuì 동 습득하다, 배워서 할 수 있다 | **积极主动** jījí zhǔdòng 적극적이고 능동적이다 | **爱护** àihù 동 소중히 하다, 잘 보살피다 | **公共环境** gōnggòng huánjìng 명 공공 환경

독해

1부분

시나공법 01 확인문제			145쪽
01 A	02 C	03 C	04 B
05 B	06 D	07 C	08 A

01 | A 02 | C 03 | C 04 | B

某座大桥采用了"4+4"的8车道模式，但由于上下班高峰时车流(01) A 分布不均，桥上经常堵车。

经过考察，政府决定再造一座大桥。但一位年轻人看到报纸上刊登的新闻后，却向政府提了一个建议，(02) C 在桥面不增宽的情况下，完全可以在已有的8个车道上做文章，让"8"大于"8"。

年轻人的想法其实就是将车道由原来的"4+4"改为"6+2"，即在上下班这两个时段，把车流量大的一侧扩展为6个车道，另一侧则缩减为两个车道。

当地政府按照年轻人的建议调整了大桥的通行模式，整个桥面的车道仍是8车道，但堵车问题得到了很好的解决。而这个金点子，也为当地政府节约了上亿元(03) C 资金。

由此可见，真正的智慧在于(04) B 充分利用现有资源，而不是一味地去开发。

01 A 分布
B 配合
C 显示
D 围绕

02 A 调整上下班时间
B 必须限制车流量
C 在桥面不增宽的情况下
D 对违反交通规则的人进行严惩

03 A 利润
B 账户
C 资金
D 汇率

04 A 深刻
B 充分
C 强烈
D 迅速

어떤 대교는 '4+4'의 8차선 패턴을 채택했지만, 출퇴근 러시아워 때 차량의 흐름 (01) A 분포가 고르지 않아서, 다리 위는 자주 차가 막혔다.

현지 조사를 거쳐서 정부는 대교를 하나 더 짓기로 결정했다. 하지만 한 젊은이가 신문에 실린 뉴스를 본 후에 정부에 제안을 하나 했다. (02) C 다리 노면의 폭을 늘리지 않는 상황에서 기존의 8차선에서 아이디어를 생각해 내어, 온전히 '8'을 '8'보다 크게 할 수 있다는 것이다.

젊은이의 생각은 사실 차선을 원래의 '4+4'에서 '6+2'로 바꾸는 것이다. 즉, 출퇴근 이 두 시간대에 자동차 유동량이 큰 한쪽을 6차선으로 넓히고, 다른 한쪽은 2차선으로 줄이는 것이다.

현지 정부는 젊은이의 제안대로 대교의 통행 패턴을 조정했고, 전체 다리 노면의 차선은 여전히 8차선이었지만 교통 체증 문제는 잘 해결되었다. 그리고 이 좋은 아이디어는 또한 현지 정부에 수억 위안의 (03) C 자금을 절약해 주었다.

이것으로 진정한 지혜는 기존의 자원을 (04) B 충분히 이용하는 데 있지, 무턱대고 개발하는 것이 아님을 알 수 있다.

01 A 분포하다
B 협력하다
C 나타내다
D 둘레를 돌다

02 A 출퇴근 시간을 조정한다
B 반드시 자동차 유동량을 제한해야 한다
C 다리 노면의 폭을 늘리지 않는 상황에서
D 교통 규칙을 위반한 사람에 대해 엄벌에 처한다

03 A 이윤
B 계좌
C 자금
D 환율

04 A (인상이) 깊다
B 충분하다
C 강렬하다
D 신속하다

해설 |

01 车流(01)分布/配合/显示/围绕不均

밑줄 뒤의 不均과 호응하면서 의미상 맞는 단어를 선택하는 문제입니다. '车流(차량 흐름)의 (01)이 고르지 않다'라고 해석이 되므로, 빈칸에는 '분포하다'라는 의미의 A 分布가 정답입니다. 分布는 동사지만 이 지문에서는 명사처럼 사용되었습니다. D의 围绕는 조금 어려운 필수 어휘이므로 내공이 약한 학생들은 공부하지 않아도 됩니다.

A **分布** fēnbù 동 (일정한 지역에) 분포하다 ★★
分布广泛 분포가 광범위하다 | **分布不均** 분포가 고르지 않다
这种植物分布在亚洲。 이 식물은 아시아에 분포하고 있다.
• **植物** zhíwù 명 식물

B **配合** pèihé 동 협력하다, 협조하다, 호흡을 맞추다 ★
大力配合 힘껏 협조하다 | **配合工作** 업무에 협조하다
这项工作需要和其他部门配合才能完成。
이 업무는 다른 부서와 협력해야만 완수할 수 있다.

C **显示** xiǎnshì 동 (뚜렷하게) 나타내다, 분명하게 표현하다 ★
研究显示 연구에 따르면 ~이라고 한다 | **显示器** 모니터
这块电子表还有显示温度的功能。
이 전자시계는 온도를 나타내는 기능도 있다.
• **电子表** diànzǐbiǎo 명 전자시계

D **围绕** wéirào 동
①(주위 · 둘레를) 둘러싸다
地球是围绕太阳运转的一颗行星。
지구는 태양 둘레를 도는 행성이다.
• **运转** yùnzhuǎn 동 돌다, 회전하다
②(문제 · 사건을) 둘러싸다, ~을 중심에 두다
他们围绕着石油问题展开了讨论。
그들은 석유 문제를 중심에 두고 토론을 벌였다.

02 (02)调整上下班时间/必须限制车流量/在桥面不增宽的情况下/对违反交通规则的人进行严惩，完全可以在已有的8个车道上做文章

빈칸 뒷부분은 기존의 8개 차도를 그대로 이용한다는 내용이기 때문에 C를 정답으로 선택할 수 있습니다. 여기서 정답을 확신할 수 없다면 그다음 단락에 이어지는 설명, 즉 4+4에서 6+2로 차도의 모델을 바꾼다는 내용을 보고 정답을 찾을 수도 있습니다.

A **调整上下班时间** 출퇴근 시간을 조정한다
• **调整** tiáozhěng 동 조정하다, 조절하다

B **必须限制车流量** 반드시 자동차 유동량을 제한해야 한다
• **必须** bìxū 동 반드시 ~해야 한다
• **限制** xiànzhì 동 제한하다

C **在桥面不增宽的情况下**
다리 노면의 폭을 늘리지 않는 상황에서
• **桥面** qiáomiàn 다리 노면
• **增宽** zēng kuān 폭을 늘리다
• **情况** qíngkuàng 명 상황

D **对违反交通规则的人进行严惩**
교통 규칙을 위반한 사람에 대해 엄벌에 처한다
• **违反** wéifǎn 동 위반하다
• **交通规则** jiāotōng guīzé 교통 규칙
• **严惩** yánchéng 동 엄벌에 처하다

03 节约了上亿元(03)利润/账户/资金/汇率

빈칸을 포함한 문장은 '上亿元의 (03)을 절약했다'입니다. 上亿元은 돈을 가리키므로 C가 가장 적합합니다.

A **利润** lìrùn 명 이윤 ★
分配利润 이윤을 분배하다 | **获得利润** 이윤을 획득하다(얻다)
这个网站为公司带来了巨大的利润。
이 사이트는 회사에 커다란 이윤을 가져왔다.
• **分配** fēnpèi 동 분배하다 |
巨大 jùdà 형 (규모 · 수량 등이) 아주 크다(많다)

B **账户** zhànghù 명 (은행) 계좌
开立账户 계좌를 개설하다

C **资金** zījīn 명 자금 ★
投入资金 자금을 투입하다 | **多余的资金** 여분의 자금
问题的核心在于缺乏资金。
문제의 핵심은 자금이 부족한 데 있다.
• **核心** héxīn 명 핵심 | **缺乏** quēfá 동 결핍되다, 부족하다

D **汇率** huìlǜ 명 환율 ★
提高汇率 환율을 인상하다 | **调整汇率** 환율을 조정하다
美元对人民币的汇率是多少?
달러와 런민비의 환율은 얼마입니까?

04 真正的智慧在于(04)深刻/充分/强烈/迅速利用现有资源

빈칸은 뒤에 있는 '利用现有资源(현재 있는 자원을 이용하다)'을 수식하는 부사어 자리입니다. 선택지의 단어는 모두 형용사인데, B 充分, C 强烈, D 迅速는 부사처럼 동사를 수식하는 역할도 합니다. 의미상 '충분히 이용한다'가 가장 자연스러우므로 정답은 B입니다.

A **深刻** shēnkè 형 (인상이) 깊다 ★
深刻的教训 깊은 교훈　• **教训** jiàoxùn 명 교훈
中国给我留下了很深刻的印象。
중국은 나에게 깊은 인상을 남겼다.

B **充分** chōngfèn
형 충분하다 ★★ 부 충분히 ★★
充分发挥 충분히 발휘하다
我们要充分满足他们的要求。
우리는 그들의 요구를 충분히 만족시켜야 한다.

C **强烈** qiángliè 형 강렬하다 ★
强烈的愿望 강렬한 바람 | **强烈反对** 강렬히 반대하다
女朋友的父母强烈反对我们交往。
여자 친구의 부모님은 우리가 교제하는 것을 강렬히 반대했다.

D **迅速** xùnsù 형 신속하다, (재)빠르다 ★
迅速处理 신속하게 처리하다 | **迅速行动** 재빠르게 행동하다
改革开放以来，中国的经济迅速发展。
개혁 개방 이래로, 중국의 경제는 빠르게 발전했다.

단어 | **座** zuò 양 좌, 동, 채[부피가 크거나 고정된 물체를 세는 단위] | **大桥** dà qiáo 대교, 큰 다리 | **采用** cǎiyòng 동 채용하다, 채택하다 | **车道** chēdào 명 차도, 차선 | **模式** móshì 명 (표준) 양식, 패턴 | **高峰** gāofēng 명 (출퇴근) 러시아워 | **车流** chēliú 명 차량의 흐름 | **均** jūn 형 균등하다, 고르다 | **考察** kǎochá 동 현지 조사하다, 시찰하다 | **政府** zhèngfǔ 명 정부 | **造** zào 동 만들다, 짓다 | **刊登** kāndēng 동 (신문 · 잡지에) 게재하다, 싣다 | **提建议** tí jiànyì 건의를 하다, 제안을 하다 | **做文章** zuò wénzhāng 글을 짓다, 아이디어를 생각하다 | **改为** gǎiwéi ~으로 바꾸다 | **时段** shíduàn 명 (특정한) 시간대 | **车流量** chēliúliàng 자동차 유동량 | **一侧** yícè 명 한쪽 | **扩展** kuòzhǎn 동 확장하다, 넓히다 | **缩减** suōjiǎn 동 감축하다, 줄이다 | **当地** dāngdì 명 현지 | **调整** tiáozhěng 동 조정하다, 조절하다 | **整个** zhěnggè 형 온, 모든 | **仍** réng 부 여전히 | **得到解决** dédào jiějué 해결되다 | **金点子** jīndiǎnzi 명 좋은 생각[아이디어] | **由此可见** yóucǐ kějiàn 이로부터 알 수 있다 | **智慧** zhìhuì 명 지혜 | **资源** zīyuán 명 자원 | **一味** yíwèi 부 단순히, 무턱대고

05 | B 06 | D 07 | C 08 | A

随着生活节奏的加快，在上下班途中"动态"阅读的"途书族"越来越多。然而，这种阅读方式最容易造成视觉(05) B 疲劳。长时间在颠簸的路上近距离注视闪烁、单调、刺眼的电子产品或书籍报纸等，由于光线闪烁不定，会(06) D 导致眼睛超负荷工作。

专家提醒"途书族"，最好将电子阅读器的背景颜色调为浅色，比如浅绿色、浅黄色，并且尽量选择偏大的字体。(07) C 最关键的是每隔半小时，要让眼睛放松一下。如果是患有近视的青少年，最好不要成为"途书族"，否则长期下去会使近视越来越严重。此外，如果眼部出现了不适的感觉，应及时去医院检查并接受(08) A 治疗。

05 A 糊涂
B 疲劳
C 犹豫
D 拥挤

06 A 危害
B 控制
C 承受
D 导致

07 A 是否具备护眼知识
B 重要的是睡眠要充足
C 最关键的是每隔半小时
D 每天都要保证一定的睡眠

08 A 治疗
B 刺激
C 改进
D 看望

생활 리듬이 빨라짐에 따라서, 출퇴근 도중에 '움직이는 상태'에서 독서하는 '도로독서족'이 갈수록 많아지고 있다. 그러나 이런 독서 방식은 가장 쉽게 시각을 (05) B 피로하게 한다. 장시간 흔들리는 길에서 깜빡이고 단조롭고 눈이 부시는 전자 제품 혹은 서적과 신문 등을 가까운 거리에서 주시하면, 빛이 깜박거려서 눈이 과도하게 일을 하도록 (06) D 만든다.

전문가는 '도로독서족'에게, e-book 리더기의 배경 색을 옅은 색, 예를 들어 옅은 녹색, 옅은 황색으로 조절하고, 게다가 최대한 큰 폰트를 고르는 것이 가장 좋다고 일깨웠다. (07) C 가장 중요한 것은 30분마다 눈을 좀 이완시켜야 한다는 것이다. 만약 근시가 있는 청소년이라면 '도로독서족'이 되지 않는 것이 가장 좋다. 그렇지 않으면 장기적으로 근시가 갈수록 심해질 것이다. 이외에 만약 눈 부위에 불편한 느낌이 든다면, 곧바로 병원에 가서 검사하고 (08) A 치료를 받아야 한다.

05 A 어리석다
B 피로하다
C 망설이다
D 붐비다

06 A 해치다
B 통제하다
C 견디다
D 초래하다

07 A 눈을 보호하는 지식을 갖췄는지 아닌지
B 중요한 것은 수면이 충분해야 한다는 것이다
C 가장 중요한 것은 매 30분마다
D 매일같이 일정한 수면을 보장해야 한다

08 A 치료하다
B 자극하다
C 개선하다
D 방문하다

해설 |

05 这种阅读方式最容易造成视觉(05)糊涂/疲劳/犹豫/拥挤

빈칸 앞의 视觉와 호응하는 형용사를 찾는 문제로, '시각의 (05)을 가장 쉽게 야기한다'라는 의미입니다. 造成은 뒤에 안 좋은 결과를 가져오는 동사이고, 지문 앞부분에서 얘기하고 있는 것이 출퇴근 도중에 책을 읽는 사람들의 눈 피로를 언급하고 있으므로, B를 정답으로 선택할 수 있습니다. 나머지 단어들은 모두 해석이나 조합상 어울리지 않습니다.

A **糊涂** hútu 동 어리석다, 흐리멍덩하다, 헷갈리다 ★
头脑糊涂 머리가 흐리멍덩하다
我都被搞糊涂了。내가 다 헷갈린다.

B **疲劳** píláo 형 피로하다, 피곤하다, 지치다 ★★
感到疲劳 피곤함을 느끼다
他太疲劳了，靠在椅子上就睡着了。
그는 너무 피곤해서, 의자에 기대어 잠이 들었다.

C 犹豫 yóuyù 형 주저하다, 망설이다 ★★
犹豫不决 주저하며 결단을 내리지 못하다
他在两种选择之间犹豫不决。
그는 두 가지 선택 사이에서 주저하며 결단을 내리지 못했다.

D 拥挤 yōngjǐ 형 혼잡하다, 붐비다 ★★
交通拥挤 교통이 혼잡하다
上下班时间，公共汽车上特别拥挤。
출퇴근 시간에는, 버스가 매우 붐빈다.

06 由于光线闪烁不定，会(06)危害/控制/承受/导致眼睛超负荷工作

빈칸 앞에 会가 있으므로 빈칸은 동사 자리이며, 목적어는 眼睛超负荷工作입니다. 또한 앞에 由于를 이용해서 원인을 나타내고 있기 때문에 빈칸은 결과가 나와야 합니다. 眼睛超负荷工作가 나쁜 결과이므로, D 导致를 정답으로 골라야 합니다. 闪烁不定이나 超负荷工作는 어려운 단어이기 때문에 문맥으로 단어의 의미를 유추해야 합니다.

A 危害 wēihài 동 해치다, 해를 끼치다 ★
危害健康 건강을 해치다
吸烟不仅对健康不利，甚至可能危害生命。
흡연은 건강에 해로울 뿐만 아니라, 심지어 생명을 해칠지도 모른다.

B 控制 kòngzhì 동 통제하다, 억제하다 ★★★
控制感情 감정을 억제하다 | 控制食欲 식욕을 억제하다
怎样才能控制食欲? 어떻게 해야 식욕을 억제할 수 있습니까?

C 承受 chéngshòu 동 받아들이다, 견뎌 내다, 이겨 내다 ★★
承受压力 스트레스를 견뎌 내다 | 承受痛苦 고통을 이겨 내다
学生们承受着来自社会、家庭、学校的各种压力。
학생들은 사회, 가정, 학교에서 오는 각종 스트레스를 견디고 있다.

D 导致 dǎozhì 동 (나쁜 결과를) 초래하다(야기하다) ★★★
导致失败 실패를 초래하다 | 导致战争 전쟁을 야기하다
头部受伤，导致他的记忆力减退。
머리에 상처를 입어서, 그의 기억력 감퇴를 초래했다.
• 受伤 shòushāng 동 상처를 입다 | 减退 jiǎntuì 동 감퇴하다

07 (07)是否具备护眼知识/重要的是睡眠要充足/最关键的是每隔半小时/每天都要保证一定的睡眠，要让眼睛放松一下。

해석으로 어울리는 문장을 찾는 문제입니다. 빈칸 뒤에 이어지는 要让眼睛放松一下가 '눈을 좀 쉬게 해야 한다'라는 뜻이기 때문에, 빈칸은 '30분마다'라는 조건이 나온 C가 가장 자연스럽습니다. 나머지는 뒤의 문장과 조화를 이루지 못하기 때문에 정답이 될 수 없습니다.

A 是否具备护眼知识 눈을 보호하는 지식을 갖췄는지 아닌지
• 具备 jùbèi 동 갖추다
• 护眼 hùyǎn 눈을 보호하다

B 重要的是睡眠要充足
중요한 것은 수면이 충분해야 한다는 것이다
• 睡眠 shuìmián 명 수면

C 最关键的是每隔半小时 가장 중요한 것은 30분마다
• 关键 guānjiàn 형 매우 중요한
• 每隔 měi gé ~마다, ~의 간격으로

D 每天都要保证一定的睡眠
매일 일정한 수면을 보장해야 한다
• 保证 bǎozhèng 동 보증하다, 보장하다

08 去医院检查并接受(08)治疗/刺激/改进/看望

'去医院检查'와 '接受(08)'는 并으로 이어진 병렬 구조입니다. '병원에 가서 검사를 받고, (08)을 받는다'라는 뜻이므로 가장 어울리는 정답은 A 治疗입니다.

A 治疗 zhìliáo ★
명 치료
接受治疗 치료를 받다
동 치료하다
这种药物能治疗多种疾病。
이러한 약물은 여러 가지 질병을 치료할 수 있다.

B 刺激 cìjī ★
명 (정신적) 자극, 충격
受刺激 자극을 받다 | 精神刺激 정신적 자극
这一不幸的消息给了他很大的刺激。
이 불행한 소식은 그에게 매우 큰 충격을 주었다.
동 자극하다
刺激消费 소비를 자극하다 | 刺激好奇心 호기심을 자극하다
橙色有利于刺激食欲。오렌지색은 식욕을 자극하는 데 유리하다.
• 橙色 chéngsè 명 오렌지색

C 改进 gǎijìn 동 개선하다
改进工作方法 업무 방법을 개선하다 | 改进服务态度 서비스 태도를 개선하다
你得改进学习方法。너는 학습 방법을 개선해야 한다.

D 看望 kànwàng 동 방문하다, 찾아뵙다 ★
我想这个周末看望一下你的父母。
난 이번 주말에 너희 부모님을 찾아뵙고 싶다.

단어 | **生活节奏** shēnghuó jiézòu 생활 리듬 | **加快** jiākuài 동 (속도가) 빨라지다 | **途中** túzhōng 명 (길을 가는) 도중 | **动态** dòngtài 명 움직이는 상태 | **造成** zàochéng 동 (나쁜 결과를) 초래하다, 야기하다 | **视觉** shìjué 명 시각 | **颠簸** diānbǒ 동 흔들리다, 요동하다 | **近距离** jìnjùlí 명 근거리, 가까운 거리 | **注视** zhùshì 동 주시하다 | **闪烁** shǎnshuò 동 깜빡이다 *闪烁不定 shǎnshuò bú dìng 깜박거리다 | **单调** dāndiào 형 단조롭다 | **刺眼** cìyǎn 형 눈이 부시다 | **电子产品** diànzǐ chǎnpǐn 명 전자 제품 | **书籍** shūjí 명 서적, 책 | **光线** guāngxiàn 명 광선, 빛 | **超负荷** chāo fùhè 동 과부하에 걸리다, (과도하게 일을 해서) 감당하지 못하다 | **专家** zhuānjiā 명 전문가 | **电子阅读器** diànzǐ yuèdúqì e-book 리더기 | **背景颜色** bèijǐng yánsè 배경 색 | **调** tiáo 동 조정하다, 조절하다 | **浅色** qiǎnsè 명 옅

은 색 | **尽量** jǐnliàng 부 가능한 한, 최대한 | **偏大** piān dà 큰 편이다 | **字体** zìtǐ 명 글자체, 폰트 | **患有** huànyǒu 동 (질병에) 걸리다, (질병이) 있다 | **近视** jìnshì 명 근시 | **否则** fǒuzé 접 만약 그렇지 않으면 | **严重** yánzhòng 형 (정도가) 심하다 | **不适** búshì 형 (몸이) 불편하다 | **感觉** gǎnjué 명 감각, 느낌 | **及时** jíshí 부 즉시, 곧바로, 제때

시나공법 02 확인문제 | 162쪽

01 B	02 A	03 B	04 C
05 B	06 A	07 C	08 D

01 | B 02 | A 03 | B 04 | C

张大千是中国当代著名的画家，他曾画了一幅《绿柳鸣蝉图》赠给朋友。画儿上有一只蝉，趴在柳枝上，头朝下，尾朝上。齐白石看到这幅画后说："你画错了!蝉在柳枝上，头极少朝下。"张大千得知后，(01) B 嘴上虽然没说什么，心中却不服气。

几年后，张大千外出写生。那时正值盛夏，林子里蝉声此起彼伏。他想起齐白石的话，便跑去观察。只见几棵大树上趴满了蝉，但蝉几乎都是头朝上的。张大千不禁对齐白石充满了敬佩，但还是不明白其中的(02) A 道理。后来，他专门向齐白石请教这个问题，齐白石说："蝉头大身小，趴在树上，头朝上重心才(03) B 稳。况且柳枝又细又软，蝉如果头朝下，很容易掉下来。我们画画儿必须观察(04) C 仔细了再画。"张大千恍然大悟，由衷敬佩齐白石的艺术功底。

01 A 变得更加自信了
B 嘴上虽然没说什么
C 却没办法改动了
D 就和齐白石吵了起来

02 A 道理
B 传说
C 细节
D 核心

03 A 硬
B 稳
C 棒
D 宽

04 A 严肃
B 耐心
C 仔细
D 独特

장다첸은 중국 당대의 유명 화가이다. 그는 일찍이 《녹류명선도》 한 폭을 그려서 친구에게 주었다. 그림에는 매미 한 마리가 버드나무 가지에 엎드려 있었는데, 머리는 아래로 향하고 꼬리는 위로 향해 있었다. 치바이스가 이 그림을 본 후에 말했다. "자넨 잘못 그렸어! 매미는 버드나무 가지 위에서 머리가 아래로 향하는 건 아주 드물어." 장다첸이 알게 된 후, (01) B 입으로는 비록 아무 말도 하지 않았지만, 마음으로는 인정하지 않았다.

몇 년 후, 장다첸이 사생하러 밖으로 나갔다. 그때는 마침 한여름이어서 숲 속의 매미 소리가 여기저기서 끊임없이 들렸다. 그는 치바이스의 말이 생각나서 즉시 달려가 관찰했다. 몇 그루의 큰 나무 위에는 매미가 잔뜩 엎드려 있었지만, 매미는 거의 모두 머리가 위로 향해 있었다. 장다첸은 절로 치바이스에 탄복했지만, 여전히 그 안의 (02) A 이치를 알지 못했다. 나중에 그가 특별히 치바이스한테 이 문제에 대한 가르침을 청하자, 치바이스가 말했다. "매미는 머리가 크고 몸이 작아서 나무 위에 엎드리면 머리가 위로 향해야 중심이 비로소 (03) B 안정된다네. 하물며 버드나무는 가지가 가늘고 연약하니, 매미가 만약 머리를 아래로 향한다면 아주 쉽게 떨어질 걸세. 우리는 그림을 그릴 때 반드시 (04) C 자세히 관찰하고 나서 그려야 한다네." 장다첸은 문득 크게 깨닫고는, 치바이스의 예술 기초에 진심으로 탄복했다.

01 A 더욱 자신 있어졌다
B 입으로는 비록 아무 말도 하지 않았다
C 그러나 바꿀 방법이 없었다
D 바로 치바이스와 말다툼하기 시작했다

02 A 이치
B 전설
C 세부 (사항)
D 핵심

03 A 단단하다
B 안정되다
C 뛰어나다
D 넓다

04 A 엄숙하다
B 끈기 있다
C 자세하다
D 독특하다

해설 |

01 "你画错了！蝉在柳枝上，头极少朝下。"张大千得知后，(01)变得更加自信了/嘴上虽然没说什么/却没办法改动了/就和齐白石吵了起来，心中却不服气。

독해 1부분에서 선택지가 구문인 경우, 접속사 문제가 자주 출제됩니다. 빈칸 뒤의 心中却不服气가 힌트가 됩니다. 특히 却는 '그러나'의 의미이며, 접속사 虽然과 호응하므로 어법적으로 먼저 B를 후보로 선택할 수 있습니다. 마지막으로 문장 해석으로 정답을 확정합니다. 중국의 유명 화가 장다첸과 치바이스의 일화를 소개한 지문인데, 치바이스의 지적에 대해 장다첸은 '마음속으로는 인정하지 않았다'라고 했으므로 앞부분 내용은 B가 적합합니다.

A 变得更加自信了 더욱 자신 있어졌다

B 嘴上虽然没说什么 입으로는 비록 아무 말도 하지 않았다
• 嘴 zuǐ 명 입

C 却没办法改动了 그러나 바꿀 방법이 없었다
• 改动 gǎidòng 동 바꾸다

D 就和齐白石吵了起来 바로 치바이스와 말다툼하기 시작했다
• 吵 chǎo 동 말다툼하다

02 张大千不禁对齐白石充满了敬佩，但还是不明白其中的(02)道理/传说/细节/核心。
不明白와 호응하는 명사를 찾아야 합니다. '(~을) 알다/깨닫다'라는 동사 明白와 가장 어울리는 단어는 A 道理입니다. 빈칸 앞에 있는 其中은 매미가 버드나무 가지 위에서 머리를 위로 들고 있는 것을 가리킵니다.

A 道理 dàolǐ 명 도리, 이치, 일리 ★★★
简单的道理 간단한 이치
他这句话很有道理。그의 이 말은 아주 일리가 있다.

B 传说 chuánshuō 명 전설 ★
民间有一个美丽的传说，是关于牛郎织女的故事。
민간에 아름다운 전설이 있는데, '견우와 직녀'에 관한 이야기이다.
• 牛郎织女 niúláng zhīnǚ 견우와 직녀

C 细节 xìjié 명 자세한 사정, 세부 (사항), 디테일 ★
忽视细节 세부 사항을 간과하다 | 注意细节 디테일에 신경을 쓰다
他平时不大注意生活中的细节。
그는 평소에 생활 속 디테일을 별로 신경 쓰지 않는다.

D 核心 héxīn 명 핵심
核心成员 핵심 멤버 | 核心力量 핵심 역량
这是问题的核心。이것은 문제의 핵심이다.
• 成员 chéngyuán 명 구성원, 멤버

03 蝉头大身小，趴在树上，头朝上重心才(03)硬/稳/棒/宽。
빈칸 앞의 头朝上은 조건이 되며, '重心才(03)'는 결과를 나타냅니다. 빈칸은 앞에 있는 重心과 호응하는 1음절 형용사입니다. 문맥상 '중심'과 호응이 가장 자연스러운 단어는 '안정적이다'이므로 정답은 B가 됩니다. 稳은 5급 필수어휘는 아니지만 稳定이 필수어휘이므로 의미를 유추할 수 있습니다.

A 硬 yìng 형 단단하다, 굳다 ★
这个木头太硬。이 나무는 아주 단단하다.

B 稳 wěn 형 안정되다 ★
如果你们运球速度再快点儿，动作再稳点儿，就更好了。
만약에 너희들이 드리블 속도가 좀 더 빠르고 동작이 좀 더 안정적이라면 더 좋겠다.
• 运球 yùnqiú 동 (구기 종목에서) 드리블하다

C 棒 bàng 형 뛰어나다, 훌륭하다 ★
你的汉语真棒！너 중국어를 정말 잘하는구나!

D 宽 kuān 형 (폭이) 넓다 ★
这张床太宽了，房间里放不下。
이 침대는 너무 넓어서 방에 놓을 수 없다.

04 我们画画儿必须观察(04)严肃/耐心/仔细/独特了再画。
빈칸은 동사 观察의 결과를 보충하는 보어 자리입니다. '관찰'과 가장 자연스럽게 어울려 쓸 수 있는 단어는 선택지 중 '자세하다', 즉, C입니다.

Tip
仔细는 동사 앞에 써서 '仔细观察'라고 쓸 수도 있습니다. 이때 仔细는 부사어이므로 '관찰하다'라는 동작을 강조하는 구문입니다. 문제와 같이 '观察仔细了'는 관찰의 결과를 자세히 한다는 것을 강조합니다.

A 严肃 yánsù 형 (표정 · 분위기가) 엄숙하다 ★
他说话时的表情很严肃。
그가 말할 때의 표정은 매우 엄숙하다.

B 耐心 nàixīn 형 인내심이 있다, 참을성이 있다, 끈기 있다 ★★
耐心等待 끈기 있게 기다리다
只要耐心地学，一定能学会。
끈기 있게 배우기만 하면, 반드시 터득할 수 있다.
• B의 耐心은 형용사이지만 동사를 수식할 수 있습니다. 이때 직접 수식도 가능하고, 耐心地처럼 조사 地를 붙여서 수식할 수도 있습니다.

C 仔细 zǐxì
형 자세하다, 꼼꼼하다 ★
老师十分仔细地给我分析了这个问题。
선생님은 매우 자세하게 나한테 이 문제를 분석해 주었다.
• 分析 fēnxī 동 분석하다
부 자세히, 꼼꼼히★
仔细观察 자세히 관찰하다 | 仔细研究 자세히 연구하다
• 仔细는 사전에 형용사만 나와 있지만 동사를 수식하는 부사로도 많이 사용되니, 부사 용법을 함께 기억해 두어야 합니다.

D 独特 dútè 형 독특하다 ★★★
独特的风格 독특한 풍격
这是一个非常独特的商店名称。
이것은 매우 독특한 가게 이름이다.
• 名称 míngchēng 명 명칭, 이름

단어 | 张大千 Zhāng Dàqiān 고유 장다첸[인명] | 赠 zèng 동 증정하다, 선사하다 | 蝉 chán 명 매미 | 趴 pā 동 엎드리다 | 柳枝 liǔzhī 버드나무 가지 | 朝 cháo 동 ~(으)로 향하다 | 尾 wěi 명 꼬리 | 齐白石 Qí Báishí 고유 치바이스[인명] | 极少 jí shǎo 아주 드물다 | 得知 dézhī 동 알게 되다, 알다 | 不服气 bùfúqì 동 인정하지 않다, 승복하지 않다, 불복하다 | 写生 xiěshēng 동 사생하다, 스케치하다[실물을 있는 그대로 묘사하는 것을 가리킴] | 正值 zhèngzhí 마침 ~

한 시기이다 | **盛夏** shèngxià 명 한여름 | **林子** línzi 명 숲 | **此起彼伏** cǐqǐbǐfú 성 여기저기서 끊임없이 들리다 | **想起** xiǎngqǐ 생각나다, 떠오르다 | **观察** guānchá 동 관찰하다 | **不禁** bùjīn 부 자기도 모르게, 절로 | **充满** chōngmǎn 동 충만하다, 가득하다 | **敬佩** jìngpèi 동 감복하다, 탄복하다 | **请教** qǐngjiào 동 가르침을 청하다 | **重心** zhòngxīn 명 중심 | **况且** kuàngqiě 접 하물며, 게다가 | **细** xì 형 가늘다 | **软** ruǎn 형 부드럽다, 연약하다 | **掉** diào 동 떨어지다 | **恍然大悟** huǎngrándàwù 성 문득 크게 깨닫다 | **由衷** yóuzhōng 부 진심으로 | **功底** gōngdǐ 명 기초, 내공, 밑바탕

05 | B **06** | A **07** | C **08** | D

珠算是中国古代的(05) B 重大发明，它以算盘为计算工具，伴随中国人度过了1800多年的漫长岁月。珠算计算工具简便，蕴含着独特的数理内涵，被誉为“世界上最古老的计算机”。2013年12月，联合国教科文组织(06) A 正式批准将中国珠算列入《人类非物质文化遗产代表作名录》。

中国珠算协会会长在接受采访时说，(07) C 随着计算机技术的发展，珠算的计算功能逐渐被削弱，但是古老的珠算依然有着顽强的生命力。珠算成功申遗，将(08) D 有助于让更多的人了解珠算，增强民族自豪感，并且吸引更多的人加入到保护与弘扬珠算文化的队伍中来。

05 A 严重
B 重大
C 巨大
D 全面

06 A 正式
B 平常
C 强烈
D 充分

07 A 虽然算盘比较笨重
B 哪怕学习难度很大
C 随着计算机技术的发展
D 由于讨价还价的人少了

08 A 对比
B 盼望
C 舍不得
D 有助于

주산은 중국 고대의 중요한 (05) B 발명으로, 그것은 주판을 계산 도구로 삼아 중국인과 함께 1800여 년의 기나긴 세월을 보냈다. 주산은 계산 도구가 간편하고 독특한 수리 의미를 담고 있어서, '세계에서 가장 오래된 컴퓨터'로 칭송된다. 2013년 12월, 유네스코는 중국의 주산을 《인류 무형 문화유산 대표 명부》에 넣는 것을 (06) A 정식으로 승인했다.

중국 주산협회 회장은 인터뷰에 응할 때 (07) C 컴퓨터 기술이 발전함에 따라 주산의 계산 기능은 점차 약해졌지만, 오래된 주산은 여전히 강한 생명력을 가지고 있다고 말했다. 주산이 성공적으로 세계 문화유산 목록에 등재된 것은 더 많은 사람들이 주산을 알게 하고, 민족의 자긍심을 높이며, 나아가 더 많은 사람들이 주산 문화를 보호하고 널리 알리는 대열에 가입하도록 만드는 데 (08) D 도움이 될 것이다.

05 A 심각하다
B 중대하다
C 거대하다
D 전면적이다

06 A 정식으로
B 평소
C 강렬하다
D 충분히

07 A 비록 주판이 비교적 둔하고 무겁지만
B 설령 학습 난이도가 높다 할지라도
C 컴퓨터 기술이 발전함에 따라서
D 값을 흥정하는 사람이 적어졌기 때문에

08 A 대비하다
B 간절히 바라다
C (헤어지기) 아쉽다
D ~에 도움이 되다

해설 |

05 珠算是中国古代的(05)严重/重大/巨大/全面发明，
빈칸은 명사 发明을 수식하는 형용사를 물어보는 문제입니다. B의 重大와 C의 巨大처럼 비슷한 단어가 제시되었을 경우, 서로 다른 字, 즉 重과 巨에서 차이점을 찾아야 합니다. 重은 '重要(중요하다)'의 의미이며, 巨는 '규모가 크다'라는 의미입니다. 发明은 규모가 아닌 중요 여부의 관점이기 때문에 重大发明이 맞는 호응입니다.

A **严重** yánzhòng 형 (정도가) 심각하다, 위급하다, 엄중하다 ★★
严重的后果 심각한 결과 | **严重的损失** 심각한 손실
他病情严重，正在内科手术室动手术。
그는 병세가 위급해서 내과 수술실에서 수술 중이다.
• **损失** sǔnshī 명 손실, 손해 | **内科** nèikē 명 내과

B **重大** zhòngdà 형 중대하다 ★
重大的新闻 중대한 뉴스 | **重大的发现** 중대한 발견
这项措施对提高产品质量有重大的作用。
이 조치는 제품의 품질을 향상시키는 데 중대한 작용을 한다.
• **措施** cuòshī 명 조치, 대책

C **巨大** jùdà 형 거대하다, 커다랗다 ★★
巨大的损失 커다란 손실 | **巨大的变化** 커다란 변화
这几年，家乡发生了巨大的变化。
요 몇 년 동안 고향은 커다란 변화가 발생했다.

D **全面** quánmiàn 형 전면적이다 ★
[↔**片面** piànmiàn 형 단편적이다]
他比较全面地看问题。 그는 비교적 전면적으로 문제를 본다.

06 联合国教科文组织(06)正式/平常/强烈/充分批准将中国珠算列入《人类非物质文化遗产代表作名录》。
빈칸은 동사 批准을 수식하는 부사어 자리입니다. 주어 '联合国教科文组织(유네스코)'라는 기관에서 '批准(승인)'한 것이기 때문에 이 경우는 정식적이라는 뜻인 A가 가장 적합합니다. 선택지 단어 중 正式와 充分은 형용사이지만 주로 동사를 수식하는 부사어로 많이 쓰입니다.

A **正式** zhèngshì 형 정식의, 공식의 ★★
我向领导正式提出辞职。
나는 대표에게 정식으로 사직서를 제출했다.

B **平常** píngcháng
명 평소 ★
我平常不抽烟。 나는 평소 담배를 피우지 않는다.

형 보통이다, 평범하다 ★
她今天打扮得很平常。 그녀는 오늘 평범하게 꾸몄다.
• **打扮** dǎban 동 꾸미다, 단장하다

C **强烈** qiángliè 형 강렬하다 ★
强烈的愿望 강렬한 바람 | **强烈反对** 강렬히 반대하다
他对这件事有很强烈的预感。
그는 이 일에 대해 강렬한 예감이 들었다.
• **预感** yùgǎn 명 예감

D **充分** chōngfèn
형 충분하다 ★
充分的理由 충분한 이유 | **充分的证据** 충분한 증거
我们必须做好充分的准备。
우리는 반드시 충분한 준비를 해야 한다.

부 충분히, 최대한 ★★★
充分享受 충분히 누리다 | **充分发挥** 충분히 발휘하다
我们要充分满足他们的要求。
우리는 그들의 요구를 충분히 만족시켜야 한다.

07 中国珠算协会会长在接受采访时说，(07)虽然算盘比较笨重/哪怕学习难度很大/随着计算机技术的发展/由于讨价还价的人少了，珠算的计算功能逐渐被削弱，
빈칸을 포함한 문장은 주산협회 회장이 말한 내용입니다. 빈칸과 이어져 있는 바로 뒤에서 '주산의 계산 기능이 점차 약화되었다'라고 말하기 때문에 빈칸은 주산의 계산 기능이 약화된 것과 관련이 있는 내용이어야 합니다. A의 虽然과 B의 哪怕는 뒤에 반대 내용이 와야 하기 때문에 먼저 제거합니다. C의 随着와 D의 由于는 원인을 나타내는데, D는 문맥상 자연스럽지 않으므로 정답은 C가 됩니다.

A **虽然算盘比较笨重** 비록 주판이 비교적 둔하고 무겁지만
• **笨重** bènzhòng 형 육중하다, 둔하고 무겁다

B **哪怕学习难度很大** 설령 학습 난이도가 높다 할지라도
• **哪怕** nǎpà 접 설령 ~할지라도
• **难度** nándù 명 난이도

C **随着计算机技术的发展** 컴퓨터 기술이 발전함에 따라서
• **随着** suízhe 전 ~함에 따라서
• **发展** fāzhǎn 동 발전하다

D **由于讨价还价的人少了** 값을 흥정하는 사람이 적어져서
• **讨价还价** tǎojiàhuánjià 성 값을 흥정하다

08 珠算成功申遗，将(08)对比/盼望/舍不得/有助于让更多的人了解珠算，
선택지는 모두 동사이고, 빈칸에 들어갈 동사의 목적어는 '让更多的人了解珠算……的队伍中来' 전체입니다. A 对比는 의미상 두 가지 사물을 대비하는 내용이 아니므로 답이 될 수 없습니다. B 盼望은 사람이 주어일 때 쓰이는데, 위 문장의 주어는 珠算成功申遗이므로 답이 될 수 없습니다. C의 舍不得는 주로 헤어지기 아쉬워하는 상황에 사용하므로 답이 될 수 없습니다. D의 有助于는 뒤에 동사구를 목적어로 가지며, 의미상 앞뒤 문맥이 맞기 때문에 정답입니다.

A **对比** duìbǐ
동 (두 가지 사물을) 대비하다, 대조하다
명 대비, 대조, 비율
它们形成了鲜明的对比。 그것들은 선명한 대조를 이루었다.

B **盼望** pànwàng 동 간절히 바라다 ★
大家都盼望运动员胜利归来。
모두들 선수들이 승리하고 돌아오길 간절히 바랐다.
• **胜利归来** shènglì guīlái 승리하고 돌아오다

C **舍不得** shěbude (헤어지기) 아쉽다, 섭섭하다 ★
我马上就要毕业了，非常舍不得离开我们学校。
나는 곧 졸업하는데, 우리 학교를 떠나기가 매우 아쉽다.

D **有助于** yǒuzhùyú 동 ~에 도움이 되다 ★★
孕妇多听音乐有助于胎教。
임산부가 음악을 많이 듣는 것은 태교에 도움이 된다.
• **孕妇** yùnfù 명 임산부

단어 | **珠算** zhūsuàn 명 주산 | **以～为…** yǐ~wéi… ~을 …으로 삼다 | **计算工具** jìsuàn gōngjù 계산 도구 | **伴随** bànsuí 동 동반하다, 함께하다 | **度过** dùguò 동 (시간을) 보내다 | **漫长岁月** màncháng suìyuè 기나긴 세월 | **简便** jiǎnbiàn 형 간편하다 | **蕴含** yùnhán 동 (의미를) 내포하다, 담고 있다 | **独特** dútè 형 독특하다 | **数理** shùlǐ 명 수리[수학의 이론이나 이치] | **内涵** nèihán 명 (언어에 담겨 있는) 의미 | **被誉为** bèi yùwéi ~으로 칭송되다 | **古老** gǔlǎo 형 오래되다 | **计算机** jìsuànjī 명 컴퓨터 | **联合国教科文组织** Liánhéguó Jiàokēwén Zǔzhī 고유 유네스코(UNESCO) | **批准** pīzhǔn 동 비준하

다, 승인하다 | **列入** lièrù 통 (집어)넣다 | **非物质文化遗产** fēiwùzhì wénhuà yíchǎn 무형 문화유산 | **协会** xiéhuì 명 협회 | **接受采访** jiēshòu cǎifǎng 인터뷰에 응하다 | **逐渐** zhújiàn 부 점점, 점차 | **削弱** xuēruò 통 약화되다, 약해지다 | **依然** yīrán 부 여전히 | **顽强** wánqiáng 통 (완)강하다 | **申遗** shēnyí 세계문화유산 목록에 등재 신청하다 | **增强** zēngqiáng 통 증강하다, 높이다 | **自豪感** zìháogǎn 명 자긍심 | **弘扬** hóngyáng 통 널리 알리다 | **队伍** duìwu 명 대오, 대열

시나공법 03 확인문제 | 176쪽

01 B	02 C	03 B	04 B
05 B	06 A	07 B	

01 | B 02 | C 03 | B

夏天的清晨，当你在树林或草丛中散步时，你会发现树叶或小草上有一些小水珠，仿佛我们流下的汗珠(01) B 似的。其实，植物和人一样，也会"出汗"。植物在生长过程中，要从土壤中吸收大量的水分。晚上气温(02) C 降低，植物体内蒸发的水分就很少，这时候植物就会把体内多余的水分通过叶子上的气孔排出去。于是，这些水分就在叶子上聚集成了小水珠。在整个"排汗"过程中，植物还可以将多余的矿物质排除掉，(03) B 从而有利于更好地生长。

01 A 相似
B 似的
C 不可
D 以来

02 A 延长
B 缓解
C 降低
D 缩短

03 A 可见
B 从而
C 总之
D 哪怕

여름의 이른 아침, 당신이 숲이나 수풀 속에서 산책할 때 당신은 나뭇잎 혹은 작은 풀 위에 있는 작은 물방울을 발견할 수 있는데, 마치 우리가 흘리는 땀방울(01) B 과 같다. 사실 식물은 사람과 같이 '땀을 흘릴' 줄 안다. 식물은 성장 과정 중 토양에서 많은 수분을 흡수해야 한다. 저녁에 기온이 (02) C 떨어지면 식물 체내에서 증발하는 수분이 적은데, 이때 식물은 체내에 불필요한 수분을 잎의 숨구멍을 통해서 내보낸다. 그래서 이러한 수분은 잎 위에 모여 작은 물방울이 된다. 전체 '땀 흘리기' 과정에서 식물은 또한 불필요한 광물질을 제거해 버릴 수도 있다. (03) B 그렇게 함으로써 더 잘 자라는 데 도움이 된다.

01 A 서로 비슷하다
B ~과 같다
C ~해서는 안 된다
D ~한 이래

02 A 연장하다
B 완화되다
C 떨어지다
D 단축하다

03 A ~이라는 것을 알 수 있다
B 그렇게 함으로써
C 요컨대
D 설령 ~이라 할지라도

해설 |

01 你会发现树叶或小草上有一些小水珠，仿佛我们流下的汗珠(01)相似/似的/不可/以来。

선택지의 단어를 넣어 해석해 본다면 A 相似를 넣어도 자연스럽습니다. 하지만 相似는 보통 '和~相似'의 문형으로 씁니다. 또한 빈칸 앞에 仿佛라는 부사가 있기 때문에 '仿佛~似的'로 호응 관계를 맞춰야 합니다. 따라서 정답은 B 似的입니다. 仿佛는 4급 필수어휘 好像과 동의어입니다. C는 '非~不可(반드시 ~이 아니면 안 된다, ~해야 한다)'와 같이 주로 非와 호응합니다.

A **相似** xiāngsì 형 비슷하다 ★★
体重身高和他相似。체중과 신장이 그와 비슷하다.
• **身高** shēngāo 명 신장, 키

B **似的** shìde 조 ~과 같다, ~과 비슷하다 ★
好像什么事也没有发生过似的。
마치 아무 일도 일어나지 않았던 것 같다.

C **不可** bùkě 동 (非와 함께 쓰여) 반드시 ~해야 한다
明天的会议十分重要，爸爸非参加不可。
내일 회의는 매우 중요해서 아빠가 반드시 참가해야 한다.

D **以来** yǐlái 명 이래, 동안
改革开放以来，中国的经济迅速发展。
개혁 개방 이래로, 중국의 경제는 빠르게 발전했다.
• **改革开放** gǎigé kāifàng 개혁 개방 | **迅速** xùnsù 형 신속하다

02 晚上气温(02)延长/缓解/降低/缩短，植物体内蒸发的水分就很少，

빈칸 앞의 气温과 호응하는 동사를 찾는 문제입니다. 气温은 '상승하다' 혹은 '하강하다'라는 술어와 호응하는데, 气温 앞에 晚上이 있기 때문에 '기온이 하강하다'라는 표현이 자연스럽습니다. 따라서 C 降低를 정답으로 선택할 수 있습니다. A의 延长은 时间과 호응하고, B의 缓解는 压力와 호응하며, D의 缩短은 距离와 호응합니다.

A **延长** yáncháng 동 연장하다 ★

延长期限 기한을 연장하다 | **延长寿命** 수명을 연장하다

这个商店把营业时间延长到晚上十点。
이 상점은 영업시간을 밤 10시까지 연장했다.

• **期限** qīxiàn 명 기한 | **寿命** shòumìng 명 수명 | **营业时间** yíngyè shíjiān 영업 시간

B **缓解** huǎnjiě 동 완화시키다, 풀다 ★★★

缓解疲劳 피로를 풀다 | **缓解压力** 스트레스를 풀다

父母的爱对缓解孩子学习压力有很大的帮助。
부모의 사랑은 아이들의 학습 스트레스를 푸는 데 커다란 도움이 된다.

C **降低** jiàngdī 동 내려가다, 떨어지다 ★★

物价降低 물가가 내려가다 | **气温降低** 기온이 떨어지다

这些商品价格已经降低了很多，但买的人还是不多。
이 상품들은 가격이 많이 떨어졌지만 사는 사람들은 여전히 많지 않다.

D **缩短** suōduǎn 동 단축하다, 줄이다 ★★

缩短距离 거리를 단축하다

他的一句话大大缩短了两人之间的距离。
그의 말 한 마디가 두 사람 사이의 거리를 크게 줄였다.

03 植物还可以将多余的矿物质排除掉，(03)可见/从而/总之/哪怕有利于更好地生长。

결과를 이끌어 내는 접속사를 찾는 문제입니다. 빈칸 앞 문장의 내용을 정확히 해석하고, 밑줄 뒤의 문장과 어떤 관계인지를 파악해야 합니다. 빈칸 앞은 '불필요한 광물질을 제거한다'라는 내용이고, 뒷문장은 '더 잘 성장하는 데 유리하다'이므로 자연스러운 결과를 이끌어 내려면 B 从而이 적합합니다. A의 可见은 由此可见의 의미로 전체 글의 결론을 이끌어 내며, C의 总之는 앞 내용을 한마디로 요약해서 정리할 때 사용합니다. D의 哪怕는 극단적인 상황을 가정할 때 사용합니다.

A **可见** kějiàn 접 ~이라는 것을 알 수 있다 ★

新书一上市就卖光了，可见它是多么受读者欢迎。
새 책이 나오자마자 다 팔린 것으로 보아, 그것이 얼마나 독자한테 인기 있는지를 알 수 있다.

• **上市** shàngshì 동 출시되다, (시장에) 나오다

B **从而** cóng'ér 접 그렇게 함으로써, 따라서 ★

문형 ___A___(원인)，从而___B___(결과) A하고 (그렇게 함으로써) B하다

他们给孩子很大的自由空间，从而培养了他们的独立性。
그들은 아이에게 큰 자유 공간을 주었고, 그렇게 함으로써 그들의 독립성을 키웠다.

C **总之** zǒngzhī 접 한마디로 말하면, 요컨대, 하여간, 아무튼 ★

生命的路上，有时你会遇到令人振奋的成功，有时你会遇到让你失望的挫折。总之，你要用微笑面对!
생명의 길 위에서 어떤 때 당신은 용기를 북돋아 주는 성공을 만날 것이고, 어떤 때는 당신을 실망시키는 좌절을 만날 것이다. 아무튼 당신은 미소로 마주해야 한다.

• **振奋** zhènfèn 동 용기를 북돋우다, 격려하다 | **挫折** cuòzhé 명 좌절, 실패

D **哪怕** nǎpà 접 설령 ~할지라도 ★★★

문형 哪怕___A___(가정)，也/都___B___(변하지 않는 결과/의지) 설령 A할지라도 B하다

哪怕全家反对，她也要跟他结婚。
설령 온 가족이 반대한다 할지라도, 그녀는 그와 결혼하려 한다.

단어 | **清晨** qīngchén 명 이른 아침 | **树林** shùlín 명 숲 | **草丛** cǎocóng 명 (무성한) 수풀, 풀숲 | **树叶** shùyè 명 나뭇잎 | **水珠** shuǐzhū 명 물방울 | **仿佛** fǎngfú 부 마치 ~인 것 같다[=好像 hǎoxiàng] | **流下** liúxià (액체 등을) 흘리다 | **汗珠** hànzhū 땀방울 | **出汗** chūhàn 동 땀을 흘리다 | **土壤** tǔrǎng 명 토양, 흙 | **吸收** xīshōu 동 흡수하다 | **蒸发** zhēngfā 동 증발하다 | **多余** duōyú 형 쓸데없는, 불필요한 | **气孔** qìkǒng 명 (식물체 표면의) 숨구멍 | **排出去** pái chūqu 배출하다, 내보내다 | **聚集** jùjí 동 (한데) 모이다 | **整个** zhěnggè 명 온, 모든 것, 전체 | **排汗** páihàn 동 땀을 흘리다 | **矿物质** kuàngwùzhì 명 광물질, 무기질 | **排除** páichú 동 제거하다, 없애다 | **有利于** yǒulì yú ~에 유리하다, ~에 이롭다

04 | B **05** | B **06** | A **07** | B

长江一带的鳜鱼自古远近闻名，为了扩大销量，鱼贩们徒步将鳜鱼运送到千里之外的黄山地区售卖。(04) B 不过到了目的地，鳜鱼往往已经发臭，变得没法吃了。鱼贩们只好在鱼身上撒一层盐，以防止鱼变质。让人意想不到的是，这样腌制储存的鳜鱼被运到千里之外后，颜色(05) B 依然鲜亮如新。虽然表皮会散发出一种似臭非臭的气味，但洗净后，经过热油烹调，(06) A 吃起来非但无臭味，反而鲜香无比。中国名菜"黄山臭鳜鱼"就是这么来的。臭鳜鱼歪打正着，化腐朽为神奇，(07) B 成就了人间美味，令人赞叹。

04 A 除非
B 不过
C 假如
D 何况

05 A 果然
B 依然
C 偶尔
D 偶然

06 A 吃起来非但无臭味
B 即使加上各种调料
C 或许能够吸引人们的注意
D 最后生成了对人有益的微生物

07 A 促使
B 成就
C 导致
D 构成

장강 일대의 쏘가리는 예로부터 널리 알려져 있다. 판매량을 확대하기 위해서 생선 장수들은 걸어서 쏘가리를 천 리 밖에 있는 황산 지역까지 운반해서 팔았다. (04) B 하지만 목적지에 도착하면 쏘가리는 종종 이미 쉰내가 나며, 먹을 수 없게 변했다. 생선 장수들은 어쩔 수 없이 생선 몸통 위에 소금 한 겹을 뿌렸고, 그럼으로써 생선이 변질되는 것을 방지했다. 사람들이 예상하지 못했던 것은, 이렇게 절여서 저장한 쏘가리가 천 리 밖까지 운반된 후에 색깔이 (05) B 여전히 새것처럼 선명했다는 것이다. 비록 표피에서는 역겨운 듯도 하고, 역겹지 않은 듯도 한 냄새가 풍겼지만, 깨끗이 씻은 후 뜨거운 기름에 요리를 해서 (06) A 먹어 보니 역겨운 냄새가 없을 뿐만 아니라 오히려 매우 맛있고 향기로웠다. 중국의 유명한 요리인 '황산의 냄새 나는 쏘가리'는 바로 이렇게 만들어졌다. 냄새 나는 쏘가리는 요행으로 좋은 결과를 얻었지만, 쓸모없는 것을 유용하게 이용하여 세상에 맛있는 음식을 (07) B 만들어 냈고 사람들이 찬탄하게 만들었다.

04 A 오직 ~해야
B 하지만
C 만약 ~이라면
D 하물며

05 A 과연
B 여전히
C 간혹
D 우연히

06 A 먹어 보니 역겨운 냄새가 없을 뿐만 아니라
B 설령 각종 조미료를 첨가할지라도
C 어쩌면 사람들의 주의를 끌 수 있을지도 모른다
D 결국엔 사람에게 이로운 미생물을 만들어 냈다

07 A ~하도록 (재촉)하다
B 이루다
C 초래하다
D 구성하다

해설 |

04 鱼贩们徒步将鳜鱼运送到千里之外的黄山地区售卖。(04)除非/不过/假如/何况到了目的地，鳜鱼往往已经发臭，变得没法吃了。
선택지를 보면 접속사를 찾는 문제임을 알 수 있습니다. 빈칸 앞뒤 문장을 해석해서 관계를 파악한 후에 알맞는 접속사를 넣어야 합니다. 빈칸 앞에는 쏘가리를 황산 지역까지 운반하여 팔았다는 내용이고 빈칸 뒤에는 쉰내가 나서 먹을 수 없게 되었다는 내용이기 때문에, 빈칸은 '하지만'이라는 접속사인 B 不过를 정답으로 선택할 수 있습니다.

Tip
A의 除非는 선택지에 간혹 출제되긴 하지만 정답으로 출제된 적은 없습니다. 앞으로 한 번쯤은 정답으로 출제될 가능성이 없지 않지만 난이도가 있는 단어이기 때문에 내공이 약한 학생들은 除非를 공부하지 않아도 됩니다.

A 除非 chúfēi 접 오직 ~해야 (비로소)
문형 1 除非＿A＿，才＿B＿
(A: 유일한 조건 / B: 자연스러운 결과)
반드시 A해야만 (비로소) B할 수 있다
除非你答应我的条件，我才告诉你。
네가 내 조건을 승낙해야만, 나도 너한테 말해 줄 거야.
문형 2 除非＿A＿，否则＿B＿
(A: 유일한 조건 / B: 앞절과 반대되는 결과를 가정)
반드시 A해야 한다, 안 그러면 B할 것이다
除非你亲自去劝说他，否则他不会答应这件事。
반드시 네가 직접 가서 그를 설득해야 한다. 그렇지 않으면 그는 이 일을 허락하지 않을 것이다.
• 亲自 qīnzì 부 직접 | 劝说 quànshuō 동 설득하다

B 不过 búguò 접 하지만 ★★
电影很好看，不过电影票有点贵。
영화는 재밌지만, 영화표가 좀 비싸다.

C 假如 jiǎrú 접 만약 ~이라면 ★★★
假如你这次选择放弃，以后就很难再有机会了。
만약 네가 이번에 포기한다면, 이후에 다시 기회를 갖기는 매우 어려울 것이다.
• 放弃 fàngqì 동 포기하다

D 何况 hékuàng 접 하물며, 더군다나 ★
문형 (连)＿A＿都/也+(술어), 何况＿B＿呢?
(A: 비교 대상 / B: 강조 대상)
A조차 (술어)한데 하물며 B는?
他连小说都能翻译，何况这篇小文章!
그는 소설도 번역할 수 있는데, 하물며 이런 짧은 글쯤이야!
• 翻译 fānyì 동 번역하다, 통역하다

05 让人意想不到的是，这样腌制储存的鳜鱼被运到千里之外后，颜色(05)果然/依然/偶尔/偶然鲜亮如新。
선택지를 보면 부사들이 출제되었기 때문에 문맥으로 알맞은 부사를 찾아야 합니다. '让人意想不到的是'를 통해 빈칸을 포함한 문장은 의외의 결과임을 유추할 수 있습니다. 즉, 이전과 달리 이동하는 동안 생선이 상하지 않았다는 내용이 나와야 자연스러우므로, 문맥상 가장 적합한 부사는 '여전히'라는 의미의 B 依然입니다.

A 果然 guǒrán 부 과연, 예상한 대로 ★★
不出我的预料，他果然当上了总经理。
나의 예상을 벗어나지 않고, 그는 과연 사장이 되었다.
• 不出预料 bùchū yùliào 예상을 벗어나지 않다

B 依然 yīrán 부 여전히 ★★
张老师快退休了，可是工作态度依然和以前一样。
장 선생님은 곧 퇴직하시는데, 업무 태도는 여전히 이전과 같다.
• 退休 tuìxiū 동 퇴직하다

C 偶尔 ǒu'ěr 부 간혹, 이따금 ★
我偶尔去游泳。나는 가끔 수영하러 간다.

D **偶然** ǒurán
부 우연히, 뜻밖에 ★
他偶然发现了金块。 그는 우연히 금괴를 발견했다.
· **金块** jīnkuài 명 금괴

형 우연하다 ★
偶然的机会 우연한 기회 | **偶然的现象** 우연한 현상
这是很偶然的事件。 이것은 매우 우연한 사건이다.

06 但洗净后，经过热油烹调，(06)吃起来非但无臭味/即使加上各种调料/或许能够吸引人们的注意/最后生成了对人有益的微生物，反而鲜香无比。
빈칸은 앞뒤 문맥에 맞는 문장을 찾는 문제이지만, 사실상 빈칸 뒤의 反而과 호응하는 접속사를 찾으면 쉽게 풀 수 있습니다. 접속사 '不但(=不仅=非但)'이 뒤에 부정부사 不나 没와 함께 쓰일 경우, 뒷절에는 反而이 함께 쓰입니다. '不但+不/没~, 反而…' 구조를 암기해 두도록 합니다. 다만 여기서는 不但 대신 필수어휘가 아닌 非但이 쓰이고, 没有 대신 无가 쓰여서 문제의 난이도가 높아졌습니다. 최종적으로 앞뒤 문장과 함께 해석을 해 보면 A가 정답임을 알 수 있습니다.

A **吃起来非但无臭味**
먹어 보니 구린 냄새가 없을 뿐만 아니라
· **非但** fēidàn 접 (비단) ~뿐만 아니라
· **臭味** chòuwèi 명 악취, 구린 냄새

B **即使加上各种调料** 설령 각종 조미료를 첨가할지라도
· **加上** jiāshàng 더하다, 첨가하다
· **调料** tiáoliào 명 조미료

C **或许能够吸引人们的注意**
어쩌면 사람들의 주의를 끌 수 있을지도 모른다
· **或许** huòxǔ 부 아마, 어쩌면
· **吸引~注意** xīyǐn~zhùyì ~의 주의를 끌다

D **最后生成了对人有益的微生物**
결국엔 사람에게 이로운 미생물을 만들어 냈다
· **生成** shēngchéng 동 생성되다, 만들어 내다
· **有益** yǒuyì 동 유익하다, 이롭다
· **微生物** wēishēngwù 명 미생물

07 臭鳜鱼歪打正着，化腐朽为神奇，(07)促使/成就/导致/构成了人间美味，令人赞叹。
뒤에 了가 있는 것으로 보아 빈칸은 동사 자리임을 알 수 있습니다. 어법적으로 A의 促使는 뒤에 다시 '促使+주어+술어'의 구조를 가지기 때문에 了를 쓸 수 없습니다. C 导致는 뒤에 안 좋은 결과가 나와야 하기 때문에 의미상 제거할 수 있습니다. D의 构成은 '由~构成'의 구조로 많이 쓰이며, 의미상으로도 맞지 않습니다. B의 成就는 주로 명사로 쓰이기 때문에 학생들이 동사 용법을 몰라서 많이 틀리는 문제입니다. 成就는 동사로 쓰일 경우 '성취하다', '이루다', '만들어 내다'의 의미로 쓰이므로 정답은 B입니다.

A **促使** cùshǐ 동 ~하도록 (재촉)하다, ~하게 하다 ★
很多时候苦难是促使我们成长的重要途径。
많은 경우에 고난은 우리를 성장시켜 주는 중요한 방법이다.
· **途径** tújìng 명 경로, 방법, 수단

B **成就** chéngjiù
동 성취하다, 이루다 ★
没有人能不经过努力就成就一番事业。
노력을 거치지 않고 큰일을 이룰 수 있는 사람은 아무도 없다.
명 (사업상의) 성취, 성과 ★★
成就突出 성취가 두드러지다 | **取得成就** 성과를 거두다

C **导致** dǎozhì 동 (나쁜 결과를) 초래하다 ★★★ [=造成 zàochéng]
导致失败 실패를 초래하다 | **导致战争** 전쟁을 초래하다
长期的紧张工作导致他精神衰弱。
장기간의 긴장된 업무는 그의 정신쇠약을 초래하였다.
· **精神衰弱** jīngshén shuāiruò 정신쇠약

D **构成** gòuchéng 동 구성하다 ★
这个汉字是由两部分构成的。
이 한자는 두 부분으로 구성되어 있다.

단어 | **一带** yídài 명 일대 | **鳜鱼** guìyú 명 쏘가리 | **自古** zìgǔ 부 자고로, 예로부터 | **远近闻名** yuǎnjìn wénmíng 널리 유명하다, 널리 알려져 있다 | **扩大** kuòdà 동 확대하다 | **销量** xiāoliàng 명 판매량 | **鱼贩** yúfàn 명 생선 장수 | **徒步** túbù 동 도보하다, 걸어가다 | **运送** yùnsòng 동 운송하다, 운반하다[=运 yùn] | **地区** dìqū 명 지역 | **售卖** shòumài 동 팔다, 판매하다 | **发臭** fāchòu 동 쉰냄새가 나다, 악취를 풍기다 | **撒** sǎ 동 (과립 모양의 물건을) 뿌리다 | **以** yǐ 접 ~하기 위해서[以 뒷문장을 먼저 해석할 경우], 그럼으로써[以 앞 문장부터 해석할 경우] | **防止** fángzhǐ 동 방지하다 | **变质** biànzhì 동 변질되다 | **意想不到** yìxiǎng búdào 예상을 못하다 | **腌制** yānzhì 동 (소금 등에) 절이다 | **储存** chǔcún 동 저장하다, 모아 두다 | **鲜亮如新** xiānliang rú xīn 새것처럼 선명하다 | **表皮** biǎopí 명 표피 | **散发** sànfā 동 (냄새를) 발산하다, 풍기다 | **似臭非臭** sì chòu fēi chòu (냄새가) 역겨운 듯도 하고 역겹지 않은 듯도 하다 *臭 chòu 형 (냄새가) 지독하다, 역겹다 | **气味** qìwèi 명 냄새 | **洗净** xǐjìng 동 세정하다, 깨끗이 씻다 | **热油** rèyóu 뜨거운 기름 | **烹调** pēngtiáo 동 요리하다, 조리하다 | **非但不/没~，反而…** fēidàn bù/méi~, fǎn'ér… ~하지 않을 뿐만 아니라, 오히려 …하다 | **鲜香** xiānxiāng 맛이 좋고 향기롭다 | **无比** wúbǐ 형 더 비할 바가 없다, 아주 뛰어나다[주로 좋은 방면에 쓰임] | **黄山臭鳜鱼** Huáng Shān chòu guìyú 황산의 냄새 나는 쏘가리 | **歪打正着** wāidǎzhèngzháo 성 요행으로 성공하다, 뜻하지 않게 좋은 결과를 얻다 | **化腐朽为神奇** huà fǔxiǔ wéi shénqí 성 썩은 것을 신기한 것으로 바꾸다, 쓸모없는 것을 유용하게 이용하다 | **赞叹** zàntàn 동 찬탄하다, 감탄하다

독해

2부분

시나공법 01 확인문제			195쪽
01 B	02 B	03 D	04 B

01 | B

黄山是世界文化与自然双重遗产，并以怪石众多而著称，其中已被命名的就有120多处，像老僧采药、狮子峰等，形态各异，生动形象。从不同的方向或角度，或者在不同的天气下观看，黄山怪石会呈现出不一样的形态，可谓“横看成岭侧成峰，远近高低各不同”。

A 黄山的天气多变
B 黄山怪石形象生动
C 黄山怪石都以动物命名
D 黄山怪石最适合夏季观赏

황산은 세계 문화와 자연의 이중 유산이다. 괴석이 아주 많은 것으로 유명한데, 그중 이미 이름이 지어진 것만 120여 곳이 있다. '노승 약초 캐기'와 '사자봉' 등이다. (괴석은) 형태가 제각기 다르고, 매우 생동감이 있다. 서로 다른 방향 또는 각도, 혹은 서로 다른 날씨에서 보면 황산 괴석은 서로 다른 형태를 드러낸다. '가로로 보면 산등성이고 옆에서 보면 산봉우리니, 멀고 가깝고 높고 낮음이 제각기 다르다'라고 말할 수 있다.

A 황산의 날씨는 변덕스럽다
B 황산 괴석은 형상이 생동감 있다
C 황산 괴석은 모두 동물로 이름을 지었다
D 황산 괴석은 여름에 감상하기에 가장 적합하다

해설 | 지문을 한 문장씩 해석한 후 보기에서 해당하는 내용을 찾고 정답 여부를 표기하면 더욱 정확하고 빠르게 문제를 풀 수 있습니다. 이 문제는 첫 문장이 굉장히 길고 단어들도 어렵지만, 生动形象을 보고 B가 정답임을 찾을 수 있습니다. C는 狮子峰 외에도 老僧采药가 나왔기 때문에 오답입니다. 지문이 어려울수록 정답은 지문의 단어 그대로 출제되는 경우가 많습니다. 정답을 찾으면 지문의 뒤쪽은 읽지 않고 바로 그다음 문제로 넘어갑니다.

> Tip
> '以~而著称 yǐ~ér zhùchēng'은 '~으로 유명하다'라는 표현입니다. 꼭 익혀 두세요.

단어 | **黄山** Huáng Shān 고유 황산 | **双重** shuāngchóng 형 이중의[주로 추상적인 사물을 가리킴] | **遗产** yíchǎn 명 유산 | **怪石** guàishí 명 괴석 | **众多** zhòngduō 형 아주 많다 | **著称** zhùchēng 동 유명하다 | **命名** mìngmíng 동 명명하다, 이름을 짓다 | **老僧** lǎosēng 명 노승, 노스님 | **采药** cǎiyào 동 약초를 캐다 | **狮子峰** shīzifēng 명 사자봉 | **形态** xíngtài 명 형태 | **各异** gèyì 형 제각기 다르다 | **生动** shēngdòng 형 생동감 있다 | **形象** xíngxiàng 형 생동적이다, 구체적이다 명 이미지, 형상 | **角度** jiǎodù 명 각도 | **观看** guānkàn 동 보다 | **呈现** chéngxiàn 동 나타내다, 드러내다 | **可谓** kěwèi 동 ~이라고 말할 수 있다 | **横** héng 형 가로의 | **岭** lǐng 명 고개, 산맥 | **侧** cè 명 옆, 측면 | **峰** fēng 명 산봉우리 | **多变** duōbiàn 형 변덕스럽다, 변화가 많다 | **观赏** guānshǎng 동 감상하다

02 | B

南京云锦是中国传统的提花丝织工艺品，用料考究，织工精细，图案色彩鲜艳，如天上彩云般瑰丽，故名“云锦”。它与苏州的宋锦、四川的蜀锦一起并称为“中国三大名锦”。

A 云锦制作工艺已经失传
B 云锦因美如彩云而得名
C 云锦的名声已不如从前
D 云锦是南京三大名锦之一

난징운금은 중국의 전통적인 자카드 무늬 비단 공예품이다. 재료 사용에 신경을 썼고 짜는 작업이 정교하고 섬세하며 도안은 색채가 선명하고 화려하여, 마치 천상의 꽃구름같이 아름다워서 '운금(云锦)'이라고 명명했다. 그것은 쑤저우의 송금, 쓰촨의 촉금과 함께 '중국의 3대 유명한 비단'이라고 부른다.

A 운금은 제작 기술이 이미 실전되었다
B 운금은 꽃구름같이 아름다워서 얻은 이름이다
C 운금의 명성은 이미 이전만 못하다
D 운금은 난징의 3대 유명 비단 중 하나이다

해설 | 첫 문장의 提花丝织工艺品은 단순하게 '공예품'으로만 체크합니다. 提花丝织와 같은 단어는 따로 암기할 필요 없습니다. '用料考究，织工精细，图案色彩鲜艳'에서 用料考究와 织工精细는 HSK 6급 수준이므로 지금 암기할 필요는 없는 단어들입니다. 图案色彩鲜艳은 HSK 5급 수준이므로 암기해 두어야 합니다. '如天上彩云般瑰丽，故名“云锦”'에서 '如~般…'은 '好像~一样…'과 같은 의미이고, 故는 접속사 所以와 같은 의미로 사용되었습니다. 따라서 정답은 B입니다. 瑰丽 같은 아주 어려운 단어가 쓰였지만 평소 字 학습을 해 두었다면 丽가 美丽의 의미라는 것을 유추할 수 있습니다.

단어 | **南京云锦** Nánjīng Yúnjǐn 난징운금 [운금: 색채가 아름답고 구름 무늬를 수놓은 중국의 고급 비단] | **传统** chuántǒng 형 전통적이다 | **提花** tíhuā 명 자카드 무늬[자카드(jacquard): 자카드 직기를 사용하여 매우 복잡한 문양을 표현한 천을 통칭함] | **丝织** sīzhī 동 비단을 짜다 | **工艺品** gōngyìpǐn 명 공예품 | **用料** yòngliào 명 (공업이나 농업 생산에 사용되는) 재료, 원자재 | **考究** kǎojiu 동 신경 쓰다, 정성을 들이다 | **织工** zhīgōng (천이나 베 등을) 짜는 작업 | **精细** jīngxì 형 정교하고 섬세하다 | **图案** tú'àn 명 도안 | **色彩** sècǎi 명 색채, 색깔, 빛깔 | **鲜艳** xiānyàn 형 화려하다, 아름답다 | **如~般** rú~bān (마치) ~과 같이 | **天上彩云** tiānshàng cǎiyún 천상의 꽃구름 | **瑰丽** guīlì 형 참으로 아름답다, 놀랄 만큼 아름답다 | **故** gù 접 그러므로, 그래서 | **名** míng 동 명명하다, 이름을 짓다 | **苏州** Sūzhōu 고유 쑤저우 | **宋锦** sòngjǐn 송금 | **蜀锦** shǔjǐn 촉금[사천(四川)의 특산인 채색 비단] | **名锦** míngjǐn 유명한 비단 | **制作** zhìzuò 동 제작하다, 만들다 | **工艺** gōngyì 명 (원자재 등의) 가공 기술 | **失传** shīchuán 동 실전되다, 전해 오지 않다 | **得名** démíng 동 이름을 얻다 | **名声** míngshēng 명 명성 | **不如** bùrú 동 ~만 못하다 | **从前** cóngqián 명 이전, 종전

03 | D

围屋是客家的特色民居建筑，始建于唐宋，兴盛于明清。它是具有防御力的城堡式建筑，只要是客家人的聚居之处，都能见到围屋的痕迹。围屋与北京的四合院、陕北的窑洞、闽西的土围楼一起被称为中国"四大古民居"。

A 围屋是方形的
B 围屋内部有保暖设施
C 围屋多位于城市中心
D 围屋拥有悠久的历史

웨이우는 객가의 독특한 민가 건축물로, 당송 때 지어지기 시작했고 명청 때 흥성했다. 그것은 방어력을 가진 요새식 건축물로, 객가인이 모여 사는 곳이라면 모두 웨이우의 흔적을 볼 수 있다. 웨이우는 베이징의 사합원, 산베이의 동굴집, 민시의 투웨이로우와 함께 중국의 '4대 옛 민가'로 불린다.

A 웨이우는 사각형이다
B 웨이우 내부에는 보온 시설이 있다
C 웨이우는 도심에 많이 있다
D 웨이우는 유구한 역사를 가지고 있다

해설 | 중국 문화를 소개하는 지문에서는 생소한 단어들이 많이 등장할 수 있습니다. 해석이 안 되더라도 고유명사인 경우가 많으니 A 또는 B 처럼 기호화해서 처리하면 정답을 찾는 데는 크게 문제없습니다. 첫 문장의 '**始建于唐宋，兴盛于明清**'은 '당나라와 송나라 때 짓기 시작해서 명나라와 청나라 때 흥성했다'라는 내용이므로, 정답은 웨이우가 유구한 역사를 지니고 있다는 D입니다.

Tip

중국의 전통 문화를 소개할 때 '**悠久的历史** yōujiǔ de lìshǐ (유구한 역사)'를 가지고 있다는 내용이 정답으로 가장 많이 출제됩니다.

단어 | **围屋** wéiwū 웨이우[건축 양식명] | **客家** Kèjiā 명 객가[중국 55개 소수민족 중 하나] | **特色** tèsè 형 독특하다, 특별하다 명 특색, 특징 | **民居** mínjū 명 민가 | **建筑** jiànzhù 명 건축물 | **始建于** shǐ jiàn yú ~때 지어지기 시작하다 | **唐宋** Táng Sòng 당나라와 송나라 | **兴盛** xīngshèng 형 흥성하다 | **明清** Míng Qīng 명나라와 청나라 | **具有** jùyǒu 동 있다, 가지다 | **防御力** fángyùlì 방어력 | **城堡式** chéngbǎoshì 요새식, 요새 형태 | **聚居** jùjū 동 모여 살다 | **痕迹** hénjì 명 흔적, 자취 | **四合院** sìhéyuàn 명 사합원[베이징의 전통 주택 양식으로, 가운데 마당을 중심으로 사방이 모두 집채로 둘러싸여 있음] | **陕北** Shǎnběi 고유 산베이[산시(陕西) 북부] | **窑洞** yáodòng 명 동굴집 | **闽西** Mǐnxī 고유 민시[지명, 푸젠(福建) 서쪽] | **土围楼** tǔwéilóu 투웨이로우[객가인의 전통 거주지] | **被称为** bèi chēngwéi ~이라고 불리다 | **方形** fāngxíng 명 방형, 사각형 | **保暖设施** bǎonuǎn shèshī 보온 시설 | **位于** wèiyú 동 ~에 위치하다, ~에 있다 | **拥有** yōngyǒu 동 가지다, 소유하다 | **悠久** yōujiǔ 형 (역사가) 유구하다

04 | B

杜牧是晚唐杰出诗人，据说他早年创作了近千首唐诗，但是晚年审查自己的作品时，将自己不满意的诗词全部烧毁，只留下200多首。不过他留下的这些诗歌，几乎首首都是经典之作，至今仍被传颂。

A 杜牧从小就会写诗
B 杜牧晚年时烧了很多诗
C 杜牧对自己的作品很满意
D 杜牧的诗一首都没流传下来

두목은 당나라 말기의 걸출한 시인으로, 젊은 시절에 1,000수에 이르는 당시를 창작했지만, 노년에 자신의 작품을 검열할 때 자신이 마음에 안 드는 시와 사를 전부 불태워 없애서 단지 200여 수만 남았다고 한다. 하지만 그가 남긴 이런 시들은 거의 한 수 한 수가 모두 오래도록 사랑받는 작품으로, 지금까지 여전히 전해지며 칭송받고 있다.

A 두목은 어릴 때부터 시를 지을 줄 알았다
B 두목은 노년에 많은 시들을 태웠다
C 두목은 자신의 작품에 대해 만족했다
D 두목의 시는 한 수도 전해지지 않았다

해설 | 인명이 등장하는 경우 누구인지 모른다면 A로 기호화하고 해석합니다. 문장에서 접속사 **但是**가 나오면 특히 주의해서 봐야 합니다. 글의 핵심 내용이 **但是** 뒤에 있는 경우가 많기 때문입니다. 이 글에서도 '**但是晚年审查自己的作品时，将自己不满意的诗词全部烧毁**'를 보면 정답이 B임을 알 수 있습니다. 어릴 때부터 시를 썼다는 내용은 언급되지 않았기 때문에 A는 정답이 될 수 없습니다.

단어 | **杜牧** Dù Mù 고유 두목[인명] | **晚唐** wǎntáng 만당, 당나라 말기 | **杰出** jiéchū 형 걸출하다 | **诗人** shīrén 명 시인 | **据说** jùshuō 동 듣자 하니 ~이라고 한다 | **早年** zǎonián 명 젊은 시절 | **创作** chuàngzuò 동 창작하다 | **首** shǒu 양 수[시나 노래를 세는 단위] | **唐诗** tángshī 명 당시 | **晚年** wǎnnián 명 노년 | **审查** shěnchá 동 검열하다, 심사하다 | **作品** zuòpǐn 명 작품 | **诗词** shīcí 명 시와 사 | **烧毁** shāohuǐ 동 불태워 없애다, 소각하다 *烧 shāo 동 태우다 | **留下** liúxià 동 남기다 | **诗歌** shīgē 명 시 | **经典** jīngdiǎn 형 오래도록 사랑받는, 권위 있는 | **至今** zhìjīn 부 지금까지 | **仍** réng 부 여전히 | **传颂** chuánsòng 동 전해 내려오며 칭송하다 | **流传** liúchuán 동 전해지다

시나공법 02 확인문제			203쪽
01 C	**02** A	**03** C	**04** D

01 | C

研究表明，饭后吃水果是一种错误的生活习惯。因为食物进入胃以后，需要一到两个小时来消化。肠胃需要先消化完正餐后再消化水果，如果饭后立即吃水果，那么水果的营养很难被全部吸收。另外，这也会加重肠胃的负担，长此以往，就会引起各种肠胃疾病。

A 饭后吃水果有助于消化
B 多吃水果可以让人变苗条
C 饭后立即吃水果对肠胃不好
D 身体要及时补充水分和营养

연구에 따르면, 식후에 과일을 먹는 것은 잘못된 생활 습관이라고 한다. 왜냐하면 음식물이 위에 들어간 이후, 소화하는 데 한두 시간이 필요하기 때문이다. 위장은 먼저 식사 음식물을 다 소화한 후에 다시 과일을 소화해야 하는데, 만약 식후에 바로 과일을 먹으면 과일의 영양소가 전부 흡수되기 어렵다. 그밖에 이는 또한 위장의 부담을 가중시키는데, 오랫동안 이 상태가 지속되면 각종 위장 질병을 일으키게 된다.

A 식후에 과일을 먹는 것은 소화에 도움이 된다
B 과일을 많이 먹으면 날씬해진다
C 식후에 바로 과일을 먹는 것은 위장에 좋지 않다
D 신체는 즉시 수분과 영양을 보충해야 한다

해설 | 첫 문장에서 '밥을 먹은 후 과일을 먹는 것은 잘못되었다(饭后吃水果是一种错误的生活习惯)'라는 점을 지적했습니다. 첫 문장만 읽어도 C가 정답임을 유추할 수 있습니다. 60퍼센트의 확률을 가지고 정답을 유추하고, 그다음 문제로 넘어가는 것이 시간 절약에 유리합니다. 만약 정답을 유추하지 못했다면 다음 문장을 체크해 봐야 합니다. 마지막 문장에서 '这也会加重肠胃的负担', '就会引起各种肠胃疾病'이라는 문장을 보고 C가 정답임을 확신할 수 있습니다.

단어 | **研究表明** yánjiū biǎomíng 연구에 따르면 ~이라고 한다 | **错误** cuòwù 형 잘못되다, 틀리다 | **食物** shíwù 명 음식물 | **胃** wèi 명 위 | **需要** xūyào 동 필요하다, 요구되다 | **消化** xiāohuà 동 소화하다 | **肠胃** chángwèi 명 장과 위, 위장 | **正餐** zhèngcān 명 (점심 혹은 저녁) 식사 | **立即** lìjí 부 곧, 즉시, 바로 | **营养** yíngyǎng 명 영양 | **吸收** xīshōu 동 흡수하다 | **另外** lìngwài 접 이외에, 그밖에 | **加重** jiāzhòng 동 (부담을) 가중시키다 | **负担** fùdān 명 부담 | **长此以往** chángcǐyǐwǎng 성 (주로 좋지 않은 상황에 쓰여) 오랫동안 이대로 나가면 | **引起** yǐnqǐ 동 야기하다, 일으키다 | **疾病** jíbìng 명 질병 | **有助于** yǒuzhù yú ~에 도움이 되다 | **苗条** miáotiao 형 (몸매가) 날씬하다 | **及时** jíshí 부 즉시, 곧바로 | **补充** bǔchōng 동 보충하다

02 | A

俗话说"饭不香，吃生姜"，生姜中含有姜辣素，能增强血液循环、刺激胃液分泌，起到促进消化、增进食欲的作用。当不想吃饭的时候吃上几片生姜，或在料理中加入生姜，既好吃又有营养。

A 吃生姜可促进消化
B 生姜可促进新陈代谢
C 吃生姜会让人没有胃口
D 多吃生姜有利于保养皮肤

속담에 '밥이 맛이 없으면 생강을 먹어라'라고 했듯이, 생강에는 진저롤이 들어 있어서 혈액순환을 좋게 하고 위액 분비를 자극하며, 소화를 촉진하고 식욕을 돋우는 작용이 있다. 밥을 먹기 싫을 때 생강 몇 조각을 먹거나 혹은 요리에 생강을 넣으면, 맛있을 뿐만 아니라 영양가도 있다.

A 생강을 먹으면 소화를 촉진할 수 있다
B 생강은 신진대사를 촉진할 수 있다
C 생강을 먹으면 입맛이 없어진다
D 생강을 많이 먹으면 피부 미용에 이롭다

해설 | 첫 문장 뒷부분의 '起到促进消化'를 읽고 A를 정답으로 고를 수 있습니다. 지문에 나오는 促进消化를 선택지에 그대로 출제했기 때문에, 단어를 잘 몰라도 정답을 찾아낼 수 있습니다. 첫 문장에 답이 나오는 경우, 두 번째 문장은 읽지 않고 다음 문제로 넘어가야 합니다.

단어 | **俗话** súhuà 명 속담 | **生姜** shēngjiāng 명 생강 | **含有** hányǒu 동 함유하다, (안에) 들어 있다 | **姜辣素** jiānglàsù 명 진저롤[생강의 매운맛 성분 중의 하나] | **增强** zēngqiáng 동 증강하다, 높이다 | **血液循环** xuèyè xúnhuán 혈액순환 | **刺激** cìjī 동 자극하다 | **胃液** wèiyè 명 위액 | **分泌** fēnmì 동 분비하다 | **起到~作用** qǐdào~zuòyòng ~한 작용을 하다 | **促进** cùjìn 동 촉진하다, 재촉하다 | **消化** xiāohuà 명 소화 | **增进** zēngjìn 동 증진하다, 돋우다 | **食**

欲 shíyù 명 식욕 | 料理 liàolǐ 동 요리하다 | 加入 jiārù 동 넣다, 첨가하다 | 营养 yíngyǎng 명 영양 | 新陈代谢 xīnchén dàixiè 명 신진대사 | 胃口 wèikǒu 명 입맛 | 有利于 yǒulì yú ~에 유리하다, ~에 이롭다 | 保养皮肤 bǎoyǎng pífū 피부 미용, 피부 관리

03 | C

蝴蝶的翅膀就像飞机的两翼，让蝴蝶利用气流向前飞行。蝴蝶翅膀上还有丰富多彩的图案，令人赞叹不已。这些五彩缤纷的图案不仅具有装饰的作用，还能让蝴蝶免于敌人的追捕，将自己隐藏起来。另外，蝴蝶翅膀上的图案还能作为同伴之间传递信息的信号。

A 蝴蝶与同伴无法沟通
B 蝴蝶不能远距离飞行
C 蝴蝶的翅膀有多种功能
D 根据翅膀颜色可判断蝴蝶种类

나비의 날개는 마치 비행기의 양쪽 날개처럼 나비가 기류를 이용해서 앞으로 비행하게 한다. 나비 날개에는 풍부하고 다채로운 도안도 있어서 사람들이 찬탄해 마지않게 만든다. 이 오색찬란한 도안들은 장식의 역할이 있을 뿐만 아니라, 나비가 적에게 쫓기다 잡히는 것을 피해 스스로를 숨기게 할 수도 있다. 그밖에 나비 날개의 도안은 동료 간에 정보를 전달하는 신호가 될 수 있다.

A 나비는 동료와 소통할 수 없다
B 나비는 원거리 비행을 할 수 없다
C 나비의 날개는 여러 기능이 있다
D 날개 색깔에 따라 나비 종류를 판단할 수 있다

해설 | 지문에서 '不仅~，还~。另外~' 구문을 찾을 수 있습니다. 이 구문을 이용해 나비의 날개가 가지고 있는 여러 가지 기능을 설명하고 있으므로 정답은 C입니다. 이렇게 정답을 한 문장으로 내지 않고 전체를 읽어야 풀 수 있는 문제들도 출제되며, 이는 난이도가 비교적 높은 문제에 속합니다.

단어 | 蝴蝶 húdié 명 나비 | 翅膀 chìbǎng 명 날개 | 两翼 liǎngyì 양쪽 날개 | 气流 qìliú 명 기류 | 飞行 fēixíng 동 비행하다 | 丰富多彩 fēngfùduōcǎi 성 풍부하고 다채롭다 | 图案 tú'àn 명 도안 | 赞叹 zàntàn 동 찬탄하다, 감탄하며 찬미하다 | 不已 bùyǐ 동 ~해 마지않다 | 五彩缤纷 wǔcǎibīnfēn 성 오색찬란하다 | 具有 jùyǒu 동 가지다, 지니다 | 装饰 zhuāngshì 동 장식하다 | 作用 zuòyòng 명 작용, 역할 | 免于 miǎn yú ~을 면하다, ~에서 벗어나다 | 敌人 dírén 명 적 | 追捕 zhuībǔ 동 추적하여 붙잡다 | 隐藏 yǐncáng 동 숨기다, 감추다 | 另外 lìngwài 부 이외에, 그밖에 | 作为 zuòwéi 동 ~으로 삼다 | 同伴 tóngbàn 명 동료 | 传递 chuándì 동 전달하다 | 信息 xìnxī 명 정보 | 信号 xìnhào 명 신호 | 沟通 gōutōng 동 소통하다 | 远距离 yuǎnjùlí 원거리의 | 功能 gōngnéng 명 기능 | 判断 pànduàn 동 판단하다 | 种类 zhǒnglèi 명 종류

04 | D

"黑匣子"又称为航空飞行记录器，是飞机专用的电子记录设备。它能记录飞机出事之前半个小时里的语音对话和飞行高度、速度、航向等数据，供事故分析之用。由于它具有抗火、防水、耐压、耐冲击振动等特点，即便飞机完全损坏，黑匣子里所记录的数据也能被完整地保存下来。

A 黑匣子容易损坏
B 黑匣子现在用处不大
C 黑匣子不具有防火功能
D 黑匣子可保存飞机数据

'블랙박스'는 항공비행기록기라고도 부르는, 비행기 전용 전자기록장치이다. 그것은 비행기가 사고 나기 전 30분간의 음성 대화와 비행 고도, 속도, 항행 방향 등의 데이터를 기록할 수 있고, 사고 분석의 용도로 제공된다. 그것은 방화, 방수, 압력에 견디고 충격과 진동에 견디는 등의 특징을 가지고 있어서, 설령 비행기가 완전히 손상되더라도 블랙박스 안에 기록된 데이터는 온전하게 보존될 수 있다.

A 블랙박스는 쉽게 손상된다
B 블랙박스는 현재 용도가 많지 않다
C 블랙박스는 방화 기능을 가지고 있지 않다
D 블랙박스는 비행기 데이터를 보존할 수 있다

해설 | 黑匣子라는 단어를 정확하게 몰라도 문제를 푸는 데는 전혀 지장 없었습니다. 한 문장씩 읽으며 선택지와 대조해볼 때, A, C는 정답이 아님을 알 수 있습니다. 마지막 문장인 '黑匣子里所记录的数据也能被完整地保存下来'를 통해 D가 정답임을 알 수 있습니다.

단어 | 黑匣子 hēixiázǐ 명 (비행기의) 블랙박스 | 称为 chēngwéi 동 ~이라고 부르다 | 航空飞行记录器 hángkōng fēixíng jìlùqì 항공비행기록기 | 专用 zhuānyòng 동 전용하다 | 电子记录设备 diànzǐ jìlù shèbèi 전자기록장치 *记录 jìlù 명 기록 동 기록하다 | 出事 chūshì 동 사고가 나다 | 语音对话 yǔyīn duìhuà 음성 대화 | 高度 gāodù 명 고도 | 航向 hángxiàng 명 항행 방향 | 数据 shùjù 명 데이터 | 供 gōng 동 제공하다 | 分析 fēnxī 동 분석하다 | 之用 zhī yòng ~의 용도 | 具有 jùyǒu 동 있다, 가지다 | 抗火 kàng huǒ 방화 *抗 kàng 동 저항하다, 막다 | 防 fáng 동 막다 | 耐压 nài yā 압력에 견디다 | 冲击 chōngjī 명 충격 | 振动 zhèndòng 명 진동 | 损坏 sǔnhuài 동 (원래의 기능을) 손상시키다 | 完整 wánzhěng 형 (손상이 없이) 온전하다, 완전하다 | 保存 bǎocún 동 보존하다 | 用处 yòngchù 명 용도

시나공법 03 확인문제			211쪽
01 D	02 B	03 C	04 D

01 | D

一项研究称，一个人如果要掌握某项技能并成为专家，则需要不间断地练习一万个小时；要把一份工作做得游刃有余，则差不多需要10年。所以如果你现在尽力了，但还是做得不够好，此时请不要太过抱怨，这只能说明你投入的时间还是不够多。多一点儿耐心、多给自己一点儿时间，相信不久的将来你就会成功。

A 要合理分配时间
B 要热爱自己的工作
C 成功的标准并不唯一
D 成功需要一定时间的积累

한 연구에 따르면, 한 사람이 만약 어떤 기술을 익혀 전문가가 되려고 한다면 끊임없이 1만 시간을 연습해야 하고, 일을 능숙하고 여유 있게 하려면 거의 10년이 필요하다고 한다. 그래서 만약 당신이 지금 최선을 다했지만 여전히 제대로 하지 못한다면, 이때는 너무 지나치게 원망하지 말아야 한다. 이것은 당신이 투입한 시간이 여전히 그리 많지 않다는 것을 의미한다. 좀 더 인내심을 가지고 자신에게 좀 더 시간을 주면, 머지않은 장래에 당신이 성공할 거라고 믿는다.

A 합리적으로 시간을 분배해야 한다
B 자신의 일을 매우 사랑해야 한다
C 성공의 기준은 결코 유일하지 않다
D 성공은 일정 시간의 축적이 필요하다

해설 | 첫 문장에서 '전문가가 되려면 많은 시간이 필요하다'라는 설명을 통해 D가 정답임을 유추할 수도 있습니다. 만약 그렇다면 더 이상 읽지 않아도 됩니다. 인생철학과 관련된 문제는 지문의 주제를 중점적으로 읽어야 하는데, 마지막 부분인 '多一点儿耐心、多给自己一点儿时间，相信不久的将来你就会成功。'을 통해 D가 정답임을 확신할 수 있습니다.

단어 | **项** xiàng 양 가지, 항목, 조항 | **研究称** yánjiū chēng 연구에 따르면 ~이라고 한다 *称 chēng 동 말하다 | **掌握** zhǎngwò 동 숙달하다, (기술을) 익히다 | **技能** jìnéng 명 스킬, 기술 | **专家** zhuānjiā 명 전문가 | **间断** jiànduàn 동 (연속된 일이) 중단되다, 중간에서 끊어지다 | **游刃有余** yóurènyǒuyú 성 일 처리가 능숙하고 여유 있다 | **尽力** jìnlì 동 최선을 다하다 | **不够** búgòu 부 그다지 ~하지 않다 | **抱怨** bàoyuàn 동 원망하다, 불평하다 | **投入** tóurù 동 (시간 · 정력 · 자금 등을) 투입하다 | **耐心** nàixīn 형 인내심을 가지다 | **将来** jiānglái 명 장래, 미래 | **合理** hélǐ 형 합리적이다 | **分配** fēnpèi 동 분배하다 | **热爱** rè'ài 동 매우 사랑하다 | **标准** biāozhǔn 명 표준, 기준 | **唯一** wéiyī 형 유일하다 | **积累** jīlěi 동 (조금씩) 쌓다, 축적하다

02 | B

象棋是很多人都喜欢的一种娱乐方式，要想下好一盘棋，你必须提前制定好策略，有计划地打败对手。遇到突发情况时，你要及时做出调整，以应对各种变化。人生也像下棋一样。本来走得很顺的路，突然出现了岔路口，这时你应该当机立断，迅速做出新的选择，才能继续你的脚步。

A 象棋的规则很复杂
B 要善于处理生活中的变化
C 下棋能提高人的表达能力
D 做重大决定时要征求他人意见

장기는 많은 사람들이 모두 좋아하는 오락으로, 장기 한 판을 잘 두려면 당신은 반드시 미리 작전을 잘 짜서 계획적으로 상대를 물리쳐야 한다. 돌발 상황에 부딪쳤을 때 갖가지 변화에 대응하기 위해서 당신은 즉시 조정해야 한다. 인생도 장기를 두는 것과 같다. 본래 순조롭게 가던 길에 갑자기 갈림길이 나타나면, 이때 당신은 즉시 결단을 내리고 신속하게 새로운 선택을 해야만 비로소 당신의 발걸음을 계속할 수 있다.

A 장기의 규칙은 복잡하다
B 생활 속 변화를 잘 처리해야 한다
C 장기를 두면 사람의 표현 능력을 향상시킬 수 있다
D 중대한 결정을 할 때 다른 사람의 의견을 구해야 한다

해설 | 지문의 첫 문장을 읽으면 단순히 장기에 대한 설명이라 오해하기 쉽습니다. 하지만 '人生也像下棋一样'이라는 문장을 통해 지문의 내용이 단순히 장기에 대한 설명이 아니라 인생에 대한 비유였음을 파악할 수 있어야 합니다. 이 지문은 '你要及时做出调整，以应对各种变化'에서 장기를 둘 때 등장하는 변화에 적절한 대응해야 한다는 내용을 이해하고, B를 선택해야 합니다. 마지막 문장을 통해서도 B가 정답임을 확신할 수 있습니다.

단어 | **象棋** xiàngqí 명 (중국) 장기 | **娱乐方式** yúlè fāngshì 오락 형태(방식) | **下棋** xiàqí 동 장기[바둑]를 두다 | **盘** pán 양 판[장기 · 바둑 등의 시합을 세는 단위] | **必须** bìxū 부 반드시 ~해야 한다 | **提前** tíqián 동 (예정된 시간을) 앞당기다 | **制定策略** zhìdìng cèlüè 작전을 짜다 | **有计划地** yǒu jìhuà de 계획적으로 | **打败** dǎbài 동 (상대를) 싸워 이기다, 물리치다 | **遇到** yùdào 동 만나다, (어떤 상황에) 부딪치다 | **突发** tūfā 동 돌발하다, 갑자기 발생하다 | **及时** jíshí 부 즉시, 곧바로 | **调整** tiáozhěng 동 조정하다 | **以** yǐ 접 ~하기 위해서 | **应对** yìngduì 동 대응하다, 대처하다 | **顺** shùn 형 순조롭다 | **岔路口** chàlùkǒu 명 갈림길 | **当机立断** dāngjīlìduàn 성 즉시 결단을 내리다 | **迅速** xùnsù 형 신속하다, 재빠르다 | **继续** jìxù 동 계속하다 | **脚步** jiǎobù 명 (발)걸음 | **规则** guīzé 명 규칙 | **善于** shànyú 동 ~을 잘하다, ~에 능숙하다 | **处理** chǔlǐ 동 처리하다 | **表达** biǎodá 동 표현하다, 나타내다 | **表达能力** biǎodá nénglì 표현 능력 | **重大决定** zhòngdà juédìng 중대한 결정 | **征求** zhēngqiú 동 (의견을) 구하다

03 | C

别为小小的委屈难过，人生在世，注定要受许多委屈。因此一个人越是成功，他所遭受的委屈也就越多；一个人越是聪明，就越会忍受更多委屈。要想让自己的生活更加精彩，就不能太在乎委屈。面对委屈，我们需要心胸开阔一点，用微笑与忍耐去对待。

A 要学会克服困难
B 委屈是可以避免的
C 受了委屈不要太在意
D 聪明的人很少遭受委屈

사소하게 억울한 일 때문에 괴로워하지 마라. 인생을 살면서 억울한 일을 많이 당하는 건 운명으로 정해져 있다. 이 때문에 사람이 성공할수록 그가 당한 억울한 일도 더 많아질 것이고, 사람이 똑똑할수록 더 많은 억울한 일을 견뎌 낼 것이다. 자신의 삶을 더 훌륭하게 하려면 억울한 일을 너무 마음에 두어선 안 된다. 억울한 일에 직면하면 우리는 마음을 좀 넓게 가지고, 미소와 인내로 대해야 한다.

A 어려움을 극복할 줄 알아야 한다
B 억울한 일은 피할 수 있다
C 억울한 일을 당하는 건 너무 마음에 두어선 안 된다
D 똑똑한 사람은 억울한 일을 적게 당한다

해설 | 첫 문장의 人生을 통해 인생철학과 관련된 글임을 유추할 수 있습니다. '就不能太在乎委屈'라는 표현을 통해 C가 정답임을 알 수 있습니다. A의 극복은 지문에서 언급된 바가 없고, B는 억울함은 피할 수 없다고 했기 때문에 정답이 아닙니다. D 역시 지문의 내용과 다르기에 정답이 될 수 없습니다.

단어 | **委屈** wěiqu 명 억울한 일 형 억울하다 | **难过** nánguò 형 (마음이) 괴롭다, 고통스럽다 | **人生在世** rénshēng zàishì 인생을 살다 | **注定** zhùdìng 동 운명으로 정해져 있다 | **越是** yuèshì 부 ~하면 할수록 | **遭受** zāoshòu 동 (억울한 일을) 당하다 | **忍受** rěnshòu 동 참다, 견뎌 내다 | **精彩** jīngcǎi 형 뛰어나다, 훌륭하다 | **在乎** zàihu 동 마음에 두다 | **面对** miànduì 동 직면하다 | **心胸开阔** xīnxiōng kāikuò 마음을 넓게 가지다 | **微笑** wēixiào 명 미소 | **忍耐** rěnnài 명 인내 | **对待** duìdài 동 (상)대하다 | **学会** xuéhuì 동 ~할 줄 알다 | **克服困难** kèfú kùnnan 어려움을 극복하다 | **避免** bìmiǎn 동 피하다

04 | D

俗话说："送人玫瑰，手留余香。"在帮助别人的过程中，我们得到的不是经济上的回报，而是精神上的收获。帮助别人能提升我们的境界，改善我们的心态。这些收获虽然不那么"实惠"，却能让我们长期甚至终身受益，而这些是金钱买不来的。

A 付出不一定有收获
B 物质是精神的基础
C 良好的人际关系很重要
D 帮助别人能使自己受益

속담에 '장미꽃을 전한 사람의 손에는 장미 향이 남는다.'라고 했다. 다른 사람을 돕는 과정에서 우리가 얻는 것은 경제적인 보답이 아니라, 정신적인 소득이다. 다른 사람을 도우면 우리의 경지(깨달음)를 높이고, 우리의 마음가짐을 개선할 수 있다. 이런 소득들은 비록 그렇게 '실속 있는' 것은 아니지만 우리에게 오랫동안, 심지어 평생 도움이 될 수 있고 이것은 돈으로 살 수 없다.

A 노력한다고 반드시 소득이 있는 것은 아니다
B 물질은 정신의 기초이다
C 좋은 인간관계는 중요하다
D 다른 사람을 돕는 것은 자신에게 도움이 되게 할 수 있다

해설 | 첫 문장의 '送人玫瑰，手留余香'과 같은 속담을 몰라도 문제를 푸는 데는 전혀 무리가 없습니다. 두 번째 문장에서 '在帮助别人的过程中，我们得到的不是经济上的回报，而是精神上的收获'라고 속담의 내용을 풀이해 둔 부분을 해석하면 D 帮助别人能使自己受益가 정답임을 확신할 수 있습니다.

단어 | **俗话** súhuà 명 속담 | **送人玫瑰，手留余香** sòng rén méiguī, shǒu liú yúxiāng 속담 장미꽃을 전한 사람의 손에는 장미 향이 남는다, 남에게 좋은 일을 하면 내 자신에게도 좋은 일이 일어난다 | **经济** jīngjì 명 경제 | **回报** huíbào 동 보답하다 | **精神** jīngshén 명 정신 | **收获** shōuhuò 명 수확, 소득 | **提升** tíshēng 동 높이다 | **境界** jìngjiè 명 경지, 깨달음 | **改善** gǎishàn 동 개선하다 | **心态** xīntài 명 심리 상태, 마음가짐 | **实惠** shíhuì 형 실속 있다 | **长期** chángqī 명 장기간, 오랫동안 | **甚至** shènzhì 부 심지어 | **终身** zhōngshēn 명 평생, 일생 | **受益** shòuyì 동 이익을 얻다, 도움이 되다 | **金钱** jīnqián 명 금전, 돈 | **付出** fùchū 동 (돈이나 대가를) 지급하다 | **不一定** bùyídìng 부 (반드시) ~한 것은 아니다 | **物质** wùzhì 명 물질

독해

3부분

시나공법 01 확인문제 | 234쪽

01 B **02** A **03** C **04** B

01 | B **02** | A **03** | C **04** | B

②一条街上同时开了三家裁缝店，[03]三个裁缝都费尽心思希望能在激烈的竞争中脱颖而出，吸引更多的客人。

一天，第一个裁缝把一个非常显眼的招牌挂在了门口，上面写着："全市最好的裁缝"。**这一招果然奏效**，[01]许多客人就冲着这块儿牌子来到这家裁缝店做衣服。

⑤第二个裁缝看到后不甘示弱，心想：我打出的招牌一定要比他的更加响亮才行。于是他订做了一个更大、更醒目的招牌，上面写着："全国最好的裁缝"七个大字。果不其然，他的牌子把第一家比了下去，客人们又纷纷跑到他的店里来了。

一周后，第三个裁缝出差回来，他一回到家，[02]妻子就愁眉苦脸地告诉他这几天发生的事。妻子说："我们要不要将招牌改为'全世界最好的裁缝'，好把生意抢回来？"第三个裁缝听后却笑着说："别担心，那两家正为我们免费打广告呢！"于是他也请人做了一块儿招牌，虽然没有那两家店的大，不过许多客人看了这三家的招牌后，都走进了这家裁缝店，生意也随之红火起来。

招牌上到底写了什么呢？答案不是"全世界"这么夸张的口号，而是"本街最好的裁缝"。第三个裁缝非常聪明，他的招牌说明了自己是这条街上三个裁缝中最好的，这样一来，无论前两个裁缝如何夸大自己，都只是为他做了铺垫，他用一种更实际的方式来表现自己的优势。

01 ①第2段中"这一招果然奏效"最可能是什么意思？

A 成本降低了
B 办法很管用
C 市场反应平淡
D 丈夫没有音信
③

02 ④第三个裁缝的妻子为什么愁眉苦脸？

A 生意被抢了
B 广告费太贵
C 和同行吵架了
D 丈夫没有音信
⑥

03 ⑦关于三个裁缝，下列哪项正确？

A 互相之间有合作
B 第一个手艺最好
C 都希望吸引更多顾客
D 第三个开展了送货业务

04 ⑧最适合做上文标题的是：

A 开店的学问
B 招牌的竞争
C 诚信是最大的财富
D 与顾客沟通的技巧
⑨

한 거리에 양복점 세 곳이 동시에 개업했다. [03]세 명의 재봉사는 모두 치열한 경쟁 속에서 두각을 나타내어 더 많은 손님을 끌어들일 수 있길 바라며, 갖은 애를 다 썼다.

어느 날, 첫 번째 재봉사가 매우 눈에 띄는 간판을 입구에 내걸었다. 간판에는 '도시 전체에서 가장 훌륭한 재봉사'라고 쓰여 있었다. **이 방법은 과연 효과가 있었고**, [01]많은 손님들이 이 간판을 믿고 양복점에 와서 옷을 지었다.

두 번째 재봉사가 본 후에 약한 모습을 보이기 싫어서, '내가 내건 명성이 반드시 그의 것보다 더욱 널리 알려져야 해.'라고 내심 생각했다. 그래서 그는 더욱 크고 눈에 띄는 간판을 맞추었는데, 간판에는 '전국에서 가장 훌륭한 재봉사'라는 7자의 큰 글자가 쓰여 있었다. 아니나 다를까, 그의 간판이 첫 번째 가게를 이겼고, 손님들은 잇따라 그의 가게로 달려왔다.

1주일 후, 세 번째 재봉사가 출장에서 돌아오자마자, [02]아내가 수심에 가득 찬 얼굴로 그에게 요 며칠 동안 발생한 일을 말했다. 아내가 "우리는 간판을 '전 세계에서 가장 훌륭한 재봉사'로 바꿔서 장사를 뺏어 와야 하지 않을까요?"라고 말했다. 세 번째 재봉사는 듣고 웃으며 "걱정 마. 저 두 가게는 바로 우리를 위해서 무료로 광고를 해 주고 있는 거야!"라고 말했다. 그러고는 그도 사람을 불러 간판 하나를 만들었는데, 비록 그 두 가게만큼 크진 않았지만 많은 손님들이 이 세 가게의 간판을 보고 모두 이 양복점으로 들어왔으며, 장사도 이에 따라 번창하기 시작했다.

간판에는 도대체 무엇이 쓰여 있을까? 답은 '전 세계'와 같이 과장된 슬로건이 아니라, '이 거리에서 가장 훌륭한 재봉사'였다. 세 번째 재봉사는 매우 똑똑했다. 그의 간판은 자신이 이 거리의 세 명의 재봉사 중에서 가장 훌륭하다는 것을 보여 주었다. 이렇게 되면 앞의 두 재봉사가 자신을 어떻게 과장하든 관계없이 그를 위한 배경이 되어 줄 뿐이라서, 그는 더욱 실제적인 방식으로 자신의 장점을 드러낸 것이다.

01 두 번째 문단의 '这一招果然奏效'는 무슨 의미인가?

A 원가가 내려갔다
B 방법이 쓸모 있다
C 시장 반응은 그저 그렇다
D 이웃이 더는 불평하지 않았다

02 세 번째 재봉사의 아내는 왜 수심에 가득 찬 얼굴이었는가?

A 장사를 빼앗겨서
B 광고비가 너무 비싸서
C 동종 업자와 말다툼을 해서
D 남편한테 소식이 없어서

03 세 명의 재봉사에 관해서, 다음 중 정확한 것은?

A 서로 간에 협력이 있다
B 첫 번째 재봉사가 솜씨가 가장 좋다
C 모두 더 많은 고객을 끌어들이길 바란다
D 세 번째 재봉사는 배달 업무를 전개했다

04 윗글의 제목으로 가장 적합한 것은?

A 개점 지식
B 간판 경쟁
C 성실과 신용은 가장 큰 재산이다
D 고객과 소통하는 테크닉

해설 |

① 01번 문제만 읽기

'这一招果然奏效'의 奏效는 필수어휘가 아니라 어렵습니다. 따라서 문맥과 字를 이용해서 정답을 찾아야 합니다.

② 지문 읽기~③ 01번 정답 고르기

첫 번째 문단은 서론 부분이므로 빠르게 읽으며 대략의 내용을 파악해 둡니다. 세 명의 재봉사가 등장했으므로 맨 마지막 재봉사가 주인공일 것이라는 유추를 한 뒤에 글을 읽어 나갑니다. 奏效의 效가 效果라는 것을 알고 있으면 这一招果然奏效가 대략 '효과가 있다'라는 의미임을 유추할 수 있습니다. 또는 '果然(예상한 대로)'으로 유추할 수도 있습니다. '많은 고객들이 왔다'라는 힌트 01의 내용을 통해 이 표현의 의미가 '효과가 있었다'라는 것을 유추할 수 있습니다. 답으로 나온 管用도 필수어휘가 아니라 어렵습니다. '管用(효과적이다, 쓸모 있다)'을 몰랐다면 나머지 선택지를 제거하는 방법으로 답을 찾아야 합니다. 정답은 B 办法很管用입니다.

④ 02번 문제만 읽기

세 번째 재봉사의 아내에 대한 질문이니 세 번째 재봉사가 등장하는 부분을 찾아 선별적으로 읽어야 합니다.

⑤ 지문 이어 읽기~⑥ 02번 정답 고르기

아내의 말인 힌트 02를 통해, 아내는 장사를 다른 가게에 빼앗겨서 수심에 가득 찼음을 알 수 있습니다. 따라서 정답은 A 生意被抢了입니다.

⑦ 03번 문제와 선택지 읽고 정답 고르기

맞는 내용을 찾는 문제는 선택지까지 꼼꼼히 읽은 후 그 내용을 지문에서 찾아야 합니다. 세 명의 재봉사에 관해 맞는 것을 물어봤으므로, 첫 번째 단락의 힌트 03을 통해 정답이 C임을 알 수 있습니다. 费尽心思나 脱颖而出 같은 어려운 단어는 해석에 연연하지 말고 문맥으로 파악하는 연습을 해야 합니다.

> Tip
> 일반적으로는 지문 순서대로 문제가 풀리지만, 이 지문처럼 난이도가 어렵지 않을 경우에는 문제 풀리는 순서가 지문과 다를 수 있음을 유의합니다.

⑧ 04번 문제와 선택지 읽기~⑨ 04번 정답 고르기

지문의 제목은 전체의 의미를 관통하면서, 주제를 요약해야 합니다. 지문에서 간판을 이용한 경쟁을 언급하고 있으므로 B 招牌的竞争을 정답으로 선택할 수 있습니다.

단어 | **街** jiē 명 거리 | **裁缝** cáifeng 명 재봉사 | **费尽心思** fèijìn xīnsī 갖은 애를 다 쓰다 | **激烈** jīliè 형 격렬하다, 치열하다 | **竞争** jìngzhēng 동 경쟁하다 | **脱颖而出** tuōyǐng'érchū 성 송곳 끝이 주머니를 뚫고 나오다, 두각을 나타내다 | **吸引客人** xīyǐn kèrén 손님을 끌어들이다 | **显眼** xiǎnyǎn 형 눈에 띄다, 두드러지다 | **招牌** zhāopai 명 간판, 명성 | **挂** guà 동 (간판 등을) 내걸다 | **招** zhāo 명 방법, 수단 | **果然** guǒrán 접 과연, 예상한 대로 | **奏效** zòuxiào 동 효과가 있다 | **冲着** chòngzhe ~에 근거하여 | **裁缝店** cáifengdiàn 재봉점, 양복점 | **不甘示弱** bùgānshìruò 성 상대에게 약한 모습을 보이기 싫어하다 | **响亮** xiǎngliàng 형 (소리가) 크고 낭랑하다, 대단해 보이다 | **订做** dìngzuò 동 주문 제작하다, 맞추다 | **醒目** xǐngmù 동 눈길을 끌다, 눈에 띄다 | **果不其然** guǒbùqírán 과연, 아니나 다를까 [=果然 guǒrán] | **把~比了下去** bǎ~bǐle xiàqù ~을 (비교해서) 이기다 | **居民** jūmín 명 주민 | **光临** guānglín 동 왕림하다, 방문하다 | **一~就…** yī~jiù… ~하자마자 …하다 | **愁眉苦脸** chóuméikǔliǎn 성 수심에 가득 찬 얼굴, 우거지상 | **好** hǎo 접 ~하기 위해서[뒷절에서 목적을 이끌어 냄] | **生意** shēngyi 명 장사 | **抢** qiǎng 동 빼앗다 | **改为** gǎiwéi ~으로 바꾸다 | **免费** miǎnfèi 동 무료로 하다 | **打广告** dǎ guǎnggào 광고를 하다 | **随之** suízhī 이에 따라 | **红火** hónghuo 형 (사업이) 번창하다 | **到底** dàodǐ 부 도대체 | **夸张** kuāzhāng 동 과장하다 | **口号** kǒuhào 명 구호, 슬로건 | **夸大** kuādà 동 과대하다, 과장하다 | **铺垫** pūdiàn 명 배경, 바탕 | **实际** shíjì 형 실제적이다 | **表现** biǎoxiàn 동 (추상적인 것을) 보여 주다, 드러내다 | **优势** yōushì 명 우세, 장점 | **成本** chéngběn 명 원가, 비용 | **降低** jiàngdī 동 내려가다, 낮아지다 | **管用** guǎnyòng 형 쓸모 있다, 효과적이다 | **平淡** píngdàn 형 평범하다, 그저 그렇나 | **抱怨** bàoyuàn 동 원망하다, 불평하다 | **抢生意** qiǎng shēngyi 장사를 뺏어 오다, 고객을 끌어들이다 | **广告费** guǎnggàofèi 광고비 | **同行** tóngháng 명 동종업자 | **吵架** chǎojià 동 말다툼하다 | **音信** yīnxìn 명 소식 | **合作** hézuò 동 합작하다, 협력하다 | **手艺** shǒuyì 명 손재주, 솜씨 | **开展** kāizhǎn 동 전개하다, 펼치다 | **送货** sònghuò 동 상품을 보내다, 배달하다 | **业务** yèwù 명 업무 | **标题** biāotí 명 제목 | **开店** kāidiàn 동 개점하다, 가게를 열다 | **诚信** chéngxìn 명 성실과 신용 | **财富** cáifù 명 부, 재산 | **沟通** gōutōng 동 소통하다 | **技巧** jìqiǎo 명 기교, 테크닉

시나공법 02 확인문제			246쪽
01 C	02 A	03 C	04 B

01 | C 02 | A 03 | C 04 | B

②“扬州八怪”是指清朝中期活动于扬州地区的一批风格相近的书画家，郑板桥便是其中一位。他的诗、书、画均风格独特，人称“三绝”。他一生创作了许多画作，其中尤以代表作《兰竹图》得到世人称颂。

郑板桥曾在苏州桃花巷的东头开了一间画室，以卖画儿为生。巷子的另外一头也有一个卖画儿的，是当地有名的画家吕子敬。[01]吕子敬自认为画技高超，所画梅花无人能及。

⑤有一次，一位酷爱书画的商人出高价请郑板桥为自己画一幅梅花。令人出乎意料的是，郑板桥却推辞道：“吕子敬先生画的梅花最好。如果说他画的梅花图得用50两银子买下来的话，我的画5两就足够了。”那人信以为真，便找吕子敬去了。

人们很快就发现，郑板桥自开画室以来，兰、竹、菊等样样都画，却唯独不画梅花。对此，吕子敬很是得意，深信自己画梅花的水平远在郑板桥之上，逢人便说：“郑板桥也不过如此嘛！”

三年后，郑板桥要离开苏州。临行时，吕子敬来为郑板桥送行。按照当时的礼节，两人应作画之后互相赠给对方。吕子敬接过郑板桥画的梅花图，[04]看到画上的梅花气韵不凡，这才恍然大悟，不禁感到非常惭愧。吕子敬感激地对郑板桥说：“[02, 04]郑兄之所以不画梅花，原来是为了给我留口饭吃呀。”

01 ①关于吕子敬，可以知道什么？

A 最擅长画兰花
B 很崇拜郑板桥
C 自以为画技高超
D 是“扬州八怪”之一 ③

02 ④根据上文，郑板桥之所以不画梅花，是因为：

A 有意帮助吕子敬
B 不敢承认自己的劣势
C 舍不得卖自己的画儿
D 对自己的画儿不自信 ⑥

03 ⑦最后一段中的划线部分“恍然大悟”的意思是：

A 最终接受
B 感到震惊
C 突然明白
D 内心惭愧

04 ⑧根据上文，下列哪项正确？

A 吕子敬关闭了画室
B 郑板桥的梅花画得更好
C《兰竹图》是多人合画的
D 吕子敬想跟随郑板桥学画

'양저우팔괴'는 청나라 중기에 양저우 지역에서 활동한, 스타일이 비슷한 서화가들을 가리키는데, 정판교는 바로 그중 한 명이다. 그의 시, 서예, 그림은 모두 스타일이 독특해서, 사람들은 '삼절'이라고 불렀다. 그는 일생 동안 수많은 회화 작품을 창작했는데, 그중 특히 대표작인 《난죽도》는 세상 사람들의 칭송을 받았다.

정판교는 일찍이 쑤저우 복숭아꽃 골목의 동쪽 끝에 화실 한 칸을 열어서, 그림을 팔며 생계를 유지했다. 골목의 다른 한쪽에도 그림을 파는 사람이 있었는데, 그곳에서 유명한 화가 여자경이었다. [01]여자경은 자신의 회화 기교가 뛰어나서 매화 그림은 아무도 따를 자가 없다고 여겼다.

한번은 서화를 몹시 좋아하는 상인 한 명이 정판교에게 높은 가격을 제시하며 자기에게 매화 그림 한 폭을 그려 달라고 했다. 그러나 사람들의 예상과 다르게 정판교는 거절하며 "여자경 선생이 그린 매화가 가장 뛰어납니다. 만일 그가 그린 매화도가 은자 50냥으로 사야 한다고 한다면, 제 그림은 5냥이면 충분합니다."라고 말했다. 그 사람은 정말이라고 믿고 여자경을 찾아갔다.

사람들은 곧 정판교가 스스로 화실을 연 이후 난초, 대나무, 국화 등 여러 가지를 모두 그렸지만, 유독 매화는 그리지 않았음을 알아차렸다. 이에 대해 여자경은 의기양양했고, 자신이 매화를 그리는 수준은 정판교보다 훨씬 위에 있다고 굳게 믿고서, 사람을 만나면 "정판교도 그저 그래요!"라고 말했다.

3년 후, 정판교는 쑤저우를 떠나려고 했다. 떠날 때, 여자경이 와서 정판교를 배웅했다. 당시의 예절에 따르면, 두 사람은 그림을 그린 후에 서로 상대방에게 주어야 했다. 여자경은 정판교가 그린 매화도를 건네받은 후 [04]그림 속 매화의 운치가 범상치 않은 걸 보고, 그제야 비로소 **문득 크게 깨달으며** 부끄러움을 금할 수 없었다. 여자경은 매우 감사하며 정판교에게 말했다. "[02, 04]정 형이 매화를 그리지 않은 까닭은 알고 보니 제게 밥벌이를 남겨 두기 위함이었군요."

01 여자경에 관해서 알 수 있는 것은 무엇인가?

A 난초를 가장 잘 그린다
B 정판교를 매우 숭배한다
C 회화 기교가 뛰어나다고 스스로 여긴다
D '양저우팔괴' 중 하나이다

02 윗글에 근거하여 정판교가 매화를 그리지 않은 까닭은 무엇 때문인가?

A 일부러 여자경을 도우려고
B 자신의 열세를 인정하지 못해서
C 자신의 그림을 팔기 아까워해서
D 자신의 그림에 자신이 없어서

03 마지막 단락의 밑줄 친 부분인 '恍然大悟'의 뜻은?

A 결국 받아들였다
B 깜짝 놀랐다
C 문득 깨달았다
D 내심 부끄러웠다

04 윗글에 근거하여 다음 중 정확한 것은?

A 여자경은 화실을 닫았다
B 정판교의 매화가 더 훌륭하다
C 《난죽도》는 여러 사람이 함께 그렸다
D 여자경은 정판교에게 그림을 배우고 싶어 했다

해설 |

① 01번 문제만 읽기
여자경에 대해 알 수 있는 것을 물었으니 우선 여자경이 등장하는 부분을 찾아 집중해야 합니다.

② 지문 읽기~③ 01번 정답 고르기
지문을 빠르게 읽으며 01번의 키워드 吕子敬을 찾습니다. 첫 번째 단락도 전체 글의 흐름을 파악하기 위해서 빠르게 읽습니다. 첫 번째 단락에서는 扬州八怪를 소개하며 그중에서도 郑板桥를 언급했으므로 이 글의 주인공은 郑板桥임을 알 수 있습니다. 두 번째 단락의 힌트 01을 통해 C 自以为画技高超가 정답임을 알 수 있습니다.

④ 02번 문제만 읽기
정판교가 매화를 그리지 않은 까닭이 뭔지 생각하며 지문을 이어 읽습니다.

⑤ 지문 이어 읽기~⑥ 02번 정답 고르기
세 번째와 네 번째 단락에서 정판교가 매화를 그리지 않는 이유가 여자경이 매화를 잘 그리기 때문이라는 부분을 확인할 수 있습니다. 하지만 지문의 마지막 단락 힌트 02를 통해 정답은 A 有意帮助吕子敬임을 알 수 있습니다. 이야기 글은 이처럼 결말이 중요하며, 또한 주인공인 정판교에 관한 내용이므로 주인공에게 좋은 내용으로 결말이 이어진다는 것을 기억해야 합니다.

⑦ 03번 문제와 선택지 읽고 정답 고르기
밑줄 친 단어의 뜻을 물어본 문제인데, 恍然大悟라는 성어는 6급 필수어휘라서 알기 힘듭니다. 字 학습으로 悟가 '깨닫다'라는 의미가 있다는 것을 안다면 쉽게 풀 수 있지만, 그렇지 않을 경우 문맥으로 정답을 골라야 합니다. 선택지 ABCD를 하나씩 恍然大悟 대신 넣어 보면 문맥상 C 突然明白가 정답으로 가장 적합하다는 것을 알 수 있습니다.

⑧ 04번 문제와 선택지 읽고 정답 고르기
정오 선택 유형은 선택지를 먼저 읽은 후 지문을 읽어야 합니다. 하지만 이번 지문은 2, 3번 문제를 풀 즈음이면 지문은 다 읽은 상태가 되므로 정답을 바로 찾을 수 있습니다. 다섯 번째 단락 중간의 힌트 04를 통해 B를 정답으로 선택할 수 있습니다. 气韵不凡이라는 표현이 어려워서 이해하지 못했다면, 마지막 문장을 통해서도 정답을 찾을 수 있습니다.

단어 | **扬州** Yángzhōu 고유 양저우[지명] | **指** zhǐ 동 가리키다 | **清朝** Qīngcháo 명 청나라 | **批** pī 양 무리, 떼 | **风格** fēnggé 명 스타일, 풍격 | **相近** xiāngjìn 형 비슷하다, 가깝다 | **书画家** shūhuàjiā 명 서화가 | **郑板桥** Zhèng Bǎnqiáo 고유 정판교[인명] | **诗** shī 명 시 | **均** jūn 부 모두, 다 | **独特** dútè 형 독특하다, 특별하다 | **称** chēng 동 ~이라고 부르다 | **绝** jué 형 더없이 훌륭하다 | **创作** chuàngzuò 동 창작하다 | **画作** huàzuò 명 회화 작품 | **代表作** dàibiǎozuò 명 대표작 | **得到** dédào 동 얻다, 획득하다 | **称颂** chēngsòng 동 칭송하다, 칭찬하다 | **苏州** Sūzhōu 고유 쑤저우[지명] | **桃花** táohuā 명 복숭아꽃 | **巷** xiàng 명 골목 | **东头** dōngtóu (거리, 건물 등의) 동쪽 끝 | **间** jiān 양 칸[방을 세는 단위] | **画室** huàshì 명 화실 | **以~为生** yǐ~wéishēng ~으로 생계를 유지하다 | **卖画儿** mài huàr 그림을 팔다 | **巷子** xiàngzi 명 골목 | **一头** yìtóu 명 한쪽 | **当地** dāngdì 명 현지 | **吕子敬** Lǚ Zǐjìng 고유 여자경[인명] | **自认为** zì rènwéi 스스로 ~이라고 여기다 | **画技** huàjì 회화 기교 | **高超** gāochāo 형 뛰어나다, 출중하다 | **梅花** méihuā 명 매화 | **无人能及** wú rén néng jí 아무도 따를 자가 없다 | **酷爱** kù'ài 동 몹시 좋아하다 | **出高价** chū gāojià 높은 가격을 제시하다 | **幅** fú 양 폭[옷감·종이·그림 등을 세는 단위] | **出乎意料** chūhūyìliào 성 예상을 벗어나다 | **推辞** tuīcí 동 거절하다, 사양하다 | **梅花图** méihuātú 명 매화도[매화를 그린 그림] | **两** liǎng 양 냥[무게 단위의 하나] | **银子** yínzi 명 은 | **足够** zúgòu 형 충분하다 | **信以为真** xìnyǐwéizhēn 성 정말이라고 믿다 | **发现** fāxiàn 동 발견하다, 알아차리다 | **兰** lán 명 난초[=兰花 lánhuā] | **竹** zhú 명 대나무 | **菊** jú 명 국화 | **样样** yàngyàng 대 여러 가지 | **唯独** wéidú 부 유독 | **得意** déyì 형 의기양양하다 | **深信** shēnxìn 동 깊게 믿다, 굳게 믿다 | **远** yuǎn 부 훨씬 | **逢人** féng rén 사람을 만나다 | **不过如此** búguòrúcǐ 성 이런 정도에 불과하다, 그저 그렇다 | **离开** líkāi 동 떠나다 | **临行** línxíng 동 떠날 때가 되다 | **送行** sòngxíng 동 배웅하다, 바래다주다 | **按照** ànzhào 전 ~에 따라, ~대로 | **礼节** lǐjié 명 예절 | **作画** zuòhuà 동 그림을 그리다 | **互相** hùxiāng 부 서로 | **赠** zèng 동 주다, 선사하다 | **接过** jiēguò 동 건네받다 | **气韵不凡** qìyùn bùfán 운치가 범상치 않다 | **恍然大悟** huǎngrándàwù 성 문득 크게 깨닫다 | **不禁** bùjīn 부 자기도 모르게 | **惭愧** cánkuì 형 부끄럽다, 송구스럽다 | **感激** gǎnjī 동 매우 감사하다 | **原来** yuánlái 부 알고 보니 | **留口饭吃** liú kǒu fàn chī 입으로 먹을 밥을 남겨 두다, 밥벌이를 남겨 두다 | **擅长** shàncháng 동 (어떤 방면에) 뛰어나다, 잘하다 | **崇拜** chóngbài 동 숭배하다 | **有意** yǒuyì 부 일부러, 고의로 | **不敢** bùgǎn 동 감히 ~하지 못하다 | **承认劣势** chéngrèn lièshì 열세를 인정하다 | **舍不得** shěbude 동 ~하기 아까워하다 | **划线** huàxiàn 동 선을 긋다, 줄을 치다 | **接受** jiēshòu 동 받아들이다 | **震惊** zhènjīng 동 깜짝 놀라다 | **关闭** guānbì 동 (문을) 닫다, 파산하다 | **跟随** gēnsuí 동 (뒤)따르다

시나공법 03 확인문제			259쪽
01 B	02 C	03 B	04 C

01 | B **02** | C **03** | B **04** | C

②在南极，给人印象最深的动物自然是企鹅。而在北极，令人肃然起敬的却并非北极熊，而是北极燕鸥。

北极燕鸥体态优美，[01]其长嘴和双脚都是鲜红色，就像是用红玉雕刻出来的；头顶是黑色的，像戴着一顶呢绒帽子；背部的羽毛是灰白色的，从上面看下去，与大海融为一体，不会轻易被天敌发现；而腹部的羽毛都是黑色的，海里的鱼从下面望上去，也很难发现它们的踪迹。可以说，北极燕鸥美丽的外形正是大自然巧妙雕琢的结果。

⑤, ⑧北极燕鸥可以说是鸟中之王，它们在北极繁殖，但却要到南极去越冬，[03, 04]它们每年在两极之间往返，飞行数万公里。要知道，飞机要在两极之间往返一次，也绝非一件容易的事。北极燕鸥总是在两极的夏天中度日，而两极夏天的太阳是不落的。所以，它们是地球上唯一一种永远生活在光明中的生物。不仅如此，它们还有非常顽强的生命力。1970年，人们发现了一只腿上套环的北极燕鸥，那个环竟然是1936年套上去的。也就是说，这只北极燕鸥至少已经活了34年，它至少已经飞行了150多万公里。

北极燕鸥不仅有非凡的飞行能力，而且争强好斗，勇猛无比。虽然它们内部邻里之间经常争吵不休，但一旦遇到外敌入侵，则立刻不计前嫌，一致对外。[02]实际上，它们经常聚集在一起，就是为了集体防御。有人曾经看到过这样一个惊心动魄的场面：一头北极熊悄悄地逼近北极燕鸥的聚居地。争吵中的北极燕鸥发现了北极熊后，立刻安静了下来，然后高高飞起，轮番攻击北极熊。北极熊虽然凶猛，却无力还手，只好灰溜溜地逃跑了。

01 ①下列哪项是北极燕鸥的外形特征？

A 眼睛又大又圆
B 脚部是红色的
C 头顶有灰色羽毛
D 背部羽毛呈黑色
③

02 ④北极燕鸥为什么常常聚在一起？

A 为了取暖
B 便于分配食物
C 为了共同抗敌
D 便于照顾幼年北极燕鸥
⑥

03 ⑦根据第3段，可以知道：

A 南极天气更寒冷
B 北极燕鸥善于飞行
C 北极燕鸥从不迷路
D 鸟类的平均寿命较短
⑨

04 ⑩根据上文，可以知道什么？

A 北极燕鸥极少争吵
B 北极燕鸥数量逐年减少
C 北极燕鸥每年往返于两极间
D 北极熊能与北极燕鸥友好相处

남극에서 사람에게 주는 인상이 가장 깊은 동물은 당연히 펭귄이다. 그러나 북극에서 사람들에게 숙연한 마음에 들게 하는 것은 단연코 북극곰이 아니라 북극제비갈매기이다.

북극제비갈매기는 자태가 매우 아름답다. [01]그 긴 부리와 두 발이 모두 선홍색이라 마치 홍옥으로 조각한 것 같고, 정수리는 검은색이라 마치 모직 모자를 쓰고 있는 것 같다. 등 부위의 깃털은 회백색이라서, 위에서 내려다보면 바다와 하나로 어울려 쉽사리 천적에게 발견되지 않는다. 그리고 복부의 깃털은 모두 검은색이라서, 바닷속 물고기가 아래에서 위를 바라봐도 그들의 흔적을 발견하기 어렵다. 북극제비갈매기의 아름다운 외형은 바로 대자연이 절묘하게 조각한 결과라고 말할 수 있다.

북극제비갈매기는 새 중의 왕이라고 말할 수 있다. 그들은 북극에서 번식하지만, 남극으로 가서 겨울을 보낸다. [03, 04]그들은 매년 양극 사이를 오가며 수만 킬로미터를 비행하는데, 비행기가 양극 사이를 한 번 오가는 것도 결코 쉬운 일이 아니란 걸 알아야 한다. 북극제비갈매기는 늘 양극의 여름을 지내는데, 양극 여름에는 해가 지지 않는다. 그래서 그들은 영원히 광명 속에서 사는 지구상의 유일한 생물이다. 이뿐만 아니라, 그들은 또한 매우 강한 생명력을 가지고 있다. 1970년에 사람들은 다리에 고리가 달린 북극제비갈매기 한 마리를 발견했는데, 그 고리는 뜻밖에도 1936년에 씌운 것이었다. 다시 말하면, 이 북극제비갈매기는 이미 최소 34년을 살았고, 그것은 이미 최소 150여 만 킬로미터를 비행했다는 것이다.

북극제비갈매기는 비범한 비행 능력이 있을 뿐만 아니라, 승부욕이 강하고 싸우기 좋아하며, 용맹무쌍하다. 비록 그들 내부 이웃 사이에서는 자주 싸움이 그치지 않지만, 일단 외적의 침입을 마주치면 즉시 이전의 앙금을 따지지 않고 함께 대처한다. [02]사실상 그들은 자주 함께 모여 있는데 바로 집단 방어를 위해서이다. 누군가 일찍이 손에 땀을 쥐게 하는 이런 장면을 본 적이 있다. 북극곰 한 마리가 북극제비갈매기의 집단 서식지에 조용히 접근했다. 싸우던 북극제비갈매기는 북극곰을 발견한 후에 즉시 조용해졌고, 그런 후에 높이 날아올라 교대로 북극곰을 공격했다. 북극곰은 비록 사납지만 반격할 힘이 없었고, 할 수 없이 주눅이 들어 도망쳤다.

01 다음 중 북극제비갈매기의 외형 특징은?

A 눈이 크고 둥글다
B 발 부분은 붉은색이다
C 정수리에 회색 깃털이 있다
D 등 부위 깃털은 검은색을 띤다

02 북극제비갈매기는 왜 자주 한데 모이는가?

A 온기를 받기 위해서
B 먹이를 쉽게 분배하기 위해서
C 함께 적에 대항하기 위해서
D 어린 북극제비갈매기를 쉽게 돌보기 위해서

03 세 번째 단락에 근거하여 알 수 있는 것은?

A 남극 날씨는 더욱 춥다
B 북극제비갈매기는 비행을 잘한다
C 북극제비갈매기는 지금껏 길을 잃어 본 적이 없다
D 조류의 평균 수명은 비교적 짧다

04 윗글에 근거하여 무엇을 알 수 있는가?

A 북극제비갈매기는 거의 싸우지 않는다
B 북극제비갈매기는 개체 수가 해마다 감소한다
C 북극제비갈매기는 매년 양극 사이를 오간다
D 북극곰은 북극제비갈매기와 사이 좋게 지낼 수 있다

해설 |

① 01번 문제만 읽기
北极燕鸥의 外形特征에 주목하여 지문을 읽어야 합니다.

② 지문 읽기~③ 01번 정답 고르기
지문은 극지방의 동물을 대조하면서 北极燕鸥에 대한 설명을 시작하고 있습니다. 두 번째 단락에서 北极燕鸥의 신체 각 부위를 구체적으로 설명하고 있는데, 그중 힌트 01을 통해서 B가 정답임을 알 수 있습니다. 이때 두 번째 단락은 쌍반점을 통해 북극제비갈매기의 외형 특징 몇 가지를 나열하고 있음을 알아차린 후 바로 다음 단락으로 넘어갑니다.

④ 02번 문제만 읽기
常常聚在一起에 주목하여 지문을 읽습니다.

⑤ 常常聚在一起를 기억하며 지문 이어 읽기~⑥ 02번 정답 고르기
세 번째 단락은 북극제비갈매기의 비행 능력과 관련된 내용임을 빠르게 파악한 후, 네 번째 단락으로 넘어갑니다. 힌트 02를 통해 북극제비갈매기들이 함께 모여 있는 것은 집단으로 방어를 하기 위한 것임을 알 수 있습니다. 따라서 정답은 C입니다. 이 문제는 난이도가 상당히 높습니다. 지문의 6급 필수어휘 防御도 의미를 유추를 해야 하고, 문제에 있는 抗敌라는 단어도 필수어휘가 아니기 때문입니다. 이럴 경우 나머지 선택지인 ABD를 제거하여 푸는 방법도 있습니다.

⑦ 03번 문제와 선택지 읽기
문제에서 단락을 지정했기 때문에 선택지를 읽고 바로 세 번째 단락으로 갑니다.

⑧ 지문 이어 읽기~⑨ 03번 정답 고르기
지문의 힌트 03을 통해 B 北极燕鸥善于飞行을 정답으로 선택할 수 있습니다. 나머지 선택지는 굳이 틀린 것을 확인할 필요 없습니다.

⑩ 04번 문제와 선택지 읽고 정답 고르기
지문을 통해 알 수 있는 내용을 물어봤기 때문에 선택지를 먼저 읽고 정답을 찾아야 합니다. 선택지를 보면 03번 문제의 힌트 '它们每年在两极之间往返，飞行数万公里'를 통해 C 北极燕鸥每年往返于两极间가 정답임을 파악할 수 있습니다. 지문은 일반적으로는 단락별 한 문제씩 출제하는 것을 원칙으로 하지만, 이 지문은 전체 내용이 어렵기 때문에 3번과 4번 문제를 한꺼번에 풀 수 있도록 출제했습니다.

단어 | **南极** nánjí 명 남극 | **企鹅** qǐ'é 명 펭귄 | **北极** běijí 명 북극 | **肃然起敬** sùránqǐjìng 성 숙연한 마음이 들다 | **北极熊** běijíxióng 북극곰 | **北极燕鸥** běijí yàn'ōu 북극제비갈매기 | **体态** tǐtài 명 자태, 몸매, 체형 | **优美** yōuměi 형 아름답다 | **长嘴** cháng zuǐ 긴 부리 | **鲜红色** xiānhóngsè 선홍색 | **红玉** hóngyù 명 홍옥 | **雕刻** diāokè 동 조각하다 | **头顶** tóudǐng 명 머리 꼭대기, 정수리 | **顶** dǐng 양 꼭대기가 있는 물건을 세는 단위 | **呢绒** níróng 명 [모직물의 총칭] | **融为一体** róngwéi yìtǐ 어울려 하나가 되다 | **轻易** qīngyì 부 함부로, 쉽사리 | **天敌** tiāndí 명 천적 | **望** wàng 동 (멀리) 바라보다, 조망하다 | **踪迹** zōngjì 명 흔적, 종적 | **巧妙** qiǎomiào 형 절묘하다 | **雕琢** diāozhuó 동 조각하다 | **繁殖** fánzhí 동 번식하다 | **越冬** yuèdōng 동 월동하다, 겨울을 나다 | **两极** liǎngjí 명 양극[남극과 북극을 가리킴] | **往返** wǎngfǎn 동 왕복하다, 오가다 | **绝非** juéfēi 동 절대로 ~이 아니다 | **度日** dùrì 동 (어렵게) 살아가다, 지내다 | **落** luò 동 떨어지다 | **唯一** wéiyī 형 유일한 | **光明** guāngmíng 명 광명, 빛 | **不仅如此** bùjǐn rúcǐ 이러할 뿐만 아니라 | **顽强** wánqiáng 형 완강하다, 강인하다 | **套** tào 동 (올가미 따위로) 씌우다, 홀치다 | **环** huán 명 고리[또는 고리 모양의 둥근 물건] | **也就是说** yě jiù shì shuō 다시 말하면 ~이다 | **非凡** fēifán 형 비범하다 | **争强好斗** zhēngqiáng hàodòu 승부욕이 강하고 싸우기 좋아한다 | **勇猛无比** yǒngměng wúbǐ 용맹무쌍하다 | **邻里** línlǐ 명 이웃 | **争吵** zhēngchǎo 동 말다툼하다, 다투다 | **外敌** wàidí 명 외적, 외부의 적 | **入侵** rùqīn 동 침입하다 | **立刻** lìkè 부 즉시, 바로 | **不计前嫌** bújìqiánxián 성 이전의 앙금을 따지지 않다 | **一致对外** yízhì duìwài (외부 침략에) 함께 대처하다 | **聚集** jùjí 동 한데 모이다 | **集体** jítǐ 명 집단, 단체 | **防御** fángyù 동 방어하다 | **惊心动魄** jīngxīndòngpò 성 마음을 놀라게 하고 넋을 뒤흔들다, 손에 땀을 쥐게 하다 | **悄悄** qiāoqiāo 형 조용하다, 은밀하다 | **逼近** bījìn 동 접근하다 | **聚居地** jùjūdì 명 집단 서식지 | **轮番** lúnfān 동 교대로 ~하다 | **攻击** gōngjī 동 공격하다 | **凶猛** xiōngměng 형 (기세가) 사납다 | **无力还手** wúlì huánshǒu 반격할 힘이 없다 | **灰溜溜** huīliūliū 형 풀이 죽다, 주눅이 들다 | **逃跑** táopǎo 동 도망치다 | **呈** chéng 동 (어떤 색깔을) 띠다 | **取暖** qǔnuǎn 동 (몸에) 온기를 받다, 따뜻하게 하다 | **便于** biànyú 동 ~하기 편리하다(쉽다) | **分配食物** fēnpèi shíwù 먹이를 분배하다 | **抗敌** kàngdí 동 적에 대항하다 | **幼年** yòunián 명 유년, 어린 시절 | **寒冷** hánlěng 형 한랭하다, 춥고 차다 | **善于** shànyú 동 ~을 잘하다 | **平均** píngjūn 형 평균의, 균등한 | **寿命** shòumìng 명 수명, 생명 | **极少** jí shǎo 거의 드물다, 거의 ~하지 않다 | **逐年** zhúnián 부 해마다 | **相处** xiāngchǔ 동 함께 잘 지내다

시나공법 04 확인문제 | 272쪽

01 A **02** D **03** C **04** A

01 | A **02** | D **03** | C **04** | A

②调查发现电子产品在儿童玩具中所占比重随着孩子的成长而升高。如何适当地让孩子玩儿电子产品，成了很多家长关心的问题。对此，专家给出了以下建议：

首先，父母坚决不能把电子产品当做“电子保姆”。许多年轻父母因缺乏经验和耐心，当孩子不听话时，自己不是用心去关注、理解孩子，照料孩子，而是用电子产品来转移孩子的注意力，“填充”孩子的空闲时光。于是，01电子产品成了孩子身边的保姆，孩子渐渐离不开它们，而与父母的关系却越来越疏远。当亲子关系出现问题的时候，孩子的身心健康免不了会出问题。

⑤其次，要善于引导。02父母要多与孩子交流，降低游戏对孩子的吸引力。同时，从小让孩子养成良好的习惯，让孩子从小就明白玩什么、玩多长时间。比如，父母若规定孩子每天玩儿半个小时，那么就要提醒孩子严格遵守规定。这样才能有效防止孩子过多地玩儿电子产品。

⑧另外，孩子在成长期间对外界事物的好奇心非常强，03接受新事物的速度也极快。此时所形成的认知将对他们的未来产生深远的影响。因此，父母还应让孩子更多地接触自然和社会，而不能让他们把大量的时间浪费在电子产品上。只要孩子在适当的时间内玩儿电子产品，电子产品就不会成为“洪水猛兽”。

01 ①当电子产品成为了“保姆”，孩子将：

A 疏远父母
B 更加活泼
C 比从前敏感
D 无法集中精力 ③

02 ④根据第3段，父母的引导能：

A 让孩子更懂礼貌
B 让孩子更有信心
C 增强孩子的金钱观念
D 避免孩子迷上电子产品 ⑥

03 ⑦根据最后一段，孩子在成长期间有什么特点?

A 容易骄傲
B 不善交际
C 接受力强
D 爱独立思考 ⑨

04 ⑩根据上文，下列哪项正确?

A 父母应多陪伴孩子
B 应禁止儿童玩儿游戏
C 电子产品更新换代慢
D 孩子的未来由自己决定

조사 결과 전자 제품이 어린이 장난감에서 차지하는 비중이 아이가 성장함에 따라 높아지는 것으로 나타났다. 어떻게 아이가 적당히 전자 제품을 가지고 놀게 하는가는 많은 학부모들이 관심을 갖는 문제가 되었다. 이에 대해 전문가는 다음과 같은 제안을 했다.

먼저, 부모는 단호하게 전자 제품을 '전자 보모'로 삼지 말아야 한다. 많은 젊은 부모들이 경험과 인내심이 부족해서, 아이가 말을 안 들을 때 스스로 마음을 다해 관심을 가지고 아이를 이해하며 돌보지 않고, 전자 제품으로 아이의 주의력을 옮겨서 아이의 여가 시간을 '채운다'. 그래서 01전자 제품은 아이 곁의 보모가 되고 아이는 점점 전자 제품을 떠날 수 없게 되며, 반면에 부모와의 관계는 갈수록 멀어진다. 부모와 자식 관계에 문제가 생길 때 아이의 심신 건강은 문제가 생기게 마련이다.

그다음, 지도를 잘해야 한다. 02부모는 아이와 많이 소통하고, 아이에 대한 게임의 흡인력을 낮춰야 한다. 동시에 어릴 때부터 아이가 좋은 습관을 기르게 해야 하는데, 아이가 어릴 때부터 무엇을 하며 놀고 얼마나 놀지를 알게 해야 한다. 예를 들어, 부모가 만약 아이가 매일 30분씩 놀도록 정했다면 아이에게 엄격하게 규정을 준수하라고 일깨워야 한다. 이렇게 해야 아이가 전자 제품을 너무 많이 가지고 노는 것을 효과적으로 방지할 수 있다.

이밖에, 아이는 성장 기간에 외부 사물에 대한 호기심이 아주 강하고, 03새로운 사물을 받아들이는 속도도 아주 빠르다. 이때 형성된 인지는 그들의 미래에 깊고 큰 영향을 끼칠 것이다. 이 때문에 부모는 또 아이가 자연과 사회를 더 많이 접하도록 해야 하고, 그들이 많은 시간을 전자 제품에 낭비하게 해선 안 된다. 아이가 적당한 시간 내에 전자 제품을 가지고 놀기만 하면 전자 제품은 '엄청난 재앙거리'가 되지는 않을 것이다.

01 전자 제품이 '보모'가 되면, 아이는?

A 부모를 멀리할 것이다
B 더욱 활발해질 것이다
C 이전보다 예민해질 것이다
D 에너지를 집중할 수 없을 것이다

02 세 번째 단락에 의하면 부모의 지도는?

A 아이가 더욱 예의를 알게 한다
B 아이가 더욱 자신 있어 하도록 만들어 준다
C 아이의 금전 관념을 키운다
D 아이가 전자 제품에 빠지는 것을 피하게 한다

03 마지막 단락에 근거하면, 아이는 성장 기간에 어떤 특징이 있는가?

A 교만하기 쉽다

B 교제에 서투르다

C 수용력이 강하다

D 홀로 생각하길 좋아한다

04 윗글에 근거하여 다음 중 정확한 것은 무엇인가?

A 부모는 아이와 더 많이 함께해야 한다

B 어린이가 게임을 하는 걸 금지해야 한다

C 전자 제품은 낡은 것을 새것으로 바꾸는 것이 느리다

D 아이의 미래는 자신이 결정한다

해설 |

① 01번 문제만 읽기

保姆를 키워드로 잡고 지문을 읽어야 합니다.

② 지문 읽기~③ 01번 정답 고르기

첫 번째 단락은 주제와 관련 있기 때문에 빠르게 읽습니다. 아이들이 전자 제품을 적당히 가지고 노는 것에 대한 전문가의 의견을 제시하겠다고 언급하고, 두 번째 단락부터 각각 '首先~, 其次~, 另外~' 구문을 이용해 구체적으로 설명합니다. 한 단락당 한 문제씩 출제하고 있습니다. 두 번째 단락의 힌트 01을 통해 A가 정답임을 알 수 있습니다.

④ 02번 문제만 읽기

세 번째 단락에서 부모들의 지도에 관한 내용에 주의하며 지문을 읽습니다.

⑤ 지문 이어 읽기~⑥ 02번 정답 고르기

세 번째 단락의 첫 문장 '其次，要善于引导'에서 문제를 체크하고, 그다음 문장인 힌트 02를 통해 D가 정답임을 알 수 있습니다. 4급 필수어휘인 '迷路(길을 잃다)'의 迷는 '헷갈리다', '판단력을 잃다'라는 뜻 외에, '(어떤 일에) 빠지다, 심취하다'라는 뜻도 있습니다.

⑦ 03번 문제만 읽기

가장 마지막 단락에서 아이들 성장 기간의 특징에 주의하며 지문을 읽어야 합니다.

⑧ 지문 이어 읽기~⑨ 03번 정답 고르기

마지막 단락에서 '孩子在成长期间对外界事物的好奇心非常强，接受新事物的速度也极快'라고 했기 때문에 C가 정답임을 알 수 있습니다.

⑩ 문제와 선택지 읽고 정답 고르기

지문과 일치하는 내용을 찾는 문제는 선택지를 먼저 읽고 지문을 읽습니다. 하지만 이미 04번 문제를 볼 때는 지문 대부분을 다 읽은 상태이므로 정답을 바로 고를 수 있습니다. 문제 전체에서 부모의 역할을 계속 강조하며 언급하고 있으므로, 정답은 A입니다.

단어 | **占** zhàn 동 차지하다 | **比重** bǐzhòng 명 비중 | **升高** shēnggāo 동 높아지다 | **适当** shìdàng 형 적당하다, 적절하다 | **家长** jiāzhǎng 명 학부모 | **专家** zhuānjiā 명 전문가 | **给出建议** gěichū jiànyì 제안을 제시하다 | **坚决** jiānjué 형 단호하다 | **保姆** bǎomǔ 명 보모 | **缺乏** quēfá 동 결핍되다, 부족하다 | **用心** yòngxīn 동 마음을 다하다 | **关注** guānzhù 동 관심을 가지다 | **照料** zhàoliào 동 돌보다 | **转移** zhuǎnyí 동 옮기다, 바꾸다 | **填充** tiánchōng 동 메우다, 채우다 | **空闲时光** kòngxián shíguāng 여가 시간 | **离不开** líbukāi 동 떠날 수 없다, 없어서는 안 된다 | **疏远** shūyuǎn 동 멀리하다 형 (관계가) 소원하다, 멀어지다 | **免不了** miǎnbuliǎo 동 피할 수 없다, ~하기 마련이다 | **善于** shànyú 동 ~을 잘하다 | **引导** yǐndǎo 동 인도하다, 이끌다 | **吸引力** xīyǐnlì 명 흡인력, 매력 | **若** ruò 접 만약 | **遵守规定** zūnshǒu guīdìng 규정을 준수하다 | **防止** fángzhǐ 동 방지하다 | **好奇心** hàoqíxīn 명 호기심 | **形成** xíngchéng 동 형성되다 | **认知** rènzhī 명 인지 | **未来** wèilái 명 미래 | **产生影响** chǎnshēng yǐngxiǎng 영향을 끼치다 | **深远** shēnyuǎn 형 (영향이) 깊고 크다 | **接触** jiēchù 동 접촉하다, 접하다 | **洪水猛兽** hóngshuǐměngshòu 성 홍수와 맹수, 엄청난 재앙거리 | **敏感** mǐngǎn 형 민감하다, 예민하다 | **集中** jízhōng 동 집중하다 | **精力** jīnglì 명 에너지, 정력 | **增强** zēngqiáng 동 강화하다, 키우다 | **金钱观念** jīnqián guānniàn 금전 관념 | **避免** bìmiǎn 동 피하다 | **迷** mí 동 빠지다, 심취하다 | **不善交际** bú shàn jiāojì 교제에 서투르다 | **陪伴** péibàn 동 동반하다, 함께하다 | **禁止** jìnzhǐ 동 금지하다 | **更新换代** gēngxīnhuàndài 성 낡은 것을 새것으로 바꾸다 | **由** yóu 전 ~이/가

쓰기

1부분

시나공법 01 확인문제 | 303쪽

01 学校图书馆里新增了许多便利设施。
02 父母对孩子的心理成长影响巨大。
03 我们很期待能与贵公司建立合作关系。
04 电脑开机时间过长会缩短电池寿命。
05 如何培养自己的自信是一门学问。

01 | 学校图书馆里新增了许多便利设施。

학교 도서관에 많은 편의 시설을 신설했다.

新增了　便利设施　许多　学校图书馆里

해설 |

① **제시어를 분석한다**

- 新增了: 보통 了 앞에 있는 동사가 술어이므로 新增了가 문장 전체의 술어임을 알 수 있습니다.
- 便利设施: 명사형이므로 주어 또는 목적어가 될 수 있습니다.
- 许多: 구조조사 的 없이 바로 명사를 수식할 수 있는 형용사입니다.
- 学校图书馆里: '일반명사(学校图书馆)+방위명사(里)'의 형태입니다. 장소명사는 전치사 在나 从이 없을 경우, 주로 주어로 쓰입니다.

② **술어를 찾는다 → 新增了**

동사의 상태를 표현하는 동태조사 了, 着, 过를 힌트로 동사술어를 빠르게 찾을 수 있습니다.

③ **주어와 목적어를 찾는다**
→ 주어: 学校图书馆里 | 목적어: 便利设施

술어 新增과 호응하는 목적어는 便利设备입니다. 동사 新增은 주로 '장소주어+新增+목적어'의 구조를 가집니다. 따라서 주어는 学校图书馆里, 명사형인 便利设备는 목적어가 됩니다.

④ **나머지 제시어의 위치를 찾는다 → 许多＋便利设施**

형용사 许多는 명사를 수식하므로, 목적어 便利设施의 앞에 배열해야 합니다.

学校图书馆里	新增了	许多	便利设施
주어	술어	관형어	목적어

Tip
新增은 필수어휘는 아니지만 종종 출제되는 단어입니다.

단어 | **新增** xīnzēng 동 신설하다 | **便利设施** biànlì shèshī 편의 시설, 부대 시설 | **许多** xǔduō 형 매우 많다

02 | 父母对孩子的心理成长影响巨大。

부모는 아이의 심리적 성장에 영향이 아주 크다.

对孩子的　心理成长　巨大　父母　影响

해설 |

① **제시어를 분석한다**

- 对孩子的: 的가 있으므로 명사를 수식하는 관형어임을 알 수 있습니다.
- 心理成长: 의미를 이해해야 합니다. '心理=심리, 마음', '成长=성장', 즉, '심리적 성장'이라는 의미이므로 중심어는 명사인 '성장'이 됩니다.
- 巨大: 주로 影响巨大의 구조로 씁니다.
- 父母: 명사이므로 주어 또는 목적어가 될 수 있습니다.
- 影响: 주로 '对～影响很大(~에게 영향을 크게 미치다)'와 같은 형태로 씁니다.

② **술어를 찾는다 → 影响巨大**

③ **주어를 찾는다 → 父母**

④ **나머지 제시어의 위치를 찾는다 → 对孩子的＋心理成长＋影响**
'对～影响巨大'의 구조로 쓰므로, 对孩子的와 影响은 전치사구로서 술어 앞에 위치합니다. 의미상 心理成长은 孩子的의 수식을 받아 '孩子的心理成长(아이들의 심리적 성장)'과 같이 쓰는 것이 자연스럽습니다.

父母	对孩子的心理成长	影响巨大
주어	부사어	술어

단어 | **巨大** jùdà 형 (규모 · 수량 등이) 아주 크다(많다) | **影响** yǐngxiǎng 명 영향

03 | 我们很期待能与贵公司建立合作关系。

우리는 귀사와 협력 관계를 맺을 수 있기를 매우 기대합니다.

我们很　合作关系　贵公司建立　与　期待能

해설 |

① **제시어를 분석한다**

- **我们很**: 我们은 문장에서 주로 주어로 쓰입니다. 很이 있으므로 뒤에는 술어가 와야 합니다.
- **合作关系**: 명사 형태이므로 주어 또는 목적어가 될 수 있습니다.
- **贵公司建立**: 동사 建立는 술어로 쓰일 수 있습니다.
- **与**: 전치사 与는 뒤에 주로 '사람'을 지칭하는 명사가 옵니다.
- **期待能**: 期待는 동사이므로 술어로 쓰일 수 있습니다. 능원동사 能은 술어 앞에 위치합니다.

② **술어를 찾는다 → 期待能**

제시어에서 동사는 建立와 期待가 있는데, 주어인 我们很과 호응하는 술어는 期待이며, 제시어는 期待와 능원동사 能이 결합된 형태입니다. 따라서 능원동사 能은 자연스럽게 다른 동사인 建立를 수식하게 됩니다.

③ **주어를 찾는다 → 我们很＋期待能**

주어 我们과 정도부사 很이 결합된 형태입니다. 정도부사 很은 동사 期待를 수식할 수 있습니다.

④ **목적어를 찾는다 → 贵公司建立＋合作关系**

술어 期待의 목적어 자리에 동사구가 오는 형태입니다. 그래서 '협력 관계를 맺다'라는 호응 관계에 따라 '建立+合作关系'를 배열합니다.

⑤ **부사어를 찾는다 → 与＋贵公司建立合作关系**

제시어 중 전치사 与와 함께 쓰일 수 있는 것은 贵公司밖에 없으므로, 与는 그 앞에 배열합니다.

我们	很	期待	能与贵公司	建立	合作关系
			부사어	술어	목적어
주어	부사어	술어	목적어		

단어 | **建立** jiànlì 동 수립하다, (관계를) 맺다 | **期待** qīdài 동 기대하다

04 | 电脑开机时间过长会缩短电池寿命。

컴퓨터 부팅 시간이 너무 길면 배터리 수명을 단축시킬 수 있다.

时间　过长　电池寿命　会缩短　电脑开机

해설 |

① **제시어를 분석한다**

대부분 명사 형태의 제시어이므로 술어를 먼저 찾은 후, 의미로 배열해야 합니다.

② **술어를 찾는다 → 会缩短**

제시어 중 술어가 될 수 있는 것은 형용사 长과 동사 缩短입니다. 능원동사 会가 있으므로 会缩短이 술어임을 알 수 있습니다.

③ **목적어를 찾는다 → 电池寿命**

동사 缩短과 의미상 호응하는 寿命을 목적어 자리에 배열합니다.

④ **주어를 찾는다 → 电脑开机＋时间＋过长**

时间을 수식하는 명사 电脑开机를 时间 앞에 배열합니다. 电脑开机时间은 '컴퓨터 부팅 시간'이라는 뜻의 합성어가 됩니다. 형용사 过长은 명사 电脑开机时间 뒤에 배열하여 '주어+술어' 형태를 만듭니다. 이렇게 하나의 완전한 문장인 절은 다시 전체 문장의 주어가 될 수 있습니다.

电脑开机时间过长	会	缩短	电池寿命
주어	부사어	술어	목적어

Tip

'缩短寿命(수명을 단축시키다)'은 자주 출제되는 호응 관계이니 기억해 둡니다.

단어 | **电池** diànchí 명 배터리, 전지 | **寿命** shòumìng 명 수명, 목숨 | **缩短** suōduǎn 동 (시간을) 단축하다, 줄이다 | **电脑** diànnǎo 명 컴퓨터 | **开机** kāijī 동 (컴퓨터를) 켜다, 부팅하다

05 | 如何培养自己的自信是一门学问。

어떻게 자신의 자신감을 기르는가는 하나의 학문이다.

是　一门学问　培养　自己的自信　如何

해설 |

① **제시어를 분석한다**

- **是**: 是는 주로 문장의 전체 술어로 쓰입니다.
- **一门学问**: '양사+명사'의 형태이므로 주어 또는 목적어가 될 수 있습니다.
- **培养**: 동사이지만 제시어 중 是가 있으므로, 培养은 뒤에 목적어가 오는 동사구로 쓰일 수 있음을 염두에 둡니다.
- **自己的自信**: 관형어의 수식을 받은 명사 형태이므로 목적어로 쓰일 수 있습니다.
- **如何**: 如何는 주로 뒤에 '술어+목적어' 형태의 절이 와서 '어떻게 (목적어)를 (술어)하겠는가'라는 의미로 쓰입니다.

② **술어를 찾는다 → 是**

是자문은 '주어+是+목적어' 형태로 가장 많이 씁니다. '是~的' 강조 구문이 아니라면 是는 전체 문장의 술어가 됩니다. 따라서 또 다른 동사인 培养은 관형어나 주어 자리에 쓰임을 유추할 수 있습니다.

③ **목적어를 찾는다 → 一门学问**

목적어 学问을 세는 양사는 门입니다. 불특정한 명사이므로 一门学问을 목적어 자리에 배열합니다.

③ **주어를 찾는다 → 如何＋培养＋自己的自信**

주어 자리에는 명사뿐만 아니라 절이 올 수도 있음에 유의합니다. 培养의 목적어는 自己的自信이고, 의문대명사 如何는 동사를 수식하므로 培养 앞에 배치합니다. 따라서 如何培养自己的自信이 주어가 되는 문장입니다.

如何培养自己的自信	是	一门学问
주어	술어	목적어

단어 | **学问** xuéwen 명 학문 | **培养** péiyǎng 동 배양하다, 기르다 | **如何** rúhé 대 어떻게

시나공법 02 확인문제 | 312쪽

01 大雾造成了该地粮食产量的下降。

02 领导目前无法给你满意的结果。

03 博物馆的画展允许拍照吗?

04 他很善于与人沟通。

05 当地的民俗文化很独特。

01 | 大雾造成了该地粮食产量的下降。

짙은 안개는 그 지역의 식량 생산량이 떨어지게 했다.

大雾　造成了　产量的　下降　该地粮食

해설 |

① **제시어를 분석한다**

- **大雾**: 명사이므로 주어 또는 목적어가 될 수 있습니다.
- **造成了**: 보통 了 앞에 있는 단어는 동사술어일 가능성이 높습니다. 造成 뒤에는 주로 부정적인 내용이 옵니다.
- **产量的**: 的로 보아 관형어로 쓰임을 알 수 있습니다.
- **下降**: '(정도나 수량이) 낮아지다'라는 의미입니다.
- **该地粮食**: 粮食은 제시어 중 产量과 호응할 수 있습니다.

② **술어를 찾는다 → 造成了**

③ **주어와 목적어를 찾는다 → 주어: 大雾 | 목적어: 下降**

造成은 '(안 좋은 결과를) 초래하다'라는 의미이므로, 造成의 주어는 원인이고, 목적어는 결과라고 할 수 있습니다. 따라서 주어는 **大雾**, 목적어는 **下降**이 됩니다.

④ **관형어를 찾아 수식하는 명사 앞에 배열한다 → 该地粮食＋产量的＋下降**

产量的 뒤에 의미상 호응하는 목적어 下降을 배치합니다. 产量의 주체가 필요하므로 **该地粮食**을 产量的 앞에 배열합니다.

大雾	造成了	该地粮食产量的	下降
주어	술어	관형어	목적어

단어 | **大雾** dàwù 짙은 안개 | **造成** zàochéng 동 (나쁜 결과를) 초래하다, 야기하다 | **产量** chănliàng 명 생산량 | **下降** xiàjiàng 동 내려가다, 떨어지다 | **该** gāi 대 이, 그, 저 | **粮食** liángshi 명 양식, 식량

02 | 领导目前无法给你满意的结果。

대표님은 현재 당신에게 만족스러운 결과를 줄 수 없습니다.

结果　给你满意的　领导目前　无法

해설 |

① **제시어를 분석한다**

- **结果**: 명사이므로 주어 또는 목적어가 될 수 있습니다.
- **给你满意的**: 给는 전치사 용법과 동사 용법이 있습니다. 문장에서 다른 동사가 없다면 给가 동사술어가 되며, 이때 给는 '给+간접목적어+직접목적어'의 형태로 두 개의 목적어를 가집니다.
- **领导目前**: 주체 领导와 주로 문장의 앞부분에 위치하는 시간명사 目前으로 보아, 领导가 주어임을 예상할 수 있습니다.
- **无法**: 뒤에 동사가 와서 '~할 수 없다'라는 의미를 나타냅니다.

② **술어를 찾는다 → 给你满意的**

제시어 중 술어가 될 수 있는 것은 동사 给밖에 없습니다. 제시어에서는 给 뒤에 간접목적어 你와 관형어 满意的가 결합되어 있습니다.

③ **주어를 찾는다 → 领导目前**

④ **목적어를 찾는다 → 给你满意的＋结果**

남아 있는 명사 结果는 给의 직접목적어가 됩니다.

⑤ **부사어를 술어 앞에 배열한다 → 无法＋给你满意的结果**

无法는 사전에 동사로 소개되어 있지만, 학습자 입장에서는 '不能'과 같은 의미로 '능원동사'라고 알고 있는 것이 편합니다. 능원동사는 부사어이므로 无法를 술어 给 앞에 배열합니다.

领导	目前	无法	给	你	满意的	结果
주어	부사어	부사어	술어	간.목	관형어	직.목

단어 | **结果** jiéguǒ 명 결과 | **领导** lĭngdǎo 명 지도자, 대표, 상사

03 | 博物馆的画展允许拍照吗?

박물관의 그림 전시회는 사진을 찍어도 됩니까?

画展　允许拍照　博物馆　的　吗

해설 |

① **제시어를 분석한다**

대부분 명사 형태의 제시어이므로 술어를 먼저 찾은 후, 의미로 배열해야 합니다.

② **술어를 찾는다 → 允许拍照**

동사 允许와 목적어 拍照가 결합된 형태입니다. 동사 允许는 동사구를 목적어로 가집니다.

③ **주어를 찾는다 → 画展**

④ **남은 관형어를 수식하는 명사 앞에 배열한다 → 博物馆＋的＋画展**

博物馆에 있는 画展이 의미상 자연스러우므로, 구조조사 的를 이용해 박물관과 그림을 이어 줍니다.

⑤ **의문문을 만드는 어기조사 吗를 배열하고 물음표를 쓴다**

博物馆的	画展	允许	拍照	吗?
관형어	주어	술어	목적어	

단어 | **画展** huàzhǎn 명 그림 전시회 | **允许** yǔnxǔ 동 허가하다, 허락하다 | **拍照** pāizhào 동 사진을 찍다 | **博物馆** bówùguǎn 명 박물관

04 | 他很善于与人沟通。

그는 사람들과 소통을 매우 잘한다.

与人　善于　很　沟通　他

해설 |

① **제시어를 분석한다**

- 与人: 전치사 与는 뒤에 동작이 와서 '(누구)와 (동작)하다'라는 의미를 나타냅니다.
- 善于: '~을 잘하다'라는 뜻의 동사로, 주로 동사구를 목적어로 가집니다.
- 很: 형용사와 심리/감정을 나타내는 일부 동사를 수식합니다.
- 沟通: '소통하다'라는 의미이므로, 의미상 제시어 与人과 호응할 수 있습니다.
- 他: 인칭대명사이므로 주어임을 예상할 수 있습니다.

② **술어를 찾는다 → 善于**

③ **주어와 목적어를 찾는다 → 주어: 他 | 목적어: 与人＋沟通**

주어가 될 수 있는 것은 인칭대명사 他입니다. 동사 善于의 목적어로 '与人+沟通'을 배치하면 '그는 사람과 소통을 잘한다'라는 뜻이 되어 자연스럽습니다.

④ **나머지 제시어를 배열한다**

善于를 수식하는 정도부사 很을 善于 앞에 배열합니다. 제시어 중 일반동사인 沟通은 很의 수식을 받을 수 없고, 善于는 '잘한다'라는 의미이므로 很의 수식을 받을 수 있습니다.

他	很	善于	与人	沟通
주어	부사어	술어	부사어 (전치사구)	목적어

단어 | **善于** shànyú 동 ~을 잘하다 | **沟通** gōutōng 동 소통하다

05 | 当地的民俗文化很独特。

그곳의 민속 문화는 독특하다.

当地的　文化　很　民俗　独特

해설 |

① **제시어를 분석한다**

대부분 명사 형태의 제시어이므로 술어를 먼저 찾은 후, 의미로 배열합니다.

② **술어를 찾는다 → 很＋独特**

独特는 형용사술어이며, 목적어를 가질 수 없습니다. 很이 수식할 수 있는 단어는 제시어 중 独特밖에 없으므로, 很을 함께 배열합니다.

③ **주어를 찾는다 → 民俗＋文化**

명사 民俗는 의미상 文化와 결합하여 民俗文化로 배열합니다.

④ **남은 관형어를 수식하는 명사 앞에 배열한다 → 当地的＋民俗文化**

관형어 当地的는 뒤에 명사가 와야 하므로, 주어인 民俗文化 앞에 배열합니다.

当地的	民俗文化	很	独特
관형어	주어	부사어	술어

단어 | **当地** dāngdì 명 그 지방, 그곳 | **民俗** mínsú 명 민속 | **独特** dútè 형 독특하다

시나공법 03 확인문제 | 328쪽

01 具体的比赛日程还未确定。
02 那家企业主要制造家用地毯。
03 邀请的领导们已陆续到达会议室。
04 会议结果将于本月中旬公布。
05 大部分动物靠尾巴来控制平衡。

01 | 具体的比赛日程还未确定。

구체적인 시합 일정은 아직 확정되지 않았다.

具体的比赛　确定　日程还　未

해설 |

① **제시어를 분석한다**

- 具体的比赛/日程还: 의미상 比赛와 日程을 결합할 수 있습니다.
- 确定: 동사이므로 술어가 될 수 있습니다.
- 未: 没有와 같은 뜻이므로 부사어입니다. 따라서 술어 앞에 위치합니다.

② **술어를 찾는다 → 确定**

③ **주어를 찾는다 → 具体的比赛＋日程还**

日程은 确定의 목적어가 될 수도 있지만, 日程 뒤에 还가 있기 때문에 比赛日程이 주어임을 알 수 있습니다. 중국어의 동사는 대부분 자동사와 타동사를 겸하고 있는데, 이 문장에서 确定은 자동사로 쓰였습니다.

④ **부사어는 술어 앞에 배열한다 → 日程还＋未＋确定**

일반부사 还 뒤에 부정부사 未를 배치합니다. 일반부사는 부정부사

앞에 위치합니다. 또한 이 문제에서는 还를 주어와 붙여서 출제했기 때문에 未의 위치는 자연히 还 뒤가 됩니다.

具体的	比赛日程	还未	确定
관형어	주어	부사어	술어

단어 | **具体** jùtǐ 형 구체적이다 | **比赛** bǐsài 명 경기, 시합 | **确定** quèdìng 동 확정하다, 확실하게 정하다 | **日程** rìchéng 명 일정 | **未** wèi 부 아직 ~하지 않다

02 | 那家企业主要制造家用地毯。

그 기업은 주로 가정용 카펫을 만든다.

那家企业　制造　家用地毯　主要

해설 |

① **제시어를 분석한다**

- 那家企业: 명사형이므로 주어 또는 목적어가 될 수 있습니다.
- 制造: 동사이므로 술어가 될 수 있습니다.
- 家用地毯: 명사이므로 주어 또는 목적어가 될 수 있습니다. 의미상 制造의 목적어가 되는 것이 자연스러움을 예상할 수 있습니다.
- 主要: 부사이므로 술어 앞에 위치해야 합니다.

② **술어를 찾는다 → 制造**

③ **주어와 목적어를 찾는다 → 주어: 那家企业 | 목적어: 家用地毯**

④ **부사어는 술어 앞에 배열한다 → 主要＋制造**

부사 主要는 형용사 용법도 있지만, 여기서는 부사로 쓰였기 때문에 동사술어 制造 앞에 배치합니다.

那家企业	主要	制造	家用地毯
주어	부사어	술어	목적어

단어 | **企业** qǐyè 명 기업 | **制造** zhìzào 동 제조하다, 만들다 | **家用** jiāyòng 형 가정용의 | **地毯** dìtǎn 명 카펫 | **主要** zhǔyào 부 주로, 대부분

03 | 邀请的领导们已陆续到达会议室。

초대한 대표들이 이미 잇따라 회의실에 도착했다.

领导们　陆续　到达会议室　已　邀请的

해설 |

① **제시어를 분석한다**

- 领导们: 명사이므로 주어 또는 목적어가 될 수 있습니다.
- 陆续: '계속해서', '잇따라'라는 뜻의 상태부사입니다.
- 到达会议室: '술어(到达)'와 '목적어(会议室)'가 결합된 형태입니다.
- 已: '이미'라는 뜻의 시간부사입니다. 시간을 나타내는 부사어는 다른 부사어보다 앞에 위치합니다.
- 邀请的: 的로 보아 관형어임을 알 수 있습니다. 관형어는 주어나 목적어의 앞에서 수식합니다.

② **술어를 찾는다 → 到达会议室**

동사술어 到达와 목적어 会议室가 결합된 형태입니다.

③ **주어를 찾는다 → 领导们**

④ **관형어를 수식하는 명사 앞에 배열한다 → 邀请的＋领导们**

'초청하다'라는 뜻이므로 수식하는 중심어는 사람임을 알 수 있습니다. 따라서 주어 领导们을 수식하는 관형어입니다.

⑤ **부사어는 술어 앞에 배열한다 → 已＋陆续＋到达会议室**

시간부사 已는 상태부사 陆续 앞에 배치합니다. 상태부사는 동사 바로 앞에서 동사를 수식합니다.

邀请的	领导们	已陆续	到达	会议室
관형어	주어	부사어	술어	목적어

단어 | **领导** lǐngdǎo 명 지도자, 대표, 상사 | **陆续** lùxù 부 끊임없이, 계속해서, 잇따라 | **到达** dàodá 동 도달하다, 도착하다 | **会议室** huìyìshì 명 회의실 | **邀请** yāoqǐng 동 초청하다, 초대하다

04 | 会议结果将于本月中旬公布。

회의 결과는 이번 달 중순에 공표될 것이다.

中旬　公布　本月　会议结果将于

해설 |

① **제시어를 분석한다**

- 中旬: '중순'이라는 의미이므로 날짜와 함께 써야 합니다.
- 公布: 동사이므로 술어가 될 수 있습니다.
- 本月: '월'을 나타내므로 제시어 중 中旬과 함께 쓸 수 있습니다.
- 会议结果将于: 将于가 있으므로 뒤에는 시간이나 때를 나타내는 단어가 와야 합니다. 또한 将于는 부사어이므로 会议结果가 주어임을 알 수 있습니다.

② **술어를 찾는다 → 公布**

③ **주어를 찾는다 → 会议结果将于**

명사 会议结果와 부사 将, 전치사 于가 결합된 형태입니다.

④ **부사어는 술어 앞에 배열한다 → 会议结果将于＋本月＋中旬**

전치사 于는 주로 시간이나 장소와 결합하여 사용하기 때문에 때를 나타내는 단어인 本月中旬를 于 뒤에 배열합니다. 本月+中旬은 의미상 결합할 수 있습니다.

会议结果	将于本月中旬	公布
주어	부사어	술어

단어 | **中旬** zhōngxún 명 중순 | **公布** gōngbù 동 공표하다 | **会议结果** huìyì jiéguǒ 회의 결과 | **将** jiāng 부 ~일 것이다

05 | 大部分动物靠尾巴来控制平衡。

대부분의 동물은 꼬리에 의지해서 균형을 잡는다.

大部分　尾巴　来控制平衡　动物靠

해설 |

① **제시어를 분석한다**

- **大部分**: 大部分은 명사지만 다른 명사를 수식하는 관형어로 쓸 수 있습니다. 따라서 뒤에는 수식하는 명사가 와야 합니다.
- **尾巴**: 명사이므로 주어 또는 목적어가 될 수 있습니다.
- **来控制平衡**: 동사술어 控制 뒤에 목적어 平衡이 결합된 형태입니다.
- **动物靠**: 动物는 주어 또는 목적어가 될 수 있습니다. 靠가 결합되어 있으므로, '의지할 수 있는' 대상이 靠 뒤에 나와야 합니다.

② **술어를 찾는다 → 来控制平衡**

靠 또한 동사술어로 쓸 수 있지만 이 문장에서는 '靠~来'의 형태로 수단이나 방식을 표현하는 전치사구로 쓰였음을 파악해야 합니다.

③ **주어를 찾는다 → 动物靠**

주어 动物와 전치사 靠가 결합된 형태입니다.

④ **관형어는 수식하는 명사 앞에 배열한다 → 大部分＋动物靠**

⑤ **부사어는 술어 앞에 배열한다 → 动物靠＋尾巴＋来控制平衡**

전치사 靠 뒤에 명사 尾巴를 써서 전치사구를 만듭니다. '靠~来' 형태의 이 전치사구는 수단이나 방식을 나타냅니다.

大部分	动物	靠尾巴来	控制	平衡
관형어	주어	부사어	술어	목적어

단어 | **尾巴** wěiba 명 꼬리 | **控制** kòngzhì 동 통제하다, (균형을) 잡다 | **平衡** pínghéng 명 평형, 균형 | **靠** kào 전 ~에 의지해서

시나공법 04 확인문제 | 334쪽

01 舅舅不小心把材料弄丢了。

02 我将把个人财产全部捐给母校。

03 请将您的密码输入完整。

04 公司会尽量把服务做到最好。

05 把裙子拿到洗手间里洗一洗吧。

01 | 舅舅不小心把材料弄丢了。

외삼촌은 부주의로 자료를 잃어버렸다.

舅舅不小心　材料　弄丢　了　把

해설 |

① **제시어를 분석한다**

전치사 把가 있으므로, 문장은 '주체+把+목적어+동작+결과'의 구조가 나와야 합니다.

② **把와 술어를 찾는다 → 把 | 술어: 弄丢**

弄丢는 동사 弄 뒤에 결과보어 丢가 결합된 형태입니다.

③ **把 앞에 주어를, 把 뒤에 목적어를 배열한다**
→ 舅舅不小心＋把＋材料

동사 弄과 의미상 호응하는 주어와 목적어를 찾습니다. 把 앞에 弄의 주어가 되는 명사 舅舅를 배열하고, 把 뒤에 弄의 목적어 材料를 배열합니다.

④ **조사는 동사 뒤에 배열한다 → 弄丢＋了**

동사 弄 뒤에 결과보어 丢가 붙어 있으므로, 조사 了를 弄丢 뒤에 배열합니다.

舅舅	不小心	把材料	弄	丢了
주어	부사어	把+목적어	술어	보어

단어 | **舅舅** jiùjiu 명 외숙, 외삼촌 | **材料** cáiliào 명 자료, 데이터 | **弄丢** nòngdiū 동 분실하다, 잃어버리다

02 | 我将把个人财产全部捐给母校。

나는 개인 재산을 전부 모교에 기부할 것이다.

母校　把　个人财产　全部捐给　我将

해설 |

① **제시어를 분석한다**

- 母校: 명사이므로 주어 또는 목적어가 될 수 있습니다.
- 把: '주체+把+목적어+동작+결과'의 구조가 나와야 합니다.
- 个人财产: 명사이므로 주어 또는 목적어가 될 수 있습니다.
- 全部捐给: 동사 捐이 있으므로 술어가 됩니다. 给 뒤에는 '기부하는(捐)' 대상이 나와야 합니다.
- 我将: 我는 대부분 주어로 쓰입니다. 부사 将이 함께 제시되었기 때문에 我가 주어임을 확신할 수 있습니다.

② **把와 술어를 찾는다 → 把 | 술어: 全部捐给**

동사 捐 앞에 부사어 全部와 보어인 전치사 给가 결합된 형태입니다.

③ **把 앞에 주어를, 把 뒤에 목적어를 배열한다**
→ 我将＋把＋个人财产

주어 我 뒤에 부사 将이 결합된 형태입니다. 동사 捐과 의미상 호응하는 목적어 个人财产을 把 뒤에 배열합니다.

④ **보어는 동사 뒤에 배열한다 → 全部捐给+母校**

전치사구는 把자문에서 결과보어로 자주 사용합니다. 전치사 给 뒤에는 대상이 와야 하므로, 母校를 给 뒤에 배열합니다.

我	将	把个人财产	全部	捐	给母校
주어	부사어	把+목적어	부사어	술어	보어

단어 | **母校** mǔxiào 명 모교 | **个人财产** gèrén cáichǎn 개인 재산, 사재 | **全部** quánbù 명 전부, 전체 | **捐** juān 동 기부하다 | **将** jiāng 부 ~일 것이다

03 | 请将您的密码输入完整。
당신의 비밀번호를 완전하게 입력해 주십시오.

请将　完整　密码　输入　您的

해설 |

① **제시어를 분석한다**
- 请将: 将은 把와 같으므로, 뒤에는 목적어가 와야 합니다.
- 完整: '완전하다'라는 뜻의 형용사입니다. 술어가 될 수 있고, 把자문이므로 보어가 될 수도 있습니다.
- 密码/输入/您的: 동사 输入는 술어가 될 수 있고, 密码는 输入의 목적어가 될 수 있습니다. 您的는 의미상 密码를 수식합니다.

② **把와 술어를 찾는다 → 请将 | 술어: 输入**
将은 부사로도 쓰이지만, 把와 같은 의미의 전치사로도 쓸 수 있습니다.

③ **把 뒤에 목적어를 배열한다 → 请将＋您的＋密码**
목적어 密码를 将 뒤에 배열합니다.

④ **보어를 찾아서 술어 뒤에 배열한다 → 输入＋完整**
输入의 결과보어로 형용사 '完整(완전하다)'이 올 수 있습니다.

请	将您的密码	输入	完整
술어1	将(=把)+목적어	술어2	보어

단어 | **将** jiāng 전 ~을[=把 bǎ] | **完整** wánzhěng 형 (손상이 없이) 온전하다, 완전하다 | **密码** mìmǎ 명 비밀번호, 패스워드 | **输入** shūrù 동 입력하다

04 | 公司会尽量把服务做到最好。
회사는 최대한 서비스를 최상으로 할 것이다.

做到　尽量把　最好　公司会　服务

해설 |

① **제시어를 분석한다**
- 做到: 동사 做와 결과보어 到가 결합된 형태이므로 문장의 술어가 될 수 있습니다.
- 尽量把: '주체+把+목적어+동작+결과'의 구조가 나와야 합니다.
- 最好: 부사로 쓰이면 '~하는 것이 가장 좋다', 형용사로 쓰이면 '가장 좋다'라는 뜻을 나타냅니다.
- 公司会: 능원동사 会가 있으므로 公司가 주어임을 알 수 있습니다.
- 服务: 동사로, 술어 또는 목적어가 될 수 있습니다.

② **把와 술어를 찾는다 → 尽量把 | 술어: 做到**
服务도 동사이지만 把자문에서는 술어 뒤에 결과보어 등 기타 성분이 와야 하므로 做到가 술어로 더 적합합니다.

③ **把 앞에 주어를, 把 뒤에 목적어를 배열한다**
→ 公司会＋尽量把＋服务
동사 做의 목적어는 의미상 服务가 가능합니다.

④ **보어는 동사 뒤에 배열한다 → 做到＋最好**
이 문장에서 最好는 형용사로 쓰였습니다. 做의 결과보어로 到가 있지만, 보통 找到了처럼 到가 동사이면서 결과보어일 때는 뒤에 了를 써 줍니다. 여기서는 到가 '到+最好'와 같이 전치사구 보어로 쓰였습니다. 把服务做到最好를 직역하면 '서비스를 가장 좋을 때까지 해 준다'라는 의미입니다.

公司	会尽量	把服务	做	到最好
주어	부사어	把+목적어	술어	보어

단어 | **尽量** jǐnliàng 부 가능한 한, 최대한 | **最好** zuìhǎo 형 가장 좋다, 최상이다 | **服务** fúwù 명 서비스

05 | 把裙子拿到洗手间里洗一洗吧。
치마를 화장실에 가져가서 좀 빨아라.

洗一洗　裙子　把　吧　拿到洗手间里

해설 |

① **제시어를 분석한다**
- 洗一洗: 동사 중첩 형태로, 술어가 될 수 있습니다.
- 裙子: 명사이므로 주어 또는 목적어가 될 수 있습니다.
- 把: '주체+把+목적어+동작+결과'의 구조가 나와야 합니다.
- 吧: 어기조사 吧는 대부분 문장 제일 끝에 위치합니다.
- 拿到洗手间里: 술어 拿와 전치사구 보어 到洗手间里가 결합된 형태입니다.

② **把와 술어를 찾는다 → 把 | 술어: 拿到洗手间里＋洗一洗**
把자문도 연동문의 형태로 사용할 수 있습니다. 동사1은 拿이고, 동사2는 洗一洗로 볼 수 있습니다. 연동문의 동사는 동작이 일어난 순서대로 나열하므로, 拿가 동사1, 洗一洗가 동사2가 됩니다.

③ **把 뒤에 목적어를 배열한다 → 把＋裙子**
명령문의 형태로 주어는 생략되어 있습니다. 따라서 제시어 중 유일한 명사인 裙子가 동사 拿의 목적어가 됩니다.

④ **남은 제시어를 알맞게 배열한다 → 洗一洗＋吧**
어기조사 吧는 명령, 청유, 제의를 나타냅니다. 동사2 洗一洗 뒤에 吧를 배열합니다.

把裙子	拿	到洗手间里	洗一洗	吧
把+목적어	술어1	보어	술어2	

단어 | **洗** xǐ 동 씻다, 세탁하다 | **裙子** qúnzi 명 치마, 스커트 | **拿** ná 동 (손에) 쥐다, 가지다 | **洗手间** xǐshǒujiān 명 화장실

시나공법 05 확인문제	340쪽

01 我被艺术家的精彩演出吸引了。

02 宝宝被老爸的笑声吓哭了。

03 这个技术被应用于众多领域。

04 小李连续三年被评为优秀员工。

05 他被公司派到国外出差。

01 | 我被艺术家的精彩演出吸引了。

나는 예술가의 멋진 공연에 매료되었다.

被艺术家的　我　吸引了　精彩演出

해설 |

① **제시어를 분석한다**

- 被艺术家的: 被가 있으므로 '목적어+被+주어+동작+결과'의 구조가 되어야 합니다.
- 我: 인칭대명사 我는 주어 또는 목적어가 될 수 있습니다.
- 吸引了: 동사술어 吸引과 결과를 나타내는 了가 결합된 형태입니다.
- 精彩演出: 문맥상 제시어 被艺术家的의 수식을 받는 것이 자연스럽습니다.

② **被와 술어를 찾는다 → 被艺术家的 | 술어: 吸引了**

被 뒤에 명사를 수식하는 관형어 艺术家的가 결합된 형태입니다. 동사는 吸引了입니다. 조사 了를 보고 쉽게 동사술어를 찾을 수 있습니다.

③ **被 앞에 목적어를, 被 뒤에 주어를 배열한다**
→ 我＋被＋艺术家的＋精彩演出

吸引의 주어는 被艺术家的 뒤에 의미상 호응하는 명사, 즉 精彩演出입니다. 我는 동사 吸引의 목적어가 되므로 被 앞에 배열합니다.

我	被艺术家的精彩演出	吸引了
목적어	被+주어	술어

단어 | **艺术家** yìshùjiā 명 예술가 | **吸引** xīyǐn 동 끌어당기다, 매혹시키다, 매료되다 | **精彩** jīngcǎi 형 뛰어나다, 훌륭하다, 멋지다 | **演出** yǎnchū 명 공연

02 | 宝宝被老爸的笑声吓哭了。

아기는 아빠의 웃음소리에 놀라서 울었다.

笑声　被　老爸的　吓哭了　宝宝

해설 |

① **제시어를 분석한다**

- 笑声: 명사이므로 주어 또는 목적어가 될 수 있습니다.
- 被: '목적어+被+주어+동작+결과'의 구조가 되어야 합니다.
- 老爸的: 관형어이므로 뒤에 명사가 와야 합니다. 문맥상 老爸的+笑声이 자연스럽습니다.
- 吓哭了: 동사술어 吓와 보어 哭了가 결합된 형태입니다.
- 宝宝: 문맥상 '吓哭了(놀라서 울다)'의 대상이 됨을 알 수 있습니다.

② **被와 술어를 찾는다 → 被 | 술어: 吓哭了**

③ **被 앞에 목적어를, 被 뒤에 주어를 배열한다**
→ 宝宝＋被＋老爸的＋笑声

吓哭하게 만든 주체, 즉 주어는 笑声입니다. 문맥상 老爸的는 주어 笑声을 수식합니다. 목적어인 宝宝는 被 앞에 배열합니다. 목적어를 찾는 또 다른 방법 중 하나는 목적어와 결과보어의 호응 관계를 살피는 입니다. '笑声+哭了'가 아니라 '宝宝+哭了'가 호응하므로 목적어가 宝宝임을 알 수 있습니다.

宝宝	被老爸的笑声	吓	哭了
목적어	被+주어	술어	보어

단어 | **笑声** xiàoshēng 명 웃음소리 | **老爸** lǎobà 명 아버지, 아빠[가족끼리 사용하는 절친한 호칭] | **吓哭** xiàkū 동 놀라서 울다 | **宝宝** bǎobǎo 명 아기, 귀염둥이[어린아이에 대한 애칭]

03 | 这个技术被应用于众多领域。

이 기술은 아주 많은 분야에 응용된다.

众多　被　应用于　领域　这个技术

해설 |

① **제시어를 분석한다**

- 众多: '아주 많다'라는 뜻의 형용사 众多가 수식할 수 있는 단어는 제시어 중 领域밖에 없습니다.
- 被: '목적어+被+주어+동작+결과'의 구조가 되어야 합니다.
- 应用于: 동사 应用 뒤에 于가 결합된 형태입니다. 于 뒤에는 주로 때나 장소가 옵니다.
- 领域: 제시어 중 于 뒤에 위치하여 장소를 나타내는 전치사구를 만들 수 있습니다.
- 这个技术: 특정 대상이므로 被자문의 목적어가 될 수 있습니다.

② **被와 술어를 찾는다 → 被 | 술어: 应用于**

③ **被 앞에 목적어를, 被 뒤에 주어를 배열한다**
→ 这个技术＋被(+주어 생략)

被자문은 주어를 생략할 수 있습니다. 따라서 被 뒤에 바로 동사술어가 올 수 있음에 유의해야 합니다. 제시어 중 목적어는 특정 대상인 这个技术입니다.

④ **보어는 술어 뒤에 놓는다 → 应用于+众多+领域**

这个技术	被	应用	于众多领域
목적어	被 (+주어 생략)	술어	보어

단어 | **众多** zhòngduō 형 아주 많다 | **应用** yìngyòng 동 응용하다, 사용하다 | **领域** lǐngyù 명 영역, 분야 | **技术** jìshù 명 기술

04 | 小李连续三年被评为优秀员工。

샤오리는 연속 3년간 우수 사원으로 선정되었다.

被　小李连续三年　评为　员工　优秀

해설 |

① **제시어를 분석한다**

- 被: '목적어+被+주어+동작+결과'의 구조가 되어야 합니다.
- 小李连续三年: 특정 대상인 小李는 被자문의 목적어가 될 수 있습니다.
- 评为: 동사 评과 전치사 为가 결합된 형태입니다. '~으로 선정되다'라는 의미이므로 为 뒤에는 명사가 와서 전치사구를 이루어야 합니다.
- 员工/优秀: 의미상 이 두 제시어는 优秀员工과 같이 붙여 쓸 수 있습니다.

② **被와 술어를 찾는다 → 被 | 술어: 评为**

제시어 중 连续도 동사지만 连续三年의 형태로 제시되었으므로, 문장 전체의 술어는 评으로 봐야 합니다.

③ **被 앞에 목적어를, 被 뒤에 주어를 배열한다 → 小李连续三年＋被(+주어 생략)**

④ **보어는 술어 뒤에 배열한다 → 评为＋优秀＋员工**

为优秀员工이 술어 评의 결과보어가 됩니다.

小李	连续三年	被	评	为优秀员工
목적어	부사어	被 (+주어 생략)	술어	보어

단어 | **连续** liánxù 동 연속하다, 계속하다 | **评为** píng wéi ~으로 선정하다 *评 píng 동 평하다, 심사하다 | **员工** yuángōng 명 직원, 사원 | **优秀** yōuxiù 형 우수하다

05 | 他被公司派到国外出差。

그는 회사가 외국으로 출장을 보냈다.

国外　他　出差　被公司　派到

해설 |

① **제시어를 분석한다**

- 国外: 장소를 나타내는 단어임에 유의하고 다음 제시어를 봅니다.
- 他: 특정 대상인 他는 被자문의 목적어가 될 수 있습니다.
- 出差: 동사이므로 술어가 될 수 있습니다.
- 被公司: '목적어+被+주어+동작+결과'의 구조가 되어야 합니다.
- 派到: 동사 派에 전치사 到가 결합된 형태입니다.

② **被와 술어를 찾는다 → 被公司 | 술어: 派到, 出差**

被 뒤에 주어 公司가 결합되어 있습니다. 被자문은 연동문으로 쓸 수 있습니다. 연동문의 동사는 동작이 발생한 순서대로 나열하므로, 술어1은 동사 派到, 술어2는 出差가 적절합니다.

③ **被 앞에 목적어를, 被 뒤에 주어를 배열한다 → 他＋被公司**

被 뒤에 주어 公司를 붙여서 제시했으므로, 목적어만 찾으면 됩니다. 따라서 목적어는 첫 번째 동사 派의 대상인 他가 됩니다.

④ **보어는 술어 뒤에 배열한다 → 派到＋国外＋出差**

전치사 到 뒤에는 시간이나 장소가 올 수 있습니다. 따라서 전치사구 결과보어는 到国外가 됩니다.

他	被公司	派	到国外	出差
목적어	被+주어	술어1	보어	술어2

단어 | **出差** chūchāi 동 (외지로) 출장 가다 | **派** pài 동 파견하다, 보내다

시나공법 06 확인문제 | 348쪽

01 舅舅移民去了加拿大。

02 图书馆里有很多相关资料可以阅读。

03 这样才能使心理保持健康。

04 艺术家的表演令人深受鼓舞。

05 他的进取精神让大家很佩服。

01 | 舅舅移民去了加拿大。

외삼촌은 캐나다로 이민을 갔다.

去了　加拿大　移民　舅舅

해설 |

① **제시어를 분석한다**

- 去了: 去는 동사이므로 술어가 될 수 있습니다.
- 加拿大: 고유명사입니다. 주어 또는 목적어가 될 수 있습니다.
- 移民: 去了와 함께 동사가 두 개임을 체크해 둡니다.
- 舅舅: 주어 또는 목적어가 될 수 있습니다.

② **동사가 두 개이므로, 순서에 맞게 술어1, 2를 찾는다 → 술어1: 移民 | 술어2: 去了**

연동문은 주로 '去+장소+做+일'의 형태로 去가 술어1이 되는 경우가 많지만 이 문제는 去 뒤에 동태조사 了가 붙어 있습니다. 연동문에서 동태조사 了는 술어2 뒤에 옵니다. 따라서 어법적으로 去了는 첫 번째 동사가 될 수 없습니다. 또한 연동문은 동작이 일어나는 순서대로 동사를 배열하므로 移民이 먼저이고 그다음이 去가 되어야 합니다. 따라서 술어1은 移民, 술어2는 去了가 됩니다.

③ **주어와 목적어를 찾는다 → 주어: 舅舅 | 목적어: 加拿大**

舅舅	移民	去了	加拿大
주어	술어1	술어2	목적어

단어 | **加拿大** Jiānádà 고유 캐나다[지명] | **移民** yímín 동 이민하다 | **舅舅** jiùjiu 명 외숙, 외삼촌

02 | 图书馆里有很多相关资料可以阅读。

도서관에는 읽을 만한 관련 자료들이 많이 있다.

图书馆里　很多　有　可以　阅读　相关资料

해설 |

① **제시어를 분석한다**

- 图书馆: 장소를 나타내는 명사구입니다. 在나 从이 없다면 문장에서 주어가 될 수 있습니다.
- 很多: 명사를 수식하는 관형어입니다.
- 有: 동사이므로 술어가 될 수 있습니다.
- 可以: 능원동사이므로 동사 앞에 위치해야 합니다.
- 阅读: 有에 이어 동사가 두 개 나왔음을 체크해 둡니다.
- 相关资料: 명사이므로 제시어 중 很多의 수식을 받아 '很多+相关资料'와 같이 쓸 수 있습니다.

② **동사가 두 개이므로, 순서에 맞게 술어1, 2를 찾는다 → 술어1: 有 | 술어2: 阅读**

문장에서 동사 두 개 중 有가 있다면, 대부분 有가 술어1이 됩니다. 따라서 阅读는 자연스럽게 술어2로 체크해 둡니다.

③ **주어와 목적어를 찾는다 → 주어: 图书馆里 | 목적어: 很多＋相关资料**

有가 있는 존재문에서는 주어 자리에 장소명사가 옵니다. 따라서 '일반명사+방위명사' 형태의 图书馆里가 주어가 됩니다. 그리고 有의 목적어는 相关资料가 됩니다.

④ **부사어는 술어 앞에 배열한다 → 可以＋阅读**

연동문에서 부사어는 주로 술어1 앞에 오지만, 有자 연동문의 경우 부사어는 술어2 앞에 위치합니다. 따라서 능원동사 可以는 술어2 阅读 앞에 배열합니다.

图书馆里	有	很多	相关资料	可以	阅读
주어	술어1	관형어	목적어1	부사어	술어2

단어 | **图书馆** túshūguǎn 명 도서관 | **阅读** yuèdú 동 읽다 | **相关资料** xiāngguān zīliào 관련 자료

03 | 这样才能使心理保持健康。

이렇게 해야 마음이 건강을 유지하게 할 수 있다.

健康　这样　心理　保持　才能使

해설 |

① **제시어를 분석한다**

- 健康: 제시어 중 保持와 호응하여 '保持+健康'의 형태로 쓸 수 있습니다.
- 这样: 대명사는 주어가 될 가능성이 높다는 것을 인지한 후 다음 제시어를 봅니다.
- 心理: 명사이므로 주어 또는 목적어가 될 수 있습니다.
- 保持: 제시어 使로 보아 겸어문이므로, '保持+健康'이 '술어2+목적어2'의 형태임을 예측할 수 있습니다.
- 才能使: 사역동사 使가 있으면 '주어1+술어1(사역동사)+겸어(목적어=주어2)+술어2+목적어2'의 구조가 되어야 합니다.

② **술어1, 2를 찾는다 → 술어1: 才能使 | 술어2: 保持＋健康**

두 개의 술어 중 사역동사가 술어1이 됩니다. 따라서 保持는 자연스럽게 술어2가 됩니다.

③ **술어2의 주어를 찾는다 → 心理＋保持健康**

保持健康의 주어는 这样이 아닌 心理입니다. 这样은 단독으로 써야 주어가 되며, 동사 앞에 위치하면 부사어가 되기 때문입니다. 예 这样做 이렇게 하다

④ **사역동사 使의 주어를 찾는다 → 这样＋才能使心理保持健康**

这样은 단독으로 주어 자리에 올 수 있는 대명사이므로 사역동사 使의 주어가 될 수 있습니다.

这样	才能	使	心理	保持	健康
주어1	부사어	술어1	주어2 (겸어)	술어2	목적어2

단어 | **健康** jiànkāng 명 건강 | **保持** bǎochí 동 (지속적으로) 유지하다

04 | 艺术家的表演令人深受鼓舞。

예술가의 공연은 내가 깊은 격려를 받게 했다.

艺术家的　深受鼓舞　令人　表演

해설 |

① **제시어를 분석한다**

- 艺术家的: 관형어이므로 뒤에는 명사형이 나와야 합니다. 제시어 중 호응할 수 있는 것은 表演입니다.
- 深受鼓舞: 술어 深受와 목적어 鼓舞가 결합된 형태입니다.
- 令人: 사역동사 令이 있으므로 겸어문임을 알 수 있습니다. 겸어문에서 사역동사는 동사1로 쓰입니다.
- 表演: 제시어 분석을 바탕으로 조합하면 '艺术家的+表演'의 구조를 만들 수 있습니다.

② **술어1, 2를 찾는다 → 술어1: 令人 | 술어2: 深受鼓舞**

사역동사 뒤의 人은 사역동사 令의 목적어이고, 술어2 深受의 주어이기도 합니다. 人은 我를 가리킵니다.

③ **사역동사 令의 주어를 찾는다 → 艺术家的＋表演＋令人**

제시어 중 주어가 될 수 있는 것은 表演입니다. 남은 제시어 중 관형어 艺术家的는 의미상 주어 表演과 결합합니다.

艺术家的	表演	令	人	深受	鼓舞
관형어	주어	술어1	주어2 (겸어)	술어2	목적어2

단어 | **艺术家** yìshùjiā 명 예술가 | **深受鼓舞** shēnshòu gǔwǔ 깊은 격려를 받다, 매우 고무되다 | **表演** biǎoyǎn 동 공연하다, 연기하다

05 | 他的进取精神让大家很佩服。

그의 진취적인 정신은 모두를 탄복시켰다.

很佩服　让　进取精神　大家　他的

해설 |

① **제시어를 분석한다**

- **很佩服**: '很+형용사'의 구조이므로 술어가 될 수 있습니다.
- **让**: 사역동사이므로 겸어문임을 알 수 있습니다.
- **进取精神**: 동사 **进取**와 명사 **精神**이 결합하여 합성명사가 된 형태입니다.
- **大家**: 주어 또는 목적어가 될 수 있습니다.
- **他的**: 관형어이므로 뒤에 명사가 와야 합니다. 제시어 중 **进取精神**과 호응해야 자연스럽습니다.

② **술어1, 2를 찾는다 → 술어1: 让 | 술어2: 很佩服**

사역동사는 술어1이 됩니다. 술어2 **佩服** 앞에 정도부사 **很**이 붙어 있습니다.

③ **술어2의 주어를 찾는다 → 大家＋很佩服**

很佩服의 주어는 사람이 되어야 하므로, 제시어 중 **大家**가 주어로 적절합니다.

④ **사역동사 让의 주어를 찾는다 → 他的＋进取精神＋让**

남은 제시어 중 사역동사 **让**의 주어가 될 수 있는 것은 **进取精神**입니다.

他的	进取精神	让	大家	很	佩服
관형어	주어	술어1	주어2 (겸어)	부사어	술어2

단어 | **佩服** pèifú 동 탄복하다, 감탄하다[존경과 감탄이 결합된 의미임] | **进取精神** jìnqǔ jīngshén 진취적인 정신

시나공법 07 확인문제 | 356쪽

01 名片上有我们公司的详细联系方式。

02 当地流传着许多有关牛郎织女的传说。

03 天空中出现了一道彩虹。

04 这个世界并没有你想象的那么糟糕。

05 他的心里承受能力比以前强多了。

01 | 名片上有我们公司的详细联系方式。

명함에 저희 회사의 상세한 연락 방식이 있습니다.

详细联系　上　有我们公司的　名片　方式

해설 |

① **제시어를 분석한다**

제시어 중 **有**가 유일한 동사이므로 이 문장의 술어임을 알 수 있습니다. 대부분 명사 형태의 제시어이므로 술어를 먼저 찾은 후, 의미로 배열해야 합니다.

② **술어를 찾는다 → 有我们公司的**

③ **주어를 찾는다 → 名片＋上**

술어가 **有**인 존현문은 주어 자리에 장소명사가 옵니다. '일반명사+방위명사=장소명사'이므로, '**名片**+**上**'이 주어가 됩니다.

④ **목적어를 찾는다 → 有我们公司的＋详细联系＋方式**

동사 **有**의 목적어로 제시어 중 명사 **方式**가 있습니다. 다만 제시어 중 **详细联系**가 있기 때문에 **联系**와 **方式**를 연결해서 **联系方式**를 한 단어로 만들어 주어야 합니다. **详细**는 형용사이며 **的** 없이 바로 명사를 수식할 수 있습니다. 따라서 **我们公司的** 뒤에 올 명사는 **详细联系方式**입니다. 엄밀히 말하면 **详细**와 **联系**도 **方式**를 수식하는 관형어지만, 편의상 **的**를 기준으로 관형어를 구분하고, **详细联系方式**는 한 단어처럼 목적어로 구분합니다.

名片上	有	我们公司的	详细联系方式
주어	술어	관형어	목적어

단어 | **详细** xiángxì 형 상세하다, 자세하다 | **联系** liánxì 동 연락하다 | **名片** míngpiàn 명 명함

02 | 当地流传着许多有关牛郎织女的传说。

그 지역은 '견우와 직녀'와 관련된 수많은 전설이 전해지고 있다.

当地　牛郎织女的传说　许多有关　流传着

해설 |

① **제시어를 분석한다**

- 当地: 장소명사이므로 주어가 될 수 있습니다.
- 牛郎织女的传说: '견우와 직녀의 전설'이라는 명사입니다.
- 许多有关: 형용사 许多와 有关은 의미상 명사 传说를 수식합니다.
- 流传着: 着를 통해 流传着가 술어임을 알 수 있습니다.

② **술어를 찾는다 → 流传着**

③ **주어를 찾는다 → 当地**

존현문에서 주어는 장소명사가 됩니다.

④ **목적어를 찾는다 → 流传着＋许多有关＋牛郎织女的传说**

流传과 의미상 호응하는 목적어는 传说가 됩니다. 목적어 传说를 수식하는 许多有关을 传说 앞에 배열합니다.

当地	流传着	许多有关牛郎织女的	传说
주어	술어	관형어	목적어

단어 | **当地** dāngdì 명 현지, 그 지역 | **牛郎织女** niúláng zhī nǚ 견우와 직녀 | **传说** chuánshuō 명 전설 | **有关** yǒuguān 동 관계가 있다, 관련되다 | **流传** liúchuán 동 전해지다

03 | 天空中出现了一道彩虹。

하늘에 무지개 한 줄기가 나타났다.

彩虹　中　出现了一道　天空

해설 |

① **제시어를 분석한다**

- 彩虹: 명사이므로 주어나 목적어가 될 수 있습니다.
- 中: 방위명사이므로 장소명사와 결합하면 주어가 될 수 있습니다.
- 出现了一道: 동사 出现이 이 문장의 술어임을 알 수 있습니다. 수량사 一道와 호응하는 명사는 彩虹입니다.
- 天空: 장소를 나타내는 명사입니다.

② **술어를 찾는다 → 出现了一道**

③ **목적어를 찾는다 → 出现了一道＋彩虹**

④ **주어를 찾는다 → 天空＋中**

이 문장은 존현문 중에서도 출현문입니다. 존현문의 주어는 장소명사가 됩니다. '일반명사+방위명사=장소명사'이므로, '天空+中'이 주어가 됩니다.

天空中	出现了	一道彩虹
주어	술어	목적어

단어 | **彩虹** cǎihóng 명 무지개 | **出现** chūxiàn 동 출현하다, 나타나다 | **天空** tiānkōng 명 하늘

04 | 这个世界并没有你想象的那么糟糕。

이 세상은 결코 네가 상상하는 것처럼 그렇게 엉망이지는 않다.

那么　糟糕　并　这个世界　没有你想象的

해설 |

① **제시어를 분석한다**

동사 没有와 형용사 糟糕가 함께 있기 때문에 'A+没有+B(비교 대상)+那么+형용사술어(A는 B처럼 그렇게 ~하지 않다)'라는 비교문임을 먼저 파악해야 합니다. 비교문에서 술어는 형용사가 되며, '没有+비교 대상+那么' 구문은 술어 앞에 배열합니다.

② **술어를 찾아 비교 구문을 만든다**
→ 没有你想象的＋那么＋糟糕

③ **주어를 찾는다 → 这个世界**

보통 대명사 这/那가 있는 명사는 주어 자리에 옵니다.

④ **부사어는 술어 앞에 배열한다 → 并＋没有你想象的那么糟糕**

'결코'라는 의미의 부사 并은 동사 没有 앞에 배열합니다.

这个世界	并	没有你想象的那么糟糕
주어	부사어	没有+비교 대상+那么+술어

단어 | **糟糕** zāogāo 형 엉망이 되다, 망치다 | **想象** xiǎngxiàng 동 상상하다

05 | 他的心理承受能力比以前强多了。

그의 심리적 감당 능력은 이전보다 훨씬 강해졌다.

承受能力比　强　以前　多了　他的心理

해설 |

① **제시어를 분석한다**

제시어 중 比가 있기 때문에 비교문임을 바로 파악해야 합니다. 比 비교문은 'A+比+B(비교 대상)+형용사술어(A는 B보다 ~하다)'의 문형입니다.

② **술어를 찾는다 → 强**

③ **보어는 술어 뒤에 배열한다 → 强＋多了**

비교문에서 '형용사+多了'는 '훨씬 ~하다'라는 의미입니다.

④ '比+비교 대상'은 술어 앞에 배열한다
→ 承受能力比＋以前+强多了

제시어 중 比의 짝꿍이 될 비교 대상은 以前밖에 없으므로 比以前을 만들어 줍니다.

⑤ 주어를 찾는다 → 承受能力比

전치사 比 앞의 명사 承受能力가 주어임을 알 수 있습니다.

⑥ 관형어는 수식하는 명사와 결합한다 → 他的心理＋承受能力比

형용사술어 비교문이므로 뒤에 목적어는 없습니다. 따라서 他的心里는 주어인 명사 承受能力를 수식합니다.

他的	心理承受能力	比以前	强	多了
관형어	주어	부사어 (전치사구)	술어	보어

단어 | **承受能力** chéngshòu nénglì 감당 능력

시나공법 08 확인문제 | 369쪽

01 姥姥的病情已经稳定下来了。

02 那个小伙子激动得跳了起来。

03 会议材料都放在这个文件夹里。

04 此次演出将持续至下个月中旬。

05 汉语阅读包含在这次考试的范围之内。

01 | 姥姥的病情已经稳定下来了。

외할머니의 병세는 이미 안정되었다.

稳定　下来　了　病情已经　姥姥的

해설 |

① 제시어를 분석한다

- 稳定: 형용사이므로 술어가 될 수 있습니다.
- 下来: 동사이지만 주로 다른 동사나 형용사 뒤에 위치하여 보어로 쓰입니다.
- 了: 주로 동사 뒤 또는 문장 끝에 위치합니다.
- 病情已经: 명사 病情은 주어 또는 목적어가 될 수 있습니다. 부사 已经은 술어 앞에 위치합니다.
- 姥姥的: 관형어이므로 뒤에는 명사가 와야 합니다. 제시어 중 '姥姥的+病情已经'과 같이 결합할 수 있습니다.

② 술어를 찾는다 → 稳定

③ 주어를 찾는다 → 姥姥的＋病情已经＋稳定

④ 보어는 술어 뒤에 배열한다 → 姥姥的病情已经稳定＋下来＋了

형용사 뒤에 방향보어 下来를 쓰면 점진적인 변화를 나타냅니다. 술어가 형용사이므로 조사 了는 문장 끝에만 위치할 수 있습니다.

姥姥的	病情	已经	稳定	下来了
관형어	주어	부사어	술어	보어

단어 | **稳定** wěndìng 형 안정되다 | **病情** bìngqíng 명 병세 | **姥姥** lǎolao 명 외할머니

02 | 那个小伙子激动得跳了起来。

그 젊은이는 감격해서 껑충 뛰어올랐다.

那个小伙子　跳了　激动得　起来

해설 |

① 제시어를 분석한다

- 那个小伙子: 지시대명사 那, 그리고 제시어 중 유일한 명사이므로 주어임을 알 수 있습니다.
- 跳了: '동사+了'의 구조이므로 술어가 될 수 있는 형태입니다. 하지만 제시어 중 激动得, 방향보어 起来를 보고 보어임을 파악해야 합니다.
- 激动得: 구조조사 得를 통해 동사술어임을 알 수 있습니다.
- 起来: '시작하다'라는 동사가 될 수도 있지만, '동사+起来' 형태의 보어로 자주 쓰인다는 것을 기억합니다.

② 술어를 찾는다 → 激动得

③ 주어를 찾는다 → 那个小伙子＋激动得

④ 보어를 찾는다 → 那个小伙子激动得＋跳了＋起来

상태보어는 '정도부사+형용사'의 형태가 가장 많이 출제되지만, 형용사뿐만 아니라 복잡한 형태의 동사구 등 다양한 형태가 올 수도 있습니다. 이 문장은 跳了라는 동사와 起来라는 방향보어가 결합하여, 동사술어 激动의 보어로 쓰였습니다.

那个小伙子	激动	得	跳了起来
주어	술어		보어

단어 | **小伙子** xiǎohuǒzi 명 젊은이, 청년 | **跳** tiào 동 (껑충) 뛰다 | **激动** jīdòng 동 (감정이) 격해지다, 감격하다, 흥분하다

03 | 会议材料都放在这个文件夹里。

회의 자료는 모두 이 폴더 안에 넣어 두었습니다.

都　放在　里　会议材料　这个文件夹

해설 |

① 제시어를 분석한다

제시어 중 동사 放 뒤에 在가 붙어 있고, 또 다른 제시어로 방위명사 里가 있습니다. 이 단어로 '동사+在+장소+里'의 보어 구문임을 파악해야 합니다. 나머지 제시어는 의미로 주어와 부사어를 배열합니다.

② 술어를 찾고 보어는 술어 뒤에 배열한다
→ 放在＋这个文件夹＋里
在 뒤에는 장소명사가 와야 하므로, '这个文件夹+里'를 在 뒤에 배열합니다. 这个文件夹에 지시대명사인 这가 있지만 여기서는 주어가 될 수 없습니다. 这个文件夹가 아니면 在 뒤에서 장소를 나타낼 제시어가 없기 때문입니다.

③ 주어를 찾는다 → 会议材料＋放在这个文件夹里

④ 부사어는 술어 앞에 배열한다 → 都＋放在这个文件夹里
부사어의 위치는 술어 앞, 즉, 부사 都는 동사 放 앞에 배열해야 합니다.

会议材料	都	放	在这个文件夹里
주어	부사어	술어	보어

단어 | **会议材料** huìyì cáiliào 회의 자료 | **文件夹** wénjiànjiā 명 (파일) 폴더

04 | 此次演出将持续至下个月中旬。
이번 공연은 다음 달 중순까지 지속될 겁니다.

此次演出　持续　将　下个月中旬　至

해설 |
① 제시어를 분석한다
- 此次演出: 대명사 此는 这와 같은 의미의 서면어입니다. 따라서 此次演出는 주어가 될 수 있습니다.
- 持续: 제시어 중 유일한 동사이므로 술어임을 알 수 있습니다.
- 将: 부사 将은 주어 뒤, 술어 앞에 위치합니다.
- 下个月中旬/至: 전치사 至는 到의 의미이며, 뒤에 주로 시간명사와 함께 씁니다. 즉, 전치사구 '至+下个月中旬'은 보어로 쓰일 것을 짐작할 수 있습니다.

② 술어를 찾고 보어는 술어 뒤에 배열한다
→ 持续＋至＋下个月中旬

③ 주어를 찾는다 → 此次演出

④ 부사어는 술어 앞에 배열한다 → 将＋持续至下个月中旬

此次演出	将	持续	至下个月中旬
주어	부사어	술어	보어

단어 | **演出** yǎnchū 명 공연 | **持续** chíxù 동 지속하다 | **将** jiāng 부 ~일 것이다 | **中旬** zhōngxún 명 중순

05 | 汉语阅读包含在这次考试的范围之内。
중국어 독해는 이번 시험 범위 안에 포함됩니다.

包含　的范围之内　汉语阅读　在这次考试

해설 |
① 제시어를 분석한다
- 包含: 유일한 동사이므로 술어가 됩니다.
- 的范围之内: 的가 있으므로 앞에는 范围를 수식하는 제시어가 와야 합니다.
- 汉语阅读: 명사구이므로 주어가 될 수 있습니다.
- 在这次考试: 在 뒤에는 장소, 시간, 범위 등이 와야 합니다. 일반명사만 올 수는 없기 때문에 这次考试 뒤에는 在와 어울릴 수 있는 단어가 와야 합니다.

② 술어를 찾고 보어는 술어 뒤에 배열한다
→ 包含＋在这次考试＋的范围之内
전치사구는 결과보어로 사용할 수 있습니다. 따라서 제시어 중 '在这次考试+的范围之内'가 보어로 쓰임을 알 수 있습니다.

③ 주어를 찾는다 → 汉语阅读＋包含
阅读는 동사지만 汉语阅读로 결합되어 명사형의 단어로 쓰였습니다.

汉语阅读	包含	在这次考试的范围之内
주어	술어	보어

단어 | **包含** bāohán 동 포함하다 | **范围** fànwéi 명 범위 | **阅读** yuèdú 동 읽다 | **考试** kǎoshì 명 시험

시나공법 09 확인문제 | 377쪽

01 请您尽快填写个人信息。
02 不要轻易否定他人的努力。
03 这座图书馆是我校的代表建筑之一。
04 恭喜你通过了这轮面试。
05 他从事戏剧表演工作很多年了。

01 | 请您尽快填写个人信息。
되도록 빨리 개인 정보를 기입해 주십시오.

尽快　请　填写个人　您　信息

해설 |

① 제시어를 분석한다

- 尽快: 부사이므로 동사술어 앞에 위치해야 합니다.
- 请: 동사 请은 주어가 없는 문장의 제일 앞에 위치하여 부탁이나 요청의 의미를 나타낼 수 있습니다.
- 填写个人: 동사 填写와 명사 个人이 결합되어 있는 형태입니다. 个人은 명사지만 的 없이 다른 명사를 수식하는 관형어가 될 수 있습니다.
- 您: 인칭대명사이므로 주어나 목적어가 될 수 있습니다.
- 信息: 명사이므로 주어나 목적어가 될 수 있습니다. 제시어 중 동사 填写의 목적어가 될 수 있습니다.

② 술어를 찾는다 → 술어1: 请 | 술어2: 填写个人
술어가 두 개이고, 그중 동사 请이 있으므로 请으로 시작하는 문장임을 알 수 있습니다.

③ 주어와 목적어를 찾는다 → 请＋您＋填写个人＋信息
您은 请의 목적어이자 填写의 주어가 됩니다. 填写의 목적어 (个人)信息를 뒤에 배열합니다.

④ 부사어는 술어2 앞에 배열한다 → 请您＋尽快＋填写个人信息
请을 이용한 문장은 부사어를 두 번째 술어 앞에 배열해야 합니다.

请	您	尽快	填写	个人信息
술어1	주어 (겸어)	부사어	술어2	목적어

단어 | **尽快** jǐnkuài 부 되도록 빨리 | **填写** tiánxiě 동 (일정한 양식에) 써 넣다, 기입하다 | **个人信息** gèrén xìnxī 개인 정보

02 | 不要轻易否定他人的努力。

타인의 노력을 함부로 부정하지 마라.

努力　轻易　否定他人的　不要

해설 |

① 제시어를 분석한다

- 努力: 努力는 원래 동사이지만 명사처럼 쓰이기도 하고 '努力学习'와 같이 다른 동사를 수식하기도 합니다. 따라서 다른 제시어와의 호응을 체크해야 합니다.
- 轻易: 轻易는 형용사이지만 주로 부사 용법으로 쓰이므로, 부사로 알아 둡니다. 형용사에서 파생한 부사는 능원동사 뒤에 위치합니다.
- 否定他人的: 否定이 동사이므로 술어가 될 수 있습니다. 관형어 他人的가 결합되어 있으므로 뒤에는 명사가 와야 합니다.
- 不要: 不要는 술어가 될 수 있습니다. 만약 不要가 문장의 맨 앞에 오면 강한 금지의 뜻을 나타냅니다.

② 술어를 찾는다 → 否定他人的＋努力
的 뒤에는 명사가 와야 하는데, 제시어에서 努力 외에는 명사형으로 쓸 수 있는 단어가 없습니다. 따라서 努力가 목적어가 됨을 알 수 있습니다.

③ 부사어는 술어 앞에 배열한다 → 不要＋轻易＋否定他人的
주어가 일반적인 내용이라 생략된 문장입니다.

不要轻易	否定	他人的	努力
부사어	술어	관형어	목적어

단어 | **努力** nǔlì 동 노력하다, 열심히 하다 | **轻易** qīngyì 부 쉽사리, 함부로 | **否定** fǒudìng 동 부정하다

03 | 这座图书馆是我校的代表建筑之一。

이 도서관은 우리 학교의 대표 건축물 중 하나이다.

我校的代表　这座图书馆　建筑　之一　是

해설 |

① 제시어를 분석한다

- 我校的代表: '우리 학교의 대표'라는 의미임을 체크해 두고, 호응할 수 있는 제시어를 찾아야 합니다.
- 这座图书馆: 지시대명사 这가 있으므로 주어임을 알 수 있습니다.
- 建筑: 동사와 명사로 모두 쓰일 수 있지만, 제시어 중 是가 있으므로 명사로 체크해 둡니다.
- 之一: '~중 하나'라는 뜻이므로, 앞에는 더 큰 범위를 나타내는 단어가 와야 합니다.
- 是: 판단(A=B)의 의미로 문장의 술어가 됩니다.

② 술어를 찾는다 → 是

③ 주어와 목적어를 찾는다 → 주어: 这座图书馆 | 목적어: 建筑
주어가 这座图书馆이므로, '我校的代表(우리 학교의 대표)'는 목적어가 될 수 없습니다. 도서관은 건축물이기 때문에 목적어는 建筑가 되어야 합니다.

④ 관형어는 수식하는 명사와 결합한다
→ 我校的代表＋建筑＋之一
我校的代表와 建筑가 결합하여 '대표 건축물'이라는 단어를 만들 수 있습니다. 之一는 '(여러 개 중) 하나'라는 의미이므로 맨 뒤에 배열합니다.

这座图书馆	是	我校的	代表建筑之一
주어	술어	관형어	목적어

단어 | **代表** dàibiǎo 명 대표 | **座** zuò 양 좌, 동, 채[부피가 크거나 고정된 물체를 세는 단위] | **建筑** jiànzhù 명 건축물 | **之一** zhī yī ~중 하나

04 | 恭喜你通过了这轮面试。

이번 면접을 통과하신 것을 축하드립니다.

你　恭喜　这轮面试　通过了

해설 |

① **제시어를 분석한다**

- 你: 인칭대명사는 주로 주어로 쓰입니다.
- 恭喜: 恭喜는 주로 주어가 없는 문장으로 많이 쓰입니다. 따라서 문장의 맨 앞에 올 수 있는 동사입니다. 또한 겸어문을 이끌어 내는 동사이므로 恭喜 뒤에는 '주어+술어' 구조가 오게 됩니다.
- 这轮面试: 这를 포함하는 명사형은 주로 주어로 쓰입니다. 주어가 될 수 있는 你가 제시어에 있으므로, 다른 제시어들과 의미를 연관 지어 살펴야 합니다.
- 通过了: 조사 了를 보고 동사술어임을 알 수 있습니다.

② **술어를 찾는다 → 술어1: 恭喜 | 술어2: 通过了**

③ **주어와 목적어를 찾는다 → 恭喜＋你＋通过了＋这轮面试**

通过의 주어 你는 恭喜의 목적어이기도 한 겸어입니다. 通过의 목적어는 这轮面试가 됩니다. 지시대명사 这가 있지만 의미상 주어는 될 수 없고 목적어가 되어야 합니다.

恭喜	你	通过了	这轮面试
술어1	주어 (겸어)	술어2	목적어

단어 | **恭喜** gōngxǐ 동 축하하다 | **轮** lún 양 [순환하는 사물이나 동작을 세는 단위] | **面试** miànshì 명 면접(시험) | **通过** tōngguò 동 통과하다

05 | 他从事戏剧表演工作很多年了。

그는 전통극 공연 업무에 종사한 지 여러 해가 되었다.

很多年　从事戏剧　他　了　表演　工作

해설 |

① **제시어를 분석한다**

- 很多年: 기간을 나타내므로 술어 또는 보어가 될 수 있음을 체크해 둡니다.
- 从事戏剧: 동사 从事는 '(어떤 일에) 종사하다'라는 뜻이므로, 목적어는 일과 관련된 단어가 와야 합니다. 戏剧는 의미상 从事의 목적어가 될 수 없으므로 다른 단어가 더 결합되어야 합니다.
- 他: 인칭대명사는 주어 또는 목적어가 될 수 있습니다.
- 了: 了는 주로 동사 뒤 또는 문장 끝에 위치합니다.
- 表演/工作: 제시어 从事戏剧의 戏剧와 결합하여, 戏剧表演工作와 같이 한 덩어리의 단어로 묶을 수 있습니다.

② **술어와 목적어를 찾는다 → 从事戏剧＋表演＋工作**

③ **주어를 찾는다 → 他＋从事戏剧表演工作**

④ **很多年了를 전체 문장의 술어로 처리한다**
→ 他从事戏剧表演工作＋很多年了

他从事戏剧表演工作는 전체 문장의 주어가 되고, 很多年了는 술어가 됩니다. 이때 기간 뒤에는 변화의 의미를 갖는 어기조사 了를 써야 합니다.

他	从事	戏剧表演工作	很多年了
주어	술어	목적어	
주어			술어

단어 | **从事** cóngshì 동 종사하다 | **戏剧** xìjù 명 희극, 중국 전통극 | **表演** biǎoyǎn 동 공연하다, 연기하다

Tip

자주 쓰는 쉬운 표현 하나로 응용하는 습관을 들여 봅시다. 가령, '나는 중국에 온 지 여러 해가 되었다.'라는 표현은 '我来中国很多年了。'라고 말합니다. 이 문형을 그대로 대입해 보면 '그는 전통극 공연 업무에 종사한 지 여러 해가 되었다.'의 단어 배열을 빠르고 쉽게 할 수 있습니다.

쓰기

2부분

시나공법 01 확인문제 | 405쪽

01 |

모범답안

		我	犯	了	一	个	非	常	大	的	错	误	，	不	过
领	导	没	有	批	评	我	，	而	是	让	我	面	对	我	犯
的	错	误	，	他	相	信	我	会	及	时	改	正	。	我	以
后	要	虚	心	向	同	事	学	习	，	不	断	积	累	经	验。
犯	错	误	也	是	一	个	成	长	的	过	程	，	我	相	信
自	己	一	定	能	成	为	一	名	优	秀	的	员	工	。	

나는 매우 큰 잘못을 저질렀지만, 상사는 나를 꾸짖지 않고 나한테 내가 저지른 잘못을 직면하도록 했다. 그는 내가 곧바로 고칠 수 있을 것이라 믿었다. 나는 앞으로 겸손하게 동료에게 배우고 끊임없이 경험을 쌓아야겠다. 실수하는 것 역시 성장 과정이니, 나는 스스로가 반드시 우수한 직원이 될 수 있을 것이라 믿는다.

错误　面对　虚心　经验　成长

해설 |

제시어 해설

错误 cuòwù 명 잘못, 실수 4급

犯错误 잘못을 저지르다, 실수하다 | **改正**错误 잘못을 바로잡다(고치다) | **承认**错误 잘못을 인정하다

我犯了一个严重的错误。 나는 심각한 잘못을 저질렀다.

他及时改正了错误。 그는 즉시 잘못을 고쳤다.

我主动承认了错误。 나는 먼저 나서서 잘못을 인정했다.

· **承认** chéngrèn 동 (잘못을) 인정하다 | **严重** yánzhòng 형 (정도가) 심각하다 | **主动** zhǔdòng 형 능동적이다, 자발적으로 나서다

面对 miànduì 동 직면하다, 맞서다 5급

面对**困难** 어려움에 직면하다 | 面对**压力** 스트레스에 직면하다 | 面对**失败** 실패에 직면하다

面对**各种压力，我没有放弃。**
갖가지 스트레스에 직면했지만 나는 포기하지 않았다.

面对**这样的结果，我感到很后悔。**
이런 결과에 직면해서 나는 아주 후회가 된다.

· **困难** kùnnan 명 어려움 | **压力** yālì 명 스트레스 | **失败** shībài 명 실패 | **结果** jiéguǒ 명 결과 | **放弃** fàngqì 동 포기하다 | **后悔** hòuhuǐ 동 후회하다

虚心 xūxīn 형 겸손하다, 겸허하다 5급

虚心**请教** 겸허히 가르침을 청하다 | 虚心**接受** 겸허히 받아들이다 | 虚心**向别人学习** 겸손하게 다른 사람에게 배우다

我决定以后要虚心**向别人学习。**
나는 앞으로 겸손하게 다른 사람에게 배워야겠다고 결정했다.

遇到不明白的事，他每次都虚心**向同事请教。**
모르는 일을 맞닥뜨리면 그는 매번 겸손하게 동료한테 가르침을 청한다.

· **请教** qǐngjiào 동 가르침을 청하다 | **接受** jiēshòu 동 받아들이다 | **遇到** yùdào 동 만나다

> Tip
> 虚心은 형용사지만 주로 동사를 수식하는 부사어로 쓰입니다. '虚心地'처럼 조사 地와 함께 수식해도 되고, 단독으로 직접 수식하기도 합니다.

经验 jīngyàn 명 경험, 노하우 4급

积累经验 경험을 쌓다 | **丰富的**经验 풍부한 경험 | **工作**经验 업무 경험

他的经验**很丰富，以后我要向他学习。**
그의 경험은 매우 풍부해서 앞으로 나는 그에게 배우려 한다.

· **丰富** fēngfù 형 풍부하다

成长 chéngzhǎng 동 성장하다, 자라다 5급

不断成长 끊임없이 성장하다 | 成长**了很多** 많이 성장했다

参加工作以后，我一直在成长**。**
회사에 다닌 이후로, 나는 계속 성장하고 있다.

> Tip
> · 不断은 동사를 수식할 때 직접 수식하기도 하며, '不断地成长'처럼 조사 地를 붙여서 수식할 수도 있습니다.
> · 参加工作를 직역하면 '업무에 참가하다'이지만, '회사에 다닌다'라고 해석하는 것이 훨씬 자연스럽습니다. 자주 보이는 중국식 표현이므로 잘 익혀 두어야 합니다.

스토리 구상

실수(错误)를 했지만 이것을 직시(面对)하여 고치고, 앞으로 더 겸허하게(虚心) 주변 사람들에게 배우며 좋은 경험(经验)을 쌓고 더 성장(成长)하겠다.

단어 | **犯错误** fàn cuòwù 잘못을 저지르다, 실수하다 | **领导** lǐngdǎo 명 지도자, 대표, 상사 | **批评** pīpíng 동 질책하다, 꾸짖다 | **及时** jíshí 부 즉시, 곧바로 | **改正** gǎizhèng 동 (잘못을) 고치다 | **不断** búduàn 부 끊임없이, 계속해서 | **积累** jīlěi 동 (경험을) 쌓다 | **过程** guòchéng 명 과정 | **优秀** yōuxiù 형 우수하다 | **员工** yuángōng 명 직원

시나공법 02 확인문제 | 415쪽

01 |

모범답안

		我	马	上	就	要	毕	业	了	，	我	很	想	去	大
公	司	应	聘	，	所	以	最	近	正	在	制	作	简	历	。
教	授	告	诉	我	，	简	历	一	定	要	有	自	己	的	特
色	，	除	了	写	基	本	的	个	人	信	息	以	外	，	还
要	突	出	自	己	的	优	势	，	这	样	才	有	机	会	。
我	要	好	好	准	备	，	我	相	信	我	一	定	能	找	到
一	个	好	工	作	。										

나는 곧 졸업하는데, 대기업에 지원하고 싶어서 요즘 이력서를 작성하고 있다. 교수님이 내게 말하길, 이력서는 반드시 자신만의 특색이 있어야 하고, 기본적인 개인 정보를 쓰는 것 외에 또 자신의 강점을 부각시켜야 기회가 생긴다고 하셨다. 열심히 준비해야겠다. 나는 반드시 좋은 일자리를 찾을 수 있을 거라고 믿는다.

简历　特色　信息　突出　应聘

해설 |

제시어 해설

简历 jiǎnlì 명 이력서 5급

写个人简历 개인 이력서를 쓰다 | **制作个人简历** 개인 이력서를 작성하다

我制作了一份个人简历。 나는 개인 이력서 한 부를 작성했다.

信息 xìnxī 명 정보 4급

信息时代 정보화 시대 | **个人信息** 개인 정보 | **招聘信息** 채용 정보

昨天一家大公司发布了一条招聘信息。
어제 한 대기업이 채용 정보를 발표했다.

- **招聘** zhāopìn 동 모집하다, 채용하다

突出 tūchū 5급

동 부각시키다, 두드러지게 하다

突出重点 중점을 부각시키다 | **突出优点** 장점을 부각시키다

我在简历中突出了我的优势。
나는 이력서에 나의 장점을 부각시켰다.

형 돋보이다, 두드러지다, 뛰어나다

成绩突出 성적이 뛰어나다 | **表现突出** 태도가 뛰어나다

我在学校学习时，成绩非常突出，经常考第一名。
나는 학교에서 공부할 때, 성적이 매우 뛰어나서 자주 1등을 했다.

他的工作表现很突出，所以很快就升职了。
그의 업무 태도는 뛰어나서 금방 승진했다.

- **优点** yōudiǎn 명 장점[=**优势** yōushì] | **表现** biǎoxiàn 명 표현, 태도, 행동 | **升职** shēngzhí 동 승진하다

特色 tèsè 명 특색 5급

个人简历要有特色。 개인 이력서는 특색이 있어야 한다.

我的简历很有特色，因此我被录用了。
나의 이력서는 매우 특색이 있어서 나는 채용됐다.

- **录用** lùyòng 동 채용하다

应聘 yìngpìn 동 지원하다 4급

我昨天去AA公司应聘了。 나는 어제 AA회사에 지원하러 갔다.

下周我要去中国银行应聘。
다음 주에 나는 중국은행에 지원하러 간다.

应聘时要注意很多细节。
(회사에) 지원할 때는 많은 세부 사항에 주의해야 한다.

스토리 구상

이력서(简历)를 쓸 때는 특색(特色)을 살리고 개인 정보(信息)를 표기하며, 내 장점을 부각시킨(突出) 후 지원(应聘)을 해야 한다.

단어 | **马上就要～了** mǎshàng jiù yào~le 곧 ~하다 | **毕业** bìyè 동 졸업하다 | **制作简历** zhìzuò jiǎnlì 이력서를 작성하다 | **教授** jiàoshòu 명 교수 | **特色** tèsè 명 특색 | **除了** chúle 전 ~을 제외하고, ~외에 또 | **基本** jīběn 형 기본적인 | **个人信息** gèrén xìnxī 개인 정보 | **优势** yōushì 명 우세, 강점 | **准备** zhǔnbèi 동 준비하다

시나공법 03 확인문제 | 422쪽

01 |

모범답안

		我	是	一	个	上	班	族	，	我	在	一	家	大	公
司	工	作	。	虽	然	很	多	人	都	羡	慕	我	，	其	实
我	的	工	作	压	力	非	常	大	。	最	近	我	几	乎	天
天	都	加	班	，	根	本	没	有	时	间	休	息	，	所	以
我	经	常	头	疼	，	感	到	非	常	疲	劳	。	我	决	定
请	几	天	假	，	好	好	休	息	一	下	。				

나는 직장인이고, 대기업에서 일한다. 비록 많은 사람들이 나를 부러워하지만, 사실 내 업무 스트레스는 매우 크다. 요즘 나는 거의 날마다 야근을 하느라 전혀 쉴 시간이 없어서, 자주 머리가 아프고 매우 피로를 느낀다. 나는 며칠 휴가를 신청해서 푹 좀 쉬기로 결정했다.

해설 |

1단계 **주제 설정하기**

야근 등 과도한 업무량 때문에 매우 피곤함을 설명한다.

Tip
배경은 꼭 직장이 아니어도 됩니다. 시험이나 취업 준비로 인해 학습량이 많아 피로하다는 스토리를 만들어도 무방합니다.

2단계 스토리 구상하기

도입 나는 직장인이고 ○○ 회사에서 일한다.
전개 나는 요즘 업무 스트레스가 너무 심하다. 매일 야근을 해서 자주 피로를 느낀다.
마무리 나는 며칠 휴가를 내서 쉬고 싶다.

단어 | **上班族** shàngbānzú 명 직장인 | **羡慕** xiànmù 동 부러워하다 | **其实** qíshí 부 사실 | **压力** yālì 명 스트레스, 압력 | **几乎** jīhū 부 거의 | **加班** jiābān 동 야근하다 | **根本** gēnběn 부 전혀, 아예 | **休息** xiūxi 동 휴식하다, 쉬다 | **头疼** tóuténg 동 머리가 아프다 | **疲劳** píláo 형 피로하다, 피곤하다, 지치다 | **请假** qǐngjià 동 휴가를 신청하다

관련 표현

压力 yālì 명 스트레스
我的工作压力非常大。
내 업무 스트레스는 매우 크다.

加班 jiābān 동 야근하다, 초과 근무를 하다
我几乎天天都加班，没有时间休息。
나는 거의 날마다 야근을 하느라 쉴 시간이 없다.

头疼 tóuténg 동 머리가 아프다
我的工作压力很大，我经常头疼。
내 업무 스트레스는 너무 커서 나는 자주 머리가 아프다.

疲劳 píláo 형 피로하다, 피곤하다, 지치다
我每天都感到很疲劳。
나는 매일같이 피로를 느낀다.

休息 xiūxi 동 휴식하다, 쉬다
请假 qǐngjià 동 휴가를 신청하다
我想请假休息几天。
나는 휴가를 신청해서 며칠간 쉬고 싶다.

시나공법 04 확인문제 | 432쪽

01 |

모범답안

		我	姐	姐	和	姐	夫	结	婚	已	经	好	几	年	了,
他	们	俩	很	有	共	同	语	言	，	在	一	起	时	总	有
说	不	完	的	话	题	。	昨	天	姐	姐	过	生	日	，	为
了	庆	祝	，	姐	夫	准	备	了	一	顿	丰	盛	的	晚	餐,
而	且	买	了	一	瓶	红	酒	。	他	们	一	边	喝	红	酒,
一	边	聊	天	。	两	个	人	都	非	常	开	心	。		

우리 언니와 형부는 결혼한 지 이미 여러 해가 되었는데, 그들 둘은 공통 관심사가 많아서 함께 있을 때 늘 끊이지 않는 화제가 있다. 어제는 언니 생일이었다. 축하하기 위해서 형부는 푸짐한 저녁밥 한 끼를 준비했을 뿐만 아니라, 와인 한 병을 사 왔다. 그들은 와인을 마시면서 이야기를 나누었다. 두 사람은 모두 매우 즐거워했다.

해설 |

1단계 주제 설정하기

언니와 형부는 부부 사이가 좋다. 그들은 어제 행복한 시간을 보냈다.

Tip
• 사진의 내용상, 술이 위주가 아니라 연인 이야기를 중심으로 작성합니다.
• 红酒라는 단어를 몰랐다면 酒만 써도 무방합니다.

2단계 스토리 구상하기

도입 언니와 형부는 늘 대화가 많다.
전개 어제는 언니의 생일이어서 형부가 저녁 식사를 준비했다. 와인을 마시면서 이야기를 나누었다.
마무리 언니와 형부는 매우 즐거워 보인다.

단어 | **结婚** jiéhūn 동 결혼하다 | **共同语言** gòngtóng yǔyán 공통 관심사 | **话题** huàtí 명 화제 | **过生日** guò shēngrì 생일을 보내다 | **庆祝** qìngzhù 동 축하하다 | **准备** zhǔnbèi 동 준비하다 | **顿** dùn 양 번, 차례, 끼니[식사 · 질책 · 권고 등을 세는 단위] | **丰盛** fēngshèng 형 (음식 등이) 풍성하다, 푸짐하다 | **晚餐** wǎncān 명 저녁 식사, 저녁밥 | **瓶** píng 양 병 | **红酒** hóngjiǔ 명 와인, 포도주 | **聊天** liáotiān 동 이야기를 나누다 | **开心** kāixīn 형 즐겁다

관련 표현

过生日 guò shēngrì 생일을 보내다
昨天我过生日，丈夫给我做了晚饭。
어제는 내 생일이라서 남편이 내게 저녁밥을 지어 줬다.

结婚纪念日 jiéhūn jìniànrì 결혼기념일
昨天是我们的结婚纪念日，我们一起庆祝了一下。
어제는 우리의 결혼기념일이라서 우리는 함께 축하했다.

对～很好 duì~hěn hǎo ~에게 잘해 주다
丈夫对妻子很好。
남편은 아내에게 잘해 준다.

庆祝 qìngzhù 동 축하하다, 경축하다
为了庆祝，他给她买了一个小礼物。
축하하기 위해서 그는 그녀에게 작은 선물을 주었다.

聊天 liáotiān 동 이야기를 나누다
他们一边喝酒，一边聊天。
그는 술을 마시면서 이야기를 나누었다.

실전 문제

정답과 해설

1부분 · 2부분 대화형

실전문제				89쪽
〈1부분〉				
01 D	02 B	03 C	04 A	05 D
06 A	07 B	08 C	09 B	10 B
11 C	12 A	13 A	14 C	15 D
16 A	17 D	18 B	19 D	20 C
〈2부분〉				
21 D	22 B	23 A	24 B	25 C
26 A	27 C	28 C	29 B	30 B

듣기 1-07 실전문제.mp3

〈1부분〉

01 | D

〈반복훈련용〉 실전문제01.mp3

女 教练，我跳舞的姿势对吗？
男 胳膊不要太高，腿再伸直点儿。
问 男的在做什么？

A 买球鞋
B 打网球
C 给客人服务
D 指导女的跳舞

여: 코치님, 제가 춤추는 자세가 맞나요?
남: 팔을 너무 높이 들지 말고, 다리를 더 곧게 펴세요.
질문: 남자는 무엇을 하고 있는가?

A 운동화를 산다
B 테니스를 친다
C 손님에게 서비스한다
D 여자에게 춤추는 것을 지도한다

해설 | 선택지가 동사구로 이루어져 있어서 행동과 관련된 문제임을 알 수 있습니다. 여자의 말에서, 남자는 댄스 코치임을 알 수 있습니다. 설령 문장을 정확히 이해하지 못했더라도 跳舞라는 단어만 들었다면 어렵지 않게 정답을 선택할 수 있습니다. 따라서 정답은 D입니다.

단어 | **教练** jiàoliàn 명 코치 | **跳舞** tiàowǔ 동 춤을 추다 | **姿势** zīshì 명 자세 | **胳膊** gēbo 명 팔 | **腿** tuǐ 명다리 | **伸直** shēnzhí 동 곧게 펴다, 똑바로 뻗다 | **球鞋** qiúxié 명 운동화 | **打网球** dǎ wǎngqiú 테니스를 치다 | **指导** zhǐdǎo 동 지도하다

02 | B

실전문제02.mp3

男 真倒霉，这个水壶坏了，开关都不管用了。
女 那先用别的吧，明天我去超市再买个新的。
问 女的计划明天去哪儿？

A 图书馆
B 超市
C 宠物商店
D 长途汽车站

남: 정말 일진이 안 좋아. 이 주전자가 망가졌어. 스위치가 안 돼.
여: 그럼 우선 다른 걸 써. 내일 내가 마트 가서 다시 새걸로 사 올게.
질문: 여자는 내일 어디에 갈 계획인가?

A 도서관
B 마트
C 애완동물 가게
D 시외버스 터미널

해설 | 선택지를 보면 장소와 관련된 문제임을 알 수 있습니다. 녹음에서 언급된 장소는 超市 하나입니다. 다른 장소는 들리지 않았기 때문에 비교적 쉬운 난이도입니다. 따라서 정답은 B입니다.

단어 | **真倒霉** zhēn dǎoméi 일진이 아주 나쁘다, 정말 재수 없다 | **水壶** shuǐhú 명 (물)주전자 | **坏** huài 동 망가지다, 고장 나다 | **开关** kāiguān 명 스위치, 밸브 | **不管用** bùguǎnyòng 동 사용할 수 없다, 고장 나다 | **计划** jìhuà 동 ~할 계획이다 | **宠物商店** chǒngwù shāngdiàn 애완동물 가게 | **长途汽车站** chángtú qìchēzhàn 시외버스 터미널

03 | C

실전문제03.mp3

女 我今天去参加了一场产品说明会，发现稍微一不注意，想买的东西就错过了。
男 很正常，你平时又不怎么接触这种活动。
问 根据对话，下列哪项正确？

A 商品价格太贵
B 男的想参加优惠活动
C 女的去产品说明会了
D 他们约好去滑雪

여: 난 오늘 제품 설명회에 참가하러 갔는데, 순간 부주의로 사고 싶은 물건을 놓쳐 버렸어.
남: 정상적이야. 너는 평소에도 이런 행사를 별로 접하지 않았잖아.
질문: 대화에 근거하여 다음 중 정확한 것은?

A 상품 가격이 너무 비싸다
B 남자는 할인 행사에 참가하고 싶어 한다
C 여자는 제품 설명회에 갔다
D 그들은 스키를 타러 가기로 약속했다

해설 | 선택지가 길거나 완전한 문장이면 대부분 지문과 일치하는 내용을 물어보는 문제입니다. 여자의 말에서 '我今天去参加了一场产品说明会'와 같이 선택지의 내용이 거의 그대로 언급되었습니다. 정답은 C입니다.

Tip
D의 滑雪는 필수어휘는 아니지만 시험에 종종 등장하므로 잘 익혀 둡니다.

단어 | **产品** chǎnpǐn 명 제품 | **说明会** shuōmínghuì 설명회 | **稍微** shāowēi 부 조금, 약간 | **错过** cuòguò 동 (시기 · 대상을) 놓치다 | **接触** jiēchù 동 접촉하다, 접하다 | **根据** gēnjù 전 ~에 근거하여 | **正确** zhèngquè 형 정확하다, 올바르다 | **优惠** yōuhuì 형 특혜의, 우대의 | **约** yuē 동 약속하다 | **滑雪** huáxuě 동 스키를 타다

04 | A

실전문제04.mp3

男 您好，我刚刚在你们这儿买的裤子有问题，去哪儿可以退货?
女 您拿着购物小票到柜台，直接就能办理。
问 男的怎么了?

A 要退货
B 钱包丢了
C 要买门票
D 要开家新的店

남: 안녕하세요. 저 방금 여기서 산 바지에 문제가 있는데, 어디 가서 반품할 수 있어요?
여: 물건 산 영수증을 들고 계산대로 가시면 직접 처리할 수 있습니다.
질문: 남자는 무슨 일이 있는가?

A 반품하려고 한다
B 지갑을 잃어버렸다
C 입장권을 사려고 한다
D 새 가게를 오픈하려 한다

해설 | 선택지를 보면 행동에 관련된 문제임을 알 수 있습니다. 남자의 '去哪儿可以退货'가 힌트입니다. 선택지의 退货라는 단어가 그대로 언급되었기 때문에 단어의 발음을 정확히 알고 있었다면 어렵지 않은 문제입니다. 정답은 A입니다.

단어 | **退货** tuìhuò 동 물건을 물리다, 반품하다 | **钱包** qiánbāo 명 지갑 | **丢** diū 동 잃어버리다, 분실하다 | **门票** ménpiào 명 입장권 | **开店** kāidiàn 동 가게를 열다, 상점을 개업하다 | **购物** gòuwù 동 물품을 구입하다, 물건을 사다 | **小票** xiǎopiào 명 (물건 구매) 영수증 | **柜台** guìtái 명 계산대 | **直接** zhíjiē 부 직접 | **办理** bànlǐ 동 처리하다

05 | D

실전문제05.mp3

女 这家书店是由四合院改造的，改造的时候保留了当时的风格。
男 我觉得还挺有感觉的，仿佛一下子回到了80年代。
问 关于那家书店，可以知道什么?

A 24小时营业
B 不卖书
C 老板是个80后
D 那儿原来是四合院

여: 이 서점은 사합원을 개조한 거예요. 개조할 때 원래의 스타일을 보존했어요.
남: 아주 느낌 있네요. 마치 순간 80년대로 돌아간 것 같아요.
질문: 그 서점에 관해서 무엇을 알 수 있는가?

A 24시간 영업한다
B 책을 팔지 않는다
C 사장님은 80년대 출생자이다
D 그곳은 원래 사합원이었다

해설 | 여자 말에서 书店만 듣고 B를 선택해서는 안 되고, 80年代라는 단어만 듣고 C를 선택해도 안 됩니다. '这家书店是由四合院改造的'라는 표현을 통해 이 서점이 원래는 사합원이었다는 정보를 알 수 있습니다. 베이징 전통 주택 양식인 사합원을 몰랐다면 생소할 수 있었지만, 발음만 놓치지 않았다면 풀 수 있는 문제입니다. 따라서 정답은 D입니다.

단어 | **四合院** sìhéyuàn 명 사합원[베이징의 전통 주택 양식] | **改造** gǎizào 동 개조하다 | **保留** bǎoliú 동 보존하다 | **风格** fēnggé 명 스타일 | **挺** tǐng 부 꽤, 제법 | **感觉** gǎnjué 명 감각, 느낌 | **仿佛** fǎngfú 부 마치 ~인 것 같다 | **一下子** yíxiàzi 단번에, 갑자기 | **营业** yíngyè 동 영업하다 | **老板** lǎobǎn 명 (상점) 주인, 사장 | **80后** bā-líng hòu [80년대 출생자를 가리킴] | **原来** yuánlái 명 원래, 본래

06 | A

실전문제06.mp3

男 我舅舅的借书卡丢了，我能替他办张新的吗?
女 可以，出示他本人还有代办人的身份证即可。
问 男的想帮谁办借书卡?

A 舅舅
B 姑姑
C 孙女
D 外公

남: 저희 외삼촌의 도서대출카드를 분실했는데, 제가 대신 새걸로 발급받을 수 있을까요?
여: 가능해요. 그 사람 본인, 그리고 대리인의 신분증을 제시하면 됩니다.
질문: 남자는 누구 대신 도서대출카드를 발급받으려 하는가?

A 외삼촌
B 고모
C 손녀
D 외할아버지

해설 | 선택지에 가족 호칭이 있을 경우, 각 발음을 체크하고 여러 단어가 등장할 수 있음을 주의하고 들어야 합니다. 이 지문에서는 **舅舅**만 등장했기 때문에 비교적 쉽게 풀 수 있습니다. 따라서 정답은 A입니다.

단어 | **舅舅** jiùjiu 명 외삼촌 | **借书卡** jièshūkǎ 도서대출카드 | **替** tì 동 대신하다, 대체하다 | **办** bàn 동 만들다, 발급받다 | **出示** chūshì 동 제시하다, 보여 주다 | **代办人** dàibànrén 대리인 | **身份证** shēnfènzhèng 명 신분증 | **即可** jí kě ~하면 된다[=**就可以** jiù kěyǐ] | **姑姑** gūgu 명 고모 | **孙女** sūnnǚ 명 손녀 | **外公** wàigōng 명 외할아버지

07 | B

실전문제07.mp3

女 小李，你负责给每一个特邀嘉宾分配一下酒店房间，不要发错了房卡。
男 好的，我会好好确认每一个人的信息的。
问 女的让男的给谁分配房间？

A 所有职员
B 特邀嘉宾
C 旅游团游客
D 购物的人

여: 샤오리, 모든 특별 초청 게스트에게 호텔 방 배정하는 걸 좀 맡아 주세요. 카드키를 잘못 나눠 주면 안 돼요.
남: 네, 제가 모든 사람의 정보를 잘 확인하도록 하겠습니다.
질문: 여자는 남자에게 누구의 방을 배정하게 했는가?

A 모든 직원
B 특별 초청 게스트
C 투어팀 관광객
D 구매자

해설 | 선택지를 보면 신분을 묻는 문제임을 알 수 있습니다. 보통 제3자의 신분을 물어보므로 언급되는 단어를 선택지에 체크하며 듣습니다. 여자의 말에서 선택지의 **特邀嘉宾**이 그대로 나왔기 때문에 쉽게 풀 수 있습니다. 따라서 정답은 B입니다.

단어 | **负责** fùzé 동 책임지다, 맡다 | **特邀** tèyāo 동 특별 초청하다 | **嘉宾** jiābīn 명 게스트, 귀빈, 손님 | **分配** fēnpèi 동 분배하다, 배정하다 | **酒店** jiǔdiàn 명 (대형) 호텔 | **发错** fācuò 잘못 보내다 | **房卡** fángkǎ (객실의) 카드키 | **确认** quèrèn 동 확인하다 | **信息** xìnxī 명 정보 | **职员** zhíyuán 명 직원 | **旅游团** lǚyóutuán 명 여행단, 투어팀 | **游客** yóukè 명 여행객, 관광객 | **购物** gòuwù 동 물품을 구입하다, 쇼핑하다

08 | C

실전문제08.mp3

男 圣诞节你有安排吗？我想去海南三亚旅游，一起去吧！
女 实在抱歉，我和朋友约好了一起去滑一场雪，实在是不好意思。
问 女的圣诞节打算干什么？

A 看演唱会
B 去海南旅游
C 和朋友滑雪
D 去亲戚家

남: 성탄절에 너 무슨 계획 있어? 난 하이난 싼야로 여행을 가려고 하는데 같이 가자!
여: 정말 미안해. 난 친구랑 같이 스키 타러 가기로 약속했어. 정말로 미안해.
질문: 여자는 성탄절에 무엇을 할 계획인가?

A 콘서트를 본다
B 하이난으로 여행을 간다
C 친구와 스키를 탄다
D 친척 집에 간다

해설 | 행동 관련 선택지입니다. 선택지의 **去海南旅游**가 지문에 언급되었으므로 B 옆에 '남'이라고 메모를 하면서 듣습니다. 여자 말의 '**我和朋友约好了一起去滑一场雪**'라는 문장을 듣고 C 옆에는 '여'라고 메모를 합니다. 문제에서 여자의 성탄절 계획을 물었기 때문에 정답은 C입니다.

Tip
평소 **滑雪**로 단어를 암기했다면 **滑一场雪**와 같은 표현을 들었을 때 당황할 수 있습니다. HSK에서는 **滑雪**와 같은 이합사의 표현은 주의해서 알아둬야 합니다. 또한 선택지의 내용이 두 개 이상이 들린 경우에는 질문을 끝까지 듣고 최종 선택을 해야 합니다.

단어 | **圣诞节** Shèngdànjié 고유 성탄절, 크리스마스 | **安排** ānpái 명 계획, 스케줄 | **海南** Hǎinán 고유 하이난[지명] | **三亚** Sānyà 고유 싼야[지명] | **实在** shízài 부 정말, 참으로 | **抱歉** bàoqiàn 동 미안해 하다 | **约** yuē 동 약속하다 | **滑雪** huáxuě 동 스키를 타다 | **演唱会** yǎnchànghuì 명 콘서트 | **亲戚** qīnqi 명 친척

09 | B

실전문제09.mp3

女 你脸色怎么这么不好，是不是生病了？
男 没有，我家隔壁今天一大早就开始装修，太吵了，我没有睡好。
问 根据对话，下列哪项正确？

A 隔壁在吵架
B 邻居在装修
C 楼上在搬家
D 有人放鞭炮

여: 너 안색이 왜 이렇게 안 좋아? 아픈 거 아니니?
남: 아니야. 우리 옆집이 오늘 이른 아침부터 인테리어를 시작했는데, 너무 시끄러워서 잠을 제대로 못 잤어.
질문: 대화에 근거하여 다음 중 정확한 것은?

A 이웃집이 다투는 중이다
B 이웃집이 인테리어하는 중이다
C 위층이 이사하는 중이다
D 누군가 폭죽을 터뜨린다

해설 | 선택지에 隔壁, 邻居가 있기 때문에 이웃과 관련된 내용이 들릴 것을 유추합니다. 선택지 분석 시 隔壁에만 집중하거나 太吵了를 제대로 이해하지 못했다면 A를 고르는 실수를 할 수 있습니다. 남자의 말 '我家隔壁今天一大早就开始装修'가 핵심이고, 隔壁와 邻居는 동의어입니다. 따라서 정답은 B입니다.

단어 | **脸色** liǎnsè 명 안색, 얼굴색 | **隔壁** gébì 명 이웃집, 옆집 | **一大早** yídàzǎo 이른 아침 | **装修** zhuāngxiū 동 인테리어하다 | **吵** chǎo 형 시끄럽다 | **吵架** chǎojià 동 말다툼하다, 다투다 | **邻居** línjū 명 이웃집, 이웃 사람 | **楼上** lóushàng 명 위층, 2층 | **搬家** bānjiā 동 이사하다, 집을 옮기다 | **放鞭炮** fàng biānpào 폭죽을 터뜨리다

10 | B

실전문제10.mp3

男 今天听小李说你突然辞职了，怎么回事啊?
女 我打算用在公司学到的知识，自己试一试创业。
问 女的辞职后要做什么?

A 留学
B 创业
C 旅游
D 换工作

남: 오늘 샤오리에게 들었는데 너 갑자기 퇴사했다며? 무슨 일이야?
여: 난 회사에서 배운 지식을 이용해서 스스로 창업을 한번 해 볼 생각이야.
질문: 여자는 퇴사 후에 무엇을 하려고 하는가?

A 유학한다
B 창업한다
C 여행한다
D 직업을 바꾼다

해설 | 선택지를 보면 행동과 관련된 문제임을 알 수 있습니다. 선택지 분석 시 병음의 발음을 미리 체크하고 녹음을 듣습니다. 여자의 말 '自己试一试创业'가 핵심입니다. 따라서 정답은 B입니다.

단어 | **辞职** cízhí 동 퇴사하다, 직장을 그만두다 | **知识** zhīshi 명 지식 | **创业** chuàngyè 동 창업하다 | **留学** liúxué 동 유학하다 | **换工作** huàn gōngzuò 직업을 바꾸다

11 | C

실전문제11.mp3

女 现在网店打折好便宜啊，我想买副耳机。
男 那还是去实体店试用一下再买吧，听听效果，比较一下。
问 男的建议女的怎么做?

A 打折时再买
B 咨询一下店员
C 去实体店试用
D 看其他买家的评价

여: 지금 인터넷 쇼핑몰이 할인을 해서 정말 저렴해. 난 이어폰을 사려고 해.
남: 그래도 오프라인 매장에 가서 한번 써 보고 나서 구매하는 게 좋아. 효과를 들어 보고 좀 비교해 봐.
질문: 남자는 여자에게 어떻게 하라고 제안했는가?

A 할인할 때 다시 산다
B 점원에게 자문을 구한다
C 오프라인 매장에 가서 테스트해 본다
D 다른 구매자의 평가를 본다

해설 | 선택지를 보면 물건 구매와 관련 있음을 알 수 있습니다. 듣기 내공이 부족한 학생은 打折라는 단어와 再买라는 단어만 듣고 A를 선택할 수도 있는데 주의해야 합니다. 여자가 인터넷 쇼핑을 한다는 말을 듣고 남자가 '那还是去实体店试用一下再买吧'라고 했습니다. 따라서 정답은 C입니다.

단어 | **网店** wǎngdiàn 인터넷 쇼핑몰 | **打折** dǎzhé 동 가격을 깎다, 할인하다 | **副** fù 양 켤레, 쌍, 짝[쌍이나 짝으로 된 물건을 세는 단위] | **耳机** ěrjī 명 이어폰 | **还是** háishi 부 그래도 ~하는 게 좋다 | **实体店** shítǐdiàn 오프라인 매장 | **试用** shìyòng 동 (시험 삼아) 써 보다 | **效果** xiàoguǒ 명 효과 | **咨询** zīxún 동 자문하다, 물어보다 | **店员** diànyuán 명 점원 | **买家** mǎijiā 명 구매자 | **评价** píngjià 명 평가

12 | A

실전문제12.mp3

男 最近那家银行为什么关门了? 我打算下午去一趟呢。
女 哦，他家的机器系统正在升级，暂停办理个人业务。
问 那家银行怎么了?

A 正在升级系统
B 柜台人手不足
C 换了新型取款机
D 推出了网上银行

남: 최근에 그 은행 왜 문 닫았어? 나 오후에 한번 다녀올 생각이었는데.
여: 아, 그 은행의 기계 시스템을 업그레이드하고 있어서 개인 업무 처리를 잠시 멈췄어.
질문: 그 은행은 어떻게 되었나?

A 시스템을 업그레이드하고 있다
B 창구의 일손이 부족하다
C 신형 현금인출기로 바꿨다
D 인터넷 뱅킹을 출시했다

해설 | 선택지 단어들이 어려워서, 분석 시 병음을 모두 체크해 두어야 합니다. 여자의 말 '他家的机器系统正在升级'를 통해 정답은 A임을 알 수 있습니다.

단어 | **趟** tàng 양 차례, 번[왕래한 횟수를 세는 단위] | **机器** jīqì 명 기계, 기기 | **系统** xìtǒng 명 시스템, 체계, 계통 | **升级** shēngjí 동 업그레이드하다 | **暂停** zàntíng 동 잠시 중지하다(멈추다) | **办理** bànlǐ 동 처리하다 | **业务** yèwù 명 업무 | **柜台** guìtái 명 (은행 등 기관의) 업무 창구, 계산대, 카운터 | **人手** rénshǒu 명 일손 | **不足** bùzú 형 부족하다 | **新型** xīnxíng 형 신형의 | **取款机** qǔkuǎnjī 현금인출기 | **推出** tuīchū 동 (신상품 또는 신기술을) 출시하다 | **网上银行** wǎngshàng yínháng 인터넷 뱅킹

13 | A

실전문제13.mp3

女 这个演员把这个人物演活了，简直和原著里描写的女主角一模一样。
男 听说当时为了挑选适合这个角色的演员，费了很大功夫，光面试就安排了四五次。
问 关于那个演员，可以知道什么？

A 演得很成功
B 经常说错台词
C 表演经验丰富
D 不理解剧中人物

여: 이 배우는 이 인물을 생동감 있게 연기했어. 정말로 원작에서 묘사한 여주인공과 완전히 똑같아.
남: 듣자 하니 당시에 이 배역에 적합한 배우를 뽑기 위해서 많은 공을 들였는데, 면접 일정만 네다섯 번을 잡았다고 하더라.
질문: 그 배우에 관해서 무엇을 알 수 있는가?

A 성공적으로 연기했다
B 자주 대사를 틀린다
C 연기 경험이 풍부하다
D 극중 인물을 이해하지 못한다

해설 | 선택지를 보면 연극과 연기에 관한 내용임을 알 수 있습니다. 녹음에서 들리는 '角色 juésè'는 시험에 자주 출제되는 단어이며, 발음에 주의해야 합니다. 이 문제는 선택지의 단어들이 그대로 언급되지 않기 때문에 내용을 이해하고 답을 선택해야 합니다. 일반적으로 B와 D처럼 사람에 대한 평가가 부정적인 선택지는 거의 정답으로 출제되지 않습니다. 첫 번째 여자 말 '这个演员把这个人物演活了'를 통해 정답은 A임을 알 수 있습니다.

단어 | **演员** yǎnyuán 명 배우, 연기자 | **演** yǎn 동 공연하다, 연기하다 | **活** huó 형 살아 있다, 생동감 있다 | **简直** jiǎnzhí 부 그야말로, 정말로 | **原著** yuánzhù 명 원작 | **描写** miáoxiě 동 묘사하다 | **女主角** nǚzhǔjué 여주인공 | **一模一样** yìmúyíyàng 성 같은 모양 같은 모습이다, 완전히 똑같다 | **挑选** tiāoxuǎn 동 고르다, 선발하다, 뽑다 | **适合** shìhé 동 적합하다 | **角色** juésè 명 배역 | **费功夫** fèi gōngfu 공을 들이다 | **光** guāng 부 단지, 다만 | **面试** miànshì 동 면접을 보다 | **说错** shuōcuò 동 잘못 말하다, 틀리게 말하다 | **台词** táicí 명 대사 | **表演** biǎoyǎn 동 공연하다, 연기하다 | **经验** jīngyàn 명 경험 | **丰富** fēngfù 형 풍부하다 | **理解** lǐjiě 동 이해하다

14 | C

실전문제14.mp3

男 这里的路太黑了，连路灯都没有，我都看不清路了。
女 那你快减速吧，实在不行就靠边停一下。
问 女的建议男的怎么做？

A 看看地图
B 加速行驶
C 减速或停车
D 打开车灯

남: 이 길은 너무 어두워. 가로등도 없어서 길이 잘 보이지 않아.
여: 그럼 너 빨리 속도를 줄여. 정말 안 되겠으면 바로 길가에 좀 세워.
질문: 여자는 남자에게 어떻게 하라고 제안했는가?

A 지도를 봐라
B 가속해서 운전해라
C 감속하거나 차를 멈춰라
D 헤드라이트를 켜라

해설 | 선택지로 운전과 관련된 내용이 나올 것임을 알 수 있습니다. 남자의 말에 나오는 **路灯**의 **灯**만 듣고 D를 선택하면 안 됩니다. 여자의 말을 통해 정답은 C임을 알 수 있습니다.

단어 | **黑** hēi 형 어둡다 | **连~都…** lián~dōu… ~조차 …하지 않다 | **路灯** lùdēng 명 가로등 | **看不清** kàn bu qīng 잘 보이지 않다 | **减速** jiǎnsù 동 감속하다, 속도를 줄이다 | **靠边** kàobiān 동 길가에 정차하다, 옆으로 붙다 | **停** tíng 동 정지하다, 멈추다 | **加速** jiāsù 동 가속하다, 속도를 내다 | **行驶** xíngshǐ 동 운전하다, 운행하다 | **停车** tíngchē 동 차를 멈추다 | **打开车灯** dǎkāi chēdēng 헤드라이트를 켜다

15 | D

실전문제15.mp3

女 怎么还不公布面试的结果?
男 领导们对这次的应聘者们意见不统一，还在讨论。
问 男的是什么意思?

A 领导辞职了
B 面试很顺利
C 结果已经公布了
D 面试结果还没有出来

여: 왜 아직 면접 결과가 발표되지 않았죠?
남: 임원들께서 이번 응시자들에 대해 의견이 통일되지가 않아서 아직 토론 중입니다.
질문: 남자의 말뜻은 무엇인가?

A 임원이 퇴사했다
B 면접은 순조로웠다
C 결과는 이미 발표되었다
D 면접 결과는 아직 나오지 않았다

해설 | 선택지로 직장과 관련된 내용임을 알 수 있습니다. 시험에서 직장 관련, 특히 면접과 관련된 내용이 자주 출제됩니다. 여자의 말, 그리고 남자의 말 중 '意见不统一，还在讨论'이라는 정보를 통해 정답은 D임을 알 수 있습니다.

> Tip
> '怎么还不公布面试的结果?'와 같이 怎么가 부정문에 쓰일 경우는 '왜(为什么)'와 같은 의미입니다.

단어 | **公布** gōngbù 동 발표하다, 공표하다 | **面试** miànshì 명 면접(시험) 동 면접을 보다 | **结果** jiéguǒ 명 결과 | **领导** lǐngdǎo 명 지도자, 상사, 임원 | **应聘者** yìngpìnzhě 응시자, 지원자 | **统一** tǒngyī 동 통일되다, 하나로 일치되다 | **讨论** tǎolùn 동 토론하다 | **辞职** cízhí 동 퇴사하다, 직장을 그만두다 | **顺利** shùnlì 형 순조롭다

16 | A

실전문제16.mp3

男 小王，新闻稿写好了吗?
女 已经发到您的邮箱了，我正在准备下午去采访李教授的内容。
问 根据对话，女的最可能从事哪种职业?

A 记者
B 律师
C 会计
D 老师

남: 샤오왕, 뉴스 원고 다 썼어요?
여: 벌써 당신 메일로 보냈어요. 전 오후에 리 교수님께 가서 인터뷰할 내용을 준비하고 있어요.
질문: 대화에 근거하여 여자는 어떤 직업에 종사할 가능성이 높은가?

A 기자
B 변호사
C 회계사
D 선생님

해설 | 선택지를 보면 직업을 물어보는 문제임을 알 수 있습니다. 녹음에서 들리는 **新闻稿**나 **采访**과 같은 힌트 단어를 통해 여자의 직업은 A **记者**임을 알 수 있습니다.

> Tip
> 이 문제와 같이 선택지에서 직업과 관련한 단어들이 등장하면 지문에서 직업명을 직접 들려주는 경우도 있지만, 이렇게 해당 직업을 유추할 만한 상황을 제시하는 경우도 많습니다. 이럴 때를 대비해 직업과 관련된 동사를 함께 외워 두는 것이 좋습니다. 대표적으로 **采访**은 기자와 관련해서 자주 등장하는 단어임으로 **搭配**처럼 외워 두면 좋습니다.

단어 | **新闻** xīnwén 명 뉴스 | **稿** gǎo 명 원고 | **发** fā 동 보내다, 발송하다 | **邮箱** yóuxiāng 명 이메일 | **准备** zhǔnbèi 동 준비하다 | **采访** cǎifǎng 동 인터뷰하다, 취재하다 | **教授** jiàoshòu 명 교수 | **内容** nèiróng 명 내용 | **根据** gēnjù 전 ~에 근거하여, ~에 따르면 | **记者** jìzhě 명 기자 | **律师** lǜshī 명 변호사 | **会计** kuàijì 명 회계사

17 | D

실전문제17.mp3

女 这一次的大会圆满成功了，真是多亏了你们部门的努力!
男 您过奖了，是大家一起努力的结果。
问 女的对男的是什么态度?

A 批评
B 鼓励
C 安慰
D 称赞

여: 이번 대회는 원만하게 성공했어요. 정말 여러분 부서의 노력 덕분입니다!
남: 과찬이십니다. 모두가 함께 노력한 결과죠.
질문: 여자는 남자에게 어떤 태도인가?

A 비판하다
B 격려하다
C 위로하다
D 칭찬하다

해설 | 선택지를 보면 태도와 관련된 문제임을 알 수 있습니다. 여자 말의 **多亏**는 감사의 표현을 나타내지만, 이 지문에서는 앞의 '**这一次的大会圆满成功了**'를 통해 칭찬하고 있음을 알 수 있습니다. 또한 남자 말의 '**您过奖了**'라는 표현도 상대방이 자신을 칭찬했을 때 겸손하게 하는 말입니다. 따라서 정답은 D입니다.

단어 | **圆满** yuánmǎn 형 원만하다 | **多亏** duōkuī 동 덕택이다, 덕분이다 | **努力** nǔlì 동 노력하다 | **过奖** guòjiǎng 동 과찬이십니다 | **态度** tàidù 명 태도 | **批评** pīpíng 동 비판하다, 질책하다 | **鼓励** gǔlì 동 격려하다 | **安慰** ānwèi 동 위로하다 | **称赞** chēngzàn 동 칭찬하다

18 | B

실전문제18.mp3

男 你知道手机里的文件怎么备份到电脑上吗?
女 我也不清楚，不过听说挺简单的，上网查查就可以了。
问 女的建议男的怎么做?

A 买个新手机
B 上网搜索方法
C 把文件复制一下
D 拨打电话

남: 너 휴대전화 속 파일을 어떻게 컴퓨터로 백업하는지 아니?
여: 나도 잘 몰라. 하지만 듣자 하니 꽤 간단해서, 인터넷에서 찾아보면 돼.
질문: 여자는 남자에게 어떻게 하라고 제안했는가?

A 새 휴대전화를 사라
B 인터넷에서 방법을 검색해라
C 파일을 복사해라
D 전화를 걸어라

해설 | 선택지를 보고 휴대전화 또는 인터넷 관련 내용이 들릴 것임을 미리 생각해 둡니다. HSK에서는 컴퓨터, 휴대전화 등 전자 기기 관련 내용이 자주 출제됩니다. 여자 말 중 '上网查查就可以了' 부분이 핵심입니다. 선택지 단어 중 搜索는 查와 동의어입니다. 따라서 정답은 B입니다.

단어 | **手机** shǒujī 명 휴대전화 | **文件** wénjiàn 명 파일 | **备份** bèifèn 동 백업하다 | **听说** tīngshuō 동 듣자 하니 ~이라고 한다 | **挺** tǐng 부 꽤, 제법 | **上网** shàngwǎng 동 인터넷을 하다 | **查** chá 동 찾아보다 | **搜索** sōusuǒ 동 (인터넷에) 검색하다 | **复制** fùzhì 동 복제하다, 복사하다 | **拨打** bōdǎ 동 (전화를) 걸다

19 | D

실전문제19.mp3

女 很多中国的古建筑上都有龙的图案。
男 对啊，因为龙是中国的象征嘛！
问 他们在谈论什么?

A 市区绿化情况
B 室内装饰材料
C 古建筑修建的步骤
D 中国建筑的图案

여: 중국의 많은 옛날 건축물엔 모두 용의 도안이 있어요.
남: 맞아요. 왜냐하면 용은 중국의 상징이거든요!
질문: 그들은 무엇을 논의하고 있는가?

A 시내의 녹지화 상황
B 실내의 장식 재료
C 옛날 건축물의 건설 순서
D 중국 건축물의 도안

해설 | 선택지가 모두 명사형일 경우, 두 사람의 대화 주제를 묻는 경우가 많습니다. 여자 말의 '中国的古建筑上都有龙的图案'이 힌트입니다. 선택지 D의 建筑, 图案을 그대로 언급했기 때문에 미리 선택지를 읽어 보았다면 정답을 쉽게 고를 수 있습니다. 따라서 정답은 D입니다.

단어 | **古建筑** gǔjiànzhù 옛날[고대] 건축물 | **龙** lóng 명 용 | **图案** tú'àn 명 도안 | **象征** xiàngzhēng 명 상징 | **谈论** tánlùn 동 논의하다 | **市区** shìqū 명 시내 지역 | **绿化** lǜhuà 동 녹화하다[산이나 들 따위에 나무나 화초를 심어 푸르게 하다] | **装饰** zhuāngshì 동 장식하다 | **材料** cáiliào 명 재료 | **修建** xiūjiàn 동 건설하다, 건축하다 | **步骤** bùzhòu 명 (일이 진행되는) 순서, 절차, 차례

20 | C

실전문제20.mp3

男 我这里有巧克力，你要不要吃点儿?
女 不用了，我现在有点儿晕车，不太想吃。
问 女的怎么了?

A 在减肥
B 刚吃饱
C 有些晕车
D 食物过敏

남: 나한테 초콜릿 있는데 너 좀 먹을래?
여: 괜찮아. 난 지금 멀미가 좀 나서 별로 먹고 싶지 않아.
질문: 여자는 무슨 일이 있는가?

A 다이어트를 하고 있다
B 방금 배불리 먹었다
C 약간 멀미가 난다
D 음식 알레르기가 있다

해설 | 선택지를 통해 음식과 관련된 내용이 들릴 것을 알 수 있습니다. C의 내용을 녹음에서 그대로 들려주고 있습니다. 晕车는 필수어휘가 아니라서 몰랐다면, '晕(어지럽다)+车(차)'와 같이 유추해야 합니다. 따라서 정답은 C입니다.

단어 | **巧克力** qiǎokèlì 명 초콜릿 | **不用了** búyòng le 됐어요, 괜찮아요 | **晕车** yùnchē 동 멀미가 나다 | **减肥** jiǎnféi 동 살을 빼다, 다이어트하다 | **食物** shíwù 명 음식(물) | **过敏** guòmǐn 동 알레르기가 있다

〈2부분〉

21 | D

실전문제21.mp3

女 你报名参加马拉松了？
男 是的，我坚持跑步已经一年多了。
女 希望你能取得好成绩，我去现场给你加油。
男 你就等我的好消息吧！
问 关于男的，下列哪项正确？

A 坚持每天游泳
B 打进了决赛
C 在鼓励女的
D 要参加马拉松比赛

여: 너 마라톤 참가 신청했어?
남: 응, 난 꾸준히 마라톤한 지 이미 일 년이 넘었어.
여: 네가 좋은 성적을 거둘 수 있길 바란다. 내가 너 응원하러 현장에 갈게.
남: 내 좋은 소식 기다려!
질문: 남자에 관해서 다음 중 정확한 것은?

A 매일 수영을 꾸준히 했다
B 결승에 진출했다
C 여자를 격려하고 있다
D 마라톤 경기에 참가하려고 한다

해설 | 선택지를 보면 **游泳**, **马拉松比赛** 등 경기와 관련된 단어들이 보입니다. 미리 발음을 체크하고 녹음을 들어야 합니다. '**你报名参加马拉松了？**'라는 여자의 질문에 남자가 '**是的**'라고 답을 했기 때문에 남자가 마라톤 경기에 참가한다는 것을 알 수 있습니다. 선택지 문장을 그대로 들려줬기 때문에 첫 부분을 놓치지만 않았다면 정답을 쉽게 고를 수 있습니다. 따라서 정답은 D입니다.

단어 | **报名** bàomíng 동 신청하다 | **马拉松** mǎlāsōng 명 마라톤 | **坚持** jiānchí 동 (하고 있던 것을) 계속하다, 꾸준히 하다 | **跑步** pǎobù 동 달리다 | **取得** qǔdé 동 취득하다, 얻다 | **现场** xiànchǎng 명 현장 | **加油** jiāyóu 동 응원하다 | **消息** xiāoxi 명 소식 | **正确** zhèngquè 형 정확하다, 올바르다 | **打进** dǎjìn 동 진격하다 | **决赛** juésài 명 결승 | **鼓励** gǔlì 동 격려하다

22 | B

실전문제22.mp3

男 女儿到现在还联系不上，她的飞机两个小时之前就落地了。
女 你别担心了，估计还在等行李，况且她出去旅游又不是第一次了。
男 可我还是放心不下。
女 那我跟她的朋友联系一下，看看能不能联系上。
问 女儿最可能做什么去了？

A 出国做交换生
B 外出旅游
C 参加夏令营
D 去朋友家做客

남: 딸이 지금까지도 연락이 안 되네요. 비행기는 2시간 전에 이미 착륙했는데요.
여: 걱정 마세요. 아직 수화물을 기다리는 중일 거예요. 게다가 그녀는 여행을 간 게 처음이 아니잖아요.
남: 하지만 난 그래도 안심이 안 돼요.
여: 그럼 제가 그녀 친구한테 한번 연락해 볼 테니, 연락이 되는지 봐요.
질문: 딸은 무엇을 하러 갔는가?

A 교환학생이 되려고 출국했다
B 외지로 여행을 갔다
C 여름 캠프에 참가했다
D 친구 집에 방문하러 갔다

해설 | 선택지를 보면 동사구로 이루어져 있어 행동과 관련된 문제임을 알 수 있습니다. 여자의 첫 번째 말에서 '**况且她出去旅游又不是第一次了**'를 들으면 딸이 여행을 갔다는 사실을 알 수 있습니다. 녹음에서 선택지 내용이 너무 짧게 언급되었고, 마지막에 친구에게 연락한다는 내용이 있어서 정답을 D로 혼동할 수 있으니 주의해야 합니다. 정답은 B입니다.

단어 | **联系不上** liánxì bú shàng 연락이 안 되다 | **落地** luòdì 동 착륙하다 | **担心** dānxīn 동 걱정하다 | **估计** gūjì 동 추측하다, ~일 것이다 | **行李** xíngli 명 여행짐, 수화물 | **况且** kuàngqiě 접 하물며, 게다가 | **放心不下** fàngxīn búxià 안심할 수 없다 | **交换生** jiāohuànshēng 교환 학생 | **夏令营** xiàlìngyíng 명 여름 캠프 | **做客** zuòkè 동 손님이 되다, 방문하다

23 | A

실전문제23.mp3

女 我想买一部电脑，有什么好的推荐吗？
男 您对电脑有什么特殊的要求吗？
女 我经常出差，所以希望电池容量大一些，但是别太沉。
男 这几款都是待机时间比较长的，而且重量很轻。
问 女的希望买一部什么样的电脑？

A 机身轻的
B 内存大的
C 外观漂亮的
D 音质好的

여: 제가 컴퓨터 한 대를 사려고 하는데요, 추천할 만한 것 있나요?
남: 컴퓨터에 어떤 특별한 요구 사항이 있으신가요?
여: 저는 자주 출장을 다녀서 배터리 용량이 좀 컸으면 좋겠어요. 하지만 너무 무겁지 않은 걸로요.
남: 이 몇 종류는 모두 대기 시간이 비교적 길어요. 게다가 중량도 가볍습니다.
질문: 여자는 어떤 컴퓨터를 사길 바라는가?

A 본체가 가벼운 것
B 메모리가 큰 것
C 외관이 예쁜 것
D 음질이 좋은 것

해설 | 선택지의 机身은 원래 비행기 몸체를 가리키는 단어로 많이 쓰이지만, 지문에서 电脑가 등장하므로 컴퓨터 본체를 가리킨다는 것을 파악해야 합니다. 여자 말의 '但是别太沉'과 맨 마지막 남자 말의 '而且重量很轻'이라는 표현을 듣고 정답을 고를 수 있습니다. 沉은 重과 같은 말로 쓰였습니다. B의 '内存(메모리)'은 필수어휘가 아니어서 어렵게 느낄 수 있지만, '内(안)+存(저장하다)'과 같이 의미를 유추하고 발음을 체크해야 합니다. 정답은 A입니다.

단어 | **推荐** tuījiàn 동 추천하다 | **特殊** tèshū 형 특수하다, 특별하다 | **要求** yāoqiú 명 요구 (사항) | **电池** diànchí 명 전지, 배터리 | **容量** róngliàng 명 용량 | **沉** chén 형 무겁다 | **款** kuǎn 양 종류, 모양, 스타일 | **待机** dàijī 동 대기하다, 스탠바이하다 | **重量** zhòngliàng 명 중량, 무게 | **机身** jīshēn 명 (컴퓨터) 본체 | **内存** nèicún 명 메모리 | **外观** wàiguān 명 외관 | **音质** yīnzhì 명 음질

24 | B

실전문제24.mp3

男 我想查一下下学期的课程表，可是我忘记了我的校园网登录密码了。
女 如果你没有改过的话，初始密码是咱们的学号。
男 我记得我改过。
女 那你得去学校的网络管理中心重新设置一下。
问 男的怎么了？

A 成绩单丢了
B 忘记密码了
C 没带准考证
D 护照过有效期了

남: 나 다음 학기의 수업 시간표를 검색하고 싶은데, 우리 캠퍼스 네트워크 로그인 비밀번호를 잊어버렸어.
여: 만일 네가 바꾼 적이 없으면, 초기 비밀번호는 우리 학번이야.
남: 내가 바꾼 걸로 기억이 나.
여: 그럼 학교 인터넷 관리 센터에 가서 다시 한번 설정해야 해.
질문: 남자는 무슨 일이 있는가?

A 성적표를 잃어버렸다
B 비밀번호를 잊어버렸다
C 수험표를 챙기지 않았다
D 여권은 유효 기간이 지났다

해설 | 선택지 분석 시 핵심 단어 成绩单, 密码, 准考证, 护照를 체크합니다. 남자의 첫 마디에서 '我忘记了我的校园网登录密码了'라고 했으므로 남자는 학교 홈페이지 비밀번호를 잊어버렸다는 것을 알 수 있습니다. 다른 선택지의 단어는 들리지 않기 때문에 지문 내용은 어려워도 정답은 쉽게 찾을 수 있습니다. 따라서 정답은 B입니다.

단어 | **查** chá 동 찾다, 검색하다 | **学期** xuéqī 명 학기 | **课程表** kèchéngbiǎo 명 수업 시간표 | **校园网** xiàoyuánwǎng 캠퍼스 네트워크 | **登录** dēnglù 동 로그인하다 | **初始** chūshǐ 명 초기, 처음 | **学号** xuéhào 명 학번 | **网络** wǎngluò 명 인터넷 | **管理中心** guǎnlǐ zhōngxīn 관리 센터 | **重新** chóngxīn 부 다시, 재차 | **设置** shèzhì 동 설치하다, 설정하다 | **成绩单** chéngjìdān 명 성적표 | **丢** diū 동 잃다, 잃어버리다 | **准考证** zhǔnkǎozhèng 명 수험표 | **护照** hùzhào 명 여권 | **有效期** yǒuxiàoqī 명 유효 기간

25 | C

실전문제25.mp3

女 会议马上就要开始了，王经理呢？
男 说是会议材料出了点儿问题，要晚点儿到。
女 你赶紧去催催，这次会议很重要的。
男 好，我现在就去。
问 王经理为什么还没到？

A 走错路了
B 会议取消了
C 材料有问题
D 记错时间了

여: 회의가 곧 시작할 겁니다. 왕 사장님은요?
남: 회의 자료에 문제가 좀 생겨서, 조금 늦게 도착하신다고 합니다.
여: 얼른 가서 좀 재촉하세요. 이번 회의는 아주 중요합니다.
남: 네, 제가 지금 바로 가겠습니다.
질문: 왕 사장님은 왜 아직 안 왔는가?

A 길을 잘못 갔다
B 회의가 취소되었다
C 자료에 문제가 있다
D 시간을 잘못 기억했다

해설 | 선택지가 완전한 문장일 경우, 맞는 내용 또는 원인을 물어보는 경우가 많습니다. 선택지의 문장을 녹음에서 그대로 언급한 형태이기 때문에 어렵지 않게 고를 수 있습니다. 남자의 첫 번째 말에서 '会议材料出了点儿问题'라고 했으므로 정답은 C입니다.

단어 | **材料** cáiliào 명 자료, 재료 | **出问题** chū wèntí 문제가 생기다 | **赶紧** gǎnjǐn 부 얼른, 재빨리 | **催** cuī 동 재촉하다 | **走错路** zǒucuò lù 길을 잘못 가다 | **记错** jìcuò 동 잘못 기억하다

26 | A

실전문제26.mp3

男 房东刚刚来电话了，问我们下半年还要不要续租。
女 他说有什么优惠吗?
男 他说如果我们继续租的话，送我们全年的网络费。
女 那你是怎么考虑的?
男 我想续租，单位附近的房子挺难找的。
问 如果男的续租有什么好处?

A 赠送全年网费
B 打算涨房租
C 赠送全年水电费
D 免费安装空调

남: 집주인한테서 방금 전화가 왔는데, 우리한테 하반기에도 계속 세를 들 거냐고 물어봤어요.
여: 무슨 혜택을 준다고 하던가요?
남: 만일 우리가 계속 세 들어 산다면 우리 1년치 인터넷 비용을 내준대요.
여: 그럼 당신은 어떻게 생각해요?
남: 난 계속 세 들어 살고 싶어요. 회사 근처의 집은 매우 찾기 힘들잖아요.
질문: 만일 남자가 계속 세 든다면 어떤 장점이 있는가?

A 1년 동안의 인터넷 비용을 내준다
B 집세를 올릴 계획이다
C 1년 동안의 수도와 전기세를 내준다
D 무료로 에어컨을 설치해 준다

해설 | 선택지에서 房租, 水电费 등을 보고 부동산 관련 대화라는 것을 유추합니다. 남자의 두 번째 말 '送我们全年的网络费'가 힌트입니다. 送과 赠送은 동의어이고, B, C, D의 단어는 언급이 되지 않았습니다. 따라서 정답은 A입니다.

단어 | **房东** fángdōng 명 집주인 | **下半年** xiàbànnián (일 년의) 하반기 | **续租** xù zū (기한이 끝난 후) 계속 임대하다 | **优惠** yōuhuì 명 혜택 | **网络费** wǎngluòfèi 인터넷 비용 | **考虑** kǎolǜ 동 고려하다, 생각하다 | **单位** dānwèi 명 직장, 회사 | **房子** fángzi 명 집, 건물 | **赠送** zèngsòng 동 증정하다, 제공하다 | **全年** quánnián 명 한 해 전체 | **涨房租** zhǎng fángzū 집세를 올리다 | **水电费** shuǐdiànfèi 수도 전기세 | **免费** miǎnfèi 동 무료로 하다 | **安装** ānzhuāng 동 (기계를) 설치하다 | **空调** kōngtiáo 명 에어컨

27 | C

실전문제27.mp3

女 你和对方公司谈得怎么样了?
男 我刚见了对方公司的经理，大概的内容都已经谈好了。
女 真是辛苦你了，这次真是多亏了你。
男 这是我应该做的，等一会儿回单位再跟您细说。
问 男的刚才跟谁见了面?

A 总裁秘书
B 理财专家
C 对方公司经理
D 生产商代表

여: 당신은 상대 회사와 어떻게 이야기됐어요?
남: 제가 방금 상대 회사의 사장을 만났는데, 대략적인 내용은 모두 이미 잘 이야기했어요.
여: 정말 고생했어요. 이번 일은 진짜 당신 덕분이에요.
남: 이건 제가 마땅히 해야 하는 일이죠. 이따가 회사로 돌아가서 다시 당신한테 자세히 말할게요.
질문: 남자는 방금 누구와 만났는가?

A 회장 비서
B 재테크 전문가
C 상대 회사 사장
D 생산 업체 대표

해설 | 선택지를 통해 신분과 관련된 내용이 들릴 것을 유추할 수 있습니다. 따라서 대화 내용을 거의 못 알아들어도 등장인물을 중심으로 듣기를 해야 합니다. 여자가 첫 마디에서 对方公司를 언급했고, 남자의 답변인 '我刚见了对方公司的经理'를 통해 정답은 C임을 알 수 있습니다.

Tip
B의 理财는 필수어휘는 아니지만 최근 종종 등장하는 단어이므로 잘 기억해 둡니다.

단어 | **谈** tán 동 말하다, 이야기하다 | **经理** jīnglǐ 명 사장, 매니저 | **辛苦** xīnkǔ 형 고생스럽다, 수고스럽다 | **多亏** duōkuī 동 덕택이다, 덕분이다 | **单位** dānwèi 명 직장, 회사 | **细说** xìshuō 동 자세히 말하다 | **总裁** zǒngcái 명 회장 | **秘书** mìshū 명 비서 | **理财** lǐcái 동 재테크하다 | **专家** zhuānjiā 명 전문가 | **生产商** shēngchǎnshāng 생산 업체 | **代表** dàibiǎo 명 대표

28 | C

실전문제28.mp3

男 我们把新买的窗帘换上吧。
女 好，那我拿小梯子去。
男 不用，我踩椅子就行，你帮我扶一下。
女 好的，你注意安全，别把灰尘弄到眼睛里。
问 女的提醒男的小心什么?

A 别把腰扭了
B 别弄脏窗帘
C 别让眼睛里进灰
D 别从椅子上摔下来

남: 우리 새로 산 커튼으로 바꾸자.
여: 좋아. 그럼 내가 작은 사다리를 가지러 갈게.
남: 괜찮아. 내가 의자를 밟으면 돼. 네가 날 좀 부축해 줘.
여: 알았어. 안전에 주의하고 먼지가 눈에 들어가지 않게 해.
질문: 여자는 남자에게 무엇을 조심하라고 했는가?

A 허리를 삐끗하지 마라
B 커튼을 더럽히지 마라
C 눈에 먼지가 들어가지 않게 하라
D 의자에서 떨어지지 마라

해설 | 선택지를 미리 보고 내용을 파악한 후 녹음을 듣습니다. 窗帘이 들리지만 내용상 B는 오답이고, 椅子도 들리지만 D 또한 내용이 맞지 않습니다. 여자가 마지막에 '别把灰尘弄到眼睛里'라고 했으므로 정답은 C입니다.

단어 | **窗帘** chuānglián 명 커튼 | **拿** ná 동 (손에) 쥐다, 가지다 | **梯子** tīzi 명 사다리 | **踩** cǎi 동 밟다, 딛다 | **椅子** yǐzi 명 의자 | **扶** fú 동 (손으로) 짚다, 부축하다 | **注意安全** zhùyì ānquán 안전에 주의하다 | **灰尘** huīchén 명 먼지 | **弄** nòng 동 하다, 행하다 | **提醒** tíxǐng 동 일깨우다 | **扭腰** niǔ yāo 허리를 삐끗하다 | **弄脏** nòngzāng 동 더럽히다 | **进灰** jìn huī 먼지가 들어가다 | **摔** shuāi 동 떨어지다, 넘어지다

29 | B

실전문제29.mp3

女 喂，是快递公司吗？我想寄一个包裹。
男 好的，您的具体位置是？
女 安贞路30号楼。
男 好的，我们会尽快安排快递员过去的。
问 女的为什么联系男的？

A 预约美容
B 想寄包裹
C 咨询机票
D 要取消约会

여: 여보세요, 택배회사죠? 소포 하나를 부치려고 하는데요.
남: 네, 구체적인 위치는요?
여: 안쩐루 30동이에요.
남: 네, 저희가 되도록 빨리 택배원이 가도록 배정할게요.
질문: 여자는 왜 남자에게 연락했는가?

A 미용을 예약하려고
B 소포를 부치려고
C 비행기표를 알아보려고
D 약속을 취소하려고

해설 | 선택지가 서로 연관성이 없는 동사구로 이루어져 있으므로 대화 내용을 추측하기는 어렵습니다. 여자의 첫 마디에서 '我想寄一个包裹'라고 선택지 B의 내용을 그대로 언급하고 있습니다. '快递(택배)' 관련 대화는 시험에 자주 출제되므로 관련 단어를 잘 외워 두어야 합니다. 그 외의 선택지는 지문에서 언급되지 않았습니다. 따라서 정답은 C입니다.

단어 | **快递公司** kuàidì gōngsī 명 택배회사 | **寄** jì 동 (우편으로) 부치다 | **包裹** bāoguǒ 명 소포 | **具体** jùtǐ 형 구체적이다 | **位置** wèizhi 명 위치 | **号楼** hào lóu 동[주소를 나타냄] | **尽快** jǐnkuài 부 되도록 빨리 | **安排** ānpái 동 배정하다 | **快递员** kuàidìyuán 명 택배원 | **预约** yùyuē 동 예약하다 | **美容** měiróng 동 미용하다 | **咨询** zīxún 동 자문하다, 알아보다 | **机票** jīpiào 명 비행기표 | **取消** qǔxiāo 동 취소하다 | **约会** yuēhuì 명 약속

30 | B

실전문제30.mp3

男 老板，请问滑冰鞋怎么租？
女 滑冰鞋是30元，不限时，每双鞋要50元押金。
男 那我租两双，给你钱。
女 您稍等，我给您开收据。
问 女的接下来要做什么？

A 拿溜冰鞋
B 开收据
C 交罚款
D 复印文件

남: 사장님, 스케이트 어떻게 빌려요?
여: 스케이트는 30위안이에요. 시간 제한은 없고, 스케이트 한 켤레당 50위안의 보증금이 필요합니다.
남: 그럼 전 두 켤레 빌릴게요. 돈 여기 있습니다.
여: 잠시 기다리세요. 제가 영수증을 발급해 드릴게요.
질문: 여자는 이어서 무엇을 할 것인가?

A 스케이트를 가져간다
B 영수증을 발급한다
C 벌금을 낸다
D 서류를 복사한다

해설 | 선택지가 동사구로 이루어진 행동 관련 문제이므로, 동사술어와 목적어를 중심으로 듣습니다. 이 문제는 질문을 정확히 듣고 답을 골라야 하는 형태입니다. 대화는 스케이트화를 대여하는 상황임을 알 수 있습니다. 대화의 마지막 부분에서 여자가 '我给您开收据'라고 다음 행동을 언급했기 때문에 정답은 B입니다.

단어 | **老板** lǎobǎn 명 (상점) 주인, 사장 | **滑冰鞋** huábīngxié 명 스케이트화[=溜冰鞋 liūbīngxié] | **租** zū 동 세내다, 빌리다 | **限时** xiànshí 동 시간을 제한하다 | **押金** yājīn 명 보증금 | **稍等** shāoděng 동 잠시 기다리다 | **开收据** kāi shōujù 영수증을 발급하다 | **接下来** jiē xiàlái 다음으로, 이어서 | **拿** ná 동 (손에) 쥐다, 가지다 | **罚款** fákuǎn 명 벌금 동 벌금을 부과하다 | **复印** fùyìn 동 복사하다 | **文件** wénjiàn 명 서류, 문건

2부분 서술형

실전문제				122쪽
31 B	32 D	33 C	34 D	35 C
36 D	37 B	38 C	39 D	40 A
41 D	42 C	43 B	44 D	45 A

듣기 2-03 실전문제.mp3

31 | B **32** | D 〈반복훈련용〉 실전문제31.mp3

第31到32题是根据下面一段话：

春秋时期鲁国有个叫弈秋的人，他特别喜欢下围棋，经过潜心研究，[31]后来成为当时的围棋第一高手。许多年轻人听闻弈秋的大名都想跟着他学习下棋。[32]当时弈秋收了两个弟子，一个态度非常认真，上课时也很专心。另一个上课时却总是不专心，课后也不愿下功夫研究。结果虽然两人同样跟着名师学习，前者学有所成，后者则毫无进步。

31 弈秋是因什么而出名的？
A 功夫高强
B 下棋很厉害
C 文章写得好
D 擅长画画儿

32 关于弈秋的两个学生，下列哪项正确？
A 记忆力都很好
B 后来都很出色
C 所用教材不一样
D 学习态度差别大

31~32번 문제는 다음 이야기에 근거한다.

춘추 시기 노나라에 혁추라는 사람이 있었다. 그는 바둑 두는 것을 특히 좋아해서, 연구에 몰두하는 것을 거쳐 [31]훗날 당시의 바둑 제일 고수가 되었다. 수많은 젊은이들이 혁추의 명성을 듣고 그를 따라 바둑을 배우고 싶어 했다. [32]당시 혁추는 제자 두 명을 받았다. 한 명은 태도가 매우 진지하여 수업에 전념했다. 다른 한 명은 수업에 늘 전념하지 않았고 수업 후에도 힘써 연구하려 하지 않았다. 결국 비록 두 사람은 같은 유명 스승에게 배웠지만, 전자는 배움에 성과가 있었고 후자는 아무런 발전이 없었다.

31 혁추는 무엇 때문에 유명해졌는가?
A 무술 실력이 뛰어나서
B 바둑을 잘 둬서
C 글을 잘 써서
D 그림 그리기에 뛰어나서

32 혁추의 두 학생에 관해서 다음 중 정확한 것은?
A 기억력이 모두 좋다
B 훗날 모두 훌륭하게 되었다
C 사용한 교재가 다르다
D 학습 태도의 차이가 크다

해설 |

31 녹음이 시작되기 전, 선택지의 핵심 단어 **功夫, 下棋, 文章, 画画儿**에 체크해야 합니다. A, C, D의 내용은 지문에서 언급되지 않았습니다. **下围棋**라는 소재를 통해서, 또는 '**后来成为当时的围棋第一高手**'를 듣고 정답을 고를 수 있습니다. 정답은 B입니다.

32 이야기 글에서 두 명이 등장하면, 대부분 상반된 스타일이 나옵니다. '**弟子**(=**徒弟** túdì)'는 필수어휘가 아니라 어려울 수 있지만, '**一个~, 另一个~**' 구문으로 두 사람이 등장한다는 것만 파악할 수 있으면 됩니다. A, B는 같은 상황이라 정답에서 제할 수 있고, 힌트의 **态度非常认真**을 통해 태도와 관련된 내용임을 유추할 수 있습니다. 따라서 정답은 D입니다.

단어 | **春秋时期** Chūnqiū shíqī 춘추 시기 | **鲁国** Lǔguó 노나라 | **弈秋** Yì Qiū 고유 혁추[인명] | **下围棋** xià wéiqí 바둑을 두다[=**下棋** xiàqí] | **潜心研究** qiánxīn yánjiū 연구에 몰두하다 | **跟着** gēnzhe 동 (뒤)따르다 | **收弟子** shōu dìzǐ 제자를 받다 | **态度** tàidù 명 태도 | **认真** rènzhēn 형 진지하다, 성실하다 | **专心** zhuānxīn 형 몰두하다, 전념하다 | **不愿** bú yuàn 원하지 않다, ~하려 하지 않다 | **下功夫** xià gōngfu 공을 들이다, 애를 쓰다, 힘을 쓰다 | **结果** jiéguǒ 부 결국 | **同样** tóngyàng 형 같다, 마찬가지다 | **名师** míngshī 명 유명한 스승 | **学有所成** xué yǒusuǒ chéng 배움에 성과가 있다 | **毫无** háowú 아무런 ~이 없다 | **出名** chūmíng 동 유명해지다 | **高强** gāoqiáng 형 고강하다, 뛰어나다 | **厉害** lìhai 형 대단하다, 굉장하다 | **文章** wénzhāng 명 (독립된 한 편의) 글 | **擅长** shàncháng 동 (어떤 방면에) 뛰어나다, 잘하다 | **画画儿** huà huàr 그림을 그리다 | **记忆力** jìyìlì 명 기억력 | **出色** chūsè 형 출중하다, 뛰어나다

33 | C **34** | D **35** | C 실전문제33.mp3

第33到35题是根据下面一段话：

冬天很多树的[33]下半段都被刷成白色，这种现象在北方非常常见，这是为什么呢？这种往树上刷白涂料的做法简称刷白，[34]刷白通常在入冬前进行，[35]为的是预防树木冻伤或遭遇虫害。

北方地区的冬季天气寒冷，早晚温差大，容易对树木造成伤害。刷白的树白天可以反射阳光，降低自身的温度，减少树的早晚温差，从而避免温度变化过大而对树带来的伤害。

另外，此时刷白可减轻第二年春天的病虫危害，可谓一举两得。

33 一般在树的什么位置刷白？

A 顶端

B 正中间

C 下半段

D 树根部

34 关于刷白，可以知道什么？

A 一般用浅灰色

B 一定要刷三层

C 刷得越薄越好

D 多在入冬前进行

35 刷白有什么作用？

A 净化空气

B 使城市更美观

C 预防冻伤和虫害

D 加快树木生长速度

33~35번 문제는 다음 이야기에 근거한다.

겨울에 많은 나무들의 [33]하단부는 모두 흰색으로 칠한다. 이런 현상은 북쪽 지역에서 매우 자주 볼 수 있는데, 이것은 왜일까? 이렇게 나무에 하얀 도료를 칠하는 방법을 간단하게 '刷白'라고 부른다. [34]刷白는 보통 입동 전에 진행하며, [35]나무가 동상에 걸리거나 병충해를 당하는 것을 예방하기 위해서이다.

북쪽 지역의 겨울은 날씨가 몹시 춥고, 아침저녁의 온도 차가 커서 나무에 해를 끼치기 쉽다. 刷白를 한 나무는 낮에 햇빛을 반사하여 자신의 온도를 낮추고 나무의 아침저녁의 온도 차를 줄임으로써, 온도 변화가 너무 커서 나무에 가져오는 해로움을 피할 수 있다.

이외에, 이때의 刷白는 이듬해 봄의 병충해를 줄일 수 있어서 일거양득이라 할 수 있다.

33 보통 나무의 어떤 위치에 하얗게 칠하는가?

A 꼭대기

B 한가운데

C 하단부

D 나무 뿌리 부분

34 刷白에 관해 알 수 있는 것은?

A 보통 옅은 회색을 쓴다

B 반드시 세 겹으로 칠해야 한다

C 얇게 칠할수록 좋다

D 대부분 입동 전에 진행한다

35 刷白는 어떤 효과가 있는가?

A 공기를 정화한다

B 도시를 더 아름답게 한다

C 동상과 병충해를 예방한다

D 나무의 성장 속도를 빠르게 한다

해설 |

33 첫 문장에서 '冬天很多树的下半段'이라고 선택지의 내용을 녹음에서 그대로 언급했기 때문에 먼저 정답 후보인 C에 체크를 하고 녹음을 계속 듣습니다. 최종적으로 질문까지 확인하면 C가 정답임을 알 수 있으며, 나머지 선택지 내용이 들리지 않았을 경우에는 질문을 듣지 않아도 답을 알 수 있습니다.

34 선택지 내용을 녹음에서 그대로 언급한 형태입니다. '刷白通常在入冬前进行'을 듣고 D를 정답으로 고를 수 있습니다.

35 녹음에서 '为的是预防树木冻伤或遭遇虫害'를 듣고 C를 정답으로 고를 수 있습니다.

> Tip
>
> 선택지 내용이 서술형인 경우, 문제를 읽기 전 선택지 분석이 필수입니다. 선택지를 빠르게 읽고 핵심 단어들을 체크한 상태에서 녹음을 들으면 내용을 못 알아듣더라도 질문을 들으면서 답을 선택할 수 있습니다.

단어 | **下半段** xiàbànduàn 하단부 | **刷** shuā 동 (솔로) 칠하다, 바르다 | **常见** chángjiàn 동 자주 보다, 흔히 있다 | **涂料** túliào 명 도료 | **做法** zuòfǎ 명 (하는) 방법 | **简称** jiǎnchēng 동 약칭하다, 간단하게 부르다 | **通常** tōngcháng 명 통상(적으로), 보통 | **为的是~** wèi de shì~ ~하기 위해서이다 | **预防** yùfáng 동 예방하다 | **树木** shùmù 명 나무 | **冻伤** dòngshāng 명 동상 동 동상에 걸리다 | **遭遇** zāoyù 동 (불행·불리한 일을) 만나다, 당하다 | **虫害** chónghài 명 병충해 | **地区** dìqū 명 지역 | **冬季** dōngjì 명 겨울 | **寒冷** hánlěng 형 (날씨가) 몹시 춥다 | **早晚** zǎowǎn 명 아침과 저녁 | **温差** wēnchā 명 온도 차 | **造成** zàochéng 동 (나쁜 결과를) 초래하다, 야기하다 | **伤害** shānghài 동 상해하다, 해치다 | **反射** fǎnshè 동 반사하다 | **从而** cóng'ér 접 따라서, ~함으로써 | **避免** bìmiǎn 동 피하다 | **减轻** jiǎnqīng 동 경감하다, 줄이다 | **病虫危害** bìngchóng wēihài 병충해 | **可谓** kěwèi 동 ~이라고 말할 수 있다 | **一举两得** yìjǔliǎngdé 성 일거양득 | **位置** wèizhi 명 위치 | **顶端** dǐngduān 명 꼭대기, 정상 | **正中间** zhèngzhōngjiān 명 한가운데 | **树根部** shùgēnbù 나무 뿌리 부분 | **浅灰色** qiǎnhuīsè 옅은 회색 | **薄** báo 형 엷다, 얇다 | **入冬** rùdōng 명 입동 | **净化空气** jìnghuà kōngqì 공기를 정화하다 | **美观** měiguān 형 (장식·외관이) 보기 좋다, 아름답다 | **加快** jiākuài 동 (속도를) 빠르게 하다

36 | D **37** | B **38** | C 실전문제36.mp3

第36到38题是根据下面一段话：

一所大学的礼堂[36]已有300多年的历史，礼堂内部的十几个横梁严重破损，需要更换。但是这些横梁都是由一根根巨大的橡木制成的。为了尽量保持礼堂原来的样子，校长想继续使用橡木。但是要找到这样十几棵巨大的橡木很不容易，即使能找到，购买这些橡木也是一笔巨大的开销，这令校长十分头疼。这时学校园艺所的人带来了好消息。原来，[37]在礼堂初建时，建筑师就已考虑到后人会遇到这样的困境，于是他跟园艺工人在一片空地上种了一些橡树。如今这些橡树正好符合制作横梁的条件。

[38]那位建筑师的这一行为令所有人都感到吃惊和佩服，他出于职业习惯的考虑，在几百年前就已经先知先觉地为后人解决了这道难题。

36 关于那所大学的礼堂，下列哪项正确？
A 内部很豪华
B 多次遇到大火
C 礼堂面积很大
D 已建成300多年

37 建筑师什么时候让人种橡树？
A 建校第一年
B 礼堂刚建时
C 收到工程款时
D 新校长上任时

38 根据这段话，可以知道什么？
A 礼堂被拆掉了
B 建筑师赚了一大笔钱
C 那位建筑师令人佩服
D 非本校人不能进礼堂

36~38번 문제는 다음 이야기에 근거한다.

한 대학의 강당은 [36]이미 300여 년의 역사를 가지고 있는데, 강당 내부의 대들보 십몇 개가 심하게 파손돼서 바꿔야 했다. 하지만 이 대들보들은 모두 거대한 오크나무로 만들어진 것이다. 강당의 원래 모습을 최대한 유지하기 위해서, 교장은 계속해서 오크나무를 사용하려고 했다. 하지만 이런 거대한 오크나무 십몇 그루를 찾는 것은 쉽지 않았고 설령 찾을 수 있다 할지라도 이 오크나무들을 구매하는 것은 큰 지출이라서, 교장을 매우 골치 아프게 했다. 이때 학교 원예소의 사람이 좋은 소식을 가져왔다. 알고 보니 [37]강당을 처음 지을 때 건축사가 이미 후대 사람이 이러한 곤경에 처할 거란 걸 고려해서, 원예 일꾼과 공터에 오크나무들을 심었던 것이다. 지금 이 오크나무들은 대들보를 만드는 조건에 딱 부합했다.

[38]그 건축사의 이런 행동은 모든 사람들이 놀라고 감탄하게 만들었다. 그는 직업적 습관의 고려 때문에, 수백 년 전에 이미 선견지명을 갖고서 후대 사람을 위해 이 난제를 해결해 줬다.

36 그 대학의 강당에 관해서 다음 중 정확한 것은?
A 내부가 아주 호화롭다
B 여러 번 큰 불을 만났다
C 강당의 면적이 넓다
D 이미 지어진 지 300여 년이 되었다

37 건축사는 언제 사람들에게 오크나무를 심게 했는가?
A 개교 첫 해
B 강당을 막 지었을 때
C 공사 대금을 받았을 때
D 새 교장이 부임했을 때

38 이 이야기에 근거하여 무엇을 알 수 있는가?
A 강당이 철거되었다
B 건축사는 큰돈을 벌었다
C 그 건축사가 사람들을 감탄하게 했다
D 본교 사람 이외에는 강당에 들어갈 수 없다

해설 |

36 첫 문장을 듣고 D를 정답으로 선택할 수 있습니다. 내공이 약한 학생들은 300이라는 숫자만 듣고도 찾을 수 있는 쉬운 문제였지만, 많은 정보를 들을 수 있는 학생은 도리어 어렵게 느껴질 수 있는 문제입니다. D를 제외한 나머지는 구체적으로 언급되지 않았기 때문에 소거법으로 풀 수도 있습니다. 정답은 D입니다.

37 녹음의 '在礼堂初建时'가 힌트입니다. 原来는 보통 몰랐던 사실에 대해 '알고 보니'라는 의미로 쓰입니다. 原来 뒤에 중요한 내용이 오기 때문에 정답으로 많이 출제됩니다. 녹음에서 들려준 初建은 선택지의 刚建과 같은 의미입니다. 따라서 정답은 B입니다.

38 녹음 마지막 부분에 힌트가 있습니다. 佩服만 들어도 정답을 선택할 수 있습니다. 따라서 정답은 C입니다.

> Tip
> 간혹 佩服의 동의어로 '敬佩(jìngpèi)'가 출제되기도 하니, 함께 알아 둡시다.

단어 | **礼堂** lǐtáng 명 강당 | **横梁** héngliáng 명 대들보 | **严重** yánzhòng 형 (정도가) 심각하다 | **破损** pòsǔn 형 파손되다 | **更换** gēnghuàn 동 바꾸다, 교체하다 | **由~制成** yóu~zhìchéng ~으로 만들어지다 | **一根根** yìgēngēn 줄줄이[수량사 중첩으로 수량이 많음을 나타냄] | **巨大** jùdà 형 거대하다, 아주 크다 | **橡木** xiàngmù 명 오크나무 | **尽量** jǐnliàng 부 가능한 한, 최대한 | **保持** bǎochí 동 (지속적으로) 유지하다 | **原来** yuánlái 형 원래의 부 알고 보니 | **棵** kē 양 그루, 포기[나무 등의 식물을 세는 단위] | **即使~也…** jíshǐ~yě… 설령 ~이라 할지라도 …하다 | **购买** gòumǎi 동 구매하다, 사다 | **笔** bǐ 양 몫, 건[큰돈을 세는 단위] | **开销** kāixiāo 동 (비용을) 지출하다 | **令** lìng 동 ~하게 하다 | **园艺所** yuányìsuǒ 원예소 | **初建** chūjiàn 처음 짓다 | **建筑师** jiànzhùshī 명 건축사 | **困境** kùnjìng 명 곤경, 궁지 | **工人** gōngrén 명 노동자, 일꾼 | **空地** kòngdì 명 빈 땅, 공터 | **种** zhòng 동 심다 | **制作** zhìzuò 동 제작하다, 만들다 | **吃惊** chījīng 동 놀라다 | **佩服** pèifú 동 탄복하다, 감탄하다 | **出于** chūyú 동 ~에서 나오다(생겨나다), ~때문에 | **职业习惯** zhíyè xíguàn 직업적 습관 | **先知先觉** xiānzhīxiānjué 성 선견지명을 가지고 있다 |

豪华 háohuá 형 (건축 · 장식이) 화려하고 웅장하다, 호화롭다 | **面积** miànjī 명 면적 | **建成** jiànchéng 동 건설하다, 짓다 | **建** jiàn 동 (건물을) 짓다, 건설하다 | **收到** shōudào 동 받다, 수령하다 | **工程款** gōngchéngkuǎn 공사 대금 | **上任** shàngrèn 동 부임하다 | **拆掉** chāidiào 허물다, 철거하다 | **赚钱** zhuànqián 동 돈을 벌다

39 | D **40** | A **41** | D 실전문제39.mp3

第39到41题是根据下面一段话：

大部分水果都是圆球形的，比如西瓜、苹果、葡萄等等，这属于一种巧合吗？其实这是有科学根据的。首先，与其他形状的水果相比，39圆球形水果风吹雨打时受到的压力要小得多。其次，40圆球形水果的表面面积更小，这样水果表面的水分蒸发量小，水分散失也就相应少一些，这会更有利于果实的生长。因此，可以说大多数水果长成圆球形，41实际上是自然选择的结果。

39 圆球形水果有什么特点？
A 看起来更好吃
B 存放时间更长
C 能让人更有食欲
D 风吹雨打时受到的压力小

40 为什么圆球形水果水分散失得少？
A 表面面积小
B 果皮颜色深
C 果树叶子更多
D 都种在雨水多的地方

41 根据这段话，下列哪项正确？
A 其他形状的水果更甜
B 方形水果成熟得快
C 水果的形状跟温度有关
D 圆球形水果是自然选择的结果

39~41번 문제는 다음 이야기에 근거한다.

대부분의 과일은 모두 동그랗다. 예를 들어 수박, 사과, 포도 등등이 그러한데, 이는 우연에 속할까? 사실 이것은 과학적 근거가 있다. 먼저 다른 모양의 과일에 비해 39동그란 과일은 비바람을 맞을 때 받는 압력이 훨씬 작다. 그다음으로 40동그란 과일의 표면 면적이 더 작다. 이런 과일은 표면의 수분 증발량이 적고 수분 증발도 상응하여 좀 적은데, 이것은 과실의 성장에 더욱 유리하다. 따라서 대부분의 과일은 동그랗게 자라게 되는데, 41사실상 자연이 선택한 결과라고 말할 수 있다.

39 동그란 과일은 어떤 특징이 있는가?
A 더 맛있게 보인다
B 보관 시간이 더 길다
C 사람들이 더욱 식욕이 생기게 할 수 있다
D 비바람을 맞을 때 받는 압력이 작다

40 왜 동그란 과일은 수분이 적게 증발되는가?
A 표면 면적이 작아서
B 과일 껍질의 색이 짙어서
C 과일 나무는 잎이 더 많아서
D 모두 빗물이 많은 곳에 심어서

41 이 이야기에 근거하여 다음 중 정확한 것은?
A 다른 모양의 과일이 더 달다
B 네모난 과일이 빠르게 익는다
C 과일의 모양은 온도와 관계가 있다
D 동그란 과일은 자연이 선택한 결과이다

해설 |

39 녹음에서 '圆球形水果风吹雨打时受到的压力要小得多'를 듣고 D를 정답으로 선택할 수 있습니다. 风吹雨打와 压力 같은 선택지의 핵심 단어를 그대로 녹음에서 언급했기 때문에 정답을 바로 체크할 수 있습니다.

40 녹음에서 '圆球形水果的表面面积更小'라고 그대로 들려주었기 때문에 A를 정답으로 선택할 수 있습니다.

41 지문의 总结(총정리) 부분에서 '实际上是自然选择的结果'라고 했으므로 정답 D를 선택할 수 있습니다. 이 문제는 전체적으로 선택지의 내용을 거의 읽어 주다시피 했기 때문에 지문은 어려울지 몰라도 정답을 고르는 데는 큰 어려움이 없습니다.

Tip

이 글은 전형적인 설명문 구조입니다. 첫 문장의 **大部分水果都是圆球形的**는 주제 문장이며, 왜 과일이 동그란 모양을 갖추는지 과학적 근거를 '首先~, 其次~'의 구문으로 설명한 뒤, 마지막에 다시 총정리를 하고 있습니다. 문제는 首先 뒤에 한 문제, 其次 뒤에 한 문제, 总结 부분에서 한 문제씩 골고루 출제되었습니다.

단어 | **圆球形** yuánqiúxíng 원구형 | **属于** shǔyú 동 ~에 속하다 | **巧合** qiǎohé 동 우연히 일치하다 | **科学根据** kēxué gēnjù 과학적 근거 | **与~相比** yǔ~xiāngbǐ ~과 비교해서, ~에 비해 | **形状** xíngzhuàng 명 형상, 모양 | **风吹雨打** fēng chuī yǔ dǎ 비바람을 맞다 | **面积** miànjī 명 면적 | **蒸发量** zhēngfāliàng 증발량 | **散失** sànshī 동 흩어져 없어지다, (수분이) 증발하다 | **相应** xiāngyìng 동 상응하다 | **有利于** yǒulì yú ~에 유리하다 | **因此** yīncǐ 접 이 때문에, 따라서 | **看起来** kànqǐlái 동 ~하게 보이다 | **存放** cúnfàng 동 (물건 등을) 보관하다 | **食欲** shíyù 명 식욕 | **果皮** guǒpí 명 과일 껍질 | **果树** guǒshù 명 과일 나무 | **种** zhòng 동 심다 | **方形** fāngxíng 명 사각형 | **成熟** chéngshú 형 (식물의 열매가) 익다 | **跟~有关** gēn~yǒuguān ~과 관계가 있다

42 | C **43** | B 실전문제42.mp3

第42到43题是根据下面一段话：

在某个城市里，有一种特别的自动售货机，它们被设置在需要排队的地方。[42]这些售货机里没有零食和饮料，而是免费文章。人们只要选择阅读时间的长短，按下按钮，就可以得到一张像购物小票一样的纸条，纸条长度从8厘米到120厘米不等，[42]上面印着短篇小说或诗歌。

研究表明，大部分人们都喜欢阅读几分钟就能看完的故事或诗歌，这种设计能让更多的人重新喜欢上文学，从而摆脱浮躁的网络。这种自动售货机预计会推广到其他城市，设计者希望通过这种机器推动一场革命，[43]改变人们埋头关注自我、一读而过的状态，从而变得更加重视思想上的交流。

42 那种售货机有什么特点？
A 只有大城市才有
B 出售可爱的玩具
C 能打印文学作品
D 针对学生人群

43 设计者希望人们有什么改变？
A 考虑未来的职业
B 能互相交流思想
C 都能看电子书
D 人人都关注新闻

42~43번 문제는 다음 이야기에 근거한다.

어떤 도시에 특별한 자동 판매기가 있는데, 그것은 줄을 서야 하는 곳에 설치되어 있다. [42]이들 자동 판매기에는 간식과 음료가 없고, 무료 글귀가 있다. 사람들이 읽는 시간의 길이를 선택해서 버튼을 누르기만 하면, 구매 증명서와 같은 쪽지 한 장을 얻을 수 있다. 쪽지 길이는 8센티미터에서 120센티미터까지 다양하고, [42]종이에는 단편소설 혹은 시가 인쇄되어 있다.

연구에 따르면, 대부분의 사람들은 모두 몇 분만 읽으면 다 볼 수 있는 이야기 혹은 시를 좋아하는데, 이러한 설계는 더 많은 사람들이 문학을 다시 좋아하게 함으로써 경박한 인터넷을 벗어나게 할 수 있다고 한다. 이 자동 판매기는 다른 도시에 널리 보급될 것으로 예상된다. 설계자는 이 기계를 통해서 [43]사람들이 자기 자신한테만 몰두하고 한 번 읽고 지나쳐 버리는 그런 상태를 바꾸어 생각의 교류를 더욱 중시하게 되는 혁명을 추진하길 희망했다.

42 그 판매기는 어떤 특징이 있는가?
A 대도시에만 있다
B 귀여운 장난감을 판다
C 문학 작품을 인쇄할 수 있다
D 학생들에게 초점을 맞췄다

43 설계자는 사람들에게 어떤 변화가 있기를 희망했는가?
A 미래의 직업을 고려한다
B 서로 생각을 교류할 수 있다
C 모두 전자책(e-book)을 볼 수 있다
D 사람들이 모두 뉴스에 관심을 가진다

해설 |

42 지문의 힌트 42를 통해 판매기에서는 음식이 아니라 한 편의 글(文章)이 나온다는 것을 알 수 있고, 단락의 후반부에서 이 문장이 바로 '上面印着短篇小说或诗歌'라고 설명하고 있기 때문에 C를 정답으로 고를 수 있습니다.

43 녹음의 마지막 부분에 힌트가 있습니다. 자동 판매기 설계자의 의도를 길게 언급하고 있는데, 그중 '思想上的交流'가 선택지에는 交流思想으로 출제되어 있습니다. 따라서 정답은 B입니다.

단어 | **自动售货机** zìdòng shòuhuòjī 자동 판매기 | **设置** shèzhì 동 설치하다 | **排队** páiduì 동 줄을 서다 | **零食** língshí 명 간식 | **免费** miǎnfèi 동 무료로 하다 | **长短** chángduǎn 명 길이 | **按** àn 동 (손이나 손가락으로) 누르다 | **按钮** ànniǔ 명 버튼 | **购物小票** gòuwù xiǎopiào 구매 증명서 | **纸条** zhǐtiáo 명 (종이) 쪽지 | **长度** chángdù 명 길이 | **厘米** límǐ 양 센티미터(cm) | **印** yìn 동 인쇄하다 | **短篇小说** duǎnpiān xiǎoshuō 명 단편소설 | **诗歌** shīgē 명 시가, 시 | **研究表明** yánjiū biǎomíng 연구에 따르면 ~이라고 한다 | **设计** shèjì 명 설계, 디자인 | **重新** chóngxīn 부 새롭게, 다시 | **从而** cóng'ér 접 따라서, ~함으로써 | **摆脱** bǎituō 동 벗어나다, 빠져나오다 | **浮躁** fúzào 형 경솔하다, 경박하다 | **网络** wǎngluò 명 인터넷 | **预计** yùjì 동 (계산에 의해) 예상하다 | **推广** tuīguǎng 동 널리 보급하다 | **机器** jīqì 명 기계 | **推动** tuīdòng 동 추진하다 | **革命** gémìng 명 혁명 | **埋头** máitóu 동 몰두하다 | **关注** guānzhù 동 관심을 가지다 | **一读而过** yì dú ér guò 한 번 읽고 지나치다 | **状态** zhuàngtài 명 상태 | **出售** chūshòu 동 팔다, 판매하다 | **玩具** wánjù 명 장난감 | **打印** dǎyìn 동 (프린터로) 인쇄하다, 프린트하다 | **针对** zhēnduì 동 초점을 맞추다 | **人群** rénqún 명 군중, 사람들 | **未来** wèilái 명 미래 | **交流思想** jiāoliú sīxiǎng 생각을 교류하다 | **电子书** diànzǐshū 명 전자책(e-book)

44 | D **45** | A 실전문제44.mp3

第44到45题是根据下面一段话：

研究表明，[44]当人们完成一项单调的事情后，大脑通常会自动进入一种休眠模式，就是说大脑运转的速度会开始放慢，而这种变化自己是无法控制的。专家提醒我们：这种变化可能是人体内在的一种自我保护意识，是在提醒大脑稍微休息一下。无论你是否愿意，都无法改变这一现象。因此当你感觉脑子不转了，或者工作效率开始下降，但又毫无办法时，[45]建议你不妨停下来让大脑休息一会儿。

44 根据这段话，大脑什么时候运转速度会放慢？
A 熬夜后的第二天
B 注意力不集中时
C 身体感到不适时
D 完成单调的事情后

45 当你感觉工作效率很低时，应该怎么做？
A 歇一歇
B 听欢快的音乐
C 喝提神饮料
D 去郊外散步

44~45번 문제는 다음 이야기에 근거한다.

연구에 따르면, [44]사람들이 단조로운 일을 끝낸 후에는 대뇌가 보통 자동으로 휴면 모드에 들어간다고 한다. 다시 말해서 대뇌의 회전속도가 늦춰지기 시작하고, 이런 변화는 스스로가 조절할 수 없다. 전문가는 다음과 같이 우리에게 환기시켜 준다. 이런 변화는 아마 인체에 내재하는 자기 보호 의식으로, 대뇌에게 좀 쉬라고 주의를 주는 것이다. 당신이 원하는지의 여부에 관계 없이 이런 현상은 바꿀 수 없다. 이 때문에 머리 회전이 잘 안 되거나 혹은 업무 효율이 떨어지기 시작한다고 느끼지만 아무런 방법이 없을 때, [45]멈춰서 대뇌를 잠시 쉬게 해 주는 것도 괜찮다고 당신에게 제안한다.

44 이 이야기에 따르면 대뇌는 언제 회전속도가 늦춰지는가?
A 밤샌 뒤 다음 날
B 주의력이 산만할 때
C 몸이 불편함을 느낄 때
D 단조로운 일을 끝낸 후

45 당신은 업무 효율이 낮다고 느낄 때 어떻게 해야 하는가?
A 좀 쉰다
B 유쾌한 음악을 듣는다
C 정신을 차리게 하는 음료를 마신다
D 교외로 산책을 나간다

해설 |

44 녹음 첫 문장이 힌트입니다. 선택지의 문장이 그대로 언급되었기 때문에 어렵지 않게 선택할 수 있지만 초반부에 등장한 내용이라 놓칠 수도 있습니다. 때문에 첫 문장을 주의 깊게 듣지 않았다면 학생들이 본인의 경험에 빗대어 다른 선택지를 고를 수도 있습니다. 정답은 D입니다.

45 녹음 마지막 문장인 '建议你不妨停下来让大脑休息一会儿'을 듣고 A를 선택할 수 있습니다. 만약 선택지에 休息라는 표현이 있었다면 어렵지 않게 선택했겠지만, 歇一歇라고 단어를 바꿔 출제했기 때문에 이 표현을 몰랐다면 선택하기 어려운 문제입니다. 5급 필수어휘 歇는 반드시 익혀 두도록 합니다.

단어 | **研究表明** yánjiū biǎomíng 연구에 따르면 ~이라고 한다 | **单调** dāndiào 형 단조롭다 | **大脑** dànǎo 명 대뇌 | **通常** tōngcháng 명 통상(적으로), 보통 | **自动** zìdòng 형 자동적인 | **休眠模式** xiūmián móshì 휴면 모드 | **就是说** jiùshì shuō 요컨대, 다시 말하면 | **运转** yùnzhuǎn 동 회전하다, 돌다 | **放慢** fàngmàn 동 (속도가) 늦춰지다 | **变化** biànhuà 동 변화하다 명 변화 | **控制** kòngzhì 동 통제하다, 제어하다 | **专家** zhuānjiā 명 전문가 | **提醒** tíxǐng 동 일깨우다, 깨우치다, 주의를 주다 | **保护意识** bǎohù yìshí 보호 의식 | **稍微** shāowēi 부 조금, 약간 | **改变** gǎibiàn 동 바꾸다 | **现象** xiànxiàng 명 현상 | **因此** yīncǐ 접 이 때문에, 따라서 | **脑子不转** nǎozi bú zhuàn 머리 회전이 잘 안 되다 | **工作效率** gōngzuò xiàolǜ 업무 효율 | **下降** xiàjiàng 동 (효율이) 떨어지다 | **毫无办法** háowú bànfǎ 아무런 방법이 없다 | **建议** jiànyì 동 건의하다, 제안하다 | **不妨** bùfáng 부 (~하는 것도) 무방하다, 괜찮다 | **停** tíng 동 멈추다, 정지하다 | **熬夜** áoyè 동 밤을 새우다 | **注意力** zhùyìlì 주의력 | **不集中** bù jízhōng 집중하지 못하다, 산만하다 | **不适** búshì 형 (몸이) 불편하다 | **歇** xiē 동 휴식하다, 쉬다 | **欢快** huānkuài 형 유쾌하다 | **提神** tíshén 동 정신을 차리게 하다 | **郊外** jiāowài 명 교외

독해

1부분

실전문제				178쪽
46 B	47 D	48 B	49 C	50 D
51 C	52 B	53 D	54 A	55 B
56 A	57 C	58 B	59 D	60 D

46 | B 47 | D 48 | B

射鱼的捕猎技术在动物界可谓一流，射击是它天生的(46) B 本领。射鱼能从水里射中陆地上的昆虫，而且几乎百发百中，称得上是水族中的“神枪手”。平时，射鱼一边在水里游来游去，一边(47) D 专心注视着河岸上的草木。(48) B 一旦发现上面停着蚊子、苍蝇之类的小昆虫，它就屏住呼吸，把头探出水面，从嘴里喷射出一股箭一般的水柱，把昆虫击落到水中，然后游过去，把它吞到肚里，饱餐一顿。

46 A 智慧
B 本领
C 情绪
D 个性

47 A 虚心
B 当心
C 操心
D 专心

48 A 与其
B 一旦
C 哪怕
D 宁可

물총고기의 사냥 기술은 동물계에서 일류라고 말할 수 있다. 사격은 그 물총고기의 타고난 (46) B 재능이다. 물총고기는 물속에서 육지 위의 곤충을 쏘아 맞힐 수 있을 뿐만 아니라 거의 백발백중이라서, 수중 동물 가운데 '명사수'라고 할 만하다. 평소에 물총고기는 물속에서 이리저리 헤엄쳐 다니면서 강가의 풀과 나무를 (47) D 몰두해서 주시하고 있다. (48) B 일단 위쪽에 모기와 파리 따위의 작은 곤충이 멈춰 있는 것을 발견하면, 물총고기는 숨을 죽이고 머리를 수면 위로 내밀고는 입속에서 화살과 같은 물기둥 한 줄기를 내뿜어 곤충을 맞혀 물속으로 떨어뜨린다. 그런 후에 헤엄쳐 가서 그것을 배 속으로 삼키며 한 끼를 배불리 먹는다.

46 A 지혜
B 재능
C 기분
D 개성

47 A 겸손하다
B 조심하다
C 신경을 쓰다
D 몰두하다

48 A ~하느니
B 일단 ~한다면
C 설령 ~할지라도
D 차라리 ~할지언정

해설 |

46 射击是它天生的(46)智慧/本领/情绪/个性。

빈칸에 들어갈 명사는 주어인 射击와 호응해야 합니다. 앞 문장에서 물총고기의 사냥 기술이 동물계에서 일류라고 했으므로, '射击(사격)'는 물총고기의 '재능' 또는 '능력'이 나와야 자연스럽습니다. 따라서 정답은 B입니다.

A 智慧 zhìhuì 명 지혜 ★
无限的智慧 무한한 지혜
我的许多同事都具备非凡的智慧。
나의 수많은 동료들은 모두 비범한 지혜를 갖췄다.
· 非凡 fēifán 형 비범하다 | 具备 jùbèi 동 갖추다

B 本领 běnlǐng 명 재능, 기량, 능력 ★★
天赋的本领 타고난 재능
他从小就有画画儿的本领。
그는 어려서부터 그림을 그리는 재능이 있었다.
· 天赋 tiānfù 형 천부적이다, 타고나다

C 情绪 qíngxù 명 기분, 마음, 감정 ★★★
乐观的情绪 낙관적인 기분 | 紧张的情绪 긴장된 마음
要做大事，就要学会控制好自己的情绪。
큰일을 하려면, 자신의 감정을 잘 컨트롤할 줄 알아야 한다.
· 乐观 lèguān 형 낙관적이다 | 控制 kòngzhì 동 통제하다, 컨트롤하다

D 个性 gèxìng 명 개성, 성격 ★
培养个性 개성을 기르다
人们应该自由表现自己的个性。
사람들은 자신의 개성을 자유롭게 표현해야 한다.
· 培养 péiyǎng 동 배양하다, 기르다 | 表现 biǎoxiàn 동 표현하다, 보여 주다

47 射鱼一边在水里游来游去，一边(47)虚心/当心/操心/专心注视着河岸上的草木。

빈칸은 동사 '注视(주시하다)'를 수식하는 부사어 자리인데, 선택지에 부사는 없고 형용사만 있습니다. 형용사는 동사를 직접 수식하거나, 뒤에 조사 地를 이용해 수식하는 경우가 있습니다. A 虚心과 D 专心은 조사 地 없이 동사를 수식할 수 있습니다. B 当心과 C 操心은 보통 부사어로 쓰이지 않습니다. 의미상 '몰두해서 주시하다'가 가장 어울리므로, 정답은 D입니다.

A **虚心** xūxīn 형 겸허하다, 겸손하다 ★★ [=谦虚 qiānxū]
虚心请教 겸허히 가르침을 청하다
你要虚心接受大家的批评。
당신은 모두의 비판을 겸허히 받아들여야 한다.
• **请教** qǐngjiào 동 가르침을 청하다 | **批评** pīpíng 동 비판하다, 지적하다

B **当心** dāngxīn 동 조심하다, 주의하다 ★
当心感冒 감기를 조심하다
买东西的时候，当心别丢了钱包。
물건을 살 때, 지갑을 잃어버리지 않도록 조심하세요.

C **操心** cāoxīn 동 마음(신경)을 쓰다 ★
为孩子操心 아이를 위해 신경을 쓰다
现在的父母为孩子操心太多了。
지금의 부모는 아이를 위해 너무 많이 신경을 쓴다.

D **专心** zhuānxīn 형 몰두하다, 전념하다 ★★
专心研究 몰두하여 연구하다
他正在专心打字。 그는 지금 몰두하여 타자를 치고 있다.

48 (48)与其/一旦/哪怕/宁可发现上面停着蚊子、苍蝇之类的小昆虫，它就屏住呼吸，

접속사를 찾는 문제입니다. 앞 절에 밑줄이 있으니 뒷절에서 힌트가 되는 접속사나 부사를 찾은 후 해석을 통해 최종 확인을 합니다. 문장에 蚊子, 苍蝇과 같은 어려운 단어들이 있기 때문에 호응으로 문제를 푸는 것이 좋습니다. 뒷절의 它就屏住呼吸에 就가 있기 때문에 就와 호응하는 접속사인 B 一旦이 정답입니다. 一旦은 사전에 부사라고 나오지만, 접속사로 공부해 두는 것이 편합니다.

A **与其** yǔqí 접 ~하느니 ★
문형 与其 __A__ ，不如 __B__ A하느니 B하는 것이 낫다
(A: 선택 안 함, B: 선택함)
与其没完没了地修理你的破车，不如去买一辆新的。
네 고물차를 한도 끝도 없이 고치느니, 차라리 새 차를 한 대 사는 것이 낫겠다.
• **没完没了** méiwánméiliǎo 성 (말이나 일이) 한도 끝도 없다 | **破车** pòchē 명 고물차, 고물 자전거

B **一旦** yídàn 접 일단 ~한다면 ★★★
문형 一旦 __A__ ，就 __B__ 일단 A하면 B하다
(A: 가정, B: 결과)
你一旦改正了错误，就会重新得到大家的信任。
네가 일단 잘못을 고치면, 모두의 신임을 다시 얻을 수 있을 거야.
• **信任** xìnrèn 명동 신임(하다)

C **哪怕** nǎpà 접 설령 ~할지라도 ★★ [=即使 jíshǐ]
문형 哪怕 __A__ ，也/都 __B__ 설령 A할지라도 B하다
(A: 가정, B: 변하지 않는 결과/의지)
哪怕全家反对，她也要跟他结婚。
설령 온 가족이 반대할지라도, 그녀는 그와 결혼하려 한다.

D **宁可** nìngkě 부 차라리 ~할지언정 ★
문형 宁可 __A__ ，也不 __B__ 차라리 A할지언정, B하지 않겠다
(A: 어쩔 수 없는 선택, B: 더 싫은 내용)
我宁可待在外面受冻，也不愿意在那里过夜。
나는 차라리 밖에 머물면서 추위에 떨지언정, 그곳에서 밤을 보내긴 싫어.
• **待** dāi 동 머물다 | **受冻** shòudòng 동 추위에 떨다

단어 | **射鱼** shèyú 명 물총고기 | **捕猎** bǔliè 동 사냥하다, 잡다 | **动物界** dòngwùjiè 명 동물계 | **可谓** kěwèi 동 ~이라고 말할 수 있다 | **射击** shèjī 동 사격하다, 쏘다 | **天生** tiānshēng 형 타고나다 | **射中** shèzhòng 동 쏘아 맞히다, 명중하다 | **陆地** lùdì 명 육지 | **昆虫** kūnchóng 명 곤충 | **百发百中** bǎifābǎizhòng 성 백발백중 | **称得上** chēngdeshàng 동 ~(이)라고 할 만하다 *称 chēng 동 부르다, 칭하다 | **水族** shuǐzú 명 수중 동물 | **神枪手** shénqiāngshǒu 명 명사수 | **游来游去** yóu lái yóu qù 이리저리 헤엄쳐 다니다 | **注视** zhùshì 동 주시하다, 주목하다 | **河岸** hé'àn 명 강변, 강가 | **蚊子** wénzi 명 모기 | **苍蝇** cāngying 명 파리 | **屏住** bǐngzhù 동 억제하다, 누르다 | **呼吸** hūxī 동 호흡하다 | **探出头** tànchū tóu 머리를 내밀다 | **喷射** pēnshè 동 분사하다, 내뿜다 | **股** gǔ 양 가닥, 줄기[한 줄기를 이룬 물건을 세는 단위] | **箭** jiàn 명 화살 | **水柱** shuǐzhù 명 물기둥 | **击落** jīluò 동 격추하다 | **然后** ránhòu 접 그런 후에, 그다음에 | **吞** tūn 동 (통째로) 삼키다 | **肚里** dùli 배 속 | **饱餐** bǎocān 동 배불리 먹다, 포식하다 | **顿** dùn 양 번, 차례, 끼[식사 · 질책 · 권고 등을 세는 단위]

49 | C 50 | D 51 | C 52 | B

以前很多人利用各种途径来获取金钱和(49) C 地位，现在他们开始反思：生活本应像雨后彩虹一样丰富多彩，而自己却只追求彩虹中的一两种颜色。这些人逐渐意识到这种“自我损耗”的生活态度是不可取的，因此越来越多的人(50) D 改变了自己的生活方式，希望成为积极向上的“彩虹族”。

“彩虹族”指的是这样一类人：他们能在工作和生活中找到平衡点，每天的生活都如彩虹般健康。他们工作、生活两不误，会有意识地为自己减压，注意均衡地摄取营养，(51) C 主动拒绝不健康食品；坚持锻炼，保证睡眠充足，定期去医院做体检。他们追求健康、快乐的生活方式，(52) B 生活态度十分积极。

49 A 座位
B 地点
C 地位
D 地区

50 A 删除
B 省略
C 兑换
D 改变

51 A 虚心
B 乐观
C 主动
D 坚强

52 A 认为自由最宝贵
B 生活态度十分积极
C 没有什么业余爱好
D 永远把家人放在第一位

이전에는 많은 사람들이 여러 가지 경로를 이용해서 금전과 (49) C 지위를 얻었는데, 지금은 그들이 되돌아보기 시작했다. 생활은 원래 비 온 뒤의 무지개와 같이 풍부하고 다채로워야 하는데, 스스로 무지개 속의 한두 가지 색깔만 추구했다. 이 사람들은 '자아 고갈'과 같은 이런 생활 태도가 바람직하지 못하다는 것을 점차 깨달았고, 이 때문에 갈수록 많은 사람들이 자신의 생활 방식을 (50) D 바꾸며, 밝고 긍정적인 '무지개족'이 되길 바란다.

'무지개족'이 가리키는 것은 이런 부류의 사람들이다. 그들은 일과 생활 속에서 균형점을 찾을 수 있어서 매일의 생활이 무지개와 같이 건강하다. 그들은 일과 생활 두 가지 모두 그르치지 않고 의식적으로 자신을 위해 스트레스를 줄이고 고르게 영양을 섭취하는 것에 주의하며 (51) C 자발적으로 불량 식품을 거절한다. 또한 꾸준히 운동하고 수면이 충분하도록 보장하며 정기적으로 병원에 가서 건강검진을 받는다. 그들은 건강하고 즐거운 생활 방식을 추구하며 (52) B 생활 태도가 매우 긍정적이다.

49 A 좌석
B 장소
C 지위
D 지역

50 A 삭제하다
B 생략하다
C 환전하다
D 바꾸다

51 A 겸허하다
B 낙관적이다
C 자발적이다
D 굳세다

52 A 자유가 가장 소중하다고 여긴다
B 생활 태도가 매우 긍정적이다
C 별다른 여가 취미가 없다
D 언제나 가족을 1순위로 둔다

해설 |

49 以前很多人利用各种途径来获取金钱和(49)座位/地点/地位/地区，现在他们开始反思：
빈칸은 동사 获取의 목적어이면서 金钱과 대등한 의미를 나타내는 명사가 와야 합니다. 선택지 중 금전과 대등하게 쓸 수 있는 것은 地位입니다. 따라서 정답은 C입니다.

A **座位** zuòwèi 명 좌석, 자리
舒服的座位 편안한 좌석
票都卖完了，一个座位也没有了。
표가 다 팔려서 자리가 하나도 없다.

B **地点** dìdiǎn 명 장소, 지점 ★
聚会地点 모임 장소 | **开会地点** 회의 장소
我们定个见面的地点吧。 우리 만날 장소를 정하자.
• **聚会** jùhuì 동 모임

C **地位** dìwèi 명 지위, 위치 ★
国际地位 국제적 지위 | **地位提高了** 지위가 높아졌다
他根本不在乎社会地位。
그는 사회적 지위를 전혀 신경 쓰지 않는다.

D **地区** dìqū 명 지역 ★
贫困地区 빈곤 지역 | **平原地区** 평원 지역
我们计划在寒假游览热带地区。
우리는 겨울방학에 열대 지역을 유람할 계획이다.
• **贫困** pínkùn 형 빈곤하다 | **寒假** hánjià 명 겨울방학 | **游览** yóulǎn 동 유람하다

50 因此越来越多的人(50)删除/省略/兑换/改变了自己的生活方式，
빈칸은 목적어 生活方式와 호응하는 동사술어가 와야 합니다. A, B, C 선택지는 우리말로 해석해도 의미가 맞지 않습니다. 자연스러운 것은 '생활 방식을 바꾸다', 즉, '改变生活方式'입니다. 따라서 정답은 D입니다.

A **删除** shānchú 동 삭제하다, 지우다 ★
删除记录 기록을 삭제하다 | **删除程序** 프로그램을 삭제하다
这篇评论的篇幅太长了，需要删除一些。
이 평론의 길이가 너무 길어서 삭제를 좀 해야 한다.
• **程序** chéngxù 명 프로그램 | **篇幅** piānfu 명 문장의 길이

B **省略** shěnglüè 동 생략하다 ★
这部电影省略了最重要的那部分内容。
이 영화는 가장 중요한 그 부분의 내용을 생략했다.

C **兑换** duìhuàn 동 환전하다, (현금으로) 바꾸다 ★
兑换现金 현금으로 바꾸다
我们饭店不能兑换外币。
우리 식당은 외국 화폐를 환전할 수 없다.
• **外币** wàibì 명 외국 화폐

D 改变 gǎibiàn 동 변하다, 바꾸다 ★★
关系改变 관계가 변하다 | 改变计划 계획을 바꾸다
我们决定在途中改变路线。
우리는 도중에 코스를 바꾸기로 결정했다.
• 路线 lùxiàn 명 노선, 코스

51 他们工作、生活两不误，会有意识地为自己减压，注意均衡地摄取营养，(51)虚心/乐观/主动/坚强拒绝不健康食品；
빈칸은 동사 拒绝를 수식하는 부사어 자리입니다. 선택지의 단어는 모두 형용사이지만, A 虚心과 C 主动은 조사 地 없이 동사를 직접 수식할 수 있습니다. '虚心拒绝(겸손하게 거절하다)'는 자연스러워 보이지만 중국에서는 사용하지 않는 한국식 표현입니다. 중국에서는 주로 '主动拒绝(자발적으로 거절하다)'라고 표현합니다. 따라서 정답은 C입니다.

A 虚心 xūxīn 형 겸허하다, 겸손하다 ★★ [=谦虚 qiānxū]
虚心请教 겸허히 가르침을 청하다
我们要虚心接受他的批评。
우리는 그의 비판을 겸허히 받아들여야 한다.

B 乐观 lèguān 형 낙관적이다 ★★
乐观地展望 낙관적으로 전망하다
他过分乐观地估计了这家企业的发展前景。
그는 지나치게 낙관적으로 이 기업의 발전 전망을 예측했다.
• 展望 zhǎnwàng 동 전망하다 | 估计 gūjì 동 예측하다 | 发展前景 fāzhǎn qiánjǐng 발전 전망

C 主动 zhǔdòng 형 능동적이다, 자발적이다 ★★★
主动帮助 자발적으로 돕다 | 主动让座 자발적으로 자리를 양보하다
她主动把座位让给一个怀抱婴儿的妇女。
그녀는 자발적으로 갓난아기를 안고 있는 여성에게 자리를 양보했다.
• 让座 ràngzuò 동 자리를 양보하다 | 怀抱 huáibào 동 품에 안다 | 婴儿 yīng'ér 명 갓난아기

D 坚强 jiānqiáng 형 굳세다, 꿋꿋하다 ★
意志坚强 의지가 굳세다
困难不是用来抱怨的，而是让自己变得更坚强。
고난은 원망하는 것이 아니며, 자신을 굳세게 만들어 준다.
• 抱怨 bàoyuàn 동 원망하다, 불평하다

52 他们追求健康、快乐的生活方式，(52)认为自由最宝贵/生活态度十分积极/没有什么业余爱好/永远把家人放在第一位。
문장을 고르는 문제입니다. 앞 문장에서 '그들은 건강하고 즐거운 생활 방식을 추구한다'라고 했기 때문에, 빈칸에 어울리는 문장은 B 生活态度十分积极입니다.

A 认为自由最宝贵 자유가 가장 소중하다고 여긴다
• 宝贵 bǎoguì 형 귀중하다, 소중하다

B 生活态度十分积极 생활 태도가 매우 긍정적이다
• 积极 jījí 형 적극적이다, 긍정적이다

C 没有什么业余爱好 별다른 여가 취미가 없다
• 业余 yèyú 형 여가의
• 爱好 àihào 명 취미

D 永远把家人放在第一位 언제나 가족을 1순위로 둔다
• 永远 yǒngyuǎn 부 영원히, 언제나

단어 | 途径 tújìng 명 경로, 방법, 수단 | 获取 huòqǔ 동 얻다, 획득하다 | 反思 fǎnsī 동 반성하다, 되돌아보다 | 本应 běnyīng 부 원래 ~해야 한다[=本来应该 běnlái yīnggāi] | 彩虹 cǎihóng 명 무지개 | 丰富多彩 fēngfùduōcǎi 성 풍부하고 다채롭다 | 追求 zhuīqiú 동 추구하다 | 逐渐 zhújiàn 부 점점, 점차 | 意识 yìshí 동 의식하다, 깨닫다 | 自我损耗 zìwǒ sǔnhào 자아 고갈(ego depletion) *损耗 sǔnhào 동 소모하다, 손실 보다 | 可取 kěqǔ 형 바람직하다, 받아들일 만하다 | 因此 yīncǐ 접 이 때문에, 따라서 | 积极 jījí 형 적극적이다, 긍정적이다 | 向上 xiàngshàng 동 발전적으로 나아가다, 향상하다 | 平衡点 pínghéngdiǎn 명 균형점 | 如～般 rú~bān (마치) ~처럼, ~과 같이 | 两不误 liǎng búwù 두 가지 모두 그르치지 않고 잘하다 | 减压 jiǎnyā 동 스트레스를 줄이다 | 均衡 jūnhéng 형 균형이 잡히다, 고르다 | 摄取 shèqǔ 동 섭취하다 | 营养 yíngyǎng 명 영양 | 拒绝 jùjué 동 거절하다 | 坚持 jiānchí 동 (하고 있던 것을) 지속하다, 꾸준히 하다 | 保证 bǎozhèng 동 보증하다, 보장하다 | 睡眠充足 shuìmián chōngzú 수면이 충분하다 | 定期 dìngqī 형 정기적인, 정기적으로 | 体检 tǐjiǎn 명 신체검사, 건강검진

53 | D 54 | A 55 | B 56 | A

著名戏剧表演艺术家梅兰芳(53) D 曾经说过："我是个拙笨的学艺者，没有天生的才能，全凭苦学。"这并不完全是(54) A 谦虚。梅兰芳小时候去拜师学艺，师傅说他的双眼呆滞无神，(55) B 根本不是唱戏的料，不肯收他。然而他学戏的决心并没有动摇，(56) A 反而更加勤奋。为了让眼睛变得有神采，他每天抬头望天空，双眼紧盯着飞翔的鸽子；也常低头看水底，双眼紧跟着游动的鱼儿。经过不懈努力，他双眼渐渐灵活起来，最终变得炯炯有神了。

53 A 逐渐
B 迟早
C 至今
D 曾经

54 A 谦虚
B 小气
C 坚决
D 可靠

55 A 一律
B 根本
C 陆续
D 亲自

56 A 反而更加勤奋
B 却感到委屈极了
C 似乎没想象的难
D 兴趣不那么强烈了

유명한 중국 전통극 공연 예술가인 메이란팡은 (53) D 일찍이 "난 우둔한 기예 수련생이에요. 타고난 재능이 없고 전부 각고의 노력으로 배우는 것에 의지했어요."라고 말한 적이 있다. 이것은 전적으로 결코 (54) A 겸손한 것이 아니다. 메이란팡은 어린 시절 스승을 모시고 기예를 배웠는데, 스승이 그의 두 눈은 흐리멍덩하고 생기가 없으며 (55) B 전혀 공연할 재목이 아니어서 그를 받아들이지 않으려 했다고 말했다. 그러나 그는 전통극을 배우려는 결심이 결코 흔들리지 않았고, (56) A 도리어 더욱 열심히 했다. 눈에 생기가 있게 변하려고 그는 매일 머리를 들어 하늘을 바라보았고, 두 눈은 하늘을 나는 비둘기를 뚫어지게 바라봤다. 또한 자주 머리를 숙여 물 밑을 보았는데, 두 눈은 헤엄치는 물고기를 바싹 좇고 있었다. 꾸준한 노력을 거쳐, 그의 두 눈은 점차 날렵해졌고 결국에는 눈이 빛나고 생기가 넘치게 되었다.

53 A 점차
B 조만간
C 지금까지
D 일찍이

54 A 겸손하다
B 인색하다
C 단호하다
D 믿을 만하다

55 A 일률적으로
B 전혀
C 끊임없이
D 직접

56 A 도리어 더욱 열심히 했다
B 그러나 매우 억울함을 느꼈다
C 마치 생각처럼 어렵지 않은 것 같았다
D 흥미가 그다지 강하지 않았다

해설 |

53 著名戏剧表演艺术家梅兰芳(53)逐渐/迟早/至今/曾经说过:
동사 说过를 수식하는 부사를 찾는 문제입니다. 동사 뒤의 동태조사 过가 힌트입니다. 曾经은 '(과거에) ~한 적이 있다'라는 의미의 부사로, '曾经+동사过'의 형태로 많이 쓰입니다. 따라서 정답은 D입니다.

A **逐渐** zhújiàn 부 점차, 점점 ★★
逐渐消失 점차 사라지다 | 逐渐恶化 점차 악화되다
一到夜里10点以后，街上行人逐渐少了。
밤 10시 이후가 되자, 거리에 행인이 점차 줄었다.
• 恶化 èhuà 동 악화되다

B **迟早** chízǎo 부 조만간, 머지않아 ★
这个问题他迟早会想通的。
이 문제는 그가 조만간 납득할 것이다.
• 想通 xiǎngtōng 동 납득하다

C **至今** zhìjīn 부 지금까지 ★
至今不知道 지금까지 모르다
他至今没学会开车。그는 지금까지 운전을 배우지 못했다.

D **曾经** céngjīng 부 일찍이, 이전에 ★★
这里曾经是一片绿洲，现在成了一片沙漠。
이곳은 이전에 오아시스였는데 지금은 사막이 되었다.
• 绿洲 lǜzhōu 명 오아시스 | 沙漠 shāmò 명 사막

54 "我是个拙笨的学艺者，没有天生的才能，全凭苦学。"这并不完全是(54)谦虚/小气/坚决/可靠。
앞서 메이란팡을 著名戏剧表演艺术家라고 소개했는데, 본인은 '我是个拙笨的学艺者，没有天生的才能'이라고 한 것은 얼핏 보면 겸손한 것처럼 보이지만, 실제로는 메이란팡이 겸손해서 이 말을 한 것이 아니라 사실이 그러하다는 문맥입니다. 따라서 빈칸은 '겸손이 아니다'라는 내용이 나와야 하므로 정답은 A 谦虚입니다.

A **谦虚** qiānxū 형 겸허하다, 겸손하다 ★★
说话谦虚 말하는 것이 겸손하다 | 态度谦虚 태도가 겸손하다
她父亲为人谦虚。그녀의 아버지는 됨됨이가 겸손하다.
• 为人 wéirén 명 (사람의) 됨됨이, 인품

B **小气** xiǎoqi 형 인색하다, 쩨쩨하다 ★
他十分小气，连住宿都不愿给来访者安排。
그는 매우 인색해서 방문자에게 숙소조차도 준비해 주려 하지 않았다.
• 住宿 zhùsù 명 숙소 | 来访者 láifǎngzhě 명 방문자

C **坚决** jiānjué 형 (태도 · 주장 · 행동 등이) 단호하다 ★
态度坚决 태도가 단호하다 | 坚决反对 단호히 반대하다
认识到自己的错误，就要坚决改正。
자신의 잘못을 인식했으면 단호하게 바로잡아야 한다.

D **可靠** kěkào 형 확실하다, 믿을 만하다 ★
数据可靠 데이터가 확실하다 | 诚实可靠的人 진실되고 믿을 만한 사람
我觉得他提供的消息不太可靠。
내 생각에 그가 제공한 소식(정보)은 그다지 믿을 만한 것이 못 된다.

55 梅兰芳小时候去拜师学艺，师傅说他的双眼呆滞无神，(55)一律/根本/陆续/亲自不是唱戏的料，不肯收他。

빈칸은 不是를 수식하는 부사 자리입니다. 선택지 중 부정부사 不나 没와 함께 쓰는 부사는 根本이며, 해석으로도 根本이 가장 적합합니다. A 一律는 都와 비슷한 의미이고, C 陆续는 시간 차를 두고 잇따라 행동을 계속할 때 사용하며, D 亲自는 직접 하는 행동을 나타냅니다. 따라서 정답은 B입니다.

A **一律** yílǜ 부 일률적으로, 예외 없이, 모두 ★
无论是谁法律面前一律平等。
누구든지 법률 앞에서는 모두 평등하다.
• **法律** fǎlǜ 명 법률

B **根本** gēnběn 부 전혀, 아예[뒤에는 부정의 내용이 옴] ★★
奇怪的是我根本不认识他。
이상한 일은 내가 그를 전혀 모른다는 것이다.

C **陆续** lùxù 부 (시간 차를 두고) 끊임없이, 계속해서, 잇달아 ★
[=先后 xiānhòu, 纷纷 fēnfēn]
陆续入场 끊임없이 입장하다 | **陆续出版** 잇달아 출판하다
近几年，他陆续发表了三十多篇文章。
최근 몇 년간, 그는 30여 편의 글을 잇달아 발표했다.

D **亲自** qīnzì 부 직접, 손수 ★
许多重要问题都由他亲自处理。
수많은 중요한 문제들은 모두 그가 직접 처리한다.

56 然而他学戏的决心并没有动摇，(56)反而更加勤奋/却感到委屈极了/似乎没想象的难/兴趣不那么强烈了。为了让眼睛变得有神采，他每天抬头望天空……

빈칸 앞은 동요되지 않았다는 내용이고, 빈칸 뒤는 자신의 부족함을 극복하기 위해 매우 열심히 노력했다는 내용이 나옵니다. 따라서 정답은 A 反而更加勤奋입니다.

A **反而更加勤奋** 오히려 더욱 열심히 했다
• **勤奋** qínfèn 형 근면하다, 열심히 하다

B **却感到委屈极了** 그러나 매우 억울함을 느꼈다
• **委屈** wěiqu 형 억울하다
• **极了** jíle [형용사 뒤에 위치해 뜻을 매우 강조할 때 쓰임]

C **似乎没想象的难** 마치 상상했던 것만큼 어렵지는 않았다
• **似乎** sìhū 부 마치 ~인 것 같다
• **想象** xiǎngxiàng 동 상상하다

D **兴趣不那么强烈了** 흥미가 그다지 강하지 않았다
• **兴趣** xìngqù 명 흥미
• **强烈** qiángliè 형 강렬하다, (세차고) 강하다

단어 | **著名** zhùmíng 형 저명하다, 유명하다 | **戏剧** xìjù 명 중국 전통극 | **表演艺术家** biǎoyǎn yìshùjiā 공연 예술가 | **梅兰芳** Méi Lánfāng 고유 메이란팡[인명] | **拙笨** zhuōbèn 형 우둔하다 | **学艺者** xuéyìzhě 기예 수련생 | **天生** tiānshēng 형 타고나다 | **凭** píng 접 ~에 따라, ~에 의지하여 | **苦学** kǔxué 동 힘들여 배우다 | **拜师学艺** bàishī xuéyì 스승으로 모시고 기예를 배우다 | **师傅** shīfu 명 (기예를 전수하는) 스승 | **双眼** shuāng yǎn 두 눈 | **呆滞** dāizhì 형 활기가 없다, 생기가 없다 | **神** shén 명 활력, 생기 | **唱戏** chàngxì 동 (중국 전통극을) 공연하다 | **料** liào 명 감, 재목[어떤 일을 할 수 있는 능력을 가졌거나 어떤 직위에 합당한 인물] | **肯** kěn 동 (기꺼이) ~하다 | **收** shōu 동 받아들이다 | **然而** rán'ér 접 그러나, 하지만 | **学戏** xuéxì 동 전통극을 배우다 | **决心** juéxīn 명 결심 | **动摇** dòngyáo 동 동요하다, 흔들리다 | **神采** shéncǎi 명 기색, 안색, 생기 | **抬头望天空** táitóu wàng tiānkōng 머리를 들어 하늘을 바라보다 | **紧盯** jǐn dīng 뚫어지게 바라보다 | **飞翔** fēixiáng 동 비상하다 | **鸽子** gēzi 명 비둘기 | **低头看水底** dītóu kàn shuǐdǐ 머리를 숙여 물밑을 보다 | **紧跟** jǐn gēn 바싹 뒤따르다, 바싹 쫓다 | **游动** yóudòng 동 헤엄치다 | **经过** jīngguò 전 ~을 거쳐 | **不懈努力** búxiè nǔlì 꾸준한 노력 *懈 xiè 형 해이하다, 게으르다 | **渐渐** jiànjiàn 부 점점, 점차 | **灵活** línghuó 형 민첩하다, 날렵하다 | **炯炯有神** jiǒngjiǒng yǒushén 눈이 빛나고 생기가 넘치다

57 | C 58 | B 59 | D 60 | D

我们为何要一天工作8小时？这应该从工业革命说起。

18世纪后期爆发了一场工业革命，工厂老板为了提高产量，一天24小时都在不停地生产。那时候工人们一天工作10至16个小时很(57) C 正常。

但这种现象并没有一直(58) B 持续下去，因为高强度的工作，很快就引发了一场罢工运动。工人们呼吁每天工作不应超过8小时，口号就是："8小时工作，8小时消遣，8小时睡觉"。

最早引进这种工作(59) D 制度的是一家汽车公司。1913年，这家公司将工作时间做了调整，改为每天8小时。让许多公司吃惊的是，(60) D 尽管工作时间缩短了，可工人们的工作效率反而大幅度地提高了。其他公司见状也纷纷效仿，将工作时间改为8小时。

这就是8小时工作制的来源。

57 A 必然
B 高级
C 正常
D 大型

58 A 转变
B 持续
C 传播
D 恢复

59 A 形势
B 规矩
C 形象
D 制度

60 A 毕竟竞争很激烈
B 娱乐时间不但没减少
C 工厂给员工更多权利
D 尽管工作时间缩短了

우리는 어째서 하루에 8시간을 일해야 하는가? 이것은 산업혁명부터 말해야 한다.

18세기 후기에 산업혁명이 발발하자, 공장의 사장은 생산량을 높이기 위해서 하루 24시간 내내 멈추지 않고 생산했다. 그때 노동자들이 하루에 10시간에서 16시간 동안 일하는 것은 (57) C 정상적이었다.

하지만 이런 현상은 결코 계속 (58) B 지속되지 않았다. 왜냐하면 고강도의 노동이 곧 한 차례의 파업을 야기했기 때문이다. 노동자들은 매일 노동이 8시간을 초과해서는 안 된다고 호소했는데, 슬로건은 바로 '8시간 일하고, 8시간 소일하고, 8시간 잔다'였다.

가장 먼저 이런 노동 (59) D 제도를 도입한 곳은 한 자동차 회사였다. 1913년, 이 회사는 노동 시간을 조정하여 매일 8시간으로 바꿨다. 수많은 회사들을 놀라게 한 것은 (60) D 비록 노동 시간이 단축되었지만, 노동자들의 노동 효율은 오히려 대폭 향상되었다는 것이다. 다른 회사들도 상황을 보고 잇달아 모방하여 노동 시간을 8시간으로 바꿨다.

이것이 바로 8시간 노동 제도의 유래이다.

57 A 필연적인
B 고급의
C 정상적인
D 대형의

58 A 바뀌다
B 지속하다
C 전파하다
D 회복하다

59 A 정세
B 규칙
C 이미지
D 제도

60 A 어쨌든 경쟁이 치열했다
B 오락 시간이 줄지 않았을 뿐만 아니라
C 공장이 노동자에게 더 많은 권리를 주었다
D 비록 노동 시간이 단축되었지만

해설 |

57 那时候工人们一天工作10至16个小时很(57)必然/高级/正常/大型。

'那时候工人们一天工作10至16个小时' 전체가 주어이고, 빈칸은 정도부사 很 뒤에 있으므로 형용사가 와야 합니다. 노동자들이 10시간에서 16시간을 일하는 것은 아주 '정상적이었다'라는 내용이 문맥상 가장 자연스럽습니다. A 必然과 B 高级, D 大型은 형용사지만 술어로는 쓰이지 않고, 주로 명사를 수식하는 관형어로 쓰이는데 빈칸은 술어 자리이므로 어법적으로 맞지 않습니다. 따라서 정답은 C입니다.

A **必然** bìrán 형 필연적이다 ★
必然结果 필연적인 결과
人与人之间有矛盾，这是必然现象。
사람과 사람 사이에는 갈등이 생기는데, 이것은 필연적인 현상이다.

B **高级** gāojí 형 고급의 ★
高级官员 고급 관리
我买了一辆高级轿车。 나는 고급 승용차를 한 대 샀다.
• **轿车** jiàochē 명 승용차, 세단

C **正常** zhèngcháng 형 정상(적)이다 ★
发育正常 발육이 정상이다 | **呼吸正常** 호흡이 정상이다
他的精神有点不大正常。 그의 정신은 그리 정상적이지 않다.

D **大型** dàxíng 형 대형의 ★
大型设备 대형 설비
我们厂有五台大型机械。
우리 공장에는 대형 기계 다섯 대가 있다.
• **机械** jīxiè 명 기계

58 但这种现象并没有一直(58)转变/持续/传播/恢复下去，因为高强度的工作，很快就引发了一场罢工运动。

빈칸 앞에 지속을 나타내는 부사 一直가 있으며, 빈칸 뒤에는 상황이 이어짐을 나타내는 보어 下去가 있습니다. 의미상 빈칸에 알맞은 동사는 '지속하다'라는 의미의 持续입니다. 나머지 동사들은 의미상 맞지 않습니다. 持续는 직접 술어로 쓰이기도 하지만, 동사 앞에 쓰여 부사어처럼 자주 사용됩니다. 정답은 B입니다.

A **转变** zhuǎnbiàn 동 바꾸다, (점점) 바뀌다 ★
转变话题 화제를 바꾸다 | **立场转变** 입장이 바뀌다
小李通过努力转变了大家对他的看法。
샤오리는 노력을 통해서 사람들의 그에 대한 견해를 바꿨다.
• **话题** huàtí 명 화제

B **持续** chíxù 동 지속하다 ★
持续发展 지속적으로 발전하다 | **持续了三天三夜** 3일 밤낮 동안 지속하다
学习的劲头要持续保持下去，这样才能取得好成绩。
공부의 열정을 지속적으로 유지해 나가야 한다. 이래야만 좋은 성적을 거둘 수 있다.
• **劲头** jìntóu 명 열정, 의욕

C **传播** chuánbō 동 전파하다, (널리) 퍼뜨리다 ★
传播消息 소식을 전파하다 | **传播疾病** 질병을 퍼뜨리다
蜜蜂和蝴蝶都能传播花粉。
꿀벌과 나비는 모두 꽃가루를 퍼트릴 수 있다.
• **蜜蜂** mìfēng 명 꿀벌 | **蝴蝶** húdié 명 나비 | **花粉** huāfěn 명 꽃가루

D **恢复** huīfù 동 (원래의 상태로) 회복하다, 회복되다 ★★★
恢复健康 건강을 회복하다 | **秩序恢复了** 질서가 회복되었다
在家人的照料下，爷爷逐渐恢复了健康。
가족들의 돌봄 아래, 할아버지는 점점 건강을 회복했다.
• **照料** zhàoliào 동 돌보다, 보살피다

59 最早引进这种工作(59)形势/规矩/形象/制度的是一家汽车公司。
빈칸은 这种工作와 호응하는 명사가 와야 합니다. 이 문장에서는 동사 引进보다는 앞에 있는 这种工作가 더 중요합니다. 这种工作가 의미하는 바는 앞에서 언급이 된 '8시간의 노동'입니다. 이렇게 8시간만 노동하는 것은 일종의 제도이므로 빈칸에 알맞은 것은 D 制度입니다. 동사 引进의 목적어 또한 制度가 적합하지만, 引进이 어려운 단어이므로 这种工作를 이용해 문제를 푸는 것이 쉽습니다.

A **形势** xíngshì 명 형세, 정세 ★
经济形势 경제 정세
新闻评论员清晰地分析了当前的国际形势。
뉴스 평론가가 분명하게 현재의 국제 정세를 분석했다.
• **新闻评论员** xīnwén pínglùnyuán 뉴스 평론가 | **清晰** qīngxī 형 뚜렷하다, 분명하다

B **规矩** guīju 명 규율, 규정 ★
家庭规矩 가정 규율
学生就要遵守学校的规矩。
학생은 학교의 규율을 지켜야 한다.
• **遵守** zūnshǒu 동 준수하다, 지키다

C **形象** xíngxiàng 명 형상, 이미지, 캐릭터 ★★
具体的形象 구체적인 이미지
调查显示，男性比女性更重视自己的形象。
조사에 따르면, 남성이 여성보다 자신의 이미지를 더욱 중시한다고 한다.

D **制度** zhìdù 명 제도 ★
法律制度 법률 제도 | **工资制度** 임금 제도
我国的法律制度还需要进一步完善。
우리나라의 법률 제도는 한 단계 더 완벽하게 해야 한다.
• **完善** wánshàn 형 완벽하다 동 완벽하게 하다

60 让许多公司吃惊的是，(60)毕竟竞争很激烈/娱乐时间不但没减少/工厂给员工更多权利/尽管工作时间缩短了，可工人们的工作效率反而大幅度地提高了。
문장을 선택하는 문제이므로, 빈칸 앞뒤 문장을 해석한 후 선택지의 문장을 해석하면서 의미로 정답을 찾아야 합니다. 빈칸의 앞뒤 문장에 접속사나 부사가 있다면 이 힌트를 이용하는 게 좋습니다. 빈칸 뒤의 접속사 '可(그러나)'가 가장 큰 힌트가 됩니다. 선택지 중 접속사 可와 호응하는 접속사는 '尽管(=虽然)'이므로 D를 염두에 두고 해석을 통해 확정합니다. B의 '不但没~' 뒤에는 反而이 오기는 하지만 可와는 호응하지 않기 때문에 오답입니다. 따라서 정답은 D입니다.

A **毕竟竞争很激烈** 어쨌든 경쟁이 치열했다
• **毕竟** bìjìng 부 (그래도) 어쨌든
• **竞争激烈** jìngzhēng jīliè 경쟁이 치열하다

B **娱乐时间不但没减少** 오락 시간이 줄지 않았을 뿐만 아니라
• **减少** jiǎnshǎo 동 감소하다, 줄다

C **工厂给员工更多权利**
공장이 노동자에게 더 많은 권리를 주었다
• **权利** quánlì 명 권리

D **尽管工作时间缩短了** 비록 노동 시간이 단축되었지만
• **缩短** suōduǎn 동 단축하다

단어 | **工业革命** gōngyè gémìng 산업혁명 | **世纪** shìjì 명 세기 | **爆发** bàofā 동 폭발하다, 발발하다 | **工厂** gōngchǎng 명 공장 | **老板** lǎobǎn 명 (회사의) 사장, (가게의) 주인 | **产量** chǎnliàng 명 생산량 | **不停** bù tíng 멈추지 않다, 끊임없다 | **现象** xiànxiàng 명 현상 | **一直** yìzhí 부 계속, 줄곧 | **高强度** gāoqiángdù 명 고강도 | **引发** yǐnfā 동 일으키다, 야기하다 | **罢工运动** bàgōng yùndòng 파업 활동 | **呼吁** hūyù 동 (지지를) 호소하다 | **超过** chāoguò 동 초과하다, 넘다 | **口号** kǒuhào 명 구호, 슬로건 | **消遣** xiāoqiǎn 동 소일하다, 심심풀이하다 | **引进** yǐnjìn 동 (제도를) 도입하다 | **调整** tiáozhěng 동 조정하다, 조절하다 | **吃惊** chījīng 동 놀라다 | **工作效率** gōngzuò xiàolǜ 명 노동 효율 | **反而** fǎn'ér 부 도리어, 오히려 | **大幅度** dàfúdù 형 대폭적인 | **见状** jiànzhuàng 동 상황을 보다 | **纷纷** fēnfēn 부 (시간 차를 두고) 잇달아, 계속해서 | **效仿** xiàofǎng 동 흉내 내다, 모방하다 | **工作制** gōngzuòzhì 근무제, 노동 제도 | **来源** láiyuán 명 기원, 유래

독해

2부분

실전문제				213쪽
61 C	62 C	63 D	64 D	65 C
66 A	67 B	68 A	69 A	70 A

61 | C

3D食物打印机是一种能像打印文件一样把食物“打印”出来的机器。我们只要把材料和配料放入容器内，然后输入食谱，打开开关，很快就能吃到我们想吃的食物了。这款新产品的商业用途很广，一旦普及，必然会极大地改变人类的生活方式。

A 3D食物打印机很环保
B 3D食物打印机价格昂贵
C 3D食物打印机还未普及
D 3D食物打印机无需输入食谱

3D 음식물 프린터는 문서 출력과 같이 음식물을 '출력'해 낼 수 있는 기계이다. 우리는 재료와 조미료를 용기 안에 넣은 후 메뉴를 입력하고 스위치를 켜기만 하면, 곧 우리가 먹고 싶은 음식을 먹을 수 있게 된다. 이 신제품의 상업 용도는 넓어서, 일단 보급되기만 하면 인류의 생활 방식을 분명히 아주 크게 바꿀 것이다.

A 3D 음식물 프린터는 친환경적이다
B 3D 음식물 프린터는 가격이 비싸다
C 3D 음식물 프린터는 아직 보급되지 않았다
D 3D 음식물 프린터는 메뉴를 입력할 필요가 없다

> Tip
> 독해 2부분의 설명문은 지문을 한 문장씩 읽으면서 ABCD의 내용과 일치하는지 확인하며 답을 찾아야 합니다.

해설 | 두 번째 문장의 '然后输入食谱，打开开关'이라는 문장을 통해 D는 오답임을 파악할 수 있습니다. 마지막 '一旦普及，必然会极大地改变人类的生活方式'라는 문장을 통해 3D프린터가 아직 보급되지 않았다는 것을 확인할 수 있습니다. 따라서 정답은 C입니다.

단어 | **打印机** dǎyìnjī 명 프린터 | **打印文件** dǎyìn wénjiàn 문서를 프린트하다 | **机器** jīqì 명 기계, 기기 | **配料** pèiliào 명 조미료, 배합 원료 | **放入** fàngrù 동 넣다 | **容器** róngqì 명 용기 | **然后** ránhòu 접 그런 후에, 그다음에 | **输入** shūrù 동 입력하다 | **食谱** shípǔ 명 메뉴, 식단 | **打开** dǎkāi 동 (스위치를) 켜다, 열다 | **开关** kāiguān 명 스위치 | **款** kuǎn 양 종류, 모양, 스타일 | **新产品** xīnchǎnpǐn 명 신제품 | **商业用途** shāngyè yòngtú 상업 용도 | **普及** pǔjí 동 보급되다 | **必然** bìrán 부 필연적으로, 반드시 | **极大** jí dà 아주 크다 | **改变** gǎibiàn 동 바꾸다 | **人类** rénlèi 명 인류 | **环保** huánbǎo 형 친환경적이다 | **价格** jiàgé 명 가격 | **昂贵** ángguì 형 비싸다 | **无需** wúxū 동 ~할 필요가 없다

62 | C

研究发现，把水果和蔬菜混在一起保管，会缩短它们的保鲜时间。因为不同的水果和蔬菜保存方法也不尽相同。所以最好将水果和蔬菜分类包装，然后分区域保存。这样可以保证果蔬的保鲜时间更长。

A 蔬菜不能放在冰箱里
B 夏季果蔬的保鲜期会缩短
C 不同的果蔬保存条件不同
D 果蔬一起保存味道会变差

연구에 따르면, 과일과 채소를 한데 섞어서 보관하면 그것의 신선도 유지 시간을 단축시킨다고 한다. 왜냐하면 서로 다른 과일과 채소는 보관 방법이 다 다르기 때문이다. 그래서 과일과 채소를 분류해서 포장하고, 그다음에 구역을 나누어 보관하는 것이 가장 좋다. 이렇게 하면 과일과 채소의 신선도 유지 기한이 더 길어지는 것을 보장할 수 있다.

A 채소는 냉장고 안에 두어선 안 된다
B 여름에는 과일과 채소의 신선도 유지 기한이 줄어든다
C 서로 다른 과일과 채소는 보관 조건이 다르다
D 과일과 채소는 함께 보관하면 맛이 나빠진다

해설 | 한 문장씩 읽으면서 정답을 찾아 나간다면, 두 번째 문장을 통해 C가 정답임을 확인할 수 있습니다.

> Tip
> 정답이 나올 경우, 다른 선택지가 틀렸다는 것을 증명할 필요 없이 바로 그다음 문제로 넘어가는 연습을 해야 합니다. 독해 2부분은 60퍼센트의 확률을 가지고 정답을 찾아야 시간 안에 문제를 풀 수 있습니다.

단어 | **研究发现** yánjiū fāxiàn 연구에 따르면 ~이라고 한다 | **蔬菜** shūcài 명 채소 | **混** hùn 동 (뒤)섞다, 혼합하다 | **保管** bǎoguǎn 동 보관하다 | **缩短** suōduǎn 동 (시간을) 단축하다, 줄이다 | **保鲜** bǎoxiān 동 신선도를 유지하다 | **保存** bǎocún 동 보존하다, 보관하다 | **不尽相同** bújìn xiāngtóng 다 같은 것은 아니다 | **最好** zuìhǎo 부

~하는 것이 가장 좋다 | **分类** fēnlèi 동 분류하다 | **包装** bāozhuāng 동 포장하다 | **然后** ránhòu 접 그런 후에 | **分区域** fēn qūyù 구역을 나누다 | **保证** bǎozhèng 동 보증하다, 보장하다, 약속하다 | **果蔬** guǒshū 명 과일과 채소 | **冰箱** bīngxiāng 명 냉장고 | **保鲜期** bǎoxiānqī 신선도 유지 기한 | **味道** wèidao 명 맛 | **变差** biàn chà 나빠지다, 나쁘게 변하다

63 | D

人如果能利用好一天之中效率最高的那段时间，那么只要投入20%的精力就能有80%的收获。相反，如果是在效率较低的时间段内工作，那么即使投入很大的精力也只能有很少的收获。因此，我们要把握住一天中效率最高的那段时间，利用这段时间来解决最难和最需要思考的事情。

A 要制定每天的工作计划
B 高效率时段不能休息
C 要明确自己的工作方向
D 要合理利用高效率时段

사람이 만약 하루 중 효율이 가장 높은 그 시간대를 활용할 수 있다면, 20퍼센트의 에너지를 쏟기만 하면 80퍼센트의 성과를 거둘 수 있다. 반대로 만약 효율이 비교적 낮은 시간대에 일한다면, 설령 많은 에너지를 쏟을지라도 적은 성과밖에 거둘 수 없다. 이 때문에, 우리는 하루 중 효율이 가장 높은 그 시간대를 파악하고, 이 시간대를 이용해서 가장 어렵고 가장 생각이 필요한 일을 해결해야 한다.

A 매일의 업무 계획을 세워야 한다
B 고효율 시간대에는 쉬어서는 안 된다
C 자신의 업무 방향을 명확하게 해야 한다
D 고효율 시간대를 합리적으로 이용해야 한다

해설 | 첫 문장 '**人如果能利用好一天之中效率最高的那段时间，那么只要投入20%的精力就能有80%的收获**'를 통해서 이 지문의 요점을 유추할 수 있습니다. 만약 파악하지 못했다 해도 맨 마지막 문장을 통해 정답을 고를 수 있습니다. 정답은 D입니다.

단어 | **利用** lìyòng 동 이용하다, 활용하다 | **效率** xiàolǜ 명 효율 | **段** duàn 양 (한)동안, 얼마간, 기간 | **投入** tóurù 동 투입하다, (에너지를) 쏟다 | **精力** jīnglì 명 정력[정신과 체력], 에너지 | **收获** shōuhuò 명 수확, 성과 | **相反** xiāngfǎn 접 반대로 | **时间段** shíjiānduàn 명 시간대[=**时段** shíduàn] | **把握** bǎwò 동 (추상적인 것을) 파악하다 | **解决** jiějué 동 해결하다 | **需要** xūyào 동 필요하다 | **思考** sīkǎo 명 사고, 생각 | **制定** zhìdìng 동 제정하다, (계획을) 세우다 | **工作计划** gōngzuò jìhuà 업무 계획 | **休息** xiūxi 동 휴식하다, 쉬다 | **明确** míngquè 동 명확하게 하다 | **合理** hélǐ 형 합리적이다

64 | D

平湖秋月景区是杭州西湖十景之一，位于西湖白堤的西面。这里不仅风景秀丽，而且临水平台宽敞，视野开阔，能将西湖美景尽收眼底，因此一直被公认为西湖赏月的最佳去处。

A 杭州共有十大景区
B 白堤具有纪念价值
C 平湖秋月景区水位很高
D 平湖秋月景区很适合赏月

'핑후치우위에' 관광지는 항저우 시후십경 중 하나로, 시후 바이디의 서쪽에 있다. 이곳은 풍경이 수려할 뿐만 아니라, 물을 끼고 있는 제방 윗길이 넓고 전망이 트여서 시후의 아름다운 경치를 한눈에 다 볼 수 있다. 이 때문에 줄곧 시후에서 달맞이하기 가장 좋은 곳으로 인정을 받았다.

A 항저우에는 모두 10대 관광지가 있다
B 바이디는 기념적 가치가 있다
C 핑후치우위에 관광지는 수위가 높다
D 핑후치우위에 관광지는 달맞이하기에 적합하다

해설 | 첫 문장에서 '**杭州西湖十景之一**'라고 언급했기 때문에 A는 오답임을 알 수 있습니다. 지문 문장에서는 '시후의 관광지 10곳'이라고 했기 때문에 '항저우 10대 관광지'와는 일치하지 않습니다. 지문과 선택지를 한 문장씩 비교하다 보면, 맨 마지막 문장을 통해 정답 D을 찾을 수 있습니다.

Tip

중국의 지역을 소개하는 지문은 관광지 위주로 소개한다는 점을 염두에 두고 문제를 풀도록 합니다. 비록 어려운 고유명사들이 많이 등장하지만 字를 보고 그림 맞추기 하듯이 한자를 비교하면서 문제를 풀면 됩니다.

단어 | **平湖秋月** Pínghú qiūyuè 핑후치우위에[중국 저장성 항저우의 시후에서 볼 수 있는 경관이자 조망대] | **景区** jǐngqū 명 관광 지구, 관광지 | **杭州** Hángzhōu 고유 항저우[지명] | **西湖十景** Xī Hú shíjǐng 시후십경 | **位于** wèiyú 동 ~에 위치하다, ~에 있다 | **白堤** Báidī 바이디[시후 3대 제방 중 하나] | **风景秀丽** fēngjǐng xiùlì 풍경이 수려하다 | **临水平台** lín shuǐ píngtái 물을 끼고 있는 제방 윗길 | **宽敞** kuānchang 형 넓다 | **视野开阔** shìyě kāikuò 시야가 넓다, 전망이 트이다 | **美景** měijǐng 아름다운 경치 | **尽收眼底** jìnshōuyǎndǐ 성 (경치 등이) 한눈에 다 보이다 | **因此** yīncǐ 접 이 때문에, 따라서 | **一直** yìzhí 부 계속, 줄곧 | **公认** gōngrèn 동 공인하다, 모두가 인정하다 | **赏月** shǎngyuè 동 달구경하다, 달맞이하다 | **最佳** zuìjiā 형 가장 좋다 | **去处** qùchù 명 곳, 장소 | **共有** gòng yǒu 모두 ~이 있다 | **具有** jùyǒu 동 있다, 가지다 | **纪念价值** jìniàn jiàzhí 기념적 가치 | **适合** shìhé 동 적합하다, 알맞다

65 | C

北京大学生电影节始于1993年，它以“大学生办，大学生看，大学生拍，大学生评”为特色，对教育、文化和影视等各领域都有深远影响。该电影节的学生评委来自全国各大高校，参与人数居中国的各种电影节之首。

A 获奖影片由导演投票选出
B 该电影节期间有免费电影展
C 该电影节在教育界很有影响力
D 该电影节由北京电影学院主办

베이징 대학생 영화제는 1993년에 시작되었다. 그것은 '대학생 운영, 대학생 관람, 대학생 촬영, 대학생 심사'를 특색으로 하는데, 교육, 문화, 영화와 TV 등의 각 분야에 모두 깊고 큰 영향을 끼쳤다. 이 영화제의 학생 심사위원은 전국의 각 대학교에서 오는데, 참여자 수는 중국의 각종 영화제에서 으뜸이다.

A 수상 영화는 감독 투표로 뽑는다
B 이 영화제 기간에는 무료 영화전이 있다
C 이 영화제는 교육계에 영향력이 크다
D 이 영화제는 베이징 영화대학교에서 주최한다

해설 | **'对教育、文化和影视等各领域都有深远影响'**이라는 문장을 통해 C가 정답임을 확인할 수 있습니다. 우리말과 달리, 중국에서는 '영향이 매우 크다'라는 표현을 '影响深远(영향이 깊다)'이라고 합니다. 함께 암기해 둡시다.

단어 | **电影节** diànyǐngjié 명 영화제 | **始于** shǐ yú ~에 시작되다 | **以~为特色** yǐ~wéi tèsè ~을 특색으로 하다 | **办** bàn 동 운영하다 | **拍** pāi 동 찍다, 촬영하다 | **评** píng 동 심사하다, 평하다 | **教育** jiàoyù 명 교육 | **影视** yǐngshì 명 영화와 TV | **领域** lǐngyù 명 영역, 분야 | **深远** shēnyuǎn 형 (영향이) 깊고 크다 | **影响** yǐngxiǎng 명 영향 | **该** gāi 대 이, 그, 저 | **评委** píngwěi 명 심사위원[=评审委员 píngshěn wěiyuán] | **来自** láizì 동 ~에서 오다 | **高校** gāoxiào 명 고등 교육기관, 대학교 | **参与** cānyù 동 참여하다 | **人数** rénshù 명 사람 수 | **居~之首** jū~zhī shǒu ~에서 으뜸을 차지하다 | **获奖** huòjiǎng 동 상을 받다, 수상하다 | **影片** yǐngpiàn 명 영화 | **由~选出** yóu~xuǎnchū ~으로 뽑히다 | **导演** dǎoyǎn 명 연출자, 감독 | **投票** tóupiào 동 투표하다 | **免费** miǎnfèi 동 무료로 하다 | **电影展** diànyǐngzhǎn 영화제 | **教育界** jiàoyùjiè 교육계 | **影响力** yǐngxiǎnglì 명 영향력 | **学院** xuéyuàn 명 (단과)대학 | **主办** zhǔbàn 동 주최하다

66 | A

机器人能够“听懂”人讲话，其实是因为人们给它安装了类似于人耳的“听觉器官”，这种“耳朵”靠电脑系统控制，只能按照提前编好的程序工作。机器人的“听觉”系统并不能像人脑那样独立分析事物，所以机器人的“听力”其实很有限。

A 机器人无法独立分析事物
B 机器人的听觉和人类一样
C 机器人能记住说话人的声音
D 未来机器人能正常说话生活

로봇이 사람이 말하는 걸 '듣고 이해할' 수 있는 것은 사실 사람들이 로봇에 사람의 귀와 유사한 '청각기관'을 달았기 때문이다. 이러한 '귀'는 컴퓨터 시스템으로 컨트롤되어 미리 짜 놓은 프로그램에 따라 일할 수밖에 없다. 로봇의 '청각' 시스템은 결코 사람의 뇌처럼 그렇게 독자적으로 사물을 분석할 수 없다. 그래서 로봇의 '청력'은 사실 한계가 있다.

A 로봇은 독자적으로 사물을 분석할 수 없다
B 로봇의 청각은 인류와 같다
C 로봇은 화자의 목소리를 기억할 수 있다
D 미래에 로봇은 정상적으로 말하고 생활할 수 있다

해설 | **두 번째 문장 '机器人的“听觉”系统并不能像人脑那样独立分析事物'가 선택지 A의 내용과 일치합니다. A의 无法는 不能과 같은 의미입니다. 또한 이 문장을 통해 B는 오답임을 알 수 있고, C, D의 내용은 지문에서 언급되지 않았습니다. 따라서 정답은 A입니다.**

단어 | **机器人** jīqìrén 명 로봇 | **听懂** tīngdǒng 동 듣고 이해하다, 알아듣다 | **讲话** jiǎnghuà 동 말하다 | **其实** qíshí 부 사실 | **安装** ānzhuāng 동 설치하다, 달다 | **类似** lèisì 형 유사하다, 비슷하다 | **听觉器官** tīngjué qìguān 청각기관 | **耳朵** ěrduo 명 귀 | **靠** kào 전 ~에 의지해서, ~으로 | **系统** xìtǒng 명 시스템, 계통, 체계 | **控制** kòngzhì 동 통제하다, 컨트롤하다 | **按照** ànzhào 전 ~에 따라, ~대로 | **提前** tíqián 동 (예정된 시간을) 앞당기다 | **编** biān 동 (프로그램을) 짜다 | **程序** chéngxù 명 프로그램 | **人脑** rénnǎo 사람의 뇌 | **独立** dúlì 동 독자적으로 하다 | **分析** fēnxī 동 분석하다 | **有限** yǒuxiàn 형 유한하다, 한계가 있다 | **记住** jìzhù 동 (확실히) 기억하다 | **声音** shēngyīn 명 목소리 | **未来** wèilái 명 미래

67 | B

西塘是江南六大古镇之一。9条河流在镇内交汇，27座古桥将古镇分为8个区域，呈现出一种小桥流水的水乡风情。西塘是江南一带唯一没有被商业开发的千年古镇，因此被称为"活着的千年古镇"。在这里你能更真切地接触到江南水乡人家的真实生活。

A 西塘交通不便
B 西塘具有水乡特色
C 江南古镇已完全商业化
D 西塘景区免费向游人开放

시탕은 장난의 6대 옛 마을 중 하나이다. 9개의 강이 마을에서 모이고 27개의 옛 다리가 옛 마을을 8개의 구역으로 나누며, 작은 다리 아래로 물이 흐르면서 물의 고장의 풍토와 인정이 드러난다. 시탕은 장난 일대에서 유일하게 상업에 의해 개발되지 않은 천년의 옛 마을인데, 이 때문에 '살아 있는 천년의 옛 마을'이라고 불린다. 이곳에서 당신은 장난 물의 고장 사람들의 진실한 생활을 더 뚜렷하게 접할 수 있다.

A 시탕은 교통이 불편하다
B 시탕은 물의 고장의 특색이 있다
C 장난의 옛 마을은 이미 완전히 상업화되었다
D 시탕 관광지는 무료로 관광객에게 개방된다

해설 | 두 번째 문장인 '呈现出一种小桥流水的水乡风情'과 B의 내용이 일치합니다. '西塘是江南一带唯一没有被商业开发的千年古镇'에서 시탕은 상업화되지 않았다고 했으므로 C는 오답이고, A와 D는 언급되지 않았습니다. 따라서 정답은 B입니다.

Tip
'水乡(물의 고장)'에 관한 지문은 西塘 외에 周庄도 출제된 적이 있습니다. 배경지식을 많이 쌓아 두면 문제를 푸는 데 크게 도움이 됩니다.

단어 | **西塘** Xītáng 시탕[상하이 근교 여행지로, 고대의 수향 마을임] | **江南** Jiāngnán 고유 장난[지명] | **古镇** gǔzhèn 명 옛 마을 *镇 zhèn 명 (작은) 마을 | **河流** héliú 명 강 | **交汇** jiāohuì 동 (강이) 합류하다, 모이다 | **座** zuò 양 [다리를 세는 단위] | **古桥** gǔqiáo 명 옛 다리 | **分为** fēnwéi 동 ~으로 나누다 | **区域** qūyù 명 구역 | **呈现** chéngxiàn 동 나타내다, 드러나다 | **小桥流水** xiǎo qiáo liú shuǐ 작은 다리 아래로 물이 흐르다 | **水乡** shuǐxiāng 명 물의 고장 | **风情** fēngqíng 명 풍토와 인정 | **一带** yídài 명 일대 | **唯一** wéiyī 형 유일한 | **商业** shāngyè 명 상업 | **开发** kāifā 동 개발하다 | **因此** yīncǐ 접 이 때문에, 따라서 | **被称为** bèi chēngwéi ~이라고 불리다 | **真切** zhēnqiè 형 뚜렷하다, 분명하다 | **接触** jiēchù 동 접촉하다, 접하다 | **交通不便** jiāotōng bú biàn 교통이 불편하다 | **具有** jùyǒu 동 있다, 가지다 | **特色** tèsè 명 특색 | **景区** jǐngqū 명 관광 지구, 관광지 | **免费** miǎnfèi 동 무료로 하다 | **游人** yóurén 명 여행객, 관광객 | **开放** kāifàng 동 개방하다

68 | A

忍冬，因其刚开花时为白色，后变为黄色，而又名"金银花"。它是一种药用价值极高的中草药，自古被誉为清热解毒的良药，常被用于治疗各种热病，如身体发热、嗓子疼痛等，效果十分显著。

A 金银花是一种药材
B 金银花的香味很浓
C 金银花只在冬季开花
D 金银花可用来治头疼

인동덩굴은 막 꽃이 필 때는 흰색이 되었다가 나중에 노란색으로 변해서 '금은화'라고도 한다. 그것은 약용 가치가 매우 높은 한방 약초로, 예로부터 열을 내리고 독을 없애는 좋은 약이라 불린다. 신체 발열과 같은 각종 열병과 목구멍의 통증 등을 치료하는 데 자주 쓰이는데, 효과가 매우 뚜렷하다.

A 금은화는 약재이다
B 금은화의 향기는 짙다
C 금은화는 겨울에만 꽃이 핀다
D 금은화는 두통을 치료하는 데 쓸 수 있다

해설 | 두 번째 문장의 '它是一种药用价值极高的中草药'를 통해 A 金银花是一种药材가 정답임을 알 수 있는 문제입니다. 그다음 문장은 읽지 않고 다음 문제로 바로 넘어가는 습관을 길러야 합니다.

Tip
식물에 관한 지문이 종종 출제됩니다. 주로 '그 식물이 어떻게 해서 이름을 얻게 되었다' 또는 '약용 가치가 있다' 등이 정답으로 많이 출제되었습니다.

단어 | **忍冬** rěndōng 명 인동덩굴[식물명] | **变为** biànwéi 동 ~으로 변하다 | **又名** yòu míng (또) ~이라고도 하다 | **金银花** jīnyínhuā 명 금은화[인동덩굴의 꽃을 가리킴] | **药用价值** yàoyòng jiàzhí 약용 가치 | **极高** jí gāo 매우 높다 | **中草药** zhōngcǎoyào 한방 약초 | **被誉为** bèi yùwéi ~이라고 칭송되다(불리다) | **清热解毒** qīngrè jiědú 열을 내리고 독을 없애다 | **良药** liángyào 명 좋은 약 | **治疗** zhìliáo 동 치료하다 | **热病** rèbìng 명 열병 | **发热** fārè 동 열이 나다 | **嗓子** sǎngzi 명 목구멍 | **疼痛** téngtòng 동 아프다 | **效果** xiàoguǒ 명 효과 | **显著** xiǎnzhù 형 현저하다, 뚜렷하다 | **药材** yàocái 명 약재 | **香味** xiāngwèi 명 향기 | **浓** nóng 형 (향기가) 짙다 | **用来** yònglái 동 ~에 쓰다 | **治头疼** zhì tóuténg 두통을 치료하다

69 | A

国际驾照是指人们在国外驾车、租车时所需的驾驶资格证明和翻译文件，其实它并不是驾照，因此只有和驾驶员所持的本国驾照同时使用才有效。换句话说，真正判断驾驶员是否具有驾驶资格的是他的本国驾照，而不是国际驾照。

A 国际驾照不能单独使用
B 国际驾照每年可考一次
C 国际驾照由各国使馆发放
D 仅有少数国家承认国际驾照

국제운전면허증은 사람들이 외국에서 차를 운전하거나 렌트할 때 필요한 운전 자격 증명서와 번역 문서를 가리킨다. 사실 그것은 결코 운전면허증이 아니기 때문에 운전자가 가진 자국 운전면허증과 동시에 사용해야만 비로소 유효하다. 바꾸어 말하면, 운전자가 운전 자격이 있는지 여부를 진정으로 판단하는 것은 그의 자국 운전면허증이지, 국제운전면허증이 아니다.

A 국제운전면허증은 단독으로 사용할 수 없다
B 국제운전면허증은 매년 한 번씩 시험을 볼 수 있다
C 국제운전면허증은 각국 대사관에서 발급한다
D 소수의 국가만이 국제운전면허증을 인정한다

해설 | 첫 번째 문장의 '其实它并不是驾照，因此只有和驾驶员所持的本国驾照同时使用才有效'를 읽고 A 国际驾照不能单独使用이 정답임을 찾을 수 있습니다.

Tip
이 문제는 선택지의 내용이 지문에 그대로 나와 있지 않으므로 내용을 이해해서 풀어야 하는 문제입니다. 만약 위의 힌트 문장에서 정답을 찾지 못했다면, 비교적 시간이 많이 걸린다는 단점이 있지만 그다음 문장을 읽고 BCD가 정답이 아님을 확인해서 A를 답으로 고르는 방법도 있습니다.

단어 | **国际驾照** guójì jiàzhào 국제운전면허증 | **指** zhǐ 통 가리키다 | **驾车** jià chē 차를 몰다 | **租车** zū chē 차를 렌트하다 | **需** xū 통 필요하다 | **驾驶** jiàshǐ 통 운전하다 | **资格** zīgé 명 자격 | **证明** zhèngmíng 명 증명서 | **翻译** fānyì 통 번역하다, 통역하다 | **文件** wénjiàn 명 문서 | **其实** qíshí 부 사실 | **因此** yīncǐ 접 이 때문에, 따라서 | **驾驶员** jiàshǐyuán 명 운전자 | **持** chí 통 가지다 | **使用** shǐyòng 통 사용하다 | **有效** yǒuxiào 형 유효하다 | **换句话说** huàn jù huà shuō 바꾸어 말하면 | **判断** pànduàn 통 판단하다 | **具有** jùyǒu 통 있다, 가지다 | **单独** dāndú 부 단독으로, 혼자서 | **考** kǎo 통 시험을 보다 | **使馆** shǐguǎn 명 대사관 | **发放** fāfàng 통 (면허증을) 발급하다 | **少数** shǎoshù 명 소수 | **承认** chéngrèn 통 승인하다, 인정하다

70 | A

人的情绪与外界环境有着密切的联系。总的来说，低温环境更有利于人的精神稳定，如果气温过高，人不仅会感到身体不适，心理和情绪也会随之变得非常不稳定，容易导致脾气变差、记忆力下降等。

A 人的情绪会受到温度影响
B 低温环境容易让人想睡觉
C 全球变暖是严重的大问题
D 情绪变化大是种心理疾病

사람의 기분은 외부 환경과 밀접한 관계가 있다. 전반적으로 말해서 저온 환경은 사람의 정신적 안정에 더 유리하다. 만일 기온이 너무 높으면 사람은 몸이 불편할 뿐만 아니라, 심리와 기분도 이에 따라 매우 불안정해져서 성격이 나빠지고 기억력이 떨어지는 일 등을 초래하기 쉽다.

A 사람의 기분은 온도의 영향을 받는다
B 저온 환경은 사람들이 잠을 자고 싶게 만들기 쉽다
C 지구온난화는 심각한 큰 문제이다
D 기분 변화가 큰 것은 심리적 질병이다

해설 | 첫 문장에서 힌트를 얻고, 그다음 문장 '低温环境更有利于人的精神稳定，如果气温过高……'를 통해 外界环境이 기온이라는 것을 알 수 있습니다. 저온 환경의 설명 중 잠을 자고 싶어 한다는 내용은 나오지 않았으므로 B는 오답이고, C, D는 언급되지 않았습니다. 따라서 정답은 A입니다.

단어 | **情绪** qíngxù 명 정서, 기분, 감정 | **外界环境** wàijiè huánjìng 외부 환경 | **密切** mìqiè 형 (관계가) 밀접하다 | **联系** liánxì 통 연락하다, 관계하다 | **总的来说** zǒng de lái shuō 전반적으로 말해서 | **低温** dīwēn 명 저온 | **有利于** yǒulì yú ~에 유리하다, ~에 이롭다 | **精神** jīngshén 명 정신 | **稳定** wěndìng 형 안정되다 | **气温** qìwēn 명 기온 | **过高** guògāo 형 지나치게 높다 | **不适** bú shì (몸이) 불편하다, 편하지 않다 | **随之** suí zhī 이에 따라 | **导致** dǎozhì 통 (나쁜 결과를) 야기하다, 초래하다 | **脾气** píqi 명 성격, 성질, 기질 | **变差** biàn chà 나빠지다, 나쁘게 변하다 | **记忆力** jìyìlì 명 기억력 | **下降** xiàjiàng 통 (정도가) 떨어지다, 낮아지다 | **受到影响** shòudào yǐngxiǎng 영향을 받다 | **温度** wēndù 명 온도 | **睡觉** shuìjiào 통 (잠을) 자다 | **全球变暖** quánqiú biàn nuǎn 지구온난화 | **严重** yánzhòng 형 (정도가) 심각하다 | **问题** wèntí 명 문제 | **心理疾病** xīnlǐ jíbìng 심리적 질병

독해

3부분

실전문제				274쪽
71 C	72 D	73 C	74 B	75 A
76 C	77 D	78 D	79 B	80 A
81 C	82 C	83 B	84 C	85 B
86 D	87 C	88 C	89 D	90 A

71 | C 72 | D 73 | C 74 | B

②1920年，在大学教书的刘半农在中国文学界已经很有名气了，并有多家报社找他约稿。那时，71刘半农获得了公费出国学习语言的机会。⑤因此他想借着这次机会兼修文学专业。但开学以后，72刘半农意识到如果兼修文学肯定会影响到自己本专业的学习，于是他决定放下文学，把全部的精力都投入到语言学上面。

⑧后来，随着学习的深入，刘半农发现语言学门类众多，要想完全掌握，至少要七八年。他综合考虑了一下国内语音学的研究情况，73最后决定专攻语言学中的实验语音学。定下这个目标后，他便开始潜心专研这门学科。毕业回国后，刘半农迅速成长为一名优秀的语言学家，74他所著的《汉语字声实验录》也获得了国际大奖。

人的精力是有限的，只有明确自己的目标并集中精力去奋斗，才能有一番作为。

71 ①刘半农获得了什么机会？
A 放假旅游
B 出版书籍
C 公费出国学习
D 晋升教授
③

72 ④开学以后，刘半农为什么放弃了文学？
A 不感兴趣
B 经济条件不允许
C 觉得没意思
D 怕没精力学语言学
⑥

73 ⑦刘半农最后决定学习什么？
A 声音艺术学
B 社会语言学
C 实验语音学
D 社会心理学
⑨

74 ⑩根据上文，下列哪项正确？
A 刘半农以山水画出名
B 刘半农的著作获了奖
C 刘半农发表过多部小说
D 刘半农在艺术界很有名

1920년, 대학교에서 학생을 가르치는 리우반농은 중국 문학계에서 이미 명성이 자자했고, 아울러 여러 신문사가 그에게 원고를 청탁했다. 그때, 71리우반농은 국비로 외국에 나가 언어를 배울 기회를 얻었다. 이 때문에 그는 이번 기회를 빌려 문학을 함께 전공하려 했다. 하지만 공부를 시작한 후에, 72리우반농은 만약 문학을 함께 공부한다면 자신의 본 전공의 공부에 틀림없이 영향을 줄 것임을 깨달아서, 문학을 내려놓고 모든 에너지를 다 언어학에 쏟기로 결정했다.

후에 배움이 깊어짐에 따라, 리우반농은 언어학은 분류가 아주 많고, 완전히 정통하려면 최소한 7~8년이 걸린다는 것을 알아차렸다. 그는 국내 음성학의 연구 상황을 종합적으로 고려하여, 73결국 음성학 중 실험음성학을 전공하기로 결정했다. 이 목표를 정한 후에, 그는 이 학문 분야에 몰두하여 전문적으로 연구하기 시작했다. 졸업하고 귀국한 후에, 리우반농은 우수한 언어학자로 빠르게 성장했고 74그가 저술한 《한어자성실험록》도 국제 대상을 받았다.

사람의 에너지는 유한해서 자신의 목표를 명확하게 하고 에너지를 집중해서 노력해야만 비로소 성과를 거둘 수 있다.

71 리우반농은 어떤 기회를 얻었는가?
A 휴가를 얻어 여행한다
B 서적을 출판한다
C 국비로 외국에 나가 공부한다
D 교수로 승진한다

72 공부를 시작한 후, 리우반농은 왜 문학을 포기했는가?
A 흥미가 없어서
B 경제 여건이 허락하지 않아서
C 재미가 없다고 여겨서
D 언어학을 공부할 에너지가 없을까 봐

73 리우반농은 결국 무엇을 공부하기로 결정했는가?
A 소리예술학
B 사회언어학
C 실험음성학
D 사회심리학

74 윗글에 근거하여 다음 중 정확한 것은?

A 리우반농은 산수화로 유명하다
B 리우반농의 저서는 상을 받았다
C 리우반농은 여러 편의 소설을 발표한 적이 있다
D 리우반농은 예술계에서 유명하다

해설 |

① **71번 문제만 읽기**
刘半农이라는 인물이 얻은 기회가 무엇인지 생각하며 지문을 읽습니다.

② **지문 읽기~③ 71번 정답 고르기**
刘半农이라는 인물이 문학계에서 유명한 인물이라는 정보를 체크합니다. '刘半农获得了公费出国学习语言的机会'라는 문장을 통해 정답은 C임을 알 수 있습니다.

④ **72번 문제만 읽기**
刘半农이 문학을 포기한 이유를 생각하며 지문을 이어 읽습니다.

⑤ **지문 이어 읽기~⑥ 72번 정답 고르기**
첫 번째 단락 마지막 문장 중 '于是他决定放下文学' 부분이 72번 문제에 해당하기 때문에 원인은 그 앞 문장입니다. '如果兼修文学肯定会影响到自己本专业的学习'라고 했기 때문에 정답은 D입니다.

⑦ **73번 문제만 읽기**
刘半农이 무엇을 공부하려고 결정했는지 확인하면서 지문을 이어 읽습니다.

⑧ **지문 이어 읽기~⑨ 73번 정답 고르기**
힌트 73의 내용 중 实验语音学가 선택지 C에 있습니다. 따라서 정답은 C입니다.

⑩ **74번 문제와 선택지 읽고 정답 고르기**
지문에서 정확한 내용을 찾는 문제는 선택지를 미리 읽은 후에 지문을 읽어야 합니다. 힌트 74를 통해 정답은 B임을 알 수 있습니다.

단어 | **教书** jiāoshū 동 학생을 가르치다 | **刘半农** Liú Bànnóng 고유 리우반농[인명] | **名气** míngqì 명 명성 | **报社** bàoshè 명 신문사 | **约稿** yuēgǎo 동 원고를 청탁하다 | **获得机会** huòdé jīhuì 기회를 얻다 | **公费** gōngfèi 명 국비 | **借着** jièzhe 전 (기회를) 빌려 | **兼修** jiān xiū 겸하여 배우다, 함께 배우다 | **意识** yìshí 동 의식하다, 깨닫다 명 의식 | **精力** jīnglì 명 정력[정신과 체력], 에너지 | **投入** tóurù 동 투입하다, 쏟다 | **深入** shēnrù 동 깊이 들어가다 | **门类** ménlèi 명 분류 | **众多** zhòngduō 형 아주 많다 | **掌握** zhǎngwò 동 정통하다, 파악하다 | **至少** zhìshǎo 부 최소한, 적어도 | **综合** zōnghé 형 종합적이다 | **语音学** yǔyīnxué 명 음성학 | **研究情况** yánjiū qíngkuàng 연구 상황 | **专攻** zhuāngōng 동 전공하다 | **实验** shíyàn 명 실험 | **定下目标** dìngxià mùbiāo 목표를 정하다 | **潜心** qiánxīn 동 마음을 집중시키다, 몰두하다 | **专研** zhuānyán 동 전문적으로 연구하다 | **门** mén 양 가지, 과목[학문 · 기술 따위의 항목을 세는 단위] | **学科** xuékē 명 학문 분야, 학과 | **迅速** xùnsù 형 신속하다, (재)빠르다 | **优秀** yōuxiù 형 우수하다 | **著** zhù 동 저작하다, 저술하다 | **获得大奖** huòdé dàjiǎng 대상을 받다 | **有限** yǒuxiàn 형 유한하다, 한계가 있다 | **明确** míngquè 동 명확하게 하다 | **集中精力** jízhōng jīnglì 에너지를 집중하다 | **奋斗** fèndòu 동 (목적을 위해) 분투하다, 노력하다 | **番** fān 양 번, 차례 | **作为** zuòwéi 명 성과, 성적 | **出版** chūbǎn 동 출판하다 | **书籍** shūjí 명 서적, 책 | **晋升** jìnshēng 동 승진하다 | **放弃** fàngqì 동 포기하다 | **经济条件** jīngjì tiáojiàn 경제 여건 | **允许** yǔnxǔ 동 허락하다 | **以～出名** yǐ~chūmíng ~으로 유명하다 | **著作** zhùzuò 명 저작, 저서 | **部** bù 양 부, 편[서적이나 영화 편수 등을 세는 단위]

75 | A   76 | C   77 | D   78 | D

②20世纪初，某保健产品公司有一名员工，他的妻子做家务时总是不小心割破手指，所以他经常要为妻子包扎伤口。

有一次妻子切菜时不小心割伤了手指，他为妻子包扎伤口时，妻子说："要是能有一种快速包扎伤口的绷带就好了。[75]这样你不在家时，我自己也能处理伤口。"妻子的话提醒了他，他突然想到：如果把纱布和药物粘在一起，那用起来不就方便多了吗?

⑤他连忙找来一些纱布和药物，先剪下一块较长的纱布，并在上面涂了一层胶，然后又剪了一块纱布并抹上药，再把抹了药的纱布粘到长纱布中间。这样，一个可以快速包扎伤口的绷带便制作完成了。但这个绷带有一个缺点：[76]长纱布上的胶由于一直暴露在空气中，特别容易失效。⑧于是，他又找了很多种布料做实验，最终，他选中了一种质地较硬的纱布。后来他把这个小发明交给了公司，公司立刻组织专家进行研究和开发，最后生产出了名叫"创可贴"的产品。[77]这款产品的面世不仅极大地方便了人们的生活，也为该公司带来了极大的利润。

75 ①那名员工的妻子为什么想要一种能快速包扎伤口的绷带?

A 方便自己处理伤口
B 减少护士的工作量
C 普通的绷带价格昂贵
D 家附近没有医院
③

76 ④那名员工最初做的绷带有什么缺点?

A 一个人很难操作
B 药物量太少
C 胶水容易失效
D 绷带不易携带
⑥

77 ⑦根据上文，下列哪项正确？

A 创可贴中含有消毒剂
B 那名员工成了总经理
C 创可贴只在医院销售
D 创可贴给人带来了便利

⑨

78 ⑩最适合做上文标题的是：

A 知识决定命运
B 怎样让头脑更灵活
C 恩爱的夫妻
D 创可贴的发明故事

20세기 초, 모 건강보조제품 회사에 한 직원이 있었다. 그의 아내는 집안일을 할 때 늘 부주의로 손가락을 베여서 그는 자주 아내를 위해 상처를 싸매줘야 했다.

한번은 아내가 야채를 썰 때 조심하지 못해 손가락을 베였다. 그가 아내를 위해 상처를 싸맬 때, 아내가 말했다. "만약에 빠르게 상처를 싸매는 붕대가 있으면 좋겠어요. [75]그러면 당신이 집에 없을 때 저 혼자서도 상처를 처리할 수 있잖아요." 아내의 말은 그를 일깨웠고, 그는 문득 '만약 거즈와 약물을 한데 붙이면 쓰기에 훨씬 편리하지 않을까?' 하는 생각을 하게 되었다.

그는 얼른 거즈와 약물을 구해서 우선 비교적 긴 거즈를 한 조각 자르고 위에 풀을 한 겹 바른 후, 또 거즈 한 조각을 잘라서 약을 바르고, 약을 바른 거즈를 다시 긴 거즈 중간에 붙였다. 이렇게 빠르게 상처를 싸맬 수 있는 하나의 붕대가 제작이 완성되었다. 하지만 이 붕대는 하나의 단점이 있었다. [76]긴 거즈 위의 풀은 줄곧 공기에 노출되어 효력을 잃어버리기 쉽다는 것이다. 그래서 그는 또 여러 종류의 천을 구해 실험을 했고, 결국 재질이 비교적 단단한 거즈를 선택했다. 나중에 그는 이 작은 발명을 회사에 넘겼고, 회사는 즉시 전문가를 모아서 연구와 개발을 진행하여 결국 '밴드 반창고'라고 불리는 제품을 생산해 냈다. [77]이 제품의 출시는 사람들의 생활을 매우 편리하게 했을 뿐만 아니라, 이 회사에 큰 이윤도 가져왔다.

75 그 직원의 아내는 왜 상처를 빠르게 싸맬 수 있는 붕대를 원했는가?

A 스스로 상처를 처리하는 걸 편리하게 하려고
B 간호사의 업무량을 줄여 주려고
C 보통 붕대는 가격이 비싸서
D 집 근처에는 병원이 없어서

76 그 직원이 처음 만든 붕대는 어떤 단점이 있었는가?

A 혼자서 다루기 어렵다
B 약물의 양이 너무 적다
C 풀이 쉽게 효력을 잃었다
D 붕대가 휴대하기 쉽지 않다

77 윗글에 근거하여 다음 중 정확한 것은?

A 밴드 반창고에는 소독제가 들어 있다
B 그 직원은 사장이 되었다
C 밴드 반창고는 병원에서만 판매한다
D 밴드 반창고는 사람들에게 편리함을 가져왔다

78 윗글의 제목으로 가장 적합한 것은 무엇인가?

A 지식이 운명을 결정한다
B 어떻게 하면 머리가 더 좋아지는가
C 금슬이 좋은 부부
D 밴드 반창고의 발명 이야기

해설 |

① 75번 문제만 읽기
아내에 대한 질문이므로, 아내의 말을 찾아 주의 깊게 읽어야 합니다.

② 지문 읽기~③ 75번 정답 고르기
첫 번째 단락을 보면 이야기 글임을 알 수 있습니다. 두 번째 단락에서 아내가 '**要是能有一种快速包扎伤口的绷带就好了**'라고 말한 부분이 문제에 해당하는 부분이고 그 뒤가 정답입니다. '**这样你不在家时，我自己也能处理伤口**'라는 문장을 통해서 정답은 A임을 알 수 있습니다.

④ 76번 문제만 읽기
그 직원이 처음 제작한 붕대의 단점이 무엇인지 생각하며 지문을 이어 읽습니다.

⑤ 지문 이어 읽기~⑥ 76번 정답 고르기
缺点이라는 키워드를 찾습니다. 세 번째 단락의 힌트 76을 통해 정답은 C임을 알 수 있습니다.

⑦ 77번 문제와 선택지 읽기
지문과 일치하는 내용을 찾는 문제이므로, 먼저 선택지 내용을 파악한 후 관련 내용을 지문에서 찾아야 합니다.

⑧ 지문 이어 읽기~⑨ 77번 정답 고르기
지문에 '**这款产品的面世不仅极大地方便了人们的生活**'라는 문장이 있습니다. 지문의 **方便**이 선택지에서는 유의어인 **便利**로 바뀌어 출제되었습니다. 따라서 정답은 D입니다.

⑩ 78번 문제와 선택지 읽고 정답 고르기
제목은 지문의 전체 내용을 포괄할 수 있어야 합니다. 이 글은 밴드 반창고의 발명에 대한 이야기이므로 정답은 D입니다.

단어 | **世纪** shìjì 명 세기 | **某** mǒu 대 모, 어느 | **保健产品** bǎojiàn chǎnpǐn 건강보조제품 *保健 bǎojiàn 동 건강을 보호하다 | **员工** yuángōng 명 직원 | **不小心** bù xiǎoxīn 조심하지 않다, 부주의하다 | **割破手指** gēpò shǒuzhǐ 손가락을 베다 | **包扎** bāozā 동 싸매다, 싸서 묶다 | **伤口** shāngkǒu 명 상처 | **切菜** qiē cài 야채를 썰다 | **割伤** gēshāng 동 베여서 상처가 나다 | **快速** kuàisù 형 신속하다, 빠르다 | **绷带** bēngdài 명 붕대 | **处理** chǔlǐ 동 처리하다 | **纱布** shābù 명 거즈 | **药物** yàowù 명 약물 | **粘** zhān 동 (풀 따위로) 붙이다 | **连忙** liánmáng 부 얼른, 재빨리 | **剪** jiǎn 동 (가위 등으로) 자르다 | **涂** tú 동 바르다, 칠하다 | **胶** jiāo 명 아교, 풀[=胶水 jiāoshuǐ] | **抹药** mǒ yào 약을 바르다 | **制作** zhìzuò 동 제작하다, 만들다 | **暴露** bàolù 동 (공기에) 노출되다 | **失效** shīxiào 동 효력을 잃다 | **布料** bùliào 명 옷감, 천 | **实验** shíyàn 명 실험 | **选中** xuǎnzhòng 동 선택하다 | **质地** zhìdì 명 재질 | **硬** yìng 형 단단하다 | **立刻** lìkè 부 즉시 | **组织** zǔzhī 동 조직하다, 모으다 | **专家** zhuānjiā 명 전문가 | **名叫** míng jiào 이름이 ~이다, ~이라고 불리다 | **创可贴** chuāngkětiē 명 (밴드) 반창고 | **款** kuǎn 양 종류, 모양, 스타일 | **面世** miànshì 동 (제품이) 세상에 나오다, 출시되다 | **极大** jí dà 아주 크다 | **利润** lìrùn 명 이윤 | **昂贵** ángguì 형 비싸다 | **操作** cāozuò 동 조작하다, 다루다 | **携带** xiédài 동 휴대하다 | **含有** hányǒu 동 함유하다, (안에) 들어 있다 | **消毒剂** xiāodújì 명 소독제 | **总经理** zǒngjīnglǐ 명 (기업의) 최고 책임자, 대표 | **销售** xiāoshòu 동 팔다, 판매하다 | **标题**

biāotí 명 제목 | **命运** mìngyùn 명 운명 | **头脑** tóunǎo 명 두뇌, 머리 | **灵活** línghuó 형 민첩하다, (머리가) 좋다 | **恩爱** ēn'ài 형 (부부간의) 금슬이 좋다

79 | B **80** | A **81** | C **82** | C

②"木桶理论"说的是一个木桶能装多少水，取决于其中最短的那块木板。这个理论在过去曾经非常流行，但随着社会的发展，这个理论在互联网时代已经不太适用了。

当代公司只要有一块足够长的长板，以及一名具有"完整的桶"意识的管理者，就可以通过合作的方式来补齐自己的短板。如果想吸引优秀的人才，就可以与专门的人力资源机构合作；[79]如果市场推广是短板，那么找一家优秀的广告公司，享受最专业的服务即可。⑤因此，对于今天的企业来说，"长板原理"更加重要。

[80]一旦有了一块长板，就等于有了核心竞争力，你就可以利用这块长板赚取利润，然后通过合作、购买等方式来补足你的短板。⑧我们举一个青岛啤酒公司的例子，[81]它最大的优势是拥有啤酒的配方与企业知名度。至于啤酒的酒瓶和盖子等，基本都交给专门的厂家生产，而青岛啤酒公司只要拿出自己的配方，[81]贴上自己的商标便可以坐享成功。

互联网的发展加快了各种信息的传播速度，同时也降低了企业间的合作成本。对于企业来说，[82]与其花费大量人力物力来完善自身不足，不如发挥自己的优势，将最好的部分发挥到极致。

79 ①如果企业在市场推广上存在不足，应该：
A 加大广告力度
B 与广告公司合作
C 高薪聘请销售人才
D 听取消费者的意见
③

80 ④"长板"在企业中指的是：
A 核心竞争力
B 最好的技术部门
C 良好的生产力
D 可靠的领导层
⑥

81 ⑦青岛啤酒的例子说明了什么？
A 应该多和客户交流
B 广告的实用性
C 长板原理的重要性
D 企业要加大宣传力度
⑨

82 ⑩根据上文，下列哪项正确？
A 互联网有安全漏洞
B 企业要制定短期发展计划
C 企业应尽量发挥自身优势
D "木桶原理"适用于中小企业

'나무통 이론'이 말하는 것은 한 개의 나무통이 물을 얼마나 담을 수 있는지는 그중 가장 짧은 그 나무판에 달려 있다는 것이다. 이 이론은 과거에 이미 매우 유행했지만, 사회가 발전함에 따라 인터넷 시대에서는 이미 그다지 적용되지 않는다.

현대에는 회사가 충분히 긴 나무판, 그리고 '완전한 통' 의식을 가진 관리자가 있기만 하면, 협력의 방식을 통해서 자신의 짧은 나무판을 메워 고르게 할 수 있다. 만약 우수한 인재를 끌어들이고 싶다면 전문적인 인력 자원 기구와 협력할 수 있다. [79]만약 시장 마케팅이 짧은 나무판이라면 우수한 광고회사를 구해서 가장 전문적인 서비스를 누리면 된다. 그래서 오늘날의 기업에 있어서는 '긴 나무판 원리'가 더욱 중요하다.

[80]일단 긴 나무판 한 조각이 있다는 것은 핵심 경쟁력이 있는 것과 같아서, 당신은 이 긴 나무판을 이용해서 이윤을 얻은 후에 협력과 구매 등의 방식을 통해 당신의 짧은 나무판을 보충할 수 있다. 칭다오 맥주회사를 예로 들어 보자. [81]그곳의 최대 강점은 맥주의 제조법과 기업 지명도를 가지고 있는 것이다. 맥주의 술병과 뚜껑 등은 기본적으로 모두 전문적인 공장에 맡겨 생산하고, 칭다오 맥주회사는 그들의 제조법으로 [81]자신의 상표를 붙이기만 하면 가만히 앉아서 성공을 누릴 수 있다.

인터넷의 발전은 각종 정보의 전파 속도를 빠르게 했고, 동시에 기업 간의 합작 비용도 낮추었다. 기업에 있어서는 [82]많은 인력과 물자를 들여서 자신의 부족함을 완벽하게 하는 것보다, 자신의 강점을 발휘하는 것, 가장 좋은 부분을 극한까지 발휘하는 편이 낫다.

79 만약 기업이 시장 마케팅에 부족함이 있다면 어떻게 해야 하는가?
A 광고 역량을 키운다
B 광고회사와 협력한다
C 높은 임금으로 영업 인재를 채용한다
D 소비자의 의견을 청취한다

80 '긴 나무판'이 기업에서 가리키는 것은 무엇인가?
A 핵심 경쟁력
B 가장 좋은 기술 부문
C 좋은 생산력
D 믿을 만한 지도층

81 칭다오 맥주의 예는 무엇을 설명했는가?
A 고객과 많이 교류해야 한다
B 광고의 실용성
C 긴 나무판 원리의 중요성
D 기업은 홍보 역량을 키워야 한다

82 윗글에 근거하여, 다음 중 정확한 것은?
A 인터넷은 보안 허점이 있다
B 기업은 단기 발전 계획을 세워야 한다
C 기업은 최대한 자신의 강점을 발휘해야 한다
D '나무통 원리'는 중소기업에 적용된다

해설 |

① 79번 문제만 읽기

기업이 마케팅상에서 부족함이 있다면 어떻게 해야 할지 생각하며 지문을 읽습니다.

② 지문 읽기~③ 79번 정답 고르기

'나무통 이론'과 같이 익숙하지 않은 용어나 그 뒤에 등장하는 비유들이 지문의 해석을 어렵게 만듭니다. 하지만 문맥상 긴 나무판은 장점을, 짧은 나무판은 단점을 말한다는 것은 파악할 수 있습니다. 문제의 '在市场推广上存在不足'는 단점에 해당하므로 짧은 나무판, 즉, 短板을 키워드로 찾아야 합니다. 지문에서 '那么找一家优秀的广告公司，享受最专业的服务即可'라고 했기 때문에 정답은 B입니다.

④ 80번 문제만 읽기

长板을 따옴표로 처리하며 이것이 가리키는 것이 무엇인지 물어본 문제입니다. 이 경우는 지시사를 찾는 문제와 동일하게 문맥상 이것이 어떤 의미로 쓰였는지 찾아야 합니다.

⑤ 지문 이어 읽기~⑥ 80번 정답 고르기

세 번째 단락의 첫 문장 '一旦有了一块长板'이 문제에 해당하므로, 그 뒷부분이 정답이 됩니다. '就等于有了核心竞争力'라고 선택지 내용이 그대로 나오므로, 정답은 A입니다.

⑦ 81번 문제만 읽기

칭다오 맥주회사의 예를 찾는 것에 주의하며 지문을 이어 읽습니다.

⑧ 지문 이어 읽기~⑨ 81번 정답 고르기

칭다오 맥주의 예는 쉽게 찾을 수 있습니다. 예의 내용을 요약하면, 칭다오 맥주의 강점(优势)은 제조법과 지명도이고, 부족한 부분은 협력을 통해 보완하며, 그들은 제조와 상표로 성공을 거둔다는 것입니다. 스스로의 장점, 즉, 긴 나무판을 잘 활용한 예를 보여 주는 것이므로 정답은 C입니다.

⑩ 82번 문제와 선택지 읽고 정답 고르기

지문의 내용 중 정확한 것을 묻는 문제는 선택지를 먼저 읽고 지문으로 가야 합니다. 지문 마지막 부분에 '与其~, 不如…' 구문이 나오는데, 이는 뒤쪽을 강조하는 구문입니다. 즉, '发挥自己的优势'가 좋다는 내용이므로, 정답은 C가 됩니다.

단어 | **木桶理论** mùtǒng lǐlùn 나무통 이론 ***桶** tǒng 명 (물건을 담는) 통 | **装** zhuāng 동 담다 | **取决于** qǔjué yú ~에 달려 있다 | **木板** mùbǎn 명 나무판 | **适用** shìyòng 동 적용되다 | **足够** zúgòu 형 충분하다 | **长板** cháng bǎn 긴 나무판[지문에서는 강점, 장점을 비유함] | **以及** yǐjí 접 및, 그리고 | **具有** jùyǒu 동 있다, 가지다 | **完整** wánzhěng 형 완벽하다 | **意识** yìshí 명 의식 | **合作** hézuò 동 합작하다, 협력하다 | **补齐** bǔqí 동 (부족한 곳을) 메워 고르게 하다 | **短板** duǎn bǎn 짧은 나무판[지문에서는 약점, 단점을 비유함] | **吸引人才** xīyǐn réncái 인재를 끌어들이다 | **人力资源机构** rénlì zīyuán jīgòu 인력 자원 기구 | **市场推广** shìchǎng tuīguǎng 시장 마케팅 | **享受服务** xiǎngshòu fúwù 서비스를 누리다 | **即可** jí kě ~하기만 하면 된다[=**就可以** jiù kěyǐ] | **企业** qǐyè 명 기업 | **长板原理** cháng bǎn yuánlǐ 긴 나무판 원리 | **等于** děngyú 동 ~과 같다 | **核心竞争力** héxīn jìngzhēnglì 핵심 경쟁력 | **赚取利润** zhuànqǔ lìrùn 이윤을 얻다 | **购买** gòumǎi 동 구매하다, 사다 | **补足** bǔzú 동 보충하다 | **举例子** jǔ lìzi 예를 들다 | **优势** yōushì 명 우세, 강점 | **拥有** yōngyǒu 동 가지고 있다 | **配方** pèifāng 명 제조법, 배합법 | **知名度** zhīmíngdù 명 지명도 | **至于** zhìyú 전 ~에 관해서는 | **盖子** gàizi 명 뚜껑 | **基本** jīběn 부 거의, 기본적으로, 대체로 | **厂家** chǎngjiā 명 공장 | **拿出** náchū 꺼내다 | **贴** tiē 동 붙이다 | **商标** shāngbiāo 명 상표 | **坐享成功** zuòxiǎng chénggōng 가만히 앉아서 성공을 누리다 | **加快** jiākuài 동 빠르게 하다 | **传播速度** chuánbō sùdù 전파 속도 | **降低成本** jiàngdī chéngběn 비용을 낮추다 | **花费** huāfèi 동 쓰다, 들이다 | **完善** wánshàn 동 완벽하게 하다 | **发挥优势** fāhuī yōushì 강점을 발휘하다 | **极致** jízhì 명 극치, 극한 | **存在不足** cúnzài bùzú 부족함이 있다 | **加大力度** jiādà lìdù 역량을 키우다 | **高薪** gāoxīn 명 높은 임금 | **聘请** pìnqǐng 동 초빙하다, 채용하다 | **销售人才** xiāoshòu réncái 영업 인재 | **听取** tīngqǔ 동 (의견을) 청취하다, 귀담아 듣다 | **生产力** shēngchǎnlì 명 생산력 | **可靠** kěkào 형 믿을 만하다 | **客户** kèhù 명 고객, 거래처 | **宣传** xuānchuán 동 선전하다, 홍보하다 | **安全漏洞** ānquán lòudòng 보안 허점 | **制定计划** zhìdìng jìhuà 계획을 세우다 | **尽量** jǐnliàng 부 가능한 한, 최대한 | **中小企业** zhōngxiǎo qǐyè 중소기업

83 | B **84** | C **85** | B **86** | D

②超慢跑在最近的健身者之间成为了越来越流行的运动。这种运动方式虽然看似强度不大，但健身效果却很明显。[83]所谓的超慢跑是以超乎想象的极慢速跑步的有氧运动。

⑤超慢跑到底有多慢呢？这其实是因人而异的，有的人快一些，有的人慢一些，虽然没有速度的限制，但每次的运动量不能低于10公里，或者运动时间不能少于70分钟，这样才能起到健身的效果。在超慢跑过程中，[84]上身要保持直立，这样能让你感觉更轻松。⑧就像戏曲演员在舞台上那样，上身不动，只用脚下的小碎步向前移动。但是要注意，超慢跑不是快走。因为快走永远有一只脚是落地的，超慢跑无论跑得多慢，[85]总会有一瞬间双脚是同时离开地面的，所以身体感受到的运动强度也会比快走大。简而言之，超慢跑是一种小步幅、低幅度的运动。

⑪另外，[86]超慢跑强调的是不给身体和心理增加额外负担，因此无论你是刚刚尝试长距离超慢跑，还是已经坚持这项运动很长时间了，感觉吃力的时候，可以随时停下来走一会儿。

83 ①关于超慢跑，下列哪项正确？

A 步子越大越好

B 属于有氧运动

C 易使腿部受伤

D 比快跑更能减肥

③

84 ④超慢跑时，怎样才能感觉更轻松？

A 腿部要放松
B 跑前喝一大杯水
C 上身保持直立
D 胳膊要使劲儿
⑥

85 ⑦和快走相比，超慢跑有什么不同？

A 运动强度较小
B 双脚会同时离地
C 减肥效果不明显
D 必须在跑步机上进行
⑨

86 ⑩超慢跑强调：

A 锻炼前先热身
B 运动要有规律
C 跑前不能进食
D 不给身心增加压力
⑫

초저속 조깅은 최근 운동하는 사람 사이에서 갈수록 유행하는 운동이 되었다. 이 운동 방식은 비록 강도가 세지 않게 보이지만, 운동 효과는 매우 뚜렷하다. [83]초저속 조깅이란 상상을 뛰어넘는 매우 느린 속도로 조깅을 하는 유산소운동이다.

초저속 조깅은 도대체 얼마나 느린 걸까? 이것은 사실 사람에 따라 달라서, 어떤 사람은 좀 빠르고 어떤 사람은 좀 느리다. 비록 속도의 제한은 없지만, 매번 운동량이 10킬로미터보다 낮으면 안 되거나, 운동 시간이 70분보다 적으면 안 된다. 이렇게 해야 운동하는 효과를 거둘 수 있다. 초저속 조깅 과정에서는 [84]상반신이 똑바로 서는 것을 유지해야 하는데, 이러면 당신이 더욱 편안함을 느낄 수 있다. 마치 전통극 배우가 무대 위에서 그렇게 하는 것처럼, 상반신은 움직이지 않고 발 아래의 작은 발걸음으로만 앞으로 움직인다. 그러나 초저속 조깅은 빨리 걷기가 아니라는 점에 주의해야 한다. 빨리 걷기는 언제나 한 발로 지면을 딛고 있지만 초저속 조깅은 얼마나 느리게 달리든 관계없이 [85]항상 순간적으로나마 양발이 동시에 지면에서 떨어지기 때문에 몸이 느끼는 운동 강도도 빨리 걷기보다 세다. 다시 말해서 초저속 조깅은 작은 보폭, 낮은 폭의 운동이다.

이외에, [86]초저속 조깅이 강조하는 것은 신체와 심리에 초과 부담을 더해 주지 않는다는 것이다. 그래서 당신이 방금 장거리 초저속 조깅을 시도해 봤든, 아니면 이미 이런 운동을 장시간 계속했든 관계없이 힘들 때는 언제든지 멈춰서 잠시 동안 걷기를 하면 된다.

83 초저속 조깅에 관해서 다음 중 정확한 것은?

A 발걸음이 클수록 좋다
B 유산소운동에 속한다
C 다리를 쉽게 다치게 만든다
D 빨리 달리기보다 더욱 살을 뺄 수 있다

84 초저속 조깅 때 어떻게 해야 더욱 편안함을 느낄 수 있는가?

A 다리를 이완시켜야 한다
B 달리기 전에 물을 많이 마신다
C 상반신이 똑바로 서는 것을 유지한다
D 팔은 힘을 써야 한다

85 빨리 걷기와 비교해서 초저속 조깅은 무엇이 다른가?

A 운동 강도가 비교적 작다
B 양발이 동시에 지면에서 떨어진다
C 다이어트 효과가 뚜렷하지 않다
D 반드시 러닝머신 위에서 진행해야 한다

86 초저속 조깅이 강조하는 것은?

A 운동 전에 먼저 준비운동을 한다
B 운동은 규칙적이어야 한다
C 달리기 전에는 식사해선 안 된다
D 심신에 스트레스를 더해 주지 않는다

해설 |

① 83번 문제만 읽기

초저속 조깅에 대한 설명 중 옳은 것을 찾는 문제입니다. 보통 첫 번째 문제가 지문과 일치하는 내용을 고르는 문제이면 지문의 첫 번째 단락이나 두 번째 단락에서 정답이 출제되는 경향이 있습니다.

② 지문 읽기~③ 83번 정답 고르기

첫 번째 단락에서 초저속 조깅의 특징과 정의를 소개하고 있습니다. 힌트 83을 통해 정답은 B임을 알 수 있습니다.

④ 84번 문제만 읽기

문제의 키워드 **轻松**을 생각하며 지문을 이어서 읽습니다.

⑤ 지문 이어 읽기~⑥ 84번 정답 고르기

두 번째 단락의 힌트 84 부분에 키워드 **轻松**이 있고, 이 지문의 내용이 선택지에 그대로 있습니다. '**上身要保持直立，这样能让你感觉更轻松**'이라고 했으므로 정답은 C입니다.

⑦ 85번 문제만 읽기

빨리 걷기와 비교하는 내용이므로, 문제의 키워드 **快走**를 생각하며 지문을 이어서 읽습니다.

⑧ 지문 이어 읽기~⑨ 85번 정답 고르기

'**但是要注意，超慢跑不是快走**'에 문제의 키워드 **快走**가 있습니다. 초저속 걷기가 빨리 걷기와 다른 점은 '**总会有一瞬间双脚是同时离开地面的**'라고 했으므로 정답은 B입니다.

⑩ 86번 문제와 선택지 읽기

초저속 걷기가 강조하는 점을 생각하며 지문을 이어 읽습니다.

⑪ 지문 이어 읽기~⑫ 86번 정답 고르기

마지막 단락에서 '**超慢跑强调的是不给身体和心理增加额外负担**'이라고 선택지의 내용이 그대로 나왔습니다. 따라서 정답은 D입니다.

단어 | **超慢跑** chāomànpǎo 초저속 조깅 | **健身** jiànshēn 동 몸을 건강하게 하다, 헬스하다 | **看似** kànsì 동 ~하게 보이다, 보기에는 마치 ~하다 | **强度** qiángdù 명 강도 | **明显** míngxiǎn 형 뚜렷하다, 분명하다 | **所谓** suǒwèi 형 ~이라는 것은, ~이란 | **超乎想象** chāohū xiǎngxiàng 상상을 뛰어넘다 | **有氧运动** yǒuyǎng yùndòng 명 유산소운동 | **因人而异** yīnrén'éryì 성 사람에 따라 다르다 | **限制** xiànzhì 명 제한 | **低于** dī yú ~보다 낮다 | **公里** gōnglǐ 양 킬로미터(km) | **起到~效果** qǐdào~xiàoguǒ ~한 효과를 거두다 | **上身** shàngshēn 명 상반신 | **保持** bǎochí 동 (지속적으로) 유지하다 | **直**

立 zhílì 동 똑바로 서다, 곧게 서다 | **戏曲演员** xìqǔ yǎnyuán 전통극 배우 | **舞台** wǔtái 명 무대 | **脚下** jiǎoxià 명 발 아래 | **小碎步** xiǎosuìbù 작은 발걸음 | **移动** yídòng 동 이동하다, 움직이다 | **落地** luòdì 동 (발이) 지면을 딛다 | **一瞬间** yíshùnjiān 명 순간, 순식간 | **双脚** shuāng jiǎo 양발 | **简而言之** jiǎn'éryánzhī 다시 말해서, 요컨대 | **步幅** bùfú 명 보폭 | **幅度** fúdù 명 폭 | **强调** qiángdiào 동 강조하다 | **额外** éwài 형 (규정된 수량이나 한도를) 초과한, 벗어난 | **负担** fùdān 명 부담 | **尝试** chángshì 동 시도해 보다 | **长距离** chángjùlí 명 장거리 | **吃力** chīlì 형 힘들다 | **随时** suíshí 부 수시로, 언제든지 | **步子** bùzi 명 발걸음 | **属于** shǔyú 동 ~에 속하다 | **使劲儿** shǐjìnr 동 힘을 쓰다 | **和~相比** hé~xiāngbǐ ~과 비교해서 | **离地** lí dì 지면에서 떨어지다 | **跑步机** pǎobùjī 러닝머신 | **热身** rèshēn 동 준비운동을 하다, 워밍업하다 | **规律** guīlǜ 명 규칙 형 규칙적이다 | **进食** jìnshí 동 식사하다

87 | C　**88** | C　**89** | D　**90** | A

②最近各大名校的网络公开课不仅受到年轻人的普遍欢迎，甚至还改变了一些人的生活方式。很多人利用排队、候车、上下班途中等时间，坚持每天看一课。

网络公开课的参与者分为两大类。第一类如同大学的"旁听生"。75岁高龄的柳爷爷就是其中一名旁听生。他对历史很感兴趣，通过网络公开课程，他获得了更多历史知识。他说："过去我花了很多钱买书，可只能学到一点儿；而现在，[87]网上有众多免费的课程，需要的信息随手就能找到。"

⑤第二类可称为"社交型学生"。这些人或因为生病行动不便，或需要在家中照顾亲人，[88]与外界接触较少。网络公开课为他们提供了更多与外界联系的机会，并且用新鲜的知识丰富了他们的生活。

⑧对大多数人而言，网络公开课是一种极为自由的获得知识的方式。只要有空儿，打开电脑或手机，随时随地都可以参与课程的学习。自由不仅指时间、地点自由，更指选择自由。所有人都可以根据自己的兴趣去学习。[89]这是网络公开课风靡全世界的根本原因。

⑪网络公开课为人们提供了一个崭新的学习平台，不仅对大学生，也对许多个人学习者及教学者产生了冲击。[90]虽然目前我们还很难对网络公开课的利弊做出全面的评估，但是教育资源全球共享，无疑满足了很多人"活到老学到老"的人生目标。

87 ①根据第2段，柳爷爷怎么看网络公开课？

A 更新快
B 相对简单
C 既方便又省钱
D 吸引力不大
③

88 ④关于"社交型学生"，可以知道：

A 比较悲观
B 不善于表达
C 与外界接触少
D 学习不够用功
⑥

89 ⑦第4段主要介绍的是？

A 课程的种类
B 网络教学的成果
C 网络公开课的规模
D 网络公开课流行的原因
⑨

90 ⑩第5段中画线词语的意思最可能是：

A 好处和坏处
B 权利和义务
C 整体与细节
D 原因及结果
⑫

최근 각 유명 학교의 인터넷 공개 수업은 젊은이들의 보편적인 환영을 받았을 뿐만 아니라, 심지어 일부 사람들의 생활 방식도 바꾸었다. 많은 사람들이 줄을 서고 차를 기다리고 출퇴근하는 도중 등의 시간을 활용해서, 매일 꾸준히 수업 하나씩을 본다.

인터넷 공개 수업의 참여자는 크게 두 부류로 나뉜다. 첫 번째 부류는 마치 대학의 '청강생'과 같다. 75세 고령인 리우 할아버지는 바로 그중 한 명의 청강생이다. 그는 역사에 흥미가 많아서 인터넷 공개 커리큘럼을 통해 더 많은 역사 지식을 얻었다. 그는 "과거에 나는 많은 돈을 들여 책을 샀지만 조금밖에 배울 수 없었어요. 그러나 지금은 [87]인터넷에 아주 많은 무료 커리큘럼이 있어서 필요한 정보를 손 가는 대로 쉽게 찾을 수 있어요."라고 말했다.

두 번째 부류는 '사교형 학생'이라고 부를 수 있다. 이들은 병이 나서 행동이 불편하거나 집에서 가족을 돌봐야 해서 [88]외부와의 접촉이 비교적 적다. 인터넷 공개 수업은 그들을 위해 외부와 연결되는 더 많은 기회를 제공했고, 게다가 새로운 지식으로 그들의 생활을 풍부하게 했다.

대다수의 사람들에게 인터넷 공개 수업은 지식을 얻는 아주 자유로운 방식이다. 짬이 나기만 하면 컴퓨터나 휴대전화를 켜서 언제 어디서든 모두 커리큘럼의 학습에 참여할 수 있다. 자유는 시간과 장소의 자유를 가리킬 뿐만 아니라, 더욱이 선택의 자유를 가리킨다. 모든 사람들은 다 자신의 흥미에 따라 배울 수 있다. [89]이것이 인터넷 공개 수업이 전 세계에서 유행하는 근본 원인이다.

인터넷 공개 수업은 사람들에게 아주 새로운 학습 플랫폼을 제공했다. 대학생뿐만 아니라 수많은 개인 학습자와 교육자에게도 충격을 주었다. [90]비록 현재 우리는 인터넷 공개 수업의 장단점에 대해 아직 전면적인 평가를 내리긴 어렵지만, 교육 자원을 전 세계가 함께 누린다는 것은 많은 사람들의 '배움에는 끝이 없다'라는 인생 목표를 틀림없이 만족시켰다.

87 두 번째 단락에 따르면, 리우 할아버지는 인터넷 공개 수업을 어떻게 생각하는가?

A 갱신이 빠르다

B 상대적으로 간단하다

C 편리하고 돈이 절약된다

D 흡인력이 크지 않다

88 '사교형 학생'에 관해서 알 수 있는 것은?

A 비교적 비관적이다

B 표현하는 것에 서투르다

C 외부와의 접촉이 적다

D 공부를 그다지 열심히 하지 않는다

89 네 번째 단락에서 소개하는 것은?

A 커리큘럼의 종류

B 인터넷 교육의 성과

C 인터넷 공개 수업의 규모

D 인터넷 공개 수업이 유행하는 원인

90 다섯 번째 단락 중 밑줄 친 글자의 의미는 무엇인가?

A 장점과 단점

B 권리와 의무

C 전체와 세부 사항

D 원인과 결과

해설 |

① 87번 문제만 읽기

문제에서 요구한 것은 두 번째 단락이지만, 전체적인 내용을 파악하기 위해 첫 번째 단락도 빠르게 읽으면서 두 번째 단락의 리우 할아버지 관련 내용을 찾습니다.

② 지문 읽기~③ 87번 정답 고르기

첫 번째 단락은 인터넷 공개 수업이 사람들의 환영을 받고 있다는 요점만 체크하고 빠르게 넘어갑니다. 두 번째 단락의 리우 할아버지 말 중 '网上有众多免费的课程，需要的信息随手就能找到'가 힌트입니다. 免费라는 단어를 통해 省钱을 알 수 있고 随手就能找到를 통해 方便을 알 수 있습니다. 따라서 정답은 C입니다.

④ 88번 문제만 읽기

"社交型学生"과 같이 따옴표가 있는 표현은 이 지문에서만 표현한 특수한 용어일 가능성이 큽니다. 이런 경우 해당 표현이 그대로 지문에 등장할 가능성이 높으니, 키워드를 빠르게 찾은 후 내용을 살펴야 합니다.

⑤ 지문 이어 읽기~⑥ 88번 정답 고르기

세 번째 단락에서 키워드 社交型学生이 나왔습니다. 지문의 '与外界接触较少'라는 내용이 선택지에 그대로 나와 있으므로, 정답은 C입니다.

⑦ 89번 문제만 읽기

네 번째 단락에서 소개하는 것을 물었으므로 네 번째 단락을 중점적으로 읽습니다. 이런 문제는 선택지를 확인하여 키워드를 파악하면 더 쉽게 정답을 찾을 수 있습니다.

⑧ 지문 이어 읽기~⑨ 89번 정답 고르기

네 번째 단락의 힌트 89를 통해 정답은 D임을 알 수 있습니다. 风靡라는 단어가 流行과 동의어라는 것을 알면 아주 쉽게 풀리지만, 단어 자체가 어렵습니다. 하지만 단락 앞부분에서 '对大多数人而言'이라는 표현을 활용하여, 많은 사람들이 인터넷 공개 수업을 긍정적으로 생각하며 언제 어디서든 공부할 수 있다는 내용이 있으므로 문맥상 D를 정답으로 선택할 수 있습니다.

⑩ 90번 문제와 선택지 읽기

다섯 번째 단락 중 밑줄 친 글자의 의미를 물어보는 문제입니다. 보통 지문에서 밑줄 친 단어는 필수어휘가 아닌 경우가 많습니다. 따라서 단어의 의미를 문맥에 맞춰 유추할 수 있어야 합니다.

⑪ 지문 이어 읽기 ~ ⑫ 90번 정답 고르기

지문의 힌트 90은 '인터넷 공개 수업의 利弊에 대해 전면적으로 평가하기 매우 어렵다'라고 해석할 수 있습니다. 선택지의 단어들을 대입해 봤을 때 문맥상 가장 자연스러운 것은 A 好处和坏处입니다.

단어 | **网络公开课** wǎngluò gōngkāikè 인터넷 공개 수업 | **受到欢迎** shòudào huānyíng 환영을 받다 | **候车** hòuchē 차를 기다리다 | **坚持** jiānchí 동 (어떤 행동을 포기하지 않고) 계속하다 | **分为** fēnwéi 동 (~으로) 나뉘다 | **如同** rútóng 동 마치 ~과 같다 | **旁听生** pángtīngshēng 명 청강생 | **高龄** gāolíng 명 고령 | **课程** kèchéng 명 (교육)과정, 커리큘럼 | **获得知识** huòdé zhīshi 지식을 얻다 | **众多** zhòngduō 형 아주 많다 | **称为** chēngwéi 동 ~이라고 부르다 | **社交** shèjiāo 명 사교 | **照顾亲人** zhàogù qīnrén 가족을 돌보다 | **接触** jiēchù 동 접촉하다 | **大多数** dàduōshù 명 대다수 | **极为** jíwéi 부 극히, 아주 | **打开** dǎkāi 동 (스위치 따위를) 켜다 | **随时随地** suíshí suídì 언제 어디서나 | **参与** cānyù 동 참여하다 | **风靡** fēngmí 동 유행하다 | **崭新** zhǎnxīn 형 참신하다, 아주 새롭다 | **平台** píngtái 명 플랫폼[많은 사람들이 쉽게 이용하거나 다양한 목적으로 사용하는 사업 기반] | **产生冲击** chǎnshēng chōngjī 충격을 주다 | **利弊** lìbì 명 이로움과 폐단, 장단점 | **评估** pínggū 동 평가하다 | **教育资源** jiàoyù zīyuán 교육 자원 | **共享** gòngxiǎng 동 함께 누리다 | **无疑** wúyí 형 의심할 바 없다, 틀림없다 | **活到老学到老** huódào lǎo xuédào lǎo 배움에는 끝이 없다 | **更新** gēngxīn 동 갱신하다, 새롭게 바뀌다 | **相对** xiāngduì 부 상대적으로, 비교적 | **省钱** shěngqián 동 돈이 절약되다 | **吸引力** xīyǐnlì 명 흡인력 | **悲观** bēiguān 형 비관적이다 | **用功** yònggōng 동 (공부에) 힘쓰다, 노력하다 | **网络教学** wǎngluò jiàoxué 인터넷 교육 | **规模** guīmó 명 규모 | **画线** huàxiàn 동 밑줄을 치다 | **权利** quánlì 명 권리 | **义务** yìwù 명 의무 | **整体** zhěngtǐ 명 전부, 전체 | **细节** xìjié 명 세부 (사항), 디테일

1부분

실전문제 | 378쪽

91 成年海象通常有一吨多重。

92 该图书馆于上世纪80年代建成。

93 导致眼睛疲劳的主要因素是什么?

94 姑姑把耳环锁在了抽屉里。

95 信封上的姓名地址有点儿模糊。

96 你要有决心克服所有缺点。

97 他说的经历值得我们学习。

98 各国嘉宾已陆续到达西安。

91 | 成年海象通常有一吨多重。

성년 바다코끼리는 일반적으로 1톤 남짓 나간다.

重　一吨多　成年海象　通常有

해설 |

① **제시어를 분석한다**

- **重**: '무겁다'라는 형용사, '무게'라는 명사로 쓰입니다.
- **一吨多**: 吨은 무게를 나타내는 단위입니다.
- **成年海象**: 명사이므로 주어가 될 수 있습니다.
- **通常有**: 동사 有 앞에 부사 通常이 함께 제시되어 있으므로, 有가 이 문장의 술어임을 알 수 있습니다.

② **술어를 찾는다 → 通常有**

③ **주어와 목적어를 찾는다 → 주어: 成年海象 | 목적어: 通常有＋重**

주어가 될 수 있는 명사는 成年海象이며, 重은 '무게'라는 명사 용법이 되면 목적어 자리에 놓을 수 있습니다. 重을 보통 '무겁다'라는 형용사로만 알기 때문에 이 문제는 매우 어려운 문제라 할 수 있습니다.

④ **관형어를 찾는다 → 一吨多＋重**

수량 一吨多는 목적어 重을 수식해서 '1톤 남짓(의 무게)'라는 호응 관계를 만들 수 있습니다.

成年海象	通常	有	一吨多	重
주어	부사어	술어	관형어	목적어

단어 | **吨** dūn 양 톤(ton) | **海象** hǎixiàng 명 바다코끼리 | **通常** tōngcháng 부 통상적으로, 일반적으로

92 | 该图书馆于上世纪80年代建成。

이 도서관은 지난 세기 80년대에 건설되었다.

上世纪80年代　图书馆于　建成　该

해설 |

① **제시어를 분석한다**

- **上世纪80年代**: 지난 세기 80년대, 즉, 1980년대라는 의미로 때를 나타냅니다.
- **图书馆于**: 명사 图书馆은 주어가 될 수 있고, 전치사 于 뒤에는 장소나 시간이 와야 합니다. 따라서 제시어 중 上世纪80年代와 호응할 수 있습니다.
- **建成**: 제시어 중 유일한 동사이므로 문장의 술어가 됨을 알 수 있습니다.
- **该**: 该는 应该의 의미, 또는 '이', '그', '저'와 같은 대명사로 씁니다.

② **술어를 찾는다 → 建成**

③ **주어를 찾는다 → 图书馆于＋上世纪80年代**

제시어 중 图书馆이 유일한 명사이므로 주어가 됩니다. 전치사 于는 보어 자리에도 많이 쓰이기 때문에 '建成于+시간/때'로도 쓸 수 있습니다. 따라서 주어 뒤에 전치사 于를 붙여서 출제한 것입니다.

④ **관형어는 수식하는 명사 앞에 배열한다**
→ 该＋图书馆于上世纪80年代建成

该는 这个에 상당하는 대명사이므로 명사 图书馆 앞에 배열합니다.

该图书馆	于上世纪80年代	建成
주어	부사어	술어

단어 | **上世纪** shàng shìjì 지난 세기 | **图书馆** túshūguǎn 명 도서관 | **建成** jiànchéng 동 건설하다 | **该** gāi 대 이, 그, 저

93 | 导致眼睛疲劳的主要因素是什么?

눈의 피로를 초래하는 주요 원인은 무엇입니까?

的主要　是什么　因素　眼睛疲劳　导致

해설 |

① **제시어를 분석한다**

- **的主要**: 구조조사 的가 있으므로 앞에는 관형어가 와야 합니다. 관

형어는 명사를 수식하는데 主要는 형용사이므로, 主要 뒤에 다른 명사가 추가로 배열되어야 함을 짐작할 수 있습니다.
- 是什么: 동사 是는 술어가 될 수 있습니다.
- 因素: 명사이므로 주어 또는 목적어가 될 수 있습니다.
- 眼睛疲劳 / 导致: 导致는 동사이므로 술어가 될 수 있습니다. 뒤에는 주로 부정적인 내용이 와야 하는데 제시어 중 호응할 수 있는 것은 疲劳입니다.

② **술어를 찾는다 → 술어1: 是什么 | 술어2: 导致＋眼睛疲劳**
동사가 두 개일 때는 각각의 호응 관계를 찾아야 합니다. 是 뒤에는 목적어로 의문대명사 什么가 이미 함께 제시되었습니다. 导致는 疲劳와 호응할 수 있습니다.

③ **주어를 찾는다 → 的主要＋因素**
的主要 뒤에는 명사가 추가되어야 하므로, 명사 因素를 主要 뒤에 배열합니다. 따라서 主要因素가 주어가 됩니다. 형용사 主要 또한 명사 因素를 수식하는 관형어인데 的 없이 직접 수식할 수 있습니다. 따라서 主要因素를 한 단어처럼 암기해 두면 됩니다.

④ **주어 因素와 호응하는 술어를 찾는다 → 的主要因素＋是什么**
주어 因素와 호응하는 술어는 의미상 导致가 아닌 是가 되어야 합니다.

⑤ **的 앞의 관형어를 찾는다 → 导致眼睛疲劳＋的主要因素**
남은 제시어는 '눈의 피로를 초래하다'라는 의미의 '导致+眼睛疲劳'입니다. 동사구는 관형어가 될 수 있으므로 的 앞에 배열합니다.

Tip
답안 작성 시, 문장부호는 꼭 써야 합니다.
→ 导致眼睛疲劳的主要因素是什么?

导致眼睛疲劳的	主要因素	是	什么
관형어	주어	술어	목적어

단어 | **因素** yīnsù 명 원인, 요인 | **眼睛** yǎnjing 명 눈 | **疲劳** píláo 형 피로하다 | **导致** dǎozhì 동 (나쁜 결과를) 초래하다, 야기하다

94 | 姑姑把耳环锁在了抽屉里。
고모는 귀걸이를 서랍 안에 놔둔 채 잠갔다.

抽屉里　耳环　锁在了　姑姑把

해설 |

① **제시어를 분석한다**
- 抽屉里: 里는 '在+장소명사+里'의 형태로 쓰면 보어가 될 수 있습니다.
- 耳环: 명사이므로 주어 또는 목적어가 될 수 있습니다.
- 锁在了: 조사 了를 통해 锁가 술어임을 알 수 있습니다. 원래 전치사 뒤에는 了를 쓸 수 없지만 결과보어로 쓰였기 때문에 了를 쓸 수 있습니다. 在 뒤에는 장소명사가 와야 하므로 제시어 중 抽屉里와 결합함을 알 수 있습니다.
- 姑姑把: 把가 있으므로 姑姑가 주어, 문장은 把자문임을 알 수 있습니다.

② **把와 술어를 찾는다 → 姑姑把 | 술어: 锁在了＋抽屉里**
在 뒤에 장소명사 抽屉里를 배열합니다. 锁는 '잠그다'라는 동사입니다.

③ **목적어를 찾아 把 뒤에 배열한다**
→ 姑姑把＋耳环＋锁在了抽屉里
姑姑가 주어로 쓰였으므로 목적어가 될 수 있는 명사는 耳环밖에 없습니다.

Tip
중국식 사고로 문장을 이해해야 합니다. 锁는 '잠그다'라는 동사입니다. 고모가 서랍을 잠갔는데, 그 결과로 목적어인 '귀걸이(耳环)'가 서랍 속에 있다는 것을 강조하는 문장입니다.

姑姑	把耳环	锁	在了抽屉里
주어	把+목적어	술어	보어

단어 | **抽屉** chōuti 명 서랍 | **耳环** ěrhuán 명 귀고리 | **锁** suǒ 동 (자물쇠를) 잠그다 | **姑姑** gūgu 명 고모

95 | 信封上的姓名地址有点儿模糊。
편지 봉투상의 성명과 주소가 약간 흐릿하다.

姓名地址　的　信封上　模糊　有点儿

해설 |

① **제시어를 분석한다**
- 姓名地址: 명사 姓名과 地址가 결합되어 한 단어처럼 쓰이는 형태입니다. 주어 또는 목적어가 될 수 있습니다.
- 的: 구조조사이므로 '관형어+的+명사'의 형태로 배열해야 합니다. 명사형은 제시어 중 姓名地址만 있으므로, 姓名地址는 주어, 관형어는 姓名地址를 수식해야 함을 알 수 있습니다.
- 信封上: 위치를 나타냅니다. 문맥을 보고 적절한 위치를 찾아 배열해야 합니다.
- 模糊: 형용사이므로 술어가 될 수 있습니다. 따라서 목적어는 없는 문장임을 알 수 있습니다.
- 有点儿: 정도부사 有点儿은 술어 앞에 위치합니다.

② **술어를 찾는다 → 有点儿＋模糊**

③ **주어를 찾는다 → 姓名地址＋有点儿模糊**

④ **관형어를 찾아 수식하는 명사 앞에 배열한다**
→ 信封上＋的姓名地址有点儿模糊
的 앞에 위치하여 주어 姓名地址를 수식할 수 있는 제시어는 信封上입니다.

信封上的	姓名地址	有点儿	模糊
관형어	주어	부사어	술어

단어 | **姓名** xìngmíng 명 성명 | **地址** dìzhǐ 명 주소 | **信封** xìnfēng 명 편지 봉투 | **模糊** móhu 형 모호하다, 분명하지 않다, 흐릿하다

96 | 你要有决心克服所有缺点。

당신은 모든 결점을 극복할 결심이 있어야 한다.

所有缺点　要有　决心　你　克服

해설 |

① 제시어를 분석한다

- 所有缺点: 缺点이 명사이므로 주어 또는 목적어가 될 수 있습니다.
- 要有: 有는 문장에서 술어로 쓰입니다. 有와 호응하는 목적어를 찾아야 합니다.
- 决心: 명사이므로 주어 또는 목적어가 될 수 있습니다.
- 你: 인칭대명사는 주어 또는 목적어가 될 수 있는데, 주로 주어로 쓰입니다.
- 克服: 동사이므로 술어가 될 수 있습니다. 克服와 호응하는 목적어를 찾아야 합니다.

② 술어를 찾는다 → 술어1: 要有 | 술어2: 克服

동사가 두 개인데 그중 有가 있기 때문에 '有(동사1)+목적어1+동사2+목적어2' 구조의 연동문인지, 아니면 '有+(동사+목적어+的)+목적어'처럼 동사구가 관형어로 쓰인 것인지 체크해야 합니다. 제시어 중 的가 없기 때문에 有가 첫 번째 동사인 연동문임을 알 수 있습니다.

③ 목적어를 찾는다
→ 목적어1: 要有＋决心 | 목적어2: 克服＋所有缺点

술어 각각의 목적어는 의미상 호응을 맞춰야 합니다. '有 – 决心(결심이 있다)', '克服 – 缺点(결점을 극복하다)'이 어울립니다. 형용사 所有는 명사 缺点을 수식하는 관형어로 쓰였습니다

④ 주어를 찾는다 → 你＋要有决心克服所有缺点

你	要	有	决心	克服	所有	缺点
주어	부사어	술어1	목적어1	술어2	관형어	목적어2

단어 | **缺点** quēdiǎn 명 결점 | **决心** juéxīn 명 결심 | **克服** kèfú 동 극복하다

97 | 他说的经历值得我们学习。

그가 말한 경험은 우리가 배울 만한 가치가 있다.

学习　他说的　值得我们　经历

해설 |

① 제시어를 분석한다

제시어 중 동사는 学习, 值得, 经历가 있습니다. 经历는 동사와 명사가 모두 가능합니다. 동사술어를 중심으로 목적어를 결합하면서 제시어를 배열합니다.

- 学习: 동사이므로 술어가 될 수 있습니다.
- 他说的: 的가 있으므로 뒤에는 명사가 와야 합니다.
- 值得我们: 值得는 동사이므로 문장의 술어가 될 수 있습니다. 值得의 목적어는 명사가 아닌 '주어+술어' 형태의 절 또는 동사구가 옵니다. 이미 我们이 있기 때문에 뒤에 다른 동사가 추가로 와야 하므로 我们学习가 적합합니다.
- 经历: 동사, 명사로 쓰입니다. 술어로 쓸 수 있는 동사는 이미 나왔으므로, 经历는 명사 용법에 초점을 둡니다. 명사는 주어가 될 수 있습니다.

② 술어를 찾는다 → 值得我们＋学习

'우리가 배울 만한 가치가 있다'로 해석되므로 문맥이 자연스럽습니다.

③ 주어를 찾는다 → 经历＋值得我们学习

④ 관형어를 찾아 수식하는 명사와 결합한다
→ 他说的＋经历值得我们学习

他说的	经历	值得	我们学习
관형어	주어	술어	목적어

단어 | **值得** zhídé 동 ~할 만하다 | **经历** jīnglì 명 경험 동 몸소 경험하다

98 | 各国嘉宾已陆续到达西安。

각국의 귀빈들은 이미 잇따라 시안에 도착했다.

已　嘉宾　到达西安　陆续　各国

해설 |

① 제시어를 분석한다

- 已: 시간부사이므로 술어를 수식하는 부사어로 쓰입니다.
- 嘉宾: 명사이므로 주어 또는 목적어가 될 수 있습니다.
- 到达西安: 到达는 제시어 중 유일한 동사이므로 술어가 됨을 알 수 있습니다.
- 陆续: 상태부사이므로 술어를 수식하는 부사어로 쓰입니다.
- 各国: 명사 各国는 的 없이 명사를 수식하는 관형어가 될 수 있습니다.

② 술어를 찾는다 → 到达西安

③ 주어를 찾는다 → 嘉宾＋到达西安

④ 관형어는 수식하는 명사 앞에 배열한다 → 各国＋嘉宾到达西安

⑤ 부사어는 술어 앞에 배열한다
→ 各国嘉宾＋已＋陆续＋到达西安

제시어 중 시간부사와 상태부사의 순서는 '시간부사 → 상태부사 → 술어'입니다.

各国	嘉宾	已陆续	到达	西安
관형어	주어	부사어	술어	목적어

단어 | **嘉宾** jiābīn 명 귀빈, 게스트, 초대 손님 | **到达** dàodá 동 도달하다, 도착하다 | **西安** Xī'ān 고유 시안[지명] | **陆续** lùxù 부 끊임없이, 계속해서, 잇따라

쓰기

2부분

실전문제 | 433쪽

99 |

모범답안

		上	周	我	的	一	个	好	朋	友	结	婚	了	，	我
去	参	加	了	她	的	婚	礼	。	那	天	我	的	朋	友	打
扮	得	非	常	好	看	，	看	起	来	特	别	幸	福	。	很
多	同	学	都	来	参	加	她	的	婚	礼	，	我	们	大	家
都	很	兴	奋	，	婚	礼	的	气	氛	也	很	热	闹	。	听
说	婚	礼	的	费	用	不	太	高	，	我	也	想	赶	快	结
婚	。														

지난주에 내 친한 친구가 결혼해서 나는 그녀의 결혼식에 참석하러 갔다. 그날 내 친구는 아주 예쁘게 단장했고 무척 행복해 보였다. 많은 동창들이 그녀의 결혼식에 참석했고 우리 모두는 아주 신이 났으며 결혼식 분위기도 시끌벅적했다. 듣자 하니 결혼식의 비용이 별로 높지 않다는데, 나도 얼른 결혼하고 싶다.

婚礼　打扮　兴奋　费用　气氛

해설 |

제시어 해설

婚礼 hūnlǐ 명 결혼식 5급

举行婚礼 결혼식을 올리다[=举办婚礼 jǔbàn hūnlǐ, 办婚礼 bàn hūnlǐ] | 参加婚礼 결혼식에 참가하다 | 办婚礼的地方 결혼식을 치르는 곳

你什么时候办婚礼? 당신은 언제 결혼식을 합니까?

· 举行 jǔxíng 동 거행하다, (결혼식 등을) 올리다 | 举办 jǔbàn 동 개최하다, 열다, (결혼식 등을) 치르다 | 参加 cānjiā 동 참가하다

打扮 dǎban 동 단장하다, 꾸미다 4급

新娘打扮得很漂亮。 신부는 아주 예쁘게 단장했다.

她很会打扮。 그녀는 꾸미는 것을 잘한다.

为了参加朋友的婚礼，我也打扮了一下。

친구의 결혼식에 참석하기 위해서, 나도 좀 꾸몄다.

· 新娘 xīnniáng 명 신부

兴奋 xīngfèn 형 (기뻐서) 흥분하다 4급

我非常兴奋。 나는 매우 흥분했다.

家人都很兴奋。 식구들 모두가 매우 흥분했다.

我兴奋得睡不着觉了。 나는 흥분한 나머지 잠을 이루지 못했다.

· 睡不着觉 shuì bùzháo jiào 잠을 이루지 못하다

费用 fèiyòng 명 비용 5급

费用高 비용이 크다[=费用大 fèiyòng dà] | 婚礼费用 결혼식 비용 | 负担费用 비용을 부담하다

男朋友负担所有的婚礼费用。

남자 친구가 모든 결혼식 비용을 부담한다.

我们俩一起负担婚礼的费用。

우리 둘은 결혼식 비용을 함께 부담한다.

费用由他全部负担。 비용은 그가 전부 부담한다.

· 负担 fùdān 동 부담하다

> Tip
> 费用由+사람+负担 비용은 ~가 부담하다
> 예 男方 신랑 측 | 女方 신부 측

气氛 qìfēn 명 분위기 5급

营造气氛 분위기를 조성하다 | 破坏气氛 분위기를 망치다

我的男朋友很会营造气氛。 나의 남자 친구는 분위기 조성을 잘한다.

婚礼的气氛非常好。 결혼식 분위기가 매우 좋다.

· 营造 yíngzào 동 (분위기를) 조성하다 | 破坏 pòhuài 동 파괴하다, (분위기를) 망치다

스토리 구상

친구 결혼식(婚礼)에 참석하러 갔다. 그녀는 아주 아름답게 꾸몄다(打扮). 친구들은 다들 아주 기뻐서 흥분했다(兴奋). 결혼식 분위기(气氛)는 좋았고, 비용(费用)도 많이 안 들었다고 한다.

단어 | 看起来 kànqǐlái 동 보기에 ~하다, ~하게 보이다 | 幸福 xìngfú 형 행복하다 | 热闹 rènao 형 시끌벅적하다 | 赶快 gǎnkuài 부 얼른, 재빨리

실전문제 | 434쪽

100 |

모범답안

		我	平	时	很	喜	欢	健	身	，	如	果	没	有	什
么	事	情	的	话	，	我	一	般	每	天	都	会	去	健	身
房	。	因	为	最	近	流	行	请	健	身	教	练	，	所	以
从	上	周	开	始	，	我	也	请	了	一	个	健	身	教	练
教	我	运	动	。	教	练	非	常	热	情	，	所	以	健	身
的	时	候	很	有	意	思	。	我	觉	得	我	的	身	体	越
来	越	好	了	，	我	一	定	要	坚	持	下	去	。		

나는 평소에 헬스를 좋아해서, 만일 별다른 일이 없다면 보통 매일같이 헬스장에 가곤 한다. 요즘 헬스 트레이너를 부르는 것이 유행이라서, 지난주부터 나도 내게 운동을 가르쳐 줄 헬스 트레이너 한 명을 불렀다. 트레이너는 매우 친절해서 헬스할 때 재미있다. 내 몸이 갈수록 좋아지는 것 같아서 꼭 꾸준히 해야겠다.

해설 |

1단계 주제 설정하기

나는 헬스장에서 운동하는 것을 좋아한다. 최근에는 트레이너를 불러서 운동하기 시작했다. 갈수록 건강해지는 것 같아서 꾸준히 할 계획이다.

> Tip
>
> 사진의 내용과 흡사하게 헬스장에서 트레이너와 같이 운동하는 것을 쓸 수 있으면 좋지만, 만약 관련 표현을 모른다면 헬스장에서 운동하는 것을 중심으로 글을 쓰면 됩니다.

2단계 스토리 구상하기

도입 나는 헬스를 좋아해서 특별한 일이 없으면 보통 헬스장에 간다.

전개 요즘은 헬스 트레이너와 운동하는 것이 유행이라, 나도 헬스 트레이너 한 명을 불렀다. 그는 매우 친절해서 운동하는 것이 재미있다.

마무리 내 몸이 갈수록 좋아지는 것 같아서 꾸준히 하려고 한다.

단어 | **上班族** shàngbānzú 명 직장인 | **健身** jiànshēn 동 헬스하다 | **健身房** jiànshēnfáng 명 헬스장 | **健身教练** jiànshēn jiàoliàn 헬스 트레이너 | **教** jiāo 동 가르치다 | **热情** rèqíng 형 (태도가) 친절하다 | **有意思** yǒuyìsi 재미있다 | **坚持** jiānchí 동 (하고 있던 것을) 계속하다, 꾸준히 하다

관련 표현

减肥 jiǎnféi 동 살을 빼다, 다이어트하다
我想减肥。
나는 다이어트를 하려고 한다.

跑步机 pǎobùjī 명 러닝머신
我喜欢一个人在跑步机上跑步。
나는 혼자 러닝머신에서 달리는 것을 좋아한다.

坚持 jiānchí 동 (하고 있던 것을) 계속하다, 꾸준히 하다
我已经坚持几个月了。
나는 이미 몇 달 동안 꾸준히 했다.

瘦 shòu 형 마르다, (살이) 빠지다
我已经瘦了三公斤。
나는 이미 3킬로그램이 빠졌다.

실전 모의고사

시나공 HSK

정답과 해설

실전모의고사

듣기

第一部分	1 D	2 B	3 C	4 B	5 D	6 B	7 B	8 C	9 B	10 A
	11 C	12 D	13 C	14 A	15 C	16 C	17 B	18 A	19 A	20 B
第二部分	21 B	22 A	23 D	24 C	25 B	26 A	27 C	28 C	29 D	30 C
	31 C	32 D	33 C	34 A	35 C	36 D	37 D	38 A	39 A	40 A
	41 B	42 D	43 B	44 A	45 A					

독해

第一部分	46 A	47 C	48 A	49 D	50 A	51 C	52 D	53 A	54 B	55 C
	56 D	57 A	58 B	59 C	60 D					
第二部分	61 C	62 B	63 D	64 C	65 B	66 C	67 B	68 B	69 D	70 C
第三部分	71 B	72 B	73 B	74 A	75 B	76 A	77 D	78 D	79 A	80 B
	81 D	82 D	83 C	84 D	85 D	86 D	87 C	88 A	89 A	90 D

쓰기

第一部分

91 饭后喝茶危害健康。

92 张教授再三强调要保护环境。

93 这篇报道反映了现代社会的问题。

94 那间教室里摆满了书。

95 不按时还款将影响个人信用。

96 这座大桥的外形很像胜利的奖杯。

97 我第一次挑战这么高水平的辩论赛。

98 驾驶执照的办理手续很复杂。

第二部分

99 모범답안

我是一个大学生，我从大一开始就一直是我们学校足球队的队员。上周我们队参加了大学足球比赛的决赛，并且获得了冠军，所以我们都非常激动。比赛结束以后，学校为我们举行了庆祝活动，我们都非常感谢老师和同学们对我们的支持。

100 모범답안

我是一个记者，我几乎每天都要出去采访。因为采访可以让我接触到各种各样的人和事，所以我的工作既紧张又有趣。今天我采访了一个路人，问她怎么看学生打工的问题。她很热情地接受了我的采访，说出了自己的想法。今天的采访进行得很顺利。

5급 실전모의고사

一、听力

실전모의고사 듣기.mp3

제 1 부 분

01 | D 〈반복훈련용〉 실전모의고사01.mp3

女 恭喜你啊，你终于拿到驾照了！
男 是啊，但是技术还不熟练，还得多练习。
问 关于男的，可以知道什么？

A 闯红灯了
B 骑车技术很好
C 刚换了辆新车
D 考到驾照没多久

여: 축하해. 너 드디어 운전면허를 땄구나!
남: 응. 그런데 기술이 아직 능숙하지 않아서 더 많이 연습해야 돼.
질문: 남자에 관해서 무엇을 알 수 있는가?

A 신호를 위반했다
B 자전거를 타는 기술이 매우 좋다
C 막 새 차로 바꿨다
D 운전면허를 딴 지 얼마 되지 않았다

해설 | 여자의 말을 통해 남자가 운전면허를 막 취득했다는 것을 알 수 있으므로 정답은 D입니다. 만약 여자 말에서 정답을 못 찾았다면, 운전 기술이 아직 능숙하지 않다는 남자의 말을 듣고 정답을 유추해야 합니다.

단어 | **恭喜** gōngxǐ 동 축하하다 | **终于** zhōngyú 부 드디어, 마침내 | **驾照** jiàzhào 명 운전면허 | **技术** jìshù 명 기술 | **熟练** shúliàn 형 능숙하다 | **闯红灯** chuǎng hóngdēng 신호를 위반하다 | **辆** liàng 양 대[차량을 세는 단위]

02 | B 실전모의고사02.mp3

男 这是什么味道？好香啊！
女 你来得正好，我正在煮海鲜，你一定要尝尝。
问 根据对话，下列哪项正确？

A 男的经常做饭
B 女的在煮海鲜
C 女的厨艺很差
D 他们在收拾房间

남: 이거 무슨 냄새지? 정말 좋네!
여: 너 마침 잘 왔어. 나 지금 막 해산물을 끓이고 있었어. 너 꼭 맛봐야 돼.
질문: 대화에 근거하여 다음 중 정확한 것은?

A 남자는 자주 밥을 한다
B 여자는 해산물을 끓이고 있다
C 여자는 요리 솜씨가 좋지 못하다
D 그들은 방을 치우는 중이다

해설 | 선택지 B의 내용이 여자의 말에서 그대로 언급되었습니다. 尝尝은 동사 尝의 중첩형으로, '맛을 좀 보다'라는 의미입니다. 정답은 B입니다.

Tip
尝尝을 常常으로 잘못 듣는 학생들이 많습니다. 듣기는 발음만 들으면 안 되며, 문맥과 어법에 주의하며 들어야 합니다.

단어 | **味道** wèidao 명 맛, 냄새 | **香** xiāng 형 향기롭다 | **正好** zhènghǎo 부 마침 | **煮** zhǔ 동 삶다, 끓이다 | **海鲜** hǎixiān 명 해산물 | **尝** cháng 동 맛보다 | **厨艺** chúyì 명 요리 솜씨 | **差** chà 형 나쁘다, 별로다 | **收拾** shōushi 동 정리하다, 치우다 | **房间** fángjiān 명 방

03 | C 실전모의고사03.mp3

女 这次来上海出差的工作都完成了，晚上要不要出去逛逛？
男 我们去外滩转转吧，那可是上海的标志性景点。
问 男的是什么意思？

A 景区游人很多
B 给女的放几天假
C 计划去外滩看看
D 会在上海多待一周

여: 이번에 상하이로 출장 온 일은 모두 완수했어. 저녁에 쇼핑하러 나갈래?
남: 우리 와이탄에 가서 돌아다니자. 거기가 상하이의 랜드 마크잖아.
질문: 남자의 말뜻은 무엇인가?

A 관광지에 여행객들이 많다
B 여자에게 며칠의 휴가를 주었다
C 와이탄에 가서 구경할 계획이다
D 상하이에서 한 주 더 머무를 것이다

해설 | 선택지 C의 내용이 남자의 말에서 언급되었습니다. A, B의 내용은 언급되지 않았고, 지문에서 상하이에 대한 언급은 있지만 머무르는

기간에 대한 언급은 없으므로 D는 정답이 될 수 없습니다. 따라서 정답은 C입니다.

Tip

待를 dāi로 발음하면 '머무르다'라는 의미로, 呆와 같습니다. 待를 dài로 발음하면 等待와 같은 의미로 '기다리다'가 됩니다.

단어 | **出差** chūchāi 통 출장 가다 | **逛** guàng 통 구경하다, (아이)쇼핑하다 | **外滩** Wàitān 고유 와이탄[지명] | **转** zhuàn 통 한가하게 돌아다니다 | **标志性** biāozhìxìng 대표적인, 상징적인 | **景点** jǐngdiǎn 명 명승지, 명소 | **景区** jǐngqū 명 관광지 | **放假** fàngjià 통 방학하다, (휴가로) 쉬다 | **计划** jìhuà 통 ~할 계획이다 | **待** dāi 통 머물다

04 | B

실전모의고사04.mp3

男 这是我第一次上台演讲，不知道讲清楚没有。
女 已经不错了，不用紧张，继续努力就行。
问 女的希望男的怎么做？

A 多提问
B 放松点儿
C 反复听录音
D 鼓励新职员

남: 이번은 내가 처음 강단에 올라 강의한 거라서, 제대로 말했는지 모르겠네.
여: 이미 잘했으니 긴장할 필요없어. 계속 노력하면 돼.
질문: 여자는 남자가 어떻게 하길 바라는가?

A 많이 질문한다
B 긴장을 푼다
C 반복해서 녹음을 듣는다
D 신입 사원을 격려한다

해설 | 여자의 말에서 '不用紧张'을 통해 B 放松点儿을 정답으로 고를 수 있습니다. 이 문제는 선택지의 내용을 녹음에서 그대로 언급하지 않았으며, 不用紧张의 동의어인 放松을 물어본 문제입니다. 별다른 힌트가 없기 때문에 반드시 不用紧张을 들어야 정답을 찾을 수 있습니다.

단어 | **上台** shàngtái 통 강단에 오르다 | **演讲** yǎnjiǎng 통 강의하다, 연설하다 | **讲清楚** jiǎng qīngchu 제대로 말하다 | **不错** búcuò 형 좋다, 괜찮다, 잘하다 | **紧张** jǐnzhāng 형 긴장하다 | **继续** jìxù 통 계속하다 | **提问** tíwèn 통 질문하다 | **放松** fàngsōng 통 긴장을 풀다 | **反复** fǎnfù 부 반복해서 | **录音** lùyīn 명 녹음 | **鼓励** gǔlì 통 격려하다 | **新职员** xīn zhíyuán 신입 사원

05 | D

실전모의고사05.mp3

女 今天终于出太阳了，我们晒晒被子吧！
男 是啊，连续下了一个礼拜的雨，被子都潮了。
问 前些日子天气怎么样？

A 降温了
B 有沙尘暴
C 十分闷热
D 一直在下雨

여: 오늘 드디어 해가 떴어. 우리 이불을 좀 말리자!
남: 그래. 연속해서 일주일 동안 비가 내렸더니 이불이 모두 눅눅해졌어.
질문: 지난 며칠간 날씨는 어떠했는가?

A 기온이 떨어졌다
B 황사가 있었다
C 매우 후덥지근했다
D 계속 비가 내렸다

해설 | 질문을 제대로 들어야 풀 수 있는 문제입니다. 오늘의 날씨가 아니라 지난 며칠 동안의 날씨를 물어보았습니다. 따라서 남자 말의 '**连续下了一个礼拜的雨**'라는 표현을 통해 정답은 D가 됩니다.

Tip

5급 필수어휘인 连续는 동사지만, 종종 다른 동사 앞에 위치하여 부사어로 쓰입니다.

단어 | **终于** zhōngyú 부 드디어, 마침내 | **出太阳** chū tàiyáng 해가 뜨다 | **晒** shài 통 (햇볕에) 말리다 | **被子** bèizi 명 이불 | **连续** liánxù 통 연속하다, 계속하다 | **礼拜** lǐbài 명 주, 요일 | **潮** cháo 형 습하다, 눅눅하다 | **降温** jiàngwēn 통 기온이 떨어지다 | **沙尘暴** shāchénbào 명 황사 | **闷热** mēnrè 형 무덥다, 후덥지근하다 | **一直** yìzhí 부 계속, 줄곧

06 | B

실전모의고사06.mp3

男 你居然认识张婷教授，她可是语言学领域的专家。
女 张教授来我们学校做过演讲。
问 张教授在哪个领域很出色？

A 哲学
B 语言学
C 数学
D 现代文学

남: 너 뜻밖에도 장팅 교수님을 알더라. 그녀야말로 언어학 분야의 전문가지.
여: 장 교수님은 우리 학교에 와서 강의한 적이 있어.
질문: 장 교수는 어느 분야에서 뛰어난가?

A 철학
B 언어학
C 수학
D 현대문학

해설 | 선택지에 명사만 있을 경우 지문에서 정답 외에 다른 선택지 내용도 들릴 수 있기 때문에, 선택지에 체크하며 듣는 연습을 해야 합니다. 남자의 말 '她可是语言学领域的专家'가 힌트입니다. 이 문장의 可는 주어 她 뒤, 동사 是 앞에 있기 때문에 부사이며 강조의 어감을 나타냅니다. 정답은 B입니다.

단어 | **居然** jūrán 부 뜻밖에도 | **张婷** Zhāng Tíng 고유 장팅[인명] | **教授** jiàoshòu 명 교수 | **语言学** yǔyánxué 명 언어학 | **领域** lǐngyù 명 영역, 분야 | **专家** zhuānjiā 명 전문가 | **演讲** yǎnjiǎng 명 강의, 강연 | **出色** chūsè 형 뛰어나다, 출중하다 | **哲学** zhéxué 명 철학 | **数学** shùxué 명 수학

07 | B

실전모의고사07.mp3

女 你钢琴弹得真好，学了多久了？
男 大概十多年了，我小时候特别淘气，老是坐不住。我父母为了训练我的耐力，特意让我学了钢琴。
问 关于男的，下列哪项正确？

A 观察力强
B 小时候很调皮
C 常教孩子们下棋
D 得过钢琴比赛冠军

여: 너 피아노 진짜 잘 치는구나. 배운 지 얼마나 됐어?
남: 대략 십 년이 넘었어. 난 어릴 때 특히 장난이 심해서 항상 앉아 있질 못했거든. 우리 부모님이 나의 인내력을 키우기 위해서 특별히 나에게 피아노를 배우게 하셨어.
질문: 남자에 관해서 다음 중 정확한 것은?

A 관찰력이 뛰어나다
B 어린 시절에 장난이 심했다
C 자주 아이들에게 장기 두는 것을 가르쳤다
D 피아노 콩쿠르에서 우승을 거둔 적이 있다

해설 | 남자의 말 '我小时候特别淘气'가 힌트입니다. 5급 필수어휘인 淘气와 调皮가 동의어임을 알고 있다면 어렵지 않게 정답을 선택할 수 있습니다. 따라서 정답은 B입니다.

단어 | **钢琴** gāngqín 명 피아노 | **弹** tán 동 (악기를) 치다, 연주하다 | **淘气** táoqì 형 장난이 심하다 | **老是** lǎoshì 부 늘, 항상 | **坐不住** zuò bú zhù 앉아 있지 못하다 | **训练** xùnliàn 동 훈련하다, 훈련시키다 | **耐力** nàilì 명 인내력 | **特意** tèyì 부 특별히, 일부러 | **观察力** guānchálì 명 관찰력 | **调皮** tiáopí 형 장난이 심하다, 짓궂다 | **下棋** xiàqí 동 장기를 두다, 바둑을 두다 | **得冠军** dé guànjūn 우승을 거두다

08 | C

실전모의고사08.mp3

男 春节期间景区里肯定特别挤，要不咱们就去家附近的博物馆看看吧。
女 好啊，那边车位也多，停车方便。
问 假期他们打算去哪儿？

A 果园
B 亲戚家
C 博物馆
D 停车场

남: 설 연휴 기간에 관광지 안은 분명 매우 붐빌 거야. 아니면 우리 집 근처의 박물관에 가서 구경이나 하자.
여: 그래, 거기는 주차 자리도 많아서 주차하기 편해.
질문: 휴일에 그들은 어디로 갈 계획인가?

A 과수원
B 친척 집
C 박물관
D 주차장

해설 | '咱们就去家附近的博物馆看看吧'라는 남자의 제안에 好啊라고 여자가 응답했으므로, 둘은 박물관에 갈 계획임을 알 수 있습니다. '要不~吧'는 또 다른 제안을 할 때 사용하는 말로, '아니면 ~하자'라고 해석합니다. 정답은 C입니다.

단어 | **春节期间** Chūnjié qījiān 설날 연휴 기간 | **景区** jǐngqū 명 관광지 | **肯定** kěndìng 부 틀림없이, 분명히 | **挤** jǐ 동 붐비다 | **要不** yàobù 접 아니면 ~하든지 | **博物馆** bówùguǎn 명 박물관 | **停车** tíngchē 동 차를 세우다, 주차하다 | **假期** jiàqī 명 휴가 기간 | **打算** dǎsuàn 동 ~할 계획이다 | **果园** guǒyuán 명 과수원 | **亲戚** qīnqi 명 친척 | **停车场** tíngchēchǎng 명 주차장

09 | B

실전모의고사09.mp3

女 我想要下载这首歌，你知道用什么软件好吗？
男 这个音乐软件特别方便，只要先注册一个帐号就能下载了。
问 女的要怎么做就能下载那首歌？

A 付费
B 注册帐号
C 连上无线网
D 关掉其他程序

여: 나 이 노래 다운받고 싶은데 어떤 프로그램 쓰면 좋은지 아니?
남: 이 음악 프로그램이 무척 편리해. 먼저 계정을 등록해 놓기만 하면 바로 다운받을 수 있어.
질문: 여자는 어떻게 하면 그 노래를 다운받을 수 있는가?

A 비용을 지불한다
B 계정을 등록한다
C 무선 인터넷을 연결한다
D 다른 프로그램을 꺼 버린다

해설 | 5급 필수어휘 注册와 帐号를 테스트한 문제입니다. 남자 말의 '只要先注册一个账号'를 통해 정답이 B임을 알 수 있습니다.

단어 | **下载** xiàzài 동 다운받다 | **首** shǒu 양 곡, 수[노래나 시 등을 세는 단위] | **软件** ruǎnjiàn 명 소프트웨어 | **只要~就…** zhǐyào~jiù… ~하기만 하면 …하다 | **注册** zhùcè 동 등록하다 | **帐号** zhànghào 명 계정, ID | **付费** fùfèi 동 비용을 지불하다 | **连上** liánshàng 연결하다 | **无线网** wúxiànwǎng 명 무선 인터넷, 와이파이(wifi) | **关掉** guāndiào 꺼 버리다 | **程序** chéngxù 명 프로그램

10 | A

실전모의고사10.mp3

男 上次面试的那家电视台没有录取我，我心里还挺难受的。
女 千万别放弃，你这么优秀肯定能找到一个满意的工作。
问 男的为什么心情不好?

A 应聘失败了
B 没发年终奖
C 恋爱不顺利
D 没考上硕士

남: 지난번에 면접 본 그 TV 방송국이 나를 채용하지 않아서 기분이 정말 안 좋아.
여: 절대로 포기하지 마. 너는 이렇게 뛰어나니까 분명히 만족스러운 일자리를 찾을 수 있을 거야.
질문: 남자는 왜 기분이 좋지 않는가?

A 지원에 실패해서
B 연말 상여금을 주지 않아서
C 연애가 순조롭지 못해서
D 석사에 합격하지 못해서

해설 | 남자의 '那家电视台没有录取我'라는 표현은 '방송국이 나를 채용하지 않았다'라는 의미입니다. 录取는 회사가 직원을 채용하거나 학교가 학생을 합격시킬 때 사용하고, 应聘은 구직자가 회사에 지원하는 의미입니다. 录取의 주어가 那家电视台이므로 D는 정답이 될 수 없습니다. 정답은 A입니다.

> Tip
> 대학교에 합격하거나 회사에 채용되었을 때, '我被录取了(나 합격했어)'라는 표현을 많이 씁니다.

단어 | **面试** miànshì 동 면접 시험을 보다 | **电视台** diànshìtái 명 TV 방송국 | **录取** lùqǔ 동 채용하다 | **难受** nánshòu 형 (마음이) 아프다, 상심하다 | **千万** qiānwàn 부 절대로 | **放弃** fàngqì 동 포기하다 | **优秀** yōuxiù 형 우수하다, 뛰어나다 | **肯定** kěndìng 부 틀림없이, 분명히 | **应聘** yìngpìn 동 (구인 공고에) 지원하다 | **失败** shībài 동 실패하다 | **年终奖** niánzhōngjiǎng 명 상여금 | **恋爱** liàn'ài 명 연애 | **顺利** shùnlì 형 순조롭다 | **考上** kǎoshàng 동 (시험에) 합격하다 | **硕士** shuòshì 명 석사

11 | C

실전모의고사11.mp3

女 我从洗完的衣服口袋里找到100块钱，真怕花不出去。
男 别担心，你拿吹风机把它吹干就好了，我之前也有过这样的事。
问 女的在担心什么?

A 吹风机坏了
B 钱不够花了
C 那张钱不能用
D 银行要收手续费

여: 내가 빨래한 옷 주머니 속에서 100위안을 찾았는데 쓸 수 없을까 봐 진짜 걱정돼.
남: 걱정 마. 드라이어로 말리면 돼. 나도 예전에 이런 일이 있었어.
질문: 여자는 무엇을 걱정하고 있는가?

A 드라이어가 고장 난 것
B 돈이 부족한 것
C 그 돈을 쓸 수 없는 것
D 은행이 수수료를 받는 것

해설 | 여자 말의 '真怕花不出去'가 키워드입니다. 怕는 '(~할까 봐) 걱정되다'라는 의미이며, 花不出去는 돈이 망가져서 쓸 수 없다는 의미입니다. 따라서 정답은 C입니다.

단어 | **口袋** kǒudài 명 주머니 | **怕** pà 동 걱정되다 | **花** huā 동 (돈을) 쓰다 | **拿** ná 전 ~을 가지고서 | **吹风机** chuīfēngjī 명 드라이어 | **吹干** chuīgān 바람에 말리다 | **坏** huài 동 고장 나다, 망가지다 | **不够** búgòu 형 부족하다 | **张** zhāng 양 장[종이나 가죽 등을 세는 단위] | **收** shōu 동 받다 | **手续费** shǒuxùfèi 명 수수료, 수속비

12 | D

실전모의고사12.mp3

男 小王，听说你下个周五请假了?
女 我儿子的学校通知周五开家长会，正好我还想向他班主任咨询点儿事情。
问 关于女的，可以知道什么?

A 想给儿子换班
B 没空儿去学校
C 对儿子感到失望
D 有事要找班主任

남: 샤오왕, 듣자 하니 너 다음 주 금요일에 휴가를 신청했다면서?
여: 우리 아들 학교에서 금요일에 학부모회를 연다고 통지했거든. 마침 내가 담임선생님께 좀 상의할 것도 있고 해서.
질문: 여자에 관해서 무엇을 알 수 있는가?

A 아들에게 반을 바꿔 주고 싶어 한다
B 학교에 갈 시간이 없다
C 아들에게 실망을 느꼈다
D 담임선생을 찾아가야 할 일이 있다

해설 | 5급 필수어휘 **咨询**을 테스트한 문제입니다. 여자의 '**正好我还想向他班主任咨询点儿事情**'이라는 표현을 통해 정답은 D임을 알 수 있습니다.

단어 | **请假** qǐngjià 동 휴가를 신청하다 | **通知** tōngzhī 동 통지하다, 알리다 | **家长会** jiāzhǎnghuì 학부모회 | **正好** zhènghǎo 부 마침 | **班主任** bānzhǔrèn 명 담임선생 | **咨询** zīxún 동 자문하다, 상의하다 | **空儿** kòngr 명 (남아 있는) 시간, 틈

13 | C

실전모의고사13.mp3

女 刚吃过饭，现在吃冰激凌的话，很容易肚子疼。
男 天气实在是太热了，我觉得我嗓子里都冒烟了。
问 男的是什么意思？

A 没胃口
B 有些感冒
C 热得受不了
D 冰激凌要化了

여: 방금 밥 먹었잖아. 지금 아이스크림을 먹으면 배가 아프기 쉬워.
남: 날씨가 정말 너무 더워서 내 목구멍에서 연기가 나는 것 같아.
질문: 남자의 말뜻은 무엇인가?

A 입맛이 없다
B 감기 기운이 좀 있다
C 더워서 견딜 수 없다
D 아이스크림이 녹으려 한다

해설 | 남자의 말 '**天气实在是太热了**'라는 표현을 통해 날씨가 매우 덥다는 것을 알 수 있으므로 정답은 C입니다. 뒤에 이어지는 '**我觉得我嗓子里都冒烟了**'는 날씨가 매우 덥다는 것을 강조한 표현입니다.

단어 | **冰激凌** bīngjīlíng 명 아이스크림 | **实在** shízài 부 정말, 확실히 | **嗓子** sǎngzi 명 목구멍 | **冒烟** mào yān 연기가 나다 | **胃口** wèikǒu 명 식욕, 입맛 | **感冒** gǎnmào 명 감기 | **受不了** shòubuliǎo 견딜 수 없다, 참을 수 없다 | **化** huà 동 녹다

14 | A

실전모의고사14.mp3

男 你的会议方案做完了吗？明天要发给合作公司的负责人。
女 还剩一些数据需要修改，下班之前一定能完成。
问 关于那份方案，下列哪项正确？

A 数据还得修改
B 还缺一个目录
C 得替换几张图片
D 没人愿意负责

남: 당신의 회의 방안은 완성되었나요? 내일 협력 회사의 책임자에게 보내야 해요.
여: 아직 수정해야 할 데이터가 좀 남았어요. 퇴근 전에 반드시 완성할 수 있어요.
질문: 그 방안에 관해서 다음 중 정확한 것은?

A 데이터는 아직 수정해야 한다
B 아직 목록 하나가 부족하다
C 사진 몇 장을 바꿔야 한다
D 책임지길 원하는 사람이 없다

해설 | 선택지 A의 내용이 지문에서 '**还剩一些数据需要修改**'라는 표현으로 언급되었습니다. '~해야 한다'라는 의미의 능원동사 '**得** děi'가 지문에서는 같은 의미의 **需要**로 바뀌어 출제되었습니다. 따라서 정답은 A입니다.

단어 | **方案** fāng'àn 명 방안 | **合作公司** hézuò gōngsī 협력 회사 | **负责人** fùzérén 명 책임자 | **剩** shèng 동 남다 | **数据** shùjù 명 데이터 | **需要** xūyào 동 필요하다, ~해야 한다 | **修改** xiūgǎi 동 고치다, 수정하다 | **下班** xiàbān 동 퇴근하다 | **缺** quē 동 부족하다 | **目录** mùlù 명 목록 | **替换** tìhuàn 동 교체하다, 바꾸다 | **图片** túpiàn 명 사진 | **愿意** yuànyì 동 원하다, 바라다 | **负责** fùzé 동 책임지다

15 | C

실전모의고사15.mp3

女 你怎么穿着睡衣站在门口啊？
男 我刚才出来拿快递，不小心把门锁上了，只好等你回来了。
问 男的怎么了？

A 失眠了
B 找不到快递
C 被锁在门外了
D 和室友吵架了

여: 당신 왜 잠옷을 입고 입구에 서 있어요?
남: 내가 방금 전 택배를 가지러 나왔는데 실수로 문을 잠가 버려서, 할 수 없이 당신이 돌아오기만을 기다렸어요.
질문: 남자는 무슨 일이 있는가?

A 잠이 안 온다
B 택배를 찾을 수 없다
C 문이 잠겨 밖에 있다
D 룸메이트와 말다툼했다

해설 | 把구문과 被구문을 이해하는지 테스트하는 문제입니다. '不小心把门锁上了'라고 했기 때문에 문이 잠겨 버린 상황임을 알 수 있습니다. 따라서 정답은 C입니다.

Tip
중국의 집들은 대부분 열쇠 없이 문을 닫기만 해도 자동으로 잠겨 버립니다. 호텔 객실의 문과 같다고 생각하면 됩니다. 사소한 것이지만 배경지식으로 알아 두도록 합니다.

단어 | **睡衣** shuìyī 명 잠옷 | **拿** ná 동 받다, 얻다 | **快递** kuàidì 명 택배 | **锁** suǒ 동 잠그다 | **只好** zhǐhǎo 부 할 수 없이 | **失眠** shīmián 동 잠이 안 오다, 불면증에 걸리다 | **室友** shìyǒu 명 룸메이트 | **吵架** chǎojià 동 말다툼하다

16 | C

실전모의고사16.mp3

男 快说说这次旅行感觉怎么样。
女 这次最难忘的是三亚的海边，景色真是太美了，像仙境一般。
问 他们在聊什么?

A 暑期的安排
B 最想去的国家
C 旅途中的美景
D 印象中的家乡

남: 이번 여행 느낌이 어땠는지 빨리 말해 봐.
여: 이번에 가장 잊을 수 없는 것은 싼야의 해변이야. 풍경이 정말 너무 아름다워서 마치 신선이 사는 곳 같았어.
질문: 그들은 무엇을 이야기하고 있는가?

A 여름휴가 기간의 계획
B 가장 가고 싶은 나라
C 여행 중의 아름다운 경치
D 인상에 남는 고향

해설 | 4급 필수어휘인 旅行이라는 단어만 놓치지 않고 듣는다면 정답을 고를 수 있습니다. 남자가 여행이 어땠는지 물었고 여자가 '景色真是太美了'라고 답변했으므로, 정답은 C입니다.

Tip
'像仙境一般'에서 一般은 一样과 같은 의미로 쓰였습니다.

단어 | **旅行** lǚxíng 명 여행 | **难忘** nánwàng 동 잊기 어렵다, 잊을 수 없다 | **三亚** Sānyà 고유 싼야[지명] | **景色** jǐngsè 명 풍경 | **像~一般** xiàng~yìbān 마치 ~과 같다 | **仙境** xiānjìng 명 선경 | **聊** liáo 동 이야기하다 | **暑期** shǔqī 명 여름휴가[방학] 기간 | **安排** ānpái 동 계획하다 | **旅途** lǚtú 명 여정, 여행 도중 | **美景** měijǐng 명 아름다운 경치 | **印象** yìnxiàng 명 인상 | **家乡** jiāxiāng 명 고향

17 | B

실전모의고사17.mp3

女 周教授，非常感谢您能出席本次辩论赛。
男 谢谢你们的邀请，我相信这次辩论赛一定会圆满成功。
问 男的受邀出席了什么活动?

A 开幕式
B 辩论会
C 迎新晚会
D 演讲大赛

여: 저우 교수님, 이번 토론 대회에 참석해 주셔서 매우 감사드립니다.
남: 여러분의 초청에 감사드립니다. 저는 이번 토론 대회가 반드시 원만하게 성공할 것이라 믿습니다.
질문: 남자는 어떤 활동에 참석하는 초청을 받았는가?

A 개막식
B 토론 대회
C 신입생 환영회
D 말하기 대회

해설 | 여자의 말과 남자의 말에서 모두 辩论赛라는 단어가 언급되고 있습니다. 辩论은 5급 필수어휘이며, 辩论赛는 어떤 문제를 가지고 참가자들이 지식, 사고 반응 능력, 언어 표현 능력 등을 겨루는 대회를 뜻하며, 辩论赛와 辩论会는 동의어입니다. 따라서 정답은 B입니다.

Tip
5급 필수어휘 辩论은 HSK 5급 시험에 자주 등장하는 단어이므로 꼭 암기해 두어야 합니다.

단어 | **教授** jiàoshòu 명 교수 | **出席** chūxí 동 출석하다, 참석하다 | **辩论赛** biànlùnsài 토론 대회 | **邀请** yāoqǐng 동 초청하다, 초대하다 | **圆满** yuánmǎn 형 원만하다 | **受邀** shòuyāo 동 초청을 받다 | **开幕式** kāimùshì 명 개막식 | **迎新晚会** yíngxīn wǎnhuì 신입생 환영회 | **演讲** yǎnjiǎng 동강연하다, 연설하다

18 | A

실전모의고사18.mp3

男 春节期间回家的人实在太多了，火车票都已经卖完了，我们只能坐长途汽车了。
女 不行啊，我肯定会晕车的，我再想想别的办法吧。
问 女的为什么不想坐长途汽车?

A 怕晕车
B 车内很挤
C 行李放不下
D 汽车站太远

남: 설 연휴 기간에 집으로 돌아가는 사람이 정말 너무 많아. 기차표가 이미 다 팔려서 우리는 시외버스를 탈 수밖에 없어.
여: 안 돼. 나 분명히 차멀미할 거야. 내가 다시 다른 방법을 좀 생각해 볼게.
질문: 여자는 왜 시외버스를 타고 싶어 하지 않는가?

A 차멀미를 할까 걱정되어서
B 차 안이 매우 붐벼서
C 짐을 내려놓을 수 없어서
D 정류장이 너무 멀어서

해설 | 선택지 A의 내용이 여자의 말에 그대로 언급되었습니다. 晕车는 필수어휘가 아니지만, 글자의 발음만 체크해도 정답을 찾을 수 있습니다. 정답은 A 怕晕车입니다.

단어 | **春节** Chūnjié 고유 설 | **实在** shízài 부 정말, 확실히 | **火车票** huǒchēpiào 명 기차표 | **长途汽车** chángtú qìchē 명 장거리 버스, 시외버스 | **肯定** kěndìng 부 틀림없이, 분명히 | **晕车** yùnchē 동 차멀미 하다 | **怕** pà 동 (~할까 봐) 걱정되다 | **挤** jǐ 동 붐비다 | **行李** xíngli 명 (여행) 짐 | **放不下** fàng bú xià 내려놓을 수 없다 | **汽车站** qìchēzhàn 명 정류장

19 | A

실전모의고사19.mp3

女 我最近准备找工作，你那里有个人简历的样本吗?
男 有啊，我把我之前用过的现成模板发给你。
问 女的想要什么东西?

A 求职简历
B 数码相机
C 论文样本
D 个人电脑

여: 나 요즘 취업 준비하는데, 너 개인 이력서 샘플 있니?
남: 있어. 내가 이전에 썼던 기존 양식을 너에게 메일로 보내 줄게.
질문: 여자는 무엇을 원하는가?

A 구직 이력서
B 디지털 카메라
C 논문 샘플
D 개인용 컴퓨터

해설 | 准备找工作와 个人简历的样本이 힌트입니다. 样本이나 个人만 듣고 오답 C나 D를 고르지 않아야 합니다. 5급 필수어휘 简历는 듣기에서 자주 들리는 단어이므로 꼭 익혀 둡시다. 정답은 A입니다.

단어 | **准备** zhǔnbèi 동 준비하다, 계획하다 | **样本** yàngběn 명 견본, 샘플 | **现成** xiànchéng 형 기성의, 이미 갖추어진 | **模板** múbǎn 명 틀, 모형, 모델 | **发** fā 동 (이메일로) 보내다 | **求职简历** qiúzhí jiǎnlì 구직 이력서 | **数码相机** shùmǎ xiàngjī 명 디지털 카메라

20 | B

실전모의고사20.mp3

男 你怎么了? 最近一直看你揉肩膀，要不要我陪你去看大夫?
女 上次打完羽毛球之后，就一直疼，不知道是不是肌肉拉伤了。
问 女的哪儿不舒服?

A 腰
B 肩膀
C 后背
D 脖子

남: 너 무슨 일 있니? 요즘 계속 네가 어깨를 주무르는 걸 봤어. 내가 너와 함께 의사한테 가 줄까?
여: 지난번에 배드민턴을 치고 난 후부터 계속 아파. 근육이 늘어난 건 아닌지 모르겠어.
질문: 여자는 어디가 불편한가?

A 허리
B 어깨
C 등
D 목

해설 | 남자의 말 '最近一直看你揉肩膀'을 통해 여자는 어깨가 불편하다는 사실을 알 수 있습니다. 6급 필수어휘인 揉가 나오기는 했지만, 선택지 B가 그대로 언급되었으므로 정답을 쉽게 고를 수 있습니다.

> Tip
> D의 '脖子 bózi'는 신체 부위 중 목을 뜻하고, '嗓子 sǎngzi'는 인후, 즉, 목구멍을 뜻합니다. 정형외과에서 치료받는 목은 脖子, 이비인후과에서 치료받는 목은 嗓子라고 구분해서 암기해 둡시다.

단어 | **一直** yìzhí 부 계속, 줄곧 | **揉** róu 동 (손으로) 주무르다, 문지르다 | **肩膀** jiānbǎng 명 어깨 | **陪** péi 동 동반하다, 함께하다 | **大夫** dàifu 명 의사 | **打羽毛球** dǎ yǔmáoqiú 배드민턴을 치다 | **疼** téng 형 아프다 | **肌肉拉伤** jīròu lāshāng 근육이 늘어나다 | **不舒服** bùshūfu 형 (몸이) 불편하다 | **腰** yāo 명 허리 | **后背** hòubèi 명 등 | **脖子** bózi 명 목

제 2 부 분

21 | B

실전모의고사21.mp3

女 我想参加这次校园马拉松大赛，你去吗？只要参加就有奖品！
男 好啊，在哪儿报名？
女 在学校网站上填张申请表就行。
男 好的，我这就去填。
问 男的接下来要做什么？

A 去商场买礼品
B 填写申请表
C 报名参加测试
D 参加网球比赛

여: 나 이번 캠퍼스 마라톤 대회에 참가하고 싶은데, 너 가니? 참가만 해도 상품이 있어!
남: 좋아, 어디에서 신청하니?
여: 학교 웹 사이트에서 신청서를 작성하면 돼.
남: 그래, 나 지금 바로 작성하러 갈게.
질문: 남자는 이어서 무엇을 하려 하는가?

A 백화점에 가서 선물을 산다
B 신청서를 작성한다
C 테스트에 신청해서 참가한다
D 테니스 경기에 참가한다

해설 | 선택지가 동사구로 이루어져 있으니 동작에 주의해서 녹음을 들어야 합니다. 여자의 말 '在学校网站上填张申请表就行' 후에 남자가 '我这就去填'이라고 대답했으므로, 남자는 이어서 인터넷에 마라톤 대회 참가 신청서를 작성하러 간다는 것을 알 수 있습니다. 따라서 정답은 B입니다. 参加나 报名을 듣고 오답 C나 D를 선택하지 않도록 주의해야 합니다.

단어 | **参加** cānjiā 동 참가하다 | **校园** xiàoyuán 명 캠퍼스 | **马拉松大赛** mǎlāsōng dàsài 마라톤 대회 | **奖品** jiǎngpǐn 명 상품 | **报名** bàomíng 동 신청하다 | **网站** wǎngzhàn 명 웹 사이트 | **填** tián 동 기입하다, 작성하다[=**填写** tiánxiě] | **申请表** shēnqǐngbiǎo 신청서 | **接下来** jiē xiàlái 다음으로, 이어서 | **商场** shāngchǎng 명 백화점, 쇼핑센터 | **测试** cèshì 명 테스트, 시험 | **网球** wǎngqiú 명 테니스

22 | A

실전모의고사22.mp3

男 你知道这附近哪家中介公司可靠吗？我想租一套房子。
女 我姐姐家的房子正在出租，你有兴趣吗？
男 她的房子在哪儿？
女 离咱们单位不远，你要是有兴趣的话可以去看看。
问 根据对话，下列哪项正确？

A 男的想租房子
B 女的想坐出租车
C 他们要去找中介
D 单位分配了宿舍

남: 너 이 근처에 어느 부동산이 믿을 만한지 알아? 내가 집을 임차하고 싶어서.
여: 우리 언니네 집이 지금 세를 놓고 있는데, 너 관심 있니?
남: 언니 집이 어디에 있는데?
여: 우리 회사에서 안 멀어. 만약 네가 관심 있다면 가서 봐도 돼.
질문: 대화에 근거하여 다음 중 정확한 것은?

A 남자는 집을 임차하려고 한다
B 여자는 택시를 타고 싶어 한다
C 그들은 부동산을 찾아가려고 한다
D 회사가 기숙사를 나눠 줬다

해설 | 선택지가 절로 구성이 되어 있고 男的와 女的가 선택지에 모두 있으면, 지문과 일치하는 것을 묻는 질문이 나옵니다. 여자의 말 중 正在出租는 오답 B를 유도하는 함정입니다. 남자가 '我想租一套房子'라고 말했기 때문에 정답은 A입니다.

> **Tip**
> 중국에서는 일부 회사가 직원들에게 숙소를 제공하는 경우가 있습니다. 따라서 선택지 D와 같은 내용이 나올 수 있는 것입니다. 우리나라와는 다른 이러한 문화들은 나올 때마다 배경지식으로 잘 기억해 두어야 합니다.

단어 | **附近** fùjìn 명 부근, 근처 | **中介** zhōngjiè 명 부동산 (= **中介公司**) | **可靠** kěkào 형 믿을 만하다 | **租** zū 동 (집 등을) 세내다, 임차하다 | **房子** fángzi 명 집 | **出租** chūzū 동 임대하다, 세를 놓다 | **兴趣** xìngqù 명 흥미, 관심 | **单位** dānwèi 명 직장, 회사 | **分配** fēnpèi 동 분배하다, 나눠 주다 | **宿舍** sùshè 명 기숙사

23 | D

실전모의고사23.mp3

女 老板，有没有适合男孩子玩的玩具啊？
男 大概几岁？
女 小学一年级，有什么好的推荐吗？
男 这款组装玩具不错，可以发挥想象力，把玩具组装成不同的样式，能锻炼孩子们的动手能力。
问 关于那款组装玩具，可以知道什么？

A 能组装成汽车
B 更适合女孩儿
C 不提供说明书
D 能锻炼动手能力

여: 사장님, 남자아이가 가지고 놀기에 적합한 장난감 있나요?
남: 대략 몇 살인가요?
여: 초등학교 1학년이에요. 무슨 좋은 추천이 있나요?

남: 이 조립 장난감이 좋아요. 상상력을 발휘해서 장난감을 서로 다른 모양으로 조립할 수 있어서, 아이들의 손을 움직이는 능력을 단련할 수 있어요.
질문: 그 조립 장난감에 관해서 무엇을 알 수 있는가?

A 자동차로 조립할 수 있다
B 여자아이에게 더욱 적합하다
C 설명서를 제공하지 않는다
D 손을 움직이는 능력을 단련할 수 있다

해설 | 선택지 D의 내용이 남자의 두 번째 말에서 그대로 언급되었습니다. 动手는 원래 '(어떤 일을) 시작하다, 착수하다'라는 의미이며 6급 필수어휘이지만 여기에서는 '动+手'의 의미 그대로 '손을 움직이다'라는 의미로 쓰였습니다. 따라서 정답은 D입니다.

단어 | **老板** lǎobǎn 명 (상점) 주인, 사장 | **适合** shìhé 동 적합하다, 알맞다 | **玩** wán 동 (가지고) 놀다 | **玩具** wánjù 명 장난감 | **大概** dàgài 부 대략 | **年级** niánjí 명 학년 | **推荐** tuījiàn 동 추천하다 | **款** kuǎn 양 종류, 모양, 스타일 | **组装** zǔzhuāng 동 조립하다 | **发挥** fāhuī 동 발휘하다 | **想象力** xiǎngxiànglì 명 상상력 | **样式** yàngshì 명 모양, 스타일 | **锻炼** duànliàn 동 단련하다 | **动手能力** dòngshǒu nénglì 손을 움직이는 능력 | **提供** tígōng 동 제공하다

24 | C

실전모의고사24.mp3

男 你们班的毕业照洗出来了吗？
女 今天上午刚拿到，你看！
男 真不错，背景选得好，大家的表情也抓得很好，特别生动。
女 是吧？这得感谢摄影师，他技术可棒了。
问 男的觉得照片拍得怎么样？

A 很有创意
B 显得很暗
C 表情抓得好
D 背景没选好

남: 너희 반 졸업 사진 나왔니?
여: 오늘 오전에 방금 받았어. 봐봐!
남: 진짜 괜찮네. 배경도 잘 선택했어. 사람들의 표정도 아주 잘 포착해서 무척 생동감 있어.
여: 그렇지? 이건 사진사에게 감사해야 해. 그는 기술이 정말 최고야.
질문: 남자는 사진을 어떻게 찍었다고 생각하는가?

A 매우 창의적이다
B 어둡게 보인다
C 표정을 잘 포착했다
D 배경을 잘못 골랐다

해설 | 선택지 C의 내용을 남자의 두 번째 말에서 그대로 언급하고 있습니다. '大家的表情也抓得很好'라고 했으므로, 정답은 C입니다.

단어 | **毕业照** bìyèzhào 졸업 사진 | **洗** xǐ 동 (사진을) 현상하다, 인화하다 | **拿到** nádào 동 손에 넣다, 받다 | **背景** bèijǐng 명 배경 | **选** xuǎn 동 고르다, 선택하다 | **表情** biǎoqíng 명 표정 | **抓** zhuā 동 잡다, 포착하다 | **生动** shēngdòng 형 생동감 있다 | **感谢** gǎnxiè 동 감사하다 | **摄影师** shèyǐngshī 명 사진사 | **技术** jìshù 명 기술 | **棒** bàng 형 훌륭하다, 최고다 | **创意** chuàngyì 명 창의성 | **显得** xiǎnde 동 ~하게 보이다 | **暗** àn 형 어둡다

25 | B

실전모의고사25.mp3

女 真奇怪，前几天刚充了话费，怎么手机又欠费了？
男 你上网看看话费单，是不是办什么新业务了？
女 没有啊，我这两天就给国外的朋友打了个电话。
男 怪不得，国际长途可贵了，一定是这个原因。
问 女的手机为什么欠费了？

A 没充话费
B 打国际长途了
C 下载了个软件
D 花钱买游戏了

여: 정말 이상하네. 며칠 전에 막 전화비를 충전했는데, 왜 휴대전화 요금이 또 부족해졌지?
남: 너 인터넷에서 통신료 명세서를 봐봐. 무슨 신규 부가서비스를 신청한 거 아니야?
여: 아니야. 내가 요 며칠 해외에 있는 친구에게 전화는 좀 했는데.
남: 어쩐지. 국제전화는 정말 비싸. 틀림없이 이 때문일 거야.
질문: 여자의 휴대전화는 왜 요금이 부족해졌나?

A 전화비를 충전하지 않아서
B 국제전화를 해서
C 프로그램을 다운받아서
D 게임을 사는 데 돈을 써서

해설 | 여자가 '我这两天就给国外的朋友打了个电话'라는 말을 한 후에 남자가 뒤이어 '国际长途可贵了'라고 말했습니다. 이 내용을 통해 B 打国际长途了를 정답으로 고를 수 있습니다.

Tip
중국은 휴대전화 비용이 선불 충전식이므로 欠费라는 표현이 나오는 것입니다. '돈을 충전하다'라는 표현인 '充值(chōngzhí)'도 시험에 출제된 적이 있으니 함께 알아 두도록 합니다. 충전할 때 사용하는 카드는 充值卡라고 합니다.

단어 | **奇怪** qíguài 형 이상하다 | **充话费** chōng huàfèi 전화비를 충전하다 | **欠费** qiàn fèi 요금이 부족하다 *欠 qiàn 동 빚지다, 모자라다, 부족하다 | **话费单** huàfèidān 통신료 명세서 | **办业务** bàn yèwù 부가서비스를 신청하다 | **怪不得** guàibude 부 어쩐지[궁금증이 풀렸을 때 사용함] | **国际长途** guójì chángtú 명 국제전화 *长途 chángtú 명 장거리 전화 | **下载** xiàzài 동 다운받다 | **软件** ruǎnjiàn 명 프로그램 | **花钱** huāqián 동 돈을 쓰다 | **游戏** yóuxì 명 게임

26 | A

실전모의고사26.mp3

男 你觉得新家的客厅应该怎么布置呢?
女 我觉得放些绿色的植物应该挺不错的。
男 那我去把阳台上那盆竹子搬过来吧。
女 我看行，放在客厅里一定很合适。
问 他们决定把什么放在客厅?

A 竹子
B 书架
C 花瓶
D 结婚照

남: 당신은 새집의 거실을 어떻게 꾸며야 한다고 생각해요?
여: 내 생각엔 녹색식물을 좀 두는 것이 제법 괜찮을 것 같아요.
남: 그럼 내가 가서 베란다의 그 대나무 화분을 옮겨 올게요.
여: 좋아요. 거실에 두면 분명히 어울릴 거예요.
질문: 그들은 무엇을 거실에 두기로 결정했는가?

A 대나무
B 책장
C 꽃병
D 결혼사진

해설 | 선택지가 명사라서 대화의 화제가 무엇인지 유의하여 들어야 합니다. 남자의 두 번째 말 '那我去把阳台上那盆竹子搬过来吧'를 제대로 들었다면 정답을 쉽게 고를 수 있습니다. 정답은 A입니다.

단어 | **客厅** kètīng 명 거실 | **布置** bùzhì 동 (각종 물건을 적절히) 배치하다, 꾸미다 | **绿色** lǜsè 명 녹색 | **植物** zhíwù 명 식물 | **挺** tǐng 부 매우, 제법 | **阳台** yángtái 명 베란다 | **盆** pén 양 [화분, 대야 등의 수량을 세는 단위] | **竹子** zhúzi 명 대나무 | **搬** bān 동 옮기다 | **合适** héshì 형 적합하다, 어울리다 | **书架** shūjià 명 책꽂이, 책장 | **花瓶** huāpíng 명 꽃병 | **结婚照** jiéhūnzhào 결혼사진

27 | C

실전모의고사27.mp3

女 你好，我是世纪家园小区2单元501的业主。
男 请问有什么可以帮您的?
女 是这样，我订的牛奶今天没有收到。
男 今天去送牛奶的时候您家里没人，就放在门卫室了，您去那里取就可以了。
问 男的让女的去哪儿拿牛奶?

A 邮局
B 邻居家
C 门卫室
D 牛奶公司

여: 안녕하세요? 저는 세기가원 단지 2라인 501호의 집주인이에요.
남: 무엇을 도와 드릴까요?
여: 네, 제가 주문한 우유를 오늘 받지 못해서요.
남: 오늘 우유 배달할 때 댁에 아무도 안 계셔서 경비실에 두고 있어요. 거기 가셔서 찾으시면 됩니다.
질문: 남자는 여자에게 어디에 가서 우유를 받으라고 했는가?

A 우체국
B 이웃집
C 경비실
D 우유 회사

해설 | 선택지의 단어가 대화에 그대로 언급되었습니다. '门卫(경비)'나 '门卫室(경비실)'가 필수어휘가 아니라서 생소하여 놓칠 수 있으니, 선택지에 모르는 단어가 나오면 발음을 미리 체크해 두는 것이 중요합니다. 정답은 C 门卫室입니다.

단어 | **小区** xiǎoqū 명 (주택) 단지 | **单元** dānyuán 명 라인 | **业主** yèzhǔ 명 부동산 소유권자 | **订** dìng 동 예약하다, 주문하다 | **牛奶** niúnǎi 명 우유 | **收到** shōudào 동 받다, 수령하다 | **送** sòng 동 보내다, 배달하다 | **门卫室** ménwèishì 명 경비실 | **邮局** yóujú 명 우체국 | **邻居** línjū 명 이웃

28 | C

실전모의고사28.mp3

男 你好，请问办理营业执照需要哪些材料?
女 身份证、户口本等等，详细的材料您可以上官网了解一下。
男 需要的材料我好像都带来了，您帮我看一下吧。
女 好的，您稍等一下。
问 关于男的，下列哪项正确?

A 要去交税
B 还在排队
C 要办营业执照
D 没带身份证复印件

남: 안녕하세요? 사업자 등록증을 처리하려면 어떤 자료들이 필요한가요?
여: 신분증, 호적등본 등등이에요. 상세한 자료는 홈페이지에서 확인할 수 있습니다.
남: 필요한 자료는 제가 아마 모두 가져왔을 거예요. 좀 봐 주세요.
여: 네, 잠시 기다리세요.
질문: 남자에 관해서 다음 중 정확한 것은?

A 세금을 내려고 한다
B 아직 줄을 서고 있다
C 사업자 등록증을 처리하려고 한다
D 신분증 사본을 안 갖고 왔다

해설 | 선택지 C의 내용이 남자의 첫 번째 말 '请问办理营业执照需要哪些材料?'에서 그대로 언급되었습니다. 5급 필수어휘인 营业와 执照를 아는지 테스트한 문제입니다. 정답은 C입니다.

Tip
执照는 '면허증', '허가증'을 뜻합니다. 따라서 운전면허증은 '驾驶执照 jiàshǐzhízhào'이며, 줄여서 驾照라고도 합니다.

단어 | **办理** bànlǐ 동 처리하다[=办 bàn] | **营业执照** yíngyè zhízhào 사업자 등록증 | **需要** xūyào 동 필요하다, 요구되다 | **身份证** shēnfènzhèng 명 신분증 | **户口本** hùkǒuběn 명 호적등본 | **详细** xiángxì 형 상세하다 | **官网** guānwǎng 명 홈페이지, 공식 사이트 | **了解** liǎojiě 동 (자세하게 잘) 알다 | **好像** hǎoxiàng 부 아마 ~한 것 같다 | **带** dài 동 (몸에) 지니다, 챙기다 | **稍** shāo 부 잠깐, 잠시 | **交税** jiāo shuì 세금을 내다 | **排队** páiduì 동 줄을 서다 | **复印件** fùyìnjiàn 사본

29 | D

실전모의고사29.mp3

女 这部电影你看了吗?
男 没有，我对动画片不太感兴趣。
女 我强烈推荐你去看，超级有意思。
男 真有这么好看吗? 那我真得找时间看一下。
问 男的为什么没去看那部电影?

A 没人陪他看
B 票价太贵了
C 这阵子太忙了
D 不爱看动画片

여: 이 영화 너 봤니?
남: 아니, 난 애니메이션에 그다지 흥미가 없어.
여: 나는 네가 가서 보는 걸 강력 추천해. 엄청 재미있어.
남: 정말 그렇게 재미있어? 그럼 정말 시간 내서 한번 봐야겠다.
질문: 남자는 왜 그 영화를 보러 가지 않았는가?

A 그와 함께 볼 사람이 없어서
B 표 값이 너무 비싸서
C 요즘 너무 바빠서
D 애니메이션을 즐겨 보지 않아서

해설 | 선택지 D의 내용을 남자의 '我对动画片不太感兴趣'라는 표현으로 언급했습니다. 不爱看을 不太感兴趣로 변형한 문제이며, 5급 필수어휘 动画片을 테스트하는 문제입니다. 따라서 정답은 D입니다.

단어 | **动画片** dònghuàpiàn 명 애니메이션 | **强烈** qiángliè 형 강력하다, 강렬하다 | **推荐** tuījiàn 동 추천하다 | **超级** chāojí 부 엄청 | **有意思** yǒuyìsi 재미있다 | **陪** péi 동 동반하다, 함께하다 | **票价** piàojià 명 표 값 | **这阵子** zhèzhènzi 대 요즘, 근래

30 | C

실전모의고사30.mp3

男 对不起，我临时有事，不能和你去酒吧了。
女 什么事这么急啊?
男 出版社刚联系我，说是印刷过程中出现了问题。
女 工作要紧，你先去忙吧，路上注意安全。
问 男的接下来可能去哪儿?

A 酒吧
B 展览馆
C 出版社
D 高级饭店

남: 미안해. 내가 갑자기 일이 생겨서 너랑 같이 술집에 갈 수 없게 되었어.
여: 무슨 일인데 이렇게 조급해 해?
남: 출판사에서 방금 나한테 연락했는데 인쇄 과정 중에 문제가 생겼대.
여: 일이 중요하지. 너 먼저 가서 일 봐. 가는 길에 안전 주의하고.
질문: 남자는 이어서 아마 어디로 갈 것인가?

A 술집
B 전시관
C 출판사
D 고급 호텔

해설 | 미리 선택지 내용을 보고 장소에 유의해서 들어야 합니다. 남자가 처음에 '不能和你去酒吧了'라고 했기 때문에 酒吧는 원래 가기로 했다가 못 가게 되었고, 이어서 '出版社刚联系我，说是印刷过程中出现了问题'라고 말했으므로 남자는 지금 바로 出版社에 가야 한다는 의미입니다. 따라서 정답은 C 出版社입니다.

단어 | **临时** línshí 부 갑자기, 때에 이르러 | **酒吧** jiǔbā 명 술집 | **出版社** chūbǎnshè 명 출판사 | **联系** liánxì 동 연락하다 | **印刷** yìnshuā 동 인쇄하다 | **过程** guòchéng 명 과정 | **出现问题** chūxiàn wèntí 문제가 생기다 | **要紧** yàojǐn 형 중요하다 | **接下来** jiē xiàlái 다음으로, 이어서 | **展览馆** zhǎnlǎnguǎn 명 전시관 | **高级饭店** gāojí fàndiàn 고급 호텔

31 | C **32** | D 실전모의고사31.mp3

第31到32题是根据下面一段话：

俗话说"一日三餐，家常便饭。"其实一天之内不一定要吃三顿饭，[32]这要根据个人的生活习惯和身体状况来定。有些人选择少食多餐，比如每天吃5、6餐，每次摄取少量，保证一天摄入的总量不要过多。反之，也可以选择每天吃两顿饭，只要不会感觉到饿，也不会影响工作和生活，那完全可以这么做。当然，[31]前提是要摄入足够的营养。因此，重要的不是一天吃几餐，而是既要保证充足的营养，又要避免摄入过多热量。

31 如果每天只吃两顿饭，要注意什么？

A 饭前先喝汤
B 少做体力劳动
C 确保足够的营养
D 两餐不能隔太久

32 根据这段话，下列哪项正确？

A 应少量少餐
B 爱运动的人消化好
C 成长期的青少年饭量大
D 每日几餐视个人情况而定

31~32번 문제는 다음 이야기에 근거한다.

속담에 '삼시 세끼는 일상적인 일이다'라는 말이 있다. 사실 하루 안에 꼭 세 끼의 밥을 먹어야 하는 것은 아니고, [32]이것은 개인의 생활 습관과 몸 상태에 따라 정해야 한다. 어떤 사람은 조금씩 여러 번 먹는 걸 선택한다. 예를 들어 매일 5, 6끼를 먹는데 매번 소량을 섭취하여 하루 섭취하는 총량이 지나치게 많지 않도록 한다. 이와 반대로, 매일 두 끼 식사하는 것을 선택할 수도 있다. 배가 고프다고 느끼지 않는다면, 또 일과 생활에 영향을 주지 않는다면, 완전히 이렇게 해도 된다. 당연히 [31]전제 조건은 충분한 영양을 섭취해야 한다는 것이다. 따라서 중요한 것은 하루에 몇 끼를 먹느냐가 아니라, 충분한 영양을 보장하고 너무 많은 열량 섭취를 피해야 한다는 점이다.

31 만약 매일 밥을 두 끼만 먹는다면 무엇을 주의해야 하는가?

A 식전에 먼저 국을 마신다
B 육체노동을 적게 한다
C 충분한 영양을 확보한다
D 두 끼는 간격을 너무 오래 두어서는 안 된다

32 이 이야기에 근거하여 다음 중 정확한 것은?

A 소량으로 적게 먹어야 한다
B 운동을 좋아하는 사람은 소화가 잘된다
C 성장기의 청소년은 식사량이 많다
D 매일 몇 끼를 먹을지는 개인 상황을 보고 정한다

해설 |

31 녹음에서 '**前提是要摄入足够的营养**'이라는 문장을 놓치지 않고 들었다면 정답을 쉽게 선택할 수 있습니다. 혹시 다 듣지 못했더라도 나머지 선택지 내용이 녹음에서 언급되지 않았기 때문에 **营养**만 들었다면 정답을 선택할 수 있습니다. 정답은 C입니다.

32 녹음의 '**这要根据个人的生活习惯和身体状况来定**'을 통해 D를 정답으로 선택할 수 있습니다. 소거법으로 정답을 찾을 수도 있습니다. 지문에서 B, C는 언급되지 않았고, 지문 뒷부분에서 '**重要的不是一天吃几餐**'이라고 했기 때문에 A는 정답이 될 수 없습니다. 따라서 정답은 D입니다.

Tip

보통은 문제가 순서대로 풀리게 출제되지만, 이 지문은 '32번 → 31번' 순서로 문제가 풀립니다. 간혹 이렇게 출제되므로 녹음이 시작되기 전, 선택지 분석이 반드시 필요합니다. 또한 정답을 지문에서 그대로 언급하지 않기 때문에 난이도가 있는 문제입니다. 서술형 듣기는 지문이 끝난 후 질문이 나오기 때문에, 선택지의 내용이 녹음에서 들릴 때마다 체크하는 습관이 중요합니다.

단어 | **俗话** súhuà 명 속담 | **一日三餐，家常便饭** yí rì sān cān, jiāchángbiànfàn 속담 삼시 세끼는 일상적인 일이다 | **不一定** bùyídìng 부 반드시 ~한 것은 아니다 | **顿** dùn 양 끼[식사를 세는 단위] | **状况** zhuàngkuàng 명 상태 | **定** dìng 동 정하다, 확정하다 | **选择** xuǎnzé 동 선택하다, 고르다 | **少食多餐** shǎo shí duō cān 조금씩 여러 번 먹다 | **比如** bǐrú 접 예를 들어 | **餐** cān 양 끼[끼니의 횟수를 세는 단위] | **摄取** shèqǔ 동 섭취하다[=摄入 shèrù] | **少量** shǎoliàng 형 소량의 | **保证** bǎozhèng 동 보장하다, 약속하다 | **总量** zǒngliàng 명 총량 | **过多** guòduō 형 너무 많다 | **反之** fǎnzhī 접 이와 반대로 | **影响** yǐngxiǎng 동 영향을 주다 | **前提** qiántí 명 전제 조건 | **足够** zúgòu 형 충분하다 | **营养** yíngyǎng 명 영양 | **因此** yīncǐ 접 이 때문에, 따라서 | **既~又…** jì~yòu… ~하고 (또) …하다 | **充足** chōngzú 형 충분하다 | **避免** bìmiǎn 동 피하다 | **热量** rèliàng 명 열량 | **体力劳动** tǐlì láodòng 육체노동 | **确保** quèbǎo 동 확보하다 | **隔** gé 동 사이를 두다, 간격을 두다 | **消化** xiāohuà 동 소화하다 | **成长期** chéngzhǎngqī 성장기 | **青少年** qīngshàonián 명 청소년 | **饭量** fànliàng 명 식사량 | **视~而定** shì~ér dìng ~을 보고 정하다

33 | C **34** | A **35** | C 실전모의고사33.mp3

第33到35题是根据下面一段话：

甲和乙都是本市有名的画家，有一次他们进行了一个非常有趣的比赛。他们各自画一幅画儿，[33]然后拿到广场上，让路人投票决定哪幅更好。

到了比赛那天，广场上挤满了人。甲首先把遮在画上的布拿掉，他画的是两只正在嬉戏的小猫。人群中传来阵阵赞叹声，还有人拿出手机来拍照，[34]甲不禁得意起来，心想：这次作画比赛，我肯定能赢。

而乙却一言不发地站在画作旁，人群中有人说:"把布拿下来吧，让我们看看你的画。"可乙仍然没有动，甲着急了，伸手去揭那块布，突然他呆住了，停了几秒后他说:"我输了。"

[35]原来那块布竟是画上去的。

33 甲和乙决定让谁来评价他们的画儿?

A 专家小组

B 美术教师

C 广场上的路人

D 幼儿园的孩子

34 甲觉得自己画得怎么样?

A 相当不错

B 有些抽象

C 特别有趣

D 构图不成功

35 乙画的是什么?

A 街景

B 自画像

C 一块布

D 一只猫

33~35번 문제는 다음 이야기에 근거한다.

갑과 을은 모두 이 도시의 유명한 화가이다. 한번은 그들이 매우 재미난 시합을 진행했다. 그들은 각자 한 폭의 그림을 그린 후, [33]광장에 들고 가 행인에게 어느 그림이 더 좋은지 결정하는 투표를 하게 하였다.

시합하는 그날, 광장에는 사람으로 가득 찼다. 갑이 먼저 그림을 가린 천을 치웠다. 그가 그린 것은 장난을 치고 있는 두 마리의 작은 고양이였다. 군중들 속에서 이따금 탄성이 들려왔고, 또 어떤 사람은 휴대전화를 꺼내 사진을 찍기도 했다. [34]갑은 절로 득의양양해져 마음속으로 '이번의 그림 시합은 내가 분명히 이길 수 있을 거야.'라고 생각했다.

반면 을은 한마디도 하지 않고 그림 옆에 서 있자, 군중들 사이에서 어떤 사람이 말했다. "천을 내려 봐요. 우리에게 당신의 그림을 보여 줘요." 그러나 을은 여전히 움직이지 않았다. 갑은 조급해져서 손을 내밀어 그 천을 벗겼다. 갑자기 그는 멍해져서 몇 초 동안 멈춘 후 "내가 졌어요." 하고 말했다.

[35]알고 보니 그 천이 뜻밖에도 그린 것이었다.

33 갑과 을은 누가 자신들의 그림을 평가하도록 결정했는가?

A 전문가 팀

B 미술 교사

C 광장의 행인

D 유치원의 아이

34 갑은 자신이 어떻게 그렸다고 여겼는가?

A 상당히 괜찮다

B 약간 추상적이다

C 무척 재미있다

D 구도가 성공적이지 않다

35 을이 그린 것은 무엇인가?

A 길거리 풍경

B 자화상

C 천 한 조각

D 고양이 한 마리

해설 |

33 선택지를 미리 보고 있다가 녹음에서 들리는 단어를 체크해야 합니다. 녹음에서 '**然后拿到广场上，让路人投票决定哪幅更好**'라는 문장이 들리므로, 정답은 C **广场上的路人**입니다.

34 갑은 스스로 '**这次作画比赛，我肯定能赢**'이라 생각했다고 언급했습니다. 자신이 내기에서 이긴다는 것은 스스로 매우 만족하게 그림을 그렸다는 뜻이므로 정답은 A입니다.

35 을이 그린 그림은 '**原来那块布竟是画上去的**'라는 표현을 통해 정답은 C **一块布**임을 알 수 있습니다.

Tip

지문에서 甲와 乙 두 사람이 등장하면 각각 한 명씩에 대해 문제를 출제하는 경향이 있습니다. 따라서 녹음을 들을 때 두 사람 중 누구에 대한 내용인지 체크하며 들어야 합니다. 가령, 갑이 그린 그림에 대한 설명이 나올 때 35번 D의 猫에 '갑'이라고 메모를 하는 식입니다. 또한 갑에 대한 내용을 선택지 중 체크했다면, 그다음 문제는 을에 관한 문제일 것이라 짐작할 수 있습니다. 이렇게 법칙을 생각해 두면 정답을 찾는 것이 조금 더 쉬워집니다.

단어 | **甲** jiǎ 명 갑 | **乙** yǐ 명 을 | **幅** fú 양 폭[옷감·종이·그림 등을 세는 단위] | **然后** ránhòu 접 그런 후에 | **广场** guǎngchǎng 명 광장 | **路人** lùrén 명 행인 | **投票** tóupiào 동 투표하다 | **挤满** jǐmǎn 가득 차다 | **遮** zhē 동 가리다, 덮다 | **布** bù 명 천 | **拿** ná 동 (손으로) 잡다 | **掉** diào 동 (아래로) 떨어뜨리다, 떨어지다 | **嬉戏** xīxì 동 놀다, 장난치다 | **人群** rénqún 명 군중들, 사람들 | **传来** chuánlái 동 들려오다 | **阵阵** zhènzhèn 부 이따금, 간간이 | **赞叹声** zàntànshēng 탄성 | **不禁** bùjīn 부 참지 못하고, 절로 | **得意** déyì 형 득의양양하다 | **作画** zuòhuà 동 그림을 그리다 | **肯定** kěndìng 부 틀림없이, 분명히 | **一言不发** yìyánbùfā 성 한 마디도 하지 않다 | **画作** huàzuò 명 그림 | **拿下来** ná xiàlái 내려놓다 | **仍然** réngrán 부 여전히 | **着急** zháojí 동 조급해 하다 | **伸手** shēnshǒu 동 손을 내밀다 | **揭** jiē 동 (덮어 씌운 것을) 벗기다 | **呆住** dāizhù 동 (꼼짝 않고) 멍하니 있다 | **秒** miǎo 양 초 | **输** shū 동 패하다, 지다 | **原来** yuánlái 부 알고 보니 | **竟** jìng 부 뜻밖에도 | **评价** píngjià 동 평가하다 | **专家** zhuānjiā 명 전문가 | **小组** xiǎozǔ 명 그룹, 팀 | **幼儿园** yòu'éryuán 명 유치원 | **抽象** chōuxiàng 형 추상적이다 | **构图** gòutú 명 구도 | **街景** jiējǐng 명 길거리 풍경 | **自画像** zìhuàxiàng 명 자화상

36 | D **37** | D **38** | A 실전모의고사36.mp3

第36到38题是根据下面一段话：

因为鱼[36]没有长外耳，所以很多人误以为鱼没有耳朵，听不见任何声音。其实，鱼不但能听到声音，而且多数鱼的听力还很不错，这是如何被发现的呢？

有一个渔场，每天早上8点都会敲钟，饲养员听到钟声便去喂鱼。有一天饲养员起晚了，钟声响后过了半个小时才去喂鱼。但到了鱼池，[37]他看到一大群鱼已经聚集在池边，不断把头伸出水面等食。后来经过动物学家们一段时间的观察和研究，他们发现[38]鱼原来是有听觉的。平常它们听到钟声后不久就能进食，因此时间一长就形成了条件反射，只要一听到钟声，它们就会习惯性地游向岸边。

36 多数鱼的耳朵有什么特点？
A 是圆形的
B 听力很差
C 是半透明的
D 没长在外面

37 饲养员起晚那天发现了什么？
A 鱼变少了
B 很多鱼跳上了岸
C 鱼食被人拿走了
D 鱼已在池边等食

38 动物学家经过观察后得出了什么结论？
A 鱼能听到声音
B 鱼用动作交流
C 鱼能闻到各种味道
D 高温会使鱼呼吸困难

36~38번 문제는 다음 이야기에 근거한다.

물고기는 [36]겉귀(外耳)가 없기 때문에, 많은 사람들이 물고기는 귀가 없어 어떤 소리도 듣지 못한다고 잘못 알고 있다. 사실 물고기는 소리를 들을 수 있을 뿐 아니라, 대다수 물고기의 청력은 아주 좋다. 이것은 어떻게 발견된 것일까?

한 어장에서 매일 오전 8시에 종을 쳤고, 사육사는 종소리를 듣고 바로 물고기에게 먹이를 주러 갔다. 하루는 사육사가 늦잠을 자서 종소리가 울린 후 30분이 지나서야 물고기에게 먹이를 주러 갔다. 그러나 어장에 도착해서 [37]그는 많은 무리의 물고기들이 이미 연못가에 모여서 끊임없이 머리를 수면 위로 내밀면서 먹이를 기다리고 있는 것을 봤다. 그 후에 동물학자들이 얼마 간의 관찰과 연구를 거쳤는데, [38]물고기는 원래 청각이 있다는 것을 발견했다. 평소에 물고기들은 종소리를 들은 후에 얼마 되지 않아 곧 먹이를 먹을 수 있었다. 그래서 시간이 오래 흐르자 조건반사가 형성되었고, 종소리를 듣기만 해도 물고기들은 바로 습관적으로 물가를 향해 헤엄쳐 오게 된 것이다.

36 대다수 물고기의 귀는 어떤 특징이 있는가?
A 원형이다
B 청력이 나쁘다
C 반투명이다
D 겉에 자라지 않는다

37 사육사는 늦게 일어난 그날 무엇을 발견했는가?
A 물고기가 적어진 것
B 많은 물고기들이 물가로 뛰어오르는 것
C 물고기 밥을 누군가가 가지고 간 것
D 물고기가 이미 연못가에서 먹이를 기다리고 있는 것

38 동물학자는 관찰을 거친 후에 어떤 결론을 얻었는가?
A 물고기는 소리를 들을 수 있다
B 물고기는 움직임으로 교류한다
C 물고기는 각종 냄새를 맡을 수 있다
D 고온은 물고기가 호흡을 어렵게 한다

해설 |

36 녹음의 '没有长外耳'이 힌트입니다. 다만 长外耳 같은 표현을 알아듣기 힘들고, 첫 문장에서 나왔기 때문에 학생들이 많이 놓치는 문제입니다. 外耳은 인간처럼 겉으로 드러난 귀를 의미합니다. 따라서 정답은 D입니다.

37 '他看到一大群鱼已经聚集在池边，不断把头伸出水面等食'라는 표현을 듣고 D 鱼已在池边等食를 정답으로 선택할 수 있습니다.

38 동물학자들이 얻은 결론은 이 글의 주제입니다. 물고기가 청력이 없을 것 같다는 오해에서 출발한 지문인데, 결과적으로는 물고기는 청각이 있었다는 내용이고 '鱼原来是有听觉的'라는 표현이 들렸기 때문에 A 鱼能听到声音을 정답으로 선택할 수 있습니다. 이 글 전체가 물고기의 청력에 관한 이야기라는 점을 생각하면서 녹음을 들으면 쉽게 정답을 맞힐 수 있습니다.

단어 | **长** zhǎng 동 자라다 | **外耳** wài'ěr 명 겉귀, 외이 | **误以为** wù yǐwéi 잘못 알고 있다 | **耳朵** ěrduo 명 귀 | **听不见** tīng bú jiàn 듣지 못하다 | **渔场** yúchǎng 명 어장 | **敲** qiāo 동 치다, 두드리다, 때리다 | **钟** zhōng 명 종 | **饲养员** sìyǎngyuán 명 사육사 | **钟声** zhōngshēng 명 종소리 | **喂** wèi 동 먹이를 주다 | **响** xiǎng 동 (소리가) 나다, 울리다 | **群** qún 양 무리, 떼 | **聚集** jùjí 동 한데 모이다 | **池边** chíbiān 명 연못가 | **不断** búduàn 부 부단히, 끊임없이 | **伸** shēn 동 내밀다 | **经过** jīngguò 전 ~을 거쳐 | **观察** guānchá 동 관찰하다 | **研究** yánjiū 동 연구하다 | **原来** yuánlái 부 원래, 알고 보니 | **听觉** tīngjué 명 청각 | **进食** jìnshí 동 식사를 하다 | **因此** yīncǐ 접 이 때문에 | **形成** xíngchéng 동 형성되다 | **条件反射** tiáojiàn fǎnshè 명 조건 반사 | **岸边** ànbiān 명 물가 | **圆形** yuánxíng 명 원형 | **半透明** bàntòumíng 명 반투명 | **跳** tiào 동 뛰어오르다 | **鱼食** yúshí 명 물고기 밥 | **得出结论** déchū jiélùn 결론을 얻다 | **闻** wén 동 냄새를 맡다 | **高温** gāowēn 명 고온 | **呼吸困难** hūxī kùnnan 호흡이 어렵다

39 | A **40** | A **41** | B 실전모의고사39.mp3

第39到41题是根据下面一段话：

有一家企业，他们特别专一，只生产哨子，[39]并且聘请了几百名科技人才专门进行研发。在一般人眼中，哨子是一种不起眼的产品，只生产哨子能够为公司盈利吗？然而这家公司研发的[40]哨子种类已经达到上千种，最贵的可卖到12万元一个，一年就可以创造7000万元的利润，就连世界杯足球赛裁判用的哨子也是这家企业生产的。人们常说"精于专注"。可见，[41]要想获得成功就要明确目标，专注其中。

39 关于那家企业，下列哪项正确？
A 重视研发
B 面临破产
C 利润不大
D 赢在管理

40 那家企业生产的哨子有什么特色？
A 种类丰富
B 保修一年
C 样式奇特
D 哨声响亮

41 这段话主要想告诉我们什么？
A 要抓住商机
B 专注非常重要
C 企业要注重形象
D 要尽量降低成本

39~41번 문제는 다음 이야기에 근거한다.

어떤 기업이 매우 한결같이 호루라기만 생산했다. [39]게다가 수백 명의 과학 기술 인재를 초빙해서 전문적으로 연구 개발을 진행했다. 일반인들 눈에 호루라기는 별 볼 일 없는 상품인데 호루라기만 생산해서 회사에 이윤을 가져올 수 있을까? 그런데 이 회사가 연구 개발한 [40]호루라기 종류는 이미 수천 종에 달한다. 가장 비싼 것은 한 개에 12만 위안에 팔 수 있어서 1년에 7000만 위안이라는 이윤을 만들어 낼 수 있었다. 월드컵 축구 심판이 사용하는 호루라기도 이 기업에서 생산한 것이었다. 사람들은 '최고는 전념에서 비롯된다'라고 자주 말한다. [41]성공을 얻고자 한다면 목표가 명확해야 하고 그것에 집중해야 한다는 것을 알 수 있다.

39 그 기업에 관해서 다음 중 정확한 것은?
A 연구 개발을 중시한다
B 파산에 직면했다
C 이윤이 크지 않다
D 관리에 성공했다

40 그 기업이 생산한 호루라기는 어떤 특색이 있는가?
A 종류가 풍부하다
B 무상 보증 수리 기간이 1년이다
C 디자인이 특이하다
D 호루라기 소리가 우렁차다

41 이 이야기가 우리에게 말하고자 하는 것은 무엇인가?
A 사업 기회를 잡아야 한다
B 전념하는 것이 매우 중요하다
C 기업은 이미지를 중시해야 한다
D 최대한 원가를 낮춰야 한다

해설 |

39 녹음의 '并且聘请了几百名科技人才专门进行研发'가 힌트입니다. 선택지의 研发라는 단어가 研究开发를 줄인 단어라는 것을 알고 녹음을 들어야 정답을 찾을 수 있습니다. '一年就可以创造7000万元的利润'이라는 표현으로 이익을 많이 창출했다는 내용이 나왔기 때문에 C는 정답이 될 수 없고, B와 D는 언급되지 않았습니다. 따라서 정답은 A입니다.

40 녹음의 '哨子种类已经达到上千种'을 통해 A 种类丰富를 정답으로 고를 수 있습니다. 선택지의 丰富를 지문에서는 达到上千种으로 바꾸어 들려주었습니다. 나머지 선택지는 언급되지 않았습니다.

> Tip
> '种类丰富'와 비슷한 의미로 '种类繁多'도 자주 출제되니, 표현을 익혀 둡시다.

41 선택지만 읽어도 글의 주제를 묻는 문제임을 알 수 있습니다. 호루라기만 집중해서 개발하고 판매한 회사에 대한 지문이고, 지문의 마지막에 '要想获得成功就要明确目标，专注其中'이라는 표현을 통해 B 专注非常重要를 정답으로 선택할 수 있습니다.

단어 | **专一** zhuānyī 형 한결같다 | **哨子** shàozi 명 호루라기 | **并且** bìngqiě 접 게다가 | **聘请** pìnqǐng 동 초빙하다 | **科技** kējì 명 과학 기술 | **专门** zhuānmén 부 전문적으로 | **研发** yánfā 동 연구 개발하다 | **不起眼** bùqǐyǎn 눈에 띄지 않다, 볼품없다 | **产品** chǎnpǐn 명 상품, 제품 | **盈利** yínglì 동 이윤을 얻다 | **然而** rán'ér 접 그러나, 하지만 | **达到** dádào 동 도달하다 | **创造** chuàngzào 동 창조하다, (새롭게) 만들다 | **利润** lìrùn 명 이윤 | **世界杯** shìjièbēi 명 월드컵 | **裁判** cáipàn 명 심판 | **精于专注** jīng yú zhuānzhù 최고는 전념하는 데서 비롯된다 *专注 zhuānzhù 동 집중하다, 전념하다 | **可见** kějiàn 접 ~이라는 것을 알 수 있다 | **获得成功** huòdé chénggōng 성공을 거두다 | **明确目标** míngquè mùbiāo 목표를 명확하게 하다 | **重视** zhòngshì 동 중시하다 | **面临** miànlín 동 직면하다 | **破产** pòchǎn 동 파산하다 | **赢** yíng 동 이기다, 승리하다 | **管理** guǎnlǐ 명 관리 | **保修** bǎoxiū 동 무상 보증 수리하다 | **样式** yàngshì 명 양식, 스타일, 디자인 | **奇特** qítè 형 특이하다 | **响亮** xiǎngliàng 형 (소리가) 크고 맑다, 우렁차다 | **抓住商机** zhuāzhù shāngjī 사업 기회를 잡다 | **注重** zhùzhòng 동 중시하다, 중점을 두다 | **形象** xíngxiàng 명 이미지, 인상 | **尽量** jǐnliàng 부 가능한 한, 최대한 | **降低成本** jiàngdī chéngběn 원가를 낮추다

42 | D **43** | B 실전모의고사42.mp3

第42到43题是根据下面一段话：

出国旅游的人，面临的最大的问题就是不懂当地的语言。霍安就碰到过这种情况，有一次他在国外旅游，[42]同行的朋友忽然发起了高烧，霍安着急地向当地人询问医院在哪儿，可是他们就是不明白他的意思。回国后，霍安下定决心要解决这个难题，[43]于是他和朋友共同设计了一款印有40个图标的衣服，这些图标既包含了外出旅游时经常要打听的火车站、机场、酒店等地点，也有日常生活中需要的各种电话、食品、药物等。在国外穿上这种衣服，遇到问题时，只要指指身上的图标，当地人很快就能明白你的需求了。

42 霍安在国外旅游时，遇到了什么问题？

A 受伤了
B 护照丢了
C 误了航班
D 朋友发烧了

43 关于那款衣服，下列哪项正确？

A 色彩很鲜艳
B 印有40个图标
C 各大机场都有售
D 背面印有感谢语

42~43번 문제는 다음 이야기에 근거한다.

해외여행을 떠나는 사람들이 직면하는 가장 큰 문제는 바로 현지의 언어를 모른다는 것이다. 조안은 바로 이런 상황에 부딪힌 적이 있었다. 한번은 그가 해외여행을 하는데 [42]동행하던 친구가 갑자기 고열이 났다. 조안은 조급해하며 현지인에게 병원이 어디에 있는지 물어보았지만, 그들은 그의 뜻을 이해하지 못했다. 귀국한 후에 조안은 이 난제를 해결해야겠다고 결심을 했다. [43]그래서 그와 친구는 40개의 아이콘이 인쇄되어 있는 옷을 공동으로 디자인했다. 이 아이콘에는 해외여행 시 자주 물어보는 기차역, 공항, 호텔 등 장소를 포함하고 있기도 하고, 일상생활 중에 필요한 각종 전화, 식품, 약물 등도 있다. 해외에서 이런 옷을 입고, 문제를 만났을 때 몸 위의 아이콘을 가리키기만 한다면 현지인은 매우 빠르게 당신의 요구를 이해할 수 있게 될 것이다.

42 조안은 해외여행을 할 때 무슨 문제를 만났는가?

A 부상을 당했다
B 여권을 잃어버렸다
C 항공편을 놓쳤다
D 친구가 열이 났다

43 그 옷에 관해서 다음 중 정확한 것은?

A 색깔이 선명하고 아름답다
B 40개의 아이콘이 인쇄되어 있다
C 각 큰 공항에서 모두 팔고 있다
D 뒷면에 감사의 말이 인쇄되어 있다

해설 |

42 선택지는 모두 다소 부정적인 내용입니다. 녹음에서 '同行的朋友忽然发起了高烧'라고 했으므로 D 朋友发烧了를 답으로 고를 수 있습니다. 나머지 선택지는 녹음에서 언급되지 않았습니다.

43 녹음을 듣기 전 선택지의 鲜艳, 图标, 机场, 感谢语를 키워드로 체크합니다. 선택지 B의 내용이 '于是他和朋友共同设计了一款印有40个图标的衣服'와 같이 지문에 언급되었습니다. 따라서 정답은 B입니다.

단어 | **出国旅游** chūguó lǚyóu 해외여행을 떠나다 | **面临** miànlín 동 직면하다 | **当地** dāngdì 명 현지 | **霍安** Huò'ān 고유 조안[인명] | **碰到** pèngdào 동 (우연히) 만나다 | **同行** tóngxíng 동 동행하다 | **忽然** hūrán 부 갑자기 | **发烧** fāshāo 동 열이 나다 | **着急** zháojí 동 조급해 하다 | **询问** xúnwèn 동 물어보다 | **解决** jiějué 동 해결하다 | **难题** nántí 명 난제 | **共同** gòngtóng 부 공동으로, 함께 | **设计** shèjì 동 설계하다, 디자인하다 | **款** kuǎn 양 종류, 모양, 스타일 | **印有** yìnyǒu (문자 · 도안이) 인쇄되어 있다 | **图标** túbiāo 명 아이콘, 도안 | **包含** bāohán 동 포함하다 | **打听** dǎting 동 물어보다, 알아보다 | **酒店** jiǔdiàn 명 호텔 | **药物** yàowù 명 약물 | **指** zhǐ 동 가리키다 | **需求** xūqiú 명 필요, 요구 | **受伤** shòushāng 동 상처를 입다 | **护照** hùzhào 명 여권 | **丢** diū 동 잃어버리다 | **误** wù 동 놓치다 | **航班** hángbān 명 항공편 | **色彩** sècǎi 명 색채 | **鲜艳** xiānyàn 형 (색이) 선명하고 아름답다 | **售** shòu 동 팔다 | **感谢语** gǎnxièyǔ 감사의 말

44 | A **45** | A 실전모의고사44.mp3

第44到45题是根据下面一段话：

曾有人说过，只要练习超过一万个小时，就能成为一名钢琴家。过去人们也一直认为，音乐家像学习骑车、游泳一样是可以被训练出来的。即使刚开始的时候天分不足，只要有了足够的练习量，每个人都可以演奏得很好。也就是说练习得越多，基因的影响力就越小，甚至可以忽略音乐天赋的作用。但是最新的研究结果却表明，[44]音乐天赋对后期练习起到了巨大的促进作用。这项研究是针对850对双胞胎进行的。结果发现，那些从小就具有一定音乐天赋并最终成为音乐家的人确实花了更多的时间来练习，因为天赋影响着人们对练习的喜好程度。换句话说，[45]越有音乐天赋的人越愿意练习。

44 根据这段话，下列哪项正确？

A 天分的作用很大
B 天才不需要苦练
C 训练要讲究方法
D 乐器要从小练起

45 有音乐天赋的人有什么特点?

A 更愿意投入精力练习

B 善于处理突发状况

C 能迅速发现事物的特点

D 考虑问题的角度很独特

44~45번 문제는 다음 이야기에 근거한다.

일찍이 누군가가 연습을 1만 시간 초과하기만 하면 피아니스트가 될 수 있다고 말한 적이 있다. 과거에 사람들 또한 줄곧 음악가는 마치 자전거를 타고 수영하는 것을 배우는 것과 같이 훈련에 의해 나올 수 있는 것이라고 생각했다. 설령 막 시작할 때는 재능이 부족하더라도, 충분한 연습량만 있다면 모든 사람들이 다 연주를 잘할 수 있다고 말이다. 다시 말하면 연습이 많을수록 유전자의 영향력이 작아지고, 심지어는 음악적 재능의 작용을 등한시할 수 있다. 그러나 최신 연구 결과에 따르면, [44]음악적 재능이 훗날의 연습에 커다란 촉진 작용을 일으킨다고 한다. 이 연구는 850쌍의 쌍둥이들을 대상으로 하여 진행되었다. 결과에 따르면 어릴 때부터 어느 정도 음악적 재능을 가지고 있고, 최종적으로 음악가가 된 사람은 확실히 더욱 많은 시간을 할애해서 연습을 했다. 왜냐하면 타고난 재능은 사람들이 연습을 좋아하는 정도에 영향을 주고 있기 때문이다. 바꾸어 말하면, [45]음악에 천부적 재능이 있는 사람일수록 더욱 연습하기를 원한다는 것이다.

44 이 이야기에 근거하여 다음 중 정확한 것은?

A 타고난 재능의 역할이 크다

B 천재는 열심히 연습할 필요 없다

C 훈련은 방법을 중시해야 한다

D 악기는 어릴 때부터 연습을 시작해야 한다

45 음악에 타고난 재능이 있는 사람은 어떤 특징이 있는가?

A 에너지를 쏟아서 연습하길 더욱 원한다

B 돌발 상황 처리를 잘한다

C 사물의 특징을 빠르게 발견할 수 있다

D 문제를 고려하는 관점이 독특하다

해설 |

44 이번 문제는 지문을 정확히 들어야 풀 수 있습니다. 지문의 앞부분에서는 '过去人们也一直认为……'를 통해 과거 사람들의 생각을 말하다가, 중반부에서 '但是最新的研究结果却表明……'을 통해 지문의 주요 내용을 말하고 있습니다. 但是 뒤에는 항상 중요한 내용이 나오므로 주의해서 들어야 합니다. '**音乐天赋对后期练习起到了巨大的促进作用**'으로 정답이 A임을 알 수 있습니다. 선택지 A의 天分과 힌트 44의 天赋는 동의어입니다. 시험에 종종 나오는 표현이므로 꼭 익혀 두어야 합니다.

45 녹음 내용이 어렵지만 마지막 문장만 제대로 들었다면 정답을 찾을 수 있습니다. '**越有音乐天赋的人越愿意练习**'라고 했기 때문에 A 更愿意投入精力练习를 정답으로 선택할 수 있습니다.

단어 | **超过** chāoguò 동 초과하다, 뛰어 넘다 | **钢琴家** gāngqínjiā 명 피아니스트 | **音乐家** yīnyuèjiā 명 음악가 | **骑车** qí chē 자전거를 타다 | **训练** xùnliàn 동 훈련하다 | **天分** tiānfèn 명 타고난 재능[=天赋 tiānfù] | **足够** zúgòu 형 충분하다 | **演奏** yǎnzòu 동 연주하다 | **基因** jīyīn 명 유전자 | **影响力** yǐngxiǎnglì 명 영향력 | **甚至** shènzhì 부 심지어 | **忽略** hūlüè 동 소홀히 하다, 등한시하다 | **表明** biǎomíng 동 표명하다, (분명하게) 밝히다 | **后期** hòuqī 명 훗날에, 후기 | **起作用** qǐ zuòyòng 작용을 하다 | **促进** cùjìn 동 촉진하다 | **针对** zhēnduì 동 ~을 대상으로 하다, 겨냥하다 | **双胞胎** shuāngbāotāi 명 쌍둥이 | **具有** jùyǒu 동 가지고 있다 | **确实** quèshí 부 확실히 | **花时间** huā shíjiān 시간을 들이다 | **影响** yǐngxiǎng 동 영향을 주다 | **喜好** xǐhào 동 좋아하다 | **换句话说** huàn jù huà shuō 바꾸어 말하면 | **苦练** kǔliàn 동 열심히 연습하다 | **讲究** jiǎngjiu 동 중시하다 | **乐器** yuèqì 명 악기 | **投入** tóurù 동 투입하다, 몰두하다 | **精力** jīnglì 명 에너지, 정력 | **善于** shànyú 동 ~을 잘하다 | **突发状况** tūfā zhuàngkuàng 돌발 상황 | **迅速** xùnsù 형 신속하다, 빠르다 | **角度** jiǎodù 명 관점 | **独特** dútè 형 독특하다

二、阅读

제 1 부 분

46 | A **47** | C **48** | A

夏天，很多人习惯一上车就先打开空调进行降温。然而，这个不经意的(46) A 动作，却对我们的呼吸系统造成了危害。

在启动汽车之前，车内空调系统中已经积累了大量对人体有害的化学物质，这时开空调会(47) C 直接污染车内空气。所以上车后应该先开窗通风，再开空调，这样空调中的有害物质才会被排出，此时再(48) A 关闭车窗。另外，如果长时间驾驶，中途也应该打开车窗换换气。

46 A 动作
B 姿势
C 本质
D 观念

47 A 平均
B 一直
C 直接
D 周到

48 A 关闭
B 振动
C 展开
D 阻止

여름에 많은 사람들이 습관적으로 차에 타자마자 먼저 에어컨을 켜서 온도를 낮춘다. 그러나 이런 부주의한 (46) A 행동은 우리의 호흡 계통에 해를 끼친다.

자동차 시동을 걸기 전에 차 안의 에어컨 시스템 속에는 이미 인체에 유해한 대량의 화학물질이 쌓여 있어서, 이때 에어컨을 켜면 차 안의 공기를 (47) C 직접적으로 오염시킨다. 그래서 차에 탄 후에 먼저 창문을 열어 환기를 시키고 에어컨을 켜야 한다. 이렇게 에어컨 속의 유해 물질이 배출되면 다시 차창을 (48) A 닫는다. 이외에, 만약 장시간 운전하면 도중에도 차창을 열어 환기를 시켜야 한다.

46 A 행동
B 자세
C 본질
D 관념

47 A 평균의
B 줄곧
C 직접적으로
D 빈틈없다

48 A 닫다
B 진동하다
C 펼치다
D 저지하다

해설 |

46 선택지가 모두 명사이므로 문맥으로 정답을 찾아야 합니다. 빈칸 문장이 '这个不经意的(46)'이므로 这个不经意的가 뜻하는 것이 무엇인지 주의해야 합니다. 앞 문장에서 '先打开空调(먼저 에어컨을 켜다)'를 언급했으므로 이것을 한마디로 정리할 수 있는 단어는 '동작', '행동'이라는 뜻의 A 动作입니다.

> A **动作** dòngzuò 동 행동, 동작 ★
> B **姿势** zīshì 명 자세 ★★
> C **本质** běnzhì 명 본질 ★
> D **观念** guānniàn 명 관념 ★

47 빈칸 뒤에 污染车内空气라고 했으므로 빈칸은 동사 污染을 수식하는 부사어가 와야 합니다. 선택지 중 부사는 一直인데 의미상 적합하지 않습니다. A, C, D는 형용사이지만 直接는 부사 용법도 있습니다. 直接污染车内空气는 '직접 차내 공기를 오염시킨다'라는 뜻으로, 의미가 자연스럽기 때문에 정답은 C 直接입니다.

> A **平均** píngjūn 형 평균의 ★
> B **一直** yìzhí 부 줄곧, 계속 ★
> C **直接** zhíjiē 형 직접적인 부 직접 ★★
> D **周到** zhōudào 형 세심하다, 빈틈없다 ★★
> **服务周到** 서비스가 빈틈없다

48 '此时再(48)车窗'에서 빈칸이 동사 자리임을 파악해야 합니다. 목적어는 바로 뒤에 있는 车窗이며, 앞뒤 문맥상 차창을 다시 닫는다는 내용이 나와야 하므로 A 关闭가 정답이 됩니다. B, C, D의 동사는 车窗과 호응이 맞지 않으므로 오답입니다.

> A **关闭** guānbì 동 닫다 ★
> B **振动** zhèndòng 동 진동하다 ★
> C **展开** zhǎnkāi 동 펼치다, 펴다 ★
> D **阻止** zǔzhǐ 동 저지하다 ★

단어 | **习惯** xíguàn 동 습관이 되다 | **一～就…** yī~jiù… ~하자마자 …하다 | **打开** dǎkāi 동 (전등, 스위치 등을) 켜다 | **空调** kōngtiáo 명 에어컨 | **降温** jiàngwēn 동 온도를 낮추다 | **然而** rán'ér 접 그러나 | **不经意** bù jīngyì 주의하지 않다, 부주의하다 | **呼吸系统** hūxī xìtǒng 호흡 계통 *****系统** xìtǒng 명 계통, 체계, 시스템 | **造成危害** zàochéng wēihài 해를 끼치다 | **启动** qǐdòng 동 시동을 걸다 | **积累** jīlěi 동 (조금씩) 쌓이다, 축적하다 | **大量** dàliàng 형 대량의 | **有害** yǒuhài 동 유해하다 | **化学物质** huàxué wùzhì 화학물질 | **污**

染 wūrǎn 동 오염시키다 | **开窗** kāichuāng 동 창문을 열다 | **通风** tōngfēng 동 통풍시키다, 환기시키다 | **排出** páichū 동 배출하다 | **车窗** chēchuāng 명 차창 | **驾驶** jiàshǐ 동 운전하다 | **中途** zhōngtú 명 중도, 도중 | **换气** huànqì 동 환기하다

49 | D 50 | A 51 | C 52 | D

体验教育，又称"经验式教育"，比起书本上的知识，它更注重学习者的内心体验和感受。(49) D 具体做法是让学习者参加多种多样的游戏或者户外活动，然后总结过程中碰到的问题和解决方法，使他们从中获得新的知识和经验，并且能将这些收获(50) A 运用到日常学习和生活中。

体验教育的特别之处在于注重(51) C 培养学生主动学习的意识。在体验教育中，学生从被动接受转变为主动参与，(52) D 真正做到以学生为中心。这是教育观念的转变，也是教育方法的创新。

49 A 平等
B 业余
C 个别
D 具体

50 A 运用
B 出示
C 应付
D 安装

51 A 生产
B 建设
C 培养
D 辅导

52 A 以教材为教学重点
B 适当提高考试难度
C 充分体现家长的地位
D 真正做到以学生为中心

체험 교육은 '경험식 교육'이라고도 부른다. 책의 지식과 비교하면, 체험 교육은 학습자의 마음속 체험과 느낌을 더욱 중시한다. (49) D 구체적인 방법은 학습자를 다양한 놀이 혹은 야외 활동에 참가하게 하고 그런 다음에 과정에서 맞닥뜨린 문제와 해결 방법을 총정리해서, 그들이 그 가운데서 새로운 지식과 경험을 얻고 이런 성과들을 평소 학습과 생활 속에서 (50) A 활용할 수 있게 하는 것이다.

체험 교육의 특별한 점은 학생이 자발적으로 학습하는 의식을 (51) C 기르는 걸 중시하는 데 있다. 체험 교육 중에 학생은 수동적으로 받아들이는 것에서 자발적으로 참여하게 바뀌게 되고 (52) D 진정으로 학생이 중심이 된다. 이것은 교육 관념의 전환이자 교육 방법의 혁신이다.

49 A 평등한
B 비전문적인
C 개별적인
D 구체적인

50 A 활용하다
B 제시하다
C 대응하다
D 설치하다

51 A 생산하다
B 건설하다
C 배양하다
D (학습을) 도우며 지도하다

52 A 교재를 수업 핵심으로 삼는다
B 시험 난이도를 적절히 높인다
C 학부모의 지위를 충분히 구현한다
D 진정으로 학생이 중심이 된다

해설 |

49 앞 문장에서 체험 교육에 대해 언급한 후, '(49)做法是……'라고 세부 내용을 언급하고 있습니다. 따라서 문맥상 적절한 것은 D **具体**입니다. A, B, C의 단어는 문맥상 어울리지 않습니다.

A **平等** píngděng 형 평등하다 ★
B **业余** yèyú 형 비전문적인 명 여가 ★
C **个别** gèbié 형 개별적인, 극소수의 ★
D **具体** jùtǐ 형 구체적이다 ★★

50 전치사이자 결과보어로 쓰인 **到**가 있으므로 빈칸은 동사 자리이고 목적어는 빈칸 앞의 **这些收获**입니다. **这些收获**에 알맞은 호응은 선택지 중 **运用**이 유일합니다. 따라서 정답은 A입니다.

A **运用** yùnyòng 동 활용하다, 운용하다[=用 yòng] ★★
运用新技术 신기술을 활용하다
B **出示** chūshì 동 제시하다 ★
出示身份证 신분증을 제시하다
C **应付** yìngfu 동 대응하다, 대처하다 ★
D **安装** ānzhuāng 동 설치하다 ★

51 빈칸 뒤 **学生主动学习的意识**에서 **意识**를 목적어로 쓸 수 있는 동사를 찾는 문제입니다. 선택지의 단어들과 호응 여부를 살펴보면 **培养意识**가 가장 적합합니다. 따라서 정답은 C입니다.

A **生产** shēngchǎn 동 생산하다 ★
B **建设** jiànshè 동 건설하다 ★
C **培养** péiyǎng 동 배양하다, 기르다 ★★★
D **辅导** fǔdǎo 동 (학습을) 도우며 지도하다 ★

52 앞뒤 문맥에 맞는 문장을 찾는 문제입니다. 빈칸 앞에 학생들이 수동적에서 능동적으로 바뀌어 참여한다는 문장이 나왔으므로, 학생이 중심이 된다는 뜻인 D 真正做到以学生为中心이 정답입니다.

A **以教材为教学重点** 교재를 수업 핵심으로 삼는다
- **教材** jiàocái 명 교재
- **教学重点** jiàoxué zhòngdiǎn 수업 핵심

B **适当提高考试难度** 시험 난이도를 적절히 높인다
- **适当** shìdàng 형 적당하다, 적절하다
- **提高难度** tígāo nándù 난이도를 높이다
- **考试** kǎoshì 명 시험

C **充分体现家长的地位** 학부모의 지위를 충분히 구현한다
- **体现** tǐxiàn 동 구현하다, 구체적으로 드러내다
- **家长** jiāzhǎng 명 학부모

D **真正做到以学生为中心** 진정으로 학생이 중심이 된다
- **以～为…** yǐ~wéi… ~을 …이 되게 하다

단어 | **体验教育** tǐyàn jiàoyù 체험 교육 | **称** chēng 동 ~이라고 부르다 | **经验式教育** jīngyànshì jiàoyù 경험식 교육 | **比起** bǐqǐ ~과 비교하다 | **书本** shūběn 명 책[서적의 총칭] | **知识** zhīshi 명 지식 | **注重** zhùzhòng 동 중시하다 | **感受** gǎnshòu 명 느낌 | **做法** zuòfǎ 명 방법 | **参加** cānjiā 동 참가하다 | **多种多样** duōzhǒngduōyàng 성 다양하다 | **游戏** yóuxì 명 게임 | **户外活动** hùwài huódòng 야외 활동 | **总结** zǒngjié 동 총정리하다 | **过程** guòchéng 명 과정 | **碰到** pèngdào 동 만나다, 마주치다 | **获得** huòdé 동 획득하다, 얻다 | **并且** bìngqiě 접 게다가 | **收获** shōuhuò 명 수확, 성과 | **特别之处** tèbié zhī chù 특별한 점 | **主动** zhǔdòng 형 자발적이다, 능동적이다 | **意识** yìshí 명 의식 | **被动** bèidòng 동 수동적이다 | **接受** jiēshòu 동 받아들이다 | **转变** zhuǎnbiàn 동 바뀌다, 전환하다 | **参与** cānyù 동 참여하다 | **观念** guānniàn 명 관념 | **创新** chuàngxīn 명 혁신

53 | A 54 | B 55 | C 56 | D

生活中，当我们刚要过马路，却看到绿灯变为红灯时，(53) A 难免会觉得不耐烦。

于是，一种新型的红绿灯诞生了。这种红绿灯里的小人不再是静止的，它不停地跳舞，有时欢乐，有时搞怪，动作多样，十分有趣。小红人的动作吸引了路人的注意，(54) B 让人不再觉得无聊，而且你还可以跟着它的动作一起舞动。这样不但让你感觉到时间过得很快，还让忙碌的人们多了一份好心情。

这种新型的信号灯让一些平时讨厌等红灯的人也(55) C 自愿停下脚步。既拥有了好心情，又能保护自身安全，同时还能使人们(56) D 遵守交通规则，可谓是一举多得。

53 A 难免
B 务必
C 总算
D 何必

54 A 没有行人配合
B 让人不再觉得无聊
C 打乱了人们的行程
D 交警不必站在街边指挥

55 A 讲究
B 重视
C 自愿
D 着急

56 A 采取
B 承受
C 逃避
D 遵守

생활 속에서 우리가 막 길을 건너려고 하는데 파란불이 빨간불로 바뀌는 것을 보면 짜증이 (53) A 나기 마련이다.

그래서 신형 신호등이 탄생했다. 이 신호등 속의 작은 사람은 더 이상 정지하지 않고 끊임없이 춤을 추는데, 때로는 기뻐하고 때로는 기이한 표정을 지으며 동작이 다양해서 매우 재미있다. 신호등 속 작은 사람의 동작은 행인의 주의를 끌어 (54) B 사람들이 더 이상 무료함을 느끼지 않게 했고 게다가 당신은 그것의 동작을 따라 함께 몸을 흔들거릴 수도 있다. 이렇게 하면 당신은 시간이 빨리 간다고 느낄 수 있고, 또 바쁜 사람들을 기분이 좋아지게 한다.

이 신형 신호등은 평소 빨간불 기다리길 싫어하는 일부 사람들도 (55) C 자발적으로 발걸음을 멈추게 했다. 기분이 좋아지고 자신의 안전도 보호할 수 있으며 동시에 사람들이 교통 규칙을 (56) D 준수하게 할 수도 있어서 일거다득이라고 말할 수 있다.

53 A ~하기 마련이다
B 반드시
C 드디어
D 구태여 ~할 필요가 있는가

54 A 호응하는 행인이 없다
B 사람들을 더 이상 무료하지 않게 한다
C 사람들의 여정을 망쳤다
D 교통 경찰이 가로변에 서서 지휘할 필요가 없다

55 A 중요시하다
B 중시하다
C 자원하다
D 조급해 하다

56 A 채택하다
B 견뎌 내다
C 도피하다
D 준수하다

해설 |

53 빈칸을 포함한 문장은 '막 길을 건너려 하는데 빨간불로 바뀌었을 때'라는 상황에 대해 '짜증이 난다'라는 결과를 언급하고 있습니다. 어떤 감정이 생기는 것을 피할 수 없음을 강조하는 부사어로 알맞은 것은 선택지 중 难免입니다. 동사 难免은 '难免会+동사'의 구조로 써서 '~하는 것을 면하기 어렵다', '~하기 마련이다'라는 뜻을 나타냅니다. B 务必는 6급 필수어휘입니다. 독해 1부분은 선택지 90퍼센트가 4급과 5급 필수어휘로 구성되니, 务必는 굳이 공부해 두지 않아도 됩니다. C 总算은 바라던 일이 실현되었을 때 사용하며, D 何必는 반문의 어기를 나타냅니다. 따라서 정답은 A입니다.

A **难免** nánmiǎn 동 ~하기 마련이다, 면하기 어렵다 ★★
B **务必** wùbì 부 반드시
C **总算** zǒngsuàn 부 드디어, 마침내 ★
D **何必** hébì 부 구태여 ~할 필요가 있는가 ★

54 54번 빈칸의 앞 내용은 小红人이 행인들 눈길을 끌었다는 것이고, 뒷내용은 小红人의 등장에 따른 사람들의 반응을 언급하고 있습니다. 따라서 빈칸의 내용으로 문맥상 가장 자연스러운 B 让人不再觉得无聊입니다.

A **没有行人配合** 호응하는 행인이 없다
• 配合 pèihé 동 호응하다, 협력하다

B **让人不再觉得无聊**
사람들이 더 이상 무료함을 느끼지 않게 하다
• 无聊 wúliáo 형 무료하다, 따분하다

C **打乱了人们的行程** 사람들의 여정을 망쳤다
• 打乱 dǎluàn 망쳐 버리다, 혼란시키다
• 行程 xíngchéng 명 여정

D **交警不必站在街边指挥**
교통 경찰이 가로변에 서서 지휘할 필요가 없다
• 交警 jiāojǐng 명 교통 경찰
• 街边 jiēbiān 명 가로변
• 指挥 zhǐhuī 동 지휘하다

55 빈칸에는 동사구 停下脚步를 수식하는 부사어가 들어가야 합니다. 선택지는 모두 동사인데 이 중 C 自愿만 동사를 수식하는 부사어로 쓸 수 있습니다. A 讲究는 동사로 쓰일 때 B의 重视와 동의어입니다. D 着急는 초조하고 조급할 때 사용하므로 문맥과 맞지 않습니다. 따라서 정답은 A입니다.

A **讲究** jiǎngjiu 동 중요시하다 ★★★
B **重视** zhòngshì 동 중시하다 ★★
C **自愿** zìyuàn 동 자원하다 ★
D **着急** zháojí 동 조급해 하다 ★★

56 빈칸에는 목적어 交通规则와 호응하는 동사가 들어가야 합니다. D의 遵守가 '(규칙 · 규정 등을) 준수하다'라는 의미이므로 交通规则와 호응합니다. 따라서 정답은 D입니다.

A **采取** cǎiqǔ 동 채택하다, 취하다 ★★★
  采取措施 조치를 취하다
B **承受** chéngshòu 동 견뎌 내다, 이겨 내다 ★★★
  承受压力 스트레스를 감당하다
C **逃避** táobì 동 도피하다 ★
D **遵守** zūnshǒu 동 준수하다, 지키다 ★★

단어 | **当** dāng ~할 때 | **过马路** guò mǎlù 길을 건너다 | **绿灯** lǜdēng 명 파란 신호등, 파란불 | **红灯** hóngdēng 명 빨간 신호등, 빨간불 | **不耐烦** búnàifán 형 짜증 나다, 귀찮다, 성가시다 | **新型** xīnxíng 형 신형의 | **红绿灯** hónglǜdēng 명 (교통) 신호등 | **诞生** dànshēng 동 탄생하다 | **静止** jìngzhǐ 동 정지하다 | **不停** bù tíng 멈추지 않다, 끊임없다 | **跳舞** tiàowǔ 동 춤을 추다 | **欢乐** huānlè 형 즐겁다, 유쾌하다 | **搞怪** gǎoguài 동 기이한 표정을 짓다 | **动作多样** dòngzuò duōyàng 동작이 다양하다 | **有趣** yǒuqù 형 재미있다 | **吸引注意** xīyǐn zhùyì 주의를 끌다 | **路人** lùrén 명 행인 | **跟着** gēnzhe 동 (뒤)따르다 | **舞动** wǔdòng 동 흔들거리다, 춤추다 | **忙碌** mánglù 형 (정신 없이) 바쁘다 | **信号灯** xìnhàodēng 명 신호등 | **讨厌** tǎoyàn 동 싫어하다 | **脚步** jiǎobù 명 발걸음 | **既~又…** jì~yòu… ~하고 …하다 | **拥有** yōngyǒu 동 가지다 | **保护** bǎohù 동 보호하다 | **交通规则** jiāotōng guīzé 교통 규칙 | **可谓** kěwèi 동 ~이라고 말할 수 있다 | **一举多得** yìjǔ duō dé 일거다득[한 가지 일로 여러 가지 이익을 얻음]

57 | A 58 | B 59 | C 60 | D

你是否遇到过以下的状况？明明是很熟悉的电影，却突然说不出它的名字；本来是特意记住的电话号码，却突然忘了……可是没过多久，这些名字、数字又(57) A 自动出现在脑海里。这种现象叫做“脑雾”，就好像大脑里出现了一层朦胧的雾，使原本清晰的记忆突然变得(58) B 模糊起来。

很多人误以为因为年纪大了，所以才会出现“脑雾”，其实主要的原因是跟一些不良的生活习惯有关，如饮酒、熬夜、过度使用电子产品等等。长期的不良习惯，会影响人的颈椎和大脑，导致大脑缺血缺氧，从而出现脑雾现象。医生建议，要想改善这种情况，(59) C 必须改掉那些不良习惯，比如避免长时间使用手机、电脑等电子产品，不做“低头族”。另外要(60) D 保证充足的睡眠，多做运动，情况严重的话，应及时就医。

57 A 自动
B 亲自
C 随手
D 始终

58 A 冷淡
B 模糊
C 整齐
D 光滑

59 A 一定要记得服药
B 要随时随地做笔记
C 必须改掉那些不良习惯
D 目前还没有合适的治疗方案

60 A 改进
B 确认
C 改正
D 保证

당신은 다음의 상황을 맞닥뜨린 적이 있는가? 분명히 익숙한 영화인데 갑자기 그 이름을 말할 수 없고, 원래 특별히 기억해 둔 전화번호인데 갑자기 잊어버린다. 그러나 얼마 지나지 않아서 이런 이름이나 숫자는 또 (57) A 자동으로 머릿속에 나타난다. 이런 현상을 '브레인 포그'라고 부르는데, 마치 대뇌 속에 희미한 안개가 나타난 것과 같이 원래 또렷했던 기억이 갑자기 (58) B 희미해지는 것이다.

많은 사람들은 나이가 들었기 때문에 비로소 '브레인 포그'가 나타나는 것이라 착각하는데, 사실 주요 원인은 일부 나쁜 생활 습관과 관계가 있다. 예를 들면 술을 마시고 밤을 새고 전자제품을 지나치게 사용하는 것 등등이다. 장기간의 나쁜 습관은 사람의 경추와 대뇌에 영향을 주어 대뇌에 혈액과 산소 부족을 초래하고, 그럼으로써 브레인 포그가 나타난다. 의사는 이런 상황을 개선하고 싶다면 (59) C 반드시 그런 나쁜 습관들을 고쳐야 한다고 제안한다. 예를 들면 장시간 휴대전화와 컴퓨터 등의 전자제품을 사용하는 것을 피하여, '수그리족'이 되지 않는 것이다. 이외에 충분한 수면을 (60) D 보장하고 많이 운동하며, 상황이 심각하다면 즉시 병원에 가서 치료를 받아야 한다.

57 A 자동으로
B 직접
C ~하는 김에
D 시종일관

58 A 냉담하다
B 희미하다
C 가지런하다
D 매끄럽다

59 A 반드시 약 먹는 것을 기억해야 하다
B 언제 어디서나 필기를 해야 한다
C 반드시 그런 나쁜 습관들을 고쳐야 한다
D 현재까지 적당한 치료 방안이 없다

60 A 개선하다
B 확인하다
C 바로잡다
D 보장하다

해설 |

57 57번 빈칸은 동사 出现을 수식하는 부사어 자리입니다. A 自动은 형용사 용법과 부사 용법을 모두 가지고 있는데, 부사로는 '자동으로', '저절로'의 뜻을 나타냅니다. B의 亲自는 직접 어떤 동작을 할 때 사용합니다. C의 随手는 随手关门의 구문을 기억해 두면 됩니다. D의 始终은 '(처음부터 끝까지) 시종일관 ~하다'라는 의미의 부사입니다. 따라서 정답은 A입니다.

A **自动** zìdòng 부 자동으로, 자발적으로 ★
B **亲自** qīnzì 부 직접 ★
C **随手** suíshǒu 부 ~하는 김에
随手关门 들어오는(나가는) 김에 문을 닫다
D **始终** shǐzhōng 부 시종일관, 줄곧 ★

58 빈칸 문장은 '使原本清晰的记忆突然变得(58)起来'입니다. 突然变得로 보아, 빈칸은 앞에 언급된 清晰의 반의어를 찾는 문제임을 알 수 있습니다. 따라서 선택지 중 적합한 것은 B 模糊입니다.

A **冷淡** lěngdàn 형 냉담하다, 쌀쌀하다 ★
态度冷淡 태도가 쌀쌀맞다
B **模糊** móhu 형 희미하다, 모호하다 ★★
C **整齐** zhěngqí 형 가지런하다, 고르다 ★
D **光滑** guānghuá 형 매끄럽다 ★
表面光滑 표면이 매끄럽다

59 59번의 빈칸을 구체적으로 설명하는 내용이 빈칸 뒤에 언급되고 있습니다. 比如 뒤의 내용은 나쁜 생활 습관을 나열하고 있으므로, 문맥상 빈칸에 가장 적합한 것은 C입니다.

A **一定要记得服药** 반드시 약 먹는 것을 기억해야 한다
• **服药** fúyào 동 약을 먹다
B **要随时随地做笔记** 언제 어디서나 필기를 해야 한다
• **随时随地** suíshí suídì 언제 어디서나
• **做笔记** zuò bǐjì 필기를 하다
C **必须改掉那些不良习惯**
반드시 그런 나쁜 습관들을 고쳐야 한다
• **必须** bìxū 부 반드시 ~해야 한다
• **改掉** gǎidiào 동 고치다
D **目前还没有合适的治疗方案**
현재까지 적당한 치료 방안이 없다
• **合适** héshì 형 적합하다, 적당하다
• **治疗方案** zhìliáo fāng'àn 치료 방안

60 앞에서 언급한 나쁜 생활 습관의 개선에 덧붙이는 내용입니다. 목적어 充足的睡眠과 호응할 수 있는 동사는 선택지 중 保证이 유일합니다. 따라서 정답은 D입니다.

A 改进 gǎijìn 동 개선하다 ★
改进学习方法 학습 방법을 개선하다

B 确认 quèrèn 동 확인하다 ★★

C 改正 gǎizhèng 동 바로잡다, 개정하다 ★★
改正错误 잘못을 바로잡다

D 保证 bǎozhèng 동 보장하다, 보증하다 ★★★

단어 | **遇到** yùdào 동 만나다, 맞닥뜨리다 | **状况** zhuàngkuàng 명 상황 | **熟悉** shúxī 형 잘 알다, 익숙하다 | **特意** tèyì 부 특별히 | **脑海** nǎohǎi 명 머릿속 | **叫做** jiàozuò 동 ~이라고 부르다 | **脑雾** nǎowù 브레인 포그[안개 낀 뇌] ***雾** wù 명 안개 | **好像** hǎoxiàng 부 마치 ~과 같다 | **大脑** dànǎo 명 대뇌 | **层** céng 양 층, 겹 | **朦胧** ménglóng 형 희미하다, 모호하다 | **原本** yuánběn 부 원래 | **清晰** qīngxī 형 또렷하다, 분명하다 | **记忆** jìyì 명 기억 | **误以为** wù yǐwéi 잘못 여기다, 착각하다 | **跟~有关** gēn~yǒuguān ~과 관계가 있다 | **饮酒** yǐnjiǔ 동 술을 마시다 | **熬夜** áoyè 동 밤을 새다 | **过度** guòdù 형 과도하다, 지나치다 | **影响** yǐngxiǎng 동 영향을 주다 | **颈椎** jǐngzhuī 명 경추, 목등뼈 | **导致** dǎozhì 동 (나쁜 결과를) 야기하다, 초래하다 | **缺血** quēxiě 동 혈액이 부족하다 | **缺氧** quēyǎng 동 산소가 부족하다 | **从而** cóng'ér 접 따라서, ~함으로써 | **改善** gǎishàn 동 개선하다 | **比如** bǐrú 접 예를 들어 | **避免** bìmiǎn 동 피하다 | **低头族** dītóuzú 수그리족[고개 숙여 자신의 스마트폰만 바라보는 사람들을 일컫는 말] | **充足** chōngzú 형 충분하다 | **睡眠** shuìmián 명 수면 | **就医** jiùyī 동 (의사에게 가서) 치료를 받다, 진찰을 받다

제 2 부 분

61 | C

最近，在应届毕业生中，有这么一群人：他们毕业后既不立即找工作，也不继续深造，而是暂时选择游学或创业等等，这样做的目的是给自己一段时间考虑未来的人生道路。据统计，中国越来越多的年轻人告别了传统的"一毕业就工作"模式，成为了"慢就业"人群中的一员。

A 高学历人才更受欢迎
B 多数"90后"都有游学经历
C "慢就业"逐渐成为一种趋势
D 毕业生通常都缺乏创业的勇气

최근 올해 졸업생 중에 이런 사람들이 있다. 그들은 졸업 후에 일자리를 구하지도 않고, 계속해서 학문을 더 닦지도 않으며, 일시적으로 유학 혹은 창업 등을 선택한다. 이렇게 하는 목적은 자신에게 미래의 인생길을 고려할 얼마간의 시간을 주는 것이다. 통계에 따르면, 중국에서 갈수록 많은 젊은이들이 전통적으로 '졸업하자마자 바로 취업한다'라는 패턴을 떠나, '천천히 취업하는' 사람들 속 일원이 되고 있다.

A 고학력 인재가 더 인기 있다
B 다수의 '90년생'은 모두 유학 경험이 있다
C '천천히 취업하는 것'은 점차 추세가 되었다
D 졸업생은 보통 모두 창업할 용기가 부족하다

해설 | 지문 마지막 부분에 힌트가 있습니다. '中国越来越多的年轻人……成为了"慢就业"人群中的一员'을 통해 C "慢就业"逐渐成为一种趋势가 정답임을 알 수 있습니다.

Tip
2부분은 한 문장씩 읽어 가며 선택지 내용과 일치하는지 확인해야 합니다. 60퍼센트의 확률만 있다면 정답을 선택하고, 그다음 문제로 빠르게 넘어가는 습관을 기르는 것이 중요합니다.

단어 | **应届** yīngjiè 형 당해 연도의[졸업생에 한해 사용함] | **群** qún 양 무리, 떼 | **继续** jìxù 동 계속하다 | **深造** shēnzào 동 깊이 연구하다, 학문을 더 닦다 | **暂时** zànshí 명 잠시, 잠깐, 일시적으로 | **选择** xuǎnzé 동 선택하다, 고르다 | **游学** yóuxué 동 유학하다 | **创业** chuàngyè 동 창업하다 | **考虑** kǎolǜ 동 고려하다 | **未来** wèilái 명 미래 | **人生道路** rénshēng dàolù 인생길 | **据统计** jù tǒngjì 통계에 따르면 | **告别** gàobié 동 헤어지다, 작별 인사를 하다 | **传统** chuántǒng 형 전통적인 | **一～就…** yī~jiù… ~하자마자 …하다 | **模式** móshì 명 (표준) 양식, 패턴 | **慢就业** màn jiùyè 천천히 취업하다 | **人群** rénqún 명 사람들 | **高学历** gāo xuélì 고학력 | **受欢迎** shòu huānyíng 환영을 받다, 인기 있다 | **90后** jiǔ-líng hòu 90년대 이후 출생자 | **经历** jīnglì 명 경험 | **逐渐** zhújiàn 부 점점, 점차 | **趋势** qūshì 명 추세 | **缺乏** quēfá 동 결핍되다, 부족하다 | **勇气** yǒngqì 명 용기

62 | B

海洋馆里，一个游客问管理员："这条大白鲨能长多大呢?"管理员对他说："如果它生活在海洋里，能大到一口吞下一头小牛。可是如果只是在水族箱里，它就只能长到几公尺。"就像环境会限制鲨鱼的成长一样，人也会限制自己的思想，所以不要给自己设置太多条条框框，这样会限制你的发展。

A 看事情不能只看表面
B 不要轻易给思想设限
C 海洋馆的鲨鱼不具危险性
D 要根据实际水平制定目标

해양관 안에서 한 관광객이 관리인에게 "이 큰 백상어는 얼마나 커질 수 있나요?"라고 물어보았다. 관리인은 그에게 "만약 백상어가 바닷속에서 생활한다면 한입에 송아지 한 마리를 삼킬 수 있을 만큼 클 수 있어요. 하지만 만

약 수족관 안에만 있다면 그것은 겨우 몇 미터 정도까지만 자랄 수 있어요." 라고 말했다. 환경이 상어의 성장을 제한하는 것과 같이, 사람도 자신의 생각을 제한한다. 그래서 자신에게 각종 규정을 너무 많이 세워서는 안 된다. 이러면 당신의 발전을 제한할 것이다.

A 일을 볼 때는 겉만 봐서는 안 된다
B 쉽사리 생각에 한도를 정해서는 안 된다
C 해양관의 상어는 위험성을 가지고 있지 않다
D 실제 수준에 맞춰 목표를 설정해야 한다

해설 | 이 지문은 상어 이야기를 통해 교훈적인 메시지를 전달하고 있습니다. 마지막 문장에서 '所以不要给自己设置太多条条框框，这样会限制你的发展'이라는 표현을 통해 B 不要轻易给思想设限을 정답으로 선택할 수 있습니다. 设置太多条条框框이란 표현이 매우 어렵기 때문에 앞뒤 문맥으로 정답을 유추해야 합니다.

단어 | **海洋馆** hǎiyángguǎn 명 해양관 | **游客** yóukè 명 여행객, 관광객 | **管理员** guǎnlǐyuán 명 관리인 | **白鲨** báishā 명 백상어 | **海洋** hǎiyáng 명 바다 | **吞** tūn 동 (통째로) 삼키다 | **水族箱** shuǐzúxiāng 명 수족관 | **公尺** gōngchǐ 양 미터(m) | **限制** xiànzhì 동 제한하다 | **鲨鱼** shāyú 명 상어 | **思想** sīxiǎng 명 사상, 생각 | **设置** shèzhì 동 설치하다, 세우다 | **条条框框** tiáotiaokuàngkuàng (사람의 생각·행동 등을 속박하는) 각종 제약, 틀 | **轻易** qīngyì 부 쉽사리, 함부로 | **设限** shèxiàn 동 한도를 정하다 | **危险性** wēixiǎnxìng 명 위험성 | **实际** shíjì 형 실제적이다, 현실적이다 | **制定** zhìdìng 동 (법률·제도 등을) 제정하다, 작성하다

63 | D

秦岭淮河一线，也称秦淮一线，就是人们常说的中国季风区的南方地区和北方地区的地理分界线，此线的南面和北面，无论是自然条件、农业生产方式，还是地理风貌以及人民的生活习俗，都有明显的不同。

A 秦岭周边地区农业发达
B 秦岭附近的生物很难存活
C 秦岭淮河一线北边降水量大
D 秦岭淮河一线南北差别明显

친링 화이허 강줄기는 '친화줄기'라고도 부르는데, 바로 사람들이 자주 말하는 중국 계절풍 일대의 남쪽 지역과 북쪽 지역의 지리 분계선이다. 이 선의 남쪽과 북쪽은 자연 조건, 농업 생산 방식, 그리고 지리적 풍경 및 사람들의 생활 습관에 관계없이 모두 뚜렷한 차이가 있다.

A 친링 주변 지역은 농업이 발달했다
B 친링 부근의 생물은 살아남기 어렵다
C 친링 화이허 강줄기 북쪽은 강수량이 많다
D 친링 화이허 강줄기는 남북 차이가 뚜렷하다

해설 | 독해에서 생소한 단어 또는 뜻을 모르는 고유명사가 나오더라도 앞뒤 문맥으로 문제를 푸는 데는 큰 지장이 없습니다. 이 지문 또한 秦岭淮河一线의 정확한 뜻은 모르더라도 중국의 지리를 소개하는 글임을 파악할 수 있습니다. '此线的南面和北面……都有明显的不同'을 통해 정답은 D임을 알 수 있습니다.

단어 | **秦岭** Qín Lǐng 고유 친링[중국 중부를 가로지르는 산맥 이름] | **淮河** Huái Hé 고유 화이허[지명] | **一线** yíxiàn 명 선, 라인(line) | **称** chēng 동 ~이라고 부르다 | **季风区** jìfēngqū 계절풍 일대 | **地理分界线** dìlǐ fēnjièxiàn 지리 분계선 | **自然条件** zìrán tiáojiàn 자연 조건 | **农业** nóngyè 명 농업 | **生产方式** shēngchǎn fāngshì 생산 방식 | **风貌** fēngmào 명 풍경, 풍모 | **生活习俗** shēnghuó xísú 생활 습관 | **明显** míngxiǎn 형 뚜렷하다, 분명하다 | **不同** bù tóng 같지 않다, 차이가 나다 | **周边** zhōubiān 명 주변 | **附近** fùjìn 명 부근 | **存活** cúnhuó 동 생존하다, 살아남다 | **降水量** jiàngshuǐliàng 명 강수량 | **差别** chābié 명 차별, 차이

64 | C

人们从明亮的地方走进关了灯的电影院等黑暗的地方时，刚开始会什么都看不见，要过一会儿才能慢慢适应，看清暗处的东西。这是因为人眼为了适应环境，敏感度需要逐渐增高，而这一过程是需要时间的，这就叫做"暗适应"。

A 光线太强会伤害眼睛
B 在暗处看东西要戴眼镜
C 从明处到暗处会发生暗适应
D 电影院的灯光会破坏观影效果

사람들은 밝은 곳에서부터 불을 끈 영화관 등 어두운 곳으로 걸어 들어갈 때, 처음엔 아무것도 보이지 않다가 잠시 후에야 천천히 적응해서 어두운 곳의 물건을 뚜렷이 볼 수 있다. 이것은 사람 눈이 환경에 적응하기 위해서는 민감도가 점차 높아지는 것이 필요하기 때문인데, 이 과정은 시간이 필요하다. 이것을 '암순응'이라고 부른다.

A 빛이 너무 강하면 눈을 손상시킨다
B 어두운 곳에서 물건을 볼 때는 안경을 써야 한다
C 밝은 곳에서 어두운 곳으로 가면 암순응이 발생한다
D 영화관의 불빛은 영화 관람 효과를 해친다

해설 | 지문은 밝은 곳에서 어두운 곳에 들어갈 때 사람의 눈의 변화에 대한 설명입니다. 첫 문장과 마지막 문장을 통해 선택지에서 일치하는 내용을 찾을 수 있습니다. 정답은 C입니다.

단어 | **明亮** míngliàng 형 밝다 | **关灯** guān dēng 전등을 끄다, 불을 끄다 | **电影院** diànyǐngyuàn 명 영화관 | **黑暗** hēi'àn 형 어둡다, 캄캄하다 | **看不见** kàn bú jiàn 보이지 않다[↔**看见** kànjiàn 보다, 보이다] | **过一会儿** guò yíhuìr 잠시 후 | **适应** shìyìng 동 적응하다 | **看清** kànqīng 뚜렷이 보다 | **暗处** ànchù 명 어두운 곳 | **环境** huánjìng 명 환경 | **敏感度** mǐngǎndù 명 민감도 | **需要** xūyào 동 필요하다, 요구되다 | **逐渐** zhújiàn 부 점점, 점차 | **增高** zēnggāo

동 높아지다 | **过程** guòchéng 명 과정 | **叫做** jiàozuò 동 ~이라고 부르다 | **暗适应** ànshìyìng 명 암순응[밝은 곳에서 어두운 곳으로 들어가면 처음에는 보이지 않지만 차차 보이게 되는 눈의 순응] | **光线** guāngxiàn 명 광선, 빛 | **伤害** shānghài 동 손상시키다, 상처를 주다 | **戴眼镜** dài yǎnjìng 안경을 쓰다 | **明处** míngchù 명 밝은 곳 | **灯光** dēngguāng 명 불빛 | **破坏** pòhuài 동 파괴하다, 해치다 | **观影效果** guānyǐng xiàoguǒ 영화 관람 효과

65 | B

许多人都认为想获得成功，就应该开辟出一条无人走过的新路，这其实是一种不太成熟的想法。因为别人走过的路实际上为我们积累了宝贵的经验，有助于我们避免失败。我们应该在此基础上，走得比别人更久、更远，这样获得的成功，就如同于站在巨人的肩膀上看风景。

A 要有创新精神
B 要珍惜前人的经验
C 命运掌握在我们手中
D 要懂得发挥自身优势

많은 사람들이 성공을 거두고 싶다면 아무도 가 본 적 없는 새로운 길을 개척해야 한다고 여기는데, 이것은 사실 그다지 성숙하지 못한 생각이다. 다른 사람이 가 봤던 길은 실제로 우리에게 귀중한 노하우를 쌓아 주기 때문에 우리가 실패를 피하는 데 도움이 된다. 우리는 이 기초 위에서 다른 사람보다 더 오래, 더 멀리 가야만 하는데, 이렇게 얻은 성공은 바로 마치 거인의 어깨 위에 서서 풍경을 보는 것과 같다.

A 창의성을 가져야 한다
B 이전 사람의 경험을 소중히 여겨야 한다
C 운명은 우리 손에 달려 있다
D 자신의 강점을 발휘할 줄 알아야 한다

해설 | '**因为别人走过的路实际上为我们积累了宝贵的经验**'이라는 문장은 '다른 사람들이 갔던 길은 우리에게 귀중한 노하우를 쌓게 해 준다'라는 의미이기 때문에 B 要珍惜前人的经验을 정답으로 선택할 수 있습니다. 마지막의 '**就如同于站在巨人的肩膀上看风景**'은 비유 문장으로, 이전 사람들의 경험을 토대로 더 멀리 나아갈 수 있다는 의미입니다.

단어 | **获得成功** huòdé chénggōng 성공을 거두다 | **开辟** kāipì 동 개척하다 | **无人走过** wú rén zǒuguo 아무도 가 본 적 없다 | **其实** qíshí 부 사실 | **成熟** chéngshú 형 성숙하다 | **想法** xiǎngfǎ 명 생각 | **实际上** shíjìshàng 부 실제로 | **积累** jīlěi 동 (경험 · 지식을) 쌓다 | **宝贵** bǎoguì 형 귀중하다 | **经验** jīngyàn 명 경험, 노하우 | **有助于** yǒuzhù yú ~에 도움이 되다 | **避免** bìmiǎn 동 (나쁜 상황을) 피하다, 방지하다 | **失败** shībài 명 실패 | **基础** jīchǔ 명 기초 | **如同** rútóng 동 마치 ~과 같다 | **巨人** jùrén 명 거인 | **肩膀** jiānbǎng 명 어깨 | **风景** fēngjǐng 명 풍경 | **创新精神** chuàngxīn jīngshén 창의성 | **珍惜** zhēnxī 동 소중히 여기다, 아끼다 | **命运** mìngyùn 명 운명 | **掌握** zhǎngwò 동 장악하다 | **懂得** dǒngde 동 (~할 줄) 알다, 이해하다 | **发挥** fāhuī 동 발휘하다 | **优势** yōushì 명 강점, 우세

66 | C

最新的研究调查表明，蓝色是最受人们喜爱的颜色。蓝色不仅可以给人带来自信，还能让人拥有安全感。同时，蓝色还能增强记忆力，并使大脑和手的配合更加协调。这或许能解释为什么许多大公司尤其是科技公司，都将蓝色作为其公司商标的主要颜色。

A 蓝色使人更有活力
B 喜欢蓝色的人普遍是男性
C 蓝色能给人带来积极影响
D 公司的性质由商标颜色决定

최신의 연구 조사에 따르면, 파란색이 사람들에게 가장 사랑을 받는 색깔이라고 한다. 파란색은 사람들에게 자신감을 가져다줄 수 있을 뿐만 아니라, 사람들이 안정감을 가지게 할 수도 있다. 동시에 파란색은 기억력을 높이고, 아울러 대뇌와 손의 협력을 더욱 조화롭게 할 수도 있다. 이것은 어쩌면 수많은 대기업, 특히 과학 기술 회사들이 왜 모두 파란색을 그 회사 상표의 주요 색깔로 삼는지를 설명해 줄 수 있다.

A 파란색은 사람들을 더욱 활력 있게 한다
B 파란색을 좋아하는 사람은 보편적으로 남성이다
C 파란색은 사람들에게 긍정적인 영향을 가져다줄 수 있다
D 회사의 성격은 상표 색깔이 결정한다

해설 | 힌트 문장의 **自信, 安全感, 增强记忆力, 使大脑和手的配合更加协调**는 모두 파란색이 주는 긍정적인 영향, 즉, **积极影响**이라 할 수 있습니다. 따라서 정답은 C입니다.

단어 | **研究调查表明** yánjiū diàochá biǎomíng 연구 조사에 따르면 ~이라고 한다 | **蓝色** lánsè 명 파란색 | **受~喜爱** shòu~xǐ'ài ~에게 사랑을 받다 | **颜色** yánsè 명 색, 색깔 | **不仅~还…** bùjǐn~hái… ~뿐만 아니라 …도 | **拥有** yōngyǒu 동 가지다 | **安全感** ānquángǎn 명 안정감 | **增强** zēngqiáng 동 높이다, 강화하다 | **记忆力** jìyìlì 명 기억력 | **大脑** dànǎo 명 대뇌 | **配合** pèihé 동 협력하다, 호흡을 맞추다 | **协调** xiétiáo 형 조화롭다 | **或许** huòxǔ 부 아마, 어쩌면 | **解释** jiěshì 동 (원인, 이유 등을) 설명하다 | **尤其(是)** yóuqí (shì) 부 (그중에서) 특히 | **科技** kējì 명 과학 기술 | **作为** zuòwéi 동 ~으로 삼다 | **商标** shāngbiāo 명 상표 | **普遍** pǔbiàn 형 보편적이다 | **积极影响** jījí yǐngxiǎng 긍정적인 영향 | **由~决定** yóu~juédìng ~이 결정하다

67 | B

"返程效应"是一种非常常见的心理效应。比如：当出门去某地时，尤其是去旅游或游玩时，内心往往会期待快点儿到达目的地，这时总是感觉路途遥远，而返回的时候，尽管是同样的距离，却往往感觉比来时的路程短得多。

A 自驾旅行很辛苦
B 返程让人感觉用时短
C 出发前要查好行车路线
C 人在陌生之处容易迷路

'복귀여행 효과'는 매우 자주 보이는 심리 효과이다. 가령, 외출하여 어떤 곳으로 갈 때, 특히 여행 혹은 놀러 갈 때 마음속으로 종종 좀 더 빨리 목적지에 도착하길 기대하는데, 이땐 항상 길이 아득히 멀다고 느낀다. 그러나 되돌아갈 때는 비록 똑같은 거리지만, 대부분 올 때의 노정보다 훨씬 짧다고 느낀다.

A 자가용 여행은 고되다
B 돌아올 때는 사람들이 걸리는 시간이 짧다고 느끼게 한다
C 출발 전에 운행 노선을 잘 조사해야 한다
C 사람은 낯선 곳에서 쉽게 길을 잃는다

해설 | 지문의 마지막 문장 '而返回的时候，尽管是同样的距离，却往往感觉比来时的路程短得多'가 선택지에는 '返程让人感觉用时短'이라고 요약되어 있습니다. 따라서 정답은 B입니다.

단어 | **返程效应** fǎnchéng xiàoyìng 복귀여행 효과(return trip effect) *返程 fǎnchéng 명 돌아가는 길 | **常见** chángjiàn 동 자주 보이다 | **心理效应** xīnlǐ xiàoyìng 심리 효과 | **比如** bǐrú 접 예를 들어 | **某地** mǒu dì 어떤 곳 | **尤其(是)** yóuqí (shì) 부 (그중에서) 특히 | **旅游** lǚyóu 동 여행하다 | **游玩** yóuwán 동 놀다 | **期待** qīdài 동 기대하다 | **到达目的地** dàodá mùdìdì 목적지에 도착하다 | **总是** zǒngshì 부 항상, 늘 | **路途** lùtú 명 도로, 길 | **遥远** yáoyuǎn 형 아득히 멀다, 요원하다 | **返回** fǎnhuí 동 되돌아가다 | **尽管** jǐnguǎn 접 비록 ~이라 하더라도 | **同样** tóngyàng 형 똑같다 | **距离** jùlí 명 거리 | **路程** lùchéng 명 노정 | **自驾旅行** zìjià lǚxíng 자가용 여행 *自驾 zìjià 스스로 운전하다 | **辛苦** xīnkǔ 형 고생스럽다, 고되다 | **用时** yòng shí 걸리는 시간 | **查** chá 동 조사하다 | **行车路线** xíngchē lùxiàn 운행 노선 | **陌生之处** mòshēng zhī chù 낯선 곳 | **迷路** mílù 동 길을 잃다

68 | B

中国钱币博物馆成立于1992年，是直属于中国人民银行总行的国家级专题博物馆，主要从事钱币的收藏、研究和展示。作为国家级专题博物馆，钱币博物馆藏有古今中外钱币及其他相关的文物约30余万件，具有相当高的学术研究价值。

A 馆内只有中国古代钱币
B 该博物馆成立于上个世纪
C 该博物馆只负责科研工作
D 该博物馆经常举办免费讲座

중국 화폐 박물관은 1992년에 설립된, 중국 인민은행 본점 직속의 국가급 전문 테마 박물관으로, 주로 화폐의 소장, 연구와 전시를 한다. 국가급 전문 테마 박물관으로서 화폐 박물관은 동서고금의 화폐 및 기타 관련된 문화재 대략 30만여 점을 소장하고 있어, 상당히 높은 학술적 연구 가치가 있다.

A 관내에는 중국 고대 화폐만 있다
B 이 박물관은 지난 세기에 설립되었다
C 이 박물관은 과학 연구 업무만 책임진다
D 이 박물관은 자주 무료 강좌를 연다

해설 | 첫 문장의 '中国钱币博物馆成立于1992年'을 통해 B 该博物馆成立于上个世纪가 정답임을 알 수 있습니다. 지문의 '钱币博物馆藏有古今中外钱币'에서 중국뿐 아니라 외국의 화폐도 가지고 있다고 설명하므로 A는 정답이 아닙니다. C의 只와 같이 제한적인 성격을 띠는 단어가 들어간 선택지는 보통 답이 아닐 확률이 높습니다. 지문의 첫 번째 문장에서 정답이 나오는 문제는 전체 10문제 중 3문제 정도 됩니다. 정답을 찾은 후에는 더 읽지 않고 그다음 문제로 넘어가는 것이 중요합니다.

단어 | **钱币博物馆** Qiánbì Bówùguǎn 화폐 박물관 | **成立** chénglì 동 설립하다 | **直属于** zhíshǔ yú 직속의 | **人民银行** Rénmín Yínháng 고유 인민은행 | **总行** zǒngháng 명 본점 | **国家级** guójiājí 국가급 | **专题** zhuāntí 명 전문 테마 | **从事** cóngshì 동 종사하다, (~한) 일을 하다 | **收藏** shōucáng 동 소장하다 | **研究** yánjiū 동 연구하다 | **展示** zhǎnshì 동 전시하다 | **作为** zuòwéi 전 (자격 · 신분)으로서 | **藏有** cáng yǒu 소장하고 있다 | **古今中外** gǔjīnzhōngwài 동서고금, 모든 시대와 모든 지역 | **相关** xiāngguān 동 관련되다 | **文物** wénwù 명 문화재 | **约** yuē 부 대략 | **余** yú 수 여, 남짓 | **具有** jùyǒu 동 있다, 가지다 | **学术研究价值** xuéshù yánjiū jiàzhí 학술적 연구 가치 | **该** gāi 대 이, 그, 저 | **世纪** shìjì 명 세기 | **负责** fùzé 동 책임지다 | **科研** kēyán 명 과학 연구 | **举办讲座** jǔbàn jiǎngzuò 강좌를 열다 | **免费** miǎnfèi 동 무료로 하다

69 | D

民俗旅游是指人们离开家，到其他地方去体验不同的民俗文化。它是当下非常流行的一种文化旅游。旅游者通过亲身参与当地人的生活，了解当地的风俗习惯，极大地丰富了文化生活。

A 民俗旅游受季节限制
B 民俗旅游多由政府组织
C 民俗旅游属于一种表演形式
D 民俗旅游重在体验民俗文化

민속 여행이란 사람들이 집을 떠나 다른 곳에 가서 서로 다른 민속 문화를 체험하는 것을 가리킨다. 그것은 현재 매우 유행하는 문화 여행이다. 여행자는 직접 현지인의 생활에 참여하는 것을 통해서 현지의 풍습을 이해하고, 문화생활을 매우 풍부하게 한다.

A 민속 여행은 계절의 제한을 받는다
B 민속 여행은 대부분 정부가 구성한다
C 민속 여행은 공연 형식에 속한다
D 민속 여행은 민속 문화 체험을 중시한다

해설 | 지문의 첫 문장 '到其他地方去体验不同的民俗文化'를 통해 민속 여행이 서로 다른 민속 문화를 체험하는 것을 가리킨다고 말하고 있으므로 D 民俗旅游重在体验民俗文化를 정답으로 선택할 수 있습니다.

단어 | **民俗旅游** mínsú lǚyóu 민속 여행 | **指** zhǐ 동 가리키다 | **离开** líkāi 동 떠나다 | **体验** tǐyàn 동 체험하다 | **民俗文化** mínsú wénhuà 민속 문화 | **当下** dāngxià 명 지금 | **流行** liúxíng 동 유행하다 | **文化旅游** wénhuà lǚyóu 문화 여행 | **通过** tōngguò 전 ~을 통해서 | **亲身** qīnshēn 부 직접, 몸소 | **参与** cānyù 동 참여하다 | **了解** liǎojiě 동 (자세하게 잘) 알다, 이해하다 | **风俗习惯** fēngsú xíguàn 풍속과 습관, 풍습 | **极大地** jí dà de 매우 | **丰富** fēngfù 동 풍부하게 하다 | **受～限制** shòu~xiànzhì ~의 제한을 받다 | **季节** jìjié 명 계절 | **政府** zhèngfǔ 명 정부 | **组织** zǔzhī 동 조직하다 | **属于** shǔyú 동 ~에 속하다 | **表演形式** biǎoyǎn xíngshì 공연 형식 | **重在** zhòng zài 중요한 것은 ~에 있다

70 | C

谈允贤是中国古代四大女医之一，她出生于医学世家，从小便熟读医学经典。她编著的《女医杂言》在当今的医学界依然具有颇高的地位。此书共收录病案31例，数量虽少，但是从临床治疗角度看都是十分成功的案例，具有很高的医学价值。

A 谈允贤主要研究内科
B 谈允贤是神话传说中的人物
C《女医杂言》里的病例并不多
D《女医杂言》是谈允贤的诗集

담윤현은 중국 고대 4대 여의사 중 한 명이다. 그녀는 의사 집안에서 태어났고 어릴 때부터 의학 경전을 정독했다. 그녀가 편집 저술한 《여의잡언》은 오늘날의 의학계에서 여전히 상당히 높은 지위를 가지고 있다. 이 책은 진료 기록 총 31건이 수록되어 수량은 비록 적지만, 임상 치료 관점에서 보면 모두 매우 성공적인 사례여서 높은 의학적 가치를 가지고 있다.

A 담윤현은 주로 내과를 연구했다
B 담윤현은 신화 전설 속의 인물이다
C 《여의잡언》 속의 병례는 결코 많지 않다
D 《여의잡언》은 담윤현의 시집이다

해설 | 중국 인물에 대한 소개 지문입니다. 주인공이 저술한 《여의잡언》에 대해 '此书共收录病案31例，数量虽少'와 같이 설명하고 있으므로 이 책의 질병 관련 사례는 결코 많지 않다는 점을 확인할 수 있습니다. 선택지 A의 내용은 지문에서 언급되지 않았고, 담윤현은 실제 인물이기 때문에 B는 오답이며, 《여의잡언》은 의학 서적이므로 D도 오답입니다. 따라서 정답은 C입니다.

단어 | **谈允贤** Tán Yǔnxián 고유 담윤현[인명] | **女医** nǚyī 여의사 | **医学世家** yīxué shìjiā 의사 집안 | **熟读** shúdú 동 정독하다, 숙독하다 | **经典** jīngdiǎn 명 경전 | **编著** biānzhù 동 편집 저술하다 | **女医杂言** Nǚyīzáyán 고유 여의잡언[서명] | **医学界** yīxuéjiè 의학계 | **依然** yīrán 부 여전히 | **具有** jùyǒu 동 가지고 있다 | **颇** pō 부 꽤, 상당히 | **共** gòng 부 총, 전부, 모두 | **收录** shōulù 동 수록하다 | **病案** bìng'àn 명 진료 기록 | **例** lì 명 사례, 경우 | **数量** shùliàng 명 수량 | **临床治疗** línchuáng zhìliáo 임상 치료 | **角度** jiǎodù 명 각도, 관점 | **案例** ànlì 명 사례 | **医学价值** yīxué jiàzhí 의학적 가치 | **研究** yánjiū 동 연구하다 | **内科** nèikē 명 내과 | **神话传说** shénhuà chuánshuō 신화와 전설 | **病例** bìnglì 명 병례, 병의 사례 | **诗集** shījí 명 시집

제 3 부 분

71 | B **72** | B **73** | B **74** | A

[74]有一家大公司的待遇非常好，这里的员工可以享有充分的自由，比如说随时可以去打篮球或健身，甚至去做按摩。[71]慢慢地，员工们习惯了这种自由的工作模式，上班总是迟到。

针对这个问题，公司制定了严格的管理制度，但是员工们却根本不重视。有一次，一位工程师上班迟到了，部门经理扣了他200元钱，[72]可是这位工程师一生气便辞职了。这件事惊动了公司的上层领导，领导对此很头疼，心想这件事是非解决不可了。

有一天，领导上班时，无意间发现公司的停车场有许多空着的停车位，而旁边一些公司却因为车位不足，很多员工只好把车停在远处的马路上。看到这样的情况，领导忽然想出了一个好主意。

第二天，[73]领导让部门经理退掉一部分停车位。如果有员工跟公司反映停车位不够用，便这样解释：停车位的租期到了，物业不愿续租，公司也没办法。

不久后，"奇迹"便发生了：员工们都开始按时上班——因为一旦迟到，就不得不把车停在离公司很远的地方。

71 为什么员工上班总是迟到?
A 公司不管
B 自由惯了
C 交通不便
D 没地方停车

72 哪件事惊动了公司领导?
A 业绩下滑
B 工程师辞职了
C 员工上班时打球
D 部门经理迟到早退

73 领导想到了什么办法?
A 开除迟到的人
B 减少停车位
C 允许员工在家办公
D 给按时上班的人发奖金

74 关于那家公司, 可以知道什么?
A 待遇好
B 规模小
C 业务范围广
D 提倡绿色出行

[74]한 대기업의 대우가 매우 좋아서 이곳의 직원은 충분한 자유를 누릴 수 있었다. 이를테면 언제든지 농구나 헬스를 하러 가고 심지어 안마를 받으러 갈 수도 있다. [71]서서히 직원들이 이런 자유로운 업무 패턴에 익숙해지자 출근할 때 늘 지각을 했다.

이 문제에 대하여 회사는 엄격한 관리 제도를 만들었지만 직원들은 전혀 중시하지 않았다. 한번은 한 엔지니어가 출근할 때 지각하자, 부서 팀장이 그에게서 벌금 200위안을 공제했다. [72]하지만 엔지니어는 화가 나서 바로 퇴사했다. 이 일은 회사의 고위 임원을 놀라게 했다. 임원은 이 일에 대해 매우 골치가 아팠으며 이 일을 반드시 해결해야겠다고 생각했다.

하루는 임원이 출근할 때 회사의 주차장에는 비어 있는 주차 자리가 많았지만, 옆 회사들은 주차 자리가 부족해서 많은 직원들이 할 수 없이 차를 먼 곳의 대로에 주차하는 것을 무심코 발견했다. 이런 상황을 보고 임원은 갑자기 좋은 생각 하나가 떠올랐다.

이튿날, [73]임원은 부서 팀장에게 일부 주차 자리를 반환하게 했다. 만약 어떤 직원이 회사에 주차 자리가 부족하다고 보고하면 '주차 자리의 임대 기간이 만료되었고, 관리사무소에서 계속 임대하길 원하지 않아서 회사도 방법이 없다'라고 설명했다.

얼마 후, '기적'이 발생했다. 직원들이 모두 제때 출근하기 시작한 것이다. 일단 지각하면 어쩔 수 없이 차를 회사에서 멀리 떨어진 곳에 주차해야 했기 때문이다.

71 직원들은 왜 출근할 때 항상 지각했는가?
A 회사에서 상관하지 않아서
B 자유로운 게 익숙해져서
C 교통이 불편해서
D 주차할 곳이 없어서

72 어떤 일이 회사 임원을 놀라게 했는가?
A 실적이 떨어진 것
B 엔지니어가 퇴사한 것
C 직원들이 출근할 때 공놀이를 한 것
D 부서 팀장이 지각하고 조퇴하는 것

73 임원은 어떤 방법을 생각해 냈는가?
A 지각한 사람을 해고한다
B 주차 자리를 줄인다
C 직원이 재택근무하는 것을 허락한다
D 제시간에 출근하는 사람에게 보너스를 준다

74 그 회사에 관해서 무엇을 알 수 있는가?
A 대우가 좋다
B 규모가 작다
C 업무 범위가 넓다
D 친환경적인 외출을 주장한다

해설 |

71 为什么로 구체적인 내용을 물어봤기 때문에 선택지의 내용은 보지 말고 문제만 기억하여 지문에서 관련 부분을 먼저 찾은 후 선택지 내용과 맞춰 봐야 합니다. 직원들이 지각하는 이유를 지문에서 찾습니다. 첫 번째 단락 마지막 부분에 **上班总是迟到**라고 나와 있으므로, 정답은 그 앞 문장, 즉 '**慢慢地，员工们习惯了这种自由的工作模式**'입니다. 따라서 정답은 B **自由惯了**입니다.

72 **惊动了公司领导**라는 문제만 기억한 후 지문을 이어 읽습니다. 두 번째 단락 마지막 부분의 **这件事惊动了公司的上层领导** 부분이 문제에 해당하므로 그 앞부분에서 정답을 찾을 수 있습니다. '**可是这位工程师一生气便辞职了**'가 정답에 해당하는 부분이므로 B **工程师辞职了**가 정답임을 확인할 수 있습니다.

73 임원이 생각해 낸 방법이 질문임을 기억하고 지문을 이어 읽습니다. 네 번째 단락의 첫 문장에서 '**领导让部门经理退掉一部分停车位**'를 통해 임원이 주차 자리를 줄일 방법을 생각했다는 점을 확인할 수 있습니다. 따라서 정답은 B **减少停车位**입니다.

74 지문과 선택지가 일치하는 내용을 고르는 문제는 선택지를 먼저 읽고 지문에서 등장한 내용을 찾는 것이 빠릅니다. 이 문제의 경우 마지막 단락이 아닌 첫 번째 단락의 첫 번째 문장에서 '**有一家大公司的待遇非常好**'라고 정답이 출제되었습니다. 이미 전체 지문의 내용을 파악한 후이므로 정답은 쉽게 선택할 수 있습니다. 따라서 정답은 A **待遇好**입니다.

단어 | **享有自由** xiǎngyǒu zìyóu 자유를 누리다 | **随时** suíshí 부 수시로, 언제든지 | **做按摩** zuò ànmó 마사지를 받다 | **习惯** xíguàn 동 습관이 되다, 익숙해지다[=惯 guàn] | **工作模式** gōngzuò móshì 업무 패턴 | **针对** zhēnduì 동 (~에) 초점을 맞추다 | **制定** zhìdìng 동 제정하다, 만들다 | **严格** yángé 형 엄격하다 | **管理制度** guǎnlǐ zhìdù 관리 제도 | **根本** gēnběn 부 전혀, 아예 | **工程师** gōngchéngshī 명 엔지니어 | **部门经理** bùmén jīnglǐ 부서 팀장 | **扣** kòu 동 공제하다, 빼다 | **辞职** cízhí 동 퇴사하다, 직장을 그만두다 | **惊动** jīngdòng 동 놀라게 하다 | **上层领导** shàngcéng lǐngdǎo 고위 임원 *****领导** lǐngdǎo 명 지도자, 상사, 임원, 대표 | **非~不可** fēi~bùkě ~하지 않으면 안 된다, 반드시 ~해야 한다 | **无意间**

wúyìjiān 부 모르는 사이에, 무심코 | **停车位** tíngchēwèi 주차 자리 | **只好** zhǐhǎo 부 할 수 없이[=不得不 bùdébù] | **忽然** hūrán 부 갑자기 | **退掉** tuìdiào 동 되돌려 주다, 반환하다 | **反映** fǎnyìng 동 (상황, 의견 등을) 보고하다, 전달하다 | **不够** búgòu 형 부족하다 | **解释** jiěshì 동 설명하다, 해명하다 | **租期** zūqī 명 임대 기간 | **物业** wùyè 명 관리사무소 | **续租** xù zū 계속 임대하다 | **奇迹** qíjì 명 기적 | **按时** ànshí 부 제때, 시간에 맞추어 | **一旦～就…** yídàn~jiù… 일단 ~하면 …하다 | **不管** bùguǎn 동 상관하지 않다 | **业绩** yèjì 명 업무 성적, 실적 | **下滑** xiàhuá 동 아래로 미끄러지다, (성적 등이) 떨어지다 | **早退** zǎotuì 동 조퇴하다 | **开除** kāichú 동 해고하다 | **减少** jiǎnshǎo 동 감소하다, 줄이다 | **允许** yǔnxǔ 동 허락하다 | **在家办公** zài jiā bàngōng 재택근무하다 | **奖金** jiǎngjīn 명 보너스, 상금 | **提倡** tíchàng 동 제창하다, 주장하다 | **绿色出行** lǜsè chūxíng 친환경적인 외출[대중교통이나 도보, 자전거로 외출하는 것을 가리킴]

75 | B 76 | A 77 | D 78 | D

舒遵刚是清代的一位茶叶商人。他刚开始卖茶的时候，销量一直不好。听了顾客的反应才知道，[75]他的茶叶里有杂质，严重影响了茶的味道。

[76]原来，每年新茶上市时，舒遵刚都会请一些工人为他择茶。择茶是制作茶叶时非常重要的一道工序，只有把茶叶里面的杂质都挑出来，茶叶本身的味道才能散发出来，因此茶叶中杂质含量的高低是判断茶叶好坏的重要标准。择茶时，工人要在新茶叶中将好茶叶挑出来，[77]每个工人的工钱都是按挑选出来好茶叶的重量来计算的。但这样一来，清除的杂质越多，收入就越少。所以工人们越是下功夫择茶，挣的钱反而越少，这种算法影响了工人的积极性，茶叶中的杂质自然也清理得不是很干净。

舒遵刚一直冥思苦想，想要尽快解决这个问题。有一天，舒遵刚到择茶点查看工作情况，他突然想到一个好办法。第二天，舒遵刚告诉工人："从今天起，我们改一下计算工钱的方法，按大家从茶叶中挑出的杂质的重量来算工钱。"

这一招果然很有效，[78]既提高了工人干活的积极性，同时还保证了茶叶的质量，舒遵刚的茶叶生意也因此越做越好。

75 一开始舒遵刚的茶叶质量不好的原因是：
A 售价太高
B 茶叶有杂质
C 当地人不爱喝茶
D 同行竞争太激烈

76 舒遵刚什么时候会请工人择茶？
A 新茶上市时
B 每年春节后
C 茶叶降价时
D 小麦快成熟时

77 最初工人的工钱是按什么算的？
A 茶叶的类型
B 工作的效率
C 干活儿的时长
D 好茶叶的质量

78 舒遵刚采用了新办法后：
A 赔了很多钱
B 茶叶的产量下降了
C 许多茶农要停止合作
D 工人干活儿更积极了

서준강은 청대의 찻잎 상인이다. 그가 막 차를 팔기 시작했을 때는 판매량이 계속 좋지 않았다. 손님의 반응을 듣고 나서야 비로소 알게 되었는데, [75]그의 찻잎에는 불순물이 있어서 차의 맛에 심각하게 영향을 주었다.

[76]알고 보니 매년 새 차가 시장에 나올 때 서준강은 일꾼들을 불러 찻잎을 고르게 했다. 찻잎 고르기는 찻잎을 만들 때 매우 중요한 작업 순서로, 찻잎 속의 불순물을 모두 골라내야만 찻잎 본연의 맛이 비로소 날 수 있다. 이 때문에 찻잎 속 불순물 함량의 높고 낮음이 찻잎의 좋고 나쁨을 판단하는 중요한 기준이 된다. 찻잎 고르기 때, 일꾼은 새 찻잎 속에서 좋은 찻잎을 골라내야 했고 [77]모든 일꾼의 품삯은 골라낸 좋은 찻잎의 무게에 따라서 계산했다. 하지만 이렇게 되면 깨끗이 없애 버린 불순물이 많을수록 수입이 적어졌다. 따라서 일꾼들이 공을 들여 차를 고를수록 버는 돈이 오히려 적어졌고, 이런 셈법은 일꾼의 적극성에 영향을 주었으며 찻잎 속의 불순물도 자연히 깨끗하게 정리되지는 않았다.

서준강은 줄곧 심사숙고하여 되도록 빨리 이 문제를 해결하려고 했다. 어느 날, 서준강이 차를 골라내는 곳에서 작업 상황을 살피다가 갑자기 좋은 방법 하나가 생각났다. 이튿날 서준강은 일꾼에게 "오늘부터 우리는 품삯을 계산하는 방법을 바꾸겠소. 여러분들이 찻잎 속에서 골라낸 불순물의 무게에 따라서 품삯을 계산할 것이오."라고 말했다.

이 방법은 과연 효과가 있었다. [78]일꾼이 일하는 적극성을 높였고 동시에 찻잎의 품질도 보장되었다. 서준강의 찻잎 장사도 이 때문에 갈수록 좋아졌다.

75 처음에 서준강의 찻잎 품질이 좋지 않았던 원인은 무엇인가?
A 판매 가격이 너무 높아서
B 찻잎에 불순물이 있어서
C 현지인은 차를 즐겨 마시지 않아서
D 동종업의 경쟁이 너무 치열해서

76 서준강은 언제 일꾼을 불러 차를 고르게 했는가?
A 새 차가 시장에 나올 때
B 매년 설 후에
C 찻잎 값이 떨어질 때
D 밀이 곧 익을 때

77 처음에 일꾼의 품삯은 무엇에 따라서 계산했는가?
A 찻잎의 유형
B 일의 효율
C 일하는 시간
D 좋은 찻잎의 질량

78 서준강이 새로운 방법을 채택한 후에 어떻게 되었는가?
A 많은 돈을 손해 봤다
B 찻잎의 생산량이 떨어졌다
C 많은 차농들이 협력을 멈추었다
D 일꾼이 일하는 데 더욱 적극적이게 되었다

해설 |

75 구체적인 내용을 물어봤으므로 선택지를 보지 말고 질문만 기억하며 지문을 읽습니다. 첫 번째 단락에서 '**他的茶叶里有杂质，严重影响了茶的味道**' 부분을 통해, 찻잎의 불순물이 차 맛에 심각하게 영향을 줬음을 알 수 있습니다. 따라서 정답은 B **茶叶有杂质**입니다.

76 질문만 기억한 후 지문에서 질문 부분을 찾습니다. 두 번째 단락의 '**原来，每年新茶上市时，舒遵刚都会请一些工人为他择茶**'를 통해 A **新茶上市时**가 정답임을 알 수 있습니다.

77 초반의 품삯 계산법에 유의하며 지문을 이어 읽습니다. 두 번째 단락의 중간 부분에 품삯 셈법이 나옵니다. '**每个工人的工钱都是按挑选出来好茶叶的重量来计算的**'를 통해 D **好茶叶的质量**이 정답임을 알 수 있습니다.

78 서준강이 선택한 새로운 방법 이후 어떻게 되었는지 묻는 문제로, 이야기 글의 결말을 물어본 문제입니다. 맨 마지막 단락의 '**既提高了工人干活的积极性，同时还保证了茶叶的质量**'을 통해 서준강이 선택한 새로운 방법 이후 노동자들이 더 적극적으로 일했다는 것을 확인할 수 있습니다. 따라서 정답은 D **工人干活儿更积极了**입니다.

단어 | **舒遵刚** Shū Zūngāng 고유 서준강[인명] | **茶叶** cháyè 명 찻잎 | **销量** xiāoliàng 명 (상품의) 판매량 | **顾客** gùkè 명 고객, 손님 | **杂质** zázhì 명 불순물 | **严重** yánzhòng 형 (정도가) 심각하다 | **原来** yuánlái 부 원래, 알고 보니 | **上市** shàngshì 동 (상품이) 시장에 나오다 | **工人** gōngrén 명 노동자, 일꾼 | **择茶** zé chá 찻잎을 고르다 | **制作** zhìzuò 동 제작하다, 만들다 | **工序** gōngxù 작업 순서 | **只有~才…** zhǐyǒu~cái… ~해야만 …하다 | **挑** tiāo 동 고르다, 선택하다[=**挑选** tiāoxuǎn] | **散发** sànfā 동 발산하다, (맛이) 나다 | **含量** hánliàng 명 함량 | **高低** gāodī 명 높고 낮음 | **判断** pànduàn 동 판단하다 | **工钱** gōngqián 명 품삯, 임금 | **按** àn 전 ~에 따라서 | **重量** zhòngliàng 명 중량, 무게 | **计算** jìsuàn 동 계산하다 | **这样一来** zhèyàng yìlái 이렇게 되면 | **清除** qīngchú 동 깨끗이 없애다 | **下功夫** xià gōngfu 동 공을 들이다, 애를 쓰다 | **挣** zhèng 동 (돈을) 벌다 | **反而** fǎn'ér 부 오히려 | **算法** suànfǎ 명 계산 방식, 셈법 | **积极** jījí 형 적극적이다 | **清理** qīnglǐ 동 깨끗이 처리하다 | **冥思苦想** míngsīkǔxiǎng 심사숙고하다 | **尽快** jǐnkuài 부 되도록 빨리 | **查看** chákàn 동 살피다, 관찰하다 | **这一招** zhè yì zhāo 이 방법 | **质量** zhìliàng 명 질량, 품질 | **生意** shēngyi 명 장사 | **售价** shòujià 명 판매 가격 | **同行** tóngháng 명 동종업(자) | **竞争激烈** jìngzhēng jīliè 경쟁이 치열하다 | **降价** jiàngjià 동 값이 떨어지다 | **小麦** xiǎomài 명 밀 | **成熟** chéngshú 형 (식물의 열매 등이) 익다 | **类型** lèixíng 명 유형 | **效率** xiàolǜ 명 효율 | **干活儿** gànhuór 동 일하다 | **时长** shícháng 명 시간의 길이 | **采用** cǎiyòng 동 채택하다 | **赔** péi 동 손해 보다, 배상하다 | **产量** chǎnliàng 명 생산량 | **下降** xiàjiàng 동 (정도가) 떨어지다, 하강하다 | **茶农** chánóng 명 차농, 차 재배농

79 | A 80 | B 81 | D 82 | D

你有没有发现，当别人抱怨一件事情的时候，我们总觉得问题出在他们自己身上，而当自己遇到问题的时候，却往往认为是他人或环境的错？心理学上把这种现象称为“基本归因错误”。[79]当评价他人的行为时，我们更注重内部因素，而忽视外部环境的影响。[82]而当我们评价自身行为的时候，我们往往会因过分强调环境的影响而忽视自身的因素。

[80]之所以会出现这种情况，并不是因为自私、爱推卸责任，而是因为每个人的注意力都是有限的。我们在分析某些行为出现的原因时，只倾向于选择我们注意力关注到的那个方面。例如，在听他人抱怨事情的时候，我们的大部分注意力都集中在那个人身上，因而很容易忽视周围的环境。[82]而当我们自己做一件事的时候，往往会把更多的注意力放在周围的环境上。这就导致了分析问题时会比较片面，不够客观。

另外，我们对待他人的事情时，是相对慵懒的，由于我们已经用内在因素解释了他人的行为，即使知道他人的行为会受到环境的限制，也不会再做更多的思考了。

因此，[81]以后如果朋友向你抱怨某件事的时候，不要立即下结论，最好先换位思考一下。

79 在评价他人的行为时，我们通常更关注：
A 内部因素
B 自己的利益
C 周围人的评价
D 行为产生的后果

80 出现“基本归因错误”这种情况，是因为人们：
A 害怕吃亏
B 注意力受限
C 心理不平衡
D 不愿承认错误

81 当身边的人向你抱怨时，应该怎么做?
A 指导他不要抱怨
B 帮他想办法
C 同他一起抱怨
D 从他的角度想想

82 根据上文，下列哪项正确?
A 应该及时跟他人沟通
B 大部分人懒得安慰别人
C 人们总是故意推卸责任
D 人评价自身行为时更关注外因

다른 사람이 어떤 일에 대해 불평할 때 우리는 늘 문제가 그들 자신에게 있다고 여기지만, 자신이 문제를 만났을 때는 종종 타인 혹은 환경의 잘못이라고 여기는 걸 당신은 발견한 적이 있는가? 심리학에서는 이런 현상을 '기본적 귀인 오류'라고 부른다. [79]타인의 행동을 평가할 때 우리는 내부 요인을 더 중시하고 외부 환경의 영향을 경시한다. 그러나 우리가 자신의 행동을 평가할 때는 종종 환경의 영향을 지나치게 강조하고 자신의 요인을 경시한다.

[80]이런 상황이 나타나는 까닭은 결코 이기적이고 책임을 전가하길 좋아하기 때문이 아니라, 모든 사람의 주의력이 다 한계가 있기 때문이다. 우리는 어떤 행동들이 나타난 원인을 분석할 때, 우리의 주의력이 관심을 가지는 그 부분만 선택하는 경향이 있다. 예를 들어, 타인이 불평하는 것을 들을 때 우리 대부분의 주의력은 모두 그 사람에게 집중되고, 따라서 아주 쉽게 주위 환경을 경시한다. [82]그러나 우리 자신이 어떤 일을 할 때는 종종 더 많은 주의력을 주위 환경에 둔다. 이것이 바로 문제를 분석할 때 비교적 단편적이고 그다지 객관적이지 않도록 만든다.

이외에, 우리가 타인의 일을 대할 때는 비교적 게으르다. 우리는 이미 내적 요인으로 타인의 행동을 해석하기 때문에, 설령 타인의 행동이 환경의 영향을 받는다는 것을 알지라도 더 이상 더 많은 사고를 하지 않을 것이다.

그러므로 [81]이후에 만약 친구가 당신한테 어떤 일에 대해 불평하면 바로 결론을 내리지 말고 먼저 입장을 바꿔 한번 생각해 보는 것이 가장 좋다.

79 타인의 행동을 평가할 때 우리는 보통 무엇에 더 관심을 가지는가?
A 내부 요인
B 자신의 이익
C 주위 사람의 평가
D 행동이 낳은 결과

80 '기본적 귀인 오류'와 같은 상황이 나타나는 것은 사람들이 어떻게 하기 때문인가?
A 손해 보는 것을 두려워해서
B 주의력을 제한받아서
C 심리적으로 불편해서
D 잘못을 인정하길 원하지 않아서

81 주변 사람이 당신에게 불평할 때 어떻게 해야 하는가?
A 그에게 원망하지 말라고 지도한다
B 그를 도와 방법을 생각한다
C 그와 함께 불평한다
D 그의 관점에서 생각해 본다

82 윗글에 근거하여 다음 중 정확한 것은?
A 곧바로 타인과 소통해야 한다
B 대부분 사람들은 다른 사람을 위로하는 것을 귀찮아 한다
C 사람들은 늘 고의로 책임을 전가한다
D 사람은 자신의 행동을 평가할 때 외적 요인에 더 관심을 가진다

해설 |

79 질문의 在评价他人的行为时라는 표현을 기억하고, 지문에서 이 표현을 찾습니다. 첫 번째 단락에서 '当评价他人的行为时'라는 표현이 나왔으므로 그다음에 이어지는 문장인 '我们更注重内部因素'가 정답이 됩니다. 따라서 정답은 A 内部因素입니다.

80 "基本归因错误"라는 표현은 첫 번째 단락에 나오지만, 이와 같은 오류의 발생 원인은 두 번째 단락에서 '之所以会出现这种情况，并不是因为……，而是……' 구문을 통해 언급하고 있습니다. '不是……，而是……' 구문에서 강조하는 부분은 而是 뒷부분입니다. 따라서 정답은 B 注意力受限입니다.

81 질문인 当身边的人向你抱怨时를 기억하며 지문을 이어 읽습니다. 마지막 단락에서 '以后如果朋友向你抱怨某件事的时候'라고 질문에 해당하는 부분이 나옵니다. 身边的人과 朋友는 같다고 볼 수 있습니다. 그 뒤에 나오는 '最好先换位思考一下'를 통해 정답은 D 从他的角度想想임을 알 수 있습니다.

82 일치하는 내용을 찾는 문제는 선택지를 먼저 읽고 지문에서 내용을 찾아야 합니다. 보통 문제는 지문의 순서대로 풀리지만, 82번 문제 정답은 앞 부분에서 출제되었습니다. 첫 번째 단락 마지막 문장에서 '而当我们评价自身行为的时候，我们往往会…'라고 나왔습니다. 过分强调环境的影响 부분이 外因에 해당됩니다. 두 번째 단락의 '而当我们自己做一件事的时候，往往会…' 부분에서 정답을 찾아도 됩니다. 따라서 정답은 D입니다.

단어 | **抱怨** bàoyuàn 동 원망하다, 불평하다 | **称为** chēngwéi 동 ~이라고 부르다 | **基本归因错误** jīběn guīyīn cuòwù 기본적 귀인 오류[인간의 행동을 설명할 때 상황의 영향을 과소평가하고 성격이나 타고난 기질적 요인들과 연결지어 설명하려고 하는 경향] | **评价** píngjià 동 평가하다 명 평가 | **注重** zhùzhòng 동 중시하다 | **因素** yīnsù 명 요인, 요소, 성분 | **忽视** hūshì 동 소홀히 하다, 경시하다 | **过分** guòfèn 동 (정도가) 지나치다 | **强调** qiángdiào 동 강조하다 | **之所以～是因为…** zhīsuǒyǐ~shì yīnwèi… ~의 까닭은 …이다 | **自私** zìsī 형 이기적이다 | **推卸** tuīxiè 동 (책임을) 전가하다, 책임을 미루다 | **责任** zérèn 명 책임 | **注意力** zhùyìlì 명 주의력 | **有限** yǒuxiàn 형 한계가 있다 | **分析** fēnxī 동 분석하다 | **倾向于** qīngxiàng yú ~하는 경향이 있다 | **关注** guānzhù 동 관심을 가지다 | **例如** lìrú 동 예를 들다 | **集中** jízhōng 동 집중하다 | **导致** dǎozhì 동 (나쁜 결과를) 야기하다, 초래하다 | **片面** piànmiàn 형 단편적이다 | **客观** kèguān 형 객관적이다 | **慵懒** yōnglǎn 형 게으르다[=懒 lǎn] | **解释** jiěshì 동 해석하다 | **受到～限制** shòudào~xiànzhì (~의) 제한을 받다[=受限 shòuxiàn] | **思考** sīkǎo 동 사고하다 | **立即** lìjí 부 즉시, 바로 | **下结论** xià jiélùn 결론을 내리다 | **换位思考** huànwèi sīkǎo 입장을 바꿔 생각하다 | **利益** lìyì 명 이익 | **后果** hòuguǒ 명 (나쁜) 결과 | **害怕** hàipà 동 두려워하다 | **吃亏** chīkuī 동 손해를 보다 | **心里不平衡** xīnli bù pínghéng 심리적으로 불편하다, 기분이 나

뻐다 | **承认错误** chéngrèn cuòwù 잘못을 인정하다 | **及时** jíshí 부 즉시, 곧바로 | **沟通** gōutōng 동 소통하다 | **安慰** ānwèi 동 위로하다 | **故意** gùyì 부 고의로, 일부러

83 | C 84 | D 85 | D 86 | D

近日，一种名为"静音咖啡馆"的小店进入了人们的视线。进入这种咖啡馆的顾客被要求禁止交谈，这样做的目的是为了让顾客在安静的环境中享受轻松的时光。体验者称，咖啡馆内几乎听不到任何声音，让人有一种远离日常生活的奇妙感觉。

一家静音咖啡馆的店长表示，早在4年前他就开了这家咖啡馆，当时的目的是为顾客创造一个安静的空间。但随着咖啡店的生意越来越好，店内变得越来越吵，离自己当初开店的初衷也越来越远。后来，这位店长决定在每个周末的18:30到22:00这段时间内，禁止客人互相交谈，并将这时的咖啡馆称为"静音咖啡馆"，[86]消息一传出，就吸引了很多的顾客。

而另一家静音咖啡馆则全天都禁止客人交谈。[83]店内放了七八本"笔谈册"，里面写着"时间差不多了，我们走吧""我去趟洗手间"等内容，供客人之间进行简短的交流。

据统计，[84]静音咖啡馆大部分人为年轻女性，她们一般会在店内待一个半小时到两个小时。而且大部分客人都是独自前来，也有客人和朋友一起来，不过他们互相并不交谈，[85]只是各自享受属于自己的时间。

83 在全天禁止交谈的静音咖啡馆，客人之间如何交谈？
A 做手势
B 互相发短信
C 利用笔谈册
D 压低嗓音说话

84 关于静音咖啡馆的顾客，可以知道：
A 多选择窗边的位置
B 不愿意单独去这家店
C 一般会在店内待半天
D 年轻女性所占比例高

85 人们去静音咖啡馆主要是为了：
A 享用美味的糕点
B 交到更多的朋友
C 阅读咖啡馆里的图书
D 安静地享受独处的时间

86 根据上文，下列哪项正确？
A 静音咖啡馆内不能上网
B 静音咖啡馆只在傍晚开放
C 静音咖啡馆禁止店员走动
D 静音咖啡馆吸引了不少顾客

근래에 이름이 '음소거 카페'인 작은 가게가 사람들의 시선에 들어왔다. 이 카페에 들어선 손님은 이야기 나누는 것을 금지하도록 요구받는데, 이렇게 하는 목적은 고객이 조용한 환경에서 홀가분하게 시간을 즐기게 하기 위해서이다. 체험자들은 카페 안에서는 거의 어떤 소리도 들리지 않아서, 일상생활에서 멀리 떨어진 기묘한 느낌이 든다고 말한다.

한 음소거 카페의 점장은 일찍이 4년 전에 이 카페를 열었는데, 당시의 목적은 손님을 위해서 조용한 공간을 만드는 것이었다고 한다. 하지만 카페의 장사가 갈수록 잘되면서 가게 안은 점점 시끄럽게 변했고, 자신이 당초에 가게를 연 최초의 바람과도 점점 멀어졌다. 나중에 이 점장은 매 주말 18:30부터 22:00까지의 시간대 안에는 손님이 서로 이야기 나누는 것을 금지하고, 아울러 이때의 카페를 '음소거 카페'라고 부르기로 결정했는데, [86]소식이 전해지자마자 많은 손님들을 끌어들였다.

반면에 또 다른 '음소거 카페'는 하루 종일 손님이 이야기 나누는 것을 금지한다. [83]카페 안에는 일고여덟 권의 '필담책'을 두었는데, 그 속에는 '시간이 거의 됐어, 우리 가자', '나 화장실에 다녀올게' 등의 내용이 쓰여 있어서, 손님 간의 간략한 교류를 진행하게 했다.

통계에 따르면 [84]'음소거 카페'는 대부분의 사람들이 젊은 여성이고 그녀들은 보통 가게 안에서 한 시간 반에서 두 시간을 머무른다. 게다가 대부분의 손님들은 혼자 온다. 친구와 함께 오는 손님도 있지만 그들은 결코 서로 이야기를 나누지 않으며 [85]단지 각자 자신만의 시간을 즐긴다.

83 하루 종일 이야기 나누는 것을 금지하는 음소거 카페에서는 손님 간에 어떻게 이야기를 나누는가?
A 손짓을 한다
B 서로 문자를 보낸다
C 필담책을 이용한다
D 목소리를 낮춰서 말한다

84 음소거 카페의 고객에 관해서 알 수 있는 것은?
A 창가 쪽 위치를 많이 선택한다
B 혼자서 이 가게에 가길 원하지 않는다
C 보통 가게 안에서 반나절 동안 머무른다
D 젊은 여성이 차지하는 비율이 높다

85 사람들이 음소거 카페에 가는 것은 주로 무엇을 위해서인가?
A 맛있는 케이크를 맛보려고
B 더 많은 친구들을 사귀려고
C 카페 안의 도서를 읽으려고
D 홀로 있는 시간을 조용하게 즐기려고

86 윗글에 근거하여 다음 중 정확한 것은?
A 음소거 카페 안에서는 인터넷을 할 수 없다
B 음소거 카페는 저녁 무렵에만 개방한다
C 음소거 카페는 점원이 움직이는 것을 금지한다
D 음소거 카페는 많은 손님들을 끌어들였다

해설 |

83 보통 문제는 순서대로 풀리며, 첫 번째 문제는 첫 번째 혹은 두 번째 단락에서 정답이 많이 출제되는데 이 지문은 예외입니다. 두 번째 단락까지 읽었을 때도 정답이 나오지 않으면 84번 문제를 먼저 보는 방법을 택합니다. 83번 질문은 세 번째 단락에서 찾을 수 있습니다. 힌트 83을 통해 정답은 C **利用笔谈册**임을 알 수 있습니다.

84 이 카페의 고객들에 대한 정보에 주의하며 지문을 이어 읽습니다. 마지막 단락의 '**静音咖啡馆大部分人为年轻女性**'이라는 문장으로 고객들 대부분이 젊은 여성이라는 것을 확인할 수 있기 때문에 정답은 D **年轻女性所占比例高**입니다.

85 고객들이 음소거 카페에 가는 이유를 생각하며 지문을 이어 읽습니다. 네 번째 단락의 마지막 문장에서 '**只是各自享受属于自己的时间**'이라고 언급했으므로 D **安静地享受独处的时间**을 정답으로 선택할 수 있습니다. **独处**가 필수어휘가 아니기 때문에 **独**와 **处**를 각각 한 글자씩 보면서 뜻을 유추해야 합니다.

86 일치하는 내용을 찾는 문제는 선택지 내용을 먼저 파악한 후 지문에서 찾아야 합니다. 두 번째 단락의 뒷부분에 정답이 나옵니다. 마지막 문장인 힌트 86을 통해 D **静音咖啡馆吸引了不少顾客**가 정답임을 알 수 있습니다.

> Tip
>
> 86번 문제의 경우, 힌트는 지문의 중간 부분에 나오지만, 85번 문제까지 풀면서 이미 전체 지문을 읽어 보았고 내용을 대략 파악하고 있는 상황이므로 바로 정답을 고를 수도 있습니다. 만약 내용이 기억나지 않는다면 다시 첫 번째 단락으로 돌아가 읽으면서 풀어야 합니다. 시간이 많이 걸릴 것 같다면 내공이 약한 학생들은 이 문제를 포기하고 넘어가는 것이 더 유리합니다.

단어 | **近日** jìnrì 명 근래 | **名为** míng wèi 이름이 ~이다 | **静音咖啡馆** jìngyīn kāfēiguǎn 음소거 카페 | **视线** shìxiàn 명 시선 | **顾客** gùkè 명 고객, 손님[=客人 kèrén] | **禁止** jìnzhǐ 동 금지하다 | **交谈** jiāotán 동 이야기를 나누다 | **享受** xiǎngshòu 동 누리다, 즐기다 | **轻松** qīngsōng 동 홀가분하다, 편안하다 | **时光** shíguāng 명 시간 | **远离** yuǎnlí 동 멀리 떨어지다 | **日常生活** rìcháng shēnghuó 일상생활 | **奇妙** qímiào 형 기묘하다, 신기하다 | **店长** diànzhǎng 명 점장 | **表示** biǎoshì 동 표시하다, 말하다 | **创造** chuàngzào 동 창조하다, (새롭게) 만들다 | **随着** suízhe 전 ~함에 따라서 | **吵** chǎo 형 시끄럽다 | **开店** kāidiàn 동 가게를 열다 | **初衷** chūzhōng 명 최초의 바람 | **称为** chēngwéi 동 ~이라고 부르다 | **传出** chuánchū 전해지다 | **吸引** xīyǐn 동 끌어들이다 | **全天** quántiān 명 하루 종일 | **笔谈册** bǐtáncè 필담책 | **趟** tàng 양 차례, 번[왕래한 횟수를 세는 단위] | **供** gōng 동 제공하다 | **简短** jiǎnduǎn 형 간결하다 | **据统计** jù tǒngjì 통계에 따르면 | **待** dāi 동 머무르다 | **独自** dúzì 부 혼자(서) | **属于** shǔyú 동 ~에 속하다 | **做手势** zuò shǒushì 손짓을 하다 | **发短信** fā duǎnxìn 문자메시지를 보내다 | **压低** yādī 동 낮추다, 내리게 하다, 줄이다 | **嗓音** sǎngyīn 명 목소리 | **单独** dāndú 부 단독으로, 혼자서 | **占** zhàn 동 차지하다 | **比例** bǐlì 명 비율 | **享用** xiǎngyòng 동 누리다, 맛보다 | **美味** měiwèi 형 맛있다 | **糕点** gāodiǎn 명 케이크, 과자 | **独处** dúchǔ 동 홀로 지내다 | **傍晚** bàngwǎn 명 저녁 무렵 | **开放** kāifàng 동 개방하다 | **走动** zǒudòng 동 움직이다

87 | C **88** | A **89** | A **90** | D

近年来，沙尘暴、雾霾等天气灾害发生得越来越多，环境污染现象也越来越严重。其中很大一个原因是由于人类过度砍伐树木，导致水土流失。[90]为了解决这一问题，人们一般会在砍伐后的土地上再种植树木，但是这个方法真的能降低不利影响吗？

据说，[87]有这样一片森林，那里原本树种丰富，物种繁多，但后来当地人为了追求经济利益，大量砍伐树木，当地的自然环境遭到了严重破坏。为了恢复生态环境，当地人就又种了许多树。大家本以为这样一来自然环境一定可以恢复，可是结果却出乎大家的意料。[88]由于人工种植的树木种类单一，很多动物找不到食物，无法继续居住，因此，整个生态圈都被破坏了。现在那里除了风吹动树叶的沙沙声以外，几乎听不到任何动物的声音，人们也因此尝尽了乱砍乱伐带来的后果。

多年来，很多人都简单地认为，树砍了再种上就可以修复被破坏的环境，于是在肆无忌惮地乱砍乱伐后[89]大面积地植树造林，但有时正是这种盲目的行为对生态环境造成了更严重的影响。

87 那片森林曾经是怎样的？
A 四周都是湖
B 土层很松软
C 树种很多样
D 长年受虫害威胁

88 为什么森林里的动物无法继续在那儿生存？
A 缺少食物
B 河水被污染了
C 怕被人们抓住
D 气候灾害多发

89 根据最后1段，“盲目的行为”是指：
A 大面积人工造林
B 开发大量的景点
C 把动物放回森林中
D 在郊区开很多工厂

90 上文主要想告诉我们：
A 要控制树木的数量
B 修路会吓跑野生动物
C 农业发展浪费土地资源
D 要用科学的方式保护自然

최근 몇 년간 황사, 초미세먼지 등의 날씨 재해가 갈수록 많이 발생하고 있고, 환경오염 현상도 심각해지고 있다. 그중 큰 원인 하나는 인류가 과도하게 나무를 베어서 물과 토양의 유실을 초래했기 때문이다. [90]이 문제를 해결하기 위해서 사람들은 보통 벌목한 후 땅 위에 다시 나무를 심지만, 이 방법이 정말로 불리한 영향을 낮출 수 있을까?

전해지는 말에 [87]이런 숲이 있다고 한다. 그곳은 원래 나무 종류가 풍부하고 종이 다양했다. 하지만 후에 현지인이 경제적 이익을 추구하기 위해 대량으로 나무를 베어서 현지의 자연환경이 심각한 파괴를 당했다. 생태 환경을 회복하기 위해 현지 사람들은 또 많은 나무를 심었다. 사람들은 이렇게 하면 자연환경이 반드시 회복될 수 있을 거라고 여겼지만, 결과는 모두의 예상을 벗어났다. [88]인위적으로 심은 나무는 종류가 하나였기 때문에 많은 동물들이 먹이를 찾을 수 없었고, 계속해서 살 수가 없었다. 이 때문에 모든 생태권이 다 파괴되었다. 현재 그곳은 바람이 불어 움직이는 나뭇잎의 바스락거리는 소리 외에, 어떤 동물의 소리도 거의 들을 수 없고, 사람들도 이 때문에 함부로 벌목해서 빚은 결과를 실컷 맛보았다.

오랜 세월 동안, 많은 사람들이 나무를 베고 나서 다시 심으면 파괴된 환경을 복원할 수 있다고 단순하게 여겼다. 그래서 아무 거리낌 없이 함부로 벌목한 후에 [89]넓은 면적에 나무를 심어 숲을 조성했지만, 간혹 바로 이런 맹목적인 행위가 생태 환경에 더 심각한 영향을 끼쳤다.

87 그 숲은 일찍이 어떠했는가?

A 사방이 모두 호수였다
B 토양층이 푹신푹신했다
C 나무 종류가 다양했다
D 긴 세월 동안 병충해의 위협을 받았다

88 왜 숲속의 동물은 계속해서 그곳에서 생존할 수 없었는가?

A 먹이가 부족해서
B 강물이 오염되어서
C 사람들한테 잡힐까 봐 두려워서
D 기후 재해가 많이 발생해서

89 마지막 단락에 근거하여 '맹목적인 행위'가 가리키는 것은 무엇인가?

A 넓은 면적에 인위적으로 숲을 조성하는 것
B 많은 관광지를 개발하는 것
C 동물을 숲속에 풀어 놓는 것
D 교외에 많은 공장을 여는 것

90 윗글이 우리에게 말하고자 하는 것은?

A 나무의 수량을 조절해야 한다
B 도로 정비는 야생동물을 놀라서 달아나게 한다
C 농업 발전은 토지 자원을 낭비한다
D 과학적인 방식으로 자연을 보호해야 한다

해설 |

87 그 숲의 예전 상황을 물어보았기 때문에 과거를 나타내는 시점이 등장하는 부분에 집중하며 지문을 읽어야 합니다. 첫 번째 단락을 통해 지문이 환경에 대한 주제임을 파악할 수 있습니다. 두 번째 단락의 '有这样一片森林，那里原本树种丰富，物种繁多'라는 문장이 힌트입니다. 문장에서 原本이라는 시점이 등장하고 树种丰富라고 직접적으로 언급을 했기 때문에 쉽게 풀 수 있습니다. 따라서 정답은 C 树种很多样입니다.

88 질문의 动物无法生存을 기억하고 지문을 이어 읽습니다. 두 번째 단락의 '由于人工种植的树木种类单一，很多动物找不到食物，无法继续居住'가 힌트입니다. 선택지의 缺少食物가 지문에서 找不到食物로 표현되었습니다. 따라서 정답은 A입니다.

89 독해 3부분에서 단어에 따옴표 혹은 밑줄이 있다면, 그 단어를 포함하는 단락을 중점적으로 읽으면서 정답을 찾아야 합니다. 마지막 단락의 盲目的行为라는 단어에 밑줄이 있기 때문에 해당 문장을 중점적으로 읽으면 정답을 찾을 수 있습니다. 这种盲目的行为에서 这种은 이미 앞에서 언급된 내용을 뜻합니다. 따라서 '맹목적인 행위'라는 것이 등장한 문장의 앞부분, 즉 大面积地植树造林을 통해 A 大面积人工造林이 정답임을 알 수 있습니다.

90 설명문에서 주제를 묻는 문제는 보통 첫 번째 단락에서 나오며, 특히 의문문이 있다면 그 부분이 주제와 밀접한 관련이 있습니다. 첫 번째 단락에서 힌트 90의 문장과 같이, 과거 사람들이 생각했던 것에 의문을 제기하고 있습니다. 지문에서 선택지의 내용을 그대로 언급하고 있지는 않지만, 문맥상 결국 과학적인 방법으로 자연을 보호해야 한다는 내용임을 알 수 있습니다. A, B, C 선택지의 내용은 지문과 맞지 않기 때문에 소거법을 이용해 풀 수도 있습니다. 정답은 D 要用科学的方式保护自然이 가장 적합합니다.

단어 | **沙尘暴** shāchénbào 명 황사 | **雾霾** wùmái 명 초미세먼지, 스모그 | **灾害** zāihài 명 재해 | **环境污染** huánjìng wūrǎn 환경오염 | **严重** yánzhòng 형 (정도가) 심각하다 | **过度** guòdù 형 과도하다 | **砍伐** kǎnfá 동 (나무를) 베다, 벌목하다 | **水土流失** shuǐtǔ liúshī 물과 토양이 유실되다 | **种植** zhòngzhí 동 (나무 등을) 심다, 재배하다 | **降低** jiàngdī 동 내리다, 낮추다 | **森林** sēnlín 명 삼림, 숲 | **繁多** fánduō 형 매우 많다, 풍부하다 | **追求** zhuīqiú 동 추구하다 | **经济利益** jīngjì lìyì 경제적 이익 | **大量** dàliàng 형 대량의, 많은 양의 | **遭到** zāodào 동 (나쁜 일을) 당하다, 맞닥뜨리다 | **破坏** pòhuài 동 파괴하다, 훼손시키다 | **恢复** huīfù 동 회복하다, 회복되다 | **生态环境** shēngtài huánjìng 생태 환경 | **种树** zhòngshù 동 나무를 심다 | **这样一来** zhèyàng yìlái 이렇게 하면 | **出乎意料** chūhūyìliào 성 예상을 벗어나다 | **由于** yóuyú 접 ~때문에, ~으로 인해 | **种类单一** zhǒnglèi dānyī 종류가 단일하다 | **继续** jìxù 동 계속하다 | **居住** jūzhù 동 거주하다, 살다 | **因此** yīncǐ 접 이 때문에 | **整个** zhěnggè 형 온, 모든 | **生态圈** shēngtàiquān 명 생태권 | **沙沙声** shāshāshēng 바스락거리는 소리 | **尝尽** chángjìn 동 실컷 맛보다 | **乱砍乱伐** luàn kǎn luàn fá 함부로 벌목하다 | **修复** xiūfù 동 (수리하여) 복원하다 | **肆无忌惮** sìwújìdàn 아무 거리낌이 없다 | **盲目** mángmù 형 맹목적인 | **土层** tǔcéng 명 토양층 | **松软** sōngruǎn 형 푹신푹신하다 | **受威胁** shòu wēixié 위협을 받다 | **虫害** chónghài 명 병충해 | **缺少** quēshǎo 동 부족하다, 모자라다 | **抓住** zhuāzhù 동 (붙)잡다 | **控制** kòngzhì 동 통제하다, 조절하다 | **修路** xiūlù 동 도로를 정비하다 | **吓跑** xiàpǎo 동 놀라서 달아나다 | **野生动物** yěshēng dòngwù 야생동물 | **浪费** làngfèi 동 낭비하다 | **土地资源** tǔdì zīyuán 토지 자원

三、书写

제 1 부 분

91 | 饭后喝茶危害健康。

식후에 차를 마시는 것은 건강에 해롭다.

喝茶　饭后　健康　危害

해설 |

① **술어를 찾는다 → 危害**

동사 危害가 술어가 됩니다.

② **주어와 목적어를 찾는다 → 주어: 饭后＋喝茶 | 목적어: 健康**

동사술어 危害의 목적어가 될 수 있는 것은 **健康**입니다. 주어 자리에는 동사구인 **喝茶** 앞에 시간명사인 **饭后**를 배열합니다. 주어 자리에는 명사뿐 아니라 동사구나 절(문장)이 올 수도 있음에 유의합니다.

饭后喝茶	危害	健康
주어	술어	목적어

단어 | **茶** chá 명 차 | **饭后** fànhòu 명 식후 | **健康** jiànkāng 명 건강 | **危害** wēihài 동 해롭다, 해를 끼치다 명 해, 해로움

92 | 张教授再三强调要保护环境。

장 교수님은 환경을 보호해야 한다는 것을 거듭 강조했다.

张教授　要保护　再三　环境　强调

해설 |

① **술어를 찾는다 → 强调**

제시어 중 동사는 **保护**와 **强调** 두 개가 있습니다. 주어가 될 수 있는 단어는 사람인 **张教授**이므로, 의미상 **强调**가 전체 술어가 되어야 호응이 맞습니다. **强调**는 뒤에 동사구를 목적어로 갖습니다.

② **주어와 목적어를 찾는다 → 주어: 张教授 | 목적어: 要保护＋环境**

保护와 **环境**은 호응하는 술목 구조이므로 결합하여 목적어로 배열합니다. 이처럼 주어나 목적어 자리에는 동사구나 절의 형태가 올 수 있음을 기억합니다.

③ **남은 제시어를 배열한다 → 再三＋强调**

再三은 부사이므로 술어 **强调** 앞에 배열합니다. **再三强调**는 자주 나오는 호응이므로 암기해 둡니다.

张教授	再三	强调	要保护环境
주어	부사어	술어	목적어

단어 | **教授** jiàoshòu 명 교수 | **保护** bǎohù 동 보호하다 | **再三** zàisān 부 재차, 거듭, 여러 번 | **环境** huánjìng 명 환경 | **强调** qiángdiào 동 강조하다

93 | 这篇报道反映了现代社会的问题。

이 보도는 현대사회의 문제를 반영했다.

这篇　报道　现代社会　反映了　的问题

해설 |

① **술어를 찾는다 → 反映了**

동태조사 了를 통해 문장의 술어임을 알 수 있습니다.

② **주어를 찾는다 → 这篇＋报道**

지시대명사 **这/那**는 주로 주어로 쓰입니다. 동사술어 **反映**의 주어로 '지시대명사+양사+명사' 형태를 완성합니다.

③ **목적어를 찾는다 → 现代社会＋的问题**

남은 제시어 중 술어 **反映**과 호응할 수 있는 것은 **问题**입니다. 따라서 **的问题**가 목적어가 되므로 **现代社会**는 그 앞에 배치하여 목적어를 수식하는 관형어로 만들어야 합니다.

这篇报道	反映了	现代社会的	问题
주어	술어	관형어	목적어

단어 | **篇** piān 양 편[글, 문장 등을 세는 단위] | **报道** bàodào 명 보도 기사 | **现代社会** xiàndài shèhuì 현대사회 | **反映** fǎnyìng 동 반영하다, 보고하다 | **问题** wèntí 명 문제

94 | 那间教室里摆满了书。

그 교실에는 책이 가득 진열되어 있다.

教室里　那　间　书　摆满了

해설 |

① **술어를 찾는다 → 摆满了**

동태조사 了를 보고 문장의 술어임을 알 수 있습니다. 동사 **摆** 뒤에 보어 **满**이 결합된 형태입니다. '**满**(가득 차다)'이 보어로 쓰일 때는 주로 장소주어와 호응합니다.

② **주어를 찾는다 → 那＋间＋教室里**

지시대명사 **那**와 장소명사가 있으므로, **摆满**과 호응하는 주어는 장소임을 파악할 수 있습니다. '지시대명사+양사+장소명사'의 형태로 배열합니다.

③ **목적어를 찾는다 → 摆满了＋书**

존현문의 목적어 자리는 불특정한 명사가 옵니다. 불특정한 명사는 '수량+명사' 구조이며 때에 따라서는 수량이 생략되기도 합니다. 따라서 이 문제에서는 명사 **书**만 목적어 자리에 배열합니다.

Tip

존현문 문제입니다. 존현문은 주어 자리에 장소명사, 목적어 자리에 불특정한 명사가 온다는 것을 꼭 떠올려야 합니다. 한국어로 해석하고 문제를 풀면 오답이 나올 가능성이 크니 '장소주어+술어+불특정 명사'의 공식에 맞춰 단어를 배열해야 합니다.

那间教室里	摆满了	书
주어	술어	목적어

단어 | **教室** jiàoshì 명 교실 | **间** jiān 양 칸[방을 세는 단위] | **摆满** bǎimǎn 동 가득 진열되다

95 | 不按时还款将影响个人信用。

제때 돈을 갚지 않는 것은 개인신용에 영향을 끼칠 것이다.

影响　个人信用　不按时还款　将

해설 |

① 술어를 찾는다 → 影响

影响이 문장의 술어가 됩니다. 还款도 동사지만 '还+款'이라는 '동사술어+목적어' 형태의 단어이므로, 의미상으로나 구조적으로 술어가 되기에는 적합하지 않습니다.

② 주어와 목적어를 찾는다 → 주어: 不按时还款 | 목적어: 个人信用

술어가 影响이기 때문에 목적어는 의미상 个人信用이 적합합니다. 따라서 남은 제시어 不按时还款은 주어가 됩니다.

③ 남은 제시어를 배열한다 → 将＋影响

将은 부사이므로 술어 影响 앞에 배열합니다.

不按时还款	将	影响	个人信用
주어	부사어	술어	목적어

단어 | **影响** yǐngxiǎng 동 영향을 주다, 영향을 끼치다 | **个人** gèrén 명 개인 | **信用** xìnyòng 명 신용 | **按时** ànshí 부 제때, 시간에 맞추어 | **还款** huánkuǎn 동 돈을 갚다 | **将** jiāng 부 ~일 것이다

96 | 这座大桥的外形很像胜利的奖杯。

이 대교의 외형은 승리의 우승컵과 아주 비슷하다.

很　像胜利的　这座大桥的　奖杯　外形

해설 |

① 술어를 찾는다 → 像胜利的

제시어 중 동사는 像이 유일하므로 술어가 됩니다. 像은 문장에서 다른 동사가 있을 경우 전치사로 쓰일 수 있지만 이 문제에서는 다른 동사가 없으므로 像이 동사술어입니다. 즉, 제시어는 동사 像에 관형어 胜利的가 결합된 형태입니다.

② 주어를 찾는다 → 这座大桥的＋外形

주어 자리에는 보통 지시대명사 这/那가 오므로 这座大桥的가 주어를 수식하는 관형어라는 점을 유추할 수 있습니다. 문제에서 제시된 명사는 外形과 奖杯가 있는데 의미상 外形이 주어가 됩니다.

③ 목적어를 찾는다 → 像胜利的＋奖杯

남은 제시어 중 명사를 목적어 자리에 놓고 동사와 호응 관계가 맞는지 체크합니다. 奖杯는 동사술어 像과 호응하므로 이 문장의 목적어로 적합합니다.

④ 남은 제시어를 배열한다 → 很＋像胜利的

정도부사 很은 술어 앞에 위치하여 수식하므로, 술어 像 앞에 배열합니다.

这座大桥的	外形	很	像	胜利的	奖杯
관형어	주어	부사어	술어	관형어	목적어

단어 | **像** xiàng 동 (~과) 같다, 비슷하다 | **胜利** shènglì 동 승리하다, 이기다 | **座** zuò 양 좌, 동, 채[부피가 크거나 고정된 물체를 세는 단위] | **大桥** dàqiáo 명 대교, 다리 | **奖杯** jiǎngbēi 명 우승컵, 우승 트로피 | **外形** wàixíng 명 외형

97 | 我第一次挑战这么高水平的辩论赛。

나는 처음으로 이렇게 높은 수준의 토론 대회에 도전한다.

挑战这么　我第一次　高水平　的　辩论赛

해설 |

① 술어를 찾는다 → 挑战这么

동사 挑战이 문장의 술어가 됩니다. 동사술어 挑战 뒤에 대명사 这么가 결합된 형태이므로 这么 뒤에 관형어 성분이 온다는 것을 알 수 있습니다.

② 주어를 찾는다 → 我第一次

동사 挑战은 사람이 할 수 있는 동작이므로 대명사 我와 시간명사 第一次가 결합된 형태의 단어가 주어 자리에 옵니다.

③ 목적어를 찾는다 → 辩论赛

'도전하다'라는 의미의 동사 挑战의 목적어로는 제시어 중 辩论赛가 적합합니다.

④ 관형어를 찾는다 → 挑战这么＋高水平＋的＋辩论赛

남은 제시어인 高水平과 的는 관형어가 될 수 있습니다. '수준'이 꾸밀 수 있는 말은 목적어 辩论赛가 적합하므로, 高水平的는 목적어를 수식하는 관형어로 배열합니다.

我	第一次	挑战	这么高水平的	辩论赛
주어	부사어	술어	관형어	목적어

단어 | **挑战** tiǎozhàn 동 도전하다 | **第一次** dì-yī cì 명 맨 처음 | **水平** shuǐpíng 명 수준 | **辩论赛** biànlùnsài 명 토론 대회

98 | 驾驶执照的办理手续很复杂。

운전면허증의 처리 절차는 아주 복잡하다.

复杂　很　驾驶执照　办理手续　的

해설 |

① 술어를 찾는다 → 复杂
형용사 复杂가 술어가 되므로 주어만 찾으면 됩니다.

② 주어를 찾는다 → 办理手续
办理手续를 '수속을 처리하다'라는 동사구로 볼 수도 있지만 그 경우에는 문장이 만들어지지 않습니다. 대신 '처리 절차'라고 해석해 보면 형용사 复杂와 의미상 호응 관계를 이루므로 주어가 될 수 있습니다.

③ 관형어를 찾는다 → 驾驶执照＋的＋办理手续
형용사술어 문장이라 목적어가 없기 때문에 관형어는 주어를 수식하게 됩니다. 따라서 '驾驶执照+的'는 주어 앞에 배열합니다.

④ 남은 제시어를 배열한다 → 很＋复杂
정도부사 很은 술어 앞에 위치하므로 复杂 앞에 배열합니다.

驾驶执照的	办理手续	很	复杂
관형어	주어	부사어	술어

단어 | **复杂** fùzá 형 복잡하다 | **驾驶执照** jiàshǐzhízhào 명 운전면허증 | **办理** bànlǐ 동 처리하다 | **手续** shǒuxù 명 수속, 절차

제 2 부 분

99 |

모범답안

		我	是	一	个	大	学	生	，	我	从	大	一	开	始
就	一	直	是	我	们	学	校	足	球	队	的	队	员	。	上
周	我	们	队	参	加	了	大	学	足	球	比	赛	的	决	赛，
并	且	获	得	了	冠	军	，	所	以	我	们	都	非	常	激
动	。	比	赛	结	束	以	后	，	学	校	为	我	们	举	行
了	庆	祝	活	动	，	我	们	都	非	常	感	谢	老	师	和
同	学	们	对	我	们	的	支	持	。						

나는 대학생이고, 대학교 1학년 때부터 줄곧 우리 학교 축구팀의 멤버였다. 지난주 우리 팀은 대학 축구 시합의 결승전에 참가했는데 우승을 차지해서, 우리는 모두 매우 감격했다. 시합이 끝난 후 학교에서 우리를 위해 축하 행사를 열어 주었다. 우리는 선생님과 친구들이 우리에게 해 준 응원에 매우 고마워했다.

决赛　冠军　激动　庆祝　支持

해설 |

제시어 해설

决赛 juésài 명 결승전 5급
足球决赛 축구 결승전 | **进入**决赛 결승전에 진출하다 | **参加**决赛 결승전에 참가하다
我今天参加了决赛。 나는 오늘 결승전에 참가했다.
我进入了决赛，**我很激动。** 결승전에 진출해서 나는 감격했다.

冠军 guànjūn 명 우승(자), 1등 5급
比赛的冠军 시합의 우승 | **获得**冠军 우승을 차지하다
他是这次长跑比赛的冠军。
그는 이번 장거리 달리기 경기의 우승자이다.
我获得了这次比赛的冠军。 그는 이번 대회의 우승을 차지했다.
· **长跑比赛** chángpǎo bǐsài 장거리 달리기 시합

激动 jīdòng 형 (감정이) 격해지다, 감격하다, 흥분하다 4급
十分激动 매우 감격하다 | **心情**激动 마음이 흥분되다
进入了最后的决赛，我非常激动。
마지막 결승전에 진출해서 나는 매우 감격했다.
获得了冠军，我的心情十分激动。
우승을 차지해서 나는 매우 흥분했다.

庆祝 qìngzhù 동 축하하다, 경축하다 5급
庆祝**活动** 경축 행사 | 庆祝**胜利** 승리를 축하하다 | **表示**庆祝 축하를 표하다
朋友和家人都来为我们庆祝。
친구와 가족들은 모두 우리를 축하해 주러 왔다.
为了庆祝**球队的胜利，我们决定一起去喝酒。**
팀의 승리를 축하하기 위해서 우리는 함께 술을 마시러 가기로 결정했다.
· **活动** huódòng 명 활동, 행사 | **胜利** shènglì 명 승리 | **球队** qiúduì 명 (구기 종목의) 팀

支持 zhīchí 4급
동 지지하다, 응원하다
支持**朋友** 친구를 응원하다 | **互相**支持 서로 응원하다
家人一直都支持**我。** 가족들은 줄곧 나를 응원했다.
명 지지, 응원
朋友的支持 친구의 응원
我很感谢朋友们对我的支持。 나는 친구들의 응원에 고마워했다.

스토리 구상
결승전(决赛)에 나가 우승(冠军)을 해서 감격스러웠다(激动). 주변 사람들이 축하해(庆祝) 주고 다들 응원해(支持) 줘서 고마웠다.

단어 | **一直** yìzhí 부 계속, 줄곧 | **足球队** zúqiúduì 명 축구팀 | **队员** duìyuán 명 멤버 | **参加** cānjiā 동 참가하다 | **比赛** bǐsài 명 경기, 시합 | **获得** huòdé 동 획득하다, (우승을) 차지하다 | **结束** jiéshù 동 끝나다 | **举行** jǔxíng 동 (행사를) 치르다 | **感谢** gǎnxiè 동 감사하다, 고마워하다

100 |

모범답안

		我	是	一	个	记	者	，	我	几	乎	每	天	都	要
出	去	采	访	。	因	为	采	访	可	以	让	我	接	触	到
各	种	各	样	的	人	和	事	，	所	以	我	的	工	作	既
紧	张	又	有	趣	。	今	天	我	采	访	了	一	个	路	人，
问	她	怎	么	看	学	生	打	工	的	问	题	。	她	很	热
情	地	接	受	了	我	的	采	访	，	说	出	了	自	己	的
想	法	。	今	天	的	采	访	进	行	得	很	顺	利	。	

나는 기자라서 거의 매일같이 인터뷰를 하러 가야 한다. 인터뷰는 내가 각양각색의 사람과 일을 접하게 해서 내 일은 바쁘고 재미있다. 오늘 나는 행인을 인터뷰했다. 그녀에게 학생이 아르바이트 하는 문제를 어떻게 보는지 질문했는데, 그녀는 친절하게 나의 인터뷰에 응하며 자신의 생각을 말했다. 오늘의 인터뷰는 순조롭게 진행되었다.

해설 |

1단계 주제 설정하기

나는 기자라서 매일 인터뷰를 진행한다. 내 일은 참 재미있다. 오늘은 행인을 인터뷰했는데 그녀는 매우 친절하게 인터뷰에 응해 주었다.

2단계 스토리 구상하기

도입 나는 기자라서 거의 매일 인터뷰를 진행한다. 나는 다양한 사람과 일을 만나는데 매우 재미있다.

전개 오늘 나는 행인에게 '학생이 아르바이트를 하는 문제'에 대한 견해를 인터뷰했다. 그녀는 매우 친절하게 응해 주었다.

마무리 오늘의 인터뷰는 매우 순조로웠다.

단어 | **记者** jìzhě 명 기자 | **几乎** jīhū 부 거의 | **采访** cǎifǎng 동 인터뷰하다, 취재하다 | **接触** jiēchù 동 접촉하다, 접하다 | **各种各样** gèzhǒnggèyàng 성 각양각색, 갖가지 | **紧张** jǐnzhāng 형 (일이) 바쁘다 | **有趣** yǒuqù 형 재미있다 | **路人** lùrén 명 행인 | **打工** dǎgōng 동 아르바이트 하다 | **问题** wèntí 명 문제 | **热情** rèqíng 형 (태도가) 친절하다 | **接受** jiēshòu 동 받아들이다, (인터뷰에) 응하다 | **想法** xiǎngfǎ 명 생각, 견해 | **顺利** shùnlì 형 순조롭다

관련 표현

记者 jìzhě 명 기자
我是一个经验丰富的记者。
나는 경험이 풍부한 기자이다.

采访 cǎifǎng 동 인터뷰하다, 취재하다
我经常要出去采访。
나는 자주 인터뷰를 하러 가야 한다.

问 wèn 동 묻다, 질문하다
我问一个大学生怎么看这个问题。
나는 한 대학생에게 이 문제를 어떻게 생각하는지 질문했다.

回答 huídá 동 대답하다
他回答了我的问题。
그는 내 질문에 대답했다.

经验 jīngyàn 명 경험, 노하우
我当记者的时间还不到一年，没有什么经验。
나는 기자가 된 시간이 아직 1년이 되지 않아서 별다른 노하우가 없다.

路人 lùrén 명 행인
我采访了一个路人，她接受了我的采访。
내가 행인을 인터뷰하자 그녀는 내 인터뷰에 응했다.

报道 bàodào 동 보도하다
我经常在电视上报道各种消息。
나는 자주 TV에서 각종 소식을 보도한다.

· **经验丰富** jīngyàn fēngfù 경험이 풍부하다 | **问题** wèntí 명 문제, 질문 | **当记者** dāng jìzhě 기자가 되다 | **电视** diànshì 명 텔레비전 | **消息** xiāoxi 명 소식

1 | 최다 합격자를 배출한 리우샘의 내공과 스킬을 한 번에 잡는 HSK 비법서!

字학습과 정독 학습법으로 필수 어휘와 속독 내공, 문제풀이 스킬을 익힙니다. 최근 8년 동안의 기출문제를 완벽히 분석, 반영한 문제를 풀며 실전 감각까지 기르세요.

2 | 〈시나공법〉만 알면 된다!

각 영역별, 부분별로 정답을 고르는 방법을 〈시나공법〉으로 정리했습니다. 한 권으로 HSK 5급 합격은 물론, 고득점까지 가능합니다!

3 | 수험생들의 후기가 증명하는 적중률 최고의 무료 학습자료 제공!

리우샘이 콕! 짚어주는 핵심 호응 · 문장과 쓰기 2부분 사진작문 핵심 문장을 제공합니다. 본책과 함께 학습하고, 시험 당일 고사장에서 한 번 더 보면 합격각!

본책	정답 및 해설	휴대용 소책자 〈HSK 5급 필수 어휘〉	3가지 빠르기 mp3파일	HSK 5급 시나공 족보	HSK 5급 핵심 호응 · 문장	쓰기 2부분 사진 작문 완벽 대비	단어 받아쓰기	녹음지문 받아쓰기	다시 풀어보기 복습자료

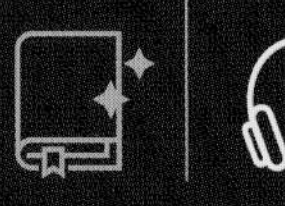

값 24,000원

시나공 HSK 5급
Crack the Exam! - HSK for Level 5

9 791159 241819 03720
ISBN 979-11-5924-181-9